北京科技大学年鉴

YEARBOOK OF UNIVERSITY OF SCIENCE AND TECHNOLOGY BEIJING

- 2018 -

《北京科技大学年鉴》编辑委员会　编

中国大百科全书出版社

图书在版编目（CIP）数据

北京科技大学年鉴. 2018 /《北京科技大学年鉴》编委会编. —北京：中国大百科全书出版社，2018.12

ISBN 978-7-5202-0387-6

I.①北… II.①北… III.①北京科技大学－2018－年鉴 IV.①G649.281-54

中国版本图书馆CIP数据核字（2018）第284858号

编　　著：《北京科技大学年鉴》编辑委员会
责任编辑：徐君慧
出　　版：中国大百科全书出版社
地　　址：北京阜成门北大街17号　　邮编：100037
网　　址：http://www.ecph.com.cn　Tel：010-88390718
印　　刷：北京建宏印刷有限公司
字　　数：792千字
印　　数：1～500
印　　张：28.25
开　　本：889×1194　　1/16
版　　次：2018年12月第1版
印　　次：2018年12月第1次印刷
书　　号：ISBN 978-7-5202-0387-6
定　　价：88.00元

◀ 4 月 22 日，举行第四届“魏寿昆科技教育奖”颁奖典礼，第十届全国政协副主席、中国工程院名誉主席徐匡迪为中国科学院院士周国治颁发“魏寿昆冶金奖”

▶ 4 月 22 日，78 级校友、广州市人大常委会主任陈建华代表广州市将《广州大典》赠予学校

◀ 11 月 23 日，北京市副市长隋振江来校座谈调研并主讲党的十九大精神学习专题党课

◀ 4 月 22 日，举行建校六十五周年暨 83 级、93 级校友值年返校庆祝大会

▶ 4 月 22 日，举行“熔铸春华·科创未来”学校六十五周年校庆文艺晚会

中华人民共和国教育部

教研函〔2017〕2 号

教育部 财政部 国家发展改革委 关于公布世界一流大学和一流学科建设高校及建设学科名单的通知

各省、自治区、直辖市人民政府，新疆生产建设兵团，国务院各部委、各直属机构，中央军委训练管理部：

根据国务院《统筹推进世界一流大学和一流学科建设总体方案》以及教育部等三部委《统筹推进世界一流大学和一流学科建设实施办法（暂行）》，经专家委员会遴选认定，教育部、财政部、国家发展改革委研究并报国务院批准，现公布世界一流大学和一流学科（简称“双一流”）建设高校及建设学科名单。

◀ 9 月 20 日，学校入选国家一流学科建设高校，科学技术史、材料科学与工程、冶金工程、矿业工程 4 个学科进入国家世界一流学科建设行列

◀ 2月17日，召开2017年寒假党委（扩大）会议，研讨“双一流”建设及思想政治工作

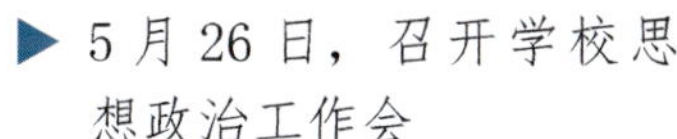
▶ 5月26日，召开学校思想政治工作会

◀ 6月15日，召开第八届教代会四次会议

▶ 10 月 30 日，召开学校学习宣传贯彻党的十九大精神部署会

◀ 11 月 8 日，北京高校党建思政检查组入校检查《北京普通高等学校党建和思想政治工作基本标准》落实情况

▶ 11 月 16 日，召开学校国际化建设工作会议

◀ 12 月 26 日，召开学校本科教育教学工作会议

◀ 3 月，张学记教授当选为美国医学与生物工程院院士（Fellow）

▶ 5 月，朱荣教授、张学记教授获全国创新争先奖状

▲ 11 月 30 日，张立峰教授、焦树强教授获国家杰出青年科学基金资助

▲ 9 月，张朝晖教授、孙莹教授被评为北京市教学名师

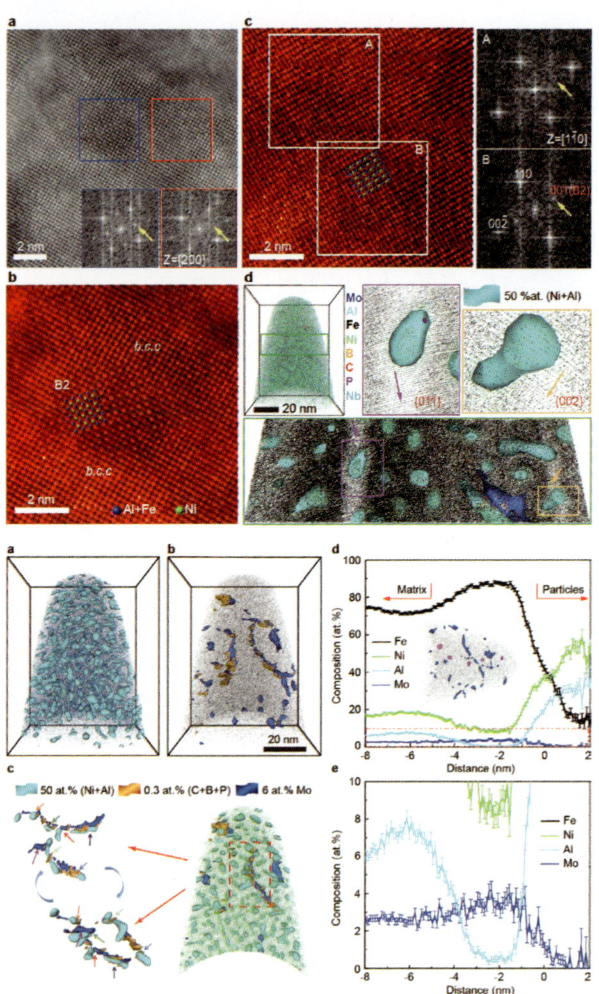

▲ 4 月 10 日，吕昭平教授团队研发的高密度纳米强化超高强韧马氏体时效钢在国际顶级期刊 *Nature* 发表，新一代超高强钢成果入选 2017 年中国科学十大进展

▲ 8 月 24 日，罗海文教授团队参与合作研发的一项通过引入大量的可移动位错，同时提高钢铁材料强度和延展性的研究问世，成果发表在 *Science* 上，论文通讯作者为香港大学黄明欣和北京科技大学罗海文

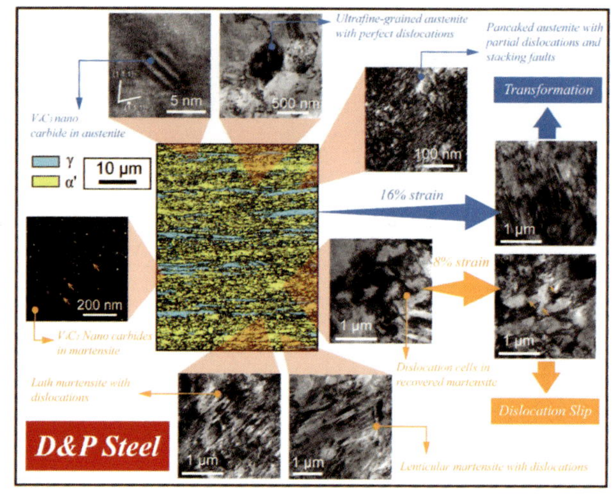

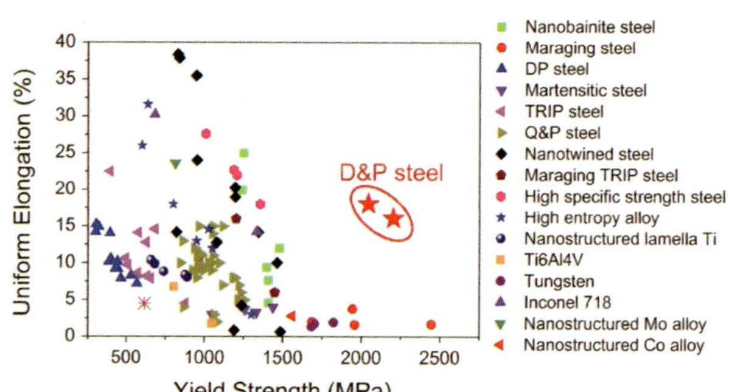

▲ 3 月 31 日，举行北京精准医疗与健康研究院（筹）揭牌暨诺贝尔奖获得者斐里德·穆拉德受聘名誉院长仪式

北京市教育委员会

京教函〔2017〕474 号

北京市教育委员会关于认定
“北京材料基因工程高精尖创新中心”的通知

北京科技大学：

根据市教委《关于印发北京高等学校高精尖创新中心建设计划的通知》（京教研〔2015〕1 号）的相关规定，你校所申报“北京材料基因工程高精尖创新中心”，经宏观及领域专家论证，并提交市教委主任办公会审议通过，同意认定其为“北京高等学校高精尖创新中心”。

请按照高精尖创新中心建设相关要求，积极探索高精尖创新中心的运行体制与管理机制，广聚国际国内领军创新人才，切实做好高精尖中心的建设与管理工作。

北京市教育委员会
2017 年 10 月 16 日

（本文主动公开）

▲ 10 月 16 日，学校牵头的“北京材料基因工程高精尖创新中心”获批成立

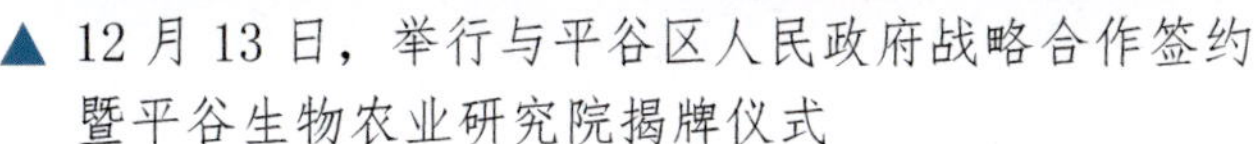

▲ 12 月 13 日，举行与平谷区人民政府战略合作签约暨平谷生物农业研究院揭牌仪式

▲ 9 月 25 日，召开北京科技大学军民融合协同创新研讨会

▲ 10 月 19 日，举办首期先进装备制造及关键材料专家大讲堂，中国工程院院士干勇做“制造业强国战略与十三五新材料发展”主题演讲

▲ 6 月 8 日，举行北京科技大学—北海诚德镍业有限公司战略合作协议签约仪式

▲ 6 月 29 日，举行北京科技大学—中广核研究院有限公司先进材料联合实验室签约仪式

▲ 7 月 13 日，举行北京科技大学—国家纳米科学中心球差电镜协作实验室签约仪式

▲ 7 月 14 日，举行北京科技大学—辛集市人民政府政产学研用战略合作框架协议签约仪式

▲ 9 月 26 日，举行北京科技大学—甘肃省教育厅战略合作协议签约仪式

▲ 10 月 17 日，举行北京科技大学—中天钢铁集团有限公司战略合作协议签约仪式

▲ 4月21日，举办北京科技大学全球化与青年领导力论坛

▲ 4月21日，举行北京科技大学—泰国农业大学合作协议签约仪式

▲ 6月16日，举办第二十届国际膏体充填与尾矿浓密学术研讨会暨第三届中国膏体充填采矿国际学术研讨会

▲ 6月28日至7月5日，举办“智创未来”2017北京科技大学海峡两岸青年科技交流营

▲ 8月31日，与日本东北大学续签合作协议

▲ 11月2日，美国国家工程院Enrique Lavernia院士受聘为学校名誉教授

▲ 2017 年共举办 9 期中国材料名师讲坛

◀ 7 月 17 ～ 19 日，在第十二届全国大学生“恩智浦”杯智能汽车竞赛全国总决赛中获得冠军 2 项、季军 2 项

▶ 8 月 8 ～ 11 日，在第十届全国大学生节能减排社会实践与科技竞赛中获一等奖 3 项、二等奖 1 项、三等奖 6 项

◀ 9 月 16 ～ 18 日，“Aeroband 空气拨片”创业项目在第三届中国“互联网+”大学生创新创业大赛中获全国银奖

▲ 5月4日，举行纪念建团九十五周年主题团会暨青年五四奖章授予仪式

◀ 5月21～28日，在第五十五届首都高校田径运动会中获得高水平组团体总分第三名

▲ 8月15日，学校“孟子居”电商扶贫团队参与“青年红色筑梦之旅”实践活动，获习近平总书记回信鼓励

▲ 12月1日，原创视频MV《十九大有嘻哈》荣获2017全国政企优秀原创视频“十佳作品奖”

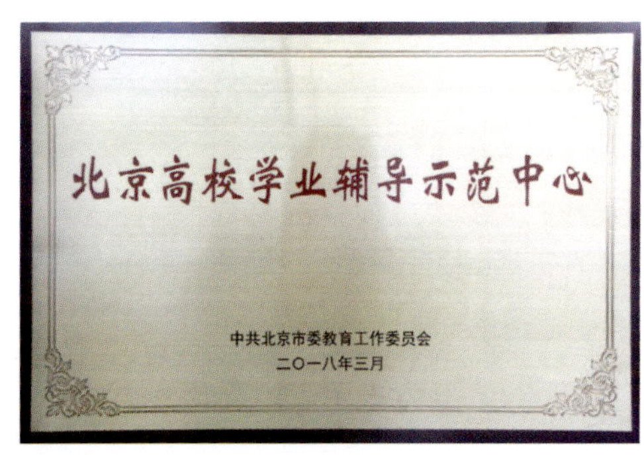

▲ 12月7日，学校学生学习与发展指导中心被评为首批北京高校学业辅导示范中心

证 书

北京科技大学：

入选为创新人才推进计划—创新人才培养示范基地，特发此证。

中华人民共和国科学技术部

第 2016RA5002 号　　2017 年 6 月 15 日

▲ 6 月 15 日，学校入选科技部“创新人才培养示范基地”

▲ 9 月 3～5 日，学校扶贫工作组赴甘肃省秦安县调研推进定点扶贫工作

▲ 11 月 9 日，举行陆正耀校友捐赠签约仪式

北京科技大学：

贵校在来华留学质量认证第二批试点工作中得到认可，认证结果良好。

中国教育国际交流协会

二〇一七年十二月

▲ 12 月 15 日，学校通过中国教育国际交流协会来华留学质量认证

▲ 12 月 26 日，昌平创新园主楼项目竣工

▲ 6 月 16 日，举行 2017 届学生毕业典礼暨学位授予仪式

▲ 9 月 2 日，举行 2017 级新生开学典礼

◀ 11 月 23 日，举行毕业生大型双选会

（摄影：高龑、董强、林飞等）

《北京科技大学年鉴》(2018)编辑委员会

《北京科技大学年鉴》(2018)编辑部

编辑说明

《北京科技大学年鉴》(2018) 全面反映了北京科技大学 2017 年立足立德树人根本任务、全面深化改革、强化内涵发展、推进"双一流"建设的发展进程，记述了学校在人才培养、学科建设、教学改革、科学研究、对外交流、校园建设等各方面的最新成就。

《北京科技大学年鉴》(2018) 以文章和条目为基本体裁。全书分特载、学校概况、2017 年大事记、机构与干部、院系情况、教育教学与学科建设、科学研究与产业开发、科研基地及研发平台、管理与服务、党建和思想政治工作、人物、2017 年党发校发文件目录、2017 年毕业生名录及附录等基本栏目。

本年鉴选题的时间范围为 2017 年 1 月 1 日至 2017 年 12 月 31 日，根据实际情况，部分内容在时限上前后略有延伸。

2017 年，学校深入学习宣传贯彻党的十九大精神，入选国家"双一流"建设高校，确定学校校歌为《北科华章》和《摇篮颂歌》。一年来，学校高质量完成了《北京普通高等学校党建和思想政治工作基本标准》落实工作，牵头的"北京材料基因工程高精尖创新中心"获得认定。本年鉴为此设置特载一栏加以记述。

本年鉴收录的各学院资料基本上按照概况、师资队伍、人才培养、学科建设、科学研究、国际交流、党建与学生工作等条目编写。收录的各职能部处、直属单位的资料根据各自工作性质和特点，条目及内容安排相对灵活。本年鉴有关统计资料附在相关内容之后。

本年鉴所刊内容由各单位专人负责提供，并经本单位负责人审定。

《北京科技大学年鉴》(2018) 由北京科技大学党委办公室、校长办公室组织编写，在编写过程中得到了学校领导和全校教职员工的大力支持，在此谨表衷心感谢。

《北京科技大学年鉴》编辑部

2018 年 8 月

目 录

特 载

学校概况

2017年北京科技大学大事记

机构与干部

院系情况

教育教学与学科建设

科学研究与产业开发

科研基地及研发平台

管理与服务

党建与思想政治工作

人　　物

2017 年党发校发文件目录

2017 年毕业生名录

附　　录

Table of Contents

Featured Contents

University Overview

Major Events at USTB in 2017

Organization and Leadership

Schools and Departments

USTB Education and Discipline Development

Scientific Research and Enterprise Development

Scientific Research and Development Platform

Administration and Service

Party Building and Ideological Work

Profiles

2017 Catalogue of USTB Party & School Documents

2017 Graduate Directory

Appendix

北京科技大学深入学习宣传贯彻党的十九大精神

学校党委认真学习贯彻党的十九大精神、牢记总书记“学懂弄通做实”的学习要求，以理论学习促工作实践，不断推动学校各项事业发展迈向新台阶。

学懂是前提

党的十九大召开后，学校及时反应、快速行动，抢占“五个第一时间”。第一时间制定了迎接学习宣传贯彻十九大精神工作方案，积极营造庆祝十九大胜利召开的浓厚氛围；第一时间组织全体师生和党员干部，通过电视、网络等方式收听收看十九大开幕式、闭幕式以及新一届中央领导集体与中外记者见面会，并进行了热烈讨论；第一时间制定《北京科技大学学习宣传贯彻党的十九大精神实施意见》，召开了深入学习宣传贯彻党的十九大精神部署会；第一时间围绕学习贯彻十九大精神，学校、学院党委理论中心组进行了专题学习研讨，领导班子率先示范，先学先行；第一时间邀请十九大代表走进校园，承办“首都高校百位名家共讲十九大”启动暨首场报告会、北京高教学会形势与政策教育研究分会“学习党的十九大精神”专题备课会。

“六个纳入”，实现师生全覆盖。学校各级党组织采取多种形式组织好学习教育活动，将学习宣传贯彻党的十九大精神纳入课堂教学内容，纳入校院两级理论中心组学习，纳入师生党支部学习，纳入教职工理论学习，纳入学生主题班团会，纳入各级党员干部和师生培训之中，并针对不同层面设计针对性强、各有侧重的学习内容。在各级党员干部和师生培训方面，举办学校中层干部专题培训班，通过专题报告、集体自习、分组讨论和交流分享等环节，落实高等教育内涵式发展理念。通过各级各类的师生培训和学习研讨，举办50余场学习活动，收到师生心得体会2000余篇。

弄通是关键

一是立体式宣讲。组织策划“四类四讲”系列报告会，邀请专家学者、领导干部、知名校友、十九大代表，走进课堂，走进师生中间，讲政治理论、讲发展战略、讲切身体会、讲文化价值观。北京大学教授韩毓海，清华大学教授戴木才，国防大学教授公方彬，北京市副市长隋振江，十九大代表、全国劳动模范、全国五一劳动奖章获得者王云平等专家学者，分别从不同方面，多角度全方位阐释了十九大精神的丰富内涵。举办系列辅导报告10余场，受益师生5000余人次。另外，还组建了师生宣讲团、学习小组100余个，开展了宣讲活动260余场，其中，校级领导到师生党支部进行宣讲每人至少一次。坚持“请进来、走出去”，组织校内领导干部、专家学者、宣讲团成员走进区县、走进农村，为顺义区赵全营镇300余名农村党支部书记、村民党员以及群众进行了宣讲演出，助力新农村建设，获得村民们的好评。

二是互助式交流。党的十九大以来，学校进一步加强基层党建工作，注重校企交流、支部共建和师生互动。如：冶金与生态工程学院党委与首钢技术研究院党委构建了长期党建共建的思想交流模式，结合“一流学科”建设和科技创新推动企业变革，共同思考、研究探索创新型人才培养的有效模式，着力从思想上解决高端人才留得住、用得好等问题；学生工作部和学校关工委联合举办“老少共学共话十九大”座谈会，充分发挥离退休老干部、老教师的育人作用，聘任老干部、老教师为辅导员，构建协同育人长效机制。

三是体验式感悟。为深入学习十九大精神，感受国家特别是钢铁行业转型升级的生动实践，学校部分联合党支部赴首钢参观考察，学习首钢积极谋发展求变革的精神和新发展理念，为实现学校的转型发展贡献力量。材料学院党委践行“两学一做，体悟延安精神”，组织党员代表奔赴延安，追寻革命前辈伟大而艰辛的历史足迹，学习延安精神，发扬革命传统，将革命老区的实际体验与学习领会十九大精神有效融合起来。

做实是目的

落实“四个结合”。一是将学习宣传贯彻党的十九大精神与党建和思想政治工作结合起来。召开学校思想政治工作会议，制定《关于进一步加强和改进思想政治工作的实施意见》；成立学校思政工作领导小组，建立定期工作会商与研判机制；成立党委教师工作部，扎实做好教师思政工作和总体规划设计，制定切实可行的配套制度和实施办法；发布新时期加强学校思想政治工作系列制度文件15项。二是将学习宣传贯彻党的十九大精神与学校十三五规划和综合改革相结合。制定和完善了学校十三五规划和综合改革方案；广大师生围绕立德树人的根本任务，领会把握习近平总书记的青年人才思想；秉承学校“以人为本 ”和“特色化、精品化、国际化”的办学思路，凝心聚力，积极推进人才培养、科学研究、社会服务和文化传承创新等各项工作的开展，着力推进学校“十三五”办学目标如期实现，着力推进学校综合教育改革顺利进行。三是将学习宣传贯彻党的十九大精神与一流学科建设结合起来。2017年学校成功入选一流学科建设高校，科学技术史、材料科学与工程、冶金工程、矿业工程4个学科进入一流学科建设行列。学校将以一流学科建设为核心，以十九大精神为引领，通过学科（群）建设，整合和优化学科布局，瞄准学科发展前沿和国家重大需求，加强学科交叉和融合，促进优势特色学科进入世界一流前列。四是将学习宣传贯彻党的十九大精神与人才培养相结合。2018年，学校将迎来本科教育教学审核评估，学校将以审核评估为契机，以十九大精神为引领，把各项工作做实做细，把“工匠精神”融入本科教育，打造“精雕细琢、精益求精”的本科育人新体系，全力办好一流本科教育。

创新学习方式。一是做好领导干部上讲台活动。学校各级党组织负责人以上率下，在学深悟透的基础上带头讲党课，走进一线课堂，把党的十九大精神讲清楚、讲明白。二是成立习近平新时代中国特色社会主义思想研究小组。围绕十九大报告提出的新思想、新判断、新战略、新目标等开展理论研究。三是推出十九大系列文化作品。发挥互联网优势，创作推出《十九大有嘻哈》《新时代，顶呱呱》《智祯句酌》《青声系语》等一批主题鲜明、创意新颖、感染力强的动漫、微电影以及脱口秀、视频互动栏目，对当代大学生与十九大精神等主题内容进行深入浅出的解读。四是开展“携手共贺十九大 同心扶贫安民生”主题活动。学校领导和数百名师生参与，现场以认领贫困户果树、爱心募捐等形式投身扶贫行动，以实际行动践行讲话精神。经管学院团学骨干以手抄报形式宣传十九大，学生代表杨国庆结合电商扶贫深入学习十九大精神的事迹还被央视《新闻联播》报道。五是开展主题征文和演讲比赛等活动。学习贯彻党的十九大精神主题征文比赛获得全校师生踊跃参与，投稿作品达到100余篇。其中多篇作品获北京市学习贯彻党的十九大精神与新时代高校思想政治工作创新发展主题征文优秀奖。

在今后的工作中，学校将继续紧密团结在以习近平同志为核心的党中央周围，不忘初心、牢记使命、高举旗帜、砥砺奋进。坚持突出特色、立足实际、全员覆盖、确保实效，把思想和行动统一到党的十九大精神上来，把智慧和力量凝聚到落实党的十九大提出的各项任务上来，不断推动新时期学校各项工作健康快速发展。

学校入选国家世界一流学科建设高校名单 4个学科进入一流学科建设行列

9月21日，教育部、财政部、国家发展改革委印发《关于公布世界一流大学和一流学科建设高校及建设学科名单的通知》，正式公布世界一流大学、一流学科（简称“双一流”）建设高校和建设学科名单。全国42所高校入选一流大学建设高校名单，95所高校入选一流学科建设高校名单，建设学科共计459个（其中达到标准认定的学科415个，高校自主确定学科44个）。北京科技大学入选世界一流学科建设高校，科学技术史、材料科学与工程、冶金工程、矿业工程4个学科进入世界一流学科建设行列，入选学科数列全部137所高校的第26位（6校并列）。

此次入选的4个学科均为学校的传统优势学科，在历次全国学科评估中名列前茅，具有历史悠久、底蕴深厚、学科优势突出、特色鲜明等特点。本轮“双一流”建设，学校将以一流学科建设为核心，通过学科（群）建设，整合和优化学科布局，瞄准学科发展前沿和国家重大需求，加强学科交叉和融合，促进优势特色学科进入世界一流前列，更多学科进入一流行列，学校整体建设成为有特色的世界一流大学和世界矿冶、材料教育科研中心。

建设世界一流大学和一流学科，是党中央、国务院做出的重大战略决策，对于提升我国教育发展水平、增强国家核心竞争力、奠定长远发展基础，具有十分重要的意义。2015年10月，国务院公布了《统筹推进世界一流大学和一流学科建设总体方案》，提出坚持“以一流为目标、以学科为基础、以绩效为杠杆、以改革为动力”，加快建成一批世界一流大学和一流学科；2017年1月，教育部、财政部、国家发展改革委联合印发《统筹推进世界一流大学和一流学科建设实施办法（暂行）》，明确指出“双一流”建设每五年一个建设周期，建设高校实行总量控制、开放竞争、动态调整。2017年8月，根据教育部的部署和专家论证，学校编制完成一流学科建设高校建设方案，并通过了国家“双一流”建设专家委员会的咨询审议。

根据一流学科建设高校建设方案，材料科学与工程学科将加强与物理、化学等学科的融合，促进“大材料”国际化人才培养，贯彻建设涵盖“材料设计、制备加工、服役与评价、材料循环利用”的全链条材料科学与工程基本理念，在高性能金属材料、无机非金属材料、材料腐蚀与防护技术、新型功能材料与器件、材料基因工程等领域强化基础理论研究与共性关键技术研究，建设世界一流的材料科学与工程人才培养和科学研究的重要基地。

冶金工程学科将加强学科内涵建设，针对国家重大需求和经济社会发展新的要求，开拓学科新领域，焕发学科生命力，建立完善若干“冶金+”新理论，形成高端钢铁材料、绿色冶金、信息与智能冶金等具有重要国际影响和自主知识产权的“冶金+”新技术，建设世界一流冶金研究群体和科研团队，建立多学科、跨院所的立体交叉式人才培养机制，培养“冶金+”新人才，全面建立和完善以智能化、信息化、绿色化、国际化为内容的新工科学科体系，为中国成为冶金强国提供人才和科技支撑。

矿业工程学科将拓宽深部矿产资源开发与安全学科领域，重点建设深部岩体力学基础理论与工程、深部开采与膏体充填、深部开采灾害防控与安全、智能矿山技术与装备、深部矿产资源加工与利用五个方向，致力打造以矿业工程学科为主导，融合安全科学与工程、土木工程、机械工程、计算机科学与技术等学科的“新工科”学科群，建设世界矿业工程人才培养和科研中心，建成具有中国特色的世界一流学科。

科学技术史学科将继续依托材料、冶金、矿业等优势学科支撑，凝练研究方向，以冶金与材料史为核心，加强文化遗产保护、科学技术与文化、工业史与工业遗产等研究方向发展，突破重点领域，建设基础条件平台，在标准规范制定、协同创新联盟、技术服务支持、特色智库服务等领域贡献力量，形成中国特色的科学技术史人才培养和学术研究中心，引领国际科学技术史学术研究，使科学技术史学科成为世界顶尖学科。

学校以一流学科建设带动学校整体发展，以立德树人为根本，以支撑创新驱动发展战略、服务经济社会发展为导向，深化学校综合改革，破解创新人才培养、师资队伍建设、科学研究、文化传承创新、社会服务等方面的体制机制障碍，构建富有活力和效率、更加开放和有利于学科建设和学校发展的体制机制，为学校建设有特色的世界一流大学和世界矿冶、材料教育科研中心提供可靠的保障，力争早日将学校建设成为大师云集、英才辈出、兼容并蓄、特色突出的高水平研究型大学。

高质量完成《北京普通高等学校党建和思想政治工作基本标准》落实工作

2017年4月，北京市委教育工委印发《北京普通高等学校党建和思想政治工作基本标准》（以下简称《基本标准》），并下发开展《基本标准》集中检查的通知。学校根据统一部署，细化内容，明确责任，制定时间表和路线图，经过动员部署、各单位自查自评、学校党委检查督查、各单位整改落实及教工委检查组入校检查五个阶段，推进《基本标准》落实工作。

5月4日下午，学校党委召开专题会议部署《基本标准》落实工作。党委书记武贵龙要求全校各级党组织提高认识，强化落实，聚焦发展，在落实工作中明确职责，以问题为导向，进一步凝练特色优势、汇聚发展合力。党委副书记权良柱向全体党委委员、各二级党组织及相关部门负责人介绍了学校《基本标准》落实工作实施方案。7月上旬，在各单位自查自评，形成自查自评报告和特色工作报告的基础上，学校党委通过听取汇报、查阅材料、召开座谈会等形式，分别前往各二级党组织及相关部门对自查自评工作进行检查督查，提出整改意见，推进《基本标准》落实。10月18日，党的十九大召开后，学校党委第一时间组织开展学习宣传贯彻落实工作，深入学习贯彻党的十九大精神，用习近平新时代中国特色社会主义思想武装头脑、指导实践、推动工作，凝聚学校事业发展的强大合力，全面推动学校党建和思想政治工作再上新台阶。

11月8日，以北京市委教育工委副书记、市教委主任刘宇辉为组长的检查组来校检查《基本标准》落实情况。党委书记武贵龙以《学习宣传贯彻党的十九大精神，固本强基、改革创新，推动学校党建和思想政治工作再上新台阶》为题，从思想认识和工作思路、具体措施和工作成效、工作体会和努力方向三个方面向检查组进行汇报。检查组通过审阅材料、交流访谈、走访考察、随机听课等方式，全面检查了学校过去5年党建和思想政治工作情况。交流反馈时，检查组充分肯定了过去5年学校党建和思想政治工作的成绩，同时提出了下一步改进意见和建议。

学校3项工作入选《北京高校党建和思想政治工作先进经验案例》，分别是：

①构建“党建进宿舍”工作模式，拓展大学生思想政治教育工作阵地。学校坚持落实习近平总书记全程育人、全方位育人的要求，将学生宿舍作为大学生思想政治教育工作的重要阵地，将党支部建在学生宿舍，构建“党建进宿舍”工作模式，发挥学生党员的示范引领作用和学生公寓党支部的战斗堡垒作用，有效提高思想政治教育工作针对性和实效性。

②构建“标准化”院（系）党建工作评估机制，不断提升基层党建工作质量。学校以院（系）党建工作“标准化”建设为抓手，分层分类制定院（系）党建评估标准和党支部工作规范，综合运用多维评估方式，着力强化评估结果运用，有效形成党建评估闭环，逐步构建起每年院（系）党组织书记和党支部书记述职评议、每两年（改为每年）党支部工作考评、每四年院（系）党建工作评估的“三位一体”党内评估体系，标准化、立体式、全覆盖抓好党建责任落实，提高基层党建科学化水平和工作实效。

③注重理论学习，全面提升教职工思想素质。学校积极探索教职工理论学习新模式，做到全员覆盖、重点突出、务实有效，形成提前制定计划、固定学习时间、领导干部带头、分层分类推进、理论业务结合的规范化学习制度，进一步增强教职工理论学习实效，提升教职工参与理论学习的积极性和获得感。

长期以来，学校党委坚持党的领导，加强党的建设，全面从严治党，不断深化对党建和思想政治工作的认识，始终坚持把党的领导落到实处，自觉承担起管党治党、办学治校的主体责任，保证学校成为培养又红又专、全面发展的中国特色社会主义合格建设者和可靠接班人的坚强阵地。学校党委牢固树立“把抓好党建作为最大的政绩”的意识，加强党对高等教育的全面领导，切实抓好党的建设，严肃党内政治生活，推动全面从严治党要求向基层延伸，切实加强基层组织建设，不断提高党建工作的科学化水平。学校党委始终把思想政治工作摆在极端重要的位置，落实立德树人根本任务，把思想政治工作贯穿教育教学的全过程，实现全程育人、全员育人、全方位育人。学校党委始终将党建和思想政治工作与学校事业发展同谋划、同部署、同落实、同考核，实现党建和思想政治工作与学校事业发展的双促进、双提高。学校党委牢牢把握社会主义办学方向，坚持党委对学校工作的全面领导，坚持立德树人根本任务，严格按照《基本标准》要求，积极推进党的思想建设、干部队伍建设、组织建设、作风建设、反腐倡廉建设和制度建设，高质量完成《基本标准》落实工作。

“北京材料基因工程高精尖创新中心”获得认定

2017年10月，由北京科技大学牵头，北京信息科技大学、中国科学院物理研究所、中国钢研科技集团有限公司共同建设的“北京材料基因工程高精尖创新中心”被北京市教委认定为“北京高等学校高精尖创新中心”。

作为全国科技创新中心，近年来北京市实施了“高等学校高精尖创新中心建设计划”。该计划通过整合中央在京高校、市属高校和国际创新资源，建立国内与国外创新资源深度融合、科研与应用相互促进、科技创新与人才培养有机结合、央属院校与市属院校共同发展的长效机制。北京市财政设立专项资金，对经批准认定的高精尖创新中心给予持续稳定支持，五年为一个建设周期，每年每个中心支持5000万至1亿元，其中70%可用于支付国内外高水平人才的薪酬。

中心围绕实现新材料“研发周期缩短一半、研发成本降低一半”的战略目标，构建我国材料基因工程协同创新的高通量计算、高通量合成与表征、专用数据库三大研发平台，研发材料高通量计算设计方法和软件、高通量制备与表征技术、服役行为高效评价技术及面向材料基因工程的材料数据技术四大关键技术，并在电池材料、催化材料、稀土功能材料、光电材料、高熵合金、高温合金、轻量化高强度钢、高强韧铝合金等几类关键材料上开展示范应用。

通过五年的努力，中心将建设成为国际材料基因工程高端研究人才的汇聚平台、新材料研发模式变革和技术创新的引领平台、学科交叉和科技创新能力提升的促进平台、人才培养新模式的探索平台。为提升北京新材料研发和产业的核心竞争力，促进高端制造业和高新技术的发展，支撑“中国制造2025”目标的实现做出贡献。

中心实行建设委员会领导下的中心主任负责制。建设委员会主任和副主任分别由北京科技大学校长和北京信息科技大学校长担任。中心主任由中国工程院院士、北京科技大学谢建新教授担任。中心学术委员会由国内外该领域的权威专家构成，实行双主任制（中方、外方），第一届学术委员会中方主任由中国工程院院士、中国科学院物理研究所陈立泉研究员担任，外方主任由美国前总统奥巴马的材料基因组计划顾问、美国工程院院士、美国西北大学Gregory Olson教授担任。

中心设置高通量材料计算设计与软件、高通量材料制备与表征技术、材料服役行为高效评价与预测技术、材料基因工程专用数据库和数据技术、材料基因工程技术应用等5个分中心，分中心采取“双首席制”，首席科学家在全球公开选聘。

分中心下设研究团队，研究人员以团队为单位进行整体聘任，实行团队PI负责制。研究人员分为四类岗位：杰出科学家、讲席科学家、高级研究员和博士后研究人员。原则上每个团队不超过5人，且至少含有1名从海外聘请的讲席科学家及以上水平的研究人员。根据通过论证的中心建设方案，中心将建设约30个研究团队。

中心实行“四自主”的人事管理制度，在岗位设置、人才聘任、奖酬分配、绩效评价四方面享有依托单位北京科技大学赋予的自主权。中心制定了《北京材料基因工程高精尖创新中心海外高端创新人才聘任、考核及薪酬管理办法（试行）》《北京材料基因工程高精尖创新中心人才聘任、考核及薪酬管理办法（试行）》等，建立和完善分级设岗、公开招聘、预期目标聘任、聘期目标合同管理、年度任务考核、绩效奖酬等人才管理制度，形成以团队PI为核心，以团队内各类人才聘期目标和年度任务考核为保证的运行管理机制，营造注重创新、宽松活跃、激发活力、体现价值的人才环境，为高端创新人才引进提供了政策保障。

创新人才培养是中心的核心任务之一。中心积极探索拔尖人才培养模式，创新人才培养计划和方案，通过学科交叉与融合、产学研紧密合作等途径，推动人才培养机制改革，大力提升人才培养能力与水平。中心面向本科生和研究生新开设材料基因工程概论、材料基因工程技术应用案例等10余门学科基础课、学科专业课程和公共选修课，使学生可以既全面又有侧重地开展材料基因工程理论与方法的学习，为今后从事材料领域的科学研究和工程技术方面工作打下良好基础。

北京科技大学是我国材料科学与工程类人才培养与科技创新的重要基地之一，有着悠久的历史和优良的传统。中心建设瞄准国家“双一流”建设的战略目标，通过搭建高水平国际化科研平台，以高水平学科队伍建设为抓手，增强科技创新能力，提高人才培养质量，造就一批杰出人才，必将推动材料科学技术的一次革命性飞跃，促进新材料研发和应用的跨越式发展，使北京科技大学的材料科学与工程学科更上一层楼。

推选确定学校校歌为《北科华章》和《摇篮颂歌》

为了更好地凝练学校精神文化特质，学校于2017年3～4月（校庆65周年前夕）面向全体师生、校友开展了校歌曲目的推选活动，最终确定《北科华章》和《摇篮颂歌》为校歌。

学校于2012年（校庆60周年）征集了一批彰显办学特色和精神品质的歌曲作品，其中《摇篮颂歌》和《北科华章》两首受到广大师生、校友的喜爱和传唱，成为校歌的候选作品。

校歌推选活动于2017年3月23日（校庆日倒计时30天）至2017年4月2日（校庆日倒计时20天）全面展开，两首候选作品上传至互联网平台微信公众号上进行在线投票，广大师生、校友积极参与，累计收到有效投票6823次，其中在校学生3388次、毕业校友3096次、学校教师340次。许多校友在推选活动进行期间向母校写信，表达他们对候选校歌的深厚感情和选择理由，言语中满含深情，让人不禁为之动容。

综合推选工作的投票情况和部分校友的反馈意见，经2017年4月14日第6次校长办公会讨论通过，学校确定《北科华章》和《摇篮颂歌》为校歌。

《北科华章》由学校团委师生集中力量创作而生，以学校历史积淀与展望为主要内容，恢宏大气的曲调和精练务实的文辞风格展现着代代北科人的神采风貌。词作者为刘晓东、王鹂、解红叶、关望、陈小旺、郝竹青，曲作者为中国音乐学院禹永一教授。

《摇篮颂歌》由校友为母校60周年校庆精心创作，风格写意明快，以青春蓬勃的角度表达对广大师生校友对母校的深厚感情和歌颂。词作者为校友闫拓时、科群生，曲作者为中国音乐学院禹永一教授。

北科华章

作词：刘晓东 王　鹂 解红叶
关　望 陈小旺 郝竹青
作曲：禹永一

♩=98

S.
1=C

燕都故郡　壬辰上庠　师从北洋　教承冶矿
弘德育人　师韵兰香　呕心治教　克勤业广

肇造华夏　兴国安疆　熔铁铸金　历练辉　煌　啊蓟门巍
风华砥砺　为仕坦荡　学风以谨　实践为　尚　啊刚柔并

巍　屹立国家希　望　满井苍　苍　泽润钢铁脊
济　德才昭　彰　融冶以　新　震铄四

梁　举　矿　冶　之星　火　抚　百　年　之国　殇　奉
方　吾　青　年　之盛　志　如　天　光　之正　当　为

1.
科技以立　校　育　强　国　之　栋　梁
中华之崛

2.
起　襄　北　科　之　华　章

摇篮颂歌

作词：闫拓时 科群生
作曲：禹永一

学校概况

北京科技大学概况

北京科技大学于1952年由天津大学（原北洋大学）、清华大学等6所国内著名大学的矿冶系科组建而成，现已发展成为以工为主，工、理、管、文、经、法等多学科协调发展的教育部直属全国重点大学，是全国首批正式成立研究生院的高等学校之一。1997年5月，学校进入首批国家“211工程”建设高校行列。2006年，学校成为首批“985工程”优势学科创新平台建设项目试点高校。2014年，学校牵头的，以北京科技大学、东北大学为核心高校的“钢铁共性技术协同创新中心”成功入选国家“2011计划”。2017年，学校入选国家世界一流学科建设高校。

建校六十五年来，学校逐步形成了“学风严谨，崇尚实践”的优良传统，为社会培养各类人才20余万人，大部分已成为国家政治、经济、科技、教育等领域尤其是冶金、材料行业的栋梁和骨干。党和国家领导人罗干、刘淇、徐匡迪、黄孟复、范长龙、郭声琨、刘晓峰等都曾在校学习，另有38名校友当选为中国科学院或中国工程院院士，一大批校友走上了省长、市长的领导岗位，一大批校友担任宝武集团、鞍钢集团、中国铝业、神华集团和新兴际华等国家特大型企业的董事长或总经理。学校被誉为“钢铁摇篮”。

学校位于高校云集的北京市海淀区学院路，占地约80.39万平方米（包括管庄校区），校舍建筑总面积97万平方米（包括管庄校区）。学校现有1个国家科学中心，1个“2011计划”协同创新中心，2个国家重点实验室，2个国家工程（技术）研究中心，2个国家科技基础条件平台，2个国家级国际科技合作基地，50个省部级重点实验室、工程研究中心、国际合作基地、创新引智基地等。特别是2007年，学校作为第一所教育部直属高校牵头承担了国家重大科技基础设施项目——重大工程材料服役安全研究评价设施，并负责筹建国家材料服役安全科学中心。图书馆实体馆藏231万余册（件）。定期出版《工程科学学报》《北京科技大学学报（社会科学版）》，*International Journal of Minerals, Metallurgy and Materials*，《思想教育研究》《物流技术与应用》《金属世界》《粉末冶金技术》等重要学术刊物。

学校由土木与资源工程学院、冶金与生态工程学院、材料科学与工程学院、机械工程学院、能源与环境工程学院、自动化学院、计算机与通信工程学院、数理学院、化学与生物工程学院、东凌经济管理学院、文法学院、马克思主义学院、外国语学院、高等工程师学院，以及研究生院、体育部、管庄校区、天津学院、延庆分校组成。现有18个一级学科博士授权点，73个博士学科点，128个硕士学科点，另有MBA（含EMBA）、MPA、法律硕士、会计硕士、翻译硕士、社会工作、文物与博物馆和20个领域的工程硕士专业学位授予权，16个博士后科研流动站，50个本科专业。学校冶金工程、材料科学与工程、矿业工程、科学技术史4个全国一级重点学科学术水平蜚声中外（2017年进入国家世界一流学科建设行列。在第四轮学科评估中，冶金工程、科学技术史获评A+，材料科学与工程获评A）。安全科学与工程、环境科学与工程、控制科学与工程、动力工程与工程热物理、机械工程、计算机科学与技术、土木工程、化学、外国语言文学、管理科学与工程、工商管理、马克思主义理论等一批学科具有雄厚实力。力学、物理学、数学、信息与通信工程、仪器科学与技术、纳米材料器件、光电信息材料与器件等基础学科与交叉学科焕发出勃勃生机。

截至2017年年底，全日制在校生2.4万余人，其中本专科生13663人，各类研究生10125

人（其中硕士生6959人、博士生3166人），国际学生985人；成人教育学院学生4030人，远程教育学生65025人。在站博士后239人。已形成研究生教育、全日制本专科、高职教育、成人教育、继续教育和远程教育多层次、较完整的人才培养体系。

学校拥有一支治学严谨的师资队伍。教职工总数3375人，具有正高级专业技术职务的教职工495人，具有副高级专业技术职务的教职工792人，其中专任教师1760人。现有中国科学院院士3人，中国工程院院士5人（双聘2人），国务院学位委员会委员1人，国务院学位委员会学科评议组成员5人，国家973项目首席科学家3人，国家级有突出贡献专家15人，省部级有突出贡献专家10人，“长江学者奖励计划”特聘教授14人、青年学者2人，国家杰出青年科学基金获得者20人，“万人计划”领军人才3人、青年拔尖人才3人，国家级教学名师2人，国家百千万人才工程人选18人，国家优秀青年科学基金获得者11人，北京市教学名师29人，教育部跨世纪/新世纪优秀人才104人。

学校的科研实力十分雄厚。1978年至2017年12月底，共申请专利6859项，授权专利4064项；有2000余项科研成果获国家级、省级、部委级等各种奖励，其中国家级奖励169项。1999年教育部编辑的《中国高等学校科技50年高校获奖重大成果一览表》中收录北京科技大学12项重大科研成果，在全国高校中名列前茅。据教育部统计，1978～2011年，学校获国家科技进步一等奖4项，列全国高校第4。近几年学校“大型深凹露天矿安全高效开采关键技术研究”“流射沸腾冷却强化多功能淬火控冷装备与工艺开发及创新”“钢铁材料及制品大气腐蚀数据积累、规律和共享服务”“宽带钢热连轧生产成套关键技术与应用”“复杂破碎条件下露天－地下联合高效开采关键技术”“特低渗透油藏有效开发渗流理论和开发方法研究及应用”“大型铝合金型材挤压成套工模具设计制造技术与应用”“高性能铜铝复合材料连铸直接成形技术与应用”“大型深采矿山资源开发风险防控关键技术与应用”等大批科研成果在国民经济建设中发挥了重要作用，获得了巨大的经济效益和社会效益。据2017年发布数据，2016年学校师生发表论文被SCIE、EI收录数量分别居全国高校第30位和19位。

学校不断拓展社会服务领域和发展空间，与国内130多个省市区政府、大型企事业单位签署了全面合作协议。同时，学校瞄准世界前沿，加强国际合作，先后与德国亚琛工业大学、美国橡树岭国家实验室、英国牛津大学等180多所著名大学和科研机构建立了合作关系，并开展了实质性的合作。

以培养新时代中国特色社会主义现代化事业的建设者和接班人为根本任务，学校注重学生综合素质和创新、创业能力培养。学校每年被评为全国高校社会实践先进单位，学校学生在历年国家及北京市的各种竞赛中多次获得殊荣。特别是学生代表队在“全国大学生智能汽车竞赛”“全国大学生机器人大赛”“全国大学生节能减排与社会实践大赛”“全国挑战杯创业计划竞赛”等竞赛中屡创佳绩。原创校史话剧《燃烧》《绽放》等先后获得校园戏剧最高奖。学校同时高度重视学生思想品德教育，努力营造培养学生爱国主义、集体主义和社会主义精神的校园文化氛围，先后被授予“北京市文明校园”“北京市党建和思想政治工作先进普通高校”及“首都文明单位标兵”等光荣称号。

学校的体育竞技水平和群众性体育活动在北京乃至全国享有盛誉，涌现了一批以李敏宽、楼大鹏为代表的国家优秀运动员、教练员和体育官员。学生田径代表队在全国及北京市高校竞赛中数度折桂；女篮代表队在北京市高校联赛中连续12次夺冠，并于2005年挺进CUBA全国八强。学校目前拥有约8.2万平方米的现代化体育场地。学校体育馆作为2008年奥运会、残奥会竞赛场馆，圆满完成了北京奥运会柔道、跆拳道，残奥会轮椅篮球、轮椅橄榄球四项赛事，学校体育馆团队被党中央国务院授予“北京奥运会、残奥会先进集体”荣誉称号。

今天，北京科技大学全体师生正满怀信心，迈着坚定的步伐，向着“把北京科技大学建设成为以工为主，工、理、管、文、经、法等多学科协调发展，规模适度，特色突出，国内一流，国际知名的高水平研究型大学”的目标而奋进。

【2017 年主要工作】

2017 年是学校深入学习宣传贯彻习近平新时代中国特色社会主义思想和党的十九大精神、落实全国高校思想政治工作会议精神、实施学校“十三五”发展规划的关键之年。一年来，在教育部的正确领导和北京市的关心支持下，在学校党委的坚强领导下，学校按照既定目标要求和年度计划，顺利完成了各项工作任务，各项事业发展呈现良好势头。

（一）党建与思想政治工作再上新台阶

2017 年，学校深入学习宣传贯彻习近平新时代中国特色社会主义思想和党的十九大精神。学校党委理论中心组围绕党的十九大精神等内容组织专题学习 16 次。召开学习宣传贯彻专题部署会，将学习宣传纳入课堂教学、纳入理论中心组学习、纳入师生党团支部学习、纳入教职工理论学习、纳入各级各类培训。坚持做好意识形态工作，落实意识形态工作责任制，进一步强化了阵地管理与舆情研判工作。

学校认真贯彻落实全国和北京市高校思想政治工作会精神，召开了学校思想政治工作会议，成立学校思政工作领导小组和党委教师工作部，扎实推动教职工理论学习，不断加强师德师风建设。年内，4 位教师获评“北京市优秀教师”、1 位教师获评“北京市优秀教育工作者”。

学校圆满完成了北京市党建评估工作，并以完善体制机制为抓手，推进“两学一做”学习教育常态化制度化，强化院、系党的领导和党组织政治核心作用的发挥，层层压实主体责任，党员先锋模范和基层党支部战斗堡垒作用得到有效发挥。

学校进一步完善干部选拔任用机制，修订《处级干部选拔任用工作规定》《校外挂职干部管理办法》，积极稳妥推进新一轮机关、直属单位及学院行政领导班子集中换届工作。完成新任处级干部和青年干部培训工作，选派 24 名干部赴教育部、北京市、甘肃省等进行挂职锻炼。

学校持续巩固党风廉政建设成效，全面落实中央八项规定精神，做好公车改革，开展元旦、春节及教师节等重要时间节点“四风”问题自查、督查工作。持续加强惩治和预防腐败体系建设，严肃规范开展执纪审查工作，践行监督执纪“四种形态”，实施干部谈话制度，坚持纪在法前、纪严于法。积极发挥审计监督作用，规范内部管理、防范经济风险、提高资金使用效益。

学校坚持文化育人，制定发布学校文化建设规划。以 65 周年校庆为契机，举办“魏寿昆科技教育奖”颁奖和徐匡迪校友返校等活动，确定《北科华章》《摇篮颂歌》为校歌，设立求实、鼎新、五环、青年四座文化广场，学校文化精神得到进一步凝练。

学校积极发挥统战群团作用，深入贯彻落实中央和北京市统战工作会议精神，着力发挥以教代会为基本形式的民主管理与监督制度作用，全面加强和改进共青团工作，推动学生会、研究生会“代表性、服务型”职能建设，实现了二级关工委全覆盖。

（二）学科建设水平不断提升

2017 年，学校入选“世界一流学科建设高校”。科学技术史、材料科学与工程、冶金工程、矿业工程 4 个学科进入一流学科建设行列。学校召开“双一流”建设方案论证会，编制完成《北京科技大学一流学科建设高校建设方案》。在全国第四轮学科评估中，学校 25 个参评学科共获评 2 个 A+、1 个 A 和 6 个 B+ 等，16 个学科进入前 30%，3 个优势学科位列前 10%。8 个学科进入“QS 世界大学学科排名”500 强。

此外，学校马克思主义理论、仪器科学与技术新增为博士学位授权一级学科，设计学新增为硕士学位授权一级学科。

（三）人才培养质量稳步提高

学校坚持以人才培养为中心，召开本科教育教学工作会议，全面实施 2017 版培养方案，进一步推进完全学分制改革，完善本科教学质量保障体系，深化学生创新创业教育和实践能力培养。2017 年，作为第一主编单位出版各类教材 54 部，“形势与政策”入选 2017 年国家精品在线开放课程，顺利完成环境工程、冶金工程等 5 个专业的工程教育专业认证。学生代表队在全国“挑战杯”“互联网 +”创新创业竞赛、智能汽车大赛中摘金夺银，全年获省部级以上奖励 1328 人次。

深化研究生培养机制改革，扩大二级单位和导师招生自主权，制定 2017 版研究生培养方案，出台《北京科技大学学位评定委员会章程》。顺德研究生院建设进展顺利，首批研究生招生计划列入学校2018年招生简章，拟招收研究生139名。2017届毕业生整体就业率96.64%，其中研究生就业率98.48%，本科生就业率95.08%，用人单位对学校毕业生的总体满意度为98.65%。

继续教育、远程与成人教育和国际合作教育稳步开展，管庄校区与学校实现了实质性融合。天津学院顺利完成各项工作任务，荣获“2017年度综合实力独立学院”称号。

（四）师资队伍建设取得新成效

实施“北科学者”人才支持计划，建立院士工作平台，试行教师学术休假制度，推动融合创新研究院建设，全方位加大高层次人才、创新团队和优秀青年教师培养引进力度。学校新增杰出青年科学基金获得者2人、“百千万人才工程”入选者1人、长江学者青年学者1人、优秀青年科学基金获得者3人、北京市教学名师2人。

持续深化人事制度改革，进一步扩大二级单位人事自主权，修订专业技术职务评聘政策，完成全校各类人员新一轮岗位聘任工作，努力推动校聘劳动合同人员“同工同酬”。巩固分配制度改革成果，2017年度教职工平均增资1万元，进一步调动了教职工投身学校发展的积极性。

（五）科学研究和成果转化取得新突破

坚持服务国家重大战略和北京市“全国科技创新中心”建设，发挥特色和交叉协作优势，高水平团队和平台建设取得重要进展。牵头组建的“北京材料基因工程高精尖创新中心”正式获批成立，先后成立精准医疗与健康研究院、平谷生物农业研究院，吸引了以诺贝尔奖获得者穆拉德院士为首的多名国际顶尖科学家。召开军民融合创新研讨会，建议发起成立北京科技大学军民融合雄安联盟，积极推进教育部、国防科工局“十三五”共建高校的申请工作，举办首期“先进装备制造及关键材料专家大讲堂”。

2017年，学校全口径科技经费13亿元。国家自然科学基金和人文社科项目立项数量均创历史新高，吕昭平教授和罗海文教授的科研成果在*Nature*和*Science*发表，陈飞武教授的文章位居2007~2016年高被引论文排名第8位。校地、校企合作稳步推进，与26家企业、政府签订合作协议。天工大厦运营管理良好，为学校整体发展提供了有力支撑。

（六）国际化进程持续加快

2017年，学校召开国际化工作会议，提出新时期国际化发展愿景和规划，明确国际化建设定位，积极谋划“一带一路”国际合作战略新布局。

深入推进与鲁汶大学、日本东北大学、巴黎第十一大学、李约瑟研究所等机构的高层次战略合作，参与中欧工程教育联盟、欧亚太平洋大学联盟。成立的东盟研究中心入选教育部备案名单，与泰国农业大学联合开展国家首个“一带一路”材料环境腐蚀研究的国际合作项目，与新南威尔士大学、亚利桑那大学等11所知名高校新建合作关系。

构建多层次、全方位的学生海外访学工作体系，年内执行公派交流项目124项、选派学生733人。截至2017年年底，在校国际学生人数达985人，同比增长10.3%。

（七）学生综合素质稳步提高

切实提升学生思想政治工作实效性。围绕立德树人根本任务，积极发挥第一课堂主渠道作用和第二课堂德育功能。建设“思想理论信息全媒体传播平台”实验室，开发“形势与政策”慕课11期、覆盖2万余人。

扎实开展学生日常思想政治教育活动，完善校院两级学业发展辅导机制，入选首批北京高校学业辅导示范中心（共10个）。强化学生心理素质教育，实现心理素质教育慕课课程全覆盖。制定《第二课堂学生成长助力工程实施办法（试行）》，在全国率先推行“第二课堂成绩单”制度。组织395支团队、4123名学生投身社会实践，开展志愿服务活动17万余工时，获评全国暑期“三下乡”优秀单位，京港青年伙伴行动的实践成果入选“砥砺奋进的五年”大型成就展。

（八）办学条件逐步改善

2017年，学校进一步强化预算执行管理，推进内控体系建设，实现全口径收入268011万元，完成率为99.9%。全年完成全口径支出241281万元，完成率为85.6%。校友会、基金会全年接受捐赠2435.27万元，争取教育部配比资金1047.95万元，为学校增加收入3400余万元。

进一步完善公共服务体系建设，出台《仪器设备开放共享管理办法（试行）》。积极推进京外校区的规划和建设，抓住京津冀协同发展契机，根据教育部统一部署，积极推进，取得有效进展。昌平创新园东区验收取得重大进展，工程实践基地一期、昌平创新园西区前期手续顺利进行，地铁学院桥站、附小改扩建等重点规划项目稳步推进。

持续做好信息化工作，新版主页和“刷脸迎新”受到广泛欢迎。完成后勤体制机制改革，校医院、图书馆、档案馆、体育馆、基础教育中心和社区服务质量和服务效能进一步提升。强化校园安全防范与综合治理，通过第三轮保密资格审查认定，取得二级保密资格。做好对甘肃秦安县的定点扶贫工作，积极探索“携手+”立体帮扶模式，打好教育、智力、产业、电商帮扶“组合拳”，帮扶效果显著。

2017年北京科技大学大事记

一月

5日　与英国伯明翰大学联合申报的“储能与环境功能材料创新及拔尖人才培养项目”获批国家“创新型人才国际合作培养项目”。

6日　举办以“不忘初心，一路前行”为主题的2017届春季研究生毕业典礼，授予201位研究生博士学位、1770位研究生硕士学位。

7日　校长张欣欣荣获“2016年学生喜爱的大学校长”称号，评选由中国高等教育学会、中华全国学生联合会、中国青年报社共同主办。

9日　中共中央、国务院在北京人民大会堂隆重举行国家科学技术奖励大会，学校获得国家科学技术进步二等奖3项，分别是朱荣教授主持完成的“电弧炉炼钢复合吹炼技术的研究应用”、李晓刚教授主持完成的“材料海洋环境腐蚀评价与防护技术体系创新及重大工程应用”和张建良教授等人参与完成的“高效低耗特大型高炉关键技术及应用”。

10日　举办2016年度总结表彰大会，对2016年度人才工作、教育教学工作、科研工作、学生工作等领域的先进单位和优秀个人进行了表彰。

10日　北京市教育工会对2016年度各类奖项获奖单位进行表彰，学校工会荣获北京市教育工会“先进单位奖”、工会工作获得“特色工作奖”。

11日　召开学校2016年度校领导考核暨干部选拔任用工作民主评议会，全体校领导、党委委员、中层干部及相关代表参加会议。

11日　召开学校二级党组织书记抓基层党建工作述职评议考核会。

1月　2016年度寻访“中国大学生自强之星”活动结果揭晓，学校经管学院大三学生格桑措姆入围“中国大学生自强之星”，获“中国大学生新东方自强奖学金”。

二月

17日　召开2017年寒假党委（扩大）会议，专题研讨“双一流”建设及思想政治工作。

22日　广西柳州钢铁集团有限公司一行来校访问交流，校长张欣欣、副校长孙冬柏出席交流会。

23日　瑞典皇家工程科学院院士Christian Ekberg做客中国材料名师讲坛第86讲，以“Hydrochemical Routes to Recycle NiMH Batteries and Flourescent Lamps”为题做报告。

27日　包钢集团董事长、党委书记魏栓师一行来校访问交流。校长张欣欣、副校长孙冬柏出席交流会。

三月

1日　举行2017年人事人才工作会议，校长张欣欣就进一步深化人事制度改革、统筹做好全年人事人才工作进行部署。

2日　党委书记武贵龙，校长张欣欣，副校长孙冬柏、何民庆一行赴昌平创新园考察国家材料服役安全科学中心建设，进一步明确科学中心建设步骤。

4日　30名志愿者参加“爱满京城”——北京市2017年学雷锋志愿服务主题推动日活动，受到杰出校友、中央政治局原委员、北京市委原书记刘淇同志亲切接见。

8日　QS世界大学学科排名发布，学校8个学科进入榜单。

8日　校长张欣欣会见台湾逢甲大学校长李秉乾一行。

13日　召开2017年党风廉政建设工作会，部署全面从严治党工作。

17~19日　举办第八届全国大学生数学竞赛决赛。

24日　举行2017届毕业生春季大型双选会，校长张欣欣到现场看望毕业生。

29日　学校腐蚀防护中心获Corrosion 2017国际腐蚀大会“杰出科研机构奖”，李晓刚教授获2017杰出技术贡献奖，路民旭教授获NACE Fellow荣誉称号。

31日　举行北京精准医疗与

健康研究院（筹）揭牌暨诺贝尔奖获得者、美国国家科学院院士斐里德·穆拉德（Ferid Murad）受聘名誉院长仪式，北京市委常委、组织部部长姜志刚，国家外专局副局长周长奎，北京市科委委员朱世龙，党委书记武贵龙共同为研究院揭牌，校长张欣欣为斐里德·穆拉德、罗伯特·兰格（Robert Langer）、约瑟夫·王（Joseph Wang）、德米特里·奥尔登（Dmitri Alden）、张学记和万向元颁发中心主任聘书。

3月　北京市科学技术委员会公布“2016年度北京市重点实验室和北京市工程技术研究中心认定名单”，学校“城市地下空间工程北京市重点实验室”“金属轻量化成形制造北京市重点实验室”“磁光电复合材料与界面科学北京市重点实验室”3个实验室被认定为北京市重点实验室。

3月　学校《思想教育研究》入选中文社会科学引文索引（CSSCI）来源期刊。

3月　张学记教授当选为美国医学与生物工程院院士。

3月　尹升华教授入选“长江学者奖励计划”青年学者。

3月　周国治院士获日本铁钢协会外国人名誉会员。

3月　张海君教授入选中国科协“青年人才托举工程”（2016—2018年度）。

四月

10日　吕昭平教授团队研发的高密度纳米强化超高强韧马氏体时效钢在国际顶级期刊*Nature*发表。

13日　举行致公党海淀区北京科技大学支部成立大会，党委副书记权良柱出席会议并讲话。

18日　启动学校首届“礼敬中华·文溢满井”传统文化节。

20日　校长张欣欣会见哈萨克斯坦阿拉木图管理大学校长Kanagatova Almagul一行，就经管、计通等专业领域的合作与师生交流进行研讨。

21日　校长张欣欣会见泰国农业大学Chongrak Wachrinrat校长一行并签署校际合作协议。

21日　举办学校全球化与青年领导力主题论坛，中国台湾朝阳科技大学校长郑道明、韩国国立顺天大学校长朴真成等高校代表近50人参加论坛。

21~22日　举办学校第五十六届学生运动会暨第三十九届教职工运动会。

22日　举办《广州大典》捐赠仪式，学校78级校友，广州市人大常委会主任、党组书记陈建华代表广州市将《广州大典》赠予学校。

22日　隆重举行学校建校六十五周年暨83级、93级校友值年返校庆祝大会。

22日　隆重举行第四届“魏寿昆科技教育奖”颁奖典礼，第十届全国政协副主席、中国工程院原院长徐匡迪院士，钢铁研究总院名誉院长、冶金部原副部长殷瑞钰院士，中国工程院原副院长王淀佐院士，武钢集团原总工程师张寿荣院士，北京科技大学周国治院士，宝武钢铁集团毛新平院士，魏寿昆院士之子、北京工业大学魏文宁教授出席典礼。中国科学院院士、北京科技大学教授周国治获得第四届“魏寿昆冶金奖”；上海大学教授李喜、首钢集团教授级高级工程师张福明获得第四届“魏寿昆冶金青年奖”。

22日　举办“熔铸春华·科创未来”学校65周年校庆文艺晚会，晚会从报国的理想与担当、育人的学堂与摇篮、青春的大学与梦想三个角度生动诠释学校以为中华之崛起为己任的厚重情怀，彰显北科大人为钢铁强国、科技报国梦想而不懈奋斗的坚实脚步。

23日　举行“校长相约 共话成长”历届校长奖章获得者主题论坛暨第十一届校长奖章评选启动仪式。校长张欣欣、副校长王维才参加论坛。

24日　举行全球顶尖科学家及创新团队——诺贝尔奖获得者巴里·詹姆斯·马歇尔院士受聘仪式暨北京精准医疗与健康研究院（筹）建设工作推进会，中共北京市委组织部部务委员阎晓东，北京市科委副主任朱世龙，中关村管委会委员赵清，中共海淀区委常委、组织部部长周志军参加活动。

五月

1日　自动化学院党委副书记景鹏获第九届“全国高校辅导员年度人物提名奖”。

4日　召开十一届党委第九次全体（扩大）会议，党委书记武贵龙传达习近平总书记在中国政法大学视察时的重要讲话精神。全体校领导，党委委员，各二级党组织、相关部门主要负责人参加会议。

4日　举行学校纪念建团95

周年主题团会暨青年五四奖章授予仪式，大会授予格桑措姆、蒋虽合、李娜等 9 名优秀青年个人和集体北京科技大学“青年五四奖章”荣誉称号。

4 日　数理学院 2010 级校友、门头沟区妙峰山镇水峪嘴村大学生村官徐聚民荣获 2017 年“北京青年五四奖章”荣誉称号。

9 日　召开“宽幅铝板带热连轧成套控制系统和关键工艺技术研发及应用”科技成果评价会，会上认定项目成果整体达到国际先进水平，在核心环节工艺控制方面达到国际领先水平。

9 日　召开“高导热氮化铝精密成形技术及应用”科技成果评价会，会上认定成果创新性强、整体技术达到国际先进水平，其中以复杂形状构件注射成形等为代表的工艺技术达到国际领先水平。

11 日　加拿大工程院院士骆静利教授做客中国材料名师讲坛第 87 讲，以“CO_2 Conversion Using Fuel Cell as Reactor for Co-generation Electricity and Useful Product”为题做报告。

20 日　举行“从‘制造’到‘智造’：创新与挑战”北京科技大学 2017 东凌经管学院年度论坛，铁 78 级校友，北京汽车集团有限公司党委书记、董事长徐和谊，管工 87 级校友、中非民间商会秘书长王晓勇，冶研 85 级校友、工业和信息化部材料工业司原副司长苗治民，管研 84 级校友、上海宝信软件股份有限公司运营改善部部长肖玉新受邀参加论坛。

25 日　召开学校“两学一做”学习教育常态化制度化推进部署会，进一步坚持高标准、严要求，扎实推进“两学一做”学习教育常态化制度化落地见效。

25 日　召开中国共产党北京科技大学第十一次代表大会二次会议，选举武贵龙、班晓娟两位同志为学校出席北京市第十二次党代会代表。

26 日　召开学校思想政治工作会议，深入学习贯彻全国高校思想政治工作会议和习近平总书记重要讲话精神，贯彻落实党中央和教育部、北京市决策部署，切实加强和改进学校思想政治工作。

21~28 日　第五十五届首都高校田径运动会举行，学校获金牌 2 枚、银牌 4 枚和铜牌 6 枚，总分获得甲组（高水平组）团体第三名，获得“体育道德风尚奖”。

5 月　召开“高品质钢精炼及连铸过程模拟仿真技术及其应用”科技成果评价会，会上认定项目成果达到国际先进水平。

5 月　朱荣教授、张学记教授获全国创新争先奖状。

5 月　冶金与生态工程学院教师博士后林鲲、任英，能源与环境工程学院应届博士毕业生李子宜入选 2017 年度“博士后创新人才支持计划”。

六月

1 日　吕昭平教授团队的高熵合金多形性转变研究成果在国际著名学术期刊 *Nature Communications* 发表。

8 日　与北海诚德镍业有限公司签署战略合作协议，推动双方在新产品和新技术开发、科技成果转让、科技人才培养等方面的合作。

9 日　举行学习十八届六中全会精神辅导报告会，中共北京市委委员、北京市委党校常务副校长、北京行政学院常务副校长王民忠教授受邀来校做全面从严治党专题学习辅导报告。

14 日　北京市科委主任许强、委员张虹等一行来校调研交流。

14 日　举行中国材料名师讲坛第 88 讲暨高等学校创新引智计划“功能性纳器件基础与应用引智基地”学术报告会，2010 年诺贝尔物理学奖得主、英国国家石墨烯研究院首席科学家 Konstantin Novoselov 院士做题为“Recent Progress on Van der Waals Heterostructures”的学术报告。

15 日　召开学校第八届教代会四次会议。

16 日　举办 2017 届学生毕业典礼暨学位授予仪式，授予 213 位研究生博士学位、1056 位研究生硕士学位、2807 名本科生学士学位。

17~19 日　副校长王维才一行到昌吉职业技术学院看望学校支教团成员，与昌吉职业技术学院续签“西部计划”合作意向协议书。

19 日　校长张欣欣会见英国上议院议员，英国华威大学制造工程学院院长、创始人 Kumar Bhattacharyya 勋爵一行。

21 日　举办工业设计系建系 15 周年“未来已来”设计作品展。

29 日　校长张欣欣会见台北大学林道通校长一行，双方签署校际合作协议。

6 月　学校入选科技部“创新

人才培养示范基地”。

6月　材料科学与工程学院先进微纳能源与传感系统研究团队二维原子晶体材料二硫化钼表面缺陷无损、精确、高效、稳定修复策略研究成果在国际著名学术期刊 *Nature Communications* 上发表。

七月

4日　成立学校智能机器人创新研究院，挂靠机械工程学院。

5日　举行2017年全国大中专学生暑期“三下乡”社会实践出征仪式暨首都“青年服务国家”社会实践项目展示活动，团中央书记处书记傅振邦出席活动并讲话。

11日　召开新任校领导干部宣布大会，党委书记武贵龙宣读任命通知，臧勇、吕昭平任学校党委常委、副校长。

13日　召开北京科技大学——国家纳米科学中心球差电镜协作实验室协议签署仪式暨北京科技大学USERS平台球差电镜启用会，副校长臧勇出席活动。

八月

3日　数理学院教师储继迅获北京高校第十届青年教师教学基本功比赛理工类A组一等奖（第一名）。

8日　著名科学家、教育家，中国科学院院士，我国金属物理、冶金史学科奠基人，北京科技大学教授柯俊先生在北京逝世，享年101岁。

9日　召开学校党委中心组专题学习会，学习传达习近平总书记在省部级主要领导干部专题研讨班上的重要讲话精神。

24日　冶金与生态工程学院罗海文教授作为通讯作者之一的《D&P钢中高位错密度引起高延性》在国际顶级学术期刊 *Science* 发表。

29~31日　校长张欣欣带队前往日本，参加学校与北海道大学缔结校际合作关系三十周年庆典活动，访问日本东北大学并续签校际合作协议。

九月

2日　举行学校2017级本科生新生开学典礼，招收3424名本科新生。

3~5日　党委书记武贵龙、副书记权良柱一行赴甘肃省秦安县，调研推进对口扶贫工作。

7日　召开2017年暑期党委（扩大）会议，专题学习传达习近平总书记在省部级干部研修班上的重要讲话精神，习近平总书记给第三届中国“互联网+”大学生创新创业大赛“青年红色筑梦之旅”大学生的回信，以及北京市第十二次党代会精神，研讨学校迎接北京高校《党建和思想政治工作基本标准》入校检查工作和人才工作。

8日　举行学校2017级研究生新生开学典礼，招收博士新生591名、硕士新生2942名、国际学生新生163名。

10日　与鑫鹏源智能装备集团有限公司签订战略合作协议。

13日　召开学校2017年教师节庆祝暨表彰大会。

18日　党委书记武贵龙、副校长臧勇一行赴佛山市顺德区考察学校顺德研究生院筹建情况。

21日　学校科学技术史、材料科学与工程、冶金工程、矿业工程4个学科进入国家世界一流学科建设行列，学校入选学科数列全部137所高校的第26位（6校并列）。

25日　组织召开“北京科技大学军民融合协同创新研讨会”，研讨学校军民融合创新发展思路。

26日　举行北京科技大学与甘肃省教育厅、兰州理工大学战略合作协议签约仪式。

9月　材料学院曹文斌、数理学院张志刚、经管学院魏钧、自动化学院付冬梅被评为“北京市优秀教师”，新材料技术研究院曲选辉被评为“北京市优秀教育工作者”。

9月　学校“Aeroband空气拨片”创业项目获第三届中国“互联网+”大学生创新创业大赛全国银奖。

十月

10日　成立学校党委教师工作部，与党委宣传部合署办公；成立学校顺德研究生院。

11~13日　校长张欣欣率团访问台湾大学、辅仁大学和逢甲大学等合作伙伴，并应邀出席第十三届海峡两岸气候变迁与能源永续发展论坛。

16日　由学校作为牵头单位，北京信息科技大学、中国科学院物理研究所、中国钢研科技集团有限公司作为共建单位的“北京材料基因工程高精尖创新中心”

正式获批成立。

17 日　举行与中天钢铁集团有限公司战略合作协议签约暨“中天钢铁基金”捐赠仪式。

19 日　与国防科工局协作配套中心联合举办首期“先进装备制造及关键材料专家大讲堂”，中国工程院院士干勇做《制造业强国战略与十三五新材料发展》主题演讲。

26 日　校长张欣欣会见香港城市大学校长郭位一行，双方就“双一流”建设问题进行深入交流。

30 日　召开学校学习宣传贯彻党的十九大精神部署会，党委书记武贵龙做学习宣传贯彻党的十九大精神专题报告。

31 日　举办中国材料名师讲坛第九十讲，中国科学院院士钱逸泰做题为“55 年科研历程”的学术分享。

十一月

1 日　举办中国材料名师讲坛第九十一讲，“材料基因工程”111 引智基地学术大师、法国国家科学研究中心主任、巴黎国立高等化工学院表面物理化学实验室主任 Philippe Marcus 教授做题为“Towards Atomic Level Understanding of Metal Surface Propertiesin Corrosion Science”的学术报告。

3 日　中国载人航天工程副总设计师、国际宇航科学院院士陈善广研究员做客学校名家讲坛，以“人因工程与载人航天应用”为题做报告。

8 日　由市委教育工委副书记、市教委主任刘宇辉为组长，北京教育系统党建和思想政治工作领域的有关领导和专家组成的检查组，莅临学校检查《北京普通高等学校党建和思想政治工作基本标准》落实情况。

10 日　召开学校 2017 年度招生就业工作总结会。

16 日　举办学校国际化建设工作会议。

23 日　北京市副市长隋振江来校座谈调研并主讲党的十九大精神学习专题党课。

24~26 日　学校 9 支团队参加第十一届 iCAN 国际创新创业大赛总决赛，斩获一等奖 2 项、二等奖 5 项、三等奖 1 项，学校被评为“优秀组织单位”。

11 月　化学与生物工程学院陈飞武教授团队论文“Multiwfn: A Multifunctional Wavefunction Analyzer”入选我国 2007~2016 年高被引论文，位居被引次数最高的 10 篇论文第 8 位。

11 月　学生团队获第十五届“挑战杯”全国大学生课外学术科技作品竞赛全国二等奖 2 项、三等奖 3 项。

十二月

9 日　举办“廿载砥砺支教路，一生不变志愿心”研究生支教团二十周年纪念会。

13 日　举行与平谷区人民政府战略合作签约暨平谷生物农业研究院揭牌仪式，双方共建平谷生物农业研究院。

15 日　举行“海聚英才”第三届国际青年学者论坛，校长张欣欣，副校长臧勇、吕昭平参加论坛。

15 日　学校通过中国教育国际交流协会来华留学质量认证。

20 日　张立峰教授担任团队负责人的冶金工程教师团队入选“全国高校黄大年式教师团队”。

20 日　东凌经济管理学院管理 1403 班被评为北京高校“我的班级我的家”十佳示范班集体。

26 日　昌平创新园主楼项目顺利竣工并接受了工程质量竣工验收。

27 日　举行第 36 期“啡常时光”校长面对面活动，校长张欣欣与研究生毕业生共话未来。

26~28 日　召开以“凝心聚力、不忘初心，培养一流本科创新人才”为主题的学校 2017 年本科教育教学工作会议。

28 日　全国第四轮学科评估结果公布，学校 25 个参评学科中 16 个学科进入前 30%。3 个位列参评学科前 10%：科学技术史（A+/ 前两名）、冶金工程（A+/ 前两名）、材料科学与工程（A/ 前八名）；6 个学科位列前 20%（B+）：矿业工程、安全科学与工程、机械工程、环境科学与工程、计算机科学与工程、控制科学与工程；7 个学科位列前 30%（B）：土木工程、动力工程及工程热物理、化学、管理科学与工程、工商管理、外国语言文学、马克思主义理论。

12 月　学校入选北京市委教育工委首批 10 所北京高校学业辅导示范中心建设高校。

机构与干部

学校领导

（2017.01~2017.04）

党委书记　　武贵龙
校　　长　　张欣欣
党委副书记　　权良柱　　戴井岗　　薛庆国
副 校 长　　孙冬柏　　王维才　　薛庆国　　吴爱祥　　何民庆
纪委书记　　戴井岗（兼）

（2017.04~2017.06）

党委书记　　武贵龙
校　　长　　张欣欣
党委副书记　　张欣欣　　权良柱　　戴井岗　　薛庆国
副 校 长　　孙冬柏　　王维才　　薛庆国　　吴爱祥　　何民庆
纪委书记　　戴井岗（兼）

（2017.06~2017.07）

党委书记　　武贵龙
校　　长　　张欣欣
党委副书记　　张欣欣　　权良柱　　戴井岗　　薛庆国
副 校 长　　孙冬柏　　王维才　　薛庆国　　吴爱祥　　何民庆　　臧　勇　　吕昭平
纪委书记　　戴井岗（兼）

（2017.07~2017.12）

党委书记　　武贵龙
校　　长　　张欣欣
党委副书记　　张欣欣　　权良柱　　戴井岗　　薛庆国
副 校 长　　王维才　　薛庆国　　吴爱祥　　何民庆　　臧　勇　　吕昭平
纪委书记　　戴井岗（兼）

中共北京科技大学第十一届委员会常务委员会委员名单

（2017.01~2017.06）

武贵龙　张欣欣　权良柱　戴井岗　薛庆国　孙冬柏　王维才　吴爱祥　何民庆

（2017.06~2017.07）

武贵龙　张欣欣　权良柱　戴井岗　薛庆国　孙冬柏　王维才　吴爱祥　何民庆
臧　勇　吕昭平

（2017.07~2017.12）

武贵龙　张欣欣　权良柱　戴井岗　薛庆国　王维才　吴爱祥　何民庆　臧　勇
吕昭平

中共北京科技大学第十一届委员会委员名单

（按姓氏笔画排序）

（2017.01~2017.06）

于成文　马　飞　王维才　尹兆华　尹怡欣　权良柱　刘杰民　孙冬柏　孙景宏
吴爱祥　何　进　何民庆　宋　波　张　颖　张卫冬　张欣欣　张学记　武贵龙
罗维东　金龙哲　彭庆红　臧　勇　薛庆国　戴井岗　戴淑芬

（2017.06~2017.07）

于成文　马　飞　王维才　尹兆华　尹怡欣　权良柱　吕昭平　刘杰民　孙冬柏
孙景宏　吴爱祥　何　进　何民庆　宋　波　张　颖　张卫冬　张欣欣　张学记
武贵龙　罗维东　金龙哲　彭庆红　臧　勇　薛庆国　戴井岗　戴淑芬

（2017.07~2017.12）

于成文　马　飞　王维才　尹兆华　尹怡欣　权良柱　吕昭平　刘杰民　孙景宏
吴爱祥　何　进　何民庆　宋　波　张　颖　张卫冬　张欣欣　张学记　武贵龙
罗维东　金龙哲　彭庆红　臧　勇　薛庆国　戴井岗　戴淑芬

中共北京科技大学第十一届纪律检查委员会组成人员名单

（按姓氏笔画排序）

书　　记　戴井岗（兼）
副 书 记　曲　雁　章东辉
委　　员　王小力　曲　雁　刘　立　杨　平　张俊燕　张敬源　季淑娟　赵　雨
贾水库　曹光远　章东辉　韩　经　戴井岗

北京科技大学第十六届工会委员会组成人员名单

（按姓氏笔画排序）

主　　席　戴井岗
常务副主席　贾水库
专职副主席　赵智杰　张　娟
兼职副主席　刘明珠
委　　员　马永春　王小宁　艾　茹　朱宝善　刘　焱　刘雨芙　刘明珠　李　芊
张　娟　张百年　张武军　陈　旭　邰永红　罗明刚　赵智杰　段晓芳
耿倩男　贾水库　郭　强　章东辉　景志红　曾　芳　戴井岗

共青团北京科技大学第二十二届委员会组成人员名单

（按姓氏笔画排序）

书　记　苏　栋（2017.12~）　李　磊（~2017.12）
副书记　王　鹂（女）　马　聪　闫奎铭　董俊杰（~2017.10）　王海波（2017.03~）
陈　凯（2017.03~）　崔　睿（2017.03~）　邢朝国（2017.08~）　姜　玉（2017.08~）
常　委　马　聪　王　鹂（女）　王海波　闫奎铭　苏　栋（2017.12~）　李　磊（~2017.12）
张　圆（2017.03~）　张晓媛（女）　陈　凯（2017.03~）　邵丽华（女）
郭东旭（~2017.03）　崔　睿　董俊杰（~2017.10）　喇浩钊（2017.03~）

学校党群机构及负责人

序　号	单　位	正　职	副　职
1	党委办公室	郑安阳（2017.11~） 张卫冬（~2017.11）	吴豪伟　赵　萌　郭志恒　苏　栋 郝　媛（2017.12~）
2	组织部	权良柱（兼，2017.12~） 孙景宏（~2017.12）	黄武南（常务，2017.11~）武　森
3	党校办公室	孙景宏	
4	宣传部	臧　勇（2017.12~） 于成文（~2017.12）	于成文（常务，2017.12~）沈　崴 李　洁
	教师工作部	于成文	
5	统战部	王维才（2017.12~） 张卫冬（~2017.12）	张　颖（常务，2017.12~）郝　媛
6	学生工作部	盛佳伟（2017.12~） 于成文（~2017.12）	盛佳伟（~2017.12）丁煦生　史立伟
	武装部	盛佳伟（2017.12~） 于成文（~2017.12）	陈大鹏
7	研究生工作部	董春阳（2017.12~） 张　颖（~2017.12）	宗燕兵
8	保卫保密部	刘兴德	王文刚　王　晨　田　斌（综合治理办公室副主任）
9	土木与资源工程学院党委	纪洪广（2017.05~） 金龙哲（~2017.05）	金龙哲（2017.10~）耿倩男　邓　波
10	冶金与生态工程学院党委	张建良	张立峰（2017.10~）张百年　王　斌（2017.04~） 王春义（~2017.04）
11	材料科学与工程学院党委	李　帅	王鲁宁（2017.10~）郎永红　张　毅
12	机械工程学院党委	马　飞	张　杰　董春阳
13	能源与环境工程学院党委	林　海	孔德雨
14	自动化学院党委	李　擎（2017.05~） 尹怡欣（~2017.05）	景　鹏　李　擎（~2017.05）
15	计算机与通信工程学院党委	黄武南	李　宁（2017.04~）杨　健（2017.07~） 韩伯涛（~2017.04）苏　栋（~2017.07）
16	数理学院党委	耿小红	王荣明（2017.10~）刘雨芙　牛　珩
17	化学与生物工程学院党委	郑安阳	曾　芳　曹艳秋
18	东凌经济管理学院党委	戴淑芬	闫相斌（2017.10~）刘明珠　温　雅
19	文法学院党委	赵　雨	陆　俊（2017.10~）魏增产　杨　雄
20	马克思主义学院党总支	彭庆红	段晓芳
21	外国语学院党委	张秋曼	张敬源（2017.10~）朱宝善　武冠雄
22	高等工程师学院党总支	李京社	王小宁
23	体育部直属党支部	张孔军	
24	管庄校区党委	何　进	纪永先（常务）马永春
25	新金属材料国家重点实验室党委	吕昭平（兼）	周香林
26	工程技术研究院党委	陈雨来	米振莉　梁治国
27	新材料技术研究院党委	吴春京	李　芊
28	国家材料服役安全科学中心党总支	蔡爱惠（2017.07~） 徐文超（~2017.05）	
29	天津学院党委	王　斌	叶振楠　白　亮（兼）孟菲菲（兼）
30	机关党委	章东辉	孟兆磊（兼）

续表

序 号	单 位	正 职	副 职
31	后勤党委	张俊燕	艾 茹 张东平（兼）
32	科技产业集团党委	高 杰（2017.12~） 王会中（~2017.12）	
33	离退休职工党委	乔 哲	刘淑红 段凤英 胡尧和

学校行政机构及负责人

序 号	单 位	正 职	副 职
1	校长办公室	郑安阳（2017.11~） 张卫冬（~2017.11）	吴豪伟 赵 萌 郭志恒 苏 栋 郝 媛（2017.12~）
2	扶贫工作办公室	吴豪伟	
3	规划与学科建设办公室	乔 兰	胡晓军
4	学术委员会办公室（秘书处）		
5	人事处	臧 勇（兼）	蒋 韬 袁文霞 刘 伟
6	人才工作办公室		
7	教务处	宋 波	申亚男 尚新生 林 海 张 甜
8	教师（教学）发展中心	薛庆国（兼）	宋 波
9	自然科学基础实验中心	弓爱君	
10	科学研究与发展部	刘杰民	赵冲冲 李 林 邢 奕 蔡爱惠 王文瑞
11	沿海协同创新研究院	何新波	
12	平谷生物农业研究院	万向元（校聘院长）	
13	研究生院	吕昭平（兼）	杜振民（常务） 韩 经 宁晓钧 班晓娟
14	财务处	曹光远	陈雪松 管 耘 严冬梅
15	监察室	曲 雁	夏秀芹
16	审计室	孙亚东	王小力
17	学生工作处	盛佳伟（2017.12~） 于成文（~2017.12）	盛佳伟（~2017.12） 丁煦生 史立伟
18	学生学习与发展指导中心	盛佳伟（2017.12~） 于成文（~2017.12）	盛佳伟（兼，~2017.12） 尚新生（兼）
19	招生就业处	尹兆华	王占奎 孙长林
20	创业中心	戴淑芬	倪 宇 马 聪（兼） 范小华（兼）
21	国际合作与交流处	郭侃俊	李 贝
22	国际学生中心	赵立英	李宝铭
23	保卫保密处	刘兴德	王文刚 王 晨 田 斌（综合治理办公室副主任）
24	人口和计划生育办公室	赵智杰（兼）	曹红丽
25	基建管理处	林 林	冯建明 周文海
26	后勤管理处（后勤服务集团）	张文平	孟祥国 赵宝永 鲍 博 仇安兵 张东平
27	资产管理处	金仁东	孟兆磊 柯红岩
28	离退休职工工作处	乔 哲	刘淑红 刘 晋
29	校友会、基金会办公室	吕朝伟	杨志国
30	学校共青团研究中心	臧 勇（兼）	秦 涛
31	新校区建设领导小组办公室	郭景文	

学校直属机构及负责人

序 号	单 位	正 职	副 职
1	科技产业集团	王会中（主持工作）	刘俊友 刘 焱
2	北京科大天工科技服务有限公司	张卫钢	
3	图书馆	季淑娟	王 瑜 张 涛
4	校医院	褚 洪	李素君
5	档案馆	罗明书	
6	期刊中心	佟建国（~2017.05）	
7	体育馆管理中心	邹华东	
8	基础教育管理中心	张 娜	宋玉梅 李广民（兼）
9	社区服务管理中心（社区居民委员会）	杨 峰	殷官朝
10	信息化建设与管理办公室	杨德斌	钱大益
11	中国教育经济信息网管理中心	何民庆（兼）	高 杰 雷雪梅 杨绮雯

教学科研单位及负责人

单 位	院 长	副院长
土木与资源工程学院	金龙哲（2017.05~） 王 媛（~2017.03）	李长洪 宋卫东（2017.07~） 尹升华（2017.07~） 耿倩男 纪洪广（~2017.07） 胡乃联（~2017.07）
冶金与生态工程学院	张立峰	陈 骏 王成彦 张新房（2017.10~） 张百年 李宏煦（~2017.05） 王春义（~2017.04）
材料科学与工程学院	王鲁宁（2017.05~） 姜 勇（~2017.04）	刘雪峰 曹文斌（2017.07~） 董文钧（2017.07~） 郤永红 王鲁宁（~2017.05） 于广华（~2017.07）
机械工程学院	乔 红	张 杰 夏德宏 马 飞 景志红 董春阳
智能机器人创新研究院		
能源与环境工程学院	王 立	夏德宏 冯妍卉 唐晓龙 耿 华
智慧能源研究中心	姜泽毅（校聘中心主任）	
自动化学院	尹怡欣（主持工作，~2017.05）	张朝晖（常务，2017.05~） 彭开香（2017.07~） 贺 威（2017.07~） 李希胜（2017.07~） 李 擎（~2017.07） 刘德荣（~2017.04）
计算机与通信工程学院	隆克平	张晓彤 张德政 王建萍 宁焕生 韩伯涛（~2017.03） 李 宁（2017.03~） 苏 栋（~2017.07）
数理学院	王荣明	陈章华 丁红胜 陈艳萍 刘雨芙 牛 珩
化学与生物工程学院	李正平	范慧俐 温永强 胡继业 曾 芳 曹艳秋
精准医疗与健康研究院	张欣欣（兼） 张学记（执行）	万向元（常务）
东凌经济管理学院	闫相斌	何 枫 魏 钧 范小华 刘明珠 温 雅
文法学院	陆 俊	魏增产 冯 英 张武军 俞文华
人文素质教育中心	赵 雨（兼）	韩学周
马克思主义学院	彭庆红	李晓光 刘丽敏 段晓芳
外国语学院	张敬源	陈红薇 朱宝善 武冠雄 何 伟（~2017.04）
高等工程师学院	李京社（主持工作）	赵志毅 王小宁
体育部	张孔军	董 苹 罗明刚 窦海波

续表

单　位	院　长	副院长
管庄校区	何　进	石　岩（常务）　赵桂娟　马永春
科技史与文化遗产研究院	潜　伟	章梅芳　陈坤龙
新金属材料国家重点实验室	吕昭平（兼）	林均品　张济山　隋延力　周香林
钢铁冶金新技术国家重点实验室	郭占成	李　晶　刘　青　王春义
工程技术研究院	何安瑞	米振莉　张勇军　梁治国
新材料技术研究院	曲选辉	孙建林　张深根　董超芳　张志豪　李　芊
国家材料服役安全科学中心	张卫冬	汪林兵　金　莹　陆永浩　徐文超（~2017.05）
钢铁共性技术协同创新中心	徐金梧（兼）	徐　科　孙彦辉
生物工程与传感技术研究中心	张学记	苏　磊　董海峰
一带一路发展研究院	张欣欣（兼）	罗　勇（执行院长）
北京材料基因工程高精尖创新中心	谢建新	乔利杰　冯　强　曲选辉（兼）　王鲁宁（兼）
融合创新研究院	张欣欣（兼）	
顺德研究生院	周贤伟	
天津学院	王　斌（2017.04~） 郭景文（~2017.04）	白　亮（综合办公室主任） 孟菲菲（人事处长） 叶振楠（学生处长）

学院（研究院）系、所、中心设置及负责人

学院	系、所、中心	正　职	副　职
土木与资源工程学院	资源工程系	金爱兵	李国清　赵怡晴　付建新　王贻明
	土木工程系	苗胜军	刘　洋　刘彩平　谭文辉
	安全科学与工程系	张英华	黄国忠　黄志安　刘　建
	矿物加工工程系	孙春宝	傅平丰
	建筑环境与设备工程系	朱维耀	刘兰斌　吴延鹏　宋洪庆
	实验中心	宋卫东	谢玉玲（常务）　张延凯　张　磊
	应用力学研究所	朱维耀	
冶金与生态工程学院	钢铁冶金系	张家泉	贺东风　唐海燕
	物理化学系	闫柏军	杨占兵
	有色金属冶金系	刘风琴	曹战民
	生态科学与工程系	李素芹	刘晓明
	实验中心	王成彦（兼）	何　涛
材料科学与工程学院	材料学系	强文江	郭翠萍　郑　磊　姚志浩
	材料加工与控制工程系	宋仁伯	李静媛　石章智　陈树海　张　鸿
	无机非金属材料系	曹文斌（兼）	陈俊红　李　妍
	材料物理与化学系	刘泉林	高克玮　李立东　齐俊杰　庞晓露
	核能与新能源系统材料研究所	葛昌纯	燕青芝　周张健
机械工程学院	机械工学系	韩建友	陈　平　杨光辉
	机械电子工程系	冯　明	阳建宏　郑莉芳
	机械装备及控制工程系	孙朝阳	秦　勤　韩　天　陈　兵
	机械制造及自动化系	李　疆	黄明吉　刘北英
	物流工程系	贺可太	钮建伟　吴秀丽

续表

学院	系、所、中心	正 职	副 职
机械工程学院	工业设计系	覃京燕	郑 阳 李 淳
	车辆工程系	杨 珏	杨耀东 康翌婷
	零件轧制中心	胡正寰	王宝雨（常务） 刘晋平
	实验中心	范 云	毕 佳 吕震光
能源与环境工程学院	热科学与能源工程系	姜泽毅	童莉葛 尹少武 刘训良
	环境工程系	李子富	宋 波 段小丽
	环境可持续排水技术研究中心	李子富	
自动化学院	控制科学与工程系	丁大伟	邵立珍 郭 金 袁 立
	仪器科学与技术系	蓝金辉	侯庆文 肖文栋 赵小燕
	电工电子技术系	史雪飞	刘磊明 伍春洪
	智能科学与技术系	谷 宇	王粉花 刘冀伟
	自动控制研究所	陈先中	王丽君 杨 旭
	导航与控制研究所	贺 威（兼）	余 瑶
	教学实验中心	李 擎（兼）	王尚君 鲁亿方
计算机与通信工程学院	计算机科学与技术系	罗 熊	殷绪成 朱 岩 王昭顺
	通信工程系	阳小龙	马忠贵 王丽娜 陈月云
	物联网与电子工程系	王志良	解 仑 石志国 皇甫伟
	信息基础科学系	姚 琳	汪红兵
	软件工程与网络空间安全研究所	孙昌爱	朱 岩
	教学实验中心	王建萍（兼）	郑 榕 于 泓
数理学院	应用数学系主任	刘 宇	朱 婧 司新辉 魏海瑞
	信息与计算科学系	张志刚	赵鲁涛 臧鸿雁 徐 岩
	物理系	顾 强	倪晓东 刘丽华 钱 萍
	应用力学系	魏培君	陈学军 肖久梅
	应用物理系	王凤平	郑新和 王云良 宋玉军
	现代物理技术研究中心	王荣明（兼）	宋玉军 于广华
	应用物理研究所	陈难先	申 江
	应用数学研究所	林 平	
	实验中心	吴 平	阴津华 张孝芳 刘秀芹
化学与生物工程学院	化学与化学工程系	陈飞武	车 平 李新学 李建强
	生物科学与工程系	闫 海	杜宏武 魏 巍 罗 晖
东凌经济管理学院	管理科学与工程系	李铁克	王海凤
	工商管理系	张 剑	贾振全
	经济贸易系	冯 梅	马建峰
	财务与会计系	肖 明	李晓静
	金融工程系	王未卿	刘祥东
	工程管理与技术经济系	马风才	王震勤
	实验信息中心	张俊光	
	管理科学与工程研究所	张 群	
	电子商务研究所	李铁克	
	企业与产业发展研究所	何维达	
	教育部工程研究中心	李铁克	

续表

学院	系、所、中心	正　职	副　职
东凌经济管理学院	期货证券研究中心	闫相斌	
	复杂系统故障预测和管理研究所	闫相斌	
	MBA 中心	李晓静	
	公共关系办公室	秦艺芳	
文法学院	公共管理系	吴群芳	何晓前　黄耀杰
	法律系	侯登华	张家盛　张佳华
	社会学系	时立荣	许　斌　郇建立
	艺术教育中心	张　健	
	MPA 教学管理中心	孙雍君	唐德龙
	实验中心	米　浩	
	法律硕士教育管理中心	魏增产（兼）	崔俊贵
	专业学位办公室	王　伟	
	教育经济与管理研究所	曲绍卫	
	知识产权研究中心	徐家力	张武军（兼）
马克思主义学院	思想政治教育研究所	左　鹏	鲁春霞
	马克思主义原理研究所	马晓燕	
	马克思主义中国化研究所	杨彦强	赵　静
	历史与文化研究所	张北根	
	科技与社会研究所	刘文霞	
外国语学院	英语语言文学系	杨英军	范一亭
	大学英语系	王　娜	陈娟文　秦晓惠
	研究生英语系	何中清	
	亚欧语系	庄凤英	王绪梅
	外国语言文学研究所	杨英军	
	培训中心	孙　浩	
	实验中心	张敬源（兼） 张秋曼（兼）	陈光浦
	功能语言学研究中心		
	当代语言科学研究中心	张敬源（兼）	
	世界文学文化研究中心	陈红薇（兼）	
高等工程师学院	工程训练中心	张欣欣（兼）	王建武　周　珂　王　旭
体育部	第一教研室	陈　孺	
	第二教研室	倮德群	
	体质健康测试中心	曹庆雷	
新材料技术研究院	腐蚀与防护中心	乔利杰	孟惠民　王德仁
	功能材料研究所	田建军	李成明
	先进制备与加工技术研究所	张志豪（兼）	
	粉末冶金研究所	郭志猛	林　涛　秦明礼
	实验测试中心	孙建林（兼）	熊小涛（常务）　毛璟红　薛润东 胡学晟

院系情况

土木与资源工程学院

【概况】 土木与资源工程学院下设5个系：资源工程系、土木工程系、矿物加工工程系、安全科学与工程系、建筑环境与设备工程系；1个实验中心；4个研究所：空间遥感与GIS应用研究所、矿井避险技术研究中心、尾矿膏体处置技术研究中心、应用力学研究所；1个省部级重点实验室：金属矿山高效开采与安全教育部重点实验室；1个北京市重点实验室：城市地下空间工程北京市重点实验室。

2017年，学院共招收本科生12个班360人，外国留学生15人，其中土木工程120人（外国留学生11人）、矿业工程117人（外国留学生4人）、安全工程63人、建筑环境与能源应用工程60人；招收学术型普通硕士研究生142人（含外国留学生2人），应用型专业学位硕士研究生127人，非全日制工程硕士6人，博士研究生65人（含外国留学生1人）。毕业本科生297人，深造率53.54%，综合就业率94.95%；毕业硕士研究生291人，毕业博士研究生54人，综合就业率97.21%。至年底，学院共有在校生2665人，其中本科生1498人（含外国留学生64人）、硕士研究生1167人（含外国留学生10人）、博士研究生429人（含外国留学生13人）。

（耿倩男、邓　波）

【师资队伍】 学院共有教职工168人，其中专任教师134人（教授46人、副教授44人、讲师28人、教师博士后16人）。有博士生导师51人，其中兼职博导10人。具有博士学位的教师127人，占教师总数的95%。有中国工程院院士1人，国务院学位委员会学科评议组成员2人，长江学者1人，长江学者青年学者1人，国家杰出青年科学基金获得者2人，全国教学名师1人，全国模范教师1人，“新世纪百千万人才工程”国家级人选4人，中国青年科技奖获得者2人，全国优秀科技工作者2人；教育部“跨世纪优秀人才培养计划”入选者2人，教育部“新世纪优秀人才支持计划”入选者7人，教育部创新团队1个，北京市教学名师3人，北京市优秀教学团队1个，北京市优秀教师2人，北京市高等学校青年学科带头人2人，北京市优秀青年骨干教师4人；宝钢教育基金优秀教师4人。新进教学科研岗12人，其中人才引进特聘副教授1人、讲师3人，师资博士后8人；新进辅导员1人；2人晋升教授，6人晋升副教授；11名教师出国访学；9名教师博士后通过出站考核，其中2人获校级优秀博士后称号。宋大钊副教授荣获北京市科技新星，钟日晨副教授获北京高校第十届青年教师教学基本功比赛理工类二等奖，周喻副教授获第一届全国高等学校采矿工程专业青年教授讲课竞赛二等奖。学院4个博士后流动站全年进站21人，出站22人，至2017年年底，在站博士后共49人。

（金龙哲、耿倩男）

【人才培养】 ①以人才培养为中心，构建了创新人才培养体系。统筹规划各学科课程体系，制定了2017版本科生和研究生培养方案，形成适应经济建设和社会发展需要的多层次人才培养体系。②注重提高生源质量和培养质量。加大招生宣传力度，设立学院《推荐免试硕士研究生奖励办法》，研究生生源211院校比例大幅提升。完成采矿工程教育第二轮专业认证，获校级教改重点项目2项、面上项目5项，1人获校级教学名师称号，2人获校长奖章，1人获校长奖学金。牵头申报教育部办公厅新工科研究与实践项目1项。③人才培养与国际接轨，提高国际化办学水平。与新南威尔士大学签署采矿工程2+2项目协议，招收外国留学生18人，学生参加国际学术会议20人次，通过“国家建设高水平大学公派研究生项目”赴国外攻读学位2人、国际联合培养11人。④大力加强专业引导和实践育人成效。建立本科生班级“双导师”制度，深化专业认知教育；开展的花园路“科技助老”项目连续两年被评为海淀区优秀志愿项目；在暑期实践专项行动中，获团队金银铜奖6项、个人奖30余项；获首都“先锋杯”优秀团支部2个、“87校友基金”最佳团队1个、校级十佳研究生标兵团队3个；在科技竞赛和SRTP创新项目中获国家级奖项61人次。

（尹升华、李长洪）

【学科建设】 学院学科总体情况如下。

5个一级学科（包含13个二级学科）：矿业工程（采矿工程、矿物加工工程）、安全科学与工程、土木工程（岩土工程、结构工程、桥梁与隧道工程、市政工程、供热供燃气通风及空调工程、防灾减灾工程及防护工程）、力学（工程力学、流体力学）、地质学（矿物学岩石学矿床学、地球化学），其中1个一流学科（矿业工程）、3个国家重点学科（采矿工程、矿物加工工程、安全科学与工程）、2个北京市重点学科（工程力学、岩土工程）。

5个本科专业：采矿工程、土木工程、安全工程、矿物加工工程、建筑环境与能源应用工程。

5个一级学科硕士点（包含13个二级学科硕士点）：矿业工程（采矿工程、矿物加工工程）、安全科学与工程、土木工程（岩土工程、结构工程、桥梁与隧道工程、市政工程、供热供燃气通风及空调工程、防灾减灾工程及防护工程）、力学（工程力学、流体力学）、地质学（矿物学岩石学矿床学、地球化学）。

3个工程硕士领域：建筑与土木工程、矿业工程、安全工程。

4个一级学科博士点（包含11个二级学科博士点）：矿业工程（采矿工程、矿物加工工程）、安全科学与工程、土木工程（岩土工程、结构工程、桥梁与隧道工程、市政工程、供热供燃气通风及空调工程、防灾减灾工程及防护工程）、力学（工程力学、流体力学）。

4个博士后流动站：矿业工程、力学、安全科学与工程、土木工程。

统筹学科发展，重点建设一流学科。以“深部矿产资源开发与安全”为核心，打造以矿业工程学科为主导的学科群，制定了矿业工程一流学科建设方案，进一步调整和优化学科布局，凝练学科方向，促进矿业、安全、土木和力学等学科的全面提升和发展。在第四轮学科评估中，矿业和安全学科进入前15%，土木学科进入前25%，力学学科进入前35%。

获批“城市地下空间工程”北京市重点实验室，拓展了学科发展领域。本实验室的获批，搭建了城市地下空间工程领域在基础研究、技术研发、人才培养方面的公共平台，将在城市地下空间地质条件探测、工程规划、设计建造、使用环境及安全保障等领域实现重点突破。

（李长洪）

【科研服务】 科学研究方面。①进一步强化基础研究，纵向经费比例显著提高。2017年科研经费到款8270万元，其中纵向经费4440万元，横向经费3830万元。2017年新增科研合同188项，其中纵向项目54项，总经费4959万元，横向合同134项，总金额6265万元。②申报国家重点研发课题成绩显著，为一流学科建设提供支撑。2017年获批国家重点研发计划牵头课题4项，参加课题任务14项，经费总额3050万元；并积极组织申报2018年国家重点研发专项，其中牵头项目1项、牵头课题4项、参加课题26项。③继续坚持“非满即报”原则，积极组织国家自然科学基金申报。获优秀青年科学基金项目1项、重点项目1项、面上项目5项、青年科学基金项目7项。获得博士后科学基金面上资助5项。④学院获科技奖励7项，其中省部级科技进步特等奖1项，一等奖3项、二等奖2项、三等奖1项。申请发明专利72项，授权发明专利35项；申请实用新型17项，授权17项。发表SCIE论文57篇。

实验室管理方面。加强实验室建设及管理工作，为本科教学及科学研究提供良好服务。完成全院30余间专业实验室的日常管理工作，配合完成“一流学科”引导专项建设项目，配合完成采矿工程教育认证；完成学院《实验中心实验室使用手册（2017版）》修订工作；配合完成危化品购置审批、使用、消耗管理制度的实施；修订了学院应急预案，每月进行安全检查，全年无安全事故。

（宋卫东）

【境外交流】 ①6月22日，促成我校与新南威尔士大学签署矿业工程本科生2+2项目协议，并在此后通过双方校长签署了校际合作协议。这是我校矿业工程专业首次签署本科生2+2项目，具有里程碑意义。9月16日，北京科技大学—新南威尔士大学矿业工程本科生2+2项目宣讲交流会隆重举办，特邀澳大利亚新南威尔士大学矿业工程学院院长Paul Hagan教授一行在新生军训归来之时来校为矿业工程专业大一、大二全体同学解读了矿业工程2+2项目，现场就出国留学事项及时答疑解惑。学院对矿业工程学生国际化教育高度重视，力促此项目能尽快开花结果。两校将依托院矿业工程学科领域，开展学生联合培养、教师互访、科研合作、联合举办研讨会等深入合作，促进矿业学科国际化，助力矿业学科的可持续发展。②执行2016年申请批复的引智项目3项，申请批复2017年引智项目11项，执行其中9项。③与部分兄弟学院共同实施与日本东北大学的学生互访交流项目，矿加、土木、安全选拔大一学生3人，参与3月日方来访及9月回访交流。④邀请外国专家学者来院交流讲学共30场次。⑤主办"第二十届国际膏体充填与尾矿浓密学术研讨会暨第三届中国膏体充填采矿国际学术研讨会""第八届矿业可持续发展国际会议""2017城市防灾国际学术研讨会"等3个国际会议。⑥分别接待了澳大利亚新南威尔士大学、英国邓迪大学、加拿大麦吉尔大学、日本东北大学、日本北海道大学、日本横滨国立大学、美国北达科他州立大学、蒙古科技大学及中国台湾屏东科技大学等大学的来访交流。严格短期因公出国（境）出访的计划申报手续，年内执行出国29人次，访问香港1人次、台湾3人次。

（金龙哲、耿倩男）

【党建和学生工作】 基层党组织建设方面。①召开学院思想政治工作会和十九大会议精神学习会，开展形式多样、全覆盖的"学习十九大精神，不忘初心跟党走"主题教育活动。②积极推进"两学一做"学习教育常态化、制度化，制定了学院理论中心组学习计划及教职工理论学习计划，保证每周四下午的理论学习时间，全体支部开展支部书记讲党课活动，落实学生党支书述职和党员述责工作，增强党员队伍的责任感与使命感。举办第280期积极分子党校和党员系列培训6期。③2017年，学院共发展学生党员131名。截至2017年年底，学院党委共有党员843人，其中学生党员609人、教工党员129人，组织关系滞留学生党员105人。④学院共38个党支部申报了基层党组织立项活动，活动覆盖率达100%，其中3个支部获校优秀基层党组织活动二等奖，2个支部获三等奖，学院党委获优秀组织奖。⑤9个学生党支部参加红色"1+1"共建活动，土本161、土本151支部分获北京市红色"1+1"基层共建活动三等奖和优秀奖。⑥成立土木与资源工程学院出国交流人员党支部，由学院党委书记担任支部书记，并专门制定出国留学、联合培养研究生及出国教师在海外期间的管理办法。

学生工作方面。①服务学生成长成才。以学院学生学习与发展指导中心和"沃土"学生素质发展辅导员工作室为依托，打造"发展咨询、学业辅导、竞赛指导"三大平台，针对学生的不同需求开展分类引导。在大一实行"双导师"制度，为大一每个班指派一名教授班导师和一名青年班导师；组织专业见面会、走好大学第一步、成长对话课、教授面对面等活动，结合各专业学术科技竞赛，增强新生专业认知及实践感悟；"每日一题"互动答题平台新生全覆盖，组织集体自习500余次，严格执行月考制度。推进研究生学术论坛建设，促进研究生学术交流和学术能力培养，开展学术三分钟、"博学汇"博士生沙龙、学术论坛征文、最美科研瞬间等活动10余场，2人获学术三分钟演讲比赛金奖，组织学术会议、讲座80余场，其中邀请国外知名教授20余人。做好困难学生资助工作，2017年资助困难学生356名，发放国家及社会助学金总计超过110万元，提供勤工助学岗位200余人次，受助学生获奖学金及荣誉称号人数超过受助总人数的45%，受助学生中党员及积极分子数量超过18%。年内，学院获"学业辅导工作"和"学生资助工作"校级专项奖，李钊源获得"十佳辅导员"称号；2人获北京市三好学生称号，1人获"87级校友基金优秀学生干部"称号；2个团支部获首都大学、中职院校"先锋杯"优秀团支部称号，1个集体获"87校友基金"最佳团队称号，2个集体获校级先进班集体、优秀团支部标兵称号。2支研究生科技服务团队获校级优秀团队称号，3个集体获校级十佳研究生标兵团队称号。②做好实践育人工作。新建立南锣鼓巷社区、活力社区两大志愿服务基地，并与校档案馆合作共建。形成敬老助老、社区服务、公益支教、服务母校四大志愿类型，年度完成志愿服务6200余工时，花园路“科技助老”项目连续两年被评为海淀区优秀志愿项目。承接学校“聚焦农村精准扶贫”暑期社会实践专项行动，获团队金银铜奖6项、个人奖30余项。寒假社会实践学院组队28支，其中14支获评重点团队，9名学生担任各省分团长。“你好·校运”三走宣传、纪念12·9长跑比赛等系列活动推陈出新；主持人大赛、歌手大赛等才艺比拼百花齐放；四校联谊舞会、团学感恩庆典等特色文艺活动别具匠心；毕业生晚会、研究生合唱文化节等大型文艺会演精彩纷呈。师生组队获“三好杯”足球赛亚军，研究生拔河比赛连续第三年进入决赛并获得亚军，刘念慈获校园十佳歌手冠军。组织覆盖本科5个专业的各级学科竞赛，本年度61人次获国家级竞赛奖项，18人次获省部级奖项，其中，首次组队参加全国岩土工程竞赛获二等奖，全国安全实践创新作品大赛包揽2个参赛方向一等奖，学院获优秀组织单位奖，包揽北京市建筑结构设计竞赛3个参赛方向一等奖。学院积极尝试教学改革，试行开设学科竞赛专业选修课，发表相关论文1篇。③精准化就业指导与服务。开展模拟求职大赛、生涯规划演讲比赛、校友话就业（三大主题）、工作坊（23场）等活动；开展“高研职”系列交流会，集中分类解决学生求职困惑；建立“1+N”就业队伍，利用“职面位来”公众号，就业信息“精准快”传递给毕业生；创建学院生涯发展咨询室，每周定期开展一对一深度咨询，积极开展就业引导，通过官方微信平台发布原创作品10篇。与中铁十六局、中电建路桥等多家企业达成战略合作意向。根据毕业生就业意向，引进17家企业到学院宣讲招聘，在学院组织双选会，吸引15家企业参加，涵盖学院各个专业。2017届毕业生整体就业率96.23%。

宣传工作方面。注重充分发挥新媒体作用，加强宣传工作，确保党委牢牢把握意识形态的主动权。修订《土木与资源工程学院宣传工作制度》，利用学院网站、微信公众号等新媒体平台以及橱窗、展板、宣传栏等传统阵地，积极宣传十九大精神及社会主义核心价值观24字基本内容，注重发挥网络思政影响力。全年在学校新闻网发布新闻75篇，其中11条新闻进入学校新闻网的新闻导读，在学院网站发布新闻160余篇，在学院新媒体平台发布文章611篇，总阅读量达21万。

（纪洪广、邓　波）

冶金与生态工程学院

【概况】 冶金与生态工程学院下设4个系：钢铁冶金系、物理化学系、有色金属冶金系、生态科学与工程系；2个省部级实验平台：冶金工程实验教学示范中心、稀贵金属绿色回收与提取北京市重点实验室；1个实验技术中心：冶金实验技术中心。

2017年，学院共招收学生415人，其中本科生6个班177人，学术型普通硕士研究生77人，应用型专业学位硕士研究生86人，非全日制工程硕士1人，博士研究生74人。毕业本科生166人，深造率52.41%，综合就业率89.16%；毕业全日制硕士研究生211人，非全日制工程硕士研究生28人，博士研究生95人，综合就业率99.35%。截至2017年年底，学院共有在校生1451人，其中本科生619人、硕士研究生456人、博士研究生376人。

（张立峰、张百年）

【师资队伍】 学院拥有一支治学严谨、学术精湛的师资队伍。共有教职工103人，其中专任教师78人（正高级专业技术职务34人，副教授及副高级专业技术职务20人，讲师、中级专业技术职务及以下24人）。有博士生导师41人，其中兼职博导7人。具有博士学位的教师74人，占教师总数的94.87%。实验中心16人，行政办公人员9人，专兼职辅导员9人。有中国科学院院士1人，国务院学位委员会学科评议组成员1人，国家级突出贡献专家2人，全国五一劳动奖章获得者1人，省部级突出贡献专家2人，“长江学者奖励计划”特聘教授2人，国家杰出青年科学基金获得者2人，国家“百千万人才工程”入选者2人，中组部“青年千人”入选者2名；北京市教学名师3人，教育部新世纪优秀人才13人，北京市科技新星2人，冶金青年科技奖获得者3人；宝钢教育基金优秀教师特等奖1人、优秀奖3人，魏寿昆科技教育奖获得者1人，“中国科协青年人才托举工程”入选者2人。

（张立峰、张百年）

【人才培养】 研究生培养方面：2017年共招收博士研究生74人（含联合培养11人）、全日制硕士研究生163人；共授予博士学位96人次、全日制硕士学位222人次、工程硕士学位37人次，其中10人获校级优秀博士论文奖、12人获校级优秀硕士论文奖；硕士、博士学位论文查重、盲审全部合格。学院与攀钢、青钢、韶钢、宣钢、承钢、金川、天津钢厂等企业合作培养工程硕士研究生；继续开展与赞比亚谦比希公司跨境联合培养有色金属冶金专业硕士研究生工作，年内毕业11人次。为提高研究生优质生源比例，加大研究生招生宣传，开展暑期夏令营活动，来自全国12所院校的36名营员参加了本次学术夏令营活动，其中5人次保研，2017年接收推免硕士研究生23人次。以科研到账经费以及SCI/EI论文为主要测算依据的研究生招生计划动态调整指标体系分配博导、硕导研究生招生指标。博士生招生改革推行博士申请考核制。加强国际化培养与交流，研究生参加国际会议7人、博士生短期访学4名、1位外国专家来学院短期讲学，公派留学生7人。修订2017版研究生培养方案。

本科生培养方面：学院共开设课程85门，上课合格率100%。开设纯英文课8门（冶金传输原理、冶金物理化学、钢铁冶金学Ⅰ、材料结构和性能－相冶金、钢铁冶金学Ⅱ、铁基材料冶金工程基础、炉外精炼、有色金属生物冶金），邀请国外教授讲授2门，教授讲课总时数为2000学时以上，平均上课时数为32学时以上。在岗教师均有课堂教学任务并顺利完成。指导17组本科生科技创新项目，其中国家级4组、市级2组、院级11组；组建冶金工程专业8个实习队，分赴柳钢、河钢、唐钢、金川、方圆、安钢开展生产实习。顺利完成冶金工程专业认证、冶金工程国家级教学示范中心年终报告以及教育部本科教学修购计划。为适应“新工科”，顺利完成2017版教学大纲及培养方案修订。评选首届“寿昆教学名师”2名，“寿昆青年学者”1名。承担教改项目9项，协助冶金工程学科国际评估，继续完善本科课堂教学评估，深化听课查课制度，启动2018年本科教学审核评估。张立峰院长领衔成功获批首届教育部“黄大年式教学团队”。

（陈　骏、张新房）

【学科建设】 学院设1个本科专业：冶金工程；1个普通硕士学科点：冶金工程；1个工程硕士授权领域：冶金工程；1个一级学科博士点：冶金工程；1个博士后流动站：冶金工程。在全国第四轮学科评估中，冶金工程学科获得A+。开展冶金工程学科学术学位授权点以及专业学位授权点自评估及以及国际评估。制定冶金工程“一流学科”建设方案以及项目实施方案。

（张立峰、陈　骏）

【科学研究】 学院年到款科研经费总额6002.71万元，其中纵向经费3321.59万元，横向经费2681.11万元；新增科研项目142项，合同金额3521.84万元，其中纵向项目38项，项目经费3702.3万元，横向合同108项，合同金额4485.28万元。新增纵向科研项目包括国家自然科学基金17项，总金额1587万元（杰出青年项目1项、重点项目2项、面上项目8项、青年科学基金项目6项）；国家重点研发计划（重点专项）课题项目2项、北京市各类科研项目6项。获省部级科技奖5项，其中二等奖1项、三等奖4项；获循环经济协会科学技术奖一等奖1项、第六届大学生科技创新作品与专利成果展示推介会一等奖1项、吴文俊人工智能科学技术奖二等奖1项。申请专利77项（发明专利69项、实用新型8项），授权专利42项（发明专利35项、实用新型7项）。出版专著1部。发表SCIE、EI、CPCI-S论文共363篇，其中SCIE论文192篇、EI论文160篇、CPCI-S论文7篇、CSSCI论文4篇。

（王成彦）

【实验室管理】 加强冶金工程国家级实验教学示范中心建设，成立了中心教学委员会，并召开教学年会；制定了近三年符合冶金工程学科发展的“双一流”建设规划。修订2017版本科教学大纲实验部分内容，新增“冶金工程虚拟仿真实验”教学内容；完成2018年教学设备修购计划申报，配套完善中心仪器设备；按教学计划完成实验课教学内容，保证实验开出率100%；完成了本专业本科生和研究生的安全教学工作，加强学院实验室各级安全教育和管理。制定了中心的《开放服务收入管理实施方案》，规范了对外服务的收入和支出，加强了中心的管理；制定了详细的岗聘考核指标，有利于中心人员的职业发展；大型设备共享管理水平不断增强，学院设备实行在线网络预约，设备利用率进一步提高。

（王成彦、何　涛）

【国际交流】 年内学院教师出国74人次，占教师人数的90%，教师在国外知名大学任兼职教授10人次，71人次任期刊编委。组织第十七、十八届中国北京科技大学与日本东北大学本科生学术交流。培养海外本科生11人，海外研究生22人。学院每年输送硕士生到国外知名大学深造及博士毕业生从事博士后研究，输送学生占毕业生的10%。引进冶金学科国际著名教授来校授课及学术交流50余人次，“冶金大讲堂”举办高水平讲座6人次，引智项目2项，主办“第八届材料外场加工国际会议”，中色集团赞比亚谦比希铜冶炼公司来访合作。建设学院英文网站，在学院环境、师资资源、课程设置及教学形式等多方面形成多元化国际化文化特色。继续推进全英文及双语教学8门次。

（张新房）

【党建和学生工作】 基层党组织建设方面：学院党委严格党员培养程序，组织2次全院党支书培训、1次党支部书记述职，举办2期学生业余党校，参加培训学员人数近300人，培养入党积极分子126人。年内共发展党员70人，其中本科生党员40人、研究生党员30人。至2017年年底，学院共有党员669人，其中教职工党员111人、学生党员558人。共有党支部42个，其中教职工党支部8个、梯队党支部5个、学生党支部29个。钢铁冶金新技术国家重点实验室党支部、有色金属冶金系党支部获“先进党支部”称号；张立峰、王丽华、江野、李忆妍、赵世强、郝勇飞、崔洪基、翟晓波等8人获“优秀共产党员”称号。学院基层党组织活动立项中参与比例为100%。钢铁冶金新技术国家重点实验室硕16党支部“夯实基础，开拓创新，打造支部战斗堡垒”活动获得学校优秀基层党组织活动二等奖。

学生工作方面：增强思想引领效果，通过主题班会、报告会等形式，将社会主义核心价值观体现到学生日常的学习生活中。制定学院特色主题教育工作方案，开展主题班团日230场。加强学风建设。学院学生学习与发展指导中心开展学业辅导活动30余场，各班级定期开展学风座谈会。在北京市物理竞赛中，学生获三等奖4项；在全国大学生英语竞赛中，学生获二等奖1项、三等奖4项。举办第十届钢铁模拟冶炼大赛、研究生学术论坛系列活动，开展学术三分钟、贝壳学术汇等学术交流活动。2人获得校研究生“十佳学术之星”称号。学院共有346人获优秀三好学生、三好学生、优秀学生干部、优秀团干部等各类校级荣誉称号，1人获评“校长奖章”，2人获评“北京市三好学生”，1人获宝钢优秀学生奖。冶金1408班获得北京市先进班集体、优秀团支部，校87级校友基金最佳团队；2个团支部获首都“先锋杯”优秀团支部；2个班级获校先进班集体、优秀团支部标兵；4个班级获校先进班集体、优秀团支部。1个梯队党支部获校研究生集体建设优秀集体。学院组织21支暑期社会实践团，获金奖、银奖、铜奖团队各2支，事迹被各类媒体平台报道总计35次，“微梦想，心行动”社会公益服务实践团获首都大中专学生暑期社会实践百强团队。推进精品志愿服务项目建设。全年完成志愿服务工时3105个，获校十佳志愿者1人、百优志愿者7人。学院开展第十届钢铁摇篮文化节，首届冶金青年熔炼计划，第二十二届学院运动会，第十七届“振冶杯”篮球赛，第八届“钢魂杯”辩论赛等学院品牌活动。组织学生参加学校第十八届“摇篮杯”竞赛并以总成绩第二名获得优胜杯。在第五十六届校运动会获乙组男子团体第三名和男女总团体第三名，首次获得校“三好杯”男篮比赛冠军，在校新生运动会获乙组女子团体第一名、男子团体第二名、男女总团体第一名和体育道德风尚奖。学院获2017年度北京科技大学学生工作学生资助专项奖、国防教育专项奖、学术论坛专项奖。学院团委获2017年北京科技大学五四红旗团委、共青团思想引领专项奖、共青团新闻宣传专项奖。

（张建良、王　斌、陈怡凌）

材料科学与工程学院

【概况】 材料科学与工程学院下设4个系：材料物理与化学系、材料学系、材料加工与控制工程系、无机非金属材料系；1个研究所：核能与新能源系统材料研究所。2017年，学院共招收学生740人。招收本科生14个班357人，其中材料科学与工程331人、材料科学与工程（国际班）26人；招收研究生383人，其中学术型普通硕士研究生150人、应用型专业学位硕士研究生148人、博士研究生85人。学院2017届毕业生共有881人，其中本科生438人，就业率96.35%；研究生共毕业443人，就业率99.34%。至年底，学院共有在校生3057人，其中本科生63个班1696人、硕士生788人、博士生573人（含外国留学生5人）。

（李　帅、王鲁宁）

【师资队伍】 学院共有教职工155人，其中专任教师134人（教授67人、副教授38人、讲师21人，师资博士后8人）；具有博士学位的教师131人，占教师总数的97%；45岁以下的教师81人，100%具有博士学位。教师中毕业于本校的26人，毕业于国内高校的76人，毕业于国外高校的33人。有中国科学院院士1人，中国工程院院士2人（含双聘1人），“长江学者”2人，国家杰出青年科学基金获得者3人，国家973项目首席科学家1人，国家级教学名师1人。年内，廖庆亮、夏志国入选优秀青年科学基金项目，夏志国获“中国稀土学会青年科学家”称号，曹文斌获北京市优秀教师称号，王琦获全国高校无机非金属材料专业青年教师讲课比赛二等奖，张铮、蒋波获评校优秀博士后，曹晖、张朝磊、冯春获校青年教师基本功比赛二、三等奖，杨志达、康泰获评校十佳辅导员。

根据学院师资结构、学科发展的切实需要，通过学院成立的遴选委员会，以严谨求实的态度，为学院人才引进工作建立组织依托。加大高层次人才引进和宣传力度，引进各层次高水平人才14人；新引进各层次高水平人才14人，其中三层次人才1人。年内晋升正高3人、副高3人；完成了全院各类人员的岗位考核工作。国家留学基金全额资助1人，3人通过学校青年骨干1∶1配套资助。

（王鲁宁、邰永红）

【人才培养】 本科生教学方面。①学院秉持“高水平、创新型、国际化”的人才培养目标，稳步提升人才培养质量。大力推进“本科生导师制”，盘活校内导师资源，邀请新材院、材料国重两家单位的教师加入，为2017级每一名本科生新生配备导师。②加大力度努力提升生源质量，年内组织学院领导班子全员、知名教授参与本科生、研究生招生报告和咨询工作10余次；举办优秀大学生夏令营，招收30名优秀推免生，推免生比率居全校首位。③以编写2017版培养方案和教学大纲、迎接2018年本科教学审核评估为契机，切实提高本科教学水平和人才培养质量，全面梳理本科教育教学规章制度，加强教师培训，强调教学红线，切实提高对本科教学的重视程度。④鼓励创新，积极搭建实践育人平台，学生申报本科生创新创业项目98项，获全国挑战杯等市级以上奖励8项；成功举办第七届金相实验技能大赛，开展“首届学术文化主题月”活动。⑤2017届本科毕业生深造率高达69%（居学校首位），其中出国深造率23%，本科新生一次及格率等几项关键学风指标均位列全校前列。

研究生教学方面。①加强研究生招生宣传力度，先后4批次赴各省市开展研究生招生宣讲，收效显著；2017年博士硕士研究生总招生人数383人，硕士研究招生298人（包括1名退役大学生计划），其中学术型硕士150人（其中推免生74人），专业型硕士

148 人（其中推免生 2 人），硕士生指导教师共 100 人，人均招生人数 2.98 人；博士研究生共招生 85 人（其中定向 9 人，联合培养 4 人，少数民族计划 1 人），博士生 211 生源占 58%。②坚持公平性，全面推进博士生招生申请—考核制，加强（本）硕博一贯式培养研究生和硕博连读研究生培养模式改革。③学院作为校材料科学与工程一级学科的主要人才培养基地，本年度共举办大型学术活动 40 余场，累计参加人数超过 5000 人次，共评选优秀学术论文 14 篇，国家奖学金获奖人数 41 名，评出院级学术之星 11 名，5 名研究生入围学校研究生十佳学术之星 20 强（居全校首位），其中 2 人获校级十佳学术之星荣誉称号，9 名博士获得校长奖学金。

（曹文斌、董文钧）

【学科建设】 学院设有 1 个本科专业：材料科学与工程；1 个普通硕士一级学科点：材料科学与工程；1 个工程硕士授权领域：材料工程；1 个一级学科博士点：材料科学与工程；1 个博士后流动站：材料科学与工程。材料科学学科在 ESI 评估中各指标持续增长，论文发表数量和被引次数排名继续居世界前 1‰。

①坚持“面向未来、科学定位、战略规划、稳步推进”的原则，扎实推进国际一流学科建设，材料科学与工程学科在全国第四轮学科评估中获评 A 档。②参与申报成功重大平台和项目，为学校成功入选教育部一流学科建设高校，以及为材料科学与工程学科进入一流学科建设行列，入选教育部和国家外专局材料基因工程学科创新引智基地和获批北京材料基因工程高精尖创新中心做出贡献。③认真完成学位点自评估工作，牵头对涉及材料科学与工程一级学科的 6 个二级单位中材料进行梳理和统计，精准展示材料学科的优势和特色，切实提高学科的发展质量和核心竞争力。④年内举办中国材料名师讲坛 9 讲，材料青年科学家论坛 7 讲。

（王鲁宁、董文钧）

【科学研究】 坚持科研内涵式发展，多项关键指标创学院历史新高，实现“提质增效”。①学院年到款科研经费总额突破 1 亿元（11891.27 万元），其中纵向科研经费 9146.35 万元、横向科研经费 2744.92 万元；新立项 178 项，合同额超过 1.1 亿元。②大批具有显示度的科研课题获批，牵头主持国家重点研发计划项目 1 项，3 名教师作为课题负责人承担国家重点研发计划课题共 3 项；获批国家自然科学基金 30 项，其中重点项目 1 项、优秀青年科学基金项目 2 项，直接经费总额 1847 万元，数量和经费都居学校二级单位首位，且分别同比去年增加 23.33% 和 17.92%，创学院国家自然科学基金立项数的历史新高。③全年申请国家专利突破 100 项（为 111 项），授权国家发明专利 60 项；与企业签订专利转让实施许可合同共 9 项，创学院的历史新高。发表论文 800 余篇，张跃教授梯队的新型二维原子晶体材料研究成果在 *Nature* 系列著名学术期刊《自然·通讯》（*Nature Communications*）发表；赵海雷教授入选著名科学文献出版机构爱思唯尔（Elsevier）发布的 2016 年中国高被引学者榜单。④获得省部级科技进步一等奖 2 项、中国产学研合作创新奖 1 项。与 10 多个地方政府和大中型企业达成了合作意向，与中广核研究院、江苏绿带新材料等企业共建了联合实验室；表面与界面研究团队在覆铜陶瓷基板领域的研究成果在深圳落地转化，已投资 1000 万元建设年产 10000 片的生产线。

（王鲁宁、刘雪峰）

【境外交流】 ①国际合作平台建设方面，积极拓展合作渠道，加强海外合作平台建设，与日本北海道大学、东北大学的合作大幅度加深；积极拓展新渠道，积极推进与日本大阪大学产业研究院、澳大利亚伍伦贡大学的合作。②国际化人才培养方面，开展“第二届国际文化交流月”系列活动，向学生呈现多个国家的人文、教育、科研等领域成就以及中外文化差异等；继续发挥国际化工作办公室国际化育人作用，外事专员 German 负责学院学生国际化培养工作，打造品牌活动“German Time”“Let's talk”英语角平台，形成长期持续性“native speaker”培养计划；组织学生与海、境外高校进行交流（美国特拉华大学、澳大利亚昆士兰科技大学、中国香港理工大学、法国里昂中央理工学院、澳大利亚伍伦贡大学等）。③获评学校首届国际合作与交流先进单位，承办了第十二届中美华人纳米论坛，近 200 位中外纳米学科的知名专家参加了此次大会，并展开学术交流；主办了中日韩纳米功能材料研讨会，邀请了 60 多位中、日、韩知名教授做邀请报告，进一步提升了学科的国际影响力和知名度；成功举办第三届国际青年学者论坛，共有来自美国康奈尔大学、英国曼彻斯特大学等知名学府的37名青年学者前来开展交流；共建立引智项目11项，申请2018年引智项目26项，先后共26名海外院士、知名学者通过中国材料名师讲坛、材料青年科学家论坛、111引智基地等平台进行学术专题报告，先后聘请美国加州大学尔湾分校常务副校长Lavernia院士为荣誉教授、奥克兰大学曹鹏教授为学术休假教授、日本大阪大学Sekino教授为客座教授、日本东北大学殷澍教授为兼职教授。

（王鲁宁、曹文斌）

【党建与学生工作】 党建方面。①圆满完成《基本标准》检查工作，学院党委进一步完善健全重点突出、机制完善、品牌示范的党建和思想政治工作体系，作为二级学院整体组代表的向检查组专家系统全面介绍了过去5年学院党建和思想政治工作的整体情况，检查组对汇报内容和实地走访检查情况给予了充分肯定。②在学校党委的指导下，学院完成了行政班子换届，并顺利推行党政班子成员交叉任职，为学院的长足发展奠定了良好的组织基础；认真开展学院党委中心组集体理论学习6次；建立以党委会、党政联席会、教授会、教代会、遴选委员会为核心的学院决策运行机制，进一步增强了学院决策的科学性、民主性、公开性；年内共召开党政联席会议17次、党委全委会9次，教授会3次、教代会2次、遴选委员会6次。③成立材料学院党风廉政建设领导小组，建立健全横向到边、纵向到底的主体责任体系，完善学院党风廉政工作细则，书记和院长分别与班子其他成员、系支部书记和系主任签订党风廉政建设主体责任书，督促履行“一岗双责”；积极落实中央八项规定精神，持之以恒纠正“四风”，加强党风廉政教育。④深入学习贯彻党的十九大精神，推进“两学一做”学习教育常态化制度化，制定学习方案，以“我学十九大”支部专题组织生活会和主题班团日等多种形式，实现对全院师生的全覆盖；分别针对本科生、研究生、教职工党支部建设制定指导意见、制作党员手册，健全制度机制、建立督导载体、规范党建工作；年内完成了学院教工党支部换届工作，进一步增强了系所党支部的凝聚力和战斗力，积极发挥党支部在干部队伍和教师队伍建设中的政治核心作用，指导党支部把好教职工政治关、师德关；材料学系党支部书记作为六所高校代表之一在全国高校基层党支部书记示范培训班上介绍支部建设经验；强化过程管理，加强对基层组织督导，2017年度支部立项评中我院6个支部获奖（居学校首位），学院党委第6次获评优秀组织奖。⑤开创性地成立了材料学院青年教师团工委，组织开展理论学习、实践调研、入职宣誓、产学研合作等一系列活动，做好青年教师的“成长之友”，做好青年教师成长成才的“摆渡人”。⑥扎实推进安全稳定工作，落实实验室安全责任人制度，加强实验室安全教育；做好学生安全教育，做到出行、大型活动有安全预案，假期安全教育有痕迹；制定突发事件处理规范化流程，全年无重大安全稳定事件；先进生物医用材料实验室获评校安全工作先进实验室。

学生工作方面。①构建“全院育人、全过程育人、全方位育人”的思想政治教育格局，材料1401班等14个本科生班获87级校友基金最佳团队、北京科大学先进班集体、优秀团支部标兵等荣誉称号。②继续推进新生教育的“1136”模式，推行“引航学长”计划，建立学习与发展指导中心，2017级本科新生（不含双培生）一次不及格率为全校理工科学院最低；科技创新的实际育人效果显著，年内获第十五届全国“挑战杯”竞赛二等奖1项；参与第十四届“北京科大科技园杯”创业计划竞赛银奖3项、铜奖7项，首都“创青春”学生团队获银奖3项、铜奖1项；“互联网+”大学生创新创业大赛获北京市二等奖4项、三等奖7项。③本年度共有405人参加暑期社会实践，共组建了34支团队赴全国各地开展了丰富的实践活动，打通大学生社会实践与研究生科技服务与挂职锻炼界限，组建了“赴山东亿康科技服务团”等4支研究生社会实践团队。④2017届毕业生总就业率97.84%，包揽学校总就业率优胜奖、本科生深造率优胜奖和研究生签约率优胜奖全部三项就业奖励。⑤精心设计学院培育核心价值观教育，发挥典礼育人功能，精心组织学院开学典礼和毕业生献礼仪式；加强网络思政教育，建设好使用好学院网站和微信公众号；重视文化育人功能，创新性的设计学院吉祥物“金象”，学院和毕业生互赠礼物，积淀宝贵历史文化财富。

（李 帅、郃永红、张 毅）

机械工程学院

【概况】 机械工程学院下设7个系：机械工学系、机械制造及自动化系、机械电子工程系、机械装备与控制工程系、车辆工程系、物流工程系和工业设计系；2个中心：实验中心和零件轧制研究中心；1个国家级工程中心：国家板带生产先进装备工程技术研究中心；3个省部级工程中心和重点实验室：教育部零件近净轧制成形工程研究中心、教育部先进板带生产装备及控制工程研究中心和金属轻量化成形制造北京市重点实验室；3个北京市高等学校人才培养基地：北京现代校外人才培养基地、北京二七轨道交通装备有限责任公司校外人才培养基地和机械与能源科技创新实践基地校内人才培养基地；4个研究所：机械工程研究所、冶金机械研究所、物流工程研究所和车辆工程研究所；以及大型工业机械仿真、监测与控制实验室等48个实验室。2017年，学院共招收本科生16个班442人，其中机械大类401人、视觉传达设计41人；招收全日制硕士研究生252人，其中学术型普通硕士生115人、应用型专业学位硕士生137人；招收全日制博士研究生31人。毕业本科生393人，就业率94.4%，深造率44.8%。毕业研究生259人，授予学术型硕士学位123人，专业型硕士学位185人（其中全日制114人、非全日制71人），工学博士学位21人，研究生综合就业率为99.22%。至年底，学院共有在校学生2623人，其中本科生1674人（含留学生39人），研究生918人（含留学生7人），包括全日制硕士生520人、非全日制专业硕士生215人、博士研究生183人。

（景志红）

【师资队伍】 学院共有教职工169人，其中专任教师132人（正高级职称30人、副高级职称60人、讲师37人、教师博士后5人），教辅和行政人员37人。有博士生导师29人。有中国工程院院士1人，国家级突出贡献专家3人，北京市突出贡献专家3人，教育部“新世纪优秀人才”4人，北京市教学名师3人，北京市“科技新星”1人，“宝钢优秀教师”特等奖1人、优秀奖5人，享受政府特殊津贴人员11人，国家优秀教学团队1个，北京市优秀教学团队1个。新进教职工11人，调出2人，退休3人；1人晋升正高级职称，通过教师资格认定青年教师4人。

（景志红）

【人才培养】 本科生教学方面。①学院共开设课程181门，其中教授开课率达100%。4本教材（讲义）获校级规划教材建设立项；6个项目获批学校教育教学改革项目建设立项，其中2项为重点项目；申报获批研究型教学示范课建设项目6项，已完成和在建项目共计21项；全英文示范课在建项目共计1项。②建成北京科技大学与北京精雕集团科技集团有限公司共建实践教学基地。③针对大一新生开设了12门新生研讨课，为新生度过专业迷茫期，拓宽学科视野与思维。2017版本科生培养方案开始实施。

研究生教学方面。①学院共开设研究生课程57门，在职工硕班校外授课57门。②获得学校第八届研究生教育管理先进集体称号，研究生论文指导优秀奖3项，研究生教学优秀奖1项。③完成2015年度学校研究生教育发展基金课程建设项目结题4项。

（李洪波）

【学科建设】 学院设有5个本科专业：机械工程、车辆工程、物流工程、工业设计、视觉传达设计；3个学术型硕士学科点：机械工程、物流工程、设计艺术学；3个工程硕士授权领域：机械工程、车辆工程、物流工程；2个博士学科点：机械工程、物流工程，其中机械工程为一级学科博士点；1个博士后流动站：机械工程。完成360万元的“中央级普通高校改善基本办学条件专项资金”项目建设任务。

（张杰）

【科学研究】①学院年到款经费总额3950万元，其中纵向经费2427万元、横向经费1523万元；申报各类纵向科研项目89项，获批34项，新增纵向经费1680万余元，其中国家自然科学基金9项、国家重点研发计划重点专项课题负责1项、军工项目13项、国家工信部工作专项参与2项、外国文教专家聘请计划重点引智项目2项、常规项目1项、北京市项目负责4项；新增横向合同61项，合同金额2402万余元。②申请国家专利54项，授权发明专利42项，授权实用新型10项。申请软件著作权3项。发表检索论文134篇，其中SCI论文62篇、EI期刊论文51篇。SCI论文中，影响因子大于1的52篇，大于3的10篇，JCR-1区3篇，JCR-2区13篇。

（曹建国）

【实验室建设】①推进“金属轻量化成形制造北京市重点实验室”和“零件近净轧制成形教育部工程研究中心”2个省部级科研基地建设，获批牵头建设“北京科技大学智能机器人创新研究院”。完成2018年度中央高校改善基本办学条件项目申报，申报平台建设项目1项，评审获批金额287万元。规划顺德研究生院的实验室建设，完成2500万元设备采购计划的校内申报。②至年底，学院实验中心拥有实验教学设备总值9420万余元，其中10万元以上设备157台（套），价值40万元以上大型设备32台（套）。③年内，实验教学中心面向全校12个专业，接待实验学生1357余人，实开本科生实验课程43门，实验项目132个，全年完成实验3.09万人时。

（曹建国）

【境外交流】①学院邀请来自德国WUPPERTAL大学、美国俄亥俄州立大学、瑞典理工大学、澳大利亚新南威尔大学等多所海外高校及研究机构的20位专家学者进行讲学和学术交流。②教师9人次赴美国、加拿大、英国、西班牙、爱尔兰等国家和中国台湾地区从事合作研究或参加学术会议、交流考察等，7位教师以访问学者身份到英国、日本等国进行半年至一年研修；完成访学任务按期回国7人。③学院派出赴台北科技大学、美国密歇根大学等高校进行半年研究访学研究生3人，派出研究生分别赴英国、澳大利亚参加国际会议4人。赴密歇根大学、伊利诺伊大学、昆士兰大学、邓迪大学参加国际交流学习项目本科生5人。赴英国、美国、中国台湾参加暑期交流实习项目本科生9人，赴台湾科技大学、明志科技大学、朝阳科技大学、台北科技大学等参加中国台湾高校交换生项目本科生9人。

（张　杰）

【党建和学生工作】基层党组织建设方面。①学院党委认真学习贯彻习近平新时代中国特色社会主义思想和党的十九大精神，扎实推进“两学一做”学习教育，狠抓“三会一课”制度建设，制定《机械工程学院学习十九大精神实施方案》，党委中心组先后组织3次“十九大精神”专题学习；组织班子成员带头学、带头讲，全部下基层讲党课；25位理论学习导师参加指导学生党支部十九大学习活动；42个基层党支部和64个班级、团支部开展“我学十九大”活动，实现党的十九大精神学习无死角、全覆盖。②学院党委切实履行党委在党风廉政建设方面的主体责任。严格执行中央“八项规定”和反“四风”精神，认真履行“主体责任”和“一岗双责”，健全廉政制度，组织专题学习10余次。进一步完善职称评聘、评奖评优、津补贴发放等制度，全面落实党务、院务公开。③学院党委严格落实学校各项工作安排，对照北京市《基本标准》要求，全面梳理学院党建和思想政治工作，代表学校向党建评估专家组进行党建工作专题汇报，学院工作获进校专家高度评价。④学院党委强化师生思想教育，坚持每月一次理论中心组学习和教职工理论学习，班子成员下基层宣讲师德。⑤至年底，学院设有党支部41个，其中教职工党支部10个、研究生党支部24个、本科生党支部7个。共有党员661人，其中教职工党员133人、学生党员528人（研究生党员373人、本科生党员155人）。年内举办276、279、289三期学生业余党校暨机械工程学院入党积极分子培训班，123名学生通过党校学习和考核，获得结业证书，考试通过率31%；共发展党员117人，其中研究生17人、本科生101人；预备党员转正86人。⑥开展“党建＋就业”精准帮扶活动，发挥毕业班党员作用，和就业困难学生结成“一对一”“多对一”就业帮扶对子，开展简历问诊、求职引导等活动，实现精准帮扶。2017届党员帮扶活动参与党员共22名，被帮扶学生32名，历时16周，顺利帮助27名学生顺利就业，成功率84.3%。其中，重点帮扶同学有8人顺利就业，成功率67%。⑦学生党支部共申报“红色”1+1活动8项，机本16党支部获北京市三等奖、校级一等奖，机本15、机械零件梯队党支部获北京市优秀奖、校级二等奖。教工和学生党支部共申报基层党组织活动41项，参与率100%，机本16党支部获北京科技大学优秀基层党组织活动一等奖。⑧学院党建带团建效果明显，视传1301班获“北京市先进班集体”称号，视传1401班荣获北京科技大学“八七级校友基金最佳团队”称号，3个支部获北京市“先锋杯”优秀团支部称号，学院团委获“全国钢铁行业五四红旗团委”称号。

学生工作方面。①2017年，学院落实习近平总书记关于做好关心下一代工作的重要指示和全国高校思想政治工作会精神，机械工程学院成立了关心下一代工作委员会。②学院本科生共557人获国家奖学金及各类特种奖学金，金额74.7万元。评选出集体荣誉称号14个，其中视传1401班荣获87级校友基金最佳团队称号，视传1401团支部、机自1504团支部、物流1601团支部荣获首都大学、中专院校“先锋杯”优秀团支部称号；评选出个人荣誉称号455个，其中1名学生荣获“校长奖章”，2名学生获得87级校友基金优秀学生干部称号，2名学生获得“北京市三好学生”称号。③完成2017年度立项的本科生科技创新项目验收，市级以上项目8项通过验收，其中国家级3项；院级项目11项通过验收。2018年本科生创新创业训练完成立项，总计39项，其中拟推国家级项目5项、市级项目9项。④学生在各类学科竞赛获奖总数618人次（国家级108人次、省部级125人次、其他385人次）。获2017年全国大学生物理竞赛一等奖1人、二等奖3人、三等奖7人；获2017年全国大学生英语竞赛一等奖1人、二等奖2人、三等奖1人；获2017年全国大学生数学竞赛一等奖1人、三等奖2人。获第十届“全国大学生先进成图技术与产品信息建模创新大赛”团体一等奖，其中机械类尺规一等奖2项、机械类建模一等奖1项、机械类全能一等奖4项和个人全能二等奖3项、机械类建模二等奖1项。在第十六届全国大学生机器人大赛中，全国一等奖21人次。获2017年科研类全国航空航天模型锦标赛一等奖5项、二等奖1项、三等奖1项。获第五届北京市大学生动漫设计大赛一等奖2项、二等奖2项、三等奖4项。在第十二届全国大学生“恩智浦”杯智能汽车竞赛全国总决赛中，摄像头双车组、电磁普通组、电磁追逐组、摄像头直立组均获全国一等奖，创意组获得全国二等奖，其中摄像头双车组、电磁普通组获得冠军，电磁追逐组、摄像头直立组获得季军。2017年，智能车团队荣获全国大学生“小平科技创新团队”荣誉称号，取得了我校大学生创新创业教育的又一项标志性成果。

宣传工作方面。①十九大专题学习宣传，建设“机械党员e家”微信公众号，全面宣传十九大学习资讯，开展线上线下知识竞赛，制作微视频3部。②加强新闻宣传，对于学院发展建设的重大事件及时进行高质量宣传报道，在学校新闻网发表新闻98篇，其中14条新闻入选“新闻导读”栏目。

（马　飞、董春阳）

能源与环境工程学院

【概况】 能源与环境工程学院下设2个系：热科学与能源工程系、环境工程系；3个省部级工程中心和重点实验室：北京市高校节能与环保工程研究中心、冶金工业节能减排北京市重点实验室、工业典型污染物资源化处理北京市重点实验室；2个研究中心：北京科技大学新能源研究中心、北京科技大学智慧能源研究中心；4个基地：教育部和外专局工业节能与能效经济创新引智基地、国家环境与能源国际科技合作基地、城市和生活污染物处理与资源化北京市国际科技合作基地、北京市校外人才培养基地。

2017 年，学院共招收本科生 8 个班 250 人，其中能源动力类 120 人、环境工程 130 人；招收全日制硕士研究生 143 人，其中学术型普通硕士生 70 人（含留学生 4 人）、应用型专业学位硕士生 73 人；全日制博士研究生 30 人（含留学生 4 人）。毕业本科生 187 人，就业率为 91.89%，深造率为 49.19%；毕业研究生 129 人，授予学术型硕士学位 62 人、专业型硕士学位 46 人、工学博士学位 21 人，研究生综合就业率为 100%。至年底，学院共有在校学生 1343 人（含留学生 54 人），其中本科生 861 人（含留学生 13 人），研究生 482 人（含留学生 41 人），包括全日制硕士生 291 人、工程硕士 31 人、博士研究生 160 人。

（王　立、耿　华）

【师资队伍】 学院共有教职工 95 人，其中专任教师 76 人（正高级职称 26 人、副高级职称 28 人、讲师 16 人、教师博士后 5 人），教辅和行政人员 19 人。有博士生导师 24 人，另有兼职博导 1 人。有国家 973 计划首席科学家 1 人，863 计划主题专家 1 人，“万人计划”领军人才 1 人，国家优秀青年科技基金获得者 1 人，教育部新（跨）世纪优秀人才计划入选者 4 人，中科院“百人计划”入选者 1 人，全国优秀教师 1 人，北京市高等学校教学名师 3 人，北京市青年教学名师 1 人，北京市优秀教师 3 人，北京市科技新星获得者 2 人，中青年科技创新领军人才 1 人，北京市优秀教学团队 1 个。学院新增教职工 6 人，其中博士后创新人才支持计划 1 人，副教授 1 人，实验人员 1 人，调出 1 人，退休 2 人；1 人晋升正高级职称，2 人晋升副高级职称；通过教师资格认定青年教师 7 人；5 名师资博士后通过考核入职。

学院成立“能环学院教师发展中心”（全校首个院级教师发展中心），开展“能环名师讲堂”系列特色活动，2017 年共举办活动 12 场，邀请校外专家 3 人，参与青年教师达百余人次，有效助力学院青年教师教学成长。

（耿　华）

【人才培养】 本科生教学方面。①环境工程专业于 2017 年 5 月顺利通过工程教育专业认证复评。完成了本科教学审核评估的动员启动和数据预填报工作，为 2018 年的正式评估奠定了基础。②冯妍卉教授获评首届北京市青年教学名师。经学校推荐申报北京市教育教学成果奖 2 项。③获批“2017 年高等学校能源动力类专业教育教学改革项目”1 项。获批校教育教学改革项目立项 10 项，其中重点 2 项。完成研究型教学示范课建设项目结题验收 2 项，新获批研究型示范课建设项目 4 项。获批校级规划教材（讲义）建设项目 5 项。④继续加强学生创新训练，组织学生参加学科竞赛与海（境）内外校际交流，18 名学生参加各类海（境）内外交流生项目，获得包括“第十届全国大学生节能减排大赛”一等奖在内的国家和省部级科技竞赛奖 85 项，获奖人数达 100 余人次。

研究生教学方面。①制定了动力工程及工程热物理、环境科学与工程、动力工程、环境工程 4 个专业 2017 版研究生培养方案，并于 4 月召开专家论证会。②汪群慧、易红宏获评研究生论文指导优秀奖，林海获评研究生教学优秀奖。③新增博士生导师 3 人。④6 月，成立能源与环境工程学院学位评定分委员会。⑤举办学院首届优秀大学生学术夏令营活动，来自 20 所高校近 30 位优秀大学生参加。⑥完成 2018 年博士生申请考核制实施方案的制定。⑦获校级“十佳学术之星”称号 1 人，“学术三分钟演讲”金奖 2 人，银奖 2 人；获校级优秀博士论文 1 人，校级优秀硕士论文 7 人。

（冯妍卉、唐晓龙）

【学科建设】 学院设有 4 个本科专业：能源与动力工程、环境工程、新能源科学与工程（暂未招生）、环境科学（暂未招生）；2 个普通硕士学科点：动力工程及工程热物理、环境科学与工程，均为一级学科硕士点；2 个工程硕士授权领域：动力工程、环境工程；2 个博士学科点：动力工程及工程热物理、环境科学与工程，均为一级学科博士点；2 个博士后流动站：动力工程及工程热物理、环境科学与工程。

①依据学校统一部署，院系逐级讨论确定了动力工程及工程热物理和环境科学与工程两个学术学位授权点、动力工程和环境工程两个专业学位授权点的自评估工作计划，并按计划完成了自评估简况表，系统梳理分析了 4 个学位授权点的现状，通过讨论进一步明确了学科方向与特色。②讨论修订完成了《能源与环境工程学院“十三五”发展规划》，明确了学科发展总目标：到 2020 年年底，把我校动力工程及工程

热物理学科和环境科学与工程学科建设成特色鲜明、国内领先、国际上有影响力的高水平研究型学科。分别从人才培养、学科建设、科学研究与科技成果转化、队伍建设、实验室建设、国际化与学术交流、资源配置、党建与思想政治工作等八个方面制定了具体的任务与举措，力争到2020年，动力工程及工程热物理学科达到国家级重点学科水平；环境科学与工程学科排名逐步提升，进入20%以内。③以学校“双一流”建设为核心，充分考虑对一流学科的支持，贯彻“机会优先，兼顾公平”的原则，有步骤地推进学院平台建设，按计划完成了“燃烧及燃料电池过程研究实验平台”“新型环境功能材料设计与结构分析能力建设”两个平台建设计划项目。按照学校部署，作为能源与环保专业学位领域（方向）的主要支撑学科，完成了工程博士申报工作。

（唐晓龙）

【科学研究】 ①学院年到款经费总额6048万元，其中纵向经费5241万元、横向经费807万元；新增科研合同95项，合同金额7719万元，其中纵向项目41项，项目经费6204万元，占合同总金额80%，横向项目54项，项目经费1515万元。②成功申报重点专项课题牵头项目1项、牵头课题3项、牵头子课题10项，获批国家自然科学基金10项，获中国博士后科学基金第61、62批面上资助4项，1人入选2017年度“博士后创新人才支持计划”。全面组织2018年度重点研发计划和重大专项预申报工作，项目牵头预申报1项；全力筹备国际合作项目和国家2030重大项目的申报。③发表SCIE论文149篇，其中SCI论文114篇（JCR-1区论文15篇、2区论文45篇）。申请发明专利29件，授权发明专利5件。出版教材、著作3部。获得冶金科学技术特等奖1项。

（夏德宏）

【实验室建设】 ①“环境工程专业本科生水气固实验平台建设”项目通过验收，新购置设备总金额114.17万元。完成“环境工程专业改善基本办学条件建设五年规划”建设任务，新购置设备76.304万元。“中央高校教育教学改革专项”建设项目通过验收，新购置设备15万元。完成中央高校改善基本办学条件项目中环境工程专业本科实验教学平台建设（2018）申报，金额224万元。②至年底，学院拥有实验教学设备总值8374万余元，其中10万元以上设备136台（套）、价值40万元以上大型设备25台（套）。③年内，学院面向全校11个专业，接待实验学生1350余人，实开本科生实验课程20门，实验项目84个，完成实验16426人时。④完成65台（套）大型设备的开放共享工作。⑤完成2017年度固定资产盘点工作。

（夏德宏）

【国际交流】 ①2017年，学院邀请英国帝国理工大学、美国弗吉尼亚理工大学等海外知名高校、研究机构的16位专家学者来校讲学和学术交流。②学院招收国际学生共15人，其中本科新生2人、博士生4人、硕士生4人，高进生5人。③2017年学院教师参与短期国际交流30人次，选派青年教师赴国外知名大学及研究院所（美国哥伦比亚大学、美国密歇根大学、美国卡内基梅隆大学、新加坡国立大学等）进行为期6个月以上深造的10人次。④2017年共计15名本科生前往美国、英国、日本等国参加交换项目、暑期研修项目；7名博士研究生前往美国、英国等国参加国际会议或短期学术交流；6名博士研究生通过选拔参与由留学基金委支持的2017储能与环境功能材料创新及拔尖人才培养项目；3名研究生（2名博士、1名硕士）成功入选2017年国家建设高水平大学公派研究生项目赴美国、日本和新加坡进行继续深造。

（唐晓龙）

【党建和学生工作】 基层党组织建设方面。①组织全体师生认真学习十九大报告，学院中心组和各支部开展专题学习活动，学院党委委员深入到学生党支部讲解十九大，举办十九大知识趣味问答，各支部上交学习新闻稿件和感受20余篇，学院形成了学习十九大热潮。②至年底，学院共有党员329人，其中教职工党员80人、学生党员249人（研究生党员187人、本科生党员50人、毕业滞留党员12人）。设有党支部19个，其中教职工党支部3个、研究生党支部13个、本科生党支部3个。年内共发展党员54人，其中研究生22人、本科生32人；预备党员转正59人。③持续开展“两学一做”学习教育，共组织教职工集中理论学习7次，中心组理论学习10次，学院主题实践活动2次，学院书记讲党课6次，其他班子成员讲党课9人次。④建立完善党委相关制度，学院出台了《能源与环境工程学院党政联席会议制度》《能源与环境工程学院党风廉政建设责任规定》等涉及民主决策、信息公开、师德师风的制度17项。⑤举办第285期、第296期学生业余党校暨学院入党积极分子培训班，共有174名学生通过党校学习和考核获得了结业证书。组织党支部书记培训会1期。⑥学院基层党支部活动100%立项，获得校级二等奖1项、三等奖2项；学生党支部“红色”1+1活动100%申报，其中环博156党支部获“红色”1+1北京市优秀奖、北京科技大学标兵党支部。⑦学院第一次开展党支部书记年终述职工作，全体教职工党支部书记及6名学生党支部书记参加述职，学院以现场答辩形式评选出优秀支部2个、良好党支部3个。

学生工作方面。①完成2017年度立项本科生科技创新项目验收，市级以上项目5项通过验收，其中国家级4项；院级项目6项通过验收。2018年本科生创新创业训练完成立项，总计43项，其中拟推荐国家级项目4项、市级项目6项。②学生参加科技竞赛获得国家和省部级奖项85项，获奖人数达109人次。获2017年全国大学生英语竞赛一等奖1人、二等奖5人、三等奖3人；获2017年全国大学生数学竞赛一等奖1人、二等奖7人、三等奖3人；获2017年第十届全国大学生节能减排社会实践与科技竞赛一等奖3项、二等奖1项、三等奖6项，学校获得优秀组织奖。③在2017年寒假社会实践中，学院获校金奖1项、银奖3项、铜奖6项，获得学校优秀组织奖；暑期社会实践中，获得校金奖1项（全校最高分）、银奖1项、铜奖2项；1位教师获暑期社会实践“先进工作者”；1位教师获暑期社会实践“优秀指导教师”，1名学生被评为暑期社会实践十佳标兵，25名学生被评为2017年学生暑期社会实践“先进个人”，学院获得社会实践优秀组织奖。④2017年学院本科生获各类奖学金240人次，3名博士、8名硕士获得研究生国家奖学金，1名硕士获特种奖学金（三晋奖学金），1名博士获得北京科技大学第十三届研究生“十佳学术之星”称号，1名博士获得“十佳学术之星”提名荣誉称号，在校“学术三分钟”演讲比赛中荣获二金二银。⑤学院获国防教育、新生教育、研究生学术论坛、心理素质教育工作专项奖；学院团委获“第二课堂成绩单”制度工作专项奖、2017年度“全国钢铁行业五四红旗团委”荣誉称号、北京科技大学“第二课堂成绩单”制度工作专项奖。

（林　海、孔德雨）

自动化学院

【概况】 自动化学院下设4个系：控制科学与工程系、仪器科学与技术系、电工电子技术系、智能科学与技术系；3个研究所：自动控制研究所、导航与控制研究所、机器人研究所；2个中心：教学实验中心、智能机器人研究中心；2个省部级科研基地：工业过程知识自动化教育部重点实验室、北京市工业波谱成像工程技术研究中心；1个省部级教学示范中心：北京高等学校实验教学示范中心；1个共建省部级创新实践基地：信息工程北京市高等学校示范性校内创新实践基地。

2017年，学院共招收本科生13个班360人，其中自动化大类招生329人、机器人大脑方向双培生16人、医疗设备制造方向双培生15人。招收全日制学术型普通硕士研究生68人，专业学位硕士研究生86人，非全日制专业学位硕士研究生3人，博士研究生20人。毕业本科生261人，深造率67.90%，综合就业率95.88%；毕业全日制硕士研究生113人（其中学术学位硕士研究生58人、专业学位硕士研究生55人）、非全日制专业学位硕士研究生36人、博士研究生6人，综合就业率100%。至年底，学院共有在校学生1905人，其中本科生1346人、硕士研究生456人、博士研究生

103 人。

（陈　旭、王振花）

【师资队伍】 学院共有教职工 102 人，其中专任教师 77 人（具有正高级专业技术职务 15 人、副高级专业技术职务 41 人）、实验人员 11 人、行政人员 14 人；有客座教授 1 人、兼职教授 7 人、非在编职工 2 人、兼职辅导员 6 人；具有博士学位教师 69 人（获得国外博士学位 11 人），占教师总数的 90%；45 岁以下教师 44 人，占教师总数的 57%。有博士生导师 16 人。有 863 计划首席专家 1 人，国家优秀青年科学基金获得者 1 人，教育部新世纪优秀人才 2 人。年内，引进特聘教授 1 人、特聘副教授 3 人，新增讲师和师资博士后 3 人，晋升教授 1 人、副教授 3 人，推荐青年拔尖人才 1 人、青年长江学者 1 人、北京市科技新星 1 人，通过师资博士后出站考核 3 人、回国考核 1 人、期满考核 4 人，完成教师资格认定 3 人，获得本科课堂主讲资格 1 人，获得院长奖章 3 人。

（陈　旭、王振花）

【人才培养】 本科生教学方面。① 11 月，工程教育专业认证专家进校，测控技术与仪器专业接受第一次专业认证。② 12 月开展本科教学评估布置工作，并积极撰写了自评报告。③我院张朝晖教授获北京市第十三届“教学名师”光荣称号。④为 2015 级 3 个专业学生分别开设了 1 门国外专家讲学课程。⑤学院本科生科技创新共立项 41 项，其中国家级 8 项、院级 33 项。验收 39 项：国家级 1 项；北京市级 4 项，其中一等奖 2 项，通过 2 项；院级 28 项，其中一等奖 3 项、二等奖 5 项。⑥加强班导师管理工作，共召开 7 场分年级班导师工作述职和研讨会。迟健男副教授、尤佳副教授获 2017 年度优秀班导师称号。⑦获批各类本科教学工程项目 13 项，资助经费 38.5 万元。其中教育教学改革与研究项目 7 项（校级重点项目 1 项、重点专项 1 项、面上项目 5 项），资助经费 30 万元；研究型教学示范课程建设项目 2 项，资助经费 4 万元；2017 年度校级“十三五”规划教材建设一般项目 1 项、讲义 3 项，资助经费 4.5 万元。共完成校级各类本科教学工程项目结题验收 18 项，中期检查 15 项。年内共发表教改论文 15 篇，出版教材 3 部。

研究生教学方面。①讨论制定硕士论文评优需满足的条件。答辩小组向学校推荐优秀论文的，应该满足条件：评审全优，答辩优，且学位型硕士应该以主要作者身份发表（含录用）SCI、EI 检索期刊论文，专业型硕士还可以学生排序第 1 的身份申报（至少受理）发明专利。②顺德研究生院科研团队的筹建及招生计划的确定。③ 2017 版研究生培养方案修订及邀请校内外专家研讨会。④招收非全日制工程硕士研究生 5 人（实际报到 3 人）。

（李希胜、贺　威）

【学科建设】 仪器科学与技术获批一级学科博士授权点。学院设有 3 个本科专业：自动化、测控技术与仪器、智能科学与技术，自动化专业是教育部 CDIO 特色专业，测控技术与仪器专业获北京市教委共建项目资助；2 个普通硕士一级学科点：控制科学与工程、仪器科学与技术；2 个工程硕士授权领域：控制工程、仪器仪表工程；2 个一级学科博士点：控制科学与工程、仪器科学与技术；5 个二级博士学位授权点：控制理论与控制工程，检测技术与自动化装置，模式识别与智能系统，系统工程，导航、制导与控制；1 个博士后流动站：控制科学与工程；1 个国家重点（培育）学科和北京市重点学科：控制理论与控制工程。全国第四轮学科评估中，我院控制科学与工程为 B+，位于前 20%。

学院依托工业过程知识自动化教育部重点实验室和北京市工业波谱成像工程技术研究中心两个省部级平台，重点建设控制科学与工程和仪器科学与技术两个学科。

（贺　威）

【科学研究】 ①学院年到款科研经费总额 1814.15 万元，其中纵向经费 1434.8 万元、横向经费 379.35 万元；共申请国家自然科学基金各类项目 29 项，获批 9 项，其中面上项目 4 项、青年项目 3 项、其他项目 2 项，获资助经费总额 377 万元；获批国家重点研发计划课题“健康养老智能交互服务关键技术研究”立项，经费 630 万元；本年度获批军委科技委“仿生机器人”项目 1 项，经费 100 万元，获得军委装备发展部国防预研“目标识别”一般项目资助 1 项，经费 195 万元。②获省部级科技奖励 2 项，参与的“基于精确感知与智能决策的铝电解 MES”获中国有色金属工业科学技术进步一等奖，“冶金矿山智慧矿山研究与应用”获冶金科学技术进步二等奖。发表高水平SCIE检索论文49篇（中科院一区论文10篇）。申请各类专利及软件著作权43项，其中发明专利23项；本年度授权发明专利19项、实用新型专利13项。

（彭开香）

【境外交流】①签订北京科技大学和美国罗德岛大学3+2本科生交流项目。②34名教师和11名研究生前往美国、英国、法国、德国等国参加国际会议或进行短期学术访问，邀请18位国外知名学者访问学院开展学术交流，4名博士研究生参加公派研究生联合培养项目，12名本科生赴英国牛津大学、美国加州大学伯克利分校、法国图尔大学、法国奥尔良大学、日本北海道大学及中国台湾科技大学、台湾东海大学等学校参加境外交流学习项目或者调研项目，5名本科生赴华东理工大学、华南理工大学和中国海洋大学等学校参加国内交换生项目。

（贺　威）

【实验室管理】①9月，申报北京市教育教学成果奖1项，并获二等奖。②在《实验技术与管理》《实验室研究与探索》和学校奖励期刊发表实验教学研究论文10篇。③授权发明专利2项、实用新型专利8项、软件著作权10余项；出版校级规划教材1部。④获北京高教学会实验室工作会优秀论文一等奖1项。⑤指导学科竞赛获国家级特等奖1项、一等奖2项、三等奖1项，省部级特等奖1项、一等奖2项、二等奖5项等。⑥实验中心4名教师分获“北京市优秀青年工程师”、北京科技大学“实验室安全工作先进个人”“优秀工会积极分子”和“招生宣传工作先进个人”称号。⑦认真落实执行实验室技术安全管理各项规章制度，继续坚持开展每周一次的安全、卫生检查，发现事故隐患及时整改。

（李希胜）

【党建与学生工作】基层党组织建设方面。①迎接《北京普通高等学校党建和思想政治工作基本标准》入校考察，对照标准回顾整理学院过去五年的工作，学院工作得到宣教组专家的充分肯定。②扎实推进“两学一做”学习教育工作常态化。完善大学生党员述责测评网络系统，以“公开承诺、履职践诺、述责述诺、民主评诺、选树典型”为途径，推动学生党员发挥先锋模范作用，共评选出本年度“优秀共产党员”5人、“履责模范”5人、“述责测评优秀组织奖”党支部2个。③开展教工理论学习、“党委委员讲党课”、支部书记培训，召开民主生活会，不断提高全院党员同志的理论水平，年内共召开支部书记培训2次、党委委员讲党课4次。④召开“七一”党员公开发展大会，发展9名发展对象入党，加强党员发展中的仪式感，渗透式开展党员教育。⑤创办“十九大精神”宣讲团，组织44名政治素养过硬、理论功底扎实的学生党员，制作宣讲团成员动员视频，走进班级开展宣讲，覆盖率达100%。⑥举办第281期学生业余党校，重点培育积极分子126名。年内共发展党员68名，转正预备党员50人。⑦全体学工办辅导员继续跟进滞留党组织关系排查工作，共联系毕业生党员达31人。⑧通过申报党建课题、专题研讨等方式提升党性修养，基层组织立项、“红色”1+1活动立项覆盖率与完成率均为100%；自硕1605党支部获北京市“红色”1+1示范活动三等奖，自硕1604、自本14第二党支部、自博16党支部获北京市“红色”1+1示范活动优秀奖。⑨实施“党员先锋引领计划”，开展“助学零距离”活动，本科生党员参与率100%，帮扶学业困难学生50人。

学生工作方面。①开设专业基础知识大讲堂，并实例分析基础课程与专业、科技竞赛的关系，强化团系合作，充分发挥“班导师＋辅导员＋优秀学长”联动作用，开展新生成长对话课。②500人次获各类科技竞赛奖项，其中市级及以上获奖215人次。荣梦琪等3人获“西门子”杯中国智能制造挑战赛全国特等奖，陈礼扬、艾平华等15人获“恩智浦”杯全国大学生智能汽车竞赛全国总决赛冠军，李佳澍等7人获全国计算机博弈大赛一等奖。③开展第十三届研究生学术论坛暨“赛博论坛”活动，邀请国内外知名专家学者举办专家报告会20余场，覆盖全院研究生达1500余人次，评选出优秀论文5篇。2016级硕士生张杰获得北京科技大学学术三分钟金奖。杭州海康威视科技服务与挂职锻炼实践团荣获北京科技大学金奖实践团称号，学院荣获“科技服务与挂职锻炼”学生工作专项奖。④2017年，本科生就业率95.88%，研究生就业率100%，本科生深造率67.9%，学院本科生深造率、研究生签约率、总就业率均获得优胜奖，其中本科生国内上研率高出学校平均值近十个百分点。⑤学院统筹各方资源，构建包含辅导员、班导师、任课教师以及学生骨干的全方位立体心理素质安全教育工作网络，时刻关注学生的心理健康，积极深入网络阵地，加大对“暖心自动化”心理素质教育微信平台的建设，落实安全管理工作。⑥积极开展具有实效的学生勤助工作，加强对学生的励志教育、诚信教育、感恩教育。2017 年我院共认定 265 名申请家庭经济困难的学生。家庭经济困难学生受资助覆盖率连续四年 100%。其中有 3 名受资助的 2017 级本科生获得新生入学奖学金；198 名家庭经济困难的非新入学本科生中有党员 29 名，获得各类奖学金的学生 71 名，占贫困学生的 35.9%；获得各类荣誉称号的学生 68 名，占贫困学生的 34.3%；64 名保研学生中，21 名曾受过资助，占到保研学生的 32.8%。⑦举办丰富多彩的科技文体活动。强化团系合作、院企合作，举办“清华同方杯”第三届传感器创新大赛。依托索奥科技中心联合校内其他学院开展科技文化月。举办“自子花开 季忆留夏”自动化学院 2017 届毕业生晚会。在第五十六届北京科技大学师生运动会中取得乙组男子项目总成绩第一、女子项目总成绩第五、综合总成绩第三的佳绩。⑧王康、严如岩获“北京市三好学生”称号，自 1503 团支部、自 1505 团支部获首都大学、中专院校“先锋杯”优秀团支部称号，张子敏获首都大学、中专院校“先锋杯”优秀团干部称号，那中丽获首都大学、中专院校“先锋杯”优秀团员称号；22 人获国家奖学金，其中本科生 11 人、硕士研究生 9 人、博士研究生 2 人。通过校友赞助设立“超越奖学金”“电 95 奖学金”“艾默生奖学金”，奖励本科生、研究生共计 23 人。⑨辅导员开展集体学习 20 余次。3 人次参加教育部和北京市的专题学习。韩宁宁荣获第十八届“我爱我师——我心目中最优秀的老师”称号，景鹏荣获第九届“全国高校辅导员年度人物提名奖”。

（李　擎、景　鹏、韩宁宁）

计算机与通信工程学院

【概况】 计算机与通信工程学院下设 4 个系：计算机科学与技术系、通信工程系、物联网与电子工程系、信息基础科学系；1 个教学实验中心；4 个研究所：计算机与系统科学研究所、知识工程研究所、先进网络技术与新业务研究所、软件工程与空间网络安全研究所；4 个省部级科研基地：材料领域知识工程北京市重点实验室、北京市融合网络与泛在业务工程技术研究中心、赛博（网电空间）北京市国际科技合作基地、北京市网络空间数据分析与应用工程研究中心（联合单位）；2 个省部级教学基地：北京市高等教育教学实验示范中心、北京高等学校示范性校内创新实践基地。

2017 年，学院共招收本科生 12 个班 358 人，全日制硕士研究生 205 人（其中学术型研究生 100 人、专业型研究生 105 人），博士生 29 人。毕业本科生 363 人，就业率为 97.80%，深造率为 52.89%。毕业硕士研究生 218 人，博士研究生 14 人，综合就业率为 100%。至年底，学院共有在校学生 2568 人，其中本科生 1679 人（含留学生 37 人）、硕士研究生 672 人（含留学生 35 人）、博士研究生 217 人（含留学生 32 人）。

（隆克平、李　宁）

【师资队伍】 学院共有教职工 140 人，其中专任教师 100 人（教授 30 人、副教授 45 人）。有博士生导师 27 人。有长江学者特聘教授 1 人，国家杰出青年科学基金获得者 1 人，教育部新世纪优秀人才 4 人，校级教学名师 1 人。引进各层次人才 3 人，补充专任教师 7 人。青年人才培养取得进展，1 人首次进入青年长江学者会评。外专人才建设取得突破，引进外专亚非杰出青年学者 1 人（巴基斯坦籍），承担外国专家来华访学及交流项目 9 项，教师出国访学和交流 38 人次，超过 10 人次在国际高水平 SCI 期刊担任编辑和客座编辑。3 人晋升教授职称，3 人晋升副教授职称。

（隆克平、李　宁）

【人才培养】 本科生教学方面。①推进实施2017版本科培养方案，以社会需求为导向，以工程教育为背景，进一步明确本科专业培养目标和人才培养定位，以人才培养为中心加强专业建设。启动本科教学审核评估筹备工作，全方位推进本科教学自评自建工作。②深化教育教学改革与学生创新实践能力培养，成果喜人。2 项成果获北京市教育教学成果一等奖，1 项成果获北京市教育教学成果二等奖，实现历史突破。积极搭建实践育人平台，一二课堂贯通培养，学生获国家及以上奖项 165 人次，继续稳居全校第一。健全完善“七学机制”，深入开展学风建设，低年级必修课一次通过率 71%。以国际化视野培养高素质人才，培养拥有海外学习经历学生 33 名，在学留学生达 140 名，约占全校在学留学生 1/6。

研究生教学方面。制定 2017 版研究生培养方案，加强研究生培养质量建设。硕士研究生学位论文质量显著提高，一次毕业率 95.1%（提高 7.7%）。毕业的 15 名博士研究生共发表论文 48 篇，其中 SCI/EI 检索 38 篇，1 人获北京科技大学“学术之星”称号。以学术三分钟、贝壳学术汇、科技服务与挂职锻炼等活动为载体，引导提升研究生综合素质。配合学校广东顺德研究生院的梯队、设备、场地和实验室建设工作。

（王建萍、张晓彤）

【学科建设】 学院设有 5 个本科专业：计算机科学与技术（首批国家级特色专业）、信息安全、通信工程、物联网工程（国家级特色专业）、电子信息工程（2014 年停止招生）；2 个普通硕士一级学科点：计算机科学与技术、信息与通信工程；2 个工程硕士授权领域：计算机技术、电子与通信工程；2 个一级学科博士点：计算机科学与技术、信息与通信工程；4 个二级学科博士点：计算机系统结构、计算机应用技术、计算机软件及理论、通信与信息系统；2 个博士后流动站：计算机科学与技术、信息与通信工程；2 个北京市重点学科：计算机系统结构、通信与信息系统。

在教育部第四轮学科评估中，计算机学科由 2012 年全国前 30% 提高到全国前 20%（B+）。完成计算机、通信两个学科和化生学院共同申报“精准医疗与健康”一流学科申请工作。提出计算机学科冲击 ESI 前 1% 建设规划，11 月，计算机学科 ESI 论文被引频次 2764，比 3 月提升 42%，距 ESI 全球前 1% 的研究机构排名提升 33 位，学科潜力值从 51% 提升到 74%；继续保持“QS 世界大学学科排名”，位列 401~500（国内并列 24）。

在“十三五”国家重点研发计划高性能计算领域的 18 个项目中，学院高性能计算团队参与了 5 个，并主导 3 个不同应用领域的大规模应用软件开发课题。依托材料基因工程重点专项，参与材料基因工程高精尖中心建设，开展新材料与大数据关键技术的学科交叉研究。整合学科资源和传统优势方向，加大对大数据、人工智能、网络空间安全等科技前沿领域研究的培育和支持力度，谋划推进“人工智能”等重点建设方向的建设和发展。

（隆克平、张晓彤）

【科学研究】 ①科研创新能力提升，科研经费再创新高。积极推进“十三五”项目申报，统筹布局学院科研体系，促进学院主导研究方向贴近国家重大需求。申报国家自然科学基金 34 项，立项 11 项，获批率 32%，超过学校 25.31% 的平均获批率；牵头国家重点研发计划重点专项立项 2 项，参与 5 项；参与国家科技重大专项立项 1 项；千万级国家项目立项实现历史突破。2017 年到位科研经费 2986.98 万元（增长 28%），其中横向 655.53 万元、纵向 2331.45 万元（增长 34%）。获批军口各类项目 6 项，立项金额 326.39 万（增长 70%）。②高水平论文大幅增长，科技奖励取得突破。SCIE 收录论文 75 篇，JCR 一二区论文共 24 篇（增长 60%），与上聘期四年 TOP 论文总数持平。一区论文 8 篇（增长 100%），授权发明专利 44 项（增长 131%）。获得北京市科技进步二等奖 1 项（单位排名 2）、三等奖 1 项（单位排名 4），冶金科学技术奖二等奖 1 项（单位排名 2），中国通信学会自然科学二等奖 1 项（牵头单位），获得教育部自然科学二等奖 1 项（教师个人排名 3）。③省部级科研基地建设进展顺利。赛博（网电）空间北京市国际合作基地顺利通过北京市科委三年建设期评估；获批北京市网络空间数据分析与应用工程研究中心（联合单位）；与数理学院联合承担教育部 B 类实验室培育项目。依托

“融合网络与泛在业务北京市工程技术研究中心”“材料领域知识工程北京市重点实验室”继续扩大科研合作领域，项目组织与成果转化能力不断提升。

（宁焕生、张德政）

【境外交流】 ①培养拥有海外学习经历的本科生和研究生 32 名，接收来华留学生 140 名，接收台湾本科交换生 2 名。②获批教育部“高校重点引智项目”3 项，建立与美国克利夫兰州立大学、美国休斯敦大学、加拿大不列颠休斯敦大学 3 所大学计算机通信领域知名学者建立不少于 30 天的交流合作；常规引智项目 5 项（执行 6 项）；新申报教育部学校特色聘专项目 6 项，教育部学校常规聘专项目 7 项，引进海外名师文教专家重点支持计划 1 项。③新增 1 项国家自然科学基金外国青年基金项目，与葡萄牙电信研究院学者 Dr. Shahid Mumtaz 建立了为期 2 年的合作研究；与台北科技大学联合专题研究计划项目在研 2 项，新申请 2 项；与英国德蒙福特大学合作申请国家自然科学基金国际（地区）合作与交流项目。④全年出国（境）参加各类国际学术会议或进行合作研究的教师人数 25 人次。⑤受科技部“杰出青年科学家来华工作计划”支持，引进巴基斯坦 Ata Ullah 研究员来进行为期一年的研究工作。⑥学生组成的代表队在第四十二届 ACM-ICPC 国际大学生程序设计竞赛亚洲区中国竞赛中共收获 2 枚金牌 4 枚银牌；学院团队在第十四届国际文档分析与识别大会，获得“鲁棒阅读竞赛”大规模真实场景文本识别技术竞赛冠军。⑦举办了第一届“中欧主动健康养老创新论坛”以及中英隐私健康研讨会；与美国斯蒂文斯理工学院签署双边合作协议；与美国 NIST 一起推动大数据标准化建设并且在北京召开第二届大数据标准研讨会。

（宁焕生）

【党建和学生工作】 基层党组织建设方面。①形成“5271”党员发展全流程工作模式，年内共发展学生党员 112 人。党建工作得到市委教育工委检查组专家“规范、超前、创新”的高度评价。至年底，学院共有党员 549 人，其中学生党员 455 人、教师党员 94 人。②认真学习宣传十九大精神。结合专业特色，开展原文解读、知识竞赛等具有网络特点的学习宣传活动。举办“讲好专业故事，传承红色基因”演讲比赛等活动，提高师生十九大精神学习的积极性和实际效果。③召开学院第二次党代会，进一步加强党内民主，明确了学院未来发展目标、指导思想和任务措施。④继续实施“四个一”主题活动，引导支部充分发挥功能和作用。以“勤学、修德、明辨、笃实”和“四有”好老师为目标，推进实施党员先锋工程。依托党员述责测评和支部组织生活会，开展“承诺、践诺、评诺”活动，强化师生党员的身份意识、责任意识和服务意识。年内，累计获校先进基层党组织 2 个，红色“1+1”示范活动北京市级奖励 6 项，获校级基层党组织立项活动奖励 5 项，学院党委连续 7 年荣获优秀组织奖。

学生工作方面。①贯彻落实思政会精神，构建全员育人的工作氛围，以党建带团建、带班建，开展大学生思想教育，创新人才培养质量逐年提高。②学生科技竞赛成绩喜人。先后有 1200 余人次参加了 30 余项科技竞赛，获得国际奖项 5 人次、国家级奖项 155 人次、北京市级奖项 207 人次、校级竞赛奖项 471 人次，获奖人数较去年增长 25.13%，位列全校第一。在 ACM 亚洲区赛上摘得一金三银，是我校在该项赛事上的首枚金牌。③继续打造“满井谷‘互联网 +’创新创业平台”，邀请知名互联网公司工程师来院开展了 15 次前沿技术培训，参训人数 1500 余人次；依托索思科技协会和“勤勉轩”创新实验室，举办了“超级焊将”电焊技能培训、单片机培训、WEB 技术培训、C 语言系列培训等 10 余次，参训 800 余人次。④积极搭建校企合作的平台，成立学校首个院级企业俱乐部，创立“IT 名企零距离”系列活动，全年共开展了 12 次“IT 名企行”活动，先后走访了百度、新浪等业内知名企业。学院获评 2017 年度北京科技大学“总就业率优胜奖”和“研究生签约率优胜奖”。

（黄武南、杨　健）

数理学院

【概况】 数理学院下设5个系：应用数学系、信息与计算科学系、物理系、应用物理系和应用力学系；3个中心：现代物理技术研究中心、绿色创新中心和实验中心；2个研究所：应用数学研究所、应用物理研究所。学院拥有1个国家级教学平台：国家工科物理课程教学基地；4个省部级教学科研平台：实验教学（物理）北京市示范中心、磁光电复合材料与界面科学北京市重点实验室、弱磁检测及应用北京市工程技术研究中心、科技部材料模拟设计实验室。

2017年学院数学按大类招生4个班，应用物理学招生3个班，理科试验班招生2个班，共招收本科生254人、硕士研究生107人、博士研究生23人。毕业本科生179人，深造率51.4%，就业率93.4%；毕业研究生94人，就业率93.6%。至年底，学院共有在校生1216人，其中本科生908人、硕士研究生207人、博士研究生101人。

（王荣明）

【师资队伍】 学院共有教职工152人，其中专任教师132人(含教授32人、副教授50人、高级讲师4人)，名誉教授1人，兼职教授4人。具有博士学位112人，占教师总数的85%，其中12人具有海(境)外博士学位。有中国科学院院士2人（双聘），美国科学院院士1人（名誉教授），亚太材料科学院院士1人（兼职教授），国务院政府特殊津贴专家3人，“青年千人”1人，北京市教学名师5人，教育部“新世纪优秀人才”4人，北京市科技新星1人。年内，引进三层次教授1人，新进青年教职工13人，其中特聘教授1人。2人晋升正高级专业技术职务职称，9人晋升副高级专业技术职务职称。张志刚荣获2017年度北京市优秀教师奖，储继迅获北京高校第十届青年教师教学基本功比赛第一名，王凤平荣获2017年度宝钢优秀教师奖，刘冬欢荣获2017年度中国力学学会全国徐芝纶力学优秀教师奖。

（刘雨芙）

【人才培养】 高度重视并积极准备2018年将要进行的本科教学审核评估工作，学院组织各系、所、办公室老师到全国各相关高校开展评估工作前期调研，获得经验和资料。持续推进本科教学与专业建设改革，各系制定和完善符合2017版培养方案的课程大纲与执行计划，3人获批2017年研究型教学立项，2人获批全英文示范课立项，并调整部分院级课程负责人。以特色班为重点，加强“科教融合”建设，理科试验班进行课程改革和师资配备调整，由院领导任理科试验班班主任；中科院半导体所为“黄昆班”优秀学生设立一等奖学金（5000元/人）和二等奖学金（2000元/人），2017年有10人获得一等奖学金，有22人获得二等奖学金；“闵嗣鹤数学精英计划”推荐2名学生进入中科院深造，2名学生获得闵嗣鹤奖学金。教学成效显著，赵鲁涛、张晓丹主持完成的教学成果各获得北京市教学成果二等奖；王凤平教授获宝钢优秀教师奖；陈章华教授和臧鸿雁副教授被评为北京科技大学校级教学名师奖；张晓丹主持完成的教学成果获北京科技大学教育教学成果奖一等奖；李娜和张丽静获推青年教学骨干人才培养计划。

数理学院教师指导本科学生参加2017年全国第九届大学生数学竞赛及北京市第二十八届大学生数学竞赛，共有23人获奖，其中一等奖5名、二等奖10名。指导本科学生参加2017年全国大学生数学建模竞赛，5支参赛队荣获一等奖，19支参赛队荣获二等奖。

（陈章华、丁红胜、卫宏儒）

【学科建设】 学院设有4个本科专业：数学与应用数学、信息与计算科学、应用物理学、理科试验班；1个一级学科博士点：物理学；2个二级学科博士点：固体力学、一般力学与力学基础；2个一级学科硕士点：数学、统计学。

根据教育部学位与研究生教育发展中心公布的全国第四轮学科评估结果，学院承建的数学、物理学和力学学科均被评为B-，位列参评单位31%~40%。根据QS全球教育集团发布的2018年QS世界大学学科排名，学院数学学科位列全球第201~250名，国内高校并列第11名（五校并列）；物理学科位列全球第351~400名，国内高校并列第18名（三校并列）。根据自然出版集团发布的2018年的自然指数（统计时间为2017.1.1至2017.12.31）排名，学院承建的物理学科位列国内高校第25名。

（王荣明）

【科学研究】 ①国家自然科学基金获批11项，连续两年超过10项；获批国家科技重大专项子课题、教育部科学事业费重大项目、北京市科技计划创新环境与平台建设专项各一项。论文质量稳步提升，SCI论文182篇，同比增长7%；JCR分区一区和二区论文87篇，同比增长27%；于明鹏博士入选2017年国际清洁能源拔尖创新人才培养项目，发表的学术论文入选*Advanced Energy Materials*（影响因子16.721）热点文章排行榜榜首；陈娣教授、孙颖慧副教授以第一作者在*Chemical Society Reviews*（影响因子38.618）和*Applied Physics Reviews*（影响因子13.667）发表综述论文，郝亚江副教授合作发表*Nature*论文一篇；陈娣等合作完成的科研成果获北京市科学技术奖二等奖。②组织“理学之美”名师讲坛1次、前沿论坛24次、青年论坛8次，邀请中科院院士周向宇做客名师讲坛；邀请“长江学者奖励计划”“国家杰出青年科学基金”获得者罗华耿、李彦、李隽等30余位专家做客前沿论坛、青年论坛。

（王荣明、陈艳萍）

【境外合作与交流】 推动国际交流。邀请张洪洲、范智勇等5位来自爱尔兰都柏林圣三一学院和中国台湾清华大学的教授为学生开设先进物质基础与应用课程。获批1项引智项目海外名师项目、6项常规项目，经费35万元。与爱尔兰都柏林圣三一学院校级合作取得实质性进展；继续推进与英国邓迪、斯旺西大学、日本岛根大学等合作交流。

（王荣明、陈艳萍）

【党建与学生工作】 加强基层党组织建设和思想政治工作。①学习宣传贯彻党的十九大精神，利用学院网站、宣传栏、微信平台等多渠道开展十九大精神学习，保证十九大精神学习全覆盖。组织理论学习和开展“党的十九大精神应知应会在线答题”有奖竞答、学习十九大精神主题征文等，在学院掀起学习宣传十九大精神的热潮。②积极推进“两学一做”学习教育常态化制度化。全年以学习宣传贯彻党的十九大精神、全国高校思政会精神、廉政建设、一流学科建设、依法治院、人才培养、师资队伍建设、国际化等为主要内容，学院理论中心组开展专题学习12次；19个党支部以“三会一课”形式开展支部组织生活、专题组织生活会、党日活动等累计百余次；组织全体教师学习4次；以社会主义核心价值观强化学生思想引领，结合党的十九大、建校65周年和纪念“一二·九”等组织主题征文、开展活动和以“我的大学我的中国梦”等主题组织班团日活动累计近150场。③开展迎接北京市关于《北京普通高等学校党建和思想政治工作基本标准》集中检查工作，制定学院落实基本标准工作的实施方案，梳理近五年党建和思政工作内容材料，撰写自查报告和特色材料，认真做好自查自评工作。④从严治党向基层延伸，与系所签订廉政建设责任书，设立意见箱，建立院领导接待日制度，制作“谈心谈话本”，建立系务会制度，进一步扩大民主，制定党务公开办法。⑤举办第278期入党积极分子培训班，培养积极分子106人，98名学员结业，发展党员51名，预备党员转正26名。至年底，有6个教工支部和13个学生支部，党员共计235人，其中教工党员91人，学生党员144人。⑥加强支部书记培养与管理，进一步发挥教工党支部书记在人员聘用、晋职晋级、评奖评优等方面作用，把好教师政治关、师德关。年底学生支部书记和教工支部书记分别进行述职考核。⑦学生党支部积极参与党员先锋工程、基层党组织立项、红色“1+1”等活动，教工和学生党支部立项活动中申报率达100%，首次尝试学生低年级党支部以党小组名义独立申报立项。数理本科14级第一党支部获红色“1+1”示范活动北京市优秀奖，博第一党支部获校级优秀基层党组织活动。⑧做好统一战线工作，建立党委委员与党外代表人士联络制度；推荐陈章华、顾强和刘白羽三位教师作为学校“知联会”首届理事和副秘书长。⑨加强安全稳定工作，调整安全稳定机构，成立国家安全工作领导小组；坚持每年签订《安全稳定工作责任书》、每月进行安全检查；开展安全教育讲座及消防演练。⑩院党委建立表彰机制。应用物理系教工党支部被评为校“先进党支部”，汪飞星、郑新和、张林虎和刘爽等4名师生党员获得“优秀共产党员”称号，刘雨芙获得“优秀党务工作者”称号。

学生工作方面。①继续做好学业辅导工作。依托学业辅导工作室“学业帮棒堂”进行授课和讲座近20场，定点帮扶学业困难重点关注学生10余人，累计受益学生800余人次。②着力提升学生创新能力。发放院长奖学金15万，奖励学生19人。组织本科生参加SRTP项目近50项。年内121人次在校、市级及全国各类竞赛中获奖，较上一年提升23.5%。学院组织学生参加各类学科竞赛，并承办第八届全国大学生数学竞赛决赛，学校7名参赛学生均斩获奖项。③促进学术交流，拓宽学生视野。学院举办第十三届研究生学术论坛，组织开展“理学之美”名师讲坛、青年论坛、学术沙龙活动等专业讲座61场。年内25名学生参加国内外交流活动。④加强基层组织建设方面的指导服务。为新生班级配备小班主任，协助辅导员做好学生专业引导。开展新生教育系列活动逾60场，同时，加强高年级班级建设指导和表彰宣传，黄昆14班荣获北京市“先进班集体”和“优秀团支部”称号。⑤加强学生心理素质教育工作。坚持月度研讨制度、“一人一档”重点学生追踪方案。学院将年内处理的学生危机事件全部集结成案例，同时建立院级心理危机事件预案，涵盖“精神疾病类”“突发事件类”“学业问题类”危机处理方法。

宣传工作方面。在北科大新闻网发布新闻43篇，其中新闻导读9篇。维护“数理动态”学院微信平台、“学业帮棒堂”学业辅导平台。“数理动态”平台总关注人数为3157，全年共推送文章351篇，总阅读量145984次，转发次数6254次，荣获学校十佳微媒体运营团队称号。创作《北科的秋》《2017贝壳军训》《不说再见》等微视频，阅读量突破6万次。

（耿小红、牛　珩、刘雨芙、陈　星）

化学与生物工程学院

【概况】 化学与生物工程学院设2个系：化学与化学工程系、生物科学与工程系；3个省部级重点实验室：生物工程与传感技术北京市重点实验室、功能分子与晶态材料科学与应用北京市重点实验室、北京科技大学农药残留与环境毒理实验室（农业部农药登记残留试验认证单位）；1个挂靠单位：生物工程与传感技术研究中心。2017年3月31日，正式揭牌建立精准医疗与健康研究院。落实北京市委组织部“京津冀一体化区域绿色农业”人才共同体计划，在平谷区建设1.2万平方米科研空间，成立北京科技大学平谷生物农业研究院。2017年，学院共招收本科生4个班117人，其中应用化学60人、生物技术57人。招收硕士研究生117人、博士研究生28人。毕业本科生107人，深造率68.23%；毕业硕士研究生95人，毕业博士研究生18人，综合就业率93.95%。至年底，学院共有在校生751人，其中本科生430人、硕士研究生224人、博士研究生97人。

（曾芳）

【师资队伍】 学院现有教职工100人，其中专任教师85人。专任教师中教授32人（博士生导师24人）、副教授25人、讲师28人。俄罗斯工程院外籍院士1人，英国皇家化学学会会士1人，美国医学与生物工程院院士1人，教育部“长江学者”特聘教授1人，国家杰出青年科学基金项目获得者2人，“万人计划”领军人才2人，国家百千万人才工程人选1人，国家优秀青年科学基金获得者1人。享受国务院政府特殊津贴2人，入选教育部新世纪优秀人才资助计划8人，北京市科技新星6人。获得首都劳动奖章1人，全国创新争先奖奖状1人，北京市优秀共产党员1人，宝钢优秀教师奖4人。陈飞武老师获得2017年“我爱我师——我心目中最优秀的教师”称号。晋升正高职称4人，晋升副高职称2人。

专任教师中具有高级职称的教师比例为67.1%，具有博士学位的教师比例为95.3%，非北京科技大学毕业的教师比例为78.8%。

（曾芳）

【人才培养】 ①启动学院本科教学审核评估筹备工作，成立学院本科教学评建工作组。启动2017版本科生培养计划。②投入12万元经费支持教师进行科研成果向教学转化的科教结合探索，资助学生参加国际及国内专业竞赛。③积极参加新工科专业建设研讨，在新工科理念指引下申请北京科技大学2017年度教育教学改革与研究重点项目《分析传感技术与信息方法学》，获得项目资助并作为学校推荐项目推荐到教育部。④推进研究生培养管理制度化建设，研究生培养质量显著提高。制定并实施学院《优秀论文评选办法》《博士生提前毕业的规定》等管理办法，编制学院《2018年博士生招生简章》，博士毕业生许太林获得“校长奖章”，张月红获得“十佳学术之星”提名奖。⑤重视学生创新创业能力培养。学院举办创新创业领域的高水平专题讲座17次，覆盖学生1900余人次。

（范慧俐、胡继业、曹艳秋）

【学科建设】 学院设有2个本科专业：应用化学、生物技术；4个硕士学科点：化学、化学工程与技术、生物、生物工程；1个博士学科点：化学；1个牵头共建北京市重点交叉学科：光电信息材料与器件；1个博士后流动站：化学。化学学科自2012年起连续6年进入ESI排名世界前1%，排名逐年上升，与2012年比较，发表论文总数和总被引次数均实现翻番。积极助力学校“双一流”建设，推进落实学院“十三五”事业发展规划。学院以国家创新驱动发展战略和“双一流”建设为指引，贯彻落实《北京科技大学综合改革方案》、学校第十一次党代会精神，凝练学科方向，加强工理协同，促进化学、生物、冶金、新材料、信息、新能源、环境等学科技术交叉融合。认真开展“精准医疗与健康”一流学科群申报工作，结合精准医疗与健康研究院建设，整合学院及学校相关学科优势力量，撰写申报材料。化学学科在教育部第四轮学科评估中进入B档，排名数段跻身前20%~30%，较上一轮评估大幅跃升（第三轮评估为前47%）。

（郑安阳、范慧俐）

【科学研究】 ①2017年到账科研经费3069万，比上一年增长21.5%。②申报国家自然科学基金32项，北京市自然科学基金10项，9个项目获得国家自然科学基金资助，其中国家重大科研仪器研制项目1项。在科技部重点研发计划重大专项中，参与子课题3项。③姜建壮等两位教授入选2016年中国高被引学者榜单（Most Cited Chinese Researchers）；陈飞武教授团队在*Journal of Computational Chemistry*上发表的论文Multiwfn: A Multifunctional Wavefunction Analyzer，高居2007~2016年国家高被引论文中被引次数最高的10篇论文第7位，累计被引次数1980次；学院教师多篇研究论文在*Advanced Materials*（影响因子19.79，2篇），*Coordination Chemistry Reviews*（影响因子13.32），*Nano Energy*（影响因子12.924），*Advanced Functional Materials*（影响因子12.12），*Journal of Materials Chemistry A*（影响因子8.867），*Small*（影响因子8.643），*Biomaterials*（影响因子8.4），*Chemical Science*（影响因子8.66）等化学领域高水平杂志发表。④2017年申请发明专利14项，实用新型专利4项，授权发明专利12项，实用新型授权5项，3项专利获得转化。

（温永强）

【国际交流】 ①组织学院老师完成鼎新北科、2017年外国文教专家聘请计划等项目的申报工作。②举办2017年分子磁体与生物传感技术及分子纳米磁体的可控组装与性能调控研讨会、第三届中–奥环境气味研讨会等国际国内会议。③组织“理学之美”系列学术讲座，开拓学生视野。本年度组织“理学之美”名师讲坛、前沿论坛24场，邀请诺贝尔奖获得者斐里德·穆拉德、巴里·马歇尔等为本科生、研究生做报告，覆盖近1700人次。④资助学生参加国际遗传工程机器设计竞赛（iGEM）和北京市大学生化学竞赛，均取得了优异的成绩。

（胡继业）

【实验室管理】 ①重视实验室安全管理，完善了学院各项安全管理制度，组织教师参加了学校组织的各项安全培训活动。学院每月开展安全检查治理工作，对排查出的隐患、问题进行了整改，并对部分设备设施和安全防护品进行完善改进。通过了教育部、北京市等上级组织的安全检查工作。②组织化生学院分析测试平台的日常运行服务工作，落实学校加强仪器设备开放共享的精神，组织各实验室及管理老师对学院的大型仪器进行数据调查，制定《化生学院仪器设备开放共享收入实施方案》，改善科研条件，激励实验平台管理人员提高服务水平。③组织2017年修购计划和2018—2020年“双一流”建设论证工作，协调督促各位负责老师积极完成招标、购买、安装、调试、培训等工作，改造实验平台，新购进及安装科研设备7台（套）。④认真落实化生学院与附属小学的共建工作，组织化生学院老师和研究生完成了一年192个学时的课程工作。

（温永强）

【党建和学生工作】 基层党组织建设方面。①本年度，学院共发展学生党员26人、教师党员1人，转正预备党员39人，转出组织关系72人。至年底，学院共有党员218人，其中学生党员161人、教师党员57人。举办2期党校，培训积极分子98人。②认真履行学院党委主体责任、落实党风廉政建设责任制。加强党风廉政建设，贯彻落实中央八项规定精神，年度开展10余次党风廉政教育活动。贯彻落实民主集中制，修订学院党政联席会、系务会等制度文件，充分发挥党政联席会、学术委员会、教代会等民主管理、民主监督作用，做好院务公开和党务公开工作。③认真推进“两学一做”学习教育常态化制度化，贯彻落实党的十九大精神。重点抓好“三会一课”制度、学习讨论、上党课、组织生活会、民主评议党员等关键环节，创新性开展了“三上三有”理论学习计划，党员“四个意识”显著增强，被中国科学报专题报道。做好党支部书记选优培强，定期召集党支部书记会议，研讨工作、统一思想。开展支部书记抓党建述职评议工作，推动全面从严治党向基层延伸。组织青年教职工中关村创业大街开展社会实践调研活动，组织学院师生参观“砥砺奋进的五年”大型成就展。④迎接北京市党建和思想政治工作基本标准检查。以高标准严要求全面总结学院党建工作，认真准备支撑材料和汇报材料，学院党建和思想政治工作得到了来访专家组的高度评价。⑤重视意识形态工作，努力做好统战工作。注重落实责任制，成立学院意识形态工作领导小组，落实意识形态责任分工。持续加强党外代表人士队伍建设，加强对学生的民族宗教宣传教育工作。

学生工作方面。①设立“学霸论坛”，让优秀的学生走向卓越，从而提高全体学生整体水平。②依托学校和学院两级学习与发展中心，针对期中考试挂科和学业警示学生，开展系列学习辅导。③班导师－辅导员联动，优加学长助力专业思想教育。④组织学习经验交流会、学风主题班会、国家奖学金及特定奖学金答辩会，传播学习经验。⑤力倡导SRTP科技创新培养。以SRTP实验为契机，引导本科学生进入科研梯队进行科学研究，引导学生培养科学的治学精神，养成严谨的治学态度，掌握科学的治学方法，提高自主学习的能力、探究学习的意识和独立研究的能力。⑥加强职业生涯规划教育，提高学生学习动力。就业指导老师、高年级学长作为主讲开展就业指导与生涯规划讲座，有针对性开展考研、出国、就业等交流会，邀请专业老师及往届学长与学生们交流，举办优秀毕业生报告会，引导学生树立成才目标，积极开展生涯规划。⑦开展研究生“3+3”学术论坛模式，提升研究生科研热情和学术水平。

宣传工作方面。扎实做好新媒体、全媒体、融媒体工作，加强学院网络新媒体平台和队伍建设，重视内容、拓展渠道，探索能引起青年关注，并能引导青年、教育青年的好作品，真正起到网络育人的效果。如发布在北科大青年的“学习宣传党的十九大，化生青年棒棒哒”“震惊，这个团支部在团日上居然下了一节课的棋？”等，让学院的宣传平台不单单是发布纪实通讯和通知公告，更重要的是起到引导育人的功能。学院现运行微信平台4个，关注人数2000人。全年向学校新闻网、5470网及学院网站投递有效稿件221篇，校外媒体报道12篇。举办宣传技能培训2次。同时，全力配合完成党建评估工作，制定花生小驻“砥砺奋进”系列推送计划，开创学院网站、公开公示栏的十九大学习专栏。

（郑安阳、曾　芳、曹艳秋、李　慧、孟　涛）

【成立北京精准医疗与健康研究院（筹）】 北京精准医疗与健康研究院（筹）是在北京市人才工作领

导小组的关怀和亲自指导下，由北京科技大学与北京市科学技术委员会结合北京市全球顶尖科学家及创新团队引进计划首批发布的精准医疗战略领域而发起筹建的。诺贝尔奖获得者斐里德·穆拉德担任名誉院长，张欣欣兼任院长，张学记担任执行院长；万向元担任常务副院长，国家精准医疗战略专家委员会主任、中国工程院院士詹启敏担任学术委员会首任主任。

精准医疗研究院现有斐里德医学（北京）研究中心、德米特里精准治疗（北京）研究中心、约瑟夫可穿戴式传感器（北京）研究中心、罗伯特药物（北京）研究中心、精准诊断医学（北京）研究中心、药物与健康（北京）研究中心、巴里·马歇尔胃病精准医疗（北京）研究中心、纳米医学（北京）研究中心等八个研究中心。

未来，精准医疗研究院将充分发挥央地结合优势，联合开展国际前沿研究，形成重大原始创新成果并转化应用，积极推进精准医疗研究院的国际科技合作，汇聚国际资源与人才，努力培养优秀的年轻科学家和研究创新群体，使精准医疗研究院成为国际一流的生物医药创新基地。

（郑安阳、张学记）

东凌经济管理学院

【概况】 东凌经济管理学院下设6个系：管理科学与工程系、工程管理与技术经济系、工商管理系、财务与会计系、经济贸易系、金融工程系；2个研究中心：教育部工程研究中心、期货证券研究中心；1个研究基地：北京企业低碳运营战略研究基地；4个研究所：复杂系统故障预测和管理研究所、管理科学研究所、电子商务研究所、企业与产业发展研究所；5个办公室：学院办公室、公共关系办公室、教学办公室、学生工作办公室、国际认证与质量提升办公室；3个中心：MBA中心、EMBA教育中心、实验信息中心。

2017年，学院共招收本科生342人、学术型普通硕士研究生134人、工商管理硕士研究生（MBA）217人、中美合作高级管理人员工商管理硕士研究生（EMBA）100人、博士研究生18人。毕业本科生367人、学术型普通硕士研究生123人、工商管理硕士研究生（MBA）216人、会计学专业硕士研究生（MPAcc）30人、工程硕士研究生64人、高级管理人员工商管理硕士研究生（EMBA）20人、中美合作高级管理人员工商管理硕士研究生（EMBA）42人、博士研究生26人。至2017年年底，学院有在校本科生1454人、学术型普通硕士研究生470人、工商管理硕士研究生（MBA）487人、会计学专业硕士研究生（MPAcc）35人、工程硕士研究生104人、高级管理人员工商管理硕士研究生（EMBA）184人、中美合作高级管理人员工商管理硕士研究生（EMBA）214人、博士研究生215人。

（闫相斌）

【师资队伍】 至2017年年底，学院共有教职工136人，其中专任教师94人（含教授25人、副教授44人、讲师25人），行政、教辅和辅导员42人。学院制定师资队伍建设规划实施方案，坚持“引育并举”推进师资队伍建设，取得较明显成效。2017年引进全职教师6人，其中5人毕业于“985工程”高校、1人毕业于中科院。为加强青年创新人才的培养，设立“杰青后备人才”培养计划，2位青年教师入选。针对新教师安排的培训计划收效明显，2名教师分别荣获学校第十届青年教师教学基本功比赛一、二等奖。学院教师具有博士学位的人数占91%，有海外经历的教师比例为71%，1位副教授晋升为教授，4位讲师晋升为副教授。学院在聘任新教师时，加强思想政治方面的考察与了解，把好“政治关”，扎实推进教师队伍管理和师德师风建设。学院工会围绕民主管理、小家建设、教师队伍、关爱教工和文体活动等方面，不断增强教职工凝聚力，荣获校级“模范教职工小家”复查验收一等奖。

（刘明珠）

【人才培养】本科生教学方面。学院在教师培养、课程建设、教材建设、教学改革等方面取得良好成绩。结合国际商学院认证标准，完成本科生培养方案修订。1人获“北京市教学名师奖”，1人获“北京市优秀教师”称号，1人获校级“青年教学骨干人才”称号。夏季学期开设外国专家学者课程10门（全校共50门），4本教材（讲义）荣获学校2017年度“十三五”规划教材（讲义）立项，3门课程荣获2017年度校级“研究型教学示范课程建设项目”立项，校级本科教改面上项目2项。

研究生教学方面。学院完成学术学位授权点评估，修订研究生培养方案，研究生教育质量稳步提升。学院连续三次荣获“研究生教育管理先进集体奖”，3篇案例入选“2017全国百篇优秀管理案例”，MBA招生首次实现100%第一志愿录取。自主开发视频网络平台和视频案例制作标准得到教育部认可，进一步提高博士毕业生论文发表级别的要求。学院完成3个国内EMBA教学班的学生培养，EDP项目处于初期发展阶段，正进行EDP基础性建设工作，分析学校和学院优势，解读EDP市场需求，已设计8个EDP产品，其中2个获得成效。

（范小华、魏　钧）

【学科建设】学院设有6个本科专业：信息管理与信息系统、国际经济与贸易、金融工程、工商管理、会计学、工程管理；1个博士后流动站：管理科学与工程；3个一级学科：管理科学与工程、工商管理、应用经济学，其中，管理科学与工程、工商管理2个学科具有一级学科博士点授予权，可以招收管理科学与工程、企业管理、技术经济及管理和会计学4个专业的博士生，应用经济学具有一级学科硕士点授予权；7个普通硕士点：管理科学与工程、企业管理、会计学、金融学、国际贸易学、产业经济学、技术经济及管理；5个专业学位点：会计学专业硕士（MPAcc）、工商管理硕士（MBA）、高级管理人员工商管理硕士（EMBA）、工业工程、项目管理。学院继续与美国得克萨斯大学阿灵顿商学院合作培养高级管理人员工商管理硕士（EMBA）。

以提高学术水平和国际影响力为目标，学院对自2014年3月起使用的期刊分类标准及论文奖励政策进行修订，并于2017年8月起正式实施。顺利完成规划2017年度修购项目计划，建成“大数据环境下复杂工程系统分析与优化平台”，成功完成2016年“一流学科”建设专项的“视频质化研究”实验室建设，组织编制学院2018—2020年“一流学科”建设项目实施方案。定期邀请国内外知名专家学者进行学术交流，设立教师和博士生出国参加国际会议资助计划和“学术午餐会”制度，教师学术交流热情明显提高。

（闫相斌、何　枫）

【科学研究】科研项目立项实现历史性突破。国家级、省部级项目数量和科研经费总额显著提高，国家级科研立项数在学院历史上首次超过2位数。2017年，学院纵向项目累积获批立项29项，资助总经费629万元，国家自然科学基金获批10项（含海外及港澳学者合作研究基金1项、资助经费180万元），国家社科基金获批3项，教育部人文社会科学规划项目获批3项，北京市自然科学基金获批1项，北京市哲学社科规划项目获批5项，中国博士后科学基金获批3项。横向课题签订合同12项，合同总经费126万元。全年到账经费（软件）785.41万元，其中纵向课题（含基本科研业务费）到账560.65万元，横向课题到账224.76万元。

学术成果质量明显提高，服务行业和社会的能力显著增强。2017年，学院共发表论文207篇，其中SCI/SSCI期刊论文48篇，论文数量较2016年增长66%，中科院2区及ABS-3星以上论文（即2017年学院新版论文分级中的英文期刊A3及以上）14篇，CSSCI期刊论文41篇，学院24种中文重点奖励期刊论文11篇，出版著作6部。王文彬和黄晓霞两位教授连续第三年入选Elsevier中国高被引学者榜单。在政策咨询方面取得突破性成绩，2017年，学院教师陈光华博士借调国务院研究室，其撰写的研究报告有5份获省部级及以上领导人批示。

（何　枫）

【国际认证】学院2017年度提交AACSB终审报告并获通过，直接进入现场访视阶段。2018年1月15~17日，AACSB国际认证专家组对学院进行为期3天严格的现场评审考核。2018年2月20日学院收到来自国际商学院协会的通知，经过AACSB初始认证委员会和理事会的决议，学院正式通过AACSB国际认证，认证期限为5年。这标志着北京科技大学成为大陆地区第19家、北京第5家通过AACSB认证的大学。完成AACSB国际认证，学院计划于2018年正式开启EQUIS国际认证。

（赵　霞）

【国际交流】 学院借助AACSB和中国高质量MBA认证规范人才培养过程和提高人才培养质量，进展顺利，成效显著。与美国纽约市立大学布鲁克分校杰克林商学院合作的硕士双学位项目已开始招生。成功申请引智项目8项、国际合作项目3项，邀请外专来访讲学30余人次。7名教师赴境外进修，26人次赴境外参加国际学术会议，发表国际学术论文100余篇。本科生海外游学项目2017年正式启动。学院荣获学校“国际合作与交流先进单位”称号（全校2个）。

（赵　霞）

【公共关系】 学院积极开展校友工作，不断推进与校友联系的平台建设，在育人方面发挥作用。公关办举办的2017年度（校友）论坛、4期“经管校友讲坛”、2期“行业校友沙龙”、新聘任的12位“校友成长导师”、校友支持的“经管创业实践营项目”2017年新申请入营创业团队4支等都已成为学院实践育人、提高学生创新创业意识和能力的重要手段。年内组织、协助10个班次校友集体返校，在经管楼一层大厅设计制作“校友基金捐赠名录”，以展示校友风采，营造良好的学院氛围。

（戴淑芬）

【党建和学生工作】 基层党组织建设方面。①深入学习贯彻党的理论，推动学院事业科学发展。学院党政领导班子认真学习党的十九大精神，坚持稳中求进、内涵发展的总基调，推动全面从严治党要求向基层延伸，中心组先后围绕“学习传达学校党风廉政建设工作会议精神”“学习贯彻全国高校思想政治工作会议精神”“深入贯彻‘两学一做’学习教育常态化制度化实施方案”、学习“7.26”讲话精神、“学习宣传贯彻党的十九大精神”（部署动员+专题报告）等主题内容组织开展专题学习和交流研讨，进一步强化主体责任意识，不断增强自身的思想理论水平和政治素养，切实提高党政领导班子的治院能力。②大力加强班子建设，提升集体决策水平。学院坚持“党政领导班子主动担责、主要负责人带头尽责、领导班子成员有效分责”的主体责任体系，严格执行“三重一大”制度，修订《学院教工手册》，坚持民主集中制原则，形成学院科学决策的新局面。发挥党政联席会、院务会、教代会（全院大会）“三位一体”的决策机制，不断增强学院决策的科学性。重视后备干部队伍建设，把好人才入口关，加强教师教育培训，年内推荐3位青年教师参加学校青干班培训、选派4位教师到校内外挂职锻炼。③抓好基层党组织和党员队伍建设，夯实学院党建工作基础。学院党委规范化开展教职工理论学习和组织生活会，已全部完成10次组织生活的学习讨论。严把党员“入口关”，年内发展党员84人。党支部100%参与立项，获二等奖1项、三等奖3项，学院党委获“优秀组织奖”。2个党支部、6名共产党员被评为校级优秀。成立关工委，开展“党员先锋工程”，注重党建带团建，团建带班建，管理1403被评为北京市“我的班级我的家”十佳示范班集体。“孟子居”扶贫创业团队登上《新闻联播》，受到习近平总书记回信鼓励。④紧跟形势开展十九大学习教育，积极推进“两学一做”常态化制度化。学院党委组织观看十九大开幕式、外请高水平专家讲座2次，全覆盖组织党团支部学习十九大，团学骨干以手抄报形式宣传十九大，开创国内首档辅导员脱口秀《智祯句酌》讲解十九大，学生代表学习十九大获央视《新闻联播》报道。⑤落实全面从严治党主体责任，健全维护安全稳定工作体系。学院党委严格执行“一岗双责”，当好廉政表率，将责任意识向基层延伸。做好党管意识形态工作，全面落实“一会一报”“一事一报”制度。继续坚定推进“平安校园”创建，组织安全知识培训和开展消防演习，落实安全工作责任制。

学生工作方面。①把学风导向贯穿学生工作的全过程，学院以“三率”（四级一次通过率、考研率、就业率）作为考核学生工作的重要指标。英语四级一次通过率为93.88%，多年来稳居全校第一；2013级本科生上研率31.03%，出国率22.13%，就业签约率首次突破70%，出国率首次突破20%；2017届本、研毕业生综合就业率96.72%，其中本科生95.40%、研究生98.04%。全年共有484人次获得各类奖学金，540人次荣获北京市级、学校级荣誉称号，其中1人获“中国大学生自强之星”称号，2人获学校“五四青年奖章”，1人被评为学校第十一届研究生十佳“学术之星”。班级建设成效显著，2个班级被评为北京科技大学87级校友基金最佳团队、北京市先进班集体，1个班级被评为北京市十佳示范班集体，1个团支部被评为全国钢铁行业五四红旗团支部，2个团支部被评为首都先锋杯优秀团支部。②坚持团系合作推动学生专业发展。学院全力建设“1466”特色专业认知和学风建设体系，即办好《经济潮》1本刊物，年内刊发2期；打造“管理论坛”“研究生学术论坛”“校友论坛”以及“MBA志远论坛”4个论坛，年内共计举办50余场次；参加创业计划大赛、学术科技作品竞赛、全国大学生英语竞赛、大学生物理竞赛、高等数学竞赛、数学建模大赛等6项赛事，全年共有142人次获得国家级、北京市级和学校级奖励；深化6系合作，举办模拟炒股大赛、校园营销大赛及经管知识大赛等。③立足求真务实，全面搭建学生实践志愿舞台。聚力开展精准扶贫，学院举办第八届“秦安·华园果业杯”公益营销大赛，共有61支团队、300余名师生共同参与，售出950余棵果树认购权，营销额近20万元；完善实践工作体系，学院培育心路、孟子居、京津冀、淮河、秦安五大精品项目，独具特色打造经管学院暑期社会实践训练营，组建实践队伍60支，实践平均成绩全校第二名，收获2支金奖团队、3支银奖团队、3支铜奖团队，社会实践精品成果特等奖1个、优秀奖16个，2位同学被评为社会实践十佳标兵；拓宽志愿服务渠道，学院常态化组织学生在海淀黄庄地铁站、北京鲁迅博物馆、海淀博物馆、新文化运动馆、海淀区盲人学校、颐和园开展志愿活动，组织学生开展校庆校友接待、年度论坛校友接待、校园清扫、新生迎接等活动，1位学生荣获2016—2017年度北京科技大学“十佳志愿者”荣誉称号；深入落实资助育人，学院将经管专业特色与学生成长发展融合，形成具有经管特色的“济困—扶志—强能”三位一体的学生资助体系，2017年共完成学生国家助学贷款申请、续放79人，完成国家助学金评定243人，完成社会助学金发放23人，完成校友助困金发放3.2万元，完成东凌新生助学金和成长助学金发放56人。④深化创业理念，完善创新创业教育工作体系。学院充分发挥“创新创业辅导员工作室（辅导员）—学院团委（团委组织）—创业中心（专业师资）—经管创业实践营（经管校友）”四大平台的育人功能，打造“课程—比赛—实体创业”三位一体的全链条孵化项目创业教育实践体系；开设2场大型创业项目双选会，3场商业计划书培训会，2场摇篮杯创业大赛赛前指导会和2次创业主题的外展活动；在第十八届北京科技大学“摇篮杯”创业大赛中，取得4金、7银、11铜的优异成绩，在第三届“互联网+”创新创业大赛市级比赛中，收获1金、6银、2铜，AeroBand空气拨片团队获第三届“互联网+”创新创业大赛全国银奖。⑤紧抓基础工作，加强学生队伍培养发展建设。修订《学生工作安全牛皮手册》，完善《学院危机事件处理案例库》，有效指导全院学生安全工作；制定心理健康台账并进行动态跟踪管理，形成共同关注联动机制；建立家庭情况数据库并实现动态管理，落实家长联系制度；依托“辅导员党支部”，开展工作经验交流分享，立足岗位开展工作研究，年内立项课题4项，获第五届北京高校辅导员职业能力大赛二等奖1人。⑥不断深化学院宣传工作。开展宣传人才培训，专人指导新闻宣传队伍，有效实现全媒体覆盖，在五四青年节、建党日、国庆节等节日期间开展线上宣传，微信公众号“经管小核”年内推送文章795篇，精品文章（阅读量1000+）31篇，其中《我的北科，生日快乐》阅读量11538；建立师生联动机制，实现实时关注与教育引导；通过微信公众号经管小核、纵览经管、贝壳经管研究生、北科大经管就业等，传递重要通知，凝聚学生感情，教育引导学生。

（戴淑芬、温　雅）

文法学院

【概况】 文法学院设有法律系、公共管理系、社会学系和教育经济与管理研究所。学院的教学科研机构有：教育部（及北京市）大学生文化素质教育基地、公共管理硕士（MPA）教学与管理中心、法律硕士（JM）教学与管理中心、社会工作硕士（MSW）教学与管理中心、法律与公共政策研究中心、知识产权研究中心、人文素质教育中心及度学院。此外，学院拥有8个人文社会科学教学与科研实验室：社会调查与统计分析实验室、社会工作实验室、艺术鉴赏实验室、电子政务实验室、公共管理数据分析与决策实验室、情景模拟实验室、法律诊断室和模拟法庭。

2017年文法学院本科生首次实行文科大类招生，共招生本科生186人，其中5人获得学校新生奖学金；招收硕士研究生307人，其中学术型研究生60人（含外国留学生5人），专业学位247人（含非全日制177人），招收科技与教育管理博士研究生4人。2017年度本科生就业率为93.68%，硕博研究生就业率为96.25%。

（陆　俊、杨　雄）

【师资队伍】 2017年，学院有法学、管理学、社会学、文艺学等学科专任教师63人，其中教授13人（含博士生导师4人）、副教授29人，90%以上教师有硕士、博士学位。本年度补充教师3人，1名教师博士后顺利出站转为正式教师，1人晋升为教授，2人晋升为副教授，申请长江学者奖励计划1人，2名青年教师骨干在美国访学，1名在中国香港访学，2名教师顺利完成访学任务，在优化师资队伍的年龄结构、职称结构的基础上，进一步提升了科研水平。

（陆　俊、张武军）

【人才培养】 ①重视培养质量。教学方面，构建督导老师为主、学院领导为辅的协同督察机制。2017年，学院严抓教学质量，完成“一对一”质量改进工作。启动本科教学工作审核评估准备工作，对毕业论文严格把关，实施论文预答辩制度，做好试卷、实习报告等归档，加强学院教学文档的管理。完成2017年文科实验班课程大纲的制定工作。加强研究生论文撰写过程管理，严格查重、盲审、答辩程序等，使研究生培养进一步规范化。扎实开展新生教育工作，发挥专业优势，依托师资力量和优秀学生的朋辈互助作用，建立过程记录、交流研讨、阶段评估、经验总结四项工作机制，开展主题教育活动，开展社会主义核心价值观教育、“感恩·励志·诚信”教育、爱国主义教育。②提升人文素养。依托人文素质教育中心，将优秀传统文化融入第一课堂。平均开设优秀传统文化教育类必修课8~10门，选修课35~40门。承办学校首届传统文化节，举办星期四人文讲座、文法戏剧节、吾肆赛事会等活动，将文化育人向第二、三课堂延伸。③促进教学交流。继续推进本科生到中国台湾地区高校、其他国内高校和国外高校进行交流工作。对行政管理、法学和社会工作三个专业的、符合申报到校外交流的学生，在严格执行各项教学要求下，积极鼓励其到中国台湾和香港地区的大学及国外大学交流。另外，学院利用小学期，由行政管理、法学和社会工作三个系分别邀请中国台湾政治大学、英国伦敦政治经济学院和英国邓迪大学的教授来院授课，并积极努力拓展研究生对外交流项目。

（俞文华、魏增产）

【学科建设】 2017年，学院设有法学、行政管理、社会工作3个本科专业；设有公共管理一级学科硕士点（含行政管理、教育经济与管理等5个二级学科硕士点）、法学一级学科硕士点（含民商法、经济法等二级学科硕士点）和社会学一级学科硕士点，高等教育学、文艺学、科技与教育管理3个二级学科硕士点；设有科技与教育管理二级学科博士点；设有公共管理硕士（MPA）、法律硕士（JM）、社会工作硕士（MSW）3个专业硕士学位点。此外，学院3个本科专业均招收双学位本科生。截至2017年年底，文法学院的专业涉及文学、法学、教育学、管理学 4 个学科门类，公共管理、法学、社会学、教育学、中国语言文学 5 个一级学科，已形成从本科到博士研究生的人才培养体系。

2017 年学院组织申报了法学、社会学两个一级学科学位点并获批，启动了公共管理、法学、社会学三个一级学科学位点与公共管理专业学位（MPA）的合格自评估工作，并以此为契机，进一步凝练学科建设方向与特色。

（陆　俊、张武军）

【科研活动】 2017 年，学院共承担科研项目 26 项，其中纵向课题 13 项，共 448.4 万元；横向课题 13 项，共计 134.84 万元。其中，国家社会科学基金 2 项，国家自然科学基金 1 项，国家重点研发计划重点专项 1 项，教育部人文社会科学项目 1 项，北京市哲学社科规划项目 2 项，其他省部级项目 4 项。本年度发表高水平论文 51 篇，其中 CSSCI 论文 19 篇，《人大报刊复印资料》转载论文 3 篇，《中国社会科学文摘》转载论文 1 篇；出版专著 4 本。

（冯　英、沈昊婧）

【学术交流】 本年度学院共组织国际、国内交流和论坛等学术活动 11 项、参与国内外学术交流活动 43 项，其中，“公共管理前沿系列对话”“行政文化与公务员修养”“中美在世界秩序构建中的竞争与合作”等讲座和会议产生了较大的学术及社会影响。

在国内交流方面，学院多名教师参加各类学术研讨会和专业研讨会。2017 年 4 月 17 日，张梅赴南昌大学参加先秦两汉国际学术研讨会。4 月 24~29 日，王竹青赴武汉参加全国妇联妇女问题研讨会。6 月 3 日，张武军参加了 2017 强国知识产权论坛。6 月 14 日，冯英参加了中国人民大学举办的主题为“跨学科案例与国家治理的转型”的第三届中国社会科学案例论坛。7 月 5~9 日，王竹青赴云南参加全国妇女土地权益问题研讨会。7 月 19~21 日，杨志云参加了中国人民大学、芝加哥大学举办的“第七届政治社会学讲习班”。8 月 2~3 日，李莉参加了于中国人民大学举办的中国民法典担保物权法立法研讨会。8 月 20~21 日，冯英赴青岛中国海洋大学参加 2017 年全国 MPA 院长工作会议。8 月 25~27 日，杨志云参加了内蒙古大学第六届公共治理青年论坛，并做主题发言。9 月 15~17 日，王竹青参加了于苏州举办的中国法学会婚姻家庭法研究会年会。9 月 23 日，王竹青参加了未成年人国家监护研讨会。11 月，邢朝国赴中国人民大学参加法律社会学青年论坛，并提交论文《职务犯罪聘请律师有用吗：基于 1891 份裁判文书的实证分析》。12 月 9~10 日，冯英参加了 2017 年第四届华北地区 MPA 教育发展研讨会暨公共管理学术论坛。12 月 19 日，王竹青于北京参加了全国精神健康问题研讨会。

在境外交流方面，学院一方面鼓励青年教师出国（境）访学，另一方面，学院结合专业，积极开展交流合作，取得一定成果。2017 年，寇浩宁前往美国纽约州立大学布法罗学院交流访学；马胜强前往美国哥伦比亚大学政治学系交流访学；徐铭勋前往香港城市大学交流访学。2017 年 7 月，邢朝国、许斌、郇建立、时立荣等与密西根大学社会工作学院 Perron Brian 交流社会工作大数据的应用。7 月，邢朝国、郇建立与英国邓迪大学 Richard Ingram 交流情感社会工作研究现状和合作。8 月 20 日至 9 月 5 日，王竹青前往挪威参加老年人家暴问题学术交流。2017 年 10 月 12 日至 13 日，马胜强参加中美“政府创新：中外比较视角”国际研讨会。11 月 10 日至 12 月 8 日，杨志云作为“利希慎访问学者计划”成员前往香港中文大学中国研究服务中心参与中国警务运行机制研究。12 月 15~17 日，王竹青赴韩国参加成年人监护问题亚洲论坛。

（冯　英、沈昊婧）

【党建和学生工作】 2017 年，在学校党政的正确领导下，文法学院围绕学校总体工作要求，以培育和践行社会主义核心价值观为核心，以服务全院师生为出发点和落脚点，注重工作的系统性、整体性、协同性和创新性，带领全院师生团结一致、坚定信心、凝聚共识、统筹谋划、协同推进，不断提高党建与思想政治工作的科学化水平，为学院各项事业的开展提供了坚实的组织保障。

学院党委加强基层党组织建设，坚持“一个宗旨，双重指导，多方联动”方针，严格学生党员发展工作，从思想政治、学习发展等方面设置发展对象评价指标，从优从严遴选发展对象，全年共发展党员 79 名，党员队伍质量得到提升。以基层党组织立项活动和红色“1+1”基层党支部共建活动为依托，结合专业特点、围绕专业优势，长效化、系统化做好学生党建工作。本年度共申报基层党支部立项活动9项，红色“1+1”共建活动7件，党员参与率达100%。学院学生联合党支部携手北京市第三聋人学校，开展主题帮扶活动，该项目荣获2017年北京市红色“1+1”示范活动展示评比会一等奖。组织开展积极分子党校1期，培训学员166人。

学院以新生成长与发展小组工作为一体旗舰，以主题班会和专业认知为两翼补充，树立适应、学习、规划三维教育，建立过程记录、交流研讨、阶段评估、经验总结四项工作机制，开展“相识在今天”等五类主题教育活动，通过“12345”工作模式，推进新生教育的专业化、深刻化、精实化、全员化。全年面向文法、土资、能环共3个学院、20个班级、500余名新生开展5类主题小组活动共100余场次、“我与社会主义核心价值观”主题班会24场，主题班团日必修活动50余次，选修活动100余次。学院围绕“助学、励志、育人”的目标，推进“精准扶贫”式的资助育人方式，规范化、精细化、精准化的推进资助工作。全年共发放国家助学金115名，社会捐助类助学金12名，实现学院贫困认定学生资助覆盖100%；1名学生获教育部“助学·筑梦·铸人”公益主题征文活动二等奖，学院获优秀组织奖。学院系统设计职业生涯规划系列讲座和培训活动。

学院扎实开展学风建设，立足学院学生学习与发展中心，相继成立以任课教师为成员的学业咨询队伍、以“贝壳青年社工”等专业社团为基础的学生社团队伍和以奖学金获得者为主体的个性辅导队伍，形成学业辅导三大专业性队伍体系。学生保研率为19.68%（推免研究生共37人，其中学术保研33人、支教保研1人、工作保研1人、艺术特长生保研1人、“民考汉·内地班”保研1人）。学生学术创新、创业水平不断提高，在第十八届校“摇篮杯”课外学术科技作品竞赛中，学生作品获特等奖1件，一等奖1件，二、三等奖和优秀奖共9件；学生创意竞赛中，学生作品获二等奖1件；学生创业竞赛中，学生作品获计划类银、铜奖各1件。学院连续四年获优胜杯。在第九届首都“挑战杯”竞赛中，学生作品获一等奖1件，三等奖1件。在北京市“互联网+”创新创业竞赛中，学生项目获三等奖1件。举办“星期四人文讲座”8期，讲座内容涉及中国古典文学、戏曲、历史等方面知识；参与举办第一届“礼敬中华、文溢满井”传统文化节，开展“吾肆赛诗”优秀诗歌作品征集活动，遴选出《中国梦启航》《江城子·贝壳情怀》等优秀作品共40件，1名学生获全国高校“筑青春同心圆”诗词创作大赛获二等奖，学校获优秀组织奖。在志愿服务工作评选中，阳光贝壳普法系列活动获海淀区优秀志愿服务项目，策划并拍摄的普法微电影《法网恢恢》获北京高校普法微视频征集展映活动三等奖。

学院党建和学生工作队伍获得多项荣誉。学院团委荣获社会实践工作、志愿服务工作专项奖。学院学生工作队伍获新生教育工作专项奖。

（赵　雨、杨　雄）

马克思主义学院

【概况】 马克思主义学院下设5个研究所：思想政治教育研究所、马克思主义原理研究所、马克思主义中国化研究所、历史与文化研究所、科技与社会研究所；3个研究中心：北京科技大学廉政研究中心、北京科技大学高校学生事务研究中心、北京科技大学思想政治教育研究中心；《思想教育研究》编辑部挂靠学院。北京高校辅导员培训研修基地、北京高校思想政治理论课教学信息中心（筹）、北京高校思想理论动态研究中心（筹）、北京市高等教育学会形势与政策教育研究会秘书处设在学院。在全国第四轮学科评估中，马克思主义理论学科进入全国前30%（B）。

学院承担全校本科生思想道德修养与法律基础、毛泽东思想与中国特色社会主义理论体系概论、马克思主义基本原理概论、中国近现代史纲要4门必修思想政治理论课，承担全校本科生科学精神与人文素质教育类部分课程、材料国际班部分人文社科类课程及对外汉语部分课程的教学任务；承担全校研究生中国马克思主义与当代、中国特色社会主义理论与实践、马克思主义与社会科学方法论、自然辩证法4门思想政治理论课的教学任务。与学生处、团委合作开展面向全校学生的形势与政策、大学生社会实践等课程。除公共基础课程外，学院承担了3个硕士专业、1个博士专业的学科课程以及全校工程硕士等非全日制研究生思想政治理论课的教学任务。学院及时调整充实教学专题，推动马克思主义中国化最新理论成果“进教材、进课堂、进头脑”。

学院继续思想政治教育专业双学位学生培养，并招收31名学生。马克思主义理论一级学科硕士点共招收硕士生27人，其中思想政治教育二级学科招收19人，马克思主义基本原理、马克思主义中国化、国外马克思主义三个二级学科招收8人。科学技术哲学二级学科招收硕士生4人。思想政治教育专业招收博士生7人。毕业硕士生26人。截至2017年年底，学院在读博士生56人、硕士生69人。

（段晓芳、夏　欢）

【师资队伍】 根据学校要求，起草制定了《马克思主义学院教师队伍规划建设实施方案》及《马克思主义学院教师专业技术职务评聘实施方案》，并经党政联席会及教代会讨论，为进一步深化人事制度改革奠定了基础。目前，学院共有教职工42人，其中专任教学科研人员36人（含教授7人、副教授19人），校内专兼职教授及导师8人。据教学需要和学科发展布局，学院新聘任教师2人，其中副教授1名、博士后1名。近三年累计增加专任教师达15人，极大增强了师资力量，得到北京市委教育工委充分肯定。学院大力加强中青年骨干教师的培养与培训，资助教师50余人次参加各类学术会议及学术交流活动，2人赴美国耶鲁大学等高校进行长期访学研修，30余人次参加不同层次的思政课教师专项培训及网上研修课程。

在北京市委教育工委开展的第二批北京高校思想政治理论课特级教授、特级教师评聘工作中，李晓光被评聘为北京高校思想政治理论课特级教授，周鑫、杨兴业被评聘为特级教师。

宋伟、杨兴业荣获北京高校第十届青年教师教学基本功比赛三等奖（文史类A组），毕丞荣获学校第十届青年教师教学基本功大赛二等奖。

（段晓芳、夏　欢）

【人才培养】 研究生培养方面。结合马克思主义理论专业的特点，将研究生职业能力提升培训计划常态化。2017届毕业生就业率达到100%，获得了学校2017年度就业率优胜奖。组织研究生经典著作读书会20场、开展职业技能培训讲座10场，学生勤工助学岗位覆盖率达100%。2016级思政研究生班级获北京科技大学研究生优秀集体建设项目标兵集体。

学院重点支持求是学会等理论社团进行理论学习、开展社会实践，将理论社团作为青年马克思主义理论人才培养的重要阵地，评选出本年度的“时代凌宇·求是理论奖学金”。

学院涌现出一批先进典型，2人获国家奖学金，9人获北京高校马克思主义理论“双百奖学金”，1人获北京市“三好学生”荣誉称号、13人获北京科技大学“优秀三好研究生”荣誉称号。

（段晓芳、刘明言）

【教学改革】 学院继续以实践教学与研究型教学为切入点，以新媒体平台建设为突破口，大力推进教学改革与教学研究，形成了独具特色的思政课教育教学模式，包括“三位一体”（课程的课堂实践、校园的社团实践、假期的社会实践）的实践教学模式、“形势与政策”课立体化、“教（师）辅（导员）结合”模式教学模式等。

“三位一体”的实践教学模式全面拓展。在课程的课堂实践中，四门本科生课程的课堂实践教学更加系统、完善，切实提升了思政课的教学实效；在校园的社团实践中，学院重点指导求是学会等理论社团，以“走好大学第一步”“中国精神”等为主题，举办演讲、朗诵和宣讲比赛等活动；在暑期社会实践活动中，学院以“建军90周年”为契机，组织19支“寻访中国精神弘扬核心价值观”暑期实践团200余名学生分赴全国各地开展深度社会实践，全面发掘南昌八一精神、沂蒙精神、长征精神、抗战精神，实践团总行程七万余公里，发放问卷6000余份，完成200余万字的调研报告。形成微电影20余部和大量学生原创文化作品。实践团荣获2017年全国大中专学生志愿者暑期“三下乡”社会实践活动全国优秀团队，首都大中专学生暑期社会实践百强团队等，相关活动得到了社会主流媒体的关注报道，产生了广泛的社会影响。李薇薇指导、刘逸哲等学生撰写的论文荣获2017年北京高校思想政治理论课学生社会实践优秀论文特等奖。

“形势与政策”课立体化教学模式扎实推进。“形势与政策”课堂理论教学共开设18个课堂，其中6个慕课课堂，覆盖2015级、2016级本科生近3500人。面向研究生专门开设“中国与国际发展前沿”系列报告。学校牵头的“形势与政策”慕课在国家级慕课平台“爱课程”网中国大学MOOC（http://www.icourses.cn/imooc/）正式发布，这是在教育部社科司指导下，高等教育出版社与学院联合开发的首批“形势与政策”课程相关的慕课，是教育部思政课教学方法改革择优资助计划的重要组成部分。2017年荣获首批国家精品在线开放课程。作为北京市形势与政策教学改革示范基地，学校形势与政策慕课在部分高校中进行试点推广，其中上线选课人数达2万余人。彭庆红、左鹏等作为主要完成人的“高校‘形势政策’课立体化教学模式的理论与实践”项目获2017年北京市高等教育教学成果奖一等奖。

作为北京高校形势与政策教育研究会的秘书处单位，学院本年度先后举办了3次北京高校形势与政策教育教学研讨会（含专题培训班）活动，承办北京高校形势与政策教育教学3次备课会，覆盖北京高校上千名思政课教师，得到北京市委教育工委和兄弟高校的一致好评。

配合北京市委教育工作做好“名家领读经典”活动。北京师范大学刘勇教授到校做了“五四新文学的经典意义”的报告；清华大学梅雪芹教授到校做了“美丽中国建设”的专题报告。选派50名学生赴北京大学、中央民族大学、首都师范大学等聆听名家报告十余场，修完4个学分的课程。

“教（师）辅（导员）结合”模式更加完善。召开思政课“教辅结合”德育模式研讨会；召开了本科教育教学工作讨论会。

（刘丽敏、夏　欢、刘明言）

【科学研究】 学院年到账科研经费总额300余万元，立项及获批课题37项。教师出版教材专著4本，发表论文30余篇。

宋伟获批国家社科基金项目：“《中国共产党巡视工作条例》落实研究”；安静获批国家社科基金项目：“完善国家网络安全保障体系综合研究”；李江静获批国家社科基金项目：“网络空间党的意识形态话语权建构机制研究”。穆阿妮获批教育部人文社会科学规划项目：“新中国成立以来中尼关系发展演变的历史考察和经验研究”。李艳艳、王杨、毕丞、李紫娟各获批一项北京市哲学社科规划项目。

（刘丽敏、毕　丞）

【学术交流】 按照学科规划发展方向，学院有效依托各类平台，共举办1次国际学术会议，4次全国性学术会议；10余次学术交流研讨活动，参会人员超千余人次，有效提升了学校思想政治教育学科的综合实力和声誉。

依托高校学生事务研究中心及《思想教育研究》编辑部，举办高校学生事务管理国际研讨会（ISSA 2017），美国俄克拉荷马州立大学学生事务副校长李·伯德，教育、健康、航空学院院长约翰·罗芒教授等美国高校专家学者等出席会议。来自清华大学、中国人民大学、北京师范大学等30余所高校的学工部部长、研工部部长、辅导员、从事高校学生事务管理理论研究专家学者们共计100余人参加了此次国际研讨会。

依托北京高校思想政治理论课，“左鹏工作室”举办了北京高校思想政治工作队伍民族宗教问题专题研修班。

依托廉政研究中心，召开“中国反腐败标本兼治新格局”理论研讨会学术研讨会，目前廉政研究已经逐渐成为马克思主义学院学科建设中一个重要的学术增长点。

（李晓光、李　萌）

【社会服务】《思想教育研究》杂志入选《中文社会科学引文（CSSCI）来源期刊及集刊（2017—2018）目录》。这是学校思想政治工作多年积累结出的硕果，也是学校文科建设中的一个重要突破。依托北京高校辅导员培训研修基地，学院主办了3个专题培训班，来自北京60余所高校及广西各高校的200余名辅导员参加了培训研修。北京高校思想理论动态研究中心（筹）、北京高校思想政治理论课教学信息中心（筹）运行正常，先后召开北京市级研讨会4次，定期向中宣部、教育部、北京市委宣传部、北京市委教育工委等上级部门提供教育决策咨询与信息服务。

依托廉政研究中心师资力量，承担相关课题，研究成果得到上级纪委、监察部门的关注与肯定。

（李　萌）

【党建和思想政治教育】 加强学院理论学习机制建设，认真学习贯彻习近平新时代中国特色社会主义思想和党的十九大精神。“一次高层次理论学习报告，一次支部学习、一次系所业务学习、一次青年教师培训”的理论学习模式更加完善，理论学习制度化、常态化格局已经形成。

学院承担了全校学生党员发展对象的集中培训，全年累计举办培训班8期，全校1600余名本科生及研究生参与。举办“喜迎十九大——第21、22期学生党员集中培训班‘一站到底’党史知识竞赛”。

推进“两学一做”常态化、制度化。全院2个教师党支部，4个学生党支部累计开展活动数十次。党员们认真学习习近平新时代中国特色社会主义思想和党章党规，做合格共产党员。思政博党支部“三学四做五成效”活动荣获北京科技大学优秀基层党组织活动一等奖。

学院领导班子严格遵守学校关于党政联席会的管理规定以及“三重一大”决策的规定，定期召开党政联席会，深入师生，开展调研，及时将学院工作向全体教师通报。校友联络工作以及离退休人员工作稳定推进。成立了关心下一代工作委员会。

接受北京市党建和思想政治工作基本标准检查。

（段晓芳、李　萌）

【学习贯彻党的十九大精神】 组织全院教师集体观看党的十九大开幕会和闭幕会。学校党委副书记权良柱到学院宣讲党的十九大精神，参加思想政治理论课教师学习党的十九大精神专题备课会。先后邀请清华大学等单位的10余名专家学者针对理论热点做理论报告。

承办“首都高校百位名家共讲十九大”启动会、北京高校“名家领读经典”暨“习近平新时代中国特色社会主义思想研究”市级思政课等活动。在首都高校中，学院第一时间将党的十九大精神的讲解落地，传递给师生，社会反响较大。中国中央电视台《新闻联播》及《焦点访谈》栏目以“走心的‘浸入式’宣讲”为题进行了专题报道；学院教师在求是网发表《全面提升意识形态工作能力》等文章，正确引领舆论。

开创网络思政新格局。获批北京市教工委“微言大义”北京科技大学全媒体工作室，并与人民网、求是网等主流网络媒体合作，共同开发制作了《十九大顶呱呱》《看齐歌》《团结歌》《党的十个为什么》等一系列青年喜爱、网络流行的网络MG动画视频作品，点击量达数十万。

构建立体化宣讲模式。与相关校内单位合作，参与组建各级师生宣讲团；先后带领学校师生宣讲团赴赵全营镇、北汽福田等基层单位进行宣讲，北京电视台及求是网对此进行了专题报道；依托求是学会，举办北京高校大学生理论社团习近平新时代中国特色社会主义思想学习研讨会，开展“新时代 新征程 新篇章——学习贯彻党的十九大精神”宣讲比赛。

深化理论研究。在学校习近平新时代中国特色社会主义思想学习小组的指导下，成立专项课题组，分5个专题，落实相关研究工作。

（段晓芳、李　萌）

2017 年度“形势与政策”教育专题报告

序号	讲座内容	主讲人	时　间
1	深刻把握“四个全面”战略布局的思想内涵	辛向阳	2017 年 3 月
2	十八大以来党的统一战线工作的新思想、新举措	金灿荣	2017 年 3 月
3	所谓“西藏问题”的由来及现状	穆阿妮 *	2017 年 3 月
4	中国经济阔步走进高质量发展阶段	王包泉 *	2017 年 3 月
5	全球治理演进与中国战略选择	陈凤英	2017 年 4 月
6	当代社会思潮与意识形态安全	左　鹏 *	2017 年 4 月
7	叙利亚危机与中东问题	田文林	2017 年 5 月
8	中国特色社会主义外交：中印关系	穆阿妮 *	2017 年 5 月
9	国际意识形态对战	王　杨 *	2017 年 5 月
10	生态文明	周　鑫	2017 年 5 月
11	全面从严治党的形势与任务	杜治洲	2017 年 7 月
12	《中国共产党纪律处分条例》解读	刘金程	2017 年 7 月
13	中国精神概述	刘丽敏	2017 年 9 月
14	党的十八大以来党和国家事业的历史性变革	左　鹏 *	2017 年 9 月
15	强化民族标识 坚定文化自信	许　慎	2017 年 9 月
16	“一带一路”的北京之约	王包泉 *	2017 年 10 月
17	国际比较视野下的中国道路	宋　伟 *	2017 年 10 月
18	一带一路	李紫娟	2017 年 10 月
19	新时代 新思想 新方略 新征程——学习贯彻党的十九大精神	彭庆红	2017 年 11 月
20	深入推进京津冀协同发展，把北京建设成为国际一流和谐宜居之都	王包泉 *	2017 年 11 月
21	中美新型大国关系的前景	陈世阳 *	2017 年 12 月
22	民生与社会治理	王　杨 *	2017 年 12 月

注：带 * 号主讲人为一人讲授同一专题的多个课堂。

2017 年度“中国与国际发展前沿”系列讲座

序号	主讲人	主题	时间	地点
1	刘金程	国家发展与发展观	11 月 7 日	逸夫楼 305
2	乔小勇	社会保障与国家发展	11 月 14 日	逸夫楼 305
3	杜治洲	信息化与国家治理现代化	11 月 21 日	逸夫楼 305
4	庄德水	政党转型与政治发展	11 月 28 日	逸夫楼 305

外国语学院

【概况】 外国语学院下设4个系：英语语言文学系、大学英语系、研究生英语系、亚欧语系；1个研究所：外国语言文学研究所；3个研究中心：北京科技大学功能语言学研究中心、北京科技大学当代语言科学研究中心、北京科技大学世界文学文化研究中心；2个教学中心：外语实验教学中心、外语培训中心；2个办公室：党委行政办公室、学生工作办公室。

2017年，学院共招收本科生5个班149人，其中英语59人、日语60人、德语30人；招收学术型普通硕士研究生21人，应用型专业学位硕士研究生30人，博士研究生3人。毕业本科生133人，深造率67.67%，综合就业率96.24%；毕业硕士研究生40人，毕业博士研究生2人，综合就业率100%。截至2017年年底，学院共有在校生687人，其中本科生572人、博士和硕士研究生115人。

（朱宝善、武冠雄）

【师资队伍建设】 学院共有教职工100人，其中专任教师85人（含教授5人、副教授32人），外籍教师14人。客座教授和兼职教授队伍18人。98.8%的教师具有硕士及以上学位，40%的教师获得和正在攻读博士学位。有教育部"新世纪优秀人才计划"入选者1人，北京市教学名师2人。本年度接收事业编制人员2人（博士），接收教师博士后2人，接收非事业编制人员1人（硕士）。2017年，学院共有7人晋升高一级专业技术职务，其中有2人晋升教授（含引进人才1人），2人晋升副教授，1人晋升高级讲师，1人晋升讲师，1人晋升工程师。

学院多举措全方位助力教师发展，努力提高师资队伍整体水平。配合学校2017年青年骨干教师出国研修项目，推荐3位青年骨干教师参评并入选；推荐2位教师赴北京科技大学—英国德蒙福特大学创意产业技术孔子学院工作；推荐1位教师参加2017年驻外后备干部选拔并入选；推荐1位教师报考博士研究生；推荐2人参加学校青年干部培训班；推荐1人入选"北京科技大学青年教师教学骨干人才培养计划"；有12位教师在英、美、德、日等国家从事专业研修；先后邀请5位专家举办教学研究系列报告及座谈交流会，并支持3位教师外出参加教研培训。

2017年，学院顾巍、范一亭、王深被评为2016—2017年度校级优秀党务工作者、优秀共产党员；朱宝善、顾巍，刘荣君、田常晖被评为2013—2016年度校级优秀工会干部、优秀工会积极分子。接收财务处谢昕同志来院挂职院长助理，推荐研究生英语系赵晶同志赴研究生院挂职院长助理。

2017年，为建立科学合理的专业技术人员评价体系和晋升体系，按照学校工作安排，学院以"按需设岗、公开招聘，平等竞争、择优聘任"为原则，并结合学科的水平特点、发展趋势与学院的实际情况，在学校的指导下制定了《外国语学院2018年教师系列专业技术职务任职条件》，将在2018年的职称聘评工作中执行。

（朱宝善、康军艳）

【人才培养】 以2017版本科人才培养方案修订为契机，学院组织全体教师开展调研和研讨，明确培养目标，凝练培养特色，优化培养环节；以2017版本科人才培养方案的实施为依托，学院组织各本科专业系所开展课程教学大纲的制定与完善，落实培养目标，凸显培养特色，扎实培养环节，提升培养质量，以更好地服务于学校各类本科人才外语能力的提升。

基础教学方面。大学英语系继续以"互联网+"时代的高等外语教育为背景，以深度融合信息技术与外语课堂教学为手段，以数字化外语教学环境和资源建设与应用为途径，以提高学生的英语实用能力、自主学习能力及创新能力为目标，从课程设置、模式完善、资源研发、课堂教学、教学评价等方面全方位创立外语教学新体系。在课程设置方面，建立并完善"全英文授课前的动态衔接支撑性课程群"，实现学校各专业学生由基础英语过渡到全英文课程的动态衔接；在模式完善方面，基于教学实践不断修正“四位一体”混合式教学理论模型及SPOC翻转课堂教学模式；在资源研发方面，在中国大学MOOC网（爱课程）上精心打造四门支撑混合式教学的学校专属在线课程SPOC，并在2017级近2200名学生中进行“SPOC课程＋小课堂”的翻转课堂教学模式实践；在课堂教学方面，着力构建课堂、在线课程资源及在线学习社区三方结合的信息技术与课堂教学深度融合的新型课堂生态。此外，为全校开设西方人文素质教育课程17门共41个讲台；小学期继续打造高端化、实效性强的“北科语言与文化交流夏令营”品牌活动，推出“致敬经典”理念，进一步拓宽学生的国际视野，提升学生的跨文化交际意识和能力。“贝壳英语”作为移动微学习资源平台，继续发挥高校资源服务社会的作用。

大学英语四级考试一次通过率为90.80%。多位教师代表学院受邀多所高校进行教学改革经验交流，本年度共接待6所高校前来学习学院教学模式。本年度分别在成都、兰州、广州、呼和浩特举办4场“混合式教学设计工作坊”，来自全国19个省69所高校201位大学英语骨干教师参加，发挥了学校作为大学英语教学改革示范项目高校的示范作用。

本科生培养方面。英、日、德三个专业在不断推进“强化输出能力的多维一体创新实践型外语专业人才培养模式”的基础上，积极探索多路径、多专业并重、具有真正内涵和国际视野的多元化复合型外语专业人才培养模式。英语专业采用“以内容为主导”的课程体系构建原则，培养一专多能的多元化复合型英语人才；日语专业突出国际化办学特色，培养多元化实践型外语人才及高级专门人才；德语专业重点发展德语语言文学文化、德汉翻译及德国外交与经济三个方向，培养多元化复合型德语人才。三个专业在夯实专业基础的同时，还立足学生兴趣、学生发展，为学生提供学以致用、以用促学的平台，提升学生整体素质。通过教辅结合、朋辈教育，引导学生建立对未来目标与发展方向的清晰认识，适时启发学生辅修其他专业或攻读双学位，培养复合型人才。依托校院国际化平台，全方位推进暑期游学、短期留学、与国外大学联合培养等国际化人才培养模式，给学生提供更加多样和个性化的留学选择，使学校外语专业人才的培养质量进一步提升。

全年，学院攻读双学位学生的比例为35.85%，毕业生跨专业深造比例为64.44%，共有56名在校生赴境外12个国家的26所学校进行了交流学习。英、日、德专业四级考试通过率分别为89.4%、98.15%和100%，专业八级考试通过率分别为78.85%、88.24%和80%，各项成绩均远远高于全国普通高校及同类大学的水平。

在英语、日语、德语专业各位老师的指导下，多名学生在全国大学生英语竞赛、“外研社杯”全国大学生英语辩论比赛（华北赛区）、中国日报英语演讲比赛、第十二届中华全国日语演讲比赛（东京总决赛）、第十届全国高校德语专业辩论赛等多项赛事上获得一等奖、二等奖等多个奖项。

研究生培养方面。2017年，以能力培养为导向，推动研究生公共英语教学改革：优化了针对直攻博学生的《英语科技文献阅读与写作》“1+1”（“课堂面授＋实践指导”）实验课程，提升学生专业文献阅读及学术论文写作能力，成效明显；完成了重点项目“基于慕课的研究生英语在线课程建设及运用”第一阶段的工作——研究生英语在线课程建设，完成了学校研究生英语在线课程的基础模块制作，进一步推动研究生外语教学改革。

经过数年不懈努力，MTI翻译专业学位实践性教学系统日趋成熟。拥有瑞檬精英、中非民间商会、思必锐（翻译公司）、合创智源等4个翻译实践基地；依托2017年培养方案中的翻译工作坊课程，形成了可持续发展的真正意义上的翻译工作坊实践平台。同时，以翻译实践服务学院，依托MTI翻译团队，支撑学院英文网站的动态运作。凝练学校MTI翻译专业学位培养经验，组织申报2017年北京市教育教学成果奖（“工科高校背景下的外语类专业学位研究生培养”）。

推动国际化建设，顺利完成2016年度外国文教专家聘请计划重点项目4项；获批2017年度外国文教专家聘请计划项目7项；组织申报2018年外国文教专家引智项目9项；启动来华留学英语授课品牌课程的筹备工作。连续三年派遣博士生赴英国德蒙福特大学进行博士联合培养；派遣第三批MTI日语专业16级所有硕士生赴日本大学学习；7名博士生赴美国、英国、德国短期学习和参加国际学术会议。完成学院英文网站的建设。2名学生获得北京地区高等学校优秀毕业研究生称号，刘铄同学获得北京市2017年“一带一路”国际合作高峰论坛优秀志愿者称号。

本科教学自评自建工作。2017年，为迎接教育部本科教学审核评估，在学校的统一领导下，学院通过成立组织、广泛宣传、专门部署、人人参与等手段做好迎评准备工作，并以此为契机做好学院本科教学工作的自评自建，力争学院本科教育教学工作再上新台阶。

外语类保送生及高考招生宣传方面。学院进一步推进外语类保送生及高考招生宣传工作，不仅成立了招生工作领导小组，制作了专门的宣传材料，而且还组建了11位教师组成的7个宣传团队前往全国12所具有外语类保送生资格的中学进行宣讲和专访，同时主动选派了15位教师奔赴广西和天津两省市的17所高中开展高考招生宣传。招宣工作效果明显，使更多的学生了解了学校及外国语学院，有效地降低了外语专业第一志愿调剂率和转专业提出率。

（朱宝善、康军艳、赵姗姗）

【学科建设】 学院拥有外国语言文学一级学科博士学位授予权和一级学科硕士学位授予权；设有外国语言学及应用语言学、英语语言文学、日语语言文学和翻译硕士学位（MTI）等四个二级学科硕士点；设有英语、日语、德语三个本科专业。

2017年，学院在第四轮全国学科水平评估中，取得的评估结果为“B”，在所有163所参评高校中位列20%~30%。学院不断推动科研创新，鼓励学科交叉，形成外语学科新的增长点；以科研促进教学，优化科研机制，增强学院整体的学术氛围，各研究团队呈现出勃勃生机，为外语学科向纵深发展奠定基础；依托学校精品文科政策，进行多方位学科交流，提升人才培养质量。

顺应国家“语言认知和语言信息加工”工程建设的战略需求，依托北京科技大学“当代语言科学研究中心”，语言科学团队经过数年的培育，形成新的学科增长点。2017年，成功举办“语言科学高峰论坛——暨具身语言学”国际高峰论坛；推动院级、校级及国际合作，先后与哥伦比亚大学Angela Ye Wang教授团队、美国亚利桑那州立大学具身认知创始人Art Glenberg教授团队、美国纽约大学Nai Ding教授团队、牛津和考文垂大学Julia Carroll主编和Rosa Kwok研究院团队、美国耶鲁大学Jeffrey Grenen教授团队以及计通学院张德政教授团队合作科研，就语言学习障碍、儿童语言认知和成人语言学习的认知神经机制展开研究与合作。团队本年度撰写19篇论文，已发表SSCI及CSSCI论文5篇；合作申报项目4项，已获批2项。

（朱宝善、康军艳）

【科研活动】 依托精品文科政策和鼎新项目，学院科研产出稳步进行。2017年，共组织申报省部级及以上科研项目23项。获批5个省部级以上项目：中央军委“国防科技创新特区国家重点研发计划”创新培育项目1项、国家社科基金重大项目子项目2项、转入国家社科基金项目1项、高等教育出版社横向项目1项、教育部人文社科青年项目1项。获批基本科研业务费项目12项。发表论文34篇，其中A&HCI期刊论文1篇，SSCI期刊论文1篇，CSSCI及扩展版期刊论文14篇。出版教材9部，学术著作和译著9部。

继续深化“西方人文之路”学术品牌活动影响力，共成功组织“西方人文之路——鼎新北科外语学科名师讲坛”36讲；邀请德国汉堡大学Juliane House教授、德国慕尼黑大学J. Sauer教授、德国科隆大学Torsten Hahn教授、德国莱比锡大学Ilse Nagelschmidt教授、德国柏林自由大学Hans Feger教授、德国中型企业应用技术大学Pia Winkler老师、英国约克大学Matthew Campbell教授、英国考文垂大学Julia Carroll教授、美国宾夕法尼亚大学Ping Li教授、美国克莱蒙特研究大学Wendy Martin教授、耶鲁大学Jeffrey R. Gruen教授、纽约城市大学Kyoo Lee教授、日本白百合女子大学高桥博史教授、日本惠泉女学园文学部秋元美晴教授、澳大利亚西悉尼大学韩晶博士、中国香港大学Brendan Weekes教授等38名国内外专家来院讲学，内容涉及当代文学文化研究、翻译、诗歌、戏剧研究、类脑科学等领域最新理论及动向，拓宽了师生的国际化学术视野；建成学院英文网站；国际期刊*Journal of World Languages*运行良好；

34 名教师参加海内外高水平学术会议。

(朱宝善、康军艳)

【教育教学环境条件建设】 做好 2015 及 2016 年中央高校改善基本办学条件专项项目验收工作；积极谋划、认真执行获批的 2017 年中央高校改善基本办学条件专项项目；按照前期建设规划，申报 2018 年中央改善基本办学条件专项项目及“一流学科”建设引导专项资金项目；对外语楼内 17 间教室和教研室进行环境和桌椅更新；承办教育部考试中心海外处托福考点的建设筹备工作，并圆满完成考场的测试工作；配合大学英语系和研究生英语系完成 2 门课程的 MOOCs 及 SPOC 课程建设；配合 MTI 专业教学搭建了翻译资源学习专栏，完成外国语学院英文网站的建设工作。

(朱宝善、陈光浦)

【培训中心工作】 稳步推动培训中心招生工作，积极开展培训课程宣传。在保持开放往年培训课程的基础上，恢复与中国国家标准委员会开展合作，开设国标委英语培训班。2017 年共开设各类培训课程 15 门次，累计为 415 余名同学提供了外语培训服务。

(朱宝善、陈光浦)

【党建工作】 2017 全年，围绕全面学习宣传贯彻党的十九大、习近平总书记“7.26”重要讲话、全国及北京市高校思政会、北京市第十二次党代会、中央纪委七次全会及教育系统党风廉政建设工作视频会议和学校相关重要会议精神，通过认真组织、精心策划二级理论中心组（扩大）学习和班子成员深入基层讲党课等活动，强化了“四个意识”，提升了政治素质。学院党委以迎接《北京普通高等学校党建和思想政治工作基本标准》和落实党风廉政建设责任制及意识形态责任制两项检查工作为契机，不断落实和加强学院党建工作、教工理论学习工作和学生思想政治工作，不断强化基层党支部组织建设、发挥支部战斗堡垒作用，落实落细落小党风廉政建设责任，以规矩保障风气，严查“四风”问题，严格执行“三重一大”集体决策，确保权力在阳光下运行。

外国语学院党委高度重视《北京普通高等学校党建和思想政治工作基本标准》检查工作，在学校党委的指导下，经过精心筹备，于 2017 年 11 月 8 日迎来了北京市专家组的入校集中检查，并顺利完成检查接待工作。

学院举办第 265 期积极分子党校，培训积极分子 79 人。年内共发展学生党员 30 人，转正预备党员 12 人，转出组织关系 33 人。截至 2017 年年底，学院共有党员 150 人，其中学生党员 85 人、教职工党员 65 人。

(朱宝善、赵姗姗)

【工会工作】 学院工会继续积极开展院务公开和民主监督工作，关注新教师成长，举行“2016、2017 新教师交流”暨“2017 新教师与导师见面会”；召开第三届第七次、八次及九次教代会，先后对新修订的《外国语学院规章制度汇编》进行表决、对 2016—2017 学年度学院先进个人和集体进行表彰、对新制定的学院师资队伍规划方案及专业技术职务任职条件进行汇报并表决。

根据学校工会工作安排，组织学院第六届青年教师教学基本功比赛，并推荐赵晶、邹妍洵、刘荣君、杜娟、魏志萍参加学校比赛，获得一等奖 1 名、二等奖 1 名、三等奖 3 名。在曹红晖、张怡的指导下，赵晶还代表学校参加了北京市青年教师教学基本功比赛，获得文史类 A 组一等奖，为学校、学院争得了荣誉。

参加学校 2017 年“模范职工小家”复查验收汇报会，详细向学校汇报了学院 2013—2017 年度工会建家工作。学院工会的建家工作举措和工作效果得到了校工会的高度认可，获得一等奖及一万元奖金奖励。

本年度共慰问新婚教师 1 人、新育子女教师 6 人、家庭困难教师 3 人、离退休教师 6 人，顺利组织离退休老同志新年团拜会。组织教职工参加学校工会组织的女教工服装展演、学校师生运动会及健步走等活动；成功组织学院师生趣味运动会、亲子活动及金秋“家”年华活动。通过各种活动的开展，极大地增强了学院大家庭的凝聚力。

(朱宝善、康军艳)

【校友工作】 2017 年，学院以学校举办“93 级校友毕业 20 周年值年返校活动”为契机，增进与校友之间的感情，建立校友联系，开拓校友资源。

(朱宝善、康军艳)

【学生工作】 平安稳定工作方面。努力做好形势研判、信息收集反馈、重要时间节点把握、突发事件处理等工作，建立多维度、全覆盖、高效率的舆情体系，全面掌握学生动态信息。完善突发事件应急预案，强化学生骨干—辅导员—副书记的反馈联动机制，及时应对各种突发情况，形成“重点情况随时交流，日常表现定期沟通”的机制。

学风建设方面。加强与各专业系所的合作，调动学生组织积极性，致力于学院整体学风建设的推进。大力推动学业规划班会，支持学生高水平外语类竞赛与文化活动，发挥榜样作用，积极开展各类交流会。

继续开展精品化、特色化、专业化团学活动，通过学生第二课堂活动不断完善学院育人体系，本年度获得“全国钢铁行业五四红旗团委”荣誉称号。

就业工作方面。起点前移，发挥优势、形成合力，逐步建立有步骤、成系统、高质量的就业工作体系。以生涯发展辅导为主线，分年级分阶段辅助学生规划未来发展路径。为学生就业提供各类专业指导和优质服务。2017年学院本科生就业率96.24%，排名全校第三，其中出国率39.10%，位居全校第一，深造率67.67%，位居全校第三，研究生就业率100%。

（武冠雄）

高等工程师学院

【概况】 高等工程师学院下设党务办公室、综合办公室、学生工作办公室、北京科技大学国际工程教育中心、钢铁生产全流程虚拟仿真实践教学平台（简称“虚拟平台”）、工程训练中心。

学院设有6个本科专业：材料科学与工程（卓越计划）、矿物资源工程（卓越计划）、冶金工程（卓越计划）、机械工程及自动化（卓越计划）、能源与动力工程（卓越计划）、自动化（卓越计划）。2017年，学院共招生本科生5个班148人。毕业本科生117人。至年底，学院共有在校本科生636人，教职工47人。

（王小宁、魏　鑫、董　湧）

【人才培养】 ①学院探索不同类型、不同招生模式的组织管理新模式。2016级继续采用工科试验班模式，顺利完成了分专业工作。对工科试验班教学计划进行了修订，形成2017版工科试验班培养方案。完成“智能制造”“机器人应用”两个创新班的课程教学计划，探索人工智能与传统专业相结合的新工科专业建设模式。②加强本科生创新创业项目SRTP项目管理。完成2017年SRTP的立项申报工作，通过审批立项项目66项，其中国家级6项、市级11项、院级目49项；完成院级项目的中期检查和结题答辩验收。完成2018年SRTP的立项工作，通过审批项目78项，其中国家级项目6项、市级项目13项。③坚持工程人才培养教育教学研究。赵志毅教授牵头的教育部产学合作协同育人项目“卓越班实习基地项目（校外实践基地建设）”、李京社教授负责的“奔跑未来工程师工程营”项目、王旭老师负责的“大学生机器人创新能力培养方案及竞赛实践”项目获批。周珂老师的“在线开放课程建设——电子技术实习”获批北京市教委人才培养共建项目。白艳茹老师的“基于Android平台的BLE定位系统设计和实现”获批北京高等学校高水平人才交叉培养“实培计划”毕业设计（创业类）项目。获批北京市外国专家局高校重点外专项目3项，分别为“基于法国工程师教育的绿色工程教育课程体系研究”（李欣欣）、“虚拟仿真实践教学平台国际校企联盟合作模式研究”（吕庆功）、“Robotac机器人国际科研合作项目”（王旭）。获批北京科技大学2017年度校教育教学改革与研究项目面上项目2项，分别为“国际智能制造课程对学生工程设计能力培养的质性研究”（李欣欣）、“‘一带一路’背景下基于海外交流项目培养工科生国际视野与能力研究——以俄罗斯国家科学技术大学访学团为例”（刘娜）。④与艾默生中国（艾默生过程控制有限公司、艾默生罗斯蒙特仪表有限公司）建立全面战略合作伙伴关系，推动落实国家大学生创新创业训练计划。开设“艾默生”实践竞赛奖学金，搭建“艾默生”校企一体化培养体系——企业本科4年全线参与的培养模式。建立“艾智慧”青年教师校企互联工作室，校企共同选拔相关教师前往艾默生的技术培训地参加技术培训，丰富教师实践经验，每年培养青年教师进企业至少2人。

（李欣欣、董　湧）

【工程训练中心】 ①完成“创新创业管理”和“航空模型理论与实践”选修课，开放实验室接待全校SRTP项目申请，共计指导完成SRTP市级及以上项目13项，院级项目31项，覆盖学生300余人。举办2017年机器人校内赛、航模校内赛，参与人数700余人。获第十六届全国大学生机器人大赛Robocon一等奖，获第十六届全国大学生机器人大赛Robomasters分区赛三等奖，获科研类全国航空航天模型锦标赛暨国际飞行器设计挑战赛一等奖2项、二等奖1项、三等奖2项，获科研类航空航天模型公开赛（石家庄站）华北赛区团体第一名，获华北五省大学生机器人大赛二等奖2项、三等奖5项。组织参加大学生创新创业成果展。组织举办第十七届全国大学生机器人大赛培训会。完成2017第十六届全国大学生机器人大赛Robocon及Robotac赛事组织工作。获第九届“挑战杯”首都大学生课外学术科技作品竞赛特等奖，第三届中国“互联网+”大学生创新创业大赛北京赛区三等奖，2017 Robocup机器人世界杯中国赛三等奖。

②电子技术实习基地组织教师完成电子技术实习公共必修实践课（35个班，1350人，81600人时）、智能控制设计及应用工科试验班专选课（64学时，104人，6656人时）、创新工程实践工科试验班专选课（64学时，110人，7040人时）、机器人技术与竞赛公共选修课（32学时，50人，1600人时，北京科技大学核心素质教学课）、机器人创意设计与实践公共选修课（16学时，共计86人，1376人时）课堂教学和材料购置等工作。完成全国大学生电子设计大赛校内培训、选拔及组织工作，指导参赛队获得北京市二等奖3项、三等奖10项，学校获得优秀组织奖，吕振获优秀指导教师奖。完成全国大学生计算机博弈大赛的校内培训、选拔及组织工作，指导参赛队获一等奖11项、二等奖3项、三等奖4项，学校获优秀组织奖，周珂获优秀教师奖。选拔参赛队参加在兰莱顿大学（Leiden University）举办的ICGA国际计算机博弈锦标赛，获铜牌3枚。参加台湾清华大学主办的TAAI计算机博弈比赛，获金牌2枚、铜牌1枚，团体第4名。完成中央级普通高校改善基本办学条件专项资金“电子技术实习基地基础条件建设”工作。建设Tektronix“泰科智能测量联合实验室”，进行桌面仪表无线连接及控制、实验数据无线观测及下载等实验教学功能。配合完成工程实践创新中心E-Center管理系统建设（软/硬件）建设。基本科研业务费资助项目“电子实习类实验室安全准入体系建设研究与实践”（FRF-OT-16-013SY）顺利结题，并正式开展电子技术实习的安全教育在线学习。自主设计阻燃仪器台架并进行安装，目前50%覆盖。完成实验室1027台教学设备管理及维护，全年无设备事故。承接了学校的中小学共建系列工作：与北京科技大学附属中学共建“机器人技术”校本选修课。

③2017年金工实习基地开设了金工实习Ⅰ、金工实习Ⅱ、金工实习A三门公共必修实践课程，完成了80多个班近2500名学生19万人时数的实践教学任务。完成“十二五”校级规划讲义《机械工程实践与训练练习册》编写并印刷使用。指导学校本科生参加“2017年北京市大学生工程训练综合能力竞赛”获省部级一等奖1项、二等奖1项。新建工具实验室、量具实验室、零件质量检测实验室并投入使用，教学效果得到学生普遍认可。针对2017版本科培养方案，编写了金工实习AⅠ、金工实习AⅡ、金工实习B、金工实习C、金工实习D教学大纲与课程简介。利用假期及周六日，完成了70多台高耗能机床的电机更换工作，保证实习教学正常进行。协助校内外师生的科研项目，包括图纸审核、零件加工等工作。

（王　旭、周　珂、王建武）

【虚拟平台】 ①更新一二期工程（2014~2015年）开发的10套虚拟仿真实践教学系统；升级完善2016年开发的自动化虚拟仿真实践教学系统；落实虚拟平台120多台电脑的防毒卡安装和软件配置。②开发金属矿山采矿虚拟仿真实践教学系统，完成招标、开标、合同签订、概要设计、详细设计、项目审查和验收评审等工作。③执行北京市人才共建项目，包括5个钢铁生产VR体验系统公开招标、合同签订、实验室改造及软硬件安装；50 个热轧带钢模型 HSMM 软件采购公示及合同签订；2 台服务器合同签订及采购。④安装视频监控系统和智能铭牌签到显示屏。⑤编写工程实践 ⅠA、工程实践 Ⅱ（虚拟平台部分）、钢铁生产虚拟仿真实践 A（2017 版教学计划）、钢铁生产虚拟仿真实践 B（2017 版教学计划）、钢铁生产虚拟仿真认知实践（北京卓越联盟共享课）等教学大纲及钢铁生产虚拟仿真认知实践讲义等多项教学文件。⑥完成 1261 名师生共 16768 学时的实习实践与教学任务，包括多个专业的生产实习与工程实践，开设公选课工程材料优选。⑦负责和参与校级、中国高等教育学会及教育部等 8 项教研项目，开展 4 次教学研讨活动，发表学术论文 2 篇，投稿 1 篇。

（吕庆功、许文婧）

【冶金卓越联盟】 2017 年 7 月 3~5 日举办首届“卓越工程师学术夏令营”（以下简称“学术营”）。学术营以“面向科学前沿、面向行业需求”为理念，以“感受科研氛围，接触行业前沿”为主题，以国家级产学研合作机构为载体，围绕重大工程材料服役安全研究、钢铁共性技术协同创新、行业工程技术前沿等内容，由联盟与北京科技大学联合开展此次学术营。共有 53 名来自 21 所高校的本科生参加。2017 年 7 月 17~23 日举办第三届“卓越工程师培养艾智慧工程营”（以下简称“工程营”）。工程营以“工程铸就未来”为理念，本届以“体验智慧制造”为主题，围绕工业中过程控制、冶金行业智能制造，深化企业实践合作，采用企业真实案例和企业评价机制，与世界 500 强企业——艾默生过程控制有限公司联合开展此次工程营。共有 21 名来自联盟院校的学生、教师参加。启动了联盟丛书《工程型人才培养改革的成果选编》编写工作。

（王小宁、魏　鑫）

【党建和学生工作】 基层党组织建设方面。①截至年底，学院共有党员 85 人，其中教职工党员 32 人、学生党员 53 人。设有党支部 5 个，其中教职工党支部 2 个、学生党支部 3 个。年内共发展党员 28 名，转正预备党员 38 人，其中教职工 2 人。②学院党总支深入学习宣传贯彻党的十九大精神，习近平总书记系列重要讲话精神，贯彻中央全面从严治党要求，推进“两学一做”制度常态化，切实履行党风廉政建设主体责任，完成党风廉政建设责任制重点检查工作。③根据学校党建评估要求，凝心聚力，完成党建评估检查工作。④学院申报党建研究会课题 3 项，获批重点课题 2 项，一般课题 1 项。⑤院工会组织慰问生病教职工，协助办理 1 名职工工伤及保险理赔相关手续，做好计划生育相关工作，重阳节探望退休老职工，为困难职工申请补助，组织教工风采展示、焦庄户地道纪念馆参观学习、扑克牌比赛和摄影大赛等，参加校教职工田径综合运动会。

学生工作方面。①统筹学生党建和思政教育，创新体制机制，强化精准引领。学生党支部 100% 参加基层组织立项，举办新生初级党校和第 281 期业余党校，发展学生党员 28 名，新建支部 1 个。14 级学生实习期间与企业党支部进行对接共建活动；15 级实习期间，以十九大的召开为契机，开展十九大精神学习、参观中共一大会址、参观晋冀鲁豫烈士陵园等活动。②组织系列工程文化活动。开展寻找楷模主题征文活动，进行“寻找工程楷模”主题座谈；举办“工程明志 继往开来”第三届工程文化节；推进“墨香传递”读书分享活动，累计发放图书 474 册，回收符合要求的读书心得 300 余篇。③重视学风建设和学业辅导，助力生涯规划，全过程全方位育人。成立学生发展中心，为学生提供学习、思想、生活、工作、规划等各个方面的数据分析、调研、咨询、指导服务。活动参与人数累计 300 余人次；构建“学习委员—宿舍长—全体同学”的监督体系，督促同学主动学习；开展院长面对面、助学零距离等主题活动，依托评奖评优工作，树立优秀榜样。④扎实开展就业工作。围绕“内外联动、机制先行、平台塑造”的思路开展年度就业工作。依托线上、线下平台进行就业信息沟通传达：全年级设置就业信息联络员，依托“卓越生涯规划”微信公众号，定时推送和交流；开展全覆盖的生涯引领机制，建立样本库。⑤依据“卓越工程师素质训练营”，开展新生教育和毕业生教育。以卓越团队“微课程”为依托，完成新生引航计划。毕业生中进行“院长奖章”“最美实习生”评选活动，开展图书捐赠和分享活动，“公益心、志愿行”主题服务活动等。⑥重视日常工作和平台支撑，深度融入，服务学生身心健康。采用学院综合素质评价体系，认真落实本科生评奖评优工作。结合综合素质评级体系，评定特种奖学金 29 人、人民奖学金 207 人、荣誉称号 147 人，校级先进班集体、优秀团支部 3 个，校级先进班集体、优秀团支部标兵 2 个；通过主题活动、讲座报告、网络宣传等形式，制定安全教育管理制度体系、信息体系和应对体系；成立由副书记任专项负责人的心理工作小组，形成五级管理体系。辅导员通过多种渠道，定期与学生开展深度辅导工作并形成谈话记录；在确保每一名学生了解入伍的前提下开展征兵工作，年内入伍 2 人，退伍 1 人。⑦提升辅导员职业素养和专业能力，多措并举，突出专业意识与奉献精神。辅导员参加高等学校职业生涯规划“TTT”培训并取得相关证书，参加京津冀辅导员体验式教育培训，参加“第 170 期全国高校辅导员示范培训班暨大学生心理健康教育专题培训班”，参与宣传部中国优秀传统文化立项工作及青年教师社会调研课题。《我的微课，我选择》在学校 2017 年本科生新生引航工程项目被立为重点项目。

（毕　艳、牟仁玲、王小宁、杨美偲）

【国际交流】①学期中开设国际工程基础、工程创新与创业课程。继续开设智能制造基础实验课程。小学期开设由法国巴黎中央理工学院 Jean-Hubert Schmitt 教授主讲的“材料导论——航空用新合金开发”、法国兰斯大学教授张葵主讲的“资源、材料与环境”、企业家 David Bychkov 主讲的“战略与危机沟通”、美国克莱斯勒公司资深工程师和美国韦恩州立大学教授 Tommy White 主讲的“国际工程质量文案”。②与工科国际化创新教育联盟合作，开发学生工程教育课程及设计课程。③ 7~8 月，学院 36 名学生赴俄罗斯国家科学技术大学进行为期两周的暑期学校学习，学习内容“材料科学”及“大数据”。10 名学生赴法国亚眠电子电气高等工程学院进行为期两周的暑期学校学习，学习内容“智能电网”。④ 9 月，学院派出师生 6 人赴俄罗斯莫斯科参加 VISONHACK 模式识别竞赛创客嘉年华并取得优秀成绩。年内共有 65 名学生参加“学生海境外经历拓展”项目、出国竞赛、暑期学校及出国攻读硕士研究生。

（李欣欣）

管庄校区

【概况】2017 年是管庄校区全面实施综合改革方案的第一年，是校区抓住机遇、深化改革、科学发展和稳中求进的重要一年。在学校党委的领导下，校区上下团结一心，结合校区定位和任务，围绕校区中心工作，以深入学习贯彻党的十九大精神和全国高校思想政治工作会精神为主线，推动全面从严治党向基层延伸；加强教学建设，理顺业务，规范管理，在远程与成人教育、非学历继续教育、基础设施建设、“融创院”建设保障和融入学校发展一体化进程等工作方面都取得了突出的成效。19 年来，首次实现校区与学校的实质性融合，校区的发展进入了新的阶段。

截至 2017 年 12 月底，校区各类在校生 63665 人，其中高职学生 173 人；成人教育学生 3856 人（其中函授生 1995 人，校区业大学生 1182 人、校外业大点 679 人）；远程教育学生 59636 人。新生 30059 人，其中成人教育注册 1935 人；远程教育注册 28124 人。毕业生 19841 人，其中高职毕业生 86 人，成人教育毕业生 2352 人，远程教育毕业生 17403 人。

（何　进、张军凌）

【基层党建工作】认真履行党建主体责任。一是重视理论学习，督促贯彻落实。全面学习贯彻党的十九大精神和习近平新时代中国特色社会主义思想，每学期初制定学习计划，全年共组织理论中心组学习 8 次，教职工集体学习 6 次，党支部组织生活会 10 次。组织召开“传达学校思想政治工作会精神暨推进布置会”“学习宣传贯彻党的十九大精神部署会”，校区党委书记带头先后 4 次为教职工作学习辅导报告。二是认真履行党建工作主体责任。将党建工作列入党政联席会重要内容和议事日程，加强顶层设计、督促推动和以评促建。定期召开校区党委会、中层干部会、党支部书记例会。加强领导班子建设，坚持民主集中制，及时修订、完善和落实《管庄校区党政联席会议事规则》《管庄校区领导班子执行三重一大实施细则》。通过民主生活会制度着力提高班子解决自身问题和服务师生的能力。三是落实全面从严治党主体责任。召开“2017 年党风廉政建设工作会”，建立权责明确、责任到人的党风廉政建设责任体系，逐级签订《党风廉政建设责任书》，注重加强领导干部和关键岗位人员在日常和重要节点的教育和管理；严格按照学校规定和程序开展各项业务，严格合同审核、签订和管理，全力开展资产清查。

重视推动基层党组织建设。一是按期完成基层党支部换届工作，加强党务干部培训，校区班子成员加入分管工作的党支部，直接指导和参与基层党建工作。二是积极推进“两学一做”学习教育活动常态化、制度化，组织参观“砥砺奋进的五年”大型成就展等党日活动。充分发挥党支部政治核心、战斗堡垒作用和党员先锋模范带头作用，积极推动校区综合改革和各项工作顺利进行。三是做好党建评估工作。认真总结了校区党委五年的工作，完成校区党建和思想政治工作综合报告和支撑材料，针对学校检查组提出的问题，制定了整改方案，做好迎评促建工作。配合学校顺利完成北京市党建复检工作。

（何　进、闵向东）

【思想政治工作】 注重加强调查研究，年初班子成员集中到每个学院、部门和人才团队与师生座谈，认真对待师生的意见和需求；定期研判舆情，及时掌握教职员工思想动态，针对热点、难点、关注点等问题，进行积极、正面引导。修订《校区学生组织建设及学生活动开展指导意见》等文件，加强学生思想政治工作。扎实建立意识形态责任体系，层层签订《意识形态工作责任书》，在教师考核、聘用和奖励等方面，实行师德“一票否决制”。组织召开校区第四届五、六次教代会；加强对离退休职工的走访慰问联系，并及时召开工作情况通报会；与党外人士保持联系，关心民主党派人士；坚持依法治校。

（闵向东、吴　瑜、王川让）

【综合改革】 建立归口管理和统一管理模式。校区人事、教务、财务、离退休、资产管理、学生（团委）工作和校友会等 7 个党政部门接受学校相关职能部门的业务指导与监督，实行归口管理。总务科、保卫科分别整建制并入学校后勤管理处、保卫保密处，实行统一管理。

完成财务改革。按照学校关于“校区全部收支纳入学校财务统一管理，不再实行财务独立核算模式”的财务改革总体要求，2017 年 7 月，校区工资发放和公费医疗报销率先纳入学校财务统一管理，明确了校区公费医疗管理新的运行机制；9 月，实现了对高职生、远程新生、业大新生和函授新生自主在学校电子支付平台上交学费的工作。12 月底顺利完成校区财务并账工作，组织完成教育部、学校审计室对校区相关工作的审计和整改工作。

深化人事改革。根据发展定位，科学定岗定编定级，积极推进减员增效和双向交流，8 名非编制人员不再签订劳动合同，5 名青年骨干教师调入学校工作；根据业务需要，完成了新员工招聘工作。加强了与学校管理互通和资源共享。

（陆春兰、谢　昕、刘亚宁）

【保障服务工作】 2017 年校区为学校事业发展做出新的贡献。①全面落实首批 617 名硕士新生入住校区工作。校区全力以赴，积极与学校沟通对接，短时间内配合学校圆满完成了硕士新生迎新、教学生活保障和日常管理服务工作。②完成学校融创院运行保障服务工作。协调配合学校做好融合创新研究院办公与实践场地规划、施工方案审核和质量监督工作，督促各人才团队做好实验室管理和学生日常管理。③加强基础设施建设。学校投入超出 1300 万改善校区的基础设施，暑假期间 12 支建设团队入住校区。教学保障方面更新了 20 间多媒体教室，完成校区办公教学和学生生活区 WIFI 网络建设，完成校区一卡通网络建设；安防消防方面，协助完成监控室、安装烟感、高清摄像网络、增加突出疏散标志等相关改造工作。

（马永春、张军凌）

【安全治理工作】 按照北京市安全隐患集中检查清理整治工作要求，制定校区安全隐患集中清查整治方案，对宿舍公寓、实验室、机房、图书馆、锅炉、家属宿舍、食堂、活动中心、户外环境进行了专项检查，并配合社区，入户排查，清理楼道堆放物、私搭乱建、户外堆积物，排除了个别住户室内安全隐患，并对查出问题进行了整改。

（马永春、任乐松）

体育工作

【概况】 2017年，学校体育部下设教学教研室、群体教研室、竞训教研室、学生体质健康测试中心和体育器材室等五个三级机构。至年底，共有教职工43人，教师36人（男教师22人，女教师14人），教辅和党政管理人员7人。体育部教师职称结构较为合理，其中正教授1人，副教授19人，讲师16人，助教1人。在田径、篮球、足球、网球、乒乓球、羽毛球、冰雪项目上，学校拥有国家级裁判7人，国家一级裁判22人。

2017年，在学校党政的领导下，在市教委、北京市大学生体育协会的指导下，体育部认真落实中共中央国务院提出的“学校教育要树立‘健康第一’的指导思想”精神，以增强学生体质，促进学生健康发展为工作重点，按照年初制定的年度工作计划和目标，经过师生员工的共同努力，在教学、群体、代表队、学科建设和场地设施管理等方面做了扎实有效的工作，圆满地完成了2017年度的各项工作任务。在学校本科教学学生全员评教中名次列前，体育教学课已成为学生最喜爱的课程之一。

（张孔军、窦海波）

【课程建设】 学校体育课程教学始终坚持“以人为本，健康第一”的指导思想，不断优化课程教育内容，形成了完备的体育课程结构，基本上满足了学生选课需求和兴趣爱好。2017年，学校体育课分男生体育课、女生体育课和男、女混合体育课。为满足广大学生日益增加的体育兴趣，体育部充分挖掘体育师资和体育设施的潜力，不断增设一些学生喜爱的运动项目。为了提高教学质量，进一步端正学风和教风，体育部继续坚持每周一次的集体备课和业务学习制度，组织教师参加说课、看课，互相学习，取长补短，并继续成立教学督导组，对教师的上课情况进行评价，规范了教师教风，对提高教学质量起到了积极的作用。

（张孔军、窦海波）

【科研及师资建设】 学校注重体育师资队伍建设，不断提高教师的业务水平，有计划地选派体育教师进修学习，参加有关体育方面的学术报告会，举办体育部科学论文报告会，使教师的业务水平和科研能力得到提高。2017年，为加强高水平运动队教练员队伍建设，体育部以校聘合同形式引进一名具有国家队运动经历的高水平教练员。在第十三届全国学生运动会体育科学论文报告会中，体育部有两名教师分获全国论文报告会二等奖和三等奖。此外，2017年体育部教师发表学术论文52篇，3部著作，其中包括2篇第一作者CSSCI、SEI检索期刊及中文核心期刊论文。

（张孔军、窦海波）

【竞技体育】 2017年，学校的竞技体育基本上完成了既定的目标。学校高水平运动代表队积极参加全国和北京市的高校系列赛事并取得优异成绩。田径队在首都高校第五十五届学生田径运动会上，获得男子团体总分第四名、女子团体第三名、男女团体总分第三名；在第十七届全国大学生田径锦标赛中学校运动员获得2项全国冠军；女篮获得北京高校篮球联赛甲组第二名；男篮获得北京高校篮球联赛甲组比赛第六名；跆拳道获北京高校比赛男子团体第二名、女子团体第一名、男女团体第二名；羽毛球获北京高校比赛男子团体第五名并获得第二十一届全国大学生羽毛球锦标赛男子团体第八名的成绩。

（张孔军、窦海波）

【群众体育活动】 2017年，学校的群众体育活动继续保持良好的传统和风气。积极响应“亿万学生阳光体育运动”的号召，使学校的群众体育工作呈现出蓬勃的发展趋势。紧密围绕学校育人核心，努力将群众体育工作打造成为第二课堂和校园文化建设的桥头堡。年内，按照年初制定的学校体育竞赛计划，在体育部的指导下和学校各体育分会和各单项协会的共同努力下，组织了60余次丰富多彩的群体活动，包括组织召开16场学校及学院运动会，举办了包括游泳、羽毛球等新项目在内的40余项校内群体赛事；参加了20余项校外群体竞赛，项目多、覆盖面广、自主性强、参与性高，极大地调动了学生参加体育活动的热情，使阳光体育运动惠及全体学生，做到了人人有体育项目、班班有体育活动、院院有体育特色。2017年，学校在北京市大学生体育协会组织的“数字运动会”系列比赛中，取得了优异的成绩，再次被北京市教委授予北京高校阳光体育联赛优胜奖。

（张孔军、窦海波）

2017年北京科技大学体育代表队主要竞赛成绩

比赛名称、时间、地点	领队及教练	运动员姓名（单项成绩）							总成绩
		姓名	项目	成绩	名次	项目	成绩	名次	
首都高等院校第55届学生田径运动会（2017年5月，北京理工大学）	领队：窦海波 教练：周振平 董官清 蒋玉跃 章荣江 姜 宏 李仕美 王文海 于 祥 董 斌 郭毅平	吕高阳	20000米竞走	2:04:52.21	5			5	女子甲A团体总分108；男子甲A团体总分90；男女团体总分：198分 第3名 金牌数：2
		邱伟娜	800米	2:17.81	4				
		李淑婷	铁饼	46.91	4				
		杨济蓬	10000米竞走	52:16.82	3	20000米竞走	1:52:15.32	3	
		谢瑜宸	铁饼	56.71	1	铅球	13.65	3	
		袁宏杰	800米	1:56.66	6	1500米	4:14.56	7	
		李湘龙	撑竿跳高	4.0米	4				
		郭振铎	10000米	37:22.35	8				
		胡尊斌	跳远	7.48	2				
		吕明镜	3000米障碍	10:46.85	8				
		郑亦言	铁饼	45.04	5				
		刘功铎	十项全能	4169分	8				
		王 恒	110米栏	14.92	5				
		陈鼎琦	400米栏	54.61	6				
		王 恒 陈鼎琦 杨永峰 杨 嵩	男4×100米	42.23	6				
			男4×400米	3:26.50	6				
		孙胜杰	跳高	2.04米	5				
		刘耘壮飞	跳高	1.95米	6				
		张 旭	三级跳远	15.61	2				
		张雪琳	100米栏	14.67	3	三级跳远	13.37		

续表

比赛名称、时间、地点	领队及教练	运动员姓名（单项成绩）							总成绩
		姓名	项目	成绩	名次	项目	成绩	名次	
首都高等院校第55届学生田径运动会（2017年5月，北京理工大学）	领队：窦海波 教练：周振平 董官清 蒋玉跃 章荣江 姜宏 李仕美 王文海 于祥 董斌 郭毅平	王玛珏瑶	3000米障碍	10:30.62	6				女子甲A团体总分108； 男子甲A团体总分90； 男女团体总分：198分 第3名 金牌数：2
		张乃元	100米	12.77	7				
		邱伟娜	3000米障碍	11:32.45	3				
		杨金娟	5000米	18:54.51	7	10000米	39:52.93	8	
		文天佑	400米	1:01.08	7	400米栏	1:04.70	2	
		张　琦	七项全能	2344分	7				
		李娅静	标枪	46.67米	4				
		关亚欣	5000米	19:04.83	8	1000米	35:56.45	1	
		孙可天	铁饼	40.99	8				
		王亚卓	5000米竞走	58:09.92	8				
		马　腾	标枪	51.68	7				
		李　洁	5000米竞走	28:14.37	7				
		任　磊	十项全能	5628分	4				
		汤　萌	跳高	1.55	6				
		高宏静	10000米竞走	52:19.02	4	5000米竞走	24:03.40	3	
		张乃元 胡煜程 张雪琳 文天佑 邱伟娜	女4×100米	49.15	5				
			女4×400米	4:03.73	5				

* 打破北京高校田径运动会纪录

（张孔军、窦海波）

比赛名称、时间、地点	领队及教练	运动员姓名（单项成绩）			总成绩
		姓　名	项　目	名　次	
第13届北京大学生跆拳道锦标赛（2017年6月，中国政法大学）	领队：窦海波 教练：刘　洋	宋丹黎	北京高校女子竞技49kg	1	女子团体总分：第1名 男子团体总分：第2名 男女团体总分：第2名
		姚启譞	北京高校竞技男子68kg	3	
		王琳茹	北京高校女子竞技67kg	2	
		郭启航	北京高校竞技男子87+kg	3	
		郑蕴格	北京高校女子竞技73kg	1	
		申子尧	北京高校男子竞技80kg	3	
		傅璇晔	北京高校女子竞技53kg	3	
		詹潮晖	北京高校男子竞技58kg	2	
		闫家政	北京高校男子竞技63kg	1	
		郭凡诚	北京高校男子竞技74kg	3	
2017年全国大学生跆拳道锦标赛（2017年9月，内蒙古包头奥体中心）	领队：窦海波 教练：刘　洋	姚启譞	全国大锦赛男子竞技68kg	2	
		郭启航	全国大锦赛男子竞技87+kg	1	
		郑蕴格	全国大锦赛女子竞技73kg	2	

续表

比赛名称、时间、地点	领队及教练	项目	运动员姓名	名次
北京高校篮球（甲级）联赛（2017 年 5 月）	领队：窦海波 教练：李海涛	篮球男队	胡　越、李怡霖、侯　朔、唐征帆、孙一博、吴以岫、魏　楠、兰泽龙 陈　牧、郝　恺、李　康、马瀚俊、赖宇航、贺嘉祺、杨　帆、徐浩文 孙东阳、杜家豪	第 6 名
	领队：张孔军 教练：郭永林	篮球女队	吴　佳、李　赫、胡　黎、徐春颖、刘熙悦、杨荔瑶、张雪琳、于　莹 张竞冉、刘佳林、刘若曦、彭诗鈜、王群玉、付明月、韩炜怡、隆宇婕	第 2 名
第 20 届 CUBA 联赛北京预选赛（2017 年 11 月）	领队：窦海波 教练：李海涛	篮球男队	胡　越、李怡霖、侯　朔、唐征帆、孙一博、吴以岫、魏　楠、兰泽龙 陈　牧、郝　恺、李　康、马瀚俊、杨皓铭、宋栩霆、林昭良、关昊天 张含鑫、孙东阳	第 9 名
	领队：张孔军 教练：郭永林	篮球女队	李　赫、胡　黎、徐春颖、刘熙悦、杨荔瑶、张雪琳、于　莹、茹　昕 刘若曦、彭诗鈜、王群玉、隆宇婕、黄斐然、方　越、贾蘅琳、钮小坤	第 4 名
北京高校羽毛球联赛（2017 年 4 月）	领队：窦海波 教练：胡彦峰	羽毛球队	刘思全、刘秋丽、汤文颖、石明帆、黄钰博、曾　俐、刘相宇	第 5 名
第 21 届中国大学生羽毛球锦标赛（2017 年 7 月，湖北武汉）	领队：窦海波 教练：胡彦峰	羽毛球队	刘思全、汤文颖、耿子健、文兆杰、刘佳琪	第 8 名

（张孔军、窦海波）

北京科技大学田径最高纪录
（截至 2017 年年底）

男子：

项　目	成　绩	日　期	地　点	创造者	院别	备　注
100 米	10.5	1991.06	国家体委	刘玉刚	机械	北京地区田径邀请赛
200 米	21.21（电）	1996.08	西安	扬子江	经管	全国第 5 届大学生运动会
400 米	45.98（电）	2012.05	北大	李志珑	文法	北京高校第 50 届田径运动会
800 米	1:50.3	1992.06	国家体委	邹华东	采矿	国家体委田径测验赛
1500 米	3:49.69	2007.05	北邮	徐福祥	经管	北京高校第 45 届田径运动会
5000 米	14:23.1	2005.05	北师大	高月志	经管	北京高校第 43 届田径运动会
10000 米	29:50.8	1997.04	上海	鞠成军	文法	全国第 8 届运动会达标赛
3000 米障碍	9:10.7	2003.10	交大	高月志	经管	北京高校第 41 届田径运动会
110 米栏	13.6	1998.05	体师	白　勇	文法	北京高校第 36 届田径运动会
400 米栏	49.86（电）	2012.09	天津	李志珑	文法	全国第 9 届大学生运动会
4×100 米接力	41.38（电）	1999.07	长春	汤　禹　时宪东 闫二勇　扬子江	校队	全国第 7 届大学生田径锦标赛
4×400 米接力	3:12.04	2012.05	北大	李志珑　安　京 宋　琛　谢佳楠	校队	北京高校第 50 届田径运动会
10000 米竞走	41:59.51	1995.05	先农坛	奚绍辉	社科	北京市第 9 届运动会
20000 米竞走	1:24:54.	1995.05	先农坛	奚绍辉	社科	北京市第 9 届运动会
跳　高	2.12 米	2016.07	福建石狮	孙圣杰	经管	第 16 届全国大学生田径锦标赛
跳　远	7.90 米	1989.05	合肥	梁　超	经管	全国田径锦标赛
三级跳远	16.33 米	2010.09	山东	蔡文帅	经管	山东省第 22 届省运动会

续表

项　目	成　绩	日　期	地　点	创造者	院别	备　注
撑竿跳高	5.00 米	2011.05	清华	周　博	经管	北京高校第 49 届田径运动会
铅　　球	15.67 米	2002.05	科大	尹作为	信息	北京高校第 40 届田径运动会
铁　　饼	59.14 米	1996.05	体大	李加富	社科	北京高校第 34 届田径运动会
标　　枪	66.72 米	1990.03	体大	马　键	经管	北京体院田径邀请赛
链　　球	63.37 米	2005.05	北师大	李振华	经管	北京高校第 43 届田径运动会
十项全能	6546 分	2014.05	人大	任　磊	经管	北京高校第 52 届田径运动会

女子：

项　目	成　绩	日　期	地　点	创造者	院别	备　注
100 米	11.61（电）	2000.09	成都	闫　姝	文法	全国第 6 届大学生运动会
200 米	23.8	1998.10	北体	王　莉	经管	北京高校田径杯赛
400 米	56.8	1999.05	首师大	王　莉	经管	北京高校第 37 届田径运动会
800 米	2:08.9	2004.05	北航	李志梅	经管	北京高校第 42 届田径运动会
1500 米	4:18.0	2006.04	北科大	谢　芳	经管	北京科大第 44 届学生田径运动会
3000 米	10:12.35	1988.08	南京	李跃明	热能	全国第 3 届大学生田径运动会
5000 米	15:03.95（电）	2007.11	武汉	谢　芳	经管	第 6 届全国城市运动会
10000 米	31:21.2（电）	2007.11	武汉	谢　芳	经管	第 6 届全国城市运动会
100 米栏	13.71（电）	2006.05	郑州	線　红	经管	2006 年全国田径大奖赛郑州站
400 米栏	59.92（电）	2006.10	北大	胡雪婧	经管	北京高校田径精英赛
4×100 米接力	47.3	1998.05	体师	王　莉　许秋红 齐　媛　闫　姝	校队	北京高校第 37 届田径运动会
4×400 米接力	3:51.03（电）	2008.05	林大	李　烨　边　迪 胡雪婧　赵莹莹	校队	北京高校第 46 届田径运动会
5000 米竞走	21:52.6（电）	2006.10	北大	伊　群	经管	北京高校田径精英赛
10000 米竞走	45:38.91（电）	2007.05	北邮	伊　群	经管	北京高校第 45 届田径运动会
3000 米障碍	10:06.43	2010.05	吉利	翟艳红	经管	北京高校第 48 届田径运动会
跳　　高	1.88 米	2009.10	济南	乔艳蕊	经管	第 11 届全运会
跳　　远	6.24 米	2007.05	北邮	刘亚男	经管	北京高校第 45 届田径运动会
三级跳远	14.04 米	2009.10	济南	刘亚男	经管	第 11 届全运会
铅　　球	20.35 米	2009.10	济南	巩立姣	经管	第 11 届全运会
铁　　饼	58.30 米	2016.07	福建石狮	谢瑜宸	经管	第 16 届全国大学生田径锦标赛
标　　枪	47.78 米	1995.10	八一队	孙　静	经管	北京高校田径杯赛
七项全能	5189 分	1999.05	首师大	王　琳	文法	北京高校第 37 届田径运动会

（张孔军、窦海波）

天津学院

【概况】 北京科技大学天津学院是2005年4月经教育部批准，由北京科技大学和广东珠江投资有限公司合作举办的本科层次全日制独立学院，上级主管部门是天津市教育委员会。

学院设有土木工程系、材料科学与工程系、机械工程系、信息工程系、经济系、管理系、法律系、外语系、艺术系、环境工程系、基础部、思想政治工作教育部、公共教学部、体育部14个系（部）；实验室管理中心、图书馆2个教辅部门及艺术教育中心。2017年，学院面向全国30个省、市、自治区网上录取本科生2572人，共涵盖了10个理科专业、1个文科专业、5个文理兼收专业和3个艺术类专业。至2017年年底，在校生共计8124人。

学院下设学院办公室、党建办公室、人事处、教务处、科学研究处、招生就业处、学生处、保卫处、后勤处、基建产业处、财务处。至年底，共有教职员工348人，其中，北京科技大学派出6人，广东珠江投资有限公司派出2人，社会招聘340人。

2017年，接受天津市教委民办高校年检专家组检查，获得“优秀”（成绩排名第一）；接受并通过天津市教育两委大学生思政工作测评专家组检查，相关工作得到上级专家组充分肯定、高度评价。学院荣获回响中国腾讯网教育年度总评榜“2017年度综合实力独立学院”。

（郭雅娟、孙　蕊）

【教学科研】 依托北京科技大学优质教育资源，学院进一步构建并实施“应用型”理论教学体系和以职业能力培养为主线的实践教学体系，不断加强专业建设，成立环境工程系，环境工程专业于2017年9月开始招生，物流工程专业2017年9月恢复招生。2017年7月，筹办“无人机应用技术”等新专业方向，申请增设工程造价、环境设计、作曲与作曲技术理论、护理学四个新专业。学院继续支持土木工程、会计学两个重点专业建设项目，2017年3月，对两个已取得阶段性成果项目，通过了中期检查。进一步完善教学规章制度。修订完成《北京科技大学天津学院学士学位授予工作暂行规定》（院发〔2017〕43号）和《北京科技大学天津学院学籍管理办法》（院发〔2017〕55号）。

学院积极探索新工科建设。信息工程系“应用型本科大数据人才培养产学协同育人模式的研究与实践”“应用型本科VR/AR人才培养方案建设与产学协同育人模式研究”通过教育部2017年第二批产学合作协同育人项目立项，加强了与企业的合作，在协同育人工作模式方面做了新的探索，取得新的进展。

学院持续推进教学研究工作扎实开展。启动第四批本科教育教学改革与研究项目并投入专项经费，“独立学院土木工程模拟实验教学实践研究”等19项被列为院级教学研究项目。学院组织教师申报天津市教委项目，“基于众创空间的创新创业服务体系构建研究”等3项课题获准立项2017年度市教委重点调研课题；“独立学院土木工程专业CDIO综合实践能力培养研究”等两项目获2017年度天津市教委教学研究项目。经市教委审批，“法律在线咨询的研究”等5项学生项目被列入2017年天津市市级大学生创新创业训练计划项目。

加速推进科研工作，产学研稳步开展。2017年，学院成立科研处。制定《北京科技大学天津学院科研经费管理办法（试行）》《北京科技大学天津学院科研岗人员管理办法（试行）》，与天津市科委、天津市教委科研处及宝坻区科委等上级部门建立联系，及时汇报学院科研工作，力争得到上级单位政策等支持，先后赴北京科技大学科研部、天津部分民办及独立学院和广西钦州学院交流学习。学院被增补为中国校企协同产学研创新联盟常务理事单位，有力推动校企协同创新工作发展。6月，成立申办北京科技大学精准医疗与健康研究院天津学院分院工作组并设立办公室，整体统筹此项工作；10月，北京科技大学天津学院精准健康研究院顺利揭牌，并成功举办北京科技大学天津学院精准医疗与健康国际前沿研讨会暨诺贝尔医学奖得主斐里德·穆拉德教授主旨演讲。大力推进京津冀协同发展研究院筹备工作；联合中国经济体制改革研究会、北京改革与发展研究会主办雄安新区建设研讨会，取得良好效果；依托专业，成立京津冀立法协同发展、京津冀环境协同发展等研究所。

学院学生培养工作成绩斐然。2017 届共有 1732 名毕业生，1708 名获得毕业证书，占毕业生人数比例 98%；授予学士学位 1703 名，占获得毕业证书人数比例 99%；36 名毕业生通过研究生入学考试并被录取。学院组织 212 名同学参加了第九届全国大学生数学竞赛，在非数学专业组比赛中，1 名同学获得北京赛区（国家级）一等奖、3 名同学获二等奖、6 名同学获三奖。另有 54 名同学在北京市第二十八届大学生数学竞赛中获奖。此外，在 2017 年全国大学生数学建模竞赛中，学院学生获得天津市一等奖 1 项、二等奖 2 项。材料科学与工程系王绍瀚同学毕业设计“高炉内硅元素分配系数的研究”获第八届天津市普通高等学校优秀毕业设计（论文）。

（张建华）

【师资队伍建设】 学院加快人事制度改革进程，目前已形成一套符合学院发展要求的人事制度体系。

加强教师师德师风建设。制定《北京科技大学天津学院关于加强师德建设工作的意见》《北京科技大学天津学院师德规范和评定要求》，并提交二届教代会三次会议审议通过。为学院加强师德建设、规范教师行为，实施“师德一票否决”制提供依据。

扎实推进“特聘教授”相关工作。修订《北京科技大学天津学院“特聘教授”实施办法》和《聘任协议》，实施聘期目标管理，完善“特聘教授”所承担的教学任务、青年教师培养和专业建设责任等内容。进一步规范青年教师引进、培训工作。年内共录用 55 人。针对新入职教师制定院级培训方案，以座谈会、讲座、参观、素质拓展等形式开展入职培训，组织 46 名新教师参加天津市高校师资培训中心举办的高校教师岗前培训，累计选派 106 人次参加全国会议、专题、网络培训等，继续鼓励青年教师在职攻读学位，年内 1 人获得硕士学位。

完成专业技术职务评审、认定工作。4 人获得副高级专业技术职务，21 人获得中级专业技术职务，其中，讲师 20 人、实验师 1 人。至 2017 年年底，学院具有副教授任职资格教师人数占教师总数的 16.3%，具有讲师任职资格教师人数占教师总数的 57.2%。学院印发《北京科技大学天津学院 2017 年副教授评审工作的通知》，启动院内高级职称评审。共有 4 人申报，经过严格初审、代表作鉴定、学科评议组评审、学院评审会终审等程序，2 名同志通过评审，获得学院内聘副教授任职资格。

学院师资队伍建设成效显著。共 106 人次分获指导学生竞赛奖、教学竞赛奖及教育教学成果奖，获北京科技大学教学竞赛奖三等奖两项，获国家级指导学生竞赛一等奖 3 项、经二等奖 8 项、三等奖 8 项。获省市级指导学生竞赛一等奖 6 项、三等奖 6 项；教研、教改类论文 51 篇，其中三大检索收录 11 篇。1 人获天津市五一劳动奖章，1 人获 2016 年度中国食品安全年会普法先进工作者，1 人获 2016 年度市属文保系统安全保卫工作先进个人，2 人获资助育人先进个人，2 人获先进学生资助工作者。

（王　军）

【党建工作】 学院党委履行党建主体责任，坚持中心组理论学习制度、“三重一大”和党政联席会制度、院班子分管部门和联系系部制度，党政领导带头、各系党总支书记为主上讲台讲党课、形势政策课。深入学习贯彻党的十九大精神和全国高校思想政治工作会精神，以及北京、天津思想政治工作会精神，推进“两学一做”学习教育制度化规范化，做到组织领导到位、理论学习到位、党课开展到位、支部活动到位、党员覆盖到位、检查指导到位。进一步加强基层党组织建设，各级党组织按期换届，党费收缴工作如期完成，未发生党员违纪违法情形。

重视队伍和制度建设，坚持民主选举，配齐配强师生党支部书记，党总支书记、党支部书记参与本单位重大问题的研究和决策。不断提高党务干部思想政治素质，组织党务工作者参加培训 3 次，共计 99 人次。健全党员培养制度，完善并实施《学生党员发展工作手册》《党员发展工作流程图》，将程序细化到 17 步，坚持做到严把“四关”，完善“八项制度”。至年底，学院共有 9 个党总支、17 个教工党支部和 14 个学生党支部，共有党员 548 人，其中教工党员 236 人、学生党员 312 人。开展党支部书记讲党课活动，人均讲党课至少一次。开展“基层党支部活动立项”“主题党日”及推广“我爱我家”党支部建设工程、党员模范示范岗，2017 年，图书馆党支部获得北京科技大学优秀基层党组织活动一等奖。坚持每个月最后一周周四召开组织生活会，开展批评与自我批评。关心党员生活，学院党委积极组织做好 2017 年生活困难党员情况调查及报送工作。

加强宣传思想工作，抓好意识形态，落实党风廉政建设责任制。制定学院党风廉政建设工作计划，党政联席会每学期研究宣传思想工作至少 1 次，中心组理论学习意识形态工作 1 次，全年共审查各类讲座、报告等 29 场，全面排查全院课堂授课纪律。落实教职工每周三理论学习制度，与业务学习相结合，有学习计划和记录。依托学生社团求是学会开展理论宣讲，基本覆盖全体学生。

建立党风廉政建设责任体系，落实“一岗双责”“党政同责”，接受上级纪委专项检查、年终检查及天津市教育工委“六个专项整治”等督查。召开全体教职工专题教育部署大会，各党总支召开专题工作会和学习研讨会。通过中心组学习、教师业务学习、学生支部生活、个人自学，加强宣传教育，将党风廉政教育和师风师德教育列入教师理论学习。

高度重视群团组织建设，以党建带团建，以党建带群建。2017 年，荣获全国高校“活力团支部”1 个；荣获第十三届全运会拳击比赛、羽毛球比赛特别贡献单位称号；荣获“天津市优秀青年志愿服务集体”1 个、“天津市优秀青年志愿者”3 个；学生艺术团获得天津大学生文艺展演包括 4 个一等奖在内的 10 个奖项；加强校园文化建设，如以“孝心社”为依托，弘扬传统孝道文化，开展 107 场“爱要大声说出来”主题教育。同时，加强学院分工会建设，制定并实施《教职工申诉制度》《劳动人事争议调解委员会工作暂行办法》，涉及教职工切身利益问题的提案，及时答复，限期整改，保障教职工权益；12 月，学院召开本年度教代会。发动学代会、学生会权益部、食堂共建委员会等学生组织参与学院建设和监督职能，保障民主权利。

（郭雅娟）

【学生工作】 2017 年，学院学生工作落实立德树人根本任务，抓过程重落实，抓细节突重点，进一步推动学生工作向科学化、规范化发展。

以学生党建为龙头，开展大学生理想信念教育。落实“两学一做”学习教育常态化制度化，教育引导党员自觉按照党员标准规范言行，进一步坚定理想信念，提高党性觉悟。充分发挥基层党支部的战斗堡垒作用，以基层党组织活动为载体，强化党支部的思想引领和育人功能。各党支部紧紧围绕学习宣传贯彻党的十九大精神、培育和践行社会主义核心价值观等主题开展形式多样、内容丰富的党支部活动，让学生党员在活动中受教育，在生活中做表率，在实践中长才干。深入推进孝道文化教育，坚持以“孝心社”为依托，充分发挥传统文化在培育和践行社会主义核心价值观中的积极作用，大力弘扬中国传统文化，传承和发扬孝道文化。开展“爱要大声说出来”孝道主题教育活动 107 场，参与学生为 4000 多人。举办第三届国学知识竞赛，在师生中掀起国学热。

完满完成日常管理和服务工作。圆满完成 2017 级迎接新生及新生入学教育工作，引导学生适应大学生活；训教结合，圆满完成年度军训任务；积极开展心理健康教育工作，建立和完善学生心理危机预防工作机制；进一步完善奖助学金工作制度，完成奖助学金评定和发放工作。2017 年，发放各级各类奖学金 171.1 万元，助学金 239.78 万元，勤工助学金 26.37 万元；认真落实相关政策，做好毕业生预征入伍、在校生入伍相关工作；狠抓学生安全教育，确保学生安全稳定；加强学风建设，提出辅导员学风工作量化要求，狠抓课堂、宿舍、考场三个阵地，落实“学生分类管理”，充分发挥评奖评优激励作用，营造良好学习氛围。

扎实推进创新创业工作开展。创新创业工作取得突破，学院众创空间在 2017 年天津市众创空间绩效考评中被评为 A 级，入驻创业团队 33 支，汇集创客 236 人，创业导师 47 名，获得天津市教委创新创业支持和引导资金近 500 万元。众创空间入驻团队获得各类创新创业奖项共计 20 个。学院师生 17 支创新创业团队参加第三届中国“互联网 +”大学生创新创业大赛、第十二届“恩智浦”杯全国大学生智能汽车竞赛、宝坻区首届创新创业大赛、“创启未来”2017 国际青年科技创业大赛天津城市赛等创新创业大赛，获得各类奖项 18 个。

规范、高效落实招生就业工作。招生方面，强化宣传、精心组织，圆满完成 2017 年招生录取工作，2017 年录取考生 2572 人，考生报到率 90%。就业方面，扎实有效地开展毕业生就业指导工作，完成《2017 年毕业生就业质量报告》，2017 届毕业生就业率为 95.61%。

共青团工作取得显著成效。法学 1603 团支部荣获全国高校“活力团支部”称号，荣获 2017 年“天津市大中专学生志愿者暑期社会实践活动优秀组织单位”称号，“第十三届全运会”志愿服务实践团荣获 2017 年“天津市大中专学生志愿者暑期社会实践活动优秀团队”称号，荣获“第十三届全运会拳击比赛、羽毛球比赛特别贡献单位”称号，学院青年志愿者协会荣获“天津市优秀青年志愿服务集体”称号，3 人荣获“天津市优秀青年志愿者”称号，学生艺术团获得天津大学生文艺展演包括 4 个一等奖在内的 10 个奖项。

（田　勇）

【教学辅助】 学院根据各专业发展需要和新专业建设需求，不断加强实验室建设。2017 年，新建 2 个专业实验室，重新规划和调整 4 个实验室，更新 3 个百座公共机房，实验室布局得到进一步优化和完善。至目前，学院有基础实验室 4 个、专业实验（训）室 31 个，基本能够满足校内实践教学需求。网络中心按照上级要求，结合学院实际情况切实做好各项技术保障，积极推进学院信息系统等级保护工作，顺利完成全运会和十九大期间网络安全保障工作。《网络安全法》颁布后，修订和完善相关制度细则 44 项。第二学期，电教中心对第 8、9 教学楼多媒体教学服务器及无盘教学系统进行了升级改造，实现了教师个人教学资料的共享存储和漫游下载等功能。此外，为规范教室多媒体设备的使用管理，制定并实施了《教学楼非授课时段教室多媒体设备使用管理办法（试行）》，收效良好。

学院稳步推进图书馆建设。截至 12 月 31 日，共有馆藏纸质图书 853380 册、本地镜像电子图书 160000 种。本年度新增图书 36013 册、中文期刊 506 种、报纸 72 种。接待咨询 611 人次，定题服务 6 人次，代查代检 112 人次，查收事务 61 人次，学院副高职称论文相似性检测 19 篇次，中级职称论文审核 8 篇次，馆际互借新账户审核通过 54 个，读者调查 2 次，读者座谈 2 次，《明德报》出版 4 期，学习创意空间信息展示 4 期，专题书架推送 12 期。开展悦读之星演讲大赛、4.23 庆典活动、《习近平的七年知青岁月》同读交流会等阅读推广活动。优化馆藏结构，扩充考研自习室规模至 680 个座位，建立社科馆 108 密集书库。为管理系设置《会计学专业检索与论文写作》专业选修课，顺利完成天津市重点调研项目《全民阅读背景下京津冀区域独立学院学生阅读现状与对策研究》结题，完成天津学院教研项目（图书定位实施与应用、基于微信公众平台的高校图书馆移动信息服务研究）立项。“引入悦读助推思政课教学”获第二届全国高校图书馆阅读推广案例大赛优秀奖，“兰草问道——创意空间培养优质读者”获首届全国冶金院校图书馆服务创新案例大赛决赛三等奖。

（刘贺平、刘淑娥）

【安全稳定】 2017 年，学院高度重视稳定工作，严格执行“党政同责”“一岗双责”，落实安全责任“一票否决制”，实行“安全工作职责化、安全检查常态化、安全区域网格化”，确保安全稳定工作有序开展。

完善制度建设，落实安全工作职责化。学院逐步完善各项规章制度体系，修订并实施包括《天津学院安全工作应急预案》等制度。学院与各二级单位负责人签订安全工作责任书，各二级单位与所属科室、职员签订安全工作责任书，签订率达到 100%。

实施校园安全综合治理，建立安全检查常态化机制。学院制定并实施《天津学院关于开展今冬明春火灾防控工作的方案》《天津学院开展安全生产隐患大排查大整治专项行动实施方案》，进一步改善学院消防安全环境，强化针对性火灾的防控措施、排查整治各类安全隐患。学院保卫处不间断开展安全隐患大排查，做到全覆盖，对检查过程中发现的隐患问题建立隐患清单，并下发整改通知书，督促第一时间整改。落实消防三查制度，确保学院安全，维护学院教学生活正常进行。

实行安全工作网格化管理。

按照“分级负责、权责担当”原则，实行安全工作网格化管理。学院共有30个三级网格单位，通过网格化管理，使责任更加明确，确保全院区域内安全责任无死角。

加强安全保卫队伍建设，强化队伍培训和演练。为保障安全稳定有效开展，学院建立了一支纪律意识严、责任心强、经验丰富的安全保卫工作队伍。定期组织安保人员进行相关培训和演练，2017年度对安保人员进行了反恐防暴培训和演练、消防理论知识培训和演练，提升应对突发事件的应急能力，增强安保人员的消防安全意识。定期对新生和教职员工进行消防知识理论培训，组织学生参与消防演练。在2017年“119”消防安全宣传月期间，开展消防安全宣传、演练、知识讲座系列活动，广大师生积极参与，学生反响强烈，提升了广大师生员工消防安全意识和逃生自救能力。

本年度，学院安全工作取得新进展，受到上级嘉奖肯定，被评为2017年度宝坻区治安保卫工作先进集体；1名同志荣获天津市公安局个人三等功，1名同志受天津市公安局个人嘉奖表彰。

（何国钧）

延庆分校

【概况】 北京科技大学延庆分校是一所公办全日制普通高等职业院校，由北京科技大学、延庆县政府于1984年联合创办，学校设有外语系、文法系、土木工程系、计算机科学系和基础部；有6个专业，包括英语教育、英语教育（幼儿教育）、文秘（新闻传播），数字媒体技术，动漫设计与制作，工程造价。2016年，学校停止招生。现有在校生273人，其中外国语学院149人、土木与环境学院56人、数理学院46人、文法学院22人。

（尤志华）

【教学工作】 年内，分校严格教学运行管理，确保正常教学秩序。严格调停课管理，调停课40余次。严把教学工作纪律关，对45位教师进行教学检查548次，平均每人接受查课12次。考务管理严谨有序，年内组织开闭卷考试120余场。认真开展实践教学，完成了2014级英语专业的158人次的教育教学实习组织管理工作，并组织学生到孔庙国子监、古崖居等地进行参观学习。

年内，推荐40名同学参加高职升本考试，最终录取36名，录取率90%，比上一年录取率提升10个百分点，比北京市平均录取率超出40个百分点（北京市平均录取率50%）。其中，外国语学院、文法学院录取率均为100%。

（尤志华）

【师资队伍建设】 年内，调整完善《教师工作量计算办法》等规章制度，促使教职工全心全意投入，放心大胆“产出”。鼓励教师积极进行职称评定，2017年经北京市委党校评审，1名教师取得副教授任职资格，1名教师取得讲师资格。

（王建军）

【教科研活动】 年内，开发习近平新时代经济思想研究、习近平新时代全面从严治党思想研究、习近平新时代生态文明建设思想解读、习近平新时代党校办学思想研究、习近平新时代意识形态工作思想研究、《实践论》导读、延庆革命史、中国特色社会主义政党制度、领导干部的法治思维等9门新课。《正确处理人民内部矛盾》导读一门课参加北京市党校系统精品课大赛，获得二等奖，实现分校历史上零的突破。

年内，科研课题立项18项，申请北京市委党校协作课题2项，北京市社会主义学院课题1项；新课开发课程立项30项。编辑《党校送阅件》8期，获区领导批示4次。在C刊、北大中文核心期刊发表学术文章3篇，其他各类学术期刊发表学术文章8篇。

（王建军、邓国军）

【基础建设】 年内，对校园西跨楼二层房屋进行内部装修；对天然气改造和加装燃气警报装置工程，自来水管道改造工程，教三楼接待室、教室装修工程三项工程项目进行了验收；对教职工食堂屋顶进行了防水处理；全年共进行抢修任务70余次，日常维护维修700余次。同时建立保洁维修联动机制，保洁员兼职设施设备巡查员，对出现问题及时反馈，以提高问题发现率和解决效率，确保教学科研办公环境的整齐干净平稳运行。

（纪　楠）

【党团建设工作】 2017年，分校在编教职工共60人，35岁以下教职工18人，其中党员18人；在校生273人，其中预备党员15人、团员258人。年内，突出团委紧密联系青年学生的特点，督促团委把握“责任担当、生命智慧”的思想教育主题，全方位、全过程抓好学生思想政治引领和价值引领。共举办团课、班会各28场，素质讲堂10期、微播堂6次、志愿活动40余次，文体类活动18场，制作、发布微信210余条。同时，充分发挥积极分子先锋引领作用，开展积极分子“公开承诺”和先锋服务活动，举办为期两个月的入党积极分子初级培训班，在增强积极分子各方面素养的同时，带动党团建设工作的整体提升。

（孙　凡）

【学生工作】 年内，分校以调动学生发挥主体作用为主线，以保平安、抓学风、促发展为目标，统筹推进，重点突出，有条不紊地开展学生工作。

组织开展各类评优工作。做好2017届优秀毕业生评选申报工作；评选国家励志奖学金获得者8人、校奖学金获得者70人；评选校先进集体两个、优秀个人43人。

做好学生资助工作。为在校273名学生办理了校方责任险，为11人办理助学贷款回执并追踪到账情况，对贷款学生中即将毕业的20人进行毕业确认和诚信教育，督促及时还款；认定困难生99人，评选国家助学金47人，提供勤工助学岗位6个；为135人办理学生大病医疗保险；为所有外地学生办理火车票优惠卡；统计填报全国资助信息系统。2017年共发放的资助经费达40余万元，涉及的学生达317人次。发放家庭经济困难学生饮用水、洗澡、电话补助52人，共计9620元。发放边远山区就业补偿款66000元。

做好就业服务工作。组织实习就业专场宣讲会7次，提供岗位200余个；提供就业信息30多条次，提供岗位160个。2017届毕业生就业率为82.25%。

（王　盈）

【表彰奖励】 2017年，分校党委获得延庆区先进基层党组织荣誉称号，连续多年保持“首都文明单位”和“全国精神文明工作先进单位”称号，组织参加延庆区直机关工委首届文化艺术节并获优秀组织奖。

个人获奖方面：陈宇萱被评为北京市优秀团干部，王继文被评为北京市优秀团员，王建军被评为延庆区优秀基层党组织书记。

（张　翠）

教育教学与学科建设

本科生教育

【概况】2017年，学校共有本科专业50个，按学科划分：工学26个、理学9个、管理学6个、文学3个、经济学2个、法学3个、艺术学1个。至2017年年底，全校共有全日制本科生13491人。

年内，顺利完成2017届3251名本科生毕业资格及学士学位资格审核工作，按期毕业3169人，毕业率为97.48%。其中3169人获得学士学位，学位授予率为97.48%。结业学生82人。2017届毕业生中辅修专业顺利结业349人，其中取得第二学士学位者330人。2017年辅修专业新招生660人（2016级）。

2017年，学校共开设4041门次课程；组织安排了400余名指导教师带领2015级和2016级43个专业140个队、5000余名学生完成了实习任务；组织78个班、200名学生的金工实习；组织并完成本科生3667人论文题目的审查及答辩工作。教务处组织校内外各项学科与科技竞赛58项，8000余人参赛，校级以上获奖学生人数2820人次，其中省部级以上获奖人数1328人次。组织本科生科技创新项目立项559项，其中校级以上项目共计157项，参与学生2300人次，指导教师596人次。

此外，为学院路地区其他20所高校开设公共选修课11门次，实际选课899人次。为2个共同体辅修专业开设专业选修课2门次，实际选课18人次；学校学生选修其他20所高校开设的公共选修课386人次、辅修专业选修课28人次。

（宋　波）

【教育教学与改革】2017年获批6项北京市共建项目，获批经费330万元。根据《北京科技大学2017年度本科教育教学改革与研究项目申报指南》，学校组织开展了2017年度教育教学改革与研究项目的申报和评审工作，共有10个重点项目、8个重点专项和63个面上项目获准立项，下拨资助经费153万元。

（袁建美）

【本科教学条件建设（修购项目）】2017年12个修购项目（本科教学条件建设部分）通过教育部审核，批复金额3518万元。3月，教务处组织召开项目启动会，布置修购项目的执行工作。在项目执行期间，教务处简化流程，积极协调，通过详细记录修购项目的借款、报销情况，实时掌握项目执行进度。2017年10~12月还多次召开“2017年修购项目执行会议”，确保项目按时完成。

2017年4~5月，教务处组织专家对2015年修购项目在2016年的运行情况进行了绩效考核，先后考查了16个项目，涉及金额2345万元。2017年6月，教务处组织相关部门在线申报2018年修购计划共22个项目，金额6258万元，经教育部审核通过20项，批复金额4882万元。

（刘仁霖）

【教学奖励】2017年，组织开展了第三届校级教学名师奖的申报与评审工作，张英华教授、陈章华教授、范慧俐教授、姚琳副教授和臧鸿雁副教授获此殊荣；推荐张朝晖教授和孙莹教授参加北京市教学名师奖的申报，推荐冯妍卉教授和覃京燕教授参加北京市青年教学名师奖的申报，4人均获奖，为学校争得了荣誉；由彭庆红教授负责的课程“形势与政策”入选2017年国家精品在线开放课程。

（袁建美、王晓晓）

【课程建设】2017年，学校组织开展了第七批研究型教学示范课程建设项目的申报和评审工作，27门课程获准立项，下拨建设经费27万元；组织开展了第六批全英文教学示范课程的申报和评审工作，7门课程获准立项，下拨资助经费10.5万元；组织开展了第五批素质教育核心课程的申报和评审工作，6门课程获准立项，下拨资助经费6万元。

（王晓晓）

【教材建设】 2017年，学校组织开展了2017年度校级规划教材（讲义）的申报和评审工作，最终遴选出39项一般项目和31项讲义正式立项，下拨资助经费66.25万元。本年度，学校对《北京科技大学教材建设管理办法》和《北京科技大学教学人员教材领用管理办法》进行了修订和发布。2017年，学校作为第一主编单位正式出版的各类教材共57部。

（李　虹）

【专业认证】 2017年，学校顺利完成了环境工程、冶金工程、机械工程、采矿工程、测控技术与仪器5个专业的工程教育专业认证工作。截至2017年11月，学校已有16个专业接受专业认证，其中12个专业首次接受专业认证，4个专业接受第二轮复评。本年度，中国工程教育认证协会受理了学校自动化、计算机科学与技术、材料科学与工程3个专业的2018年度认证申请，这3个专业为第二轮复评。

（李　虹）

【教学督导】 2017年主要工作：①听课700余门次，覆盖全校开课门次约20%，有较大覆盖面和代表性，包括开学第1周第一次课、新入职教师课堂教学助课考察、新教师第一次主讲课准入考察、研究型教学示范课、全英语教学示范课、素质教育核心课等，重点关注提高教学质量和促进教学改革。②对2013级本科生毕业设计（论文）工作进行过程跟踪和阶段检查，包括开题报告、中期检查、论文答辩，评选优秀论文，统计出各阶段的基本数据，分析存在的主要问题，给出建议。③完成教务处委托的专项任务，包括对考卷、毕业论文、实习报告等进行抽查，在此基础上进行总结和分析；对教学评价“十项指标”进行统计和分析，为教学研究提供基础数据，巡视期末考试考场秩序和考试纪律。④建立一套较完善的学校内部教学督导工作制度。研制督导电子评价系统。申报学校2017年度教育教学改革与研究重点项目并获批准实施。⑤参加学校各类教育教学项目立项审查、过程考核、评审验收，各类示范课、教改项目的检查和验收，学生科技创新项目SRTP立项、中期检查和结题验收、教学设备与修购款项目立项评审，各学院实验室五年规划建设项目评审等。⑥继续对部分MOOC在建课程进行跟踪。对国际学生中心本科教学情况进行专项督导，探索提高留学生基础教学质量的途径和机制。⑦参加教学发展中心组织的全校教学观摩课，并对示范教学进行点评，宣传教育教学理念、教师的敬业精神、教学态度、对课程教学设计和教学技能进行分析。⑧参加校、院青年教师教学基本功比赛的评比、选拔工作。⑨编印“督导简报”20期。⑩参加第九届北京地区高校教学督导工作交流会。

（孙　铁）

【教学质量监控】 学校为保障本科教学质量的不断提升，继续完善以教学检查、学生评教、数据监控、内外部质量评估为基础的多维度教学质量监控体系。

①教学检查。开展期中教学评估、考试工作总结、教学改进、校院两级干部听查课等常规教学检查工作。期中教学评估工作以学院自查为主，强调及时发现问题，提出解决办法，形成信息反馈机制和持续改进机制。教学改进工作由学院每学期提出一两个教学相关问题，重点予以解决。校院系干部听、查课程达680余门次，检查结果全部反馈给学院，要求学院根据专家意见进行整改。

2017年各学院进行试卷分析的课程有2655门次。学校对课程考试的试卷分析情况进行抽查。整体来看，抽查情况良好，大部分试卷能够执行教学大纲、题量适当，难度适当，基本符合规定，个别问题已及时反馈到有关学院。

②学生评教。为了提高学生评教的有效性，继续开发微信评教平台，推出评教系统2.0版本，在全校推广使用。提高学院、教师和学生对评教工作的参与度。2017年度实际调查本科生讲台共3223个课堂，共有224740人次参评。

③教学状态监控。完成2017年北京市“本科教学质量年报”和2017年学校“本科教学状态分析报告”，及时分析和掌握本科教学质量状况。报告汇集了2016—2017学年度学校本科教育基本情况，重点体现了师资与教学条件、教学建设与改革成果、质量保障体系、教师上课情况、本科课程开设及教学情况、本科生在校及招生情况、学生学习情况等方面的内容。不仅反映了学校本科教学的实际状况，为加强管理，提高人才培养质量提供依据，同时也向社会展示了学校风貌和办学特色，宣传了办学理念和教学成果。

④继续与麦可思公司合作，开展毕业生社会需求与培养质量第三方评估，通过电子问卷调查的形式对2016届毕业生进行了调查，发布《北京科技大学社会需求与培养质量年度报告（2017版）》，从培养结果与毕业生评价、教学培养质量评价等方面进行了解读，并根据连续四届调查结果进行了深度分析。

⑤围绕教学质量开展毕业生问卷调研工作。开展2017届毕业生对教学工作和学生工作的满意度调研，深入了解本科毕业生对教师教学工作、课程设置、实习实验教学、公共教学设施、专业学习情况等方面的评价和建议，为提高工作质量提供参考。

（涂传银）

【教师（教学）发展】 2017年继续严格实施“准入+培养”的新教师本科课堂教学准入制度。本年度共有210名新入职教师进入教学准入环节，其中86人次开始助课考察，80人次通过，通过率93.02%；68人次进行了授课考察，全部通过；69人完成了教学准入的全过程，授予了主讲教师资格。新教师教学准入工作中，共委派校院两级140名专家听课1154次，学生参与评价4208人次。

2017年重点打造多元化、系统化的教师教学能力提升培训体系。通过入职培训、教学讲座、教学研讨与沙龙、教学咨询及资源支撑等多种方式，重点提升教师教学能力，同时关注教师心理健康，推进师德建设，提升教师科研素养，引进学科教学前沿等，为教师提供多渠道、系统化的教学能力提升培训。鼓励各学院根据学科教学特点，积极组织开展本学院的教师教学能力提升培训活动，并在夏季学期与学院共同邀请国外专家为学校教师开设学科教学能力提升、专业前沿知识研讨等方面的讲座和研讨活动。同时组织启动学校教师“双创”教育系列培训，本年度共举办系列讲座4讲。另外在高校思想政治工作会议及十九大会议结束后，将高校教师教学意识形态工作加入新教师培训中，时刻紧跟最新形势。同时了解到教师未经过专业训练，特邀请辽宁广播电台播音指导向莹老师为教师们讲解教师的嗓音保护及科学的发声技巧等基本技能讲座。本年度共邀请校内外高水平专家举办讲座47场，组织优秀教师教学示范课15场，学院组织教学培训活动13场，参加培训人员879人次。

2017年，教师（教学）发展中心进行了第六届教学骨干人才的评选，共5位教师获得2017年“北京科技大学青年教学骨干人才培养计划”立项支持。该计划已评选五届，累计共32位教师获得资助。2017年还对前一年立项的青年教学骨干人才项目进行了中期检查验收。

（李　想）

【实践教学】 2017年，根据教学计划组织安排了426名指导教师带领2015级和2016级48个专业140个实习队5000多名学生完成了实习任务，提高了学生对专业知识的感性认识和实践能力。为校外实习的师生办理保险5000余人次，制作保单19份，花费5万余元。安排近2000名学生的暑期计算机实践工作，提高学生计算机应用能力；组织和协调13个专业1171名学生开展电子技术实习；组织和协调4个专业12个班360多名学生开展机械课程设计，以及机类和非机类78个班2000余名学生的金工实习，提高学生的实践能力，为培养高素质的人才奠定了基础。

（刘仁霖）

【科技创新】 2017年，学校获国家大学生科研训练计划项目资助经费100万元，获北京市大学生科研训练计划项目资助经费100万元。2017年，学校本科生科技创新创业项目立项559项，其中国家级73项、北京市级84项，参与学生2300人，指导教师596人次；组织专家完成2016年119个校级以上科技创新创业项目和380个院级科技创新项目的验收工作，共评出校级以上项目一、二等奖33项。

（余　涛）

【成绩管理】 2017年，学校共有2560门次课程采用网上模块录入学生成绩，审核成绩数据146332条，收到并处理教师提出的《学生成绩勘误申请》445份，完成2017届毕业生成绩单和毕业生答辩评语共14000多份的归档工作。为学校本科生提供境内成绩单15000余份，提供境外用相关成绩证明（中、英文成绩单，在读证明，GPA证明和证书翻译件等）26000余份。通过传真、邮件及书信等方式完成了国外高校及国内外用人单位对学校223名本科毕业生学历及成绩单的认证。

（李大宽、曹首军、王丽娟）

【教学管理平台建设】 2017年，

学校继续完善和优化教学管理平台：①为课程中心运行提供数据与技术支持。②为实验室开放平台运行提供数据与技术支持。③为校内教师提供服务器搭载服务。④组织双培生进行网上选课。⑤继续调整和完善选课程序，为华东理工大学、华南理工大学、湖南大学、中南大学、中国海洋大学、北京联合大学、北京信息科技大学和北方民族大学84余名校际交换生提供网上选课及成绩单制作服务。⑥处理了学生在选课时间外的课程调整。⑦处理了137名学生237门课程的缓考申请。⑧建设了本科学习证明自助打印系统。

（李大宽）

【毕业设计（论文）结业】 2017届共有3667名学生参加毕业设计（论文）结业，参与指导教师1002人，生师比为3.65:1。指导教师中，正高级职称366人，占36.52%；副高级职称430人，占42.91%；中级职称206人，占20.57%。从毕业设计题目来源统计，真实题目937个，占25.55%；自拟题目2730个，占74.45%。从学生毕业设计（论文）的结业方式统计，设计性题目占34.80%，论文性题目占65.20%。学校从毕业设计（论文）中评选出优秀论文148篇。

（赵环宇）

【校内转专业与免试研究生】 2017年，学校共有393名（2015级27名、2016级366名）学生提出转专业申请，经考核批准300名学生的申请（2015级19名、2016级281名），298人成功转入新专业学习（2016级中放弃转入新专业学习2人），转专业批准率分别为2015级70.37%、2016级76.78%。10月，学校选拔推荐2014级本科生免试攻读2018年硕士研究生730名（其中支教团22人，师范类补偿名额2人、国防类补偿名额2人），经过各招生单位招生考核最终录取725人（其中本校录取346人、外校录取379人）。录取人数占该年级学生总数的22.13%。

（汪　兴）

【本科生国内外交流】 学校继续与华东理工大学、华南理工大学、湖南大学、中南大学、中国海洋大学建立合作关系，各校每年互派30名学生，交流学习一个学期。同时接收北京信息科技大学、北京联合大学及新疆工程学院三所高校若干名本科学生来校交流一学期。至2017年年底，学校共向华东理工大学、华南理工大学、湖南大学、中南大学、中国海洋大学五所大学共选派了134名学生去交流学习，上述八所大学共有84名学生来校交流学习。

（汪　兴）

【四六级外语考试】 2017年6月，参加全国大学英语四六级考试的校内考生共有9183人，其中本科生6885人、研究生2281人、延庆分校专科17人。12月，参加全国大学英语四六级考试的校内考生共有10276人，其中本科生7251人、研究生2891人、延庆分校专科生134人。2017年学校完成全国大学英语四六级口语考点建设。2017年5月、11月成功组织了两次考试，两次考试共计2337人参加。

（汪　兴）

【学科竞赛】 2017年，教务处组织8000余名学生参加各类竞赛58项，校级以上获奖2820人次，其中省部级以上获奖1328人次。2017年，学校新增全国大学生岩土工程竞赛、全国安全科学与工程大学生实践与创新作品大赛、全国大学生计算机系统能力培养大赛、“中国软件杯”大学生软件设计大赛等国家级竞赛4项。学生参加各类学科竞赛成绩显著，智能车、节能减排等传统优势竞赛继续保持较好成绩，全国大学生数学建模竞赛、全国大学生数学竞赛、ACM国际大学生程序设计竞赛等都创下了历史最佳水平。

其中，第十二届全国大学生智能汽车竞赛全国总决赛获一等奖4项，第十届全国大学生节能减排社会实践与科技竞赛获一等奖3项，第八届全国大学生数学竞赛获一等奖2项，2017年全国大学生数学建模竞赛获一等奖3项，第四十二届ACM-ICPC亚洲区域赛获一等奖1项，第六届全国大学生金相技能大赛获一等奖1项，第三届全国安全科学与工程大学生实践与创新作品大赛获一等奖2项，第七届全国高等学校采矿工程专业学生实践作品大赛获一等奖1项，第十届“高教杯”全国大学生先进成图技术与产品信息建模创新大赛获一等奖7项，2017年中国大学生计算机设计大赛获一等奖4项，2017年“西门子杯”中国智能制造挑战赛全国总决赛获特等奖1项，2017年国际大学生iCAN创新创业大赛获一等奖2项。

（马瑞芝）

【附表】

2017年北京科技大学本科专业目录

序号	学科门类	二级类	专业代码	专业名称	授予学位
1	经济学	经济与贸易类	020401	国际经济与贸易	经济学
2			020302	金融工程	经济学
3	法学	法学类	030101K	法学	法学
4		社会学类	030302	社会工作	法学
5		马克思主义理论类	030503	思想政治教育	法学
6	文学	外国语言文学类	050201	英语	文学
7			050203	德语	文学
8			050207	日语	文学
9	理学	数学类	070101	数学与应用数学	理学
10			070102	信息与计算科学	理学
11		物理学类	070202	应用物理学	理学
12		化学类	070302	应用化学	理学
13		生物科学类	071002	生物技术	理学
14		环境科学类	071004	生态学	理学
15	工学	材料类	080401	材料科学与工程	工学
16			080402	材料物理	工学
17			080403	材料化学	工学
18			080404	冶金工程	工学
19			080406	无机非金属材料工程	工学
20			080413T	纳米材料与技术	工学
21		矿业类	081505T	矿物资源工程	工学
22			081501	采矿工程	工学
23			081503	矿物加工工程	工学
24		机械类	080201	机械工程	工学
25			080203	材料成型及控制工程	工学
26			080205	工业设计	工学
27			080207	车辆工程	工学
28		仪器类	080301	测控技术与仪器	工学
29		能源动力类	080501	能源与动力工程	工学
			080503T	新能源科学与工程	工学
30		自动化类	080801	自动化	工学
31		电子信息类	080701	电子信息工程	工学
32			080703	通信工程	工学

续表

序号	学科门类	二级类	专业代码	专业名称	授予学位
33	工学	计算机类	080901	计算机科学与技术	工学
34			080904K	信息安全	工学
35			080905	物联网工程	工学
36			080907T	智能科学与技术	工学
37		土木类	081001	土木工程	工学
38			081002	建筑环境与能源应用工程	工学
39		环境科学与工程类	082502	环境工程	工学
40			082503	环境科学	工学
42		安全科学与工程类	082901	安全工程	工学
43	管理学	物流管理与工程类	120602	物流工程	工学
44		管理科学与工程类	120102	信息管理与信息系统	管理学
45			120103	工程管理	管理学
46		工商管理类	120201K	工商管理	管理学
47			120203K	会计学	管理学
48		公共管理类	120402	行政管理	管理学
49		工业工程类	120701	工业工程	工学
50	艺术学	设计学类	130502	视觉传达设计	艺术学

（邢丽红）

“课堂教学质量（学生）评价”各等级比例一览表（按讲台）

学期	＞95（含）	比例	95~85（含）	比例	85~70（含）	比例	＜70	比例	平均分
2015—2016 第二学期	673	41.65%	848	52.48%	91	5.63%	4	0.25%	93.20
2016—2017 第一学期	1096	68.20%	476	29.62%	35	2.18%	0	0.00%	95.57

（涂传银）

北京科技大学 2017 年度教育教学奖励明细

序号	奖励类别	项目类别	级别	等级	获奖人	项目名称（获奖项数）	单位
1	本科教学工程建设项目	课程建设类	国家级		彭庆红	精品在线开放课程——形势与政策	马克思学院
2	教学质量奖	教学比赛	国家级	二等奖	刘白羽	第三届（2017）全国高校数学微课程教学设计竞赛	数理学院
3				二等奖	周　喻	第一届全国高等学校采矿工程专业青年教师讲课竞赛	土资学院
4				二等奖	薛　燕	全国高等学校青年教师电工学课程教学竞赛	自动化学院
5				二等奖	尤　佳	全国高等学校青年教师电工学课程教学竞赛	自动化学院

续表

序号	奖励类别	项目类别	级别	等级	获奖人	项目名称（获奖项数）	单位
6				一等奖	储继迅	北京高校第十届青年教师教学基本功比赛理工类A组	数理学院
7					赵　晶	北京高校第十届青年教师教学基本功比赛文史类A组	外国语学院
8				二等奖	钟日晨	北京高校第十届青年教师教学基本功比赛理工类A组	土资学院
9				三等奖	宋　伟	北京高校第十届青年教师教学基本功比赛文史类A组	马克思学院
10					杨兴业	北京高校第十届青年教师教学基本功比赛文史类A组	马克思学院
11				一等奖	王丹龄	第三届（2017）全国高校数学微课程教学设计竞赛华北赛区	数理学院
12				二等奖	何　洋	第三届（2017）全国高校数学微课程教学设计竞赛华北赛区	数理学院
13			省部级	一等奖	李　娜	第二届（2016）北京高校数学微课程教学设计竞赛	数理学院
14				一等奖	苏永美	第二届（2016）北京高校数学微课程教学设计竞赛	数理学院
15				二等奖	储继迅	第二届（2016）北京高校数学微课程教学设计竞赛	数理学院
16				二等奖	史雪飞	北京高等教育学会电工学研究会	自动化学院
17	教学质量奖	教学比赛		二等奖	陈　静	北京高等教育学会电工学研究会	自动化学院
18				二等奖	曹丽梅	第三届（2017）北京高校数学微课程教学设计竞赛	数理学院
19				一等奖	黄妙峰	教育部高等学校第十三届物理演示实验教学仪器展示	自然中心
20				二等奖	孙明明　陈　森　吴　平	全国高等学校第十三届物理演示实验教学仪器展示	自然中心
21					储继迅	北京科技大学第十届青年教师教学基本功比赛	数理学院
22					曹丽梅	北京科技大学第十届青年教师教学基本功比赛	数理学院
23				一等奖	钟日晨	北京科技大学第十届青年教师教学基本功比赛	土资学院
24					赵　晶	北京科技大学第十届青年教师教学基本功比赛	外国语学院
25					胡　玲	北京科技大学第十届青年教师教学基本功比赛	经管学院
26			校级		秦吉红	北京科技大学第十届青年教师教学基本功比赛	数理学院
27					刘白羽	北京科技大学第十届青年教师教学基本功比赛	数理学院
28				二等奖	郑　蕾	北京科技大学第十届青年教师教学基本功比赛	能环学院
29					曹　晖	北京科技大学第十届青年教师教学基本功比赛	学院材料
30					张朝磊	北京科技大学第十届青年教师教学基本功比赛	材料学院
31					孙长艳	北京科技大学第十届青年教师教学基本功比赛	化生学院

续表

序号	奖励类别	项目类别	级别	等级	获奖人	项目名称（获奖项数）	单位
32	教学质量奖	教学比赛	校级	二等奖	杨光辉	北京科技大学第十届青年教师教学基本功比赛	机械学院
33					邹妍洵	北京科技大学第十届青年教师教学基本功比赛	外国语学院
34					刘学娟	北京科技大学第十届青年教师教学基本功比赛	经管学院
35					毕　丞	北京科技大学第十届青年教师教学基本功比赛	马院学院
36				三等奖	王　辉	北京科技大学第十届青年教师教学基本功比赛	土资学院
37					周　娴	北京科技大学第十届青年教师教学基本功比赛	计通学院
38					宣劲松	北京科技大学第十届青年教师教学基本功比赛	化生学院
39					李洪波	北京科技大学第十届青年教师教学基本功比赛	机械学院
40					郑莉芳	北京科技大学第十届青年教师教学基本功比赛	机械学院
41					李　莉	北京科技大学第十届青年教师教学基本功比赛	计通学院
42					张欣茹	北京科技大学第十届青年教师教学基本功比赛	能环学院
43					刘征建	北京科技大学第十届青年教师教学基本功比赛	冶金学院
44					赵怡晴	北京科技大学第十届青年教师教学基本功比赛	土资学院
45					冯　春	北京科技大学第十届青年教师教学基本功比赛	材料学院
46					刘荣君	北京科技大学第十届青年教师教学基本功比赛	外国语学院
47					黄文婧	北京科技大学第十届青年教师教学基本功比赛	天津学院
48					李文红	北京科技大学第十届青年教师教学基本功比赛	天津学院
49					杜　娟	北京科技大学第十届青年教师教学基本功比赛	外国语学院
50					魏志萍	北京科技大学第十届青年教师教学基本功比赛	外国语学院
51		教学名师奖	省部级		孙　莹	第十三届北京市高等学校教学名师奖	经管学院
52					张朝晖	第十三届北京市高等学校教学名师奖	自动化学院
53					冯妍卉	首届北京市高等学校青年教学名师奖	能环学院
54					覃京燕	首届北京市高等学校青年教学名师奖	机械学院
55			校级		张英华	第三届北京科技大学教学名师奖	土资学院
56					陈章华	第三届北京科技大学教学名师奖	数理学院
57					范慧俐	第三届北京科技大学教学名师奖	化生学院
58					姚　琳	第三届北京科技大学教学名师奖	计通学院
59					臧鸿雁	第三届北京科技大学教学名师奖	数理学院
60	教材奖	教材出版	校级		高玉坤、张英华	安全工程实验指导书	土资学院
61					吴延鹏	建筑环境学	土资学院
62					吴延鹏	制冷与热泵技术	土资学院
63					康永林、韩静涛等	固态成形原理与控制	材料学院
64					宋仁伯	材料成型工艺设计实例教程	材料学院

续表

序号	奖励类别	项目类别	级别	等级	获奖人	项目名称（获奖项数）	单位
65	教材奖	教材出版	校级		刘国勇	流体仿真与应用	机械学院
66					曹建国等	薄板胚连铸连轧工艺与设备	机械学院
67					陈　平　万　静	机械工程制图基础习题集（第 3 版）	机械学院
68					樊百林　李晓武　李大龙 许　倩　杨光辉　陈　华	现代工程设计制图实践教程上册	机械学院
69					李　威　边新孝　俞必强	机械设计	机械学院
70					周北海等	环境学导论	能环学院
71					陈月芳　林　海　毕　琳	环境工程专业实习实践指导书	能环学院
72					李　擎　阎　群	单片机系统实践教程	自动化学院
73					董　洁　刘　丽	微机原理及接口技术习题与实验指导	自动化学院
74					宁焕生　朱　涛	广义网络空间	计通学院
75					王丽娜	卫星通信导论（英文版）	计通学院
76					马忠贵　李新宇　王丽娜	现代交换原理与技术	计通学院
77					汪红兵	多媒体技术基础及应用	计通学院
78					陈章华	材料力学	数理学院
79					赵鲁涛　张志刚	数据库原理及应用	数理学院
80					侯书会　姚兆明	信息安全与密码学基础（英文版）	数理学院
81					臧鸿雁　李国东　范修斌	信息理论基础	数理学院
82					臧丽坤　车　平　闫红亮 李新学　边永忠	普通化学实验	化生学院
83					张晓冬　李英姿	管理系统工程	经管学院
84					张曾莲	风险评估方法	经管学院
85					刘志伟等	国际投资学	经管学院
86					马风才	运营管理（第 4 版）	经管学院
87					宋　琳	科学社会学	马克思学院
88					庄凤英	日语专业毕业论文写作指导	外语学院
89					杨　子	英语泛读与分析性阅读	外语学院
90	教育教学研究论文奖	教育教学研究论文奖	校级		杨　平	工科院校专业基础课全英文教学示范课程建设的探索	材料学院
91					阎　群　李　擎　崔家瑞 韩守梅　王常策	基于翻转课堂的电工技术实验教学研究	自动化/自然科学基础实验中心
92					王　玲　彭开香　李　擎	基于工程教育认证的嵌入式系统及应用课程的改革与实践	自动化学院
93					李　擎　崔家瑞　杨　旭 阎　群　冯　涛	面向解决复杂工程问题的自动化专业实践能力培养体系研究	自动化学院

续表

序号	奖励类别	项目类别	级别	等级	获奖人	项目名称（获奖项数）	单位
94	教育教学研究论文奖	教育教学研究论文奖	校级		王国霞	实践教学中应用口袋教学的研究与实践	自动化学院
95					李　擎　崔家瑞　王丽君　杨　旭　栗　辉	面向工程教育专业认证的自动化专业课程地图设计	自动化学院
96					谢永红　杨炳儒　张德政　阿孜古丽·吾拉木	认知结构教学论在理工科基础课程教材改革中的探索	计通学院
97					邱　宏　赵雪丹　于明鹏　吴　平	基于研究型教学开展拔尖人才培养的实践探索	数理学院
98					陈飞武　顾　聪　钱维兰　李旭琴	非理想气体的逸度因子和非理想溶液的活度系数	化生学院
99					臧丽坤　邓宇轩　邓晓惠　闫红亮　车　平　李新学	化学与社会文理渗透型课程建设的实践与思考	化生学院
100					车　平　李新学　闫红亮　李文军	化学与社会课程授课方式探讨	化生学院
101					庄　媛　刘杰民　姚　喆	化学实验与科研方法课程教学模式探讨	自然科学基础实验中心/化生
102					李晓静　张　敏　王俊鑫	高校教育基金会筹资与投资模式的创新设计	经管学院
103					曲绍卫　纪效珲　乔海滔	高校捐款长效化发展与运作机制研究	教育经济与管理研究所
104					王霁霞　张　颖	目标导向的类型化研究生培养模式改革研究——基于近十年读研目的调查的数据分析	文法学院/党委研工部/研究生院
105					彭庆红　李　洁	思想政治工作是中国特色社会主义高校的生命线	马克思学院
106					李艳艳	深刻把握高校思想政治工作的时、势、事	马克思学院
107					李晓光	加强马克思主义经典著作研究 推进思想政治教育学科建设	马克思学院
108					钱娅艳　张　君	不同运动参与视角下大学生情商差异研究	体育部学院
109					王小宁　李欣欣　刘　立	基于资源的卓越工程师协同教育机制研究与实践——以北京科技大学为例	高工学院
110					王小宁　陈建帮　刘　娜	基于资源依赖理论的“卓越计划”校企联合培养探索	高工学院
111					武贵龙	培养高校青年马克思主义者应下足“四真”功夫	校办
112	优秀指导教师奖	青年教师基本功比赛指导教师	省部级	一等奖	范玉妹　张志刚　王　萍　徐　尔	北京高校第十届青年教师教学基本功比赛优秀指导老师奖（理工类A组）	数理学院
113				一等奖	张　怡　曹红辉	北京高校第十届青年教师教学基本功比赛优秀指导老师奖（文史类A组）	外国语学院
114				二等奖	谢玉玲	北京高校第十届青年教师教学基本功比赛优秀指导老师奖（理工类A组）	土资学院
115				三等奖	彭庆红　赵静	北京高校第十届青年教师教学基本功比赛优秀指导老师奖（文史类A组）	马克思学院
116					左　鹏　刘丽敏	北京高校第十届青年教师教学基本功比赛优秀指导老师奖（文史类A组）	马克思学院

（袁建美、李　虹、王晓晓）

2017年北京科技大学各学科竞赛获奖

序号	项目	奖项级别	奖项	获奖人数	获奖者	指导教师
1	2017年第十二届全国大学生智能汽车竞赛全国总决赛	国家级	一等奖	14	刘璐瑶　李卫文　马啸宇	马　飞　刘　立
		国家级	一等奖		徐华晟　杨光华　张天乐　梁　敏	张文明　杨　珏
		国家级	一等奖		吉银生　秦博涵　刘子涵	黄夏旭　杨　珏
		国家级	一等奖		沈国瑞　冉小川　康远一　陈礼扬	杨　珏　王　宏
		国家级	二等奖	5	刘轶凡　乔腾飞　吕能斌　何永先　张世学	赵立峰　黄夏旭
2	2017年第十二届全国大学生智能汽车竞赛华北赛	省部级	一等奖	17	刘璐瑶　马啸宇　边　远	马　飞　刘　立
		省部级	一等奖		朱世铭　康远一　沈国瑞　卢仕杰	杨　珏　王　宏
		省部级	一等奖		孟祥焱　白景虎　王宇康	杨　珏　康翌婷
		省部级	一等奖		吴通通　杨光华　高文斌　梁　敏	杨　珏　张文明
		省部级	一等奖		汪　晗　秦博涵　刘子涵	黄夏旭　杨珏
		省部级	二等奖	3	汪　涛　艾平华　蔡肖建	赵立峰　杨　珏
3	第十届全国大学生节能减排社会实践与科技竞赛	国家级	一等奖	21	孟甜甜　朱庆春　谢智峰　黄潇辉　胡城豪　史珍娅　向昱蓉	夏德宏
		国家级	一等奖		马欣欣　周　继　夏菲洋　汪　鑫　陈奕君　李明亮　马登元	高　明　吴川福
		国家级	一等奖		王芳霞　张秉昕　黄丹泽　田晨昕　吴雨佳　张　磊　赵　哲	吴川福　汪群慧
		国家级	二等奖	7	林　晓　陈俊斌　陈溯敏　刘家岑　滕依达　曾　彪　宋高明	姜泽毅
		国家级	三等奖	39	徐元晟　王　健　李　真　张志鹏　朱莉杰	汪群慧
		国家级	三等奖		岳　慧　胡莉飞　李秋昊　李　青　曾伟杰　潘　倩　李慧文	豆瑞锋
		国家级	三等奖		黄雅慧　曹腾心　王雨晴　于　露　王皓晴　姚轶溥　柴宇珂	林　海　董颖博
		国家级	三等奖		马胜鹏　王兆轩　张梦渊　郭祖旭　黄雨佳　姜　丽　王佳雪	陈新华　杨锐杰
		国家级	三等奖		赵依凡　王冠雄　吕锦铭　杨维繁　白泽琛　王　雪	杨光辉
		国家级	三等奖		魏俊杭　马冬宁　于卓艺　张天乐　张梦竹　杨佳伟　曹明星	闫晓强　王晓慧
4	2017年全国大学生数学建模竞赛	国家级	一等奖	9	胡浚灏　王远航　王诚鹏	胡志兴　司新辉　李为东　何庆辉　徐　岩　吕国才　朱　婧
		国家级	一等奖		谭雄恺　蒋英杰　任　涛	
		国家级	一等奖		闫　旭　吴晨瑶　樊梦涵	
		国家级	二等奖		高荣升　张旭丹　田　雨	
		国家级	二等奖		丛雨洁　卢义然　余小月	
		国家级	二等奖		吕瑞杰　尚锦奇　张敬涛	

续表

序号	项目	奖项级别	奖项	获奖人数	获奖者	指导教师
5	2017年全国大学生数学建模竞赛（北京赛区）	省部级	一等奖	39	韩承臻　张国栋　吕韵律	胡志兴　司新辉　李为东　何庆辉　徐　岩　吕国才　朱　婧
		省部级	一等奖		王若茜　鲁智德　吕翔宇	
		省部级	一等奖		李邓宇卉　程　翔　肖勇贵	
		省部级	一等奖		巴光明　胡华清　严如岩	
		省部级	一等奖		金　睿　杨江飞　肖九宏	
		省部级	一等奖		丁韩旭　王晟典　郝　昕	
		省部级	一等奖		孙宏利　郝琳霰　曲常鸣	
		省部级	一等奖		邢哲宁　任帅阳　张曼曼	
		省部级	一等奖		王一博　管　磊　李晓东	
		省部级	一等奖		李雨萌　郑雪琪　陈薪钢	
		省部级	一等奖		张思贤　杨子豪　洪海艺	
		省部级	一等奖		张志鹏　曹　敏　白亚莉	
		省部级	一等奖		吴柏华　陈启白　周佳城	
		省部级	二等奖	45	彭　翀　宋文涛　温世居	
		省部级	二等奖		高玉立　张姣姣　张洁琼	
		省部级	二等奖		杨亮丽　邵一帆　李超慧	
		省部级	二等奖		魏　凯　李加桉　蒋章程	
		省部级	二等奖		陆　阳　唐誉源　杨博铭	
		省部级	二等奖		亓宗帅　马嘉遥　刘建泽	
		省部级	二等奖		刘逸群　毛梁泽　王　雪	
		省部级	二等奖		杨月萌　耿　欣　孙　磊	
		省部级	二等奖		朱　欢　董慧珠　陈华炎	
		省部级	二等奖		刘启瑞　欧阳衡　武健宇	
		省部级	二等奖		辛照洲　姜　仪　秦乐垚	
		省部级	二等奖		姚凯俊　陈瑀柔　成儒婷	
		省部级	二等奖		李彦星　杨浩宇　陈泽权	
		省部级	二等奖		裴权炳　徐艺玮　陈　鹏	
		省部级	二等奖		周家士　贾梦蕾　刘彧聪	
6	第八届全国大学生数学竞赛	国家级	一等奖	2	鲁智德	胡志兴　司新辉
		国家级	一等奖		巴光明	
		国家级	二等奖	1	田鑫源	

续表

序号	项目	奖项级别	奖项	获奖人数	获奖者	指导教师
6	第八届全国大学生数学竞赛	国家级	三等奖	4	张德鑫	胡志兴　司新辉
		国家级	三等奖		朱荣培	
		国家级	三等奖		王礼伟	
		国家级	三等奖		詹芳媛	
7	2017 年第九届全国大学生数学竞赛初赛	省部级	一等奖	24	刘陈波	胡志兴　司新辉
		省部级	一等奖		郝　赫	
		省部级	一等奖		吉天成	
		省部级	一等奖		张　明	
		省部级	一等奖		郑德志	
		省部级	一等奖		戴潮虎	
		省部级	一等奖		周荣欣	
		省部级	一等奖		涂思佳	
		省部级	一等奖		陈　磊	
		省部级	一等奖		刘俊成	
		省部级	一等奖		吴柏华	
		省部级	一等奖		李世博	
		省部级	一等奖		桑　田	
		省部级	一等奖		吕韵律	
		省部级	一等奖		徐凯悦	
		省部级	一等奖		关舒月	
		省部级	一等奖		田　雨	
		省部级	一等奖		姜皖清	
		省部级	一等奖		彭　翀	
		省部级	一等奖		曹天岳	
		省部级	一等奖		李臻贞	
		省部级	一等奖		程　偲	
		省部级	一等奖		高冬新	
		省部级	一等奖		田鑫源	
		省部级	二等奖	33	赵家鑫	
		省部级	二等奖		汪子杰	
		省部级	二等奖		胡治平	
		省部级	二等奖		刘宇涵	
		省部级	二等奖		王　琦	

续表

序号	项目	奖项级别	奖项	获奖人数	获奖者	指导教师
7	2017年第九届全国大学生数学竞赛初赛	省部级	二等奖	33	邹茜茜	胡志兴　司新辉
		省部级	二等奖		孙阳天	
		省部级	二等奖		左家玉	
		省部级	二等奖		周　锋	
		省部级	二等奖		杨进星	
		省部级	二等奖		罗子俊	
		省部级	二等奖		刘子辉	
		省部级	二等奖		唐昊天	
		省部级	二等奖		连　杰	
		省部级	二等奖		李霁霖	
		省部级	二等奖		文江驰	
		省部级	二等奖		朱俊澎	
		省部级	二等奖		宋人杰	
		省部级	二等奖		周天平	
		省部级	二等奖		扈学超	
		省部级	二等奖		孙伊然	
		省部级	二等奖		张　彪	
		省部级	二等奖		赵　鼎	
		省部级	二等奖		李　超	
		省部级	二等奖		于文浩	
		省部级	二等奖		张煜旻	
		省部级	二等奖		杨子豪	
		省部级	二等奖		罗　妍	
		省部级	二等奖		柳东森	
		省部级	二等奖		党　昊	
		省部级	二等奖		刘思阳	
		省部级	二等奖		谢永节	
		省部级	二等奖		胡　野	
		省部级	三等奖	50	林晓晨	
		省部级	三等奖		王鑫雨	
		省部级	三等奖		黄　腾	
		省部级	三等奖		罗进威	

续表

序号	项目	奖项级别	奖项	获奖人数	获奖者	指导教师
7	2017年第九届全国大学生数学竞赛初赛	省部级	三等奖	50	刘文文	胡志兴　司新辉
		省部级	三等奖		吴时宇	
		省部级	三等奖		尚子昂	
		省部级	三等奖		刘昕岳	
		省部级	三等奖		庞思敏	
		省部级	三等奖		樊昌法	
		省部级	三等奖		林正自	
		省部级	三等奖		赵　航	
		省部级	三等奖		郑阳阳	
		省部级	三等奖		严如岩	
		省部级	三等奖		陈　前	
		省部级	三等奖		孙文宇	
		省部级	三等奖		吴康康	
		省部级	三等奖		赵子文	
		省部级	三等奖		赵　帅	
		省部级	三等奖		王金琳	
		省部级	三等奖		陈婷婷	
		省部级	三等奖		田晨昕	
		省部级	三等奖		吴国铭	
		省部级	三等奖		赖薪宇	
		省部级	三等奖		俞智健	
		省部级	三等奖		梁科委	
		省部级	三等奖		崔　杰	
		省部级	三等奖		庞逸晨	
		省部级	三等奖		刘　宇	
		省部级	三等奖		刘伊迪	
		省部级	三等奖		李元和	
		省部级	三等奖		高　颍	
		省部级	三等奖		上官丽	
		省部级	三等奖		邹勇刚	
		省部级	三等奖		张国栋	
		省部级	三等奖		王　玮	

续表

序号	项目	奖项级别	奖项	获奖人数	获奖者	指导教师
7	2017年第九届全国大学生数学竞赛初赛	省部级	三等奖	50	马祎炜	胡志兴　司新辉
		省部级	三等奖		谭文萱	
		省部级	三等奖		高博航	
		省部级	三等奖		张奕林	
		省部级	三等奖		张思贤	
		省部级	三等奖		朱依欣	
		省部级	三等奖		任旭倩	
		省部级	三等奖		韩　冰	
		省部级	三等奖		李　渊	
		省部级	三等奖		郑志益	
		省部级	三等奖		刘泽曦	
		省部级	三等奖		马展泽	
		省部级	三等奖		陈若琳	
		省部级	三等奖		骆瀚舟	
8	第十届“高教杯”全国大学生先进成图技术与产品信息建模创新大赛	国家级	一等奖	7	凌　晨	杨光辉　许　倩　陈　华
		国家级	一等奖		李子涵	
		国家级	一等奖		许仕杰	
		国家级	一等奖		周昭丞	
		国家级	一等奖		江　敏	
		国家级	一等奖		刘建泽	
		国家级	一等奖		王鲸量	
		国家级	二等奖	4	江　敏	
		国家级	二等奖		刘建泽	
		国家级	二等奖		王鲸量	
		国家级	二等奖		章家豪	
9	2017年第七届“华为杯”中国大学生智能设计竞赛	国家级	二等奖	9	胡鹏飞　温　鑫　卫玲蔚	冯　涛
		国家级	二等奖		杨方健　艾平华　孟祥焱	王粉花
		国家级	二等奖		胡城豪　刘潇潇　杨益民	肖文栋
		国家级	三等奖	6	种　领　吴积浩　陆　顺	李　擎
		国家级	三等奖		王健丞　马想梅　孙鹏健	王粉花

续表

序号	项目	奖项级别	奖项	获奖人数	获奖者	指导教师
10	2017年“西门子杯”中国智能制造挑战赛全国总决赛	国家级	特等奖	3	王贤龙　张广铭　荣梦琪	李江昀　徐银梅
		国家级	一等奖	9	种　领　汤璧钧　陆　顺	李　擎　徐银梅
		国家级	一等奖		王浩丞　胡鑫裕　刘上平	王　玲
		国家级	一等奖		胡智宇　陈　粤　袁　冬	董冀媛
		国家级	二等奖	3	张钦戬　胡城豪　曲　晨	王　玲
		国家级	三等奖	6	师博雅　曾晓玲　孙鹏健	王　玲　董冀媛
		国家级	三等奖		党铭溪　李佳澍　洪海艺	阎　群
11	2017年“西门子杯”中国智能制造挑战赛初赛	省部级	特等奖	6	师博雅　曾晓玲　孙鹏健	王　玲　董冀媛
		省部级	特等奖		党铭溪　李佳澍　洪海艺	阎　群
		省部级	一等奖	17	王贤龙　张广铭　荣梦琪	李江昀　徐银梅
		省部级	一等奖		种　领　汤璧钧　陆　顺	李　擎　徐银梅
		省部级	一等奖		王浩丞　胡鑫裕　刘上平	王　玲
		省部级	一等奖		张钦戬　胡城豪　曲　晨	王　玲
		省部级	一等奖		张菏阳　刘向明	王　玲
		省部级	一等奖		胡智宇　陈　粤　袁　冬	董冀媛
		省部级	二等奖	41	胡鹏飞　曹盛浩　彭治中	阎　群
		省部级	二等奖		毛亚丽　韩明慧　张世龙	阎　群
		省部级	二等奖		张树禹　李　红	徐银梅　高　海
		省部级	二等奖		徐立明	王　玲
		省部级	二等奖		闫　萌　邱俊彦　魏俊杭	王　玲
		省部级	二等奖		郭雅军　杜金雪　张冰雪	王　玲
		省部级	二等奖		杨朋昕　全　威　孙自浩	王　玲
		省部级	二等奖		高　宇　周倩玉　刘　阳	董冀媛
		省部级	二等奖		魏嘉宁　何鹏州　刘　磊	李　擎
		省部级	二等奖		马想梅　王健丞　杨　阳	李　擎
		省部级	二等奖		李国科　余　旭　张浩博	董冀媛
		省部级	二等奖		杜家昊　吴积浩　那中丽	董冀媛
		省部级	二等奖		刘子健　冯佳森　成汉林	董冀媛
		省部级	二等奖		宋宝栋　杨　越	崔家瑞
		省部级	二等奖		徐可钦　马崇天　王　鹏	邵立珍
		省部级	三等奖	6	丁韩旭　徐博文　解靖怡	崔家瑞
		省部级	三等奖		赵鹏菲　刘治成　周宇杰	董冀媛

续表

序号	项目	奖项级别	奖项	获奖人数	获奖者	指导教师
12	第六届全国大学生金相技能大赛	国家级	一等奖	1	王　玥	黄　鹏　白嘉伟
		国家级	二等奖	1	王　欢	黄　鹏　白嘉伟
		国家级	三等奖	1	于　萍	黄　鹏　白嘉伟
13	2017年中国大学生计算机设计大赛	国家级	一等奖	12	王蕾祺　樊　婧　卢思含	万亚东　李　莉
		国家级	一等奖		雷玉婷　朱　炜　李　妍	屈　微　李新宇
		国家级	一等奖		赵吉彤　武健宇　邵瑞航	屈　微　武航星
		国家级	一等奖		李奥星　李晓翠　沈一佳	姚　琳　黄晓璐
		国家级	二等奖	22	刘　哲　刘彦君　树　钦	黄晓璐　李　莉
		国家级	二等奖		徐经纬　罗　星　吕韵律	姚　琳　张　敏
		国家级	二等奖		刘超见　张海森　王继隆	李新宇　汪红兵
		国家级	二等奖		王纪尧　苏　颖　李秋宏　张雨轩	李　莉　万亚东
		国家级	二等奖		陆家祺　宋　杰　任琳琳	屈　微　李新宇
		国家级	二等奖		黄　雯　蹇诗婕　宋子豪	屈　微　张　敏
		国家级	二等奖		王紫薇　刘冬雨　韩思怡	武航星　张　敏
		国家级	三等奖	17	杜一鹏　张永强　吕照华	武航星　张　敏
		国家级	三等奖		高雅琦　张志鹏　王　健	汪红兵　黄晓璐
		国家级	三等奖		张　航　丁晔澎　颜博文	何　杰　万亚东
		国家级	三等奖		杜飞龙　李　佳　金　慧　罗裕全　李潇睿	李新宇　武航星
		国家级	三等奖		高文静　董　然　马芸芸	万亚东　张　敏
14	2017年中国大学生计算机设计大赛（北京市赛）	省部级	一等奖	20	徐经纬　罗　星　陈若雨	姚　琳　张　敏
		省部级	一等奖		刘超见　张海森　王继隆	李新宇　汪红兵
		省部级	一等奖		王蕾祺　樊　婧　卢思含	万亚东　李　莉
		省部级	一等奖		李奥星　李晓翠　沈一佳	姚　琳　黄晓璐
		省部级	一等奖		张　航　丁晔澎　颜博文	何　杰　万亚东
		省部级	一等奖		高文静　董　然　马芸芸	万亚东　张　敏
		省部级	一等奖		赵吉彤　武健宇	屈　微　武航星
		省部级	二等奖	21	杜一鹏　张永强　吕照华	武航星　张　敏
		省部级	二等奖		刘　哲　刘彦君　李淑萍	黄晓璐　李　莉
		省部级	二等奖		高雅琦　张志鹏　王　健	汪红兵　黄晓璐
		省部级	二等奖		雷玉婷　朱　炜　李　妍	屈　微　李新宇
		省部级	二等奖		陆家祺　马　瑄　宋　杰	屈　微　李新宇
		省部级	二等奖		黄　雯　蹇诗婕　宋子豪	屈　微　张　敏
		省部级	二等奖		王紫薇　刘冬雨　韩思怡	武航星　张　敏

续表

序号	项目	奖项级别	奖项	获奖人数	获奖者	指导教师
14	2017年中国大学生计算机设计大赛（北京市赛）	省部级	三等奖	37	黄国强　牛　康　彭宝莉	姚　琳　武航星
		省部级	三等奖		管鹏鑫　卫玲蔚　陈丹妮	屈　微　李　莉
		省部级	三等奖		罗雅文　张霄霄　贾毅栋	万亚东　姚　琳
		省部级	三等奖		路青霖　蔡　迪　梅若恒	万亚东　黄晓璐
		省部级	三等奖		乐缙蔚　汤　婷　胡　娟	张　敏　李新宇
		省部级	三等奖		刘　婷　张晨露　庞　诺	屈　微　姚　琳
		省部级	三等奖		白泽琛　王宸昊　胡秀军	姚　琳　李新宇
		省部级	三等奖		刘孟寅　高亦非　李辰纬	张　敏　万亚东
		省部级	三等奖		郑雪琪　李雨萌	万亚东　张　敏
		省部级	三等奖		辛照洲　惠　峥	汪红兵　屈　微
		省部级	三等奖		张　超　张晨润　刘嘉琪	苏　亚
		省部级	三等奖		智　怡　陈焕明　王　琳	姚　琳　汪红兵
		省部级	三等奖		朱　贺　王　颖　邢　旺	李　莉　武航星
15	2017年"蓝桥杯"全国软件和信息技术专业人才大赛——软件创业团队赛	国家级	三等奖	3	马嘉威　黄　辉　徐薇怡	姚　琳　屈　微
16	2017年"蓝桥杯"全国软件和信息技术专业人才大赛——软件创业团队赛（北京赛区）	省部级	一等奖	3	马嘉威　黄　辉　徐薇怡	姚　琳　屈　微
		省部级	二等奖	12	黄　雯　徐博文　赵　景	黄晓璐　屈　微　万亚东
		省部级	二等奖		赵吉彤　武健宇　陈思懿	汪红兵　武航星　李　莉
		省部级	二等奖		丁晔澎　王　义　段鑫磊	赵鲁涛　张鹏飞　姚　琳
		省部级	二等奖		杜一鹏　高文静　吕照华	武航星　张　敏　万亚东
		省部级	三等奖	3	刘　婷　庞　诺　张晨露	黄晓璐　李　莉　姚　琳
17	2017年"蓝桥杯"全国软件和信息技术专业人才大赛——个人赛	国家级	一等奖	2	孙梦瑶	屈　微
		国家级	一等奖		李志远	黄晓璐
		国家级	二等奖	3	殷斌一	黄晓璐
		国家级	二等奖		陶立强	张　敏
		国家级	二等奖		陈笑天	万亚东
		国家级	三等奖	2	刘正宇	姚　琳
		国家级	三等奖		周其飞	姚　琳
18	2017年"蓝桥杯"全国软件和信息技术专业人才大赛——个人赛（北京赛区）	省部级	一等奖	7	殷斌一	黄晓璐
		省部级	一等奖		孙梦瑶	屈　微
		省部级	一等奖		陶立强	张　敏
		省部级	一等奖		周其飞	姚　琳

续表

序号	项目	奖项级别	奖项	获奖人数	获奖者	指导教师
18	2017年“蓝桥杯”全国软件和信息技术专业人才大赛——个人赛（北京赛区）	省部级	一等奖	7	李志远	黄晓璐
		省部级	一等奖		陈笑天	万亚东
		省部级	一等奖		刘正宇	姚　琳
		省部级	二等奖	20	李宏扬	屈　微
		省部级	二等奖		徐经纬	李　莉
		省部级	二等奖		周宇杰	万亚东
		省部级	二等奖		张　硕	李新宇
		省部级	二等奖		吴贺然	李　莉
		省部级	二等奖		颜博文	万亚东
		省部级	二等奖		卢义然	姚　琳
		省部级	二等奖		卢乐然	汪红兵
		省部级	二等奖		杨博铭	张　敏
		省部级	二等奖		邓昭楚	黄晓璐
		省部级	二等奖		王泽铭	李新宇
		省部级	二等奖		李　超	黄晓璐
		省部级	二等奖		张清瑜	张　敏
		省部级	二等奖		王继隆	汪红兵
		省部级	二等奖		张奕林	李新宇
		省部级	二等奖		邢其正	李　莉
		省部级	二等奖		谭铭炜	李　莉
		省部级	二等奖		庞　诺	汪红兵
		省部级	二等奖		房啓钧	李新宇
		省部级	二等奖		边　畅	黄晓璐
		省部级	三等奖	12	陈昭文	张　敏
		省部级	三等奖		胡　娟	万亚东
		省部级	三等奖		胡金龙	武航星
		省部级	三等奖		付炳豪	汪红兵
		省部级	三等奖		张志鹏	黄晓璐
		省部级	三等奖		吕瑞杰	武航星
		省部级	三等奖		陈华炎	屈　微
		省部级	三等奖		彭景奇	黄晓璐
		省部级	三等奖		吴雨凡	张　敏
		省部级	三等奖		薄紫彤	姚　琳

续表

序号	项目	奖项级别	奖项	获奖人数	获奖者	指导教师
18	2017 年“蓝桥杯”全国软件和信息技术专业人才大赛——个人赛（北京赛区）	省部级	三等奖	12	刘英达	张　敏
		省部级	三等奖		苗天昊	屈　微
19	2017 年全国大学生英语竞赛	国家级	一等奖	9	罗裕子	大学英语指导团队
		国家级	一等奖		吴闻宇	
		国家级	一等奖		王泽荟	
		国家级	一等奖		郭宏轩	
		国家级	一等奖		高天翔	
		国家级	一等奖		李霖婷	
		国家级	一等奖		王汝昕	
		国家级	一等奖		陈　航	
		国家级	一等奖		孟　鑫	
		国家级	二等奖	58	胡亚昕	
		国家级	二等奖		王海冉	
		国家级	二等奖		刘　洋	
		国家级	二等奖		黄心眉	
		国家级	二等奖		马冬宁	
		国家级	二等奖		方诚彦	
		国家级	二等奖		杜松墨	
		国家级	二等奖		丁家熙	
		国家级	二等奖		桑　潇	
		国家级	二等奖		张天妍	
		国家级	二等奖		杨子萱	
		国家级	二等奖		陈　曦	
		国家级	二等奖		赵笑天	
		国家级	二等奖		罗　妍	
		国家级	二等奖		赵子健	
		国家级	二等奖		孙嘉言	
		国家级	二等奖		张万里	
		国家级	二等奖		刘一青	
		国家级	二等奖		林春明	
		国家级	二等奖		武欣桐	
		国家级	二等奖		吉天成	

续表

序号	项目	奖项级别	奖项	获奖人数	获奖者	指导教师
19	2017年全国大学生英语竞赛	国家级	二等奖	58	陈嘉俊	大学英语指导团队
		国家级	二等奖		刘家岑	
		国家级	二等奖		孙如玥	
		国家级	二等奖		马嘉欣	
		国家级	二等奖		张志恒	
		国家级	二等奖		汪子杰	
		国家级	二等奖		谢　聪	
		国家级	二等奖		夏博明	
		国家级	二等奖		韩　旭	
		国家级	二等奖		李　娜	
		国家级	二等奖		刘哲希	
		国家级	二等奖		任秋飒	
		国家级	二等奖		吕　晨	
		国家级	二等奖		黄奕翔	
		国家级	二等奖		张昕予	
		国家级	二等奖		陈彦汝	
		国家级	二等奖		翟　昊	
		国家级	二等奖		周　雷	
		国家级	二等奖		郭倩云	
		国家级	二等奖		赵崇深	
		国家级	二等奖		吴孟德	
		国家级	二等奖		丁云培	
		国家级	二等奖		王　华	
		国家级	二等奖		王正宇	
		国家级	二等奖		包冠科	
		国家级	二等奖		单钦锋	
		国家级	二等奖		杨　帆	
		国家级	二等奖		刘念慈	
		国家级	二等奖		游云娇	
		国家级	二等奖		马琳葆	
		国家级	二等奖		刘思佳	
		国家级	二等奖		李梦雨	

续表

序号	项目	奖项级别	奖项	获奖人数	获奖者	指导教师
19	2017年全国大学生英语竞赛	国家级	二等奖	58	王雨昂	大学英语指导团队
		国家级	二等奖		刘孟寅	
		国家级	二等奖		陈禹嘉	
		国家级	二等奖		薛　梅	
		国家级	二等奖		沈锦璐	
		国家级	三等奖	93	杨淼杰	
		国家级	三等奖		宋子瑶	
		国家级	三等奖		刘宇涵	
		国家级	三等奖		王子月	
		国家级	三等奖		周　继	
		国家级	三等奖		魏贵宾	
		国家级	三等奖		刘一凡	
		国家级	三等奖		强兴邦	
		国家级	三等奖		宋心玥	
		国家级	三等奖		杨　越	
		国家级	三等奖		潘孝勤	
		国家级	三等奖		闫　语	
		国家级	三等奖		孙乃威	
		国家级	三等奖		左丹琳	
		国家级	三等奖		宁云潇	
		国家级	三等奖		曾圣锋	
		国家级	三等奖		陆子怡	
		国家级	三等奖		孙文睿	
		国家级	三等奖		孟　珣	
		国家级	三等奖		顾　松	
		国家级	三等奖		李鑫杰	
		国家级	三等奖		曾钰凌	
		国家级	三等奖		严秋斯	
		国家级	三等奖		王　鼎	
		国家级	三等奖		许岸松	
		国家级	三等奖		邓雨珂	
		国家级	三等奖		孙　优	

续表

序号	项目	奖项级别	奖项	获奖人数	获奖者	指导教师
19	2017 年全国大学生英语竞赛	国家级	三等奖	93	张维原	大学英语指导团队
		国家级	三等奖		谢瑜天	
		国家级	三等奖		杨心玥	
		国家级	三等奖		张　明	
		国家级	三等奖		代月阳	
		国家级	三等奖		姜皖清	
		国家级	三等奖		屠殿韬	
		国家级	三等奖		陈曼姝	
		国家级	三等奖		高　伟	
		国家级	三等奖		杨　沁	
		国家级	三等奖		梁佩超	
		国家级	三等奖		殷　梅	
		国家级	三等奖		王陆君瑜	
		国家级	三等奖		吴艳玲	
		国家级	三等奖		刘　誉	
		国家级	三等奖		朱　诚	
		国家级	三等奖		穆　童	
		国家级	三等奖		徐　越	
		国家级	三等奖		魏　凯	
		国家级	三等奖		陈　璇	
		国家级	三等奖		韩锦涛	
		国家级	三等奖		马戎君	
		国家级	三等奖		罗芊怡	
		国家级	三等奖		陈晓婷	
		国家级	三等奖		孟　寒	
		国家级	三等奖		王易东	
		国家级	三等奖		侯嘉颖	
		国家级	三等奖		林文杰	
		国家级	三等奖		杨子涵	
		国家级	三等奖		付　豪	
		国家级	三等奖		王盈丰	
		国家级	三等奖		张家铭	

续表

序号	项目	奖项级别	奖项	获奖人数	获奖者	指导教师
19	2017年全国大学生英语竞赛	国家级	三等奖	93	许伟志	大学英语指导团队
		国家级	三等奖		陈芊叶	
		国家级	三等奖		耿　欣	
		国家级	三等奖		王佳琪	
		国家级	三等奖		王可汗	
		国家级	三等奖		敖雪聪	
		国家级	三等奖		张云霞	
		国家级	三等奖		田晨昕	
		国家级	三等奖		邢泽溶	
		国家级	三等奖		胡逸贤	
		国家级	三等奖		杨玉洁	
		国家级	三等奖		黄　婕	
		国家级	三等奖		吴柏威	
		国家级	三等奖		杨　倢	
		国家级	三等奖		江倩瑶	
		国家级	三等奖		赵沁怡	
		国家级	三等奖		王宇飞	
		国家级	三等奖		刘祎樊	
		国家级	三等奖		王天放	
		国家级	三等奖		蒋源源	
		国家级	三等奖		陈瀚东	
		国家级	三等奖		王雅轩	
		国家级	三等奖		鞠艺伟	
		国家级	三等奖		王震楠	
		国家级	三等奖		杨宇曦	
		国家级	三等奖		范雪媛	
		国家级	三等奖		金　晟	
		国家级	三等奖		伍谋语	
		国家级	三等奖		李莎莎	
		国家级	三等奖		高　涵	
		国家级	三等奖		凌　睿	
		国家级	三等奖		王　钐	

续表

序号	项目	奖项级别	奖项	获奖人数	获奖者	指导教师
19	2017年全国大学生英语竞赛	国家级	三等奖	93	任奕树	大学英语指导团队
		国家级	三等奖		赵用雯	
20	第十一届全国大学生结构设计竞赛	国家级	三等奖	3	吴忠鑫　李金哲　张文飞	谭文辉　徐怀兵
21	第六届北京市大学生建筑结构设计竞赛	省部级	一等奖	18	宋志文　王　雄　汪　鑫　吴　元　张天鹤　曹明星	张举兵　刘彩平
		省部级	一等奖		陈杨明　牟　洁　贺　涛　李晨旭　管炎坤　何成园	谭文辉　刘彩平
		省部级	一等奖		吴忠鑫　李金哲　张文飞　周　蕾　范维莹　刘　旭	谭文辉
22	第三届全国安全科学与工程大学生实践与创新作品大赛	国家级	一等奖	10	蒋宜宸　梁国燕　张　乐　徐一菲　王　亮	刘　建　欧盛南
		国家级	一等奖		张曼曼　张安琪　赵路昊　付文辉　董士铭	刘　建　李钊源
		国家级	三等奖	6	盖晓萍　雷　涵　方承炀　陈泽权　郑子亮　徐　昊	刘　建
23	第二届全国大学生岩土工程竞赛	国家级	二等奖	3	汪　鑫　陈杨明　牟　洁	刘　洋　杨润林
24	第七届全国高等学校采矿工程专业学生实践作品大赛	国家级	一等奖	5	陈　萌　韦　彬　王奕文　曾　丽　蒋牧曦	周　喻
		国家级	二等奖	3	李　佳　薛　杰　韩树莹	吴顺川　周　喻
		国家级	三等奖	27	哈力马提·阿肯　黑学宏　彭　熠　毛　宁　侯　英	吴顺川　周　喻
		国家级	三等奖		李　康　邓立堪　张宏远　褚庆皓　王　宇	高永涛　周　喻
		国家级	三等奖		毕　成　迟嘉铭　李　浩　董春雨　刘振豪	金爱兵
		国家级	三等奖		吴　金　莫　伟　阳　超　张嘉祥　周娅祥	吕文生
		国家级	三等奖		刘嘉珺　宋　庆　乃再尔·阿布都卡哈尔　陈柯屹	宋卫东　付建新
		国家级	三等奖		万　昕　王紫薇　肖　疆	冯雅丽
25	第四十二届ACM-ICPC亚洲区域赛	国家级	一等奖	3	袁兆麟　张清瑜　简川杰	洪　源
		国家级	二等奖	9	徐经纬　李志远　陈笑天	洪　源
		国家级	二等奖		徐经纬　李志远　陈笑天	洪　源
		国家级	二等奖		袁兆麟　张清瑜　简川杰	洪　源
26	2017年第四届全国大学生物理实验竞赛	国家级	二等奖	2	翟鲲鹏　曲常鸣	陈　森　吴　平　张师平　赵雪丹
		国家级	三等奖	1	任帅阳	陈　森　吴　平　张师平　赵雪丹
27	2017年全国大学生信息安全竞赛	国家级	二等奖	4	王　晶　李宇鹏　卢仕杰　刘俊成	张德政

续表

序号	项目	奖项级别	奖项	获奖人数	获奖者	指导教师
28	2017 年国际大学生 iCAN 创新创业大赛	国家级	一等奖	10	闫云龙 于铭洋 丛雨洁 董诗泉 王帅杰	林 宇
		国家级	一等奖		储华珍 邢 旺 王 婧 董玲玉 张洁琼	林 宇
		国家级	二等奖	23	辛照洲 牛亚锋 张宇璇 齐文卿	李毅萍
		国家级	二等奖		姜梦祥 黄国强 陈保志 方 超	王志良
		国家级	二等奖		周宇杰 全 威 吴静宁 吴晨瑶 王俊通	肖文栋
		国家级	二等奖		郝 锐 柴宇珂 刘超见 刘 美 张 皓	白艳茹 万亚东
		国家级	二等奖		陈 辰 王健丞 谌能杰 吕锦铭 王豆强	李 擎
		国家级	三等奖	5	孙 伟 吕 凝 王 颖 王子奕 胡浚颢	崔家瑞
29	2017 年国际大学生 iCAN 创新创业大赛（北京赛区）	省部级	一等奖	24	辛照洲 牛亚锋 张宇璇 齐文卿	李毅萍
		省部级	一等奖		祖丽胡玛尔·居来提 杨浩宇 李晓倪 邵亚文 简川杰	于 泓
		省部级	一等奖		孙 伟 吕 凝 王 颖 王子奕 胡浚颢	崔家瑞
		省部级	一等奖		储华珍 邢 旺 王 婧 董玲玉 张洁琼	林 宇
		省部级	一等奖		郭梓敬 高 铭 吴钰博 杜飞龙 吕俊纬	白艳茹
		省部级	二等奖	29	姜梦祥 黄国强 陈保志 方 超	王志良
		省部级	二等奖		闫云龙 于铭洋 丛雨洁 董诗泉 王帅杰	林 宇
		省部级	二等奖		徐衍睿 马泽宇 石 琳 张 超 段子敬	乔 柱 于 泓
		省部级	二等奖		周宇杰 全 威 吴静宁 吴晨瑶 王俊通	肖文栋
		省部级	二等奖		张 皓 郝 锐 柴宇珂 刘超见 刘 美	白艳茹 万亚东
		省部级	二等奖		马想梅 王健丞 谌能杰 吕锦铭 王豆强	李 擎
		省部级	三等奖	58	王国勇 冯绍斌 罗 飞 郝琳霰 许晓丹	于 泓 乔 柱
		省部级	三等奖		鲁 晓 彭泽远 薛涵文 智靖华 王铁敬	林 宇
		省部级	三等奖		卫玲蔚 管鹏鑫 郝李子翼 张志鹏 刘语嫣	王志良
		省部级	三等奖		张 伟 李 庆 高 涵 黄世雪 王 柱	林 宇
		省部级	三等奖		张佳铂 许添翼 李潇睿 邓泽一 陈 岩	白艳茹 靳 京
		省部级	三等奖		陈禹嘉 宋林森 徐士钧 王蕾祺 马晓雅	王志良 肖若秀
		省部级	三等奖		甄启源 王继隆 王纪尧 方承炀	白艳茹
		省部级	三等奖		王高远 姜灵之 田士辉 惠 峥 代馨怡	林 宇
		省部级	三等奖		种 领 吴积浩 魏嘉宁 杜家昊 李俊慧	李 擎
		省部级	三等奖		刘 阳 景 听 周荣博 李 腾 戈洪岩	林 宇 邵晓亮
		省部级	三等奖		陈婧月 李卓珩 王汝意 孙 晔 庄祥宇	林 宇
		省部级	三等奖		陈 岩 雷 童 苏路瑛 白泽琛	邓立治 邓张升

续表

序号	项目	奖项级别	奖项	获奖人数	获奖者	指导教师
30	第十届全国高校德语专业大学生辩论赛	国家级	一等奖	2	陈　星　李婧瑄	德语专业中外教师团队
31	2017年北京市大学生物理实验竞赛	省部级	二等奖	4	马云飞　王　亮　魏　磊	孙明明　陈　森
		省部级	二等奖		安琳琳	陈　森　吴　平
		省部级	三等奖	14	尚锦奇　王彬泽　侯小琪	黄妙逢　吴　平
		省部级	三等奖		翟鲲鹏　陆　阳　李朝闻	陈　森　吴　平
		省部级	三等奖		谭志阳　孙宏利　刘文立	陈　森　孙明明
		省部级	三等奖		祁明群　于铭洋　吴　越	裴艺丽　张师平
		省部级	三等奖		亓东林　鲍祎楠	张师平　裴艺丽
32	2017年北京市大学生生物学知识竞赛（个人）	省部级	一等奖	10	孙天娇	宋　青　吕　乐　张　怀
		省部级	一等奖		黄　静	
		省部级	一等奖		刘　派	
		省部级	一等奖		郭彦南	
		省部级	一等奖		潘　倩	
		省部级	一等奖		齐宝华	
		省部级	一等奖		章艺轩	
		省部级	一等奖		黄凯辉	
		省部级	一等奖		王怡璇	
		省部级	一等奖		张云妍	
		省部级	二等奖	18	侯一尘	
		省部级	二等奖		陶治橘	
		省部级	二等奖		张　驰	
		省部级	二等奖		胡卓升	
		省部级	二等奖		潘文杰	
		省部级	二等奖		王　磊	
		省部级	二等奖		徐家博	
		省部级	二等奖		张　旭	
		省部级	二等奖		宋玉茜	
		省部级	二等奖		张舒媛	
		省部级	二等奖		张伟旗	
		省部级	二等奖		林埕宇	
		省部级	二等奖		苏路瑛	
		省部级	二等奖		王丽蓉	

续表

序号	项目	奖项级别	奖项	获奖人数	获奖者	指导教师
32	2017年北京市大学生生物学知识竞赛（个人）	省部级	二等奖	18	杨　鑫	宋青 吕乐 张怀
		省部级	二等奖		易可可	
		省部级	二等奖		曾伟杰	
		省部级	二等奖		张亚南	
		省部级	三等奖	17	窦新宇	
		省部级	三等奖		路进妍	
		省部级	三等奖		郭沁园	
		省部级	三等奖		汪星昊	
		省部级	三等奖		王愉茜	
		省部级	三等奖		徐岁平	
		省部级	三等奖		徐晓阳	
		省部级	三等奖		薛田天	
		省部级	三等奖		冯　凯	
		省部级	三等奖		施恩杰	
		省部级	三等奖		宋祥瑞	
		省部级	三等奖		曾广易	
		省部级	三等奖		钟金今	
		省部级	三等奖		迪丽达 · 柯德尔木拉	
		省部级	三等奖		郭书凝	
		省部级	三等奖		刘　婷	
		省部级	三等奖		王祎凡	
33	2017年北京市大学生生物学知识竞赛（团队）	省部级	二等奖	7	姚舜禹　丁　雪　桂子郁　罗　程　杨　光	
		省部级	二等奖		罗　程　曾广易	
		省部级	三等奖	4	章艺轩　郭书凝	
		省部级	三等奖		潘香兰　钟金今	
34	2017年北京市第二十八届大学生数学竞赛	省部级	一等奖	8	李艳茹	胡志兴　司新辉
		省部级	一等奖		韩　清	
		省部级	一等奖		周育良	
		省部级	一等奖		肖鑫宇	
		省部级	一等奖		杨淼杰	
		省部级	一等奖		李昌昊	
		省部级	一等奖		罗文娣	
		省部级	一等奖		王　璨	

续表

序号	项目	奖项级别	奖项	获奖人数	获奖者	指导教师
34	2017年北京市第二十八届大学生数学竞赛	省部级	二等奖	11	段伟娜	胡志兴　司新辉
		省部级	二等奖		霍玉雯	
		省部级	二等奖		祝佳慧	
		省部级	二等奖		李丹阳	
		省部级	二等奖		汪浦州	
		省部级	二等奖		赵相尧	
		省部级	二等奖		周孜烁	
		省部级	二等奖		宋　楷	
		省部级	二等奖		张少静	
		省部级	二等奖		李邓宇卉	
		省部级	二等奖		骆婧娴	
		省部级	三等奖	8	谢宗霖	
		省部级	三等奖		周[illegible]曼	
		省部级	三等奖		郭凯琦	
		省部级	三等奖		陈彦祺	
		省部级	三等奖		杨可心	
		省部级	三等奖		王瑜萱	
		省部级	三等奖		包凯君	
		省部级	三等奖		司云公	
35	第五届北京市物流设计大赛	省部级	一等奖	5	崔建杰　付卓睿　王　会　叶得力·吐尔逊江　王　煜	丁文英　陈哲涵
		省部级	二等奖	5	王皓晴　胡华清　贾梦蕾　汪和瑞　李欣蓓	吴秀丽
36	第三届北京市大学生工程设计表达竞赛	省部级	一等奖	6	冯博雅	许　倩
		省部级	一等奖		陈　想	
		省部级	一等奖		宗俊杰	
		省部级	一等奖		姜　祎	杨光辉
		省部级	一等奖		许仕杰	
		省部级	一等奖		李子涵	
		省部级	二等奖	5	张佳文	许　倩
		省部级	二等奖		黄　越	杨光辉
		省部级	二等奖		高宝旭	
		省部级	二等奖		周昭丞	
		省部级	二等奖		刘建泽	万　静

续表

序号	项目	奖项级别	奖项	获奖人数	获奖者	指导教师
36	第三届北京市大学生工程设计表达竞赛	省部级	三等奖	9	方博石	许　倩
36	第三届北京市大学生工程设计表达竞赛	省部级	三等奖	9	晏志超	杨光辉
36	第三届北京市大学生工程设计表达竞赛	省部级	三等奖	9	刘洪文	杨光辉
36	第三届北京市大学生工程设计表达竞赛	省部级	三等奖	9	张　堃	万　静
36	第三届北京市大学生工程设计表达竞赛	省部级	三等奖	9	王鲸量	万　静
36	第三届北京市大学生工程设计表达竞赛	省部级	三等奖	9	章家豪	杨光辉
36	第三届北京市大学生工程设计表达竞赛	省部级	三等奖	9	庞佳晨	杨光辉
36	第三届北京市大学生工程设计表达竞赛	省部级	三等奖	9	何奇洺	万　静
36	第三届北京市大学生工程设计表达竞赛	省部级	三等奖	9	侯彦朋	万　静
37	2017年华北五省（市自治区）及港澳台大学生计算机应用大赛	省部级	特等奖	5	董玲玉　储华珍　张洁琼　卢　旭　高玉立	武航星　李　莉
37	2017年华北五省（市自治区）及港澳台大学生计算机应用大赛	省部级	一等奖	10	刘超见　刘　美　王继隆　刘　梦　朱菁菡	姚　琳　万亚东
37	2017年华北五省（市自治区）及港澳台大学生计算机应用大赛	省部级	一等奖	10	郑子仪　武健宇　王璐瑶　江方舟　周佳城	张　敏　姚　琳
37	2017年华北五省（市自治区）及港澳台大学生计算机应用大赛	省部级	三等奖	13	宋建成　白泽琛　修　妍　尉增杰	黄晓璐　屈　微
37	2017年华北五省（市自治区）及港澳台大学生计算机应用大赛	省部级	三等奖	13	马晓雅　杜飞龙　王曌蕙　刘恒汭　张泽薇	李　莉　朱　红
37	2017年华北五省（市自治区）及港澳台大学生计算机应用大赛	省部级	三等奖	13	王紫薇　刘冬雨　黄国强　陈保志	汪红兵　宋　晏
38	2017年第九届北京市大学生化学实验竞赛	省部级	一等奖	8	耿　聪　戴江波　张晗辞	姜建壮
38	2017年第九届北京市大学生化学实验竞赛	省部级	一等奖	8	张舒媛　薛田天　姜梦祥	弓爱君
38	2017年第九届北京市大学生化学实验竞赛	省部级	一等奖	8	杨月萌　裴权炳	许太林
38	2017年第九届北京市大学生化学实验竞赛	省部级	二等奖	9	吴柏华　张傲萱　陈晓东	范慧俐
38	2017年第九届北京市大学生化学实验竞赛	省部级	二等奖	9	吕芳霞　彭　聪　王开清	李建强
38	2017年第九届北京市大学生化学实验竞赛	省部级	二等奖	9	陈思思　胡政伟　曾广易	时国庆
39	2017年第三十四届全国部分地区大学生物理竞赛	省部级	一等奖	12	丁　慧	黄厚兵
39	2017年第三十四届全国部分地区大学生物理竞赛	省部级	一等奖	12	刘莉莉	路彦珍
39	2017年第三十四届全国部分地区大学生物理竞赛	省部级	一等奖	12	祝佳慧	路彦珍
39	2017年第三十四届全国部分地区大学生物理竞赛	省部级	一等奖	12	周勍曼	路彦珍
39	2017年第三十四届全国部分地区大学生物理竞赛	省部级	一等奖	12	赵紫曦	路彦珍
39	2017年第三十四届全国部分地区大学生物理竞赛	省部级	一等奖	12	吴康康	徐　美
39	2017年第三十四届全国部分地区大学生物理竞赛	省部级	一等奖	12	苏继元	秦吉红
39	2017年第三十四届全国部分地区大学生物理竞赛	省部级	一等奖	12	张聚淦	徐　美
39	2017年第三十四届全国部分地区大学生物理竞赛	省部级	一等奖	12	韩　冰	张国华
39	2017年第三十四届全国部分地区大学生物理竞赛	省部级	一等奖	12	金楷茹	倪晓东
39	2017年第三十四届全国部分地区大学生物理竞赛	省部级	一等奖	12	吴奇昕	吴　平
39	2017年第三十四届全国部分地区大学生物理竞赛	省部级	一等奖	12	关舒月	冯　澎

续表

序号	项目	奖项级别	奖项	获奖人数	获奖者	指导教师
39	2017年第三十四届全国部分地区大学生物理竞赛	省部级	二等奖	24	郑小春	路彦珍
		省部级	二等奖		徐港新	吴　平
		省部级	二等奖		李梦蛟	路彦珍
		省部级	二等奖		陈　曦	路彦珍
		省部级	二等奖		宋　楷	路彦珍
		省部级	二等奖		万丁乙	路彦珍
		省部级	二等奖		李昌昊	路彦珍
		省部级	二等奖		何星雨	黄厚兵
		省部级	二等奖		谢　西	路彦珍
		省部级	二等奖		张　斌	路彦珍
		省部级	二等奖		胥　昊	王凤平
		省部级	二等奖		吴时宇	李泉水
		省部级	二等奖		李基宇	邱红梅
		省部级	二等奖		陈明虓	邱红梅
		省部级	二等奖		吴闻宇	冯　澎
		省部级	二等奖		曹　颖	吴　平
		省部级	二等奖		王冰洁	李泉水
		省部级	二等奖		林晓晨	倪晓东
		省部级	二等奖		王彦文	秦吉红
		省部级	二等奖		吕海洋	倪晓东
		省部级	二等奖		侯佳伟	李泉水
		省部级	二等奖		许传增	孟凡研
		省部级	二等奖		张梓浩	张国华
		省部级	二等奖		周荣欣	孟凡研
		省部级	三等奖	70	刘哲希	黄厚兵
		省部级	三等奖		邵含清	路彦珍
		省部级	三等奖		赵相尧	黄厚兵
		省部级	三等奖		王　瑜	路彦珍
		省部级	三等奖		胡雨慧	路彦珍
		省部级	三等奖		刘亚金	路彦珍
		省部级	三等奖		谭悦凯	路彦珍
		省部级	三等奖		张天月	黄厚兵
		省部级	三等奖		骆瀚舟	黄厚兵

续表

序号	项目	奖项级别	奖项	获奖人数	获奖者	指导教师
39	2017年第三十四届全国部分地区大学生物理竞赛	省部级	三等奖	70	司志超	黄厚兵
		省部级	三等奖		易鹏燕	路彦珍
		省部级	三等奖		李潇汭	路彦珍
		省部级	三等奖		周孜烁	路彦珍
		省部级	三等奖		廖　裕	黄厚兵
		省部级	三等奖		李泽坤	张国华
		省部级	三等奖		韩　啸	徐　美
		省部级	三等奖		汪子杰	冯　澎
		省部级	三等奖		柳思思	孟凡研
		省部级	三等奖		陈添翼	孟凡研
		省部级	三等奖		薛晶晶	孟凡研
		省部级	三等奖		蒲雪宁	秦吉红
		省部级	三等奖		张家铭	倪晓东
		省部级	三等奖		郭俊强	张国华
		省部级	三等奖		范菊梦	张国华
		省部级	三等奖		李艺慧	李泉水
		省部级	三等奖		李元和	吴　平
		省部级	三等奖		姜皖清	孟凡研
		省部级	三等奖		苏世伟	孟凡研
		省部级	三等奖		唐　聪	张国华
		省部级	三等奖		王瑜焓	万初斌
		省部级	三等奖		何　彪	邱红梅
		省部级	三等奖		赵志浩	李泉水
		省部级	三等奖		李志平	徐　美
		省部级	三等奖		吕万昕	倪晓东
		省部级	三等奖		桂子轩	郝亚江
		省部级	三等奖		林正自	李泉水
		省部级	三等奖		刘一青	张国华
		省部级	三等奖		吴　霞	徐　美
		省部级	三等奖		左家玉	万初斌
		省部级	三等奖		杨进星	孟凡研
		省部级	三等奖		贾晨曦	徐　美
		省部级	三等奖		孙　倩	李泉水

续表

序号	项目	奖项级别	奖项	获奖人数	获奖者	指导教师
39	2017 年第三十四届全国部分地区大学生物理竞赛	省部级	三等奖	70	袁振刚	吴　平
		省部级	三等奖		张　嵘	郝亚江
		省部级	三等奖		鲍帅平	秦吉红
		省部级	三等奖		殷琦雯	秦吉红
		省部级	三等奖		黄　腾	马忠彪
		省部级	三等奖		邢　峰	邱红梅
		省部级	三等奖		党　昊	万初斌
		省部级	三等奖		张　彪	万初斌
		省部级	三等奖		贺豪斌	吴　平
		省部级	三等奖		程　偲	邱红梅
		省部级	三等奖		刘　哲	邱红梅
		省部级	三等奖		贾一飞	邱红梅
		省部级	三等奖		何奇洺	徐　美
		省部级	三等奖		唐昊天	万初斌
		省部级	三等奖		汪千鹤	徐　美
		省部级	三等奖		李一健	万初斌
		省部级	三等奖		李翔飞	邱红梅
		省部级	三等奖		任　涛	钱　萍
		省部级	三等奖		李　尧	张国华
		省部级	三等奖		邹勇刚	孟凡研
		省部级	三等奖		刘忠鑫	李泉水
		省部级	三等奖		王维扬	马忠彪
		省部级	三等奖		何佳林	李泉水
		省部级	三等奖		张　毅	郝亚江
		省部级	三等奖		李轶尘	孟凡研
		省部级	三等奖		祁缨茜	张国华
		省部级	三等奖		张智飞	邱红梅
		省部级	三等奖		高　颖	倪晓东
40	“外研社杯”全国英语写作大赛北京赛区复赛	省部级	二等奖	2	张　惠	周荣娟
		省部级	二等奖		孟祥鸿	赵　亮
41	第二十三届中国日报社“21 世纪·可口可乐杯”全国英语演讲比赛北京市决赛	省部级	二等奖	1	杨媛棋	陈娟文

（马瑞芝）

2017年度本科课程表

土木工程专业

年级	课程设置
2017级	中国近现代史纲要，基础外语Ⅰ，体育Ⅰ，军事理论，大学生职业发展与就业指导Ⅰ，大学生心理健康Ⅰ，大学生公共安全教育，普通化学实验，大学计算机基础，线性代数A，普通化学，微积分AⅠ，固体废弃物综合利用与高浓度充填采矿技术，采矿工程领域的世界性难题与解决方案研讨，风险不确定性分析与实践，土木工程结构防灾新进展，土木工程的召唤，金属矿产资源与开发技术，点石成金——漫谈矿物加工的前世、今生、未来，受限空间人机环境风险分析，产品质量安全与风险评估
2016级	中国近现代史纲要，基础外语Ⅱ，体育Ⅱ，大学生心理健康Ⅱ，C++程序设计，高等数学AⅡ，大学物理AⅠ，土木工程概论
	英语训练，创业训练，计算机实践
	马克思主义基本原理概论，基础外语Ⅲ，体育Ⅲ，工程力学AⅠ，概率论与数理统计A，数学实验，大学物理AⅡ，工科物理实验Ⅰ，工程制图基础
2015级	毛泽东思想和中国特色社会主义理论体系概论Ⅰ，体育Ⅳ，大学生职业发展与就业指导Ⅱ，金工实习Ⅰ，工程力学AⅡ，工科物理实验Ⅱ，工程测量，工程地质学，土木工程制图，流体力学，房屋建筑学，土木工程CAD
	大学生职业发展与就业指导Ⅲ，地质实习与认识实习，（工程）测量实习
	毛泽东思想和中国特色社会主义理论体系概论Ⅱ，房屋建筑学课程设计（结构方向），结构力学Ⅰ，土力学，混凝土结构原理，土木工程项目管理，土木工程材料，电工技术实验，电工技术，地下工程中的岩石力学（全英语），砌体结构，水文地质基础
2014级	钢筋混凝土结构课程设计，边坡工程课程设计（岩土方向），房屋建筑学课程设计（结构方向），结构力学Ⅱ，岩石力学与工程，工程结构荷载与可靠度设计原理，土木工程施工，钢结构基本原理，工程概预算与招投标，基础工程，建筑工程（双语），高层建筑结构，工程爆破，混凝土结构设计，边坡工程，岩土工程（双语），土木工程数值计算方法，地下结构设计，地下空间规划与设计，Matlab基础与力学应用
	生产实习，土木工程施工组织课程设计
	大学生职业发展与就业指导Ⅳ，基础工程课程设计，地下结构课程设计（岩土方向），钢结构课程设计（结构方向），毕业实习（论文），土木工程测试方法与技术，城市规划，道路工程，结构抗震，桥梁工程，隧道工程，防震减灾，土木工程勘测，地下工程施工技术，建筑钢结构设计，现代渗流力学
2013级	毕业设计（论文）

安全工程专业

年级	课程设置
2017级	中国近现代史纲要，基础外语Ⅰ，体育Ⅰ，军事理论，大学生职业发展与就业指导Ⅰ，大学生心理健康Ⅰ，大学生公共安全教育，普通化学实验，大学计算机基础，线性代数A，普通化学，微积分AⅠ，固体废弃物综合利用与高浓度充填采矿技术，采矿工程领域的世界性难题与解决方案研讨，风险不确定性分析与实践，土木工程结构防灾新进展，土木工程的召唤，金属矿产资源与开发技术，点石成金——漫谈矿物加工的前世、今生、未来，受限空间人机环境风险分析，产品质量安全与风险评估
2016级	中国近现代史纲要，基础外语Ⅱ，体育Ⅱ，大学生心理健康Ⅱ，工程测量实践，VB程序设计，高等数学AⅡ，大学物理AⅠ，安全科学与工程导论
	安全生产与安全生活，英语训练，创业训练，计算机实践
	马克思主义基本原理概论，基础外语Ⅲ，体育Ⅲ，金工实习Ⅰ，线性代数A，工程力学C，大学物理AⅡ，工科物理实验Ⅰ，机械制图B
2015级	大学语文与应用写作A，毛泽东思想和中国特色社会主义理论体系概论Ⅰ，体育Ⅳ，大学生职业发展与就业指导Ⅱ，工科物理实验Ⅱ，安全学原理，安全法律法规，岩石力学，热工学，电工技术实验，电工技术
	大学生职业发展与就业指导Ⅲ，认识实习，工程制图实践
	毛泽东思想和中国特色社会主义理论体系概论Ⅱ，概率论与数理统计A，数学实验，工程流体力学，工业通风（双语），采矿工程概论，电子技术实验，电子技术，地下工程中的岩石力学（全英语），环境工程概论，分析化学基础，安全工程专业英语

续表

年级	课程设置
2014级	经济与管理，安全工程实验，安全系统工程，燃烧与爆炸，安全人机工程，安全经济与管理学，工程爆破，防震减灾，职业卫生工程（双语），机电安全工程，特种设备安全，计算机辅助设计及应用，安全评价技术应用，工伤保险，安全监测监控原理及应用，化工概论与安全工程，事故调查与分析，产品安全工程，研究方法训练
	生产实习，安全生产技术新进展
	大学生职业发展与就业指导Ⅳ，安全工程训练，矿山安全技术，事故应急救援，矿井通风设计，防灭火系统设计，建筑概论与安全工程
2013级	毕业实习，毕业设计（论文）

矿业类专业

年级	课程设置
2017级	中国近现代史纲要，基础外语Ⅰ，体育Ⅰ，军事理论，大学生职业发展与就业指导Ⅰ，大学生心理健康Ⅰ，大学生公共安全教育，普通化学实验，大学计算机基础，线性代数A，普通化学，微积分AⅠ，固体废弃物综合利用与高浓度充填采矿技术，采矿工程领域的世界性难题与解决方案研讨，风险不确定性分析与实践，土木工程结构防灾新进展，土木工程的召唤，金属矿产资源与开发技术，点石成金——漫谈矿物加工的前世、今生、未来，受限空间人机环境风险分析

采矿工程专业

年级	课程设置
2017级	中国近现代史纲要，基础外语Ⅰ，体育Ⅰ，军事理论，大学生职业发展与就业指导Ⅰ，大学生心理健康Ⅰ，大学生公共安全教育，普通化学实验，大学计算机基础，线性代数A，普通化学，微积分AⅠ，固体废弃物综合利用与高浓度充填采矿技术，采矿工程领域的世界性难题与解决方案研讨，风险不确定性分析与实践，土木工程结构防灾新进展，土木工程的召唤，金属矿产资源与开发技术，点石成金——漫谈矿物加工的前世、今生、未来，受限空间人机环境风险分析，产品质量安全与风险评估
2016级	中国近现代史纲要，基础外语Ⅱ，体育Ⅱ，大学生心理健康Ⅱ，VB程序设计，高等数学AⅡ，大学物理AⅠ，工程测量
	工程测量实践，英语训练，创业训练，计算机实践，采矿导论
	马克思主义基本原理概论，基础外语Ⅲ，体育Ⅲ，工程力学AⅠ，大学物理AⅡ，工科物理实验Ⅰ，机械设计制图AⅠ
2015级	毛泽东思想和中国特色社会主义理论体系概论Ⅰ，体育Ⅳ，大学生职业发展与就业指导Ⅱ，金工实习Ⅰ，工程力学AⅡ，工科物理实验Ⅱ，工程流体力学，弹性力学与数值模拟，地质学基础，机械设计制图AⅡ，电工技术实验，电工技术
	大学生职业发展与就业指导Ⅲ，认识实习，机械设计制图课程设计，地质统计学与矿床建模
	毛泽东思想和中国特色社会主义理论体系概论Ⅱ，矿山运输与提升设计，概率论与数理统计A，数学实验，矿山岩石力学，矿山地质学，电子技术实验，电子技术，矿山运输与提升，爆破工程（双语），资源、环境与可持续发展，边坡工程，矿物加工与利用
2014级	矿业系统工程基础（双语），地下工程施工技术，矿床开采工程（露天开采）（双语），矿床开采工程（地下开采）（双语），矿山安全工程，矿业固体废物资源化，数字矿山技术，矿山现代测试技术，现代充填技术，散体动力学与放矿，矿产经济学
	生产实习
	大学生职业发展与就业指导Ⅳ，露天采矿设计，矿山机械与自动化，矿山企业管理，通风防尘与空气调节，矿山设计原理，矿产资源法基础，教授专题：采矿工程新技术及发展方向，特殊采矿技术，采矿专业英语，地质统计学与矿床建模，深井开采技术
2013级	地下采矿设计，毕业设计（论文）

矿物加工工程专业

<table>
<tr><th>年 级</th><th>课 程 设 置</th></tr>
<tr><td>2017 级</td><td>中国近现代史纲要，基础外语Ⅰ，体育Ⅰ，军事理论，大学生职业发展与就业指导Ⅰ，大学生心理健康Ⅰ，大学生公共安全教育，普通化学实验，大学计算机基础，线性代数A，普通化学，微积分AⅠ，固体废弃物综合利用与高浓度充填采矿技术，采矿工程领域的世界性难题与解决方案研讨，风险不确定性分析与实践，土木工程结构防灾新进展，土木工程的召唤，金属矿产资源与开发技术，点石成金——漫谈矿物加工的前世、今生、未来，受限空间人机环境风险分析，产品质量安全与风险评估</td></tr>
<tr><td rowspan="3">2016 级</td><td>中国近现代史纲要，基础外语Ⅱ，体育Ⅱ，大学生心理健康Ⅱ，工程测量实践，VB程序设计，高等数学AⅡ，大学物理AⅠ，点石成金——漫谈矿物加工的前世、今生、未来</td></tr>
<tr><td>英语训练，创业训练，计算机实践，矿物加工基础与发展</td></tr>
<tr><td>马克思主义基本原理概论，基础外语Ⅲ，体育Ⅲ，工程力学C，大学物理AⅡ，工科物理实验Ⅰ，机械设计制图AⅠ</td></tr>
<tr><td rowspan="3">2015 级</td><td>毛泽东思想和中国特色社会主义理论体系概论Ⅰ，体育Ⅳ，大学生职业发展与就业指导Ⅱ，矿物加工试验技能训练，金工实习Ⅰ，工科物理实验Ⅱ，岩石矿物学基础，工艺矿物学，有机化学基础，机械设计制图AⅡ，电工技术实验，电工技术，物理化学CⅠ</td></tr>
<tr><td>大学生职业发展与就业指导Ⅲ，认识实习，机械设计制图课程设计</td></tr>
<tr><td>毛泽东思想和中国特色社会主义理论体系概论Ⅱ，概率论与数理统计A，数学实验，工程流体力学，电子技术实验，电子技术，物理化学CⅡ，矿石粉碎工程，矿物材料学，非金属矿深加工，分析化学基础</td></tr>
<tr><td rowspan="3">2014 级</td><td>矿物加工实验，矿物生物工程，物理化学实验B，矿物物理分选，矿物界面分选（双语），矿物化学处理，二次资源利用，固液分离，矿业环境工程，矿物加工技术经济，煤炭加工与洁净利用</td></tr>
<tr><td>生产实习，教授专题：矿物加工技术新进展</td></tr>
<tr><td>大学生职业发展与就业指导Ⅳ，研究方法训练，矿物加工课程设计，矿物加工工程设计，矿物加工研究方法，矿物加工过程检测与控制，复杂金属矿石利用实例，计算机辅助设计及应用，矿物加工工程施工技术，矿物加工工程设计实例</td></tr>
<tr><td>2013 级</td><td>毕业实习，毕业设计（论文）</td></tr>
</table>

建筑环境与能源应用工程专业

<table>
<tr><th>年 级</th><th>课 程 设 置</th></tr>
<tr><td>2017 级</td><td>中国近现代史纲要，基础外语Ⅰ，体育Ⅰ，军事理论，大学生职业发展与就业指导Ⅰ，大学生心理健康Ⅰ，大学生公共安全教育，普通化学实验，大学计算机基础，线性代数A，普通化学，微积分AⅠ，固体废弃物综合利用与高浓度充填采矿技术，采矿工程领域的世界性难题与解决方案研讨，风险不确定性分析与实践，土木工程结构防灾新进展，土木工程的召唤，金属矿产资源与开发技术，点石成金——漫谈矿物加工的前世、今生、未来，受限空间人机环境风险分析，产品质量安全与风险评估</td></tr>
<tr><td rowspan="3">2016 级</td><td>中国近现代史纲要，基础外语Ⅱ，体育Ⅱ，大学生心理健康Ⅱ，C++程序设计，高等数学AⅡ，线性代数A，大学物理AⅠ</td></tr>
<tr><td>英语训练，创业训练，计算机实践</td></tr>
<tr><td>毛泽东思想和中国特色社会主义理论体系概论Ⅰ，基础外语Ⅲ，体育Ⅲ，金工实习Ⅰ，概率论与数理统计A，数学实验，大学物理AⅡ，工科物理实验Ⅰ，电工学</td></tr>
<tr><td rowspan="3">2015 级</td><td>马克思主义基本原理概论，体育Ⅳ，大学生职业发展与就业指导Ⅱ，工科物理实验Ⅱ，工程力学C，工程流体力学，工程热力学，建筑环境与设备工程基础（双语），机械设计制图AⅡ，热工实验Ⅰ，建筑概论</td></tr>
<tr><td>大学生职业发展与就业指导Ⅲ，认识实习，建筑通风与环境模拟软件实训，机械设计制图课程设计</td></tr>
<tr><td>毛泽东思想和中国特色社会主义理论体系概论Ⅱ，微机原理与应用，建筑设备工程制图，建筑环境学，传热传质学（双语），流体输配管网，燃气工程（双语），热质交换原理与设备，新能源概论，室内空气流动数值模拟，多孔介质渗流物理</td></tr>
</table>

续表

年 级	课 程 设 置
2014 级	经济与管理，空调用制冷技术，供热工程，空调工程，多孔介质流动基础，建筑自动化，建筑节能技术，现代物业管理，建筑电气，建筑给排水，通风工程，新能源概论，流体机械
	生产实习，建筑设备工程制图实践
	大学生职业发展与就业指导Ⅳ，暖通空调课程设计，建筑环境测试技术，多孔介质渗流物理，建筑环境与设备进展，热泵，室内净化技术，建筑环境模拟，能量转换与利用，能源工程管理
2013 级	毕业设计（论文）

冶金工程专业

年 级	课 程 设 置
2017 级	思想道德修养与法律基础，基础外语Ⅰ，体育Ⅰ，军事理论，大学生职业发展与就业指导Ⅰ，大学生心理健康Ⅰ，大学生公共安全教育，无机化学实验BⅠ，无机化学B，微积分AⅠ
2016 级	中国近现代史纲要，基础外语Ⅱ，体育Ⅱ，大学生心理健康Ⅱ，C语言程序设计，高等数学AⅡ，大学物理AⅠ，无机化学实验BⅡ，新生研讨课，冶金工程概论
	英语训练，创业训练，计算机实践
	马克思主义基本原理概论，基础外语Ⅲ，体育Ⅲ，金工实习Ⅰ，线性代数A，大学物理AⅡ，工科物理实验Ⅰ，工程力学C，机械设计制图AⅠ
2015 级	毛泽东思想和中国特色社会主义理论体系概论Ⅰ，体育Ⅳ，大学生职业发展与就业指导Ⅱ，工科物理实验Ⅱ，冶金传输原理，机械设计制图AⅡ，电工技术实验，电工技术，物理化学BⅠ
	大学生职业发展与就业指导Ⅲ，机械设计制图课程设计，冶金史，国内外专家讲座
	毛泽东思想和中国特色社会主义理论体系概论Ⅱ，概率论与数理统计A，数学实验，冶金物理化学（冶金热力学与动力学），冶金电化学，金属学原理，电子技术实验，电子技术，物理化学BⅡ，物理化学实验B，工业生态，冶金单元设计与操作，煤与焦化工艺，铁矿石造块工艺，有色冶金设备，相结构基础及研究方法，铁基材料冶金工程基础（英文），无机非金属材料，能源工程，冶金环境工程与资源循环利用，湿法冶金方法，专业英语阅读与写作，铁合金，功能材料
2014 级	经济与管理，实验室安全基础，金属材料及热处理，钢铁冶金学Ⅰ，冶金工程实验技术，钢铁冶金学Ⅱ，有色金属冶金学，冶金单元设计与操作，铁水预处理，炉外精炼（双语），特种冶金，连铸工艺与设备，铅锌冶金学，稀土冶金学，硅冶金学，高纯金属冶金方法，冶金物理化学前沿讲座，表面工程，相图在冶金中的应用，高温熔体物性，冶金过程检测与自动控制，特殊钢冶金过程工程，纯净钢生产工艺，稀贵金属冶金学，工业污染与生态修复
	工厂实习
	大学生职业发展与就业指导Ⅳ，冶金工程实验技术，现代冶金工程设计与实践，微机原理与应用，现代冶金工程设计原理，耐火材料，非高炉炼铁，钢铁材料成形加工，有色冶金新工艺，活度的测量与计算，固体电解质在冶金中的应用，材料结构和性能：相冶金（双语），浇铸与凝固模拟基础，冶金流程工程学，有色生物冶金（双语），电磁冶金原理与工艺，科技英语技能训练，钢铁生产与生态环境，工业废水处理与回收，冶金过程节能减排
2013 级	毕业设计（论文）

材料类专业

年 级	课 程 设 置
2017 级	思想道德修养与法律基础，基础外语Ⅰ，体育Ⅰ，大学生职业发展与就业指导Ⅰ，大学生心理健康Ⅰ，大学生公共安全教育，大学计算机基础，无机化学B，微积分AⅠ，工科物理AⅠ，材料科学与工程导论（名师课堂）

续表

年级	课程设置
2016级	思想道德修养与法律基础，基础外语Ⅱ，体育Ⅱ，大学生心理健康Ⅱ，C++程序设计，高等数学AⅡ，线性代数A，无机化学实验BⅡ，大学物理CⅠ
	英语训练，创业训练，计算机实践，专业概述
	毛泽东思想和中国特色社会主义理论体系概论Ⅰ，基础外语Ⅲ，体育Ⅲ，工程力学B，概率论与数理统计A，工科物理实验Ⅰ，大学物理CⅡ
	马克思主义基本原理概论，体育Ⅳ，大学生职业发展与就业指导Ⅱ，金工实习Ⅰ，数学实验，工科物理实验Ⅱ，大学物理CⅢ，机械设计制图BⅠ，电工技术，物理化学D，材料中的微观世界
	大学生职业发展与就业指导Ⅲ，认识实习

无机非金属材料工程专业

年级	课程设置
2017级	思想道德修养与法律基础，基础外语Ⅰ，体育Ⅰ，大学生职业发展与就业指导Ⅰ，大学生心理健康Ⅰ，大学生公共安全教育，大学计算机基础，无机化学B，微积分AⅠ，工科物理AⅠ，材料科学与工程导论（名师课堂）
2016级	思想道德修养与法律基础，基础外语Ⅱ，体育Ⅱ，大学生心理健康Ⅱ，C++程序设计，高等数学AⅡ，线性代数A，无机化学实验BⅡ，大学物理CⅠ
	英语训练，创业训练，计算机实践，专业概述
	毛泽东思想和中国特色社会主义理论体系概论Ⅰ，基础外语Ⅲ，体育Ⅲ，工程力学B，概率论与数理统计A，工科物理实验Ⅰ，大学物理CⅡ
2015级	马克思主义基本原理概论，体育Ⅳ，大学生职业发展与就业指导Ⅱ，金工实习Ⅰ，数学实验，工科物理实验Ⅱ，大学物理CⅢ，机械设计制图B Ⅰ，电工技术，物理化学D
	大学生职业发展与就业指导Ⅲ，认识实习，波谱及应用
	毛泽东思想和中国特色社会主义理论体系概论Ⅱ，数理方法，无机材料结晶学基础，无机材料制备化学，无机材料热工基础，固体材料结构基础Ⅰ，固体材料结构基础Ⅱ，电工技术实验，物理化学实验B，无机材料物理化学Ⅰ
2014级	经济与管理，无机材料物理性能，无机材料现代研究方法Ⅰ，无机材料现代研究方法Ⅱ，特种陶瓷工艺学，功能陶瓷材料及应用，新能源材料，耐火材料，无机材料物理化学Ⅱ，计算机在材料科学中的应用，固体电解质（双语）
	生产实习，高温材料的工程应用
	大学生职业发展与就业指导Ⅳ，无机材料科学与工程试验Ⅰ，无机材料科学与工程试验Ⅱ，涂层材料及其应用，环境材料，MEMS材料及微细制备技术，物理电源，复合材料，结构陶瓷材料及应用，玻璃与新型建筑材料，半导体材料导论，无机纳米材料制备技术
2013级	毕业设计（论文）

材料物理专业

年级	课程设置
2017级	思想道德修养与法律基础，基础外语Ⅰ，体育Ⅰ，大学生职业发展与就业指导Ⅰ，大学生心理健康Ⅰ，大学生公共安全教育，大学计算机基础，无机化学B，微积分AⅠ，工科物理AⅠ，材料科学与工程导论（名师课堂）
2016级	思想道德修养与法律基础，基础外语Ⅱ，体育Ⅱ，大学生心理健康Ⅱ，C++程序设计，高等数学AⅡ，线性代数A，无机化学实验BⅡ，大学物理CⅠ
	英语训练，创业训练，计算机实践，专业概述
	毛泽东思想和中国特色社会主义理论体系概论Ⅰ，基础外语Ⅲ，体育Ⅲ，工程力学B，概率论与数理统计A，工科物理实验Ⅰ，大学物理CⅡ

续表

年级	课程设置
2015级	马克思主义基本原理概论，体育Ⅳ，大学生职业发展与就业指导Ⅱ，金工实习Ⅰ，数学实验，工科物理实验Ⅱ，大学物理CⅢ，机械设计制图BⅠ，电工技术，物理化学D
	大学生职业发展与就业指导Ⅲ，认识实习，材料的物理性能，材料物理进展（英语）
	毛泽东思想和中国特色社会主义理论体系概论Ⅱ，数理方法，材料科学基础实验，材料物理基础，原子物理及量子力学，理论力学（双语），电工技术实验，理科物理实验BⅠ，物理化学实验B
2014级	经济与管理，材料物理实验Ⅰ，统计物理A，理科物理实验BⅡ，X射线晶体学，材料物理，固体物理基础A，有机光电功能材料，合金化原理及应用（英语），有机分子与纳米器件，薄膜材料与技术，功能材料基础，无机非金属材料，先进功能材料与技术
	生产实习，材料失效的蝴蝶效应，计算材料学
	大学生职业发展与就业指导Ⅳ，材料物理实验Ⅱ，电子显微学，固体物理，微束分析，低维材料学
2013级	毕业设计（论文），固体物理

材料成型及控制工程专业

年级	课程设置
2017级	思想道德修养与法律基础，基础外语Ⅰ，体育Ⅰ，大学生职业发展与就业指导Ⅰ，大学生心理健康Ⅰ，大学生公共安全教育，大学计算机基础，无机化学B，微积分AⅠ，工科物理AⅠ，材料科学与工程导论（名师课堂）
2016级	思想道德修养与法律基础，基础外语Ⅱ，体育Ⅱ，大学生心理健康Ⅱ，C++程序设计，高等数学AⅡ，线性代数A，无机化学实验BⅡ，大学物理CⅠ
	英语训练，创业训练，计算机实践，专业概述
	毛泽东思想和中国特色社会主义理论体系概论Ⅰ，基础外语Ⅲ，体育Ⅲ，工程力学B，概率论与数理统计A，工科物理实验Ⅰ，大学物理CⅡ
2015级	马克思主义基本原理概论，体育Ⅳ，大学生职业发展与就业指导Ⅱ，金工实习Ⅰ，数学实验，工科物理实验Ⅱ，大学物理CⅢ，机械设计制图BⅠ，电工技术，物理化学D
	大学生职业发展与就业指导Ⅲ，认识实习，冶金工程概论，数学模型及计算机控制，新材料制备与加工
	毛泽东思想和中国特色社会主义理论体系概论Ⅱ，材料科学基础A，传热学基础，电工技术实验，电子技术，物理化学实验B，固态成形理论基础
2014级	经济与管理，金属材料及热处理A，自动控制理论，机械设计制图BⅡ，电子技术实验，材料成形自动控制基础，固态成形工艺学，材料焊接冶金原理与工艺，液态成形理论与工艺，轧制工程学，材料成形摩擦与润滑，电弧物理与弧焊方法，铸造合金及制备工艺
	生产实习，机械设计制图课程设计，现代铸造设备及车间设计，铸件质量分析与控制，液压传动，冷弯型钢工艺，焊接过程控制与自动化
	大学生职业发展与就业指导Ⅳ，专业课程设计，现代特种液态成形工艺，连铸工艺与质量控制，材料成形过程质量性能控制（双语），实验测试技术，材料成形设备与车间设计，锻压工艺学，材料成形计算机辅助工程，固态成形模拟与仿真，模具设计与制造，钎焊与电子组装技术，特种连接技术，焊接结构力学，材料短流程近终形成形技术
2013级	毕业设计（论文）

材料科学与工程专业

年级	课程设置
2017级	思想道德修养与法律基础，基础外语Ⅰ，体育Ⅰ，大学生职业发展与就业指导Ⅰ，大学生心理健康Ⅰ，大学生公共安全教育，大学计算机基础，无机化学B，微积分AⅠ，工科物理AⅠ，材料科学与工程导论（名师课堂）

续表

年级	课程设置
2016 级	思想道德修养与法律基础，基础外语Ⅱ，体育Ⅱ，大学生心理健康Ⅱ，C++ 程序设计，高等数学 A Ⅱ，线性代数 A，无机化学实验 BⅡ，大学物理 CⅠ
	英语训练，创业训练，计算机实践，专业概述
	毛泽东思想和中国特色社会主义理论体系概论Ⅰ，基础外语Ⅲ，体育Ⅲ，工程力学 B，概率论与数理统计 A，工科物理实验Ⅰ，大学物理 CⅡ
2015 级	马克思主义基本原理概论，体育Ⅳ，大学生职业发展与就业指导Ⅱ，金工实习Ⅰ，数学实验，工科物理实验Ⅱ，大学物理 CⅢ，机械设计制图 BⅠ，电工技术，物理化学 D
	大学生职业发展与就业指导Ⅲ，认识实习，走进材料科学
	毛泽东思想和中国特色社会主义理论体系概论Ⅱ，数理方法，材料科学基础Ⅰ，材料科学基础实验Ⅰ，电工技术实验，电子技术，物理化学实验 B，冶金工程概述，生物材料导论，电化学基础，固体物理基础 B
2014 级	经济与管理，材料科学基础Ⅱ，材料科学基础实验Ⅱ，统计物理 B，电子技术实验，材料物理性能 A，材料分析方法，材料制备与加工，功能材料，粉末冶金原理，计算材料学与材料模拟技术，高分子材料，金属腐蚀学
	生产实习，专业课程设计
	大学生职业发展与就业指导Ⅳ，金属材料学，材料力学性能，复合材料，薄膜材料制备技术，粉末冶金材料，粉末冶金实验技术，无机非金属材料，航空航天材料概述，金属腐蚀实验方法，耐蚀材料与防护技术
2013 级	毕业设计（论文）

材料化学专业

年级	课程设置
2017 级	思想道德修养与法律基础，基础外语Ⅰ，体育Ⅰ，大学生职业发展与就业指导Ⅰ，大学生心理健康Ⅰ，大学生公共安全教育，大学计算机基础，无机化学 B，微积分 AⅠ，工科物理 AⅠ，材料科学与工程导论（名师课堂）
2016 级	思想道德修养与法律基础，基础外语Ⅱ，体育Ⅱ，大学生心理健康Ⅱ，C++ 程序设计，高等数学 AⅡ，线性代数 A，无机化学实验 BⅡ，大学物理 CⅠ
	英语训练，创业训练，计算机实践，专业概述
	毛泽东思想和中国特色社会主义理论体系概论Ⅰ，基础外语Ⅲ，体育Ⅲ，工程力学 B，概率论与数理统计 A，工科物理实验Ⅰ，大学物理 CⅡ
2015 级	马克思主义基本原理概论，体育Ⅳ，大学生职业发展与就业指导Ⅱ，金工实习Ⅰ，数学实验，工科物理实验Ⅱ，大学物理 CⅢ，机械设计制图 BⅠ，电工技术，物理化学 D
	大学生职业发展与就业指导Ⅲ，认识实习，高分子材料概述，高分子科学基础
	毛泽东思想和中国特色社会主义理论体系概论Ⅱ，数理方法，材料科学基础 B，电化学原理，电工技术实验，物理化学实验 B，分析化学，有机化学，结构化学，生物材料导论
2014 级	经济与管理，有机化学实验，分析化学实验，高分子化学，有机材料化学（双语），材料分析与表征方法，高分子复合材料，光电功能材料，胶体与表面化学，纳米材料与技术，材料合成与制备化学
	生产实习，环境材料学，材料的再生与利用
	大学生职业发展与就业指导Ⅳ，高分子物理，材料化学基础，材料化学失效与控制，材料表面技术，涂料化学，材料化学前沿概述
2013 级	毕业设计（论文）

纳米材料与技术专业

年级	课程设置
2017 级	思想道德修养与法律基础，基础外语Ⅰ，体育Ⅰ，大学生职业发展与就业指导Ⅰ，大学生心理健康Ⅰ，大学生公共安全教育，大学计算机基础，无机化学 B，微积分 AⅠ，工科物理 AⅠ，材料科学与工程导论（名师课堂）
2016 级	思想道德修养与法律基础，基础外语Ⅱ，体育Ⅱ，大学生心理健康Ⅱ，C++ 程序设计，高等数学 AⅡ，线性代数 A，理科物理实验Ⅰ，电磁学，无机化学实验 BⅡ
	英语训练，创业训练，计算机实践
	毛泽东思想和中国特色社会主义理论体系概论Ⅰ，基础外语Ⅲ，体育Ⅲ，概率论与数理统计 A，理科物理实验Ⅱ，光学，热学
2015 级	马克思主义基本原理概论，体育Ⅳ，大学生职业发展与就业指导Ⅱ，金工实习Ⅰ，理科物理实验Ⅲ，电子技术，热力学与统计物理，原子物理，物理化学 D
	大学生职业发展与就业指导Ⅲ，认识实习，高分子材料概述，纳米材料科学与技术前沿
	毛泽东思想和中国特色社会主义理论体系概论Ⅱ，数理方法，理科物理实验Ⅳ，材料物理基础，材料化学基础，量子力学，X 射线晶体学，纳米材料制备与表征，物理化学实验 B，生物材料导论，磁电子学，纳米半导体材料
2014 级	经济与管理，表面与界面，固体物理，电子显微学，微纳加工技术，光电功能材料，有机光电功能材料，有机分子与纳米器件，薄膜材料与技术，无机非金属材料
	生产实习，环境材料学，纳米能源材料
	大学生职业发展与就业指导Ⅳ，半导体物理，材料物理性能 B，计算材料学，纳米器件基础，纳米磁性材料
2013 级	毕业设计（论文）

材料科学与工程（实验班）专业

年级	课程设置
2017 级	国际理解，国史与国情，工程伦理与思想道德，基础外语Ⅰ，体育Ⅰ，大学生职业发展与就业指导Ⅰ，大学生心理健康Ⅰ，大学生公共安全教育，计算机基础——原理与应用，高等数学Ⅰ，材料科学与工程导论（名师课堂）
2016 级	基础外语Ⅱ，体育Ⅱ，大学生心理健康Ⅱ，C++ 程序设计，化学实验Ⅱ，高等数学Ⅱ，大学物理 CⅠ
	英语训练，创业训练，计算机实践，材料科技与社会（讲座与研讨）
	中国与世界文化引论，工程法学，基础外语Ⅲ，体育Ⅲ，线性代数 A，工程力学 D，工科物理实验Ⅰ，大学化学，化学实验Ⅰ，大学物理 CⅡ
2015 级	体育Ⅳ，大学生职业发展与就业指导Ⅱ，金工实习Ⅰ，概率论与数理统计 A，数理方法，工科物理实验Ⅱ，大学物理 CⅢ，材料热力学与化学，晶体学与材料结构，电工技术
	大学生职业发展与就业指导Ⅲ，认识实习，冶金与材料科学史，材料科学与工程系列讲座
	材料科学基础实验Ⅰ，材料概论，材料动力学（传热传质界面偏析等），材料相变，材料变形与再结晶，工程制图，机械设计，电工技术实验，电子技术，物理化学实验 C，陶瓷材料及工艺导论，航空航天材料概述，生物材料导论，能源材料，纳米材料与微纳加工，信息材料与技术
2014 级	经济与管理，数学实验，材料科学基础实验Ⅱ，界面与表面，材料电子理论，电子技术实验，金属材料学Ⅰ，材料实验研究方法（X 线、电镜及其他）Ⅰ，材料力学性能，材料制备与加工（含钢铁冶金）Ⅰ，计算材料学，粉末冶金材料，高分子材料，功能陶瓷与器件，低维材料与制备技术，复合材料，电子功能材料导论，先进功能材料与技术
	生产实习，科技报告与论文的撰写与发表
	大学生职业发展与就业指导Ⅳ，材料物理性能 B，金属材料学Ⅱ，金属材料学实验，材料实验研究方法（X 线、电镜及其他）Ⅱ，材料制备与加工（含钢铁冶金）Ⅱ，金属腐蚀实验方法，耐蚀材料与防护技术，材料表面技术，环境材料学，材料选用，制造工程学
2013 级	毕业设计（论文）

新材料（双培）专业

年级	课程设置
2017 级	思想道德修养与法律基础，基础外语Ⅰ，体育Ⅰ，大学生职业发展与就业指导Ⅰ，大学生心理健康Ⅰ，大学生公共安全教育，大学计算机基础，无机化学 B，微积分 AⅠ，工科物理 AⅠ，材料科学与工程导论（名师课堂）
2016 级	思想道德修养与法律基础，基础外语Ⅱ，体育Ⅱ，大学生心理健康Ⅱ，C++ 程序设计，高等数学 AⅡ，线性代数 A，无机化学实验 BⅡ，大学物理 CⅠ
	英语训练，创业训练，计算机实践，专业概述
	毛泽东思想和中国特色社会主义理论体系概论Ⅰ，基础外语Ⅲ，体育Ⅲ，工程力学 B，概率论与数理统计 A，工科物理实验Ⅰ，大学物理 CⅡ
2015 级	马克思主义基本原理概论，体育Ⅳ，大学生职业发展与就业指导Ⅱ，金工实习Ⅰ，数学实验，工科物理实验Ⅱ，大学物理 CⅢ，机械设计制图 BⅠ，电工技术，物理化学 D
	大学生职业发展与就业指导Ⅲ，认识实习，走进材料科学
	毛泽东思想和中国特色社会主义理论体系概论Ⅱ，数理方法，材料科学基础Ⅰ，材料科学基础实验Ⅰ，电工技术实验，电子技术，物理化学实验 B，冶金工程概述，生物材料导论，电化学基础，固体物理基础 B

纳米材料与技术（双培）专业

年级	课程设置
2017 级	思想道德修养与法律基础，基础外语Ⅰ，体育Ⅰ，大学生职业发展与就业指导Ⅰ，大学生心理健康Ⅰ，大学生公共安全教育，大学计算机基础，无机化学 B，微积分 AⅠ，工科物理 AⅠ，材料科学与工程导论（名师课堂）
2016 级	思想道德修养与法律基础，基础外语Ⅱ，体育Ⅱ，大学生心理健康Ⅱ，C++ 程序设计，高等数学 AⅡ，线性代数 A，理科物理实验Ⅰ，电磁学，无机化学实验 BⅡ
	英语训练，创业训练，计算机实践
	毛泽东思想和中国特色社会主义理论体系概论Ⅰ，基础外语Ⅲ，体育Ⅲ，概率论与数理统计 A，理科物理实验Ⅱ，光学，热学
2015 级	马克思主义基本原理概论，体育Ⅳ，大学生职业发展与就业指导Ⅱ，金工实习Ⅰ，理科物理实验Ⅲ，电子技术，热力学与统计物理，原子物理，物理化学 D
	大学生职业发展与就业指导Ⅲ，认识实习，高分子材料概述，纳米材料科学与技术前沿
	毛泽东思想和中国特色社会主义理论体系概论Ⅱ，数理方法，理科物理实验Ⅳ，材料物理基础，材料化学基础，量子力学，X 射线晶体学，纳米材料制备与表征，物理化学实验 B，生物材料导论，磁电子学，纳米半导体材料

机械类专业

年级	课程设置
2017 级	中国近现代史纲要，沟通与交流，基础外语Ⅰ，体育Ⅰ，大学生职业发展与就业指导Ⅰ，大学生心理健康Ⅰ，大学生公共安全教育，大学计算机基础，普通化学，微积分 AⅠ，机械制图 AⅠ，机械是什么，钢板功能表面微观形貌与涂印视觉质量，轧钢中的科学知识，材料的热制造和模具——发展与探讨，力学与现代工程，专用车辆设计初步（专题），模拟的物流世界，漫话物流，高压水射流技术及其应用，机械失效分析基础与应用
2016 级	中国近现代史纲要，基础外语Ⅱ，体育Ⅱ，大学生心理健康Ⅱ，C++ 程序设计，高等数学 AⅡ，线性代数 A，大学物理 AⅠ，机械制图 AⅡ
	英语训练，创业训练，计算机实践，普通化学
	毛泽东思想和中国特色社会主义理论体系概论Ⅰ，基础外语Ⅲ，体育Ⅲ，理论力学 A，概率论与数理统计 A，数学实验，大学物理 AⅡ，工科物理实验Ⅰ

工业设计专业

年 级	课 程 设 置
2017 级	中国近现代史纲要，沟通与交流，基础外语 I，体育 I，大学生职业发展与就业指导 I，大学生心理健康 I，大学生公共安全教育，大学计算机基础，普通化学，微积分 A I，机械制图 A I，机械是什么，钢板功能表面微观形貌与涂印视觉质量，轧钢中的科学知识，材料的热制造和模具——发展与探讨，力学与现代工程，专用车辆设计初步（专题），模拟的物流世界，漫话物流，高压水射流技术及其应用，机械失效分析基础与应用
2016 级	中国近现代史纲要，基础外语 II，体育 II，大学生心理健康 II，C++ 程序设计，高等数学 B II，机械制图 B，色彩写生，平面构成（工设），建筑概论
	英语训练，创业训练，计算机实践
	毛泽东思想和中国特色社会主义理论体系概论 I，基础外语III，体育III，金工实习 I，大学物理 B，立体构成，色彩构成，摄影，效果图，计算机辅助二维设计（工设），传统工艺
2015 级	马克思主义基本原理概论，体育IV，大学生职业发展与就业指导 II，人机工程学，电子产品实用电路和结构，设计方法学，设计基础，计算机辅助三维设计（工设），视觉传达设计，信息图表设计
	大学生职业发展与就业指导III，创意实践，认识实习
	毛泽东思想和中国特色社会主义理论体系概论 II，设计工程基础 I，计算机辅助动画设计（工设），交互设计技术，模型设计与制作，产品设计 I，商业空间形象设计，数字影像设计
2014 级	经济与管理，设计工程基础 II，界面设计（双语），产品设计 II，文化创意产品设计，导视系统设计
	专业实习
	大学生职业发展与就业指导IV，设计实践，毕设选题，交互原型设计，游戏设计，品牌数字化推广
2013 级	毕业设计（论文）

物流工程专业

年 级	课 程 设 置
2017 级	中国近现代史纲要，沟通与交流，基础外语 I，体育 I，大学生职业发展与就业指导 I，大学生心理健康 I，大学生公共安全教育，大学计算机基础，普通化学，微积分 A I，机械制图 A I，机械是什么，钢板功能表面微观形貌与涂印视觉质量，轧钢中的科学知识，材料的热制造和模具——发展与探讨，力学与现代工程，专用车辆设计初步（专题），模拟的物流世界，漫话物流，高压水射流技术及其应用，机械失效分析基础与应用
2016 级	中国近现代史纲要，基础外语 II，体育 II，大学生心理健康 II，C++ 程序设计，高等数学 A II，线性代数 A，大学物理 A I，机械制图 A II
	英语训练，创业训练，计算机实践
	毛泽东思想和中国特色社会主义理论体系概论 I，基础外语III，体育III，概率论与数理统计 A，数学实验，大学物理 A II，工科物理实验 I，工程力学 C，物流学
2015 级	马克思主义基本原理概论，体育IV，大学生职业发展与就业指导 II，工科物理实验 II，机械设计基础，信息系统开发技术，数据库应用基础，电工技术实验，电工技术，应用统计学
	大学生职业发展与就业指导III，专业课程设计 I——小系统开发
	毛泽东思想和中国特色社会主义理论体系概论 II，金工实习 I，机械课程设计，计算机网络，机械制造工程基础，应用运筹学，系统工程，生产计划与控制，控制工程基础，供应链管理（双语）
2014 级	经济与管理，设施规划与设计，现代制造系统，物流技术装备，配送与配送中心，离散系统建模与仿真，计算机辅助设计及应用，物流信息系统，可行性研究，PLC 控制技术及应用，企业物流管理，质量管理与控制，包装与流通加工技术
	专业实习
	大学生职业发展与就业指导IV，专业课程设计 II——设施规划，专业课程设计III——生产系统仿真，冶金生产工艺及装备，物流系统集成技术，自动识别技术，ERP 原理与应用，国际物流（双语），物流运作与实践，人因工程
2013 级	毕业设计（论文）

车辆工程专业

年级	课程设置
2017级	中国近现代史纲要，沟通与交流，基础外语Ⅰ，体育Ⅰ，大学生职业发展与就业指导Ⅰ，大学生心理健康Ⅰ，大学生公共安全教育，大学计算机基础，普通化学，微积分AⅠ，机械制图AⅠ，机械是什么，钢板功能表面微观形貌与涂印视觉质量，轧钢中的科学知识，材料的热制造和模具——发展与探讨，力学与现代工程，专用车辆设计初步（专题），模拟的物流世界，漫话物流，高压水射流技术及其应用，机械失效分析基础与应用
2016级	中国近现代史纲要，基础外语Ⅱ，体育Ⅱ，大学生心理健康Ⅱ，C++程序设计，高等数学AⅡ，线性代数A，大学物理AⅠ，机械制图AⅡ
	英语训练，创业训练，计算机实践，普通化学
	毛泽东思想和中国特色社会主义理论体系概论Ⅰ，基础外语Ⅲ，体育Ⅲ，理论力学A，概率论与数理统计A，数学实验，大学物理AⅡ，工科物理实验Ⅰ
2015级	马克思主义基本原理概论，体育Ⅳ，大学生职业发展与就业指导Ⅱ，金工实习Ⅰ，材料力学，工科物理实验Ⅱ，机械原理，热工学，电工技术实验，电工技术
	大学生职业发展与就业指导Ⅲ，金工实习Ⅱ
	毛泽东思想和中国特色社会主义理论体系概论Ⅱ，电子技术实习，微机原理与应用B，工程流体力学，工程材料及成形工艺，机械设计，电子技术实验，电子技术，汽车构造（双语），发动机原理，液压元件
2014级	经济与管理，机械课程设计，机械制造工艺基础，自动控制理论，汽车理论，汽车设计，汽车试验学，现代设计法概论，机电传动控制，汽车电子与电气技术，嵌入式系统，机械工程专题，机械振动
	生产实习，机制工艺课程设计
	大学生职业发展与就业指导Ⅳ，车辆人机工程，专用车辆，车辆可靠性工程，汽车造型设计，CAD/CAM技术及应用，汽车安全技术，汽车检测与诊断，智能交通概况，车辆液压传动与控制，电动汽车，汽车新技术，随机振动
2013级	毕业设计（论文）

视觉传达设计专业

年级	课程设置
2017级	中国近现代史纲要，沟通与交流，基础外语Ⅰ，体育Ⅰ，大学生职业发展与就业指导Ⅰ，大学生心理健康Ⅰ，大学生公共安全教育，大学计算机基础，造型基础，静态构成A，动态构成A，设计导论
2016级	中国近现代史纲要，基础外语Ⅱ，体育Ⅱ，大学生心理健康Ⅱ，立体构成，摄影，计算机辅助二维设计（艺设），图案设计，字体设计，建筑概论
	英语训练，创业训练，计算机实践
	毛泽东思想和中国特色社会主义理论体系概论Ⅰ，基础外语Ⅲ，体育Ⅲ，标志设计，图形设计，计算机辅助三维设计（艺设），综合材料表达，视听语言，插图设计，传统工艺
2015级	马克思主义基本原理概论，体育Ⅳ，大学生职业发展与就业指导Ⅱ，数字摄像，人因设计，设计思维与方法，数字媒体前期创作，动画造型基础，书籍装帧设计，信息图表设计
	大学生职业发展与就业指导Ⅲ，创意实践，认识实习
	毛泽东思想和中国特色社会主义理论体系概论Ⅱ，形态设计与模型制作，计算机辅助动画设计（艺设），界面设计（双语），包装设计，网页设计与制作，动画设计，商业空间形象设计
2014级	经济与管理，广告设计，数字媒体设计，视觉形象设计，文化创意产品设计，导视系统设计
	专业实习
	大学生职业发展与就业指导Ⅳ，设计实践，专业记录与表达，毕设选题，游戏设计，品牌数字化推广
2013级	毕业设计（论文）

机械工程专业

年 级	课 程 设 置
2017 级	中国近现代史纲要，沟通与交流，基础外语Ⅰ，体育Ⅰ，大学生职业发展与就业指导Ⅰ，大学生心理健康Ⅰ，大学生公共安全教育，大学计算机基础，普通化学，微积分 AⅠ，机械制图 AⅠ，机械是什么，钢板功能表面微观形貌与涂印视觉质量，轧钢中的科学知识，材料的热制造和模具——发展与探讨，力学与现代工程，专用车辆设计初步（专题），模拟的物流世界，漫话物流，高压水射流技术及其应用，机械失效分析基础与应用
2016 级	中国近现代史纲要，基础外语Ⅱ，体育Ⅱ，大学生心理健康Ⅱ，C++ 程序设计，高等数学 AⅡ，线性代数 A，大学物理 AⅠ，机械制图 AⅡ
	英语训练，创业训练，计算机实践，普通化学
	毛泽东思想和中国特色社会主义理论体系概论Ⅰ，基础外语Ⅲ，体育Ⅲ，理论力学 A，概率论与数理统计 A，数学实验，大学物理 A Ⅱ，工科物理实验Ⅰ
2015 级	马克思主义基本原理概论，体育Ⅳ，大学生职业发展与就业指导Ⅱ，金工实习Ⅰ，材料力学，工科物理实验Ⅱ，机械原理，热工学，电工技术实验，电工技术
	大学生职业发展与就业指导Ⅲ，金工实习Ⅱ
	毛泽东思想和中国特色社会主义理论体系概论Ⅱ，电子技术实习，微机原理与应用 B，工程流体力学，工程材料及成形工艺，机械设计，电子技术实验，电子技术
2014 级	经济与管理，机械课程设计，自动控制理论，机械制造工艺基础，互换性与测量技术，液压与气压传动，测试技术，机电传动控制，机械工程专题，机械创新设计，机械振动
	机制工艺课程设计，生产实习
	大学生职业发展与就业指导Ⅳ，机械制造装备设计，现代制造系统，计算机辅助制造，液压控制系统，冶金生产工艺及装备，轧制过程控制，工程数值计算，现代设计方法，CAD/CAM 技术及应用，微机电系统，数学模型，塑性加工技术，机电一体化技术，生物机械工程，冶金机械设计与制造，现代传感技术，模具设计与制造，现代加工技术，机电系统原理及应用，计算机控制技术，数控机床，机械质量管理分析与控制
2013 级	毕业设计（论文）

新制造工艺（双培）专业

年 级	课 程 设 置
2017 级	中国近现代史纲要，沟通与交流，基础外语Ⅰ，体育Ⅰ，大学生职业发展与就业指导Ⅰ，大学生心理健康Ⅰ，大学生公共安全教育，大学计算机基础，普通化学，微积分 AⅠ，机械制图 AⅠ，机械是什么，钢板功能表面微观形貌与涂印视觉质量，轧钢中的科学知识，材料的热制造和模具——发展与探讨，力学与现代工程，专用车辆设计初步（专题），模拟的物流世界，漫话物流，高压水射流技术及其应用，机械失效分析基础与应用
2016 级	中国近现代史纲要，基础外语Ⅱ，体育Ⅱ，大学生心理健康Ⅱ，C++ 程序设计，高等数学 AⅡ，线性代数 A，大学物理 AⅠ，机械制图 AⅡ
	英语训练，创业训练，计算机实践，普通化学
	毛泽东思想和中国特色社会主义理论体系概论Ⅰ，基础外语Ⅲ，体育Ⅲ，理论力学 A，概率论与数理统计 A，数学实验，大学物理 AⅡ，工科物理实验Ⅰ
2015 级	马克思主义基本原理概论，体育Ⅳ，大学生职业发展与就业指导Ⅱ，金工实习Ⅰ，材料力学，工科物理实验Ⅱ，机械原理，热工学，电工技术实验，电工技术
	大学生职业发展与就业指导Ⅲ，金工实习Ⅱ
	毛泽东思想和中国特色社会主义理论体系概论Ⅱ，电子技术实习，微机原理与应用 B，工程流体力学，工程材料及成形工艺，机械设计，电子技术实验，电子技术

工商管理类专业

年级	课程设置
2017 级	大学语文与应用文写作，中国近现代史纲要，基础外语Ⅰ，英语口语Ⅰ，体育Ⅰ，大学生职业发展与就业指导Ⅰ，大学生心理健康Ⅰ，大学生公共安全教育，大学计算机基础，化学与社会，微积分 AⅠ，微积分 BⅠ，走进财务世界
2016 级	中国近现代史纲要，基础外语Ⅱ，英语口语Ⅱ，体育Ⅱ，大学生心理健康Ⅱ，数据库与 VF 程序设计，高等数学 AⅡ，高等数学 BⅡ，管理学原理（双语），宏微观经济学，经济法
	英语训练，创业训练，计算机实践，工业生产过程概论
	马克思主义基本原理概论，基础外语Ⅲ，英语口语Ⅲ，体育Ⅲ，线性代数 A，大学物理 B，人力资源管理 B，市场营销学 B，会计学原理

管理科学与工程类专业

年级	课程设置
2017 级	大学语文与应用文写作，中国近现代史纲要，基础外语Ⅰ，英语口语Ⅰ，体育Ⅰ，大学生职业发展与就业指导Ⅰ，大学生心理健康Ⅰ，大学生公共安全教育，大学计算机基础，化学与社会，微积分 AⅠ，管理科学理性与精神，IT 技术与社会变革
2016 级	中国近现代史纲要，基础外语Ⅱ，英语口语Ⅱ，体育Ⅱ，大学生心理健康Ⅱ，数据库与 VF 程序设计，高等数学 AⅡ，管理学原理（双语），宏微观经济学
	英语训练，创业训练，计算机实践，工业生产过程概论
	马克思主义基本原理概论，基础外语Ⅲ，英语口语Ⅲ，体育Ⅲ，线性代数 A，大学物理 B，管理信息系统，运营管理，会计学原理，人力资源管理 B，市场营销学 B

经济与贸易类专业

年级	课程设置
2017 级	大学语文与应用文写作，中国近现代史纲要，基础外语Ⅰ，英语口语Ⅰ，体育Ⅰ，大学生职业发展与就业指导Ⅰ，大学生心理健康Ⅰ，大学生公共安全教育，大学计算机基础，化学与社会，微积分 AⅠ，金融导论，国际贸易摩擦与争端的解决
2016 级	中国近现代史纲要，基础外语Ⅱ，英语口语Ⅱ，体育Ⅱ，大学生心理健康Ⅱ，数据库与 VF 程序设计，高等数学 AⅡ，高等数学 BⅡ，管理学原理（双语），微观经济学
	英语训练，创业训练，计算机实践，工业生产过程概论
	马克思主义基本原理概论，基础外语Ⅲ，英语口语Ⅲ，体育Ⅲ，线性代数 A，大学物理 B，管理信息系统，人力资源管理 B，市场营销学 B，会计学原理，宏观经济学

国际经济与贸易专业

年级	课程设置
2017 级	大学语文与应用文写作，中国近现代史纲要，基础外语Ⅰ，英语口语Ⅰ，体育Ⅰ，大学生职业发展与就业指导Ⅰ，大学生心理健康Ⅰ，大学生公共安全教育，大学计算机基础，化学与社会，微积分 AⅠ，金融导论，国际贸易摩擦与争端的解决
2016 级	中国近现代史纲要，基础外语Ⅱ，英语口语Ⅱ，体育Ⅱ，大学生心理健康Ⅱ，数据库与 VF 程序设计，高等数学 BⅡ，管理学原理（双语），微观经济学
	英语训练，创业训练，计算机实践，工业生产过程概论
	马克思主义基本原理概论，基础外语Ⅲ，英语口语Ⅲ，体育Ⅲ，线性代数 A，大学物理 B，管理信息系统，人力资源管理 B，市场营销学 B，会计学原理，宏观经济学

续表

年级	课程设置
2015级	毛泽东思想和中国特色社会主义理论体系概论Ⅰ，英语口语Ⅳ，体育Ⅳ，大学生职业发展与就业指导Ⅱ，概率论与数理统计A，数学实验，财政金融学，国际贸易原理，财务管理，宏微观经济学Ⅱ，国际商务英语（英语）
	大学生职业发展与就业指导Ⅲ，企业认识与实践，管理办公自动化，国际贸易摩擦分析
	毛泽东思想和中国特色社会主义理论体系概论Ⅱ，运筹学，应用统计学，经济法，电子商务，国际金融（英语），国际商务与跨文化，商业伦理与社会责任，国际贸易实务，国际市场营销（双语），大数据应用
2014级	国际商法，国际商务谈判，国际技术贸易概论，信息资源管理，财务报表分析，国际贸易地理，国际经济与贸易专业发展前沿概述，国际经济合作
	专业实习
	大学生职业发展与就业指导Ⅳ，战略管理，市场竞争模拟，国际结算，WTO贸易规则，人力资源管理实务，国际投资实务（双语）
2013级	毕业设计（论文）

会计学专业

年级	课程设置
2017级	大学语文与应用文写作，中国近现代史纲要，基础外语Ⅰ，英语口语Ⅰ，体育Ⅰ，大学生职业发展与就业指导Ⅰ，大学生心理健康Ⅰ，大学生公共安全教育，大学计算机基础，化学与社会，微积分AⅠ，走进财务世界
2016级	中国近现代史纲要，基础外语Ⅱ，英语口语Ⅱ，体育Ⅱ，大学生心理健康Ⅱ，数据库与VF程序设计，高等数学BⅡ，管理学原理（双语），宏微观经济学，经济法
	英语训练，创业训练，计算机实践，工业生产过程概论
	马克思主义基本原理概论，基础外语Ⅲ，英语口语Ⅲ，体育Ⅲ，线性代数A，大学物理B，人力资源管理B，市场营销学B，会计学原理
2015级	毛泽东思想和中国特色社会主义理论体系概论Ⅰ，英语口语Ⅳ，体育Ⅳ，大学生职业发展与就业指导Ⅱ，概率论与数理统计A，数学实验，管理信息系统，项目评价与管理，金融学概论，税收概论，中级财务会计
	大学生职业发展与就业指导Ⅲ，企业认识与实践，证券投资实务，会计实务演练
	毛泽东思想和中国特色社会主义理论体系概论Ⅱ，运筹学，运营管理，企业战略管理，应用统计学，国际商务与跨文化，商业伦理与社会责任，会计电算化原理与实务，成本会计，高级会计学，投资学原理
2014级	审计学，税收概论，财务管理（英语），会计理论与实务前沿，Excel在财务管理中的应用，企业财务风险管理，国际会计，财务分析，会计研究数据处理
	专业实习
	大学生职业发展与就业指导Ⅳ，管理会计（双语），战略管理，政府与非营利组织会计，资本市场会计研究，财务管理案例分析
2013级	毕业设计（论文）

工商管理专业

年级	课程设置
2017级	大学语文与应用文写作，中国近现代史纲要，基础外语Ⅰ，英语口语Ⅰ，体育Ⅰ，大学生职业发展与就业指导Ⅰ，大学生心理健康Ⅰ，大学生公共安全教育，大学计算机基础，化学与社会，微积分AⅠ，微积分BⅠ，走进财务世界

续表

2016 级	中国近现代史纲要，基础外语Ⅱ，英语口语Ⅱ，体育Ⅱ，大学生心理健康Ⅱ，数据库与 VF 程序设计，高等数学 BⅡ，管理学原理（双语），宏微观经济学，经济法
	英语训练，创业训练，计算机实践，工业生产过程概论
	马克思主义基本原理概论，基础外语Ⅲ，英语口语Ⅲ，体育Ⅲ，线性代数 A，大学物理 B，人力资源管理 B，市场营销学 B，会计学原理，项目评价与管理
2015 级	毛泽东思想和中国特色社会主义理论体系概论Ⅰ，英语口语Ⅳ，体育Ⅳ，大学生职业发展与就业指导Ⅱ，概率论与数理统计 A，数学实验，管理信息系统，项目评价与管理，金融学概论
	大学生职业发展与就业指导Ⅲ，企业认识与实践，商务分析软件，证券投资实务
	毛泽东思想和中国特色社会主义理论体系概论Ⅱ，运筹学，运营管理，企业战略管理（双语），应用统计学，国际商务与跨文化，商业伦理与社会责任，市场竞争模拟，市场调查与预测，组织行为学，组织理论与实务
2014 级	市场调查与预测，财务管理，管理会计，品牌战略，消费者行为学，管理沟通，心理测量与甄选，绩效与薪酬管理，管理技能开发与培训，企划文案设计，创业管理，广告与营销策划（英文）
	专业实习
	大学生职业发展与就业指导Ⅳ，劳动关系法律实务，企业文化（英语），财务报表分析，国际营销原理与实务，国际贸易原理与实务，电子商务
2013 级	毕业设计（论文）

信息管理与信息系统专业

年 级	课 程 设 置
2017 级	大学语文与应用文写作，中国近现代史纲要，基础外语Ⅰ，英语口语Ⅰ，体育Ⅰ，大学生职业发展与就业指导Ⅰ，大学生心理健康Ⅰ，大学生公共安全教育，大学计算机基础，化学与社会，微积分 AⅠ，管理科学理性与精神，IT 技术与社会变革
2016 级	中国近现代史纲要，基础外语Ⅱ，英语口语Ⅱ，体育Ⅱ，大学生心理健康Ⅱ，数据库与 VF 程序设计，高等数学 AⅡ，管理学原理（双语），宏微观经济学
	英语训练，创业训练，计算机实践，工业生产过程概论
	马克思主义基本原理概论，基础外语Ⅲ，英语口语Ⅲ，体育Ⅲ，线性代数 A，大学物理 B，管理信息系统，运营管理，会计学原理，人力资源管理 B，市场营销学 B
2015 级	毛泽东思想和中国特色社会主义理论体系概论Ⅰ，英语口语Ⅳ，体育Ⅳ，大学生职业发展与就业指导Ⅱ，概率论与数理统计 A，数学实验，离散数学，信息资源管理，财务与会计学基础，计算机组成原理，C++ 语言程序设计，数据库原理，信息系统分析与设计
	大学生职业发展与就业指导Ⅲ，信息系统开发实践Ⅰ，信息系统开发实践Ⅱ，企业认识与实践
	毛泽东思想和中国特色社会主义理论体系概论Ⅱ，运筹学，决策支持系统，项目评价与管理，应用统计学，国际商务与跨文化，商业伦理与社会责任，操作系统（双语）
2014 级	数据结构，计算机网络，电子商务，办公自动化，软件工程学，专业发展前沿技术，信息安全技术，企业系统建模，管理系统工程
	专业实习
	大学生职业发展与就业指导Ⅳ，战略管理，供应链管理基础，ERP 原理与应用，面向对象技术，数据仓库与数据挖掘（双语），Oracle 应用技术，CRM 原理与应用，Java 程序设计，信息系统运作与管理，电子商务及网络开发技术，MES 原理与应用
2013 级	毕业设计（论文）

金融工程专业

年级	课程设置
2017 级	大学语文与应用文写作，中国近现代史纲要，基础外语Ⅰ，英语口语Ⅰ，体育Ⅰ，大学生职业发展与就业指导Ⅰ，大学生心理健康Ⅰ，大学生公共安全教育，大学计算机基础，化学与社会，微积分 AⅠ，金融导论，国际贸易摩擦与争端的解决
2016 级	中国近现代史纲要，基础外语Ⅱ，英语口语Ⅱ，体育Ⅱ，大学生心理健康Ⅱ，数据库与 VF 程序设计，高等数学 AⅡ，管理学原理（双语），微观经济学
	英语训练，创业训练，计算机实践，工业生产过程概论
	马克思主义基本原理概论，基础外语Ⅲ，英语口语Ⅲ，体育Ⅲ，线性代数 A，大学物理 B，管理信息系统，人力资源管理 B，市场营销学 B，会计学原理，宏观经济学
2015 级	毛泽东思想和中国特色社会主义理论体系概论Ⅰ，英语口语Ⅳ，体育Ⅳ，大学生职业发展与就业指导Ⅱ，运筹学，概率论与数理统计 A，数学实验，财政金融学，国际贸易原理，财务管理，宏微观经济学Ⅱ，国际投资（双语）
	大学生职业发展与就业指导Ⅲ，企业认识与实践，金融交易模拟，投资理财方案设计
	毛泽东思想和中国特色社会主义理论体系概论Ⅱ，随机过程，应用统计学，经济法，电子商务，国际金融（英语），国际商务与跨文化，商业伦理与社会责任，投资学，商业银行经营学，金融营销学，投资基金，税收概论
2014 级	计量经济学，金融工程学，金融市场（双语），保险学，信用管理，金融产品设计与应用，金融监管，投资银行，期货实务，固定收益证券，金融数据处理
	专业实习
	大学生职业发展与就业指导Ⅳ，战略管理，风险管理，风险投资，证券交易分析，金融理论与实践专题，财富管理，实验金融学，金融案例分析
2013 级	毕业设计（论文）

工程管理专业

年级	课程设置
2017 级	大学语文与应用文写作，中国近现代史纲要，基础外语Ⅰ，英语口语Ⅰ，体育Ⅰ，大学生职业发展与就业指导Ⅰ，大学生心理健康Ⅰ，大学生公共安全教育，大学计算机基础，化学与社会，微积分 AⅠ，管理科学理性与精神，IT 技术与社会变革
2016 级	中国近现代史纲要，基础外语Ⅱ，英语口语Ⅱ，体育Ⅱ，大学生心理健康Ⅱ，数据库与 VF 程序设计，高等数学 AⅡ，管理学原理（双语），宏微观经济学
	英语训练，创业训练，计算机实践，工业生产过程概论
	马克思主义基本原理概论，基础外语Ⅲ，英语口语Ⅲ，体育Ⅲ，线性代数 A，大学物理 B，管理信息系统，运营管理，会计学原理，人力资源管理 B，市场营销学 B
2015 级	毛泽东思想和中国特色社会主义理论体系概论Ⅰ，英语口语Ⅳ，体育Ⅳ，大学生职业发展与就业指导Ⅱ，工程力学 C，概率论与数理统计 A，数学实验，信息资源管理，财务与会计学基础，土木工程概论，房屋建筑学，工程制图基础
	大学生职业发展与就业指导Ⅲ，企业认识与实践，项目管理软件应用，工程项目管理沙盘模拟
	毛泽东思想和中国特色社会主义理论体系概论Ⅱ，运筹学，决策支持系统，项目评价与管理，应用统计学，国际商务与跨文化，商业伦理与社会责任，工程项目管理（双语）
2014 级	工程合同法律制度，工程监理，工程项目风险与安全管理，工程项目质量管理，招投标管理，房地产开发与经营，工程咨询概论，国际信贷，投资经济学
	专业实习
	大学生职业发展与就业指导Ⅳ，战略管理，国际工程承包与合同管理（双语），工程保险学，项目融资分析，国际贸易实务
2013 级	毕业设计（论文）

工商管理（体育班）专业

年 级	课 程 设 置
2017 级	大学语文与应用文写作，中国近现代史纲要，基础外语Ⅰ，英语口语Ⅰ，大学生职业发展与就业指导Ⅰ，大学生心理健康Ⅰ，大学生公共安全教育，大学计算机基础，化学与社会，微积分AⅠ，微积分BⅠ，走进财务世界
2016 级	中国近现代史纲要，基础外语Ⅱ，英语口语Ⅱ，体育Ⅱ，大学生心理健康Ⅱ，数据库与VF程序设计，高等数学BⅡ，管理学原理，宏微观经济学，经济法
	英语训练，创业训练，计算机实践，工业生产过程概论
	马克思主义基本原理概论，基础外语Ⅲ，英语口语Ⅲ，体育Ⅲ，线性代数A，大学物理B，人力资源管理B，市场营销学B，会计学原理
2015 级	毛泽东思想和中国特色社会主义理论体系概论Ⅰ，英语口语Ⅳ，体育Ⅳ，大学生职业发展与就业指导Ⅱ，概率论与数理统计A，数学实验，管理信息系统，项目评价与管理，金融学概论
	大学生职业发展与就业指导Ⅲ，企业认识与实践，商务分析软件，证券投资实务
	毛泽东思想和中国特色社会主义理论体系概论Ⅱ，运筹学，运营管理，企业战略管理，应用统计学，国际商务与跨文化，商业伦理与社会责任，市场竞争模拟，市场调查与预测，组织行为学，组织理论与实务
2014 级	市场调查与预测，财务管理，管理会计，品牌战略，消费者行为学，管理沟通，心理测量与甄选，企划文案设计，创业管理
	专业实习
	大学生职业发展与就业指导Ⅳ，劳动关系法律实务，财务报表分析，国际贸易原理与实务，电子商务
2013 级	毕业设计（论文）

法学专业

年 级	课 程 设 置
2017 级	思想道德修养与法律基础，基础外语Ⅰ，体育Ⅰ，大学生职业发展与就业指导Ⅰ，大学生心理健康Ⅰ，大学生公共安全教育，经济学概论，心理学概论，大学计算机基础，文科数学Ⅰ
2016 级	大学语文与应用写作A，中国近现代史纲要，沟通与交流，基础外语Ⅱ，体育Ⅱ，大学生心理健康Ⅱ，民法学Ⅰ，刑法学Ⅰ，宪法学，社会学概论
	英语训练，创业训练，计算机实践
	马克思主义基本原理概论，基础外语Ⅲ，体育Ⅲ，多媒体基础及应用，现代科学技术概论，社会调查方法，经济学原理，民法学Ⅱ，刑法学Ⅱ，国际法学
2015 级	毛泽东思想和中国特色社会主义理论体系概论Ⅰ，体育Ⅳ，大学生职业发展与就业指导Ⅱ，宪法学，民事诉讼法学，刑事诉讼法学（双语），形式逻辑，政治学概论，侵权责任法学，婚姻家庭法，社会公益组织专题研究，西方思想史专题，社会科学研究简论
	大学生职业发展与就业指导Ⅲ，专业实习Ⅰ
	毛泽东思想和中国特色社会主义理论体系概论Ⅱ，行政法与行政诉讼法学，商法学Ⅰ，合同法学，金融法学，模拟法庭实务，经济法学，证据法学，房地产法，中国思想史专题，伦理学，电子政务，服务管理与营销
2014 级	SPSS软件运用，国际私法学（双语），国际经济法学，商法学Ⅱ，中国法制史，知识产权法学，劳动法，经济刑法，当代中国社会问题研究，中国行政改革概论
	专业实习Ⅱ
	大学生职业发展与就业指导Ⅳ，金融法学，律师实务（双语），学术论文写作，当代中国社会保障，公共关系学，后现代西方社会思潮
2013 级	毕业设计（论文）

行政管理专业

年 级	课 程 设 置
2017 级	思想道德修养与法律基础，基础外语Ⅰ，体育Ⅰ，大学生职业发展与就业指导Ⅰ，大学生心理健康Ⅰ，大学生公共安全教育，经济学概论，心理学概论，大学计算机基础，文科数学Ⅰ
2016 级	大学语文与应用写作 A，中国近现代史纲要，沟通与交流，基础外语Ⅱ，体育Ⅱ，大学生心理健康Ⅱ，线性代数 B，概率论与数理统计 B，经济学原理，政治学原理（双语），社会学概论
	英语训练，创业训练，计算机实践
	马克思主义基本原理概论，基础外语Ⅲ，体育Ⅲ，多媒体基础及应用，现代科学技术概论，社会调查方法，行政公文写作，管理学原理，西方行政思想史，政府经济学（双语），公共行政学，形式逻辑
2015 级	毛泽东思想和中国特色社会主义理论体系概论Ⅰ，体育Ⅳ，大学生职业发展与就业指导Ⅱ，法学概论，当代中国政府与政治，比较政治制度，行政法与行政诉讼，管理心理学，管理学原理，公共财政学，西方思想史专题，社会科学研究简论，社会科学研究导论
	大学生职业发展与就业指导Ⅲ，专业实习Ⅰ，电子政务软件和技能培训
	毛泽东思想和中国特色社会主义理论体系概论Ⅱ，秘书学，管理哲学，行政组织学，社会保障概论，行政领导与决策（双语），电子政务，交易成本政治学，府际关系研究，中国思想史专题，服务管理与营销
2014 级	SPSS 软件运用，企业管理，现代城市管理学，公共政策学，人力资源开发与管理（双语），公务员管理，劳动法，行政伦理学，中国行政改革概论，学术论文写作，政府绩效评估，后现代西方社会思潮，非营利组织管理
	专业实习Ⅱ，行政能力测试
	大学生职业发展与就业指导Ⅳ，公共危机管理，当代中国社会问题研究，制度经济学，公共部门的全面质量管理，公共政策分析方法，公共关系学
2013 级	毕业设计（论文），公务员管理

社会工作（社会管理）专业

年 级	课 程 设 置
2017 级	思想道德修养与法律基础，基础外语Ⅰ，体育Ⅰ，大学生职业发展与就业指导Ⅰ，大学生心理健康Ⅰ，大学生公共安全教育，经济学概论，心理学概论，大学计算机基础，文科数学Ⅰ
2016 级	大学语文与应用写作 A，中国近现代史纲要，沟通与交流，基础外语Ⅱ，体育Ⅱ，大学生心理健康Ⅱ，线性代数 B，概率论与数理统计 B，社会人类学（双语），社会调查方法Ⅰ
	英语训练，创业训练，计算机实践
	马克思主义基本原理概论，基础外语Ⅲ，体育Ⅲ，多媒体基础及应用，现代科学技术概论，社会统计学，人类行为与社会环境，社会调查方法Ⅱ，个案工作
2015 级	毛泽东思想和中国特色社会主义理论体系概论Ⅰ，体育Ⅳ，大学生职业发展与就业指导Ⅱ，SPSS 软件应用，经济学原理，法学概论，政治学概论，社区概论，社会心理学，社会人类学（双语），小组工作，家庭社会工作，西方思想史专题
	大学生职业发展与就业指导Ⅲ，专业实习Ⅰ
	毛泽东思想和中国特色社会主义理论体系概论Ⅱ，网络与办公自动化，组织社会学，社会调查方法Ⅱ，西方社会学理论，现代社会福利思想，社区工作，服务管理与营销
2014 级	当代社会学理论，社会政策概论，社会保障原理，社会工作行政，当代中国社会问题研究，发展社会学，老年社会工作，科学社会学，健康社会学，农村社会工作，企业社会工作
	专业实习Ⅱ
	大学生职业发展与就业指导Ⅳ，社会服务机构实践与督导Ⅰ，社区工作，人力资源开发与管理，公共关系学，中国思想史专题，人口社会学，青少年社会工作，社会项目评估，转型社会学
2013 级	社会服务机构实践与督导Ⅱ，毕业设计（论文），中国社会学史，学术论文写作

英语专业

年级	课程设置
2017级	中国近现代史纲要，体育Ⅰ，军事理论，大学生职业发展与就业指导Ⅰ，大学生心理健康Ⅰ，大学生公共安全教育，综合英语，综合日语，综合德语，英语国家概况，日本大众文化，走近德国
	沟通与交流，思想道德修养与法律基础，体育Ⅱ，大学生心理健康Ⅱ，多媒体基础及应用B，初级英语视听Ⅱ，英语泛读与课外必读Ⅱ（网络阅读），基础英语Ⅱ，圣经与希腊罗马神话，口语训练2——模仿与演讲，学术写作方法与体裁，人文学科专题
2016级	创业训练，计算机实践
	毛泽东思想和中国特色社会主义理论体系概论Ⅰ，体育Ⅲ，高级英语视听Ⅰ，英语泛读与课外必读Ⅲ（文学经典），基础英语Ⅲ，跨文化交际，口语训练3——访谈与辩论，学术写作与创作，英国和大洋洲社会与文化，英美报刊选读，名篇翻译鉴赏
	马克思主义基本原理概论，体育Ⅳ，大学生职业发展与就业指导Ⅱ，高级英语视听Ⅱ，英语泛读与课外必读Ⅳ（欧美历史），高级英语听力Ⅱ，基础英语Ⅳ，西方艺术史，口语训练4——电影与配音，学术写作与水平考试，北美社会与文化，英美短篇小说，德语（二外）Ⅰ，日语（二外）Ⅰ，法语（二外）Ⅰ，俄语（二外）Ⅰ，实用文体翻译，英语词汇学，欧洲文化概论
2015级	大学生职业发展与就业指导Ⅲ，专业实践Ⅰ，英语写作实验室，笔译实验室，英语辩论实验室，外国专家讲学
	毛泽东思想和中国特色社会主义理论体系概论Ⅱ，英国文学史与作品选读，当代语言学导论Ⅰ，英译汉理论与实践，传播学概论，批判思维与学术写作，劳动关系法律实务，企业文化（英语），电子商务，人力资源管理实务，德语（二外）Ⅱ，日语（二外）Ⅱ，英美诗歌选读，英汉语言对比分析，语义学基础，法语（二外）Ⅱ，俄语（二外）Ⅱ，英汉对比与翻译
	口译理论与实践，高级英语阅读Ⅱ，高级英语写作，美国文学史与作品选读，汉译英理论与实践，概率论与数理统计B，品牌战略，消费者行为学，管理沟通，企划文案设计，创业管理，国际商务函电（双语），德语（二外）Ⅲ，日语（二外）Ⅲ，法语（二外）Ⅲ，俄语（二外）Ⅲ，语篇分析，英美文学与电影
2014级	专业实践Ⅱ，语言测试
	经济与管理，大学生职业发展与就业指导Ⅳ，当代语言学导论Ⅱ，交传与同传，学术论文写作，德语（二外）Ⅳ，日语（二外）Ⅳ，法语（二外）Ⅳ，俄语（二外）Ⅳ
2013级	毕业设计（论文）

日语专业

年级	课程设置
2017级	中国近现代史纲要，体育Ⅰ，军事理论，大学生职业发展与就业指导Ⅰ，大学生心理健康Ⅰ，大学生公共安全教育，综合英语，综合日语，综合德语，英语国家概况，日本大众文化，走近德国
	沟通与交流，思想道德修养与法律基础，体育Ⅱ，大学生心理健康Ⅱ，日语综合能力实践Ⅰ，多媒体基础及应用B，基础外语Ⅱ，基础日语Ⅱ，日语初级视听说Ⅱ，日语会话与实践Ⅱ，日语朗读技巧与实践
2016级	英语训练，创业训练，计算机实践
	毛泽东思想和中国特色社会主义理论体系概论Ⅰ，体育Ⅲ，基础外语Ⅲ，基础日语Ⅲ，日语初级视听说Ⅲ，日语会话与实践Ⅲ，日语初级阅读Ⅰ
	马克思主义基本原理概论，体育Ⅳ，大学生职业发展与就业指导Ⅱ，日语综合能力实践Ⅱ，基础日语Ⅳ，日语初级视听说Ⅳ，日语会话与实践Ⅳ，日语初级阅读Ⅱ，日本概况，日语初级写作Ⅰ
2015级	大学生职业发展与就业指导Ⅲ，日语系列讲座，日本名师讲座
	毛泽东思想和中国特色社会主义理论体系概论Ⅱ，日语口译Ⅰ，日语笔译Ⅰ，日语高级视听说Ⅰ，日语高级阅读Ⅰ，日本文学史与作品选读Ⅰ，日语初级写作Ⅱ，日语高级精读Ⅰ，劳动关系法律实务，企业文化（英语），电子商务，人力资源管理实务，日本外事礼仪，外贸函电写作，经贸日语，日语报刊选读

续表

年级	课程设置
2014 级	日语综合能力实践Ⅲ，日语高级写作，日语口译Ⅱ，日语笔译Ⅱ，日语高级视听说Ⅱ，日语高级阅读Ⅱ，日本文学史与作品选读Ⅱ，日语高级精读Ⅱ，品牌战略，消费者行为学，管理沟通，企划文案设计，创业管理，国际商务函电（双语），中日比较文学概论，日本社会历史与文化，名著翻译鉴赏，日语面试指导，日本历史名人谈，古典日语语法
	日语专业实习
	经济与管理，大学生职业发展与就业指导Ⅳ，学术论文写作，日语高级精读Ⅲ，日语语言学概论，同声传译
2013 级	毕业设计（论文）

德语专业

年级	课程设置
2017 级	中国近现代史纲要，体育Ⅰ，军事理论，大学生职业发展与就业指导Ⅰ，大学生心理健康Ⅰ，大学生公共安全教育，综合英语，综合日语，综合德语，英语国家概况，日本大众文化，走近德国
2016 级	沟通与交流，思想道德修养与法律基础，体育Ⅱ，大学生心理健康Ⅱ，多媒体基础及应用 B，德语精读Ⅱ，德语会话Ⅱ，德语视听Ⅰ，基础德语Ⅱ
	英语训练，创业训练，计算机实践
	毛泽东思想和中国特色社会主义理论体系概论Ⅰ，体育Ⅲ，德语泛读Ⅰ，德语精读Ⅲ，德语视听Ⅱ，基础德语Ⅲ，初级德语写作Ⅰ
2015 级	马克思主义基本原理概论，体育Ⅳ，大学生职业发展与就业指导Ⅱ，德语翻译训练，德语泛读Ⅱ，德语精读Ⅳ，德语视听Ⅲ，基础德语Ⅳ，英语（二外）Ⅰ，初级德语写作Ⅱ，德语国家国情
	大学生职业发展与就业指导Ⅲ，德语口语实践，德国问题专题，德语专家（外教）讲座
	毛泽东思想和中国特色社会主义理论体系概论Ⅱ，德语视听Ⅳ，英语（二外）Ⅱ，笔译Ⅰ，高级德语Ⅰ，经贸德语Ⅰ，德语文学导论，高级德语写作Ⅰ，劳动关系法律实务，企业文化（英语），电子商务，人力资源管理实务，德国历史与文化，德国影视鉴赏
2014 级	德语视听Ⅴ，笔译Ⅱ，高级德语Ⅱ，口译Ⅰ，经贸德语Ⅱ，语言学导论，高级德语写作Ⅱ，概率论与数理统计 B，品牌战略，消费者行为学，管理沟通，企划文案设计，创业管理，国际商务函电（双语），德国报刊选读，德语文学选读
	专业实习
	经济与管理，大学生职业发展与就业指导Ⅳ，高级德语Ⅲ，口译Ⅱ，学术论文写作，德国外交与文化
2013 级	毕业设计（论文）

工科试验班类（卓越计划）专业

年级	课程设置
2017 级	中国近现代史纲要，基础外语Ⅰ，体育Ⅰ，军事理论，大学生职业发展与就业指导Ⅰ，大学生心理健康Ⅰ，大学生公共安全教育，普通化学实验，大学计算机基础，普通化学，微积分 AⅠ，工程制图 A
2016 级	中国近现代史纲要，基础外语Ⅱ，体育Ⅱ，大学生心理健康Ⅱ，现代钢铁生产导论，C 语言程序设计，高等数学 AⅡ，线性代数 A，大学物理 AⅠ，机械制图 AⅡ
	英语训练，创业训练，计算机实践

矿物资源工程（卓越计划）专业

年 级	课 程 设 置
2017 级	中国近现代史纲要，基础外语Ⅰ，体育Ⅰ，军事理论，大学生职业发展与就业指导Ⅰ，大学生心理健康Ⅰ，大学生公共安全教育，普通化学实验，大学计算机基础，普通化学，微积分 AⅠ，工程制图 A
2016 级	中国近现代史纲要，基础外语Ⅱ，体育Ⅱ，大学生心理健康Ⅱ，现代钢铁生产导论，C 语言程序设计，高等数学 AⅡ，线性代数 A，大学物理 AⅠ，机械制图 AⅡ，嵌入式系统与单片机，无线传感器网络与 RFID 技术
	英语训练，创业训练，计算机实践
	毛泽东思想和中国特色社会主义理论体系概论Ⅰ，基础外语Ⅲ，体育Ⅲ，金工实习 A，概率论与数理统计 A，大学物理 AⅡ，工科物理实验Ⅰ，工程力学 AⅠ，电工学，机电系统原理及应用，现代检测技术，机器学习基础，智能控制理论基础，工业组态软件，脑科学与认知科学概论，人工智能基础 A，现代通信网监控与管理，云计算与物联网，国际工程基础（英语），智能制造基础（国际课），智能制造工程设计，机械机构建模，多旋翼无人机，移动机器人技术及应用Ⅱ，智能机器人设计，创新工程实践
2015 级	马克思主义基本原理概论，体育Ⅳ，大学生职业发展与就业指导Ⅱ，数学实验，工科物理实验Ⅱ，工程力学 AⅡ，工程测量，工程流体力学，弹性力学与数值模拟，地质学基础，力学实验，机械设计基础，嵌入式系统与单片机，无线传感器网络与 RFID 技术，工程创新与创业（国际课），智能控制设计及应用，移动机器人技术及应用
	大学生职业发展与就业指导Ⅲ，工程测量实践，机械设计制图课程设计，工程实践Ⅰ
	生产运营管理，毛泽东思想和中国特色社会主义理论体系概论Ⅱ，微机接口技术，微机接口技术实验，矿山岩石力学，矿山地质学，矿山运输与提升，爆破工程（双语），现代传感器技术，资源、环境与可持续发展，边坡工程，矿物加工与利用，矿产经济学，冶金单元设计与操作，煤与焦化工艺，专业英语阅读与写作，泡沫冶金学，机电传动控制，节能评估基础，热能工程进展，能源工程管理，太阳能与风能，机电系统原理及应用，气体资源学，工程导论，现代检测技术，机器学习基础，智能控制理论基础，可编程控制器及应用，工业组态软件，脑科学与认知科学概论，人工智能基础 A，现代通信网监控与管理，云计算与物联网，智能制造工程设计，机械机构建模，多旋翼无人机，移动机器人技术及应用Ⅱ，智能机器人设计，创新工程实践
2014 级	生产运作管理，矿业系统工程基础（双语），地下工程施工技术，矿床开采工程（露天开采）（双语），矿床开采工程（地下开采）（双语），矿山安全工程，矿业固体废物资源化，数字矿山技术，现代充填技术，散体动力学与放矿，冶金单元设计与操作，铁水预处理，炉外精炼（双语），特种冶金，连铸工艺与设备，冶金环境工程与资源循环利用，冶金过程检测与自动控制，铁合金，特殊钢冶金过程工程，纯净钢生产工艺，材料成形摩擦与润滑，机械创新设计，工业生态学，压缩机械，流体机械，动力机械 A(内燃机)，动力机械 B(涡轮机)，机械振动，钢铁生产全流程专题课程Ⅰ，钢铁生产全流程专题课程Ⅱ，钢铁生产全流程专题课程Ⅲ
	工程实践Ⅱ
	质量管理，大学生职业发展与就业指导Ⅳ，矿山开采设计，通风防尘与空气调节，矿山设计原理，矿山机械与自动化，矿产资源法基础，教授专题：采矿工程新技术及发展方向，特殊采矿技术，采矿专业英语，矿山现代测试技术，地质统计学与矿床建模，非高炉炼铁，冶金流程工程学，电磁冶金原理与工艺，材料成形过程质量性能控制（双语），实验测试技术，锻压工艺学，材料成形计算机辅助工程，固态成形模拟与仿真，工程数值计算，现代设计方法，CAD/CAM 技术及应用，数学模型，机电一体化技术，气体分离工程，热工过程模化与控制，能源系统优化基础，热能动力装备，空气调节，暖通工程，现代传感技术，模具设计与制造，现代加工技术，机械质量管理分析与控制，流程工业过程控制，系统工程导论，工业企业供电及节能技术，分布式控制系统，DSP 原理及应用，可编程逻辑器件及应用，虚拟仪器，冶金企业一体化管理，钢铁生产全流程专题课程Ⅳ，钢铁生产全流程专题课程Ⅴ
2013 级	工程实践与毕业设计

冶金工程（卓越计划）专业

年 级	课 程 设 置
2017 级	中国近现代史纲要，基础外语Ⅰ，体育Ⅰ，军事理论，大学生职业发展与就业指导Ⅰ，大学生心理健康Ⅰ，大学生公共安全教育，普通化学实验，大学计算机基础，普通化学，微积分 AⅠ，工程制图 A

续表

年级	课程设置
2016 级	中国近现代史纲要，基础外语Ⅱ，体育Ⅱ，大学生心理健康Ⅱ，现代钢铁生产导论，C 语言程序设计，高等数学 AⅡ，线性代数 A，大学物理 AⅠ，机械制图 AⅡ，嵌入式系统与单片机，无线传感器网络与 RFID 技术
	英语训练，创业训练，计算机实践
	毛泽东思想和中国特色社会主义理论体系概论Ⅰ，基础外语Ⅲ，体育Ⅲ，金工实习 A，概率论与数理统计 A，大学物理 AⅡ，工科物理实验Ⅰ，工程力学 C，电工学，机电系统原理及应用，现代检测技术，机器学习基础，智能控制理论基础，工业组态软件，脑科学与认知科学概论，人工智能基础 A，现代通信网监控与管理，云计算与物联网，国际工程基础（英语），智能制造基础（国际课），智能制造工程设计，机械机构建模，多旋翼无人机，移动机器人技术及应用Ⅱ，智能机器人设计，创新工程实践
2015 级	马克思主义基本原理概论，体育Ⅳ，大学生职业发展与就业指导Ⅱ，数学实验，工科物理实验Ⅱ，冶金传输原理 B，物理化学 BⅠ，机械设计基础，嵌入式系统与单片机，无线传感器网络与 RFID 技术，工程创新与创业（国际课），智能控制设计及应用，移动机器人技术及应用
	大学生职业发展与就业指导Ⅲ，机械设计制图课程设计，工程实践ⅠA
	生产运营管理，毛泽东思想和中国特色社会主义理论体系概论Ⅱ，工程实践ⅠB，微机接口技术，微机接口技术实验，冶金物理化学（卓越计划），材料科学基础 A，物理化学 BⅡ，物理化学实验 B，现代传感器技术，资源、环境与可持续发展，边坡工程，矿物加工与利用，矿产经济学，工业生态，冶金单元设计与操作，煤与焦化工艺，专业英语阅读与写作，泡沫冶金学，机电传动控制，节能评估基础，热能工程进展，能源工程管理，太阳能与风能，机电系统原理及应用，气体资源学，工程导论，现代检测技术，机器学习基础，智能控制理论基础，可编程控制器及应用，工业组态软件，脑科学与认知科学概论，人工智能基础 A，现代通信网监控与管理，云计算与物联网，智能制造工程设计，机械机构建模，多旋翼无人机，移动机器人技术及应用Ⅱ，智能机器人设计，创新工程实践
2014 级	生产运作管理，金属材料及热处理，金属学实验，冶金工程实验技术，钢铁冶金学Ⅰ，钢铁冶金学Ⅱ，有色金属冶金学，耐火材料，矿业固体废物资源化，数字矿山技术，现代充填技术，散体动力学与放矿，冶金单元设计与操作，铁水预处理，炉外精炼（双语），特种冶金，连铸工艺与设备，冶金环境工程与资源循环利用，冶金过程检测与自动控制，冶金反应工程学，铁合金，特殊钢冶金过程工程，纯净钢生产工艺，材料成形摩擦与润滑，机械创新设计，工业生态学，压缩机械，流体机械，动力机械 A（内燃机），动力机械 B（涡轮机），机械振动，钢铁生产全流程专题课程Ⅰ，钢铁生产全流程专题课程Ⅱ，钢铁生产全流程专题课程Ⅲ
	工程实践Ⅱ
	质量管理，大学生职业发展与就业指导Ⅳ，现代冶金工程设计与实践，轧钢生产工艺，矿产资源法基础，教授专题：采矿工程新技术及发展方向，特殊采矿技术，采矿专业英语，矿山现代测试技术，地质统计学与矿床建模，非高炉炼铁，冶金流程工程学，电磁冶金原理与工艺，材料成形过程质量性能控制（双语），实验测试技术，锻压工艺学，材料成形计算机辅助工程，固态成形模拟与仿真，工程数值计算，现代设计方法，CAD/CAM 技术及应用，数学模型，机电一体化技术，气体分离工程，热工过程模化与控制，能源系统优化基础，热能动力装备，空气调节，暖通工程，现代传感技术，模具设计与制造，现代加工技术，机械质量管理分析与控制，流程工业过程控制，系统工程导论，工业企业供电及节能技术，分布式控制系统，DSP 原理及应用，可编程逻辑器件及应用，虚拟仪器，冶金企业一体化管理，钢铁生产全流程专题课程Ⅳ，钢铁生产全流程专题课程 V
2013 级	工程实践与毕业设计

材料科学与工程（卓越计划）专业

年级	课程设置
2017 级	中国近现代史纲要，基础外语Ⅰ，体育Ⅰ，军事理论，大学生职业发展与就业指导Ⅰ，大学生心理健康Ⅰ，大学生公共安全教育，普通化学实验，大学计算机基础，普通化学，微积分 AⅠ，工程制图 A
2016 级	中国近现代史纲要，基础外语Ⅱ，体育Ⅱ，大学生心理健康Ⅱ，现代钢铁生产导论，C 语言程序设计，高等数学 AⅡ，线性代数 A，大学物理 AⅠ，机械制图 AⅡ，嵌入式系统与单片机，无线传感器网络与 RFID 技术
	英语训练，创业训练，计算机实践
	毛泽东思想和中国特色社会主义理论体系概论Ⅰ，基础外语Ⅲ，体育Ⅲ，金工实习 A，概率论与数理统计 A，大学物理 AⅡ，工科物理实验Ⅰ，工程力学 AⅠ，电工学，机电系统原理及应用，现代检测技术，机器学习基础，智能控制理论基础，工业组态软件，脑科学与认知科学概论，人工智能基础 A，现代通信网监控与管理，云计算与物联网，国际工程基础（英语），智能制造基础（国际课），智能制造工程设计，机械机构建模，多旋翼无人机，移动机器人技术及应用Ⅱ，智能机器人设计，创新工程实践

续表

年级	课程设置
2015 级	马克思主义基本原理概论，体育Ⅳ，大学生职业发展与就业指导Ⅱ，数学实验，工科物理实验Ⅱ，工程力学 AⅡ，力学实验，物理化学 D，机械设计基础，嵌入式系统与单片机，无线传感器网络与 RFID 技术，工程创新与创业（国际课），智能控制设计及应用，移动机器人技术及应用
	大学生职业发展与就业指导Ⅲ，工程实践ⅠA，机械设计基础课程设计与实践
	生产运营管理，毛泽东思想和中国特色社会主义理论体系概论Ⅱ，工程实践ⅠB，微机接口技术，微机接口技术实验，材料科学基础 A，控制理论基础，材料成形理论基础，现代传感器技术，资源、环境与可持续发展，边坡工程，矿物加工与利用，矿产经济学，冶金单元设计与操作，煤与焦化工艺，专业英语阅读与写作，泡沫冶金学，机电传动控制，节能评估基础，热能工程进展，能源工程管理，太阳能与风能，机电系统原理及应用，气体资源学，工程导论，现代检测技术，机器学习基础，智能控制理论基础，可编程控制器及应用，工业组态软件，脑科学与认知科学概论，人工智能基础 A，现代通信网监控与管理，云计算与物联网，智能制造工程设计，机械机构建模，多旋翼无人机，移动机器人技术及应用Ⅱ，智能机器人设计，创新工程实践
2014 级	生产运作管理，金属材料及热处理，金属学实验，热工学，材料焊接原理与工艺，轧制原理，轧制工艺，轧钢过程自动控制，矿业固体废物资源化，数字矿山技术，现代充填技术，散体动力学与放矿，冶金单元设计与操作，铁水预处理，炉外精炼（双语），特种冶金，连铸工艺与设备，冶金环境工程与资源循环利用，冶金过程检测与自动控制，铁合金，特殊钢冶金过程工程，纯净钢生产工艺，材料成形摩擦与润滑，机械创新设计，工业生态学，压缩机械，流体机械，动力机械 A（内燃机），动力机械 B（涡轮机），机械振动，钢铁生产全流程专题课程Ⅰ，钢铁生产全流程专题课程Ⅱ，钢铁生产全流程专题课程Ⅲ
	工程实践Ⅱ
	质量管理，大学生职业发展与就业指导Ⅳ，轧钢车间设计，钢铁冶金学，材料成形设备与车间设计，矿产资源法基础，教授专题：采矿工程新技术及发展方向，特殊采矿技术，采矿专业英语，矿山现代测试技术，地质统计学与矿床建模，非高炉炼铁，冶金流程工程学，电磁冶金原理与工艺，材料成形过程质量性能控制（双语），实验测试技术，锻压工艺学，材料成形计算机辅助工程，固态成形模拟与仿真，工程数值计算，现代设计方法，CAD/CAM 技术及应用，数学模型，机电一体化技术，气体分离工程，热工过程模化与控制，能源系统优化基础，热能动力装备，空气调节，暖通工程，现代传感技术，模具设计与制造，现代加工技术，机械质量管理分析与控制，流程工业过程控制，系统工程导论，工业企业供电及节能技术，分布式控制系统，DSP 原理及应用，可编程逻辑器件及应用，虚拟仪器，冶金企业一体化管理，钢铁生产全流程专题课程Ⅳ，钢铁生产全流程专题课程Ⅴ
2013 级	工程实践与毕业设计

能源与动力工程（卓越计划）专业

年级	课程设置
2017 级	中国近现代史纲要，基础外语Ⅰ，体育Ⅰ，军事理论，大学生职业发展与就业指导Ⅰ，大学生心理健康Ⅰ，大学生公共安全教育，普通化学实验，大学计算机基础，普通化学，微积分 AⅠ，工程制图 A
2016 级	中国近现代史纲要，基础外语Ⅱ，体育Ⅱ，大学生心理健康Ⅱ，现代钢铁生产导论，C 语言程序设计，高等数学 AⅡ，线性代数 A，大学物理 AⅠ，机械制图 AⅡ，嵌入式系统与单片机，无线传感器网络与 RFID 技术
	英语训练，创业训练，计算机实践
	毛泽东思想和中国特色社会主义理论体系概论Ⅰ，基础外语Ⅲ，体育Ⅲ，金工实习 A，概率论与数理统计 A，大学物理 AⅡ，工科物理实验Ⅰ，工程力学 C，电工学，机电系统原理及应用，现代检测技术，机器学习基础，智能控制理论基础，工业组态软件，脑科学与认知科学概论，人工智能基础 A，现代通信网监控与管理，云计算与物联网，国际工程基础（英语），智能制造工程设计，机械机构建模，多旋翼无人机，移动机器人技术及应用Ⅱ，智能机器人设计，创新工程实践
2015 级	马克思主义基本原理概论，体育Ⅳ，大学生职业发展与就业指导Ⅱ，金工实习 A，数学实验，工科物理实验Ⅱ，工程热力学，工程流体力学（双语），热工实验Ⅰ，物理化学 D，机械设计基础，嵌入式系统与单片机，无线传感器网络与 RFID 技术，工程创新与创业（国际课），智能控制设计及应用，移动机器人技术及应用
	大学生职业发展与就业指导Ⅲ，机械设计制图课程设计，工程实践ⅠA
	生产运营管理，毛泽东思想和中国特色社会主义理论体系概论Ⅱ，工程实践ⅠB，微机接口技术，微机接口技术实验，传热传质学（双语），工程燃烧学，热工实验Ⅱ，现代传感器技术，资源、环境与可持续发展，边坡工程，矿物加工与利用，矿产经济学，冶金单元设计与操作，煤与焦化工艺，专业英语阅读与写作，泡沫冶金学，机电传动控制，节能评估基础，能源系统优化基础，热能工程进展，能源工程管理，太阳能与风能，机电系统原理及应用，气体资源学，工程导论，现代检测技术，机器学习基础，智能控制理论基础，可编程控制器及应用，工业组态软件，脑科学与认知科学概论，人工智能基础 A，现代通信网监控与管理，云计算与物联网，智能制造工程设计，机械机构建模，多旋翼无人机，移动机器人技术及应用Ⅱ，智能机器人设计，创新工程实践

续表

年级	课程设置
2014 级	生产运作管理，制冷与低温原理，热工自动检测与控制（双语），新能源概论，工业热工基础，热工过程及设备，矿业固体废物资源化，数字矿山技术，现代充填技术，散体动力学与放矿，冶金单元设计与操作，铁水预处理，炉外精炼（双语），特种冶金，连铸工艺与设备，冶金环境工程与资源循环利用，冶金过程检测与自动控制，铁合金，特殊钢冶金过程工程，纯净钢生产工艺，材料成形摩擦与润滑，机械创新设计，工业生态学，压缩机械，流体机械，动力机械 A（内燃机），动力机械 B（涡轮机），机械振动，钢铁生产全流程专题课程Ⅰ，钢铁生产全流程专题课程Ⅱ，钢铁生产全流程专题课程Ⅲ
	工程实践Ⅱ
	质量管理，大学生职业发展与就业指导Ⅳ，热过程模拟软件实训，热工专业课程设计实训，低温工艺及装置，能量转换与利用，矿产资源法基础，教授专题：采矿工程新技术及发展方向，特殊采矿技术，采矿专业英语，矿山现代测试技术，地质统计学与矿床建模，非高炉炼铁，冶金流程工程学，电磁冶金原理与工艺，材料成形过程质量性能控制（双语），实验测试技术，锻压工艺学，材料成形计算机辅助工程，固态成形模拟与仿真，工程数值计算，现代设计方法，CAD/CAM 技术及应用，数学模型，机电一体化技术，气体分离工程，热工过程模化与控制，热能动力装备，空气调节，暖通工程，现代传感技术，模具设计与制造，现代加工技术，机械质量管理分析与控制，流程工业过程控制，系统工程导论，工业企业供电及节能技术，分布式控制系统，DSP 原理及应用，可编程逻辑器件及应用，虚拟仪器，冶金企业一体化管理，钢铁生产全流程专题课程Ⅳ，钢铁生产全流程专题课程Ⅴ
2013 级	工程实践与毕业设计

自动化（卓越计划）专业

年级	课程设置
2017 级	中国近现代史纲要，基础外语Ⅰ，体育Ⅰ，军事理论，大学生职业发展与就业指导Ⅰ，大学生心理健康Ⅰ，大学生公共安全教育，普通化学实验，大学计算机基础，普通化学，微积分 AⅠ，工程制图 A
2016 级	中国近现代史纲要，基础外语Ⅱ，体育Ⅱ，大学生心理健康Ⅱ，现代钢铁生产导论，C 语言程序设计，高等数学 AⅡ，线性代数 A，大学物理 AⅠ，机械制图 AⅡ，电路实验技术，嵌入式系统与单片机，无线传感器网络与 RFID 技术
	英语训练，创业训练，计算机实践
	马克思主义基本原理概论，基础外语Ⅲ，体育Ⅲ，金工实习 A，复变函数与积分变换 B，概率论与数理统计 A，大学物理 AⅡ，工科物理实验Ⅰ，电路分析基础Ⅰ，模拟电子技术 A，模拟电子技术实验，机电系统原理及应用，现代检测技术，机器学习基础，智能控制理论基础，工业组态软件，脑科学与认知科学概论，人工智能基础 A，现代通信网监控与管理，云计算与物联网，国际工程基础（英语），智能制造工程设计，机械机构建模，多旋翼无人机，移动机器人技术及应用Ⅱ，智能机器人设计，创新工程实践
2015 级	马克思主义基本原理概论，体育Ⅳ，大学生职业发展与就业指导Ⅱ，金工实习 A，数学实验，工科物理实验Ⅱ，工程优化数学基础，信号分析基础，自动控制理论，电路分析基础Ⅱ，数字电子技术（双语），数字电子技术实验，微机原理及接口技术 A，嵌入式系统与单片机，无线传感器网络与 RFID 技术，工程创新与创业（国际课），智能制造基础（国际课），智能控制设计及应用，移动机器人技术及应用
	大学生职业发展与就业指导Ⅲ，电子技术实习
	生产运营管理，毛泽东思想和中国特色社会主义理论体系概论Ⅱ，工程实践Ⅰ B，工程力学 C，现代控制理论，电机及其运动控制Ⅰ，电力电子技术，现代传感器技术，资源、环境与可持续发展，边坡工程，矿物加工与利用，矿产经济学，冶金单元设计与操作，煤与焦化工艺，专业英语阅读与写作，泡沫冶金学，机电传动控制，节能评估基础，热能工程进展，能源工程管理，太阳能与风能，机电系统原理及应用，气体资源学，工程导论，现代检测技术，机器学习基础，智能控制理论基础，可编程控制器及应用，工业组态软件，脑科学与认知科学概论，人工智能基础 A，现代通信网监控与管理，云计算与物联网，智能制造工程设计，机械机构建模，多旋翼无人机，移动机器人技术及应用Ⅱ，智能机器人设计，创新工程实践
2014 级	生产运作管理，控制网络技术，电机及其运动控制Ⅱ，计算机控制技术 A，嵌入式控制系统，矿业固体废物资源化，数字矿山技术，现代充填技术，散体动力学与放矿，冶金单元设计与操作，铁水预处理，炉外精炼（双语），特种冶金，连铸工艺与设备，冶金环境工程与资源循环利用，冶金过程检测与自动控制，铁合金，特殊钢冶金过程工程，纯净钢生产工艺，材料成形摩擦与润滑，机械创新设计，工业生态学，压缩机械，流体机械，动力机械 A（内燃机），动力机械 B（涡轮机），机械振动，钢铁生产全流程专题课程Ⅰ，钢铁生产全流程专题课程Ⅱ，钢铁生产全流程专题课程Ⅲ
	工程实践Ⅱ

续表

年 级	课 程 设 置
2014 级	质量管理，大学生职业发展与就业指导Ⅳ，冶金自动化系统设计应用实训，矿产资源法基础，教授专题：采矿工程新技术及发展方向，特殊采矿技术，采矿专业英语，矿山现代测试技术，地质统计学与矿床建模，非高炉炼铁，冶金流程工程学，电磁冶金原理与工艺，材料成形过程质量性能控制（双语），实验测试技术，锻压工艺学，材料成形计算机辅助工程，固态成形模拟与仿真，工程数值计算，现代设计方法，CAD/CAM 技术及应用，数学模型，机电一体化技术，气体分离工程，热工过程模化与控制，能源系统优化基础，热能动力装备，空气调节，暖通工程，现代传感技术，模具设计与制造，现代加工技术，机械质量管理分析与控制，流程工业过程控制，系统工程导论，工业企业供电及节能技术，分布式控制系统，DSP 原理及应用，可编程逻辑器件及应用，虚拟仪器，冶金企业一体化管理，钢铁生产全流程专题课程Ⅳ，钢铁生产全流程专题课程Ⅴ
2013 级	工程实践与毕业设计

机械工程（卓越计划）专业

年 级	课 程 设 置
2017 级	中国近现代史纲要，基础外语Ⅰ，体育Ⅰ，军事理论，大学生职业发展与就业指导Ⅰ，大学生心理健康Ⅰ，大学生公共安全教育，普通化学实验，大学计算机基础，普通化学，微积分 AⅠ，工程制图 A
2016 级	中国近现代史纲要，基础外语Ⅱ，体育Ⅱ，大学生心理健康Ⅱ，现代钢铁生产导论，C 语言程序设计，高等数学 AⅡ，线性代数 A，大学物理 AⅠ，机械制图 AⅡ，嵌入式系统与单片机，无线传感器网络与 RFID 技术
	英语训练，创业训练，计算机实践
	毛泽东思想和中国特色社会主义理论体系概论Ⅰ，基础外语Ⅲ，体育Ⅲ，概率论与数理统计 A，大学物理 AⅡ，工科物理实验Ⅰ，理论力学 A，机电系统原理及应用，现代检测技术，机器学习基础，智能控制理论基础，工业组态软件，脑科学与认知科学概论，人工智能基础 A，现代通信网监控与管理，云计算与物联网，国际工程基础（英语），智能制造工程设计，机械机构建模，多旋翼无人机，移动机器人技术及应用Ⅱ，智能机器人设计，创新工程实践
2015 级	马克思主义基本原理概论，体育Ⅳ，大学生职业发展与就业指导Ⅱ，金工实习Ⅰ，数学实验，工科物理实验Ⅱ，材料力学，机械原理，电工技术实验，电工技术，嵌入式系统与单片机，无线传感器网络与 RFID 技术，工程创新与创业（国际课），智能控制设计及应用，移动机器人技术及应用
	大学生职业发展与就业指导Ⅲ，金工实习Ⅱ
	生产运营管理，毛泽东思想和中国特色社会主义理论体系概论Ⅱ，电子技术实习，工程实践Ⅰ B，微机接口技术，微机接口技术实验，工程流体力学，工程材料及成形工艺，机械设计，电子技术实验，电子技术，控制理论基础，机电传动控制，现代传感器技术，资源、环境与可持续发展，边坡工程，矿物加工与利用，矿产经济学，冶金单元设计与操作，煤与焦化工艺，专业英语阅读与写作，泡沫冶金学，节能评估基础，热能工程进展，能源工程管理，太阳能与风能，机电系统原理及应用，气体资源学，工程导论，现代检测技术，机器学习基础，智能控制理论基础，可编程控制器及应用，工业组态软件，脑科学与认知科学概论，人工智能基础 A，现代通信网监控与管理，云计算与物联网，智能制造工程设计，机械机构建模，多旋翼无人机，移动机器人技术及应用Ⅱ，智能机器人设计，创新工程实践
2014 级	生产运作管理，机械课程设计，热工学，机械制造工艺基础，互换性与测量技术，液压与气压传动，测试技术，轧钢过程自动控制，矿业固体废物资源化，数字矿山技术，现代充填技术，散体动力学与放矿，冶金单元设计与操作，铁水预处理，炉外精炼（双语），特种冶金，连铸工艺与设备，冶金环境工程与资源循环利用，冶金过程检测与自动控制，铁合金，特殊钢冶金过程工程，纯净钢生产工艺，材料成形摩擦与润滑，机械创新设计，工业生态学，压缩机械，流体机械，动力机械 A（内燃机），动力机械 B（涡轮机），机械振动，钢铁生产全流程专题课程Ⅰ，钢铁生产全流程专题课程Ⅱ，钢铁生产全流程专题课程Ⅲ
	工程实践Ⅱ
	质量管理，大学生职业发展与就业指导Ⅳ，冶金装备设计应用实训，冶金生产工艺及装备，冶金机械设计与制造，矿产资源法基础，教授专题：采矿工程新技术及发展方向，特殊采矿技术，采矿专业英语，矿山现代测试技术，地质统计学与矿床建模，非高炉炼铁，冶金流程工程学，电磁冶金原理与工艺，材料成形过程质量性能控制（双语），实验测试技术，锻压工艺学，材料成形计算机辅助工程，固态成形模拟与仿真，工程数值计算，现代设计方法，CAD/CAM 技术及应用，数学模型，机电一体化技术，气体分离工程，热工过程模化与控制，能源系统优化基础，热能动力装备，空气调节，暖通工程，现代传感技术，模具设计与制造，现代加工技术，机械质量管理分析与控制，流程工业过程控制，系统工程导论，工业企业供电及节能技术，分布式控制系统，DSP 原理及应用，可编程逻辑器件及应用，虚拟仪器，冶金企业一体化管理，钢铁生产全流程专题课程Ⅳ，钢铁生产全流程专题课程Ⅴ
2013 级	工程实践与毕业设计

应用物理学专业

年级	课程设置
2017 级	思想道德修养与法律基础，基础外语Ⅰ，体育Ⅰ，大学生职业发展与就业指导Ⅰ，大学生心理健康Ⅰ，大学生公共安全教育，大学计算机基础，数学分析Ⅰ，理科物理Ⅰ，C# 程序设计
2016 级	思想道德修养与法律基础，基础外语Ⅱ，体育Ⅱ，大学生心理健康Ⅱ，C++ 程序设计，高等数学 A Ⅱ，线性代数 A，理科物理实验Ⅰ，电磁学
	英语训练，创业训练，计算机实践
	马克思主义基本原理概论，基础外语Ⅲ，体育Ⅲ，概率论与数理统计 A，数学实验，理科物理实验Ⅱ，光学，原子物理，热学
2015 级	毛泽东思想和中国特色社会主义理论体系概论Ⅰ，体育Ⅳ，大学生职业发展与就业指导Ⅱ，数理方程，理科物理实验Ⅲ，模拟电子技术 B，模拟电子技术实验，热力学与统计物理，分析力学
	大学生职业发展与就业指导Ⅲ，光信息技术实验，计算机数据采集及智能物理仪器，数据库原理及网页制作
	毛泽东思想和中国特色社会主义理论体系概论Ⅱ，电子技术实习，理科物理实验Ⅳ，数字电子技术（双语），数字电子技术实验，电动力学，固体物理Ⅰ，量子力学，物理效应及应用
2014 级	固体物理Ⅱ，光电子技术，真空技术与薄膜物理，物理学前沿专题，JAVA 程序设计，信息科学原理，传感器原理，计算物理（双语），专业近代物理实验，单片机原理与技术，材料物理导论（双语），物理学史，固体微结构与衍射物理学
	生产实习，物理专题讨论
	经济与管理，大学生职业发展与就业指导Ⅳ，固体光学性质，微机接口技术，微机接口技术实验，材料物理学，传感测试技术实验，无损检测技术，半导体物理（双语），铁磁学与磁性材料基础（双语），超导物理（双语），天体物理
2013 级	毕业设计（论文）

数学类专业

年级	课程设置
2017 级	思想道德修养与法律基础，基础外语Ⅰ，体育Ⅰ，大学生职业发展与就业指导Ⅰ，大学生心理健康Ⅰ，大学生公共安全教育，大学计算机基础，数学分析Ⅰ，理科物理Ⅰ，C# 程序设计

数学与应用数学专业

年级	课程设置
2017 级	思想道德修养与法律基础，基础外语Ⅰ，体育Ⅰ，大学生职业发展与就业指导Ⅰ，大学生心理健康Ⅰ，大学生公共安全教育，大学计算机基础，数学分析Ⅰ，理科物理Ⅰ，C# 程序设计
2016 级	思想道德修养与法律基础，基础外语Ⅱ，体育Ⅱ，大学生心理健康Ⅱ，C++ 程序设计，数学分析 AⅡ，高等代数Ⅱ，常微分方程
	英语训练，创业训练，数学软件及其应用，计算机实践，偏微分方程及应用
	马克思主义基本原理概论，基础外语Ⅲ，体育Ⅲ，数学分析 AⅢ，大学物理 AⅠ，工科物理实验Ⅰ，概率论与数理统计，数据库及其应用，专业发展前沿概述
2015 级	毛泽东思想和中国特色社会主义理论体系概论Ⅰ，体育Ⅳ，大学生职业发展与就业指导Ⅱ，大学物理 AⅡ，工科物理实验Ⅱ，数据结构，复变函数与积分变换 A，数学模型
	大学生职业发展与就业指导Ⅲ，认识实习，偏微分方程及应用
	毛泽东思想和中国特色社会主义理论体系概论Ⅱ，运筹学，实变函数，近世代数，随机过程，偏微分方程，图形与图象处理（双语），离散数学，多元统计分析（双语），信息安全与密码学

续表

年级	课程设置
2014 级	经济学，数值分析（双语），泛函分析（双语），数学物理方程，组合数学，现代控制理论，人工智能原理及应用，金融统计，微分方程数值解，运筹学通论，计量经济学
	生产实习，偏微分方程及应用，工程力学与有限元计算
	大学生职业发展与就业指导Ⅳ，数学建模设计，微分几何，数学方法综合应用，微分方程稳定性理论，拓扑学，分形理论，通讯中的数学基础理论
2013 级	毕业设计（论文）

信息与计算科学专业

年级	课程设置
2017 级	思想道德修养与法律基础，基础外语Ⅰ，体育Ⅰ，大学生职业发展与就业指导Ⅰ，大学生心理健康Ⅰ，大学生公共安全教育，大学计算机基础，数学分析Ⅰ，理科物理Ⅰ，C# 程序设计
2016 级	思想道德修养与法律基础，基础外语Ⅱ，体育Ⅱ，大学生心理健康Ⅱ，C++ 程序设计，数学分析 AⅡ，高等代数Ⅱ，常微分方程
	英语训练，创业训练，数学软件及其应用，计算机实践，偏微分方程及应用
	马克思主义基本原理概论，基础外语Ⅲ，体育Ⅲ，数学分析 AⅢ，大学物理 AⅠ，工科物理实验Ⅰ，概率论与数理统计，数据库及其应用，专业发展前沿概述
2015 级	毛泽东思想和中国特色社会主义理论体系概论Ⅰ，体育Ⅳ，大学生职业发展与就业指导Ⅱ，大学物理 AⅡ，工科物理实验Ⅱ，数据结构，复变函数与积分变换 A，数学模型
	大学生职业发展与就业指导Ⅲ，认识实习，偏微分方程及应用
	毛泽东思想和中国特色社会主义理论体系概论Ⅱ，运筹学，图形与图象处理（双语），离散数学，信息系统导论，信息安全与密码学，实变函数，多元统计分析（双语），近世代数，随机过程，偏微分方程
2014 级	经济学，数值分析（双语），人工智能原理及应用，泛函分析（双语），数学物理方程，组合数学，现代控制理论，金融统计，微分方程数值解，运筹学通论，计量经济学
	Web 程序设计，操作系统，计算机网络，软件工程，偏微分方程及应用，工程力学与有限元计算
	大学生职业发展与就业指导Ⅳ，生产实习，软件工程设计，数学方法综合应用，通讯中的数学基础理论
2013 级	毕业设计（论文）

理科试验班专业

年级	课程设置
2017 级	思想道德修养与法律基础，基础外语Ⅰ，体育Ⅰ，大学生职业发展与就业指导Ⅰ，大学生心理健康Ⅰ，大学生公共安全教育，无机化学实验 BⅠ，大学计算机基础 A，数学分析 BⅠ，基础物理Ⅰ，无机化学 B
2016 级	国际理解，思想道德修养与法律基础，基础外语Ⅱ，体育Ⅱ，大学生心理健康Ⅱ，高等代数与解析几何Ⅱ，数学分析 BⅡ，基础物理Ⅱ，无机化学 B
	英语训练，创业训练，计算机实践，英语口语强化课程
	马克思主义基本原理概论，基础外语Ⅲ，体育Ⅲ，微分方程，基础物理Ⅲ，基础物理实验Ⅰ，无机化学实验 BⅠ，机械设计制图 AⅠ，电工技术实验，电工技术，物理化学 BⅠ，学科简介
2015 级	毛泽东思想和中国特色社会主义理论体系概论Ⅰ，体育Ⅳ，大学生职业发展与就业指导Ⅱ，C 语言程序设计 A，概率论与数理统计 C，基础物理实验Ⅱ，无机化学实验 BⅡ，工程力学 C，机械设计制图 AⅡ，电子技术实验，电子技术，数学建模与最优化方法，物理化学实验 B

应用物理学（黄昆英才班）专业

年 级	课 程 设 置
2017 级	思想道德修养与法律基础，基础外语Ⅰ，体育Ⅰ，大学生职业发展与就业指导Ⅰ，大学生心理健康Ⅰ，大学生公共安全教育，大学计算机基础，数学分析Ⅰ，理科物理Ⅰ，C# 程序设计
2016 级	思想道德修养与法律基础，基础外语Ⅱ，体育Ⅱ，大学生心理健康Ⅱ，C++ 程序设计，高等数学 A Ⅱ，线性代数 A，电磁学
	英语训练，创业训练，计算机实践
	马克思主义基本原理概论，基础外语Ⅲ，体育Ⅲ，概率论与数理统计 A，数学实验，理科物理实验Ⅰ，理科物理实验Ⅱ，光学，热学
2015 级	毛泽东思想和中国特色社会主义理论体系概论Ⅰ，体育Ⅳ，大学生职业发展与就业指导Ⅱ，数理方程，理科物理实验Ⅲ，模拟电子技术 B，模拟电子技术实验，热力学与统计物理，原子物理，分析力学
	大学生职业发展与就业指导Ⅲ，计算机数据采集及智能物理仪器，材料计算方法，数据库原理及网页制作
	毛泽东思想和中国特色社会主义理论体系概论Ⅱ，电子技术实习，理科物理实验Ⅳ，数字电子技术（双语），数字电子技术实验，电动力学，固体物理Ⅰ，量子力学，物理效应及应用
2014 级	固体物理Ⅱ，半导体物理基础，半导体物理实验，半导体前沿讲座，JAVA 程序设计，信息科学原理，光电子技术，传感器原理，计算物理（双语），专业近代物理实验，真空技术与薄膜物理，单片机原理与技术，材料物理导论（双语），物理学史
	生产实习，物理专题讨论
	经济与管理，大学生职业发展与就业指导Ⅳ，半导体器件与工艺，微机接口技术，微机接口技术实验，传感测试技术实验，无损检测技术，半导体物理（双语），铁磁学与磁性材料基础（双语），超导物理（双语），天体物理，固体光学性质
2013 级	毕业设计（论文）

应用化学专业

年 级	课 程 设 置
2017 级	思想道德修养与法律基础，基础外语Ⅰ，体育Ⅰ，军事理论，大学生职业发展与就业指导Ⅰ，大学生心理健康Ⅰ，大学生公共安全教育，实验室安全基础，微积分 AⅠ，微积分 BⅠ，化学原理
2016 级	沟通与交流，思想道德修养与法律基础，基础外语Ⅱ，体育Ⅱ，大学生心理健康Ⅱ，高等数学 BⅡ，大学物理 AⅠ，无机化学 AⅡ，无机化学实验 AⅡ，化学研究进展讲座
	英语训练，创业训练，计算机实践
	马克思主义基本原理概论，基础外语Ⅲ，体育Ⅲ，线性代数 A，大学物理 AⅡ，工科物理实验Ⅰ，分析化学 A，分析化学实验 A，化学信息学（双语），科研方法入门
2015 级	毛泽东思想和中国特色社会主义理论体系概论Ⅰ，体育Ⅳ，大学生职业发展与就业指导Ⅱ，VB 程序设计，工科物理实验Ⅱ，物理化学 AⅠ，有机化学 AⅠ，现代分离科学与技术（双语），现代仪器分析Ⅰ，胶体化学，环境监测与分析技术，无机合成与制备化学
	大学生职业发展与就业指导Ⅲ，化学基础技能实习
	毛泽东思想和中国特色社会主义理论体系概论Ⅱ，物理化学 AⅡ，有机化学 AⅡ，有机化学实验 A，化工原理，化工制图，环境化学（双语），商品检验，生物化学（双语），功能分子材料化学进展
2014 级	物理化学实验 A，结构化学，高分子化学，材料化学导论（双语），有机合成，谱学导论，固体化学，药物化学，应用电化学（双语），当代药物合成方法，配位化学，精细化工工艺学，金属有机化学
	生产实习
	经济与管理，大学生职业发展与就业指导Ⅳ，大学综合化学实验，现代仪器分析Ⅱ，商品检验，化工新技术（双语）
2013 级	毕业设计（论文）

生物技术专业

年级	课程设置
2017级	思想道德修养与法律基础，基础外语Ⅰ，体育Ⅰ，军事理论，大学生职业发展与就业指导Ⅰ，大学生心理健康Ⅰ，大学生公共安全教育，实验室安全基础，微积分AⅠ，微积分BⅠ，化学原理
2016级	沟通与交流，思想道德修养与法律基础，基础外语Ⅱ，体育Ⅱ，大学生心理健康Ⅱ，C语言程序设计，高等数学BⅡ，大学物理AⅠ，无机化学实验BⅡ，微生物学，微生物学实验
	英语训练，创业训练，计算机实践
	马克思主义基本原理概论，基础外语Ⅲ，体育Ⅲ，大学物理AⅡ，工科物理实验Ⅰ，分析化学B，有机化学实验B，有机化学B
2015级	毛泽东思想和中国特色社会主义理论体系概论Ⅰ，体育Ⅳ，大学生职业发展与就业指导Ⅱ，工科物理实验Ⅱ，分析化学实验B，生物化学，生物化学实验，生物技术制药基础，生物芯片，病毒生物学，医学生物学，生物质谱分析导论
	大学生职业发展与就业指导Ⅲ，认识实习，仪器分析，专业前沿进展讲座
	毛泽东思想和中国特色社会主义理论体系概论Ⅱ，物理化学基础，基础分子生物学，细胞生物学（双语），基础分子生物学实验，遗传学（双语），遗传学实验，生化分离工程，环境化学（双语），蛋白质化学，现代生命科学前沿进展，生化传感器
2014级	细胞生物学实验，基因工程（双语），发酵工程，生化与药物分析，现代酶学与酶工程，分子免疫学（双语），发育生物学，植物生物技术（双语），毒理学（双语），农药残留与食品安全
	生产实习
	大学生职业发展与就业指导Ⅳ，基础分子生物学，基础分子生物学实验，生物技术专业实验，生物色谱学，生物技术大实验，生物工程综合实验，仪器分析技术
2013级	毕业设计（论文）

自动化类专业

年级	课程设置
2017级	思想道德修养与法律基础，基础外语Ⅰ，体育Ⅰ，军事理论，大学生职业发展与就业指导Ⅰ，大学生心理健康Ⅰ，大学生公共安全教育，程序设计基础，线性代数A，工科数学分析Ⅰ，多角度思考与分析方法

自动化专业

年级	课程设置
2017级	思想道德修养与法律基础，基础外语Ⅰ，体育Ⅰ，军事理论，大学生职业发展与就业指导Ⅰ，大学生心理健康Ⅰ，大学生公共安全教育，程序设计基础，线性代数A，工科数学分析Ⅰ，多角度思考与分析方法
2016级	思想道德修养与法律基础，基础外语Ⅱ，体育Ⅱ，大学生心理健康Ⅱ，线性代数A，工科数学分析Ⅱ，大学物理AⅡ，电路分析基础Ⅰ，电路实验技术
	办公自动化软件高级应用实践，英语训练，创业训练，计算机实践
	马克思主义基本原理概论，基础外语Ⅲ，体育Ⅲ，复变函数与积分变换B，概率论与数理统计A，数学实验，工科物理实验Ⅰ，电路分析基础Ⅱ，模拟电子技术A，模拟电子技术实验

续表

年 级	课 程 设 置
2015 级	毛泽东思想和中国特色社会主义理论体系概论Ⅰ，体育Ⅳ，大学生职业发展与就业指导Ⅱ，工程优化数学基础，信号分析基础，工科物理实验Ⅱ，自动控制理论，数字电子技术（双语），数字电子技术实验，微机原理及接口技术 A，控制系统仿真，面向对象程序设计Ⅰ
	大学生职业发展与就业指导Ⅲ，电子技术实习，课程设计(控制理论)
	毛泽东思想和中国特色社会主义理论体系概论Ⅱ，金工实习Ⅰ，课程设计(微机原理)，EDA 课程设计，现代控制理论，过程控制，工程导论，电机及其运动控制Ⅰ，电力电子技术，现代传感器技术，面向对象程序设计Ⅱ，数据库技术及应用，可编程控制器及应用，模式识别基础
2014 级	课程设计(嵌入式控制)，工业组态软件设计，自动化生产线实训，控制网络技术，电机及其运动控制Ⅱ，计算机控制技术 A，嵌入式控制系统，人工智能基础，单片机原理与应用，管理信息系统概论，工业企业信息管理系统概论，非线性控制基础，系统辩识与参数估计，智能控制理论基础，最优化与最优控制，多媒体通信技术
	生产实习，专业系列讲座
	经济与管理，大学生职业发展与就业指导Ⅳ，课程设计(软件设计)，运动控制系统设计，先进控制技术导论，电力系统设计与优化，智能电网技术基础，流程工业过程控制，系统工程导论，工业企业供电及节能技术，分布式控制系统，DSP 原理及应用，智能机器人控制，可编程逻辑器件及应用，虚拟仪器
2013 级	毕业设计（论文）

测控技术与仪器专业

年 级	课 程 设 置
2017 级	思想道德修养与法律基础，基础外语Ⅰ，体育Ⅰ，军事理论，大学生职业发展与就业指导Ⅰ，大学生心理健康Ⅰ，大学生公共安全教育，程序设计基础，线性代数 A，工科数学分析Ⅰ，多角度思考与分析方法
2016 级	思想道德修养与法律基础，基础外语Ⅱ，体育Ⅱ，大学生心理健康Ⅱ，线性代数 A，工科数学分析Ⅱ，大学物理 AⅡ，电路分析基础Ⅰ，电路实验技术
	计算机辅助设计，英语训练，创业训练，计算机实践
	马克思主义基本原理概论，基础外语Ⅲ，体育Ⅲ，复变函数与积分变换 B，概率论与数理统计 A，数学实验，工科物理实验Ⅰ，电路分析基础Ⅱ，模拟电子技术 A，模拟电子技术实验
2015 级	毛泽东思想和中国特色社会主义理论体系概论Ⅰ，体育Ⅳ，大学生职业发展与就业指导Ⅱ，误差理论与数据处理，应用力学基础，工科物理实验Ⅱ，数字电子技术（双语），数字电子技术实验，信号处理，微机原理及接口技术 A
	大学生职业发展与就业指导Ⅲ，计算机电路辅助设计课程设计，计算机电路辅助设计，三维图像重建与应用，量子信息检测
	毛泽东思想和中国特色社会主义理论体系概论Ⅱ，金工实习Ⅰ，电子技术实习，控制工程基础 C，工程光学基础，自动检测技术（双语），单片机原理及应用，参数检测及仪表，控制微电机
2014 级	传感器课程设计，过程控制系统，自动控制装置，智能仪器，机械设计基础，嵌入式系统及应用，数字图像处理，仪器与系统可靠性，光学测试技术，可编程控制器及应用，单片机程序设计实验，微机电系统概论，虚拟仪器，光电子技术，低功耗系统设计，无人机技术
	生产实习，地球及天文信息导航定位技术，雷达技术
	经济与管理，大学生职业发展与就业指导Ⅳ，过程控制系统课程设计，智能仪器课程设计，高频电子电路，DSP 原理及应用，专业发展研讨，可编程逻辑器件及应用，工业组态软件
2013 级	毕业设计（论文）

智能科学与技术专业

年级	课程设置
2017 级	思想道德修养与法律基础，基础外语Ⅰ，体育Ⅰ，军事理论，大学生职业发展与就业指导Ⅰ，大学生心理健康Ⅰ，大学生公共安全教育，程序设计基础，线性代数 A，工科数学分析Ⅰ，多角度思考与分析方法
2016 级	思想道德修养与法律基础，基础外语Ⅱ，体育Ⅱ，大学生心理健康Ⅱ，线性代数 A，工科数学分析Ⅱ，大学物理 AⅡ，电路分析基础Ⅰ
	办公自动化软件高级应用实践，英语训练，创业训练，计算机实践
	马克思主义基本原理概论，基础外语Ⅲ，体育Ⅲ，离散数学 B，复变函数与积分变换 B，概率论与数理统计 A，数学实验，工科物理实验Ⅰ，电路分析基础Ⅱ，电路实验技术，模拟电子技术 B，模拟电子技术实验
2015 级	毛泽东思想和中国特色社会主义理论体系概论Ⅰ，体育Ⅳ，大学生职业发展与就业指导Ⅱ，应用力学基础，工科物理实验Ⅱ，控制工程基础 A，数字电子技术（双语），数字电子技术实验，信息论与编码 A，数字信号处理，面向对象程序设计Ⅰ，数据库技术及应用
	大学生职业发展与就业指导Ⅲ，应用软件开发，控制系统的设计与实现，专业系列讲座，计算机电路辅助设计
	毛泽东思想和中国特色社会主义理论体系概论Ⅱ，金工实习Ⅰ，电子技术实习，微机原理课程设计，数据结构与算法分析，微机原理及应用，计算机网络（双语），脑科学与认知科学概论，人工智能基础 A，现代传感器技术，电机控制技术，面向对象程序设计Ⅱ，DSP 原理及应用
2014 级	嵌入式系统，机器人组成原理，计算智能基础，现代通信技术，机械设计基础，智能控制理论基础，数字图像处理，可编程控制器及应用，模式识别基础
	嵌入式系统设计与实现，生产实习
	经济与管理，大学生职业发展与就业指导Ⅳ，过程控制系统设计，机器感知基础，机器学习基础，智能监控系统，分布式控制系统，可编程逻辑器件及应用，工业组态软件，虚拟仪器，智能游戏开发
2013 级	毕业设计（论文）

医疗设备制造（双培）专业

年级	课程设置
2017 级	思想道德修养与法律基础，基础外语Ⅰ，体育Ⅰ，军事理论，大学生职业发展与就业指导Ⅰ，大学生心理健康Ⅰ，大学生公共安全教育，程序设计基础，线性代数 A，工科数学分析Ⅰ
2016 级	思想道德修养与法律基础，基础外语Ⅱ，体育Ⅱ，大学生心理健康Ⅱ，线性代数 A，工科数学分析Ⅱ，大学物理 AⅡ，电路分析基础Ⅰ，电路实验技术
	计算机辅助设计，英语训练，创业训练，计算机实践
	马克思主义基本原理概论，基础外语Ⅲ，体育Ⅲ，复变函数与积分变换 B，概率论与数理统计 A，数学实验，工科物理实验Ⅰ，电路分析基础Ⅱ，模拟电子技术 A，模拟电子技术实验
2015 级	毛泽东思想和中国特色社会主义理论体系概论Ⅰ，体育Ⅳ，大学生职业发展与就业指导Ⅱ，误差理论与数据处理，应用力学基础，工科物理实验Ⅱ，数字电子技术（双语），数字电子技术实验，信号处理，生物化学，微机原理及接口技术 A
	大学生职业发展与就业指导Ⅲ，计算机电路辅助设计课程设计，计算机电路辅助设计，电磁波谱与信息检测，三维图像重建与应用
	毛泽东思想和中国特色社会主义理论体系概论Ⅱ，金工实习Ⅰ，电子技术实习，机械设计基础，控制工程基础 C，工程光学基础，单片机原理及应用，解剖与生理学，生物医学传感与检测技术，计算机网络，DSP 原理及应用

机器人大脑（双培）专业

年级	课程设置
2017 级	思想道德修养与法律基础，基础外语Ⅰ，体育Ⅰ，军事理论，大学生职业发展与就业指导Ⅰ，大学生心理健康Ⅰ，大学生公共安全教育，程序设计基础，线性代数 A，工科数学分析Ⅰ，多角度思考与分析方法
2016 级	思想道德修养与法律基础，基础外语Ⅱ，体育Ⅱ，大学生心理健康Ⅱ，线性代数 A，工科数学分析Ⅱ，大学物理 AⅡ，电路分析基础Ⅰ
	办公自动化软件高级应用实践，英语训练，创业训练，计算机实践
	马克思主义基本原理概论，基础外语Ⅲ，体育Ⅲ，离散数学 B，复变函数与积分变换 B，概率论与数理统计 A，数学实验，工科物理实验Ⅰ，电路分析基础Ⅱ，电路实验技术，模拟电子技术 B，模拟电子技术实验
2015 级	毛泽东思想和中国特色社会主义理论体系概论Ⅰ，体育Ⅳ，大学生职业发展与就业指导Ⅱ，应用力学基础，工科物理实验Ⅱ，控制工程基础 A，数字电子技术（双语），数字电子技术实验，信息论与编码 A，数字信号处理，面向对象程序设计Ⅰ，数据库技术及应用
	大学生职业发展与就业指导Ⅲ，应用软件开发，控制系统的设计与实现，专业系列讲座，计算机电路辅助设计
	毛泽东思想和中国特色社会主义理论体系概论Ⅱ，金工实习Ⅰ，电子技术实习，微机原理课程设计，数据结构与算法分析，微机原理及应用，计算机网络（双语），脑科学与认知科学概论，人工智能基础 A，现代传感器技术，电机控制技术，面向对象程序设计Ⅱ，DSP 原理及应用

计算机类专业

年级	课程设置
2017 级	思想道德修养与法律基础，基础外语Ⅰ，体育Ⅰ，军事理论，大学生职业发展与就业指导Ⅰ，大学生心理健康Ⅰ，大学生公共安全教育，工科数学分析Ⅰ，程序设计基础 A，计算机科学导论，计算机科学前沿技术选讲，计算机算法设计研讨，信息与通信工程前沿技术研讨，信息物理社会思维融合与赛博学前沿，新一代电子器件与系统，软件工程前沿技术，网络空间安全前沿技术研讨，人工智能与互联网大数据技术前沿研讨，信息安全前沿技术研讨

计算机科学与技术专业

年级	课程设置
2017 级	思想道德修养与法律基础，基础外语Ⅰ，体育Ⅰ，军事理论，大学生职业发展与就业指导Ⅰ，大学生心理健康Ⅰ，大学生公共安全教育，工科数学分析Ⅰ，程序设计基础 A，计算机科学导论，计算机科学前沿技术选讲，计算机算法设计研讨，信息与通信工程前沿技术研讨，大学的学习和科学研究方法，信息物理社会思维融合与赛博学前沿，新一代电子器件与系统，软件工程前沿技术，网络空间安全前沿技术研讨，人工智能与互联网大数据技术前沿研讨，信息安全前沿技术研讨
2016 级	思想道德修养与法律基础，基础外语Ⅱ，体育Ⅱ，大学生心理健康Ⅱ，线性代数 A，工科数学分析Ⅱ，大学物理 AⅡ，电路分析基础Ⅰ，计算机科学导论
	英语训练，创业训练，计算机实践
	马克思主义基本原理概论，基础外语Ⅲ，体育Ⅲ，离散数学 A，概率论与数理统计 A，工科物理实验Ⅰ，电路分析基础Ⅱ，电路实验技术，模拟电子技术 B，数字电子技术（双语），模拟电子技术实验，可编程逻辑器件及应用
2015 级	毛泽东思想和中国特色社会主义理论体系概论Ⅰ，体育Ⅳ，大学生职业发展与就业指导Ⅱ，电子技术实习，数值计算方法，数学实验，工科物理实验Ⅱ，计算机组成原理，数据结构 A，数字逻辑，硬件编程语言 Verilog
	大学生职业发展与就业指导Ⅲ，计算机组成原理课程设计，认识实习
	毛泽东思想和中国特色社会主义理论体系概论Ⅱ，数字电子技术实验，操作系统，算法设计与分析，计算机网络，微机接口技术，微机接口技术实验，数据库系统原理（双语），信号与系统概论，计算机图形学，计算机控制技术 B，面向对象技术及应用，数字签名与身份认证技术，C #程序设计语言

续表

年级	课程设置
2014级	计算机网络课程设计，编译原理，计算机体系结构，软件工程及课程设计，信息论与编码B，Linux操作系统，物联网工程概论，算法设计基础，网络安全与管理，JAVA程序设计，人工智能，嵌入式计算，信息隐藏技术，高级编程技术，模式识别基础，通信原理概论，数字信号处理B，人机交互，大学生工程创新
	生产实习
	经济与管理，大学生职业发展与就业指导Ⅳ，数据仓库与数据挖掘（双语），软件测试，应用软件系统设计与案例分析，通信网基础，虚拟现实技术，大规模集成电路设计（VLSI）（双语），数字图像处理，Oracle，计算机系统安全，信息对抗与网络攻防技术，并行计算导论，电子商务
2013级	毕业设计（论文）

通信工程专业

年级	课程设置
2017级	思想道德修养与法律基础，基础外语Ⅰ，体育Ⅰ，军事理论，大学生职业发展与就业指导Ⅰ，大学生心理健康Ⅰ，大学生公共安全教育，工科数学分析Ⅰ，程序设计基础A，现代通信技术导论，信息与通信工程前沿技术研讨，大学的学习和科学研究方法，新一代电子器件与系统，软件工程前沿技术，网络空间安全前沿技术研讨，人工智能与互联网大数据技术前沿研讨，通信工程专业通识
2016级	思想道德修养与法律基础，基础外语Ⅱ，体育Ⅱ，大学生心理健康Ⅱ，线性代数A，工科数学分析Ⅱ，大学物理AⅡ，电路分析基础Ⅰ
	英语训练，创业训练，计算机实践
	马克思主义基本原理概论，基础外语Ⅲ，体育Ⅲ，面向对象程序与设计，复变函数与积分变换B，概率论与数理统计A，工科物理实验Ⅰ，电路分析基础Ⅱ，电路实验技术，模拟电子技术A
2015级	毛泽东思想和中国特色社会主义理论体系概论Ⅰ，体育Ⅳ，大学生职业发展与就业指导Ⅱ，金工实习Ⅰ，电子技术实习，随机过程，数学实验，工科物理实验Ⅱ，数字电子技术（双语），模拟电子技术实验，微机原理及接口技术B，信号与系统
	大学生职业发展与就业指导Ⅲ，认识实习
	毛泽东思想和中国特色社会主义理论体系概论Ⅱ，课程设计（通信原理），离散数学B，数字电子技术实验，通信原理，通信电子电路，电磁场与天线，信号系统与信号处理综合实验，数字信号处理，数据库技术及应用，数据结构C，DSP原理及应用
2014级	光纤通信原理（双语），现代交换技术，数字通信系统，移动通信（双语），多媒体通信技术，卫星通信系统（双语），现代通信保密基础，物联网技术，通信控制器设计与应用，通信调制新技术应用，大学生工程创新
	生产实习
	经济与管理，大学生职业发展与就业指导Ⅳ，现代通信技术，通信网理论，光同步传送网和波分复用系统，通信软件设计，通信网安全，现代通信网监控与管理，空间通信概论，无线电定位导航原理及应用，通信系统仿真，通信中的语音信号处理，通信网络综合实验
2013级	毕业设计（论文）

信息安全专业

年级	课程设置
2017级	思想道德修养与法律基础，基础外语Ⅰ，体育Ⅰ，军事理论，大学生职业发展与就业指导Ⅰ，大学生心理健康Ⅰ，大学生公共安全教育，工科数学分析Ⅰ，程序设计基础A，计算机科学导论，计算机科学前沿技术选讲，计算机算法设计研讨，信息与通信工程前沿技术研讨，大学的学习和科学研究方法，信息物理社会思维融合与赛博学前沿，新一代电子器件与系统，软件工程前沿技术，网络空间安全前沿技术研讨，人工智能与互联网大数据技术前沿研讨，信息安全前沿技术研讨

续表

年级	课程设置
2016级	思想道德修养与法律基础，基础外语Ⅱ，体育Ⅱ，大学生心理健康Ⅱ，线性代数A，工科数学分析Ⅱ，大学物理AⅡ，电路分析基础Ⅰ
2016级	英语训练，创业训练，计算机实践
2016级	基础外语Ⅲ，体育Ⅲ，离散数学A，概率论与数理统计A，工科物理实验Ⅰ，电路分析基础Ⅱ，电路实验技术，模拟电子技术B，信息安全导论
2015级	毛泽东思想和中国特色社会主义理论体系概论Ⅰ，体育Ⅳ，大学生职业发展与就业指导Ⅱ，电子技术实习，信号与系统概论，数学实验，工科物理实验Ⅱ，数字电子技术（双语），模拟电子技术实验，数据结构A，信息安全的数学基础，计算机组成原理，现代密码学，信息论与编码B
2015级	大学生职业发展与就业指导Ⅲ，密码学应用与实践，认识实习
2015级	毛泽东思想和中国特色社会主义理论体系概论Ⅱ，马克思主义基本原理概论，微机原理与应用，数字电子技术实验，现代通信技术，操作系统，计算机网络，人工智能，面向对象技术及应用，计算机系统安全，数字签名与身份认证技术，C＃程序设计语言，数字签名与身份认证课程设计
2014级	软件工程课程设计，计算机网络课程设计，网络安全与管理，数据库系统原理（双语），数值计算方法，Linux操作系统，JAVA程序设计，多媒体通信技术，计算机体系结构，软件工程，嵌入式计算，信息隐藏技术，模式识别基础，物联网安全，信息内容安全，大学生工程创新
2014级	生产实习
2014级	经济与管理，大学生职业发展与就业指导Ⅳ，应用软件系统设计与案例分析，网络通信实验，大规模集成电路设计（VLSI）（双语），数字图像处理，Oracle，信息对抗与网络攻防技术，计算机病毒原理，软件体系结构，高级编程技术，电子商务安全
2013级	毕业设计（论文）

物联网工程专业

年级	课程设置
2017级	思想道德修养与法律基础，基础外语Ⅰ，体育Ⅰ，军事理论，大学生职业发展与就业指导Ⅰ，大学生心理健康Ⅰ，大学生公共安全教育，工科数学分析Ⅰ，程序设计基础A，计算机科学导论，计算机科学前沿技术选讲，计算机算法设计研讨，信息与通信工程前沿技术研讨，大学的学习和科学研究方法，信息物理社会思维融合与赛博学前沿，新一代电子器件与系统，软件工程前沿技术，网络空间安全前沿技术研讨，人工智能与互联网大数据技术前沿研讨，信息安全前沿技术研讨
2016级	思想道德修养与法律基础，基础外语Ⅱ，体育Ⅱ，大学生心理健康Ⅱ，线性代数A，工科数学分析Ⅱ，大学物理AⅡ，电路分析基础Ⅰ
2016级	英语训练，创业训练，计算机实践
2016级	马克思主义基本原理概论，基础外语Ⅲ，体育Ⅲ，离散数学B，复变函数与积分变换B，概率论与数理统计A，工科物理实验Ⅰ，电路分析基础Ⅱ，电路实验技术，模拟电子技术B，模拟电子技术实验，物联网工程导论，可编程逻辑器件及应用
2015级	毛泽东思想和中国特色社会主义理论体系概论Ⅰ，体育Ⅳ，大学生职业发展与就业指导Ⅱ，电子技术实习，数学实验，工科物理实验Ⅱ，信号与系统概论，数字电子技术（双语），数字电子技术实验，现代通信技术，微机原理及接口技术B，数据结构A，现代密码学
2015级	大学生职业发展与就业指导Ⅲ，物联网综合应用基础，认识实习
2015级	毛泽东思想和中国特色社会主义理论体系概论Ⅱ，嵌入式系统课程设计，操作系统，计算机网络，嵌入式系统与单片机，物联网技术及应用，云计算与物联网，人工智能，数据通信网，网络安全技术，.NET应用开发，PHP应用开发

续表

年级	课程设置
2014 级	软件工程课程设计，计算机网络课程设计，无线传感器网络，物联网安全，RFID 技术，Linux 操作系统，JAVA 程序设计，DSP 处理器及应用，现代交换技术，移动通信（双语），多媒体通信技术，智能机器人控制，数据库系统原理（双语），计算机体系结构，软件工程，嵌入式计算，通信原理概论，数字信号处理 B，物联网控制基础，大学生工程创新，Android 应用设计，图像语义分析，工业物联网信息安全
	生产实习，物联网与信息服务
	经济与管理，大学生职业发展与就业指导Ⅳ，物联网体系结构及综合实训，数据仓库与数据挖掘（双语），通信网基础，大规模集成电路设计（VLSI）（双语），Oracle，信息对抗与网络攻防技术，通信网安全，无线电定位导航原理及应用，物联网系统模型，冶金工业 4.0 技术与应用
2013 级	毕业设计（论文）

能源动力类专业

年级	课程设置
2016 级	中国近现代史纲要，基础外语Ⅱ，体育Ⅱ，大学生心理健康Ⅱ，C++ 程序设计，高等数学 AⅡ，线性代数 A，大学物理 AⅠ
	英语训练，创业训练，计算机实践
	毛泽东思想和中国特色社会主义理论体系概论Ⅰ，基础外语Ⅲ，体育Ⅲ，金工实习Ⅰ，概率论与数理统计 A，数学实验，大学物理 AⅡ，工科物理实验Ⅰ，电工学

能源与动力工程专业

年级	课程设置
2017 级	中国近现代史纲要，基础外语Ⅰ，体育Ⅰ，军事理论，大学生职业发展与就业指导Ⅰ，大学生心理健康Ⅰ，大学生公共安全教育，无机化学实验 CⅠ，大学计算机基础，无机化学 B，微积分 AⅠ，工程力学 C，科学－技术－专业，能源与人类社会，热模型及其应用，流程工业中的热技术，气体分离及其在能源环保生命保障中的应用，新能源与节能减排降碳新技术
2016 级	中国近现代史纲要，基础外语Ⅱ，体育Ⅱ，大学生心理健康Ⅱ，C++ 程序设计，高等数学 AⅡ，线性代数 A，大学物理 AⅠ
	英语训练，创业训练，计算机实践
	毛泽东思想和中国特色社会主义理论体系概论Ⅰ，基础外语Ⅲ，体育Ⅲ，金工实习Ⅰ，概率论与数理统计 A，数学实验，大学物理 AⅡ，工科物理实验Ⅰ，电工学
2015 级	马克思主义基本原理概论，体育Ⅳ，大学生职业发展与就业指导Ⅱ，工程力学 C，工科物理实验Ⅱ，机械设计制图 AⅡ，工程热力学，工程流体力学（双语），热工实验Ⅰ，物理化学 D
	大学生职业发展与就业指导Ⅲ，机械设计制图课程设计，创新思维及科学方法
	毛泽东思想和中国特色社会主义理论体系概论Ⅱ，金属材料及热处理 B，传热传质学（双语），工程燃烧学，热工实验Ⅱ，环境工程，能源系统优化基础，能量转换与利用，太阳能与风能，气体资源学
2014 级	经济与管理，微机原理与应用 B，制冷与低温原理，热工自动检测与控制（双语），工业热工基础，热工过程及设备，冶金工艺概论，新能源概论，工业生态学，压缩机械，流体机械，动力机械 A（内燃机），动力机械 B（涡轮机）
	生产实习
	大学生职业发展与就业指导Ⅳ，专业课程设计，热过程模拟软件实训，低温工艺及装置，热工过程模化与控制，热能工程进展，热能动力装备，空气调节，暖通工程，能源工程管理
2013 级	毕业设计（论文）

环境工程专业

年 级	课 程 设 置
2017 级	中国近现代史纲要，基础外语Ⅰ，体育Ⅰ，军事理论，大学生职业发展与就业指导Ⅰ，大学生心理健康Ⅰ，大学生公共安全教育，无机化学实验 CⅠ，大学计算机基础，无机化学 B，微积分 AⅠ，新生讨论课
2016 级	中国近现代史纲要，基础外语Ⅱ，体育Ⅱ，大学生心理健康Ⅱ，工程测量实习，VB 程序设计，高等数学 AⅡ，大学物理 AⅠ，无机化学实验 BⅡ，环境学导论，新生讨论课
	英语训练，创业训练，计算机实践
	马克思主义基本原理概论，基础外语Ⅲ，体育Ⅲ，线性代数 A，工程力学 C，大学物理 AⅡ，工科物理实验Ⅰ，机械制图 B
2015 级	毛泽东思想和中国特色社会主义理论体系概论Ⅰ，体育Ⅳ，大学生职业发展与就业指导Ⅱ，金工实习Ⅰ，工科物理实验Ⅱ，工程制图，工程流体力学，电工技术实验，电工技术，物理化学 CⅠ，环境工程技术经济，环境化学，生物化学
	大学生职业发展与就业指导Ⅲ，认识实习
	毛泽东思想和中国特色社会主义理论体系概论Ⅱ，环境工程微生物学实验，工程制图（实践），概率论与数理统计 A，环境工程微生物学，有机化学，环境工程原理，物理化学 CⅡ，分析化学，生态恢复技术，泵站与管网技术，环境规划与管理，环境工程施工技术，环境工程仪表及自动控制，地下水污染导论，环境毒理学，环境生物技术（双语），清洁生产与循环经济，高浓度有机工业废水处理技术，环境催化——原理及应用，环境健康学概论
2014 级	经济与管理，环境监测，物理化学实验 B，大气污染控制工程，水污染控制工程，物理污染控制，固体废弃物处理与处置，环境 GIS 系统导论，环境材料学，环境生态学，生态卫生排水系统（双语），环境影响评价，化学反应工程，流体能源开发与环境保护，冶金工艺与环境保护，危险废物管理与处理技术，生物质能源工程
	生产实习，环境工程基础实验，环境工程实用技术
	大学生职业发展与就业指导Ⅳ，工程训练，研究方法训练，环境工程研究与设计，废水处理新技术（双语），环境土壤学，矿业环境污染治理，环境工程 CAD 辅助设计
2013 级	毕业设计（论文）

理科留学生专业

年 级	课 程 设 置
2017 级	科技汉语，综合汉语，国际学生入学导向课，大学生公共安全教育，大学计算机基础，普通化学，微积分 AⅠ，工科物理 BⅠ
2016 级	中国概况，C 语言程序设计，高等数学 AⅡ，线性代数 A，概率论与数理统计 A，数学实验，大学物理 AⅡ
	英语训练，创业训练，计算机实践

文科留学生专业

年 级	课 程 设 置
2017 级	科技汉语，综合汉语，国际学生入学导向课，大学生公共安全教育，大学计算机基础，大学物理 B，化学与社会，微积分 BⅠ
2016 级	中国概况，数据库与 VF 程序设计，高等数学 BⅡ，线性代数 A，概率论与数理统计 A，管理学原理（双语），宏微观经济学
	英语训练，创业训练，计算机实践

（耿悦杰）

研究生教育

【第四轮学科评估结果公布】2017年12月，学校参评第四轮学科评估工作的结果公布。评估结果显示，学校参评的25个学科中，有16个学科进入前30%。3个优势学科继续保持国内领先，位列参评学科的前10%：科学技术史（A+/前两名）、冶金工程（A+/前两名）、材料科学与工程（A/前八名）；6个学科位列前20%（B+）：矿业工程、安全科学与工程、机械工程、环境科学与工程、计算机科学与工程、控制科学与工程；7个学科位列前30%（B）：土木工程、动力工程及工程热物理、化学、管理科学与工程、工商管理、外国语言文学、马克思主义理论。

与2012年第三轮学科评估相比，学校参评学科由16个增至25个，进入前20%的学科由5个增至9个，进入前30%的学科由11个增至16个。

（班晓娟　洪　歌）

【招生工作】2017年，学校基本完成了研究生招生计划，共录取全日制博士研究生591人、全日制硕士研究生2607人、非全日制硕士研究生339人。

2017年，博士生报名959人，录取591人，考录比约1.6∶1。其中硕博连读、学士直攻博学生共231人，约占录取总数的39.1%；来自“211工程”高校的毕业生共399人，约占录取总数的67.5%；其中，与科研院所联合培养38人，约占录取总数的6.4%。

2017年，全日制硕士生报名8244人，录取2607人，报录比约3.2∶1。其中推荐免试生502人，占全日制录取总数的19.3%；来自“211工程”高校的毕业生1175人，约占全日制录取总数的45.1%。

2017年，非全日制硕士生报名656人，录取339人，报录比约1.9∶1。来自“211工程”高校的毕业生101人，约占非全日制录取总数的29.8%。

（韩　经　何志巍　王筱静）

【研究生招生改革举措】2017年，研究生招生工作围绕“确保考试安全，提高生源质量”，完善招生管理办法，为进一步提高研究生培养质量奠定基础。

保证国家级考试安全，加强制度建设和过程管理。①按照教育部和北京考试院的要求，加强保密制度建设，落实和细化《北京科技大学研究生招生考试安全保密工作规定》（校研发〔2015〕19号）工作流程。②完善自命题科目命题管理，制定了《2017年博士学位研究生入学考试命题工作规定》（校研发〔2017〕3号）、《2017年硕士学位研究生复试（专业课）命题工作的规定》（校研发〔2017〕1号）、《2018年硕士学位研究生招生考试命题工作规定》（校研发〔2017〕13号）等文件，对硕士招生考试中超过200人选考的自命题科目实行AB卷命题。③强化监考和考务人员培训管理和涉密人员管理，细化考务组织工作。

落实学校改革精神，完善各项招生制度。落实《北京科技大学关于深化研究生教育改革的意见》（校发〔2014〕18号）精神，以提高研究生生源质量为核心，加强制度建设，出台了《北京科技大学2017年硕士研究生招生复试与录取工作规定》（校发〔2017〕11号）、《北京科技大学2017年博士学位研究生招生录取规定》（校发〔2017〕23号）等文件，进一步完善了各项招生制度。

完善推免生接收政策，优化生源结构。推免生是优质生源的核心构成部分，增加推免生接收人数，是提高学校生源质量和优化生源结构的有效方式和手段。充分结合教育部推免生制度改革和给予学生选择权的新形势，2017年学校通过提高接收推免生在招生计划中的比例，优化复试环节，采用了夏令营优秀营员同等条件下优先录取等措施，提高了推免生接收比例，优化了生源结构。

坚持A1岗博士生导师实行“申请考核制”选拔博士研究生的制度，并在计算机与通信工程学院、化学与生物工程学院、新金属材料国家重点实验室三个培养单位全面试行该项制度，进一步探索扩大导师招生自主权；同时，结合教育部新规定，加强博士研究生报考材料审核、复试考核等环节的规范与管理。

积极“走出去、请进来”，开展研究生招生宣传。研究生院组织各培养单位积极开展校内外招生咨询活动和暑期夏令营活动；同时，通过完善学校招生宣传网站和研招微信公众平台、手机网站功能等方式大力开展网络宣传。

（韩　经　何志巍　王筱静）

【研究生教育发展基金的结题及中期检查工作】 2017年9月，研究生院组织开展了2015年度“北京科技大学研究生教育发展基金”项目的面上项目的结题和重点项目的中期检查工作。21项课程建设中17项，3项研究生教育创新研究中的2项通过了结题，出版教材9本，5项重点项目全部通过了中期检查。

（宁晓钧　周　涛）

【规范研究生课程教学管理】 根据《北京科技大学研究生课程教学管理规定》（校发〔2011〕29号）的规定，为了规范管理研究生课程教学，促进研究生课程质量的提高，出台了《关于讲师试讲研究生课程的通知》（研发〔2017〕5号），严格研究生授课教师的准入制度。全校有5名教师报名参加试讲，经过专家及督导的评议，有3名讲师获得了讲授研究生课程的资格。

（宁晓钧　周　涛）

【教务管理】 落实校内研究生教学计划、排课、选课等教学工作，完成《研究生开课信息一览表》，打印、发放任课教师《授课时间表》，负责落实日常教学管理的调课、借教室等工作。2017年度学校研究生实际开课数为939门次，其中管庄校区91门，组织研究生公共课程考试17门，完成2017年度监考费的发放。

（宁晓钧　周　涛）

【学籍管理】 ①2017年春夏两季毕业研究生2846人（含留学生82人），其中博士生412人（含留学生13人）、硕士生2434人（含留学生69人），完成毕业生数据上报工作，制作和发放毕业证书。②完成2017级新生3437人（其中博士生报到573人，硕士生2864人）的学籍电子注册工作。③办理学籍变动手续605人次。

（宁晓钧　陶国银）

【成绩管理】 ①完成2017年1月和6月申请毕业/学位各类研究生培养环节的审核工作，提供各类毕业研究生签约、答辩及人事档案成绩单，办理学生个人中英文成绩单1200余份。②完成2016—2017年度全校课程旁听费、公共课任课教师酬金及专业课调节酬金核算工作。③完成2016—2017学年度教学资料整理归档工作。

（宁晓钧　姜志诚）

【学位授权点申报及动态调整工作】 2017年，学校参加了国务院学位委员会开展的博士、硕士学位授权审核工作。组织相关学院召开了学位授权点工作启动会议，深度解读文件，分析学校学科架构现状并布置相关工作。经过学科填报材料、各分委会审议、专家评审、校学位会审议等环节，最终申报了四个一级博士点：马克思主义理论、数学、生物学、仪器科学与技术；一个专业学位博士点：工程博士；一个一级硕士点：设计学；一个专业学位硕士点：艺术学。

根据学院实际情况科学论证，统筹规划，以确保质量为原则，开展相关学科动态调整工作。2017年，申请撤销2个二级学科硕士点、1个工程领域，并同时申请增列2个一级硕士点。

（班晓娟　洪　歌）

【推进学位授权点合格评估工作】 为保证学位授权点自我评估工作的顺利进行，设立校院两级评估机构，自评估材料申报工作已于2017年11月正式启动，各学科整理相关数据填写完成《北京科技大学学术（专业）学位授权点自评估简况表》。

（班晓娟　洪　歌）

【制定校学位评定委员会章程】 为规范学校学位评定委员会的工作职责和流程，加强各级学位评定委员会的管理，研究生院在进行了调研与分析，征求意见后，正式发布文件《关于印发北京科技大学学位评定委员会章程的通知》（校发〔2017〕91号）。

（班晓娟　洪　歌）

【博士生导师队伍建设】 根据学校学科建设和人才培养的需要，进一步加强博士生指导教师队伍建设，结合学校聘岗工作，组织开展2017年博士生指导教师选聘工作，本次共新增博士生指导教师44名。另根据学校2017年聘岗结果，上一聘期未聘为A岗，暂停博士生招生资格的13名博导中，有11人重新聘为A岗，恢复其博士生招生资格；有8名在岗博导本聘期未聘为A岗，暂停其博士生招生资格。

简化引进人才等教师博导资格认定方式。一、二层次引进人才或在原工作单位已是博导的教师通过校学位委员会主席、副主席汇签方式，随时进行博士生导师资格认定；三层次引进人才通过全体校学位委员会委员函评方式，随时进行博士生导师资格认定。2017 年，共有 12 名教师通过资格认定方式聘为博士生指导教师。

（班晓娟　洪　歌）

【学位授予工作】 2017 年 1 月和 6 月共召开两次校学位委员会，共授予 414 名研究生博士学位，授予 2826 名研究生硕士学位；评选出 41 篇优秀博士学位论文，107 篇优秀硕士学位论文。对 390 名博士的学位论文进行论文盲评。除去涉密论文及延迟毕业研究生未上传的论文后，共对 3223 篇博硕士学位论文进行了查重检测。

（班晓娟　洪　歌）

【博士学位论文全盲审工作】 学校全面与教育部学位与研究生教育发展中心合作对 390 名博士研究生的学位论文进行了匿名评审，其中有 19 人次因未能通过匿名评审而需半年或一年后重新申请学位，全校的匿名评审通过率为 94%。全盲审的实施起到了质量预警的积极作用，进一步提高了导师和学生对学位论文质量的重视程度。

（班晓娟　洪　歌）

【实施“创新人才培养”项目】 根据《北京科技大学继续实施研究生“创新人才培养”项目的通知》（校研发〔2012〕7 号）文件精神，继续实施研究生“创新人才培养”项目，海外学者短期讲学课程作为学校正式的研究生课程，列入研究生教学督导检查范围。2017 年，资助海外学者短期讲学 9 项，博士生参加国际学术会议 45 项，博士生短期出国访学 24 项。

（杜振民　宁晓钧　杨　栋）

【“国家公派研究生项目”选拔申报工作】 2017 年 3 月，学校组织了“国家公派研究生项目”申报工作，包括“国家建设高水平大学公派研究生项目”（主要面向研究生）和“国家公派硕士研究生项目”（面向应届本科毕业生）两大类。学校采取“个人申请，单位推荐，专家评审，择优录取”的方式进行选拔，还本着“公开、公平、公正”的原则，组织专家对联合培养博士生申请者进行了面试，面试内容为本人学习经历科研经历和出国学习研究计划，从而选拔出综合素质较高 具有竞争力的研究生。2017 年共有 105 人申请“国家公派研究生项目”，学校选拔并上报 76 人，国家留学基金管理委员会录取 69 人，录取率约为 91%。“国家公派硕士研究生项目”选拔并上报 6 人，国家留学基金管理委员会录取 3 人，录取率为 50%。

（杜振民　宁晓钧　杨　栋）

【研究生教育奖评选工作】 2017 年 7 月，根据《关于设立北京科技大学研究生教育发展基金的决定》（校发〔2002〕34 号）文件精神，经过学校“研究生教育奖”专家组评审，评选出学校第八届“研究生教育奖”：研究生教育管理先进集体奖 3 项、研究生教学优秀奖 10 项、研究生论文指导优秀奖 20 项。

（杜振民　宁晓钧　杨　栋）

【考务工作】 2017 年 5 月 21 日，作为北京市考点之一，学校承担了 2017 年同等学力人员申请硕士学位全国统一考试工作，完成了 138 个考场共 4140 人次的考务工作。

（杜振民　韩　经　杨　栋）

【顺德研究生院】 ①筹建。一是签署合作协议。在 2016 年学校与佛山市顺德区政府签署《佛山市顺德区人民政府北京科技大学战略合作框架协议》的基础上，2017 年 4 月，双方正式签署《佛山市顺德区人民政府北京科技大学共建北京科技大学顺德研究生院合作协议》，顺德研究生院筹建工作正式启动。2017 年 10 月，学校正式发文成立北京科技大学顺德研究生院。二是建设工程。顺德研究生院位于佛山市顺德区南方智谷，规划建筑面积约 85000 平方米。建设工程于 2017 年 4 月动工，包括办公教学科研大楼、学生公寓及教师公寓三栋主体建筑，预计于 2018 年 6 月完工，9 月正式投入使用。截至 2017 年年底，全部在建工程均按进度完成各项任务。三是实验室建设。顺德研究生院规划实验室面积 34000 平方米，计划实验设备采购规模 1 个亿，为入驻的科研团队和研究生提供一流的科研环境。

②人才培养规划。2017 年，学校拟定顺德研究生院学生入住计划，计划 2018 年入住学生 140 人。其中硕士研究生 122 人，涵盖材料科学与工程学院、机械工程学院、能源与环境工程学院、自动化学院、计算机与通信工程学院、钢铁共性技术协同创新中心、新材料技术研究院 7 个培养单位的 17 个专业；博士研究生 18 人，涵盖动力工程及工程热物理、材料科学与工程、机械工程、控制科学与工程、计算机科学与技

术5个专业。

③产学研合作。2017年6月27日，举办“北京科技大学与顺德名企合作对接会”。学校与顺德区工商联、顺德区家电商会、区机械装备制造业商会、区电子信息商会围绕顺德产业转型提升研究、家电领域合作、机械装备领域合作和通信领域合作等方面签署合作意向书；与广东万家乐、大自然家居、广东嘉腾机器人、广东冠邦科技、广东含元在节能智能家电研究、共建智能家居研究院、重载AGV自动导引车产品研发、金属轧制技术装备研发、金属加工装备设计研发合作平台建设等方面签署了合作意向书。

（周贤伟）

高等职业教育

【综述】 高职教育运行平稳有序。截至2017年年底，高职在校生173人（含10名参军入伍学生）。2017年7月毕业生86人，其中交流班36人顺利进入国外合作大学学习；有8人专升本到北京信息科技大学继续深造。

（徐　屹）

【教学与学生工作】 本年度按照教学计划总计开课117门，计划学时6024学时。进一步强化学风建设和学生干部管理，积极开展有特色的学生活动。2016—2017学年度的评奖评优中，共计56人次获奖，其中国家奖学金3人，国家励志奖学金8人，人民奖学金15人，北科大优秀共青团员14人，优秀共青团干部16人。

（徐　屹）

继续教育

【成人学历教育】 积极推进教育教学改革，注重学历继续教育内涵发展。主动应对国家宏观调控，积极开拓生源市场。加强办学规范管理，校区教务科在学校教务处指导下履行管理与监督职能，初步建立管办分离的新机制。出台了《关于进一步加强现代远程教育校外学习中心管理的指导意见》《关于进一步加强现代远程教育校外学习中心规范管理的通知》，加强对校外教学站点进行全面考核和量化的力度，实施动态管理。校区主要负责人带队对重点学习中心进行了专项检查。加强培养质量管理，成立“校区教学委员会”，按照精品化、特色化的目标要求，审议并修订了2017版学历继续教育教学培养方案。推动远程教育考核方式改革，初步形成了复合式课程考核新模式。以评促建，圆满完成了北京市教委组织的在京现代远程教育学习中心专项检查复检工作。远程与成人教育学院荣获中教全媒体评选的“2017中国最具社会影响力高校网络与继续教育学院”称号。

（赵桂娟　高　航）

【非学历教育】 全年举办中长期企业骨干人才培训班3期，各类中高层次技术培训班10期，培训人员约800余人，取得了较好的经济和社会效益。

非学历继续教育取得新的突破和进展。①积极探索企业青年干部培训新模式。以推进教育教学和管理模式改革为重点，培养学员“站起来能讲，坐下去能写，走出去能干”的能力，与中国一重、中天钢铁等大型国有制造企业和大型民营钢铁企业分别举办了青年骨干人才培训班，得到了企业的充分认可和称赞。②初步建立依托学校优势学科服务行业技术更新的新模式。与冶金学院合作，在北海诚德公司、青拓集团开展中长期冶金先进技术专题培训，成效显著。这是与校内培养单位建立新型继续教育合作模式的新尝试，也是校企在产教融合方面的新推进，对做大做强具有北京科技大学特色的非学历继续教育项目意义深远。③加强与高层次行业协会合作。2017 年与中国钢铁协会合作开展的“钢铁企业服务型制造能力提升”高研班列入人社部知识更新工程项目，继续保持学校在中高层次冶金技术培训领域的影响力。

（徐　屹　王玉敏）

国际学生培养

【概况】 2017 年，学校贯彻落实新时期教育对外开放的要求，紧密围绕中心任务，以提高质量和效益为主线，国际学生规模稳中有升，层次结构更加优化，管理更加规范，课程建设更加丰富，质量建设扎实推进，顺利通过来华留学教育质量认证，推动了来华留学教育内涵式发展。

2017 年 9 月，来自 122 个国家的 985 名国际学生在全校 16 个学院（中心、所）学习，其中本科生 353 人、硕士研究生 324 人、博士研究生 141 人、非学历生 167 人。45 个“一带一路”沿线国家的 469 名国际学生在校学习。

2017 年，共有 233 名国际学生学习结束离校，颁发毕业和结业证件 233 份，其中本科毕业生 74 人，硕士毕业生 69 人，博士毕业生 14 人，进修生 9 人，汉语生 67 人。

（赵立英）

【国际学生招生工作】 2017 年，学校优化国际学生招生流程，实行招生申请全程跟踪，实行预录取制度，修订招生简章，制作国际学生新生入学指南，做好奖学金项目宣讲，开展新生入学资格审查，全程保障国际学生生源质量。参加境外招生说明会 8 场次，推介了学校来华留学教育。做好国际学生的服务管理工作，按时完成年度评审、延期申请及回国机票申请等日常管理工作，完成总金额近 2000 万元的奖学金发放，处理 857 次情况异动，保质保量完成了各项奖学金管理工作。

2017 年，学校共录取国际学生 351 人，报到率 82.1%，其中本科生 65 人、硕士生 105 人、博士生 30 人、汉语进修生 74 人、其他各类专业进修生 14 人，到天津大学、北京语言大学等学校进行预科学习的“中国政府奖学金项目”本科生共计 40 人。利用北京科技大学国际学生鼎新奖学金项目和中国政府奖学金高校自主招生项目共录取新生 116 人，有力的吸引了高层次、高质量国际学生来校就读。

学校着力提高国际学生生源质量，完善本科国际学生入学考试大纲，继续举行入学考试选拔优秀国际本科生来校就读。服务国家战略，丰富奖学金项目类型，获得“丝绸之路”中国政府奖学金项目和北京市外国留学生“一带一路”奖学金项目。

（李宝铭　刘　焱）

【国际学生培养工作】 学校通过注重过程管理、培植优良学风、推进课程建设等措施继续提高国际学生培养质量。

①注重过程管理，加强学风建设。按照班主任制的管理模式，对国际学生的学习动态和学习效果进行跟踪，及时掌握国际学生课堂教学质量及学业水平；每学期开展针对国际学生教学的评估，定期抽查，利用调查问卷、听课、座谈等形式进行调查，发现问题，及时解决，督促国际学生学习；依托国际学生学业辅导中心开展基础课程课外集中辅导，进行学业指导帮扶。推行“朋辈教育”，分层次举行多次经验分享与交流会，发挥身边榜样作用，推动学风建设，效果明显。按时完成国际学生学籍和学历信息上报工作，维护学信网国际学生数据，全年共报送信息 2932 条。继续推行国际学生学业警示制度，2017 年度共警示 62 人次。发挥优秀国际学生的正向引领和带动作用，3 人获得教育部优秀来华留学生奖学金，2 人获得“北京科技大学研究生十佳学术之星提名奖”，3 人获得“学院学术之星”。45 人获“北京市外国留学生奖学金”；83 人获

“北京科技大学优秀留学生奖学金”，其中一等奖4人、二等奖22人、三等奖57人。

②推进课程建设。与学院协同制定了2017版国际学生培养方案。举办来华留学英语授课品牌课程建设研讨会，组织教育部来华留学英文授课品牌课程建设工作，为课程建设提供全方位支持。

（郝建鸿　刘　焱）

【国际学生管理工作】 2017年，学校以提高培养质量为引领，夯实基础管理工作，做好国际学生发展服务与指导，扎实推进“平安留学”工作，做好国际学生管理干部队伍建设，积极开展对外交流，提高国际学生事务管理水平。

①规范管理工作：参加教育部全国来华留学质量认证，以评促建，评建结合，从办学指导思想、办学条件、基础管理、教学质量及办学特色等方面系统梳理了学校来华留学教育发展全面情况，通过全国来华留学质量认证。全面落实新颁布的《学校招收和培养国际学生管理办法》，修订了《北京科技大学国际学生管理规定》《北京科技大学国际学生奖学金实施办法》和《北京科技大学执行北京市外国留学生奖学金项目的实施办法》，为国际学生管理提供了基本规范。建立班主任工作手册，提升国际学生班级管理规范化 制度化水平。

②国际学生发展服务与指导工作方面：被习近平总书记称为“中哈友谊使者”的鲁斯兰的感人事迹受到中央电视台等多家媒体报道，引起社会广泛关注。国际学生入学导向课程建设影响持续扩大。组织开展“感知中国——三峡行”国际文化节、新年招待会、毕业舞会等活动，丰富了国际学生生活；组织参访国子监、国家大剧院、全国政协文史馆等，促进了国际学生对中国的理解；组织参加学校七人制足球赛、北京市外国人篮球比赛“一带一路·爱上北京”征文等活动，并取得较好成绩。入围“汉语桥”2017全球外国人汉语大会团体赛总决赛。做好国际学生数据统计，并及时上报。推行“朋辈教育”，分层次举行多次经验分享与交流会，发挥身边榜样作用，推动学风建设，效果明显。积极开展国际学生心理健康教育活动，举行心理健康教育讲座和活动5次。开展国际学生就业指导工作，举办就业说明会，积极联系华为、正大、清华紫光等用人单位并及时发布需求信息，组织国际学生参加来华留学人才招聘会。落实全员保险制度，加强保险政策宣讲，共处理保险理赔48起。设立公寓经理信箱，提供更加优质便捷的居住服务。

③“平安留学”工作方面：2017年，国际学生安全稳定工作极其繁重。严格落实上级部门和学校有关部署和要求，把工作做在前面，把握重点时段和重点工作，严格落实节假日值班制度，周密做好国际学生管理工作。加强检查强度和密度，保障公寓安全。圆满完成了“一带一路”高峰论坛和十九大重要安全保障期等国际学生安全稳定工作任务。出入境管理基础工作扎实，制度落实有力，管理程序规范。全年办理签证及居留许可1023人次，完成北京市公安局出入境管理局核查49人次，上报动态信息34条。做好住宿登记归档、实习签证加注及校外活动信息上报，完善校外住宿、实习及活动管理。留学生公寓基础管理工作扎实，各项制度落实到位，在多次突击检查中表现优异。开展法制宣传教育2次，消防疏散演习1次，实行控烟禁毒、消防安全、交通安全等常态化教育，增强了国际学生安全意识。积极开展突发事件防范处置工作，维护了学校安全稳定工作局面。

④对外交流及队伍建设方面：作为常务理事单位，积极参与中国高等教育学会外国留学生教育管理分会和北京高等教育学会外国留学生工作研究会活动，承担中国高等教育学会外国留学生教育管理分会科研课题1项。与主要生源地国家驻华使馆合作良好。积极与湖南大学、燕山大学、江苏大学等多所兄弟院校开展交流。继续开展优秀国际学生授课教师类评选表彰，评选出4名“我爱我师——留学生心目中的好老师”和3名北京科技大学国际学生（研究生）优秀指导教师。国际学生管理干部队伍建设卓有成效，1人参加国家留学基金管理委员会高等学校青年骨干教师出国研修项目赴国外高校研修，1人获得北京高校来华留学生管理优秀干部个人奖，1人获得第三届北京市高校青年留管干部业务技能大赛一等奖，1人获得北京科技大学优秀学生工作者。

（贾兆义　高佳佳）

【非学历国际学生工作】 2017年，汉语国际教育教学改革取得新进展，坚持集体备课制度，实行过程管理，严格考勤制度，开设文化实践教学环节，打造课堂内外的联动机制，推动实践教学发展，提高了学生学习积极性和教学工作水平。汉语教室实现多媒体全覆盖，使课堂教学手段更加丰富，有效提升了教学效果。教学向课外延伸，为学生安排辅导课程，针对课堂及日常生活中遇到的问题进行集中辅导，解决了课堂时间有限的问题。组织52名汉语进修生参加HSK考试，并在考前安排HSK辅导，提高了汉语进修生学习汉语的热情和HSK考试通过率，为其日后深造及就业提供了帮助。

来华留学教育短期进修项目效果良好。成功举办日本京都产业大学春季短期班、日本神奈川大学春季短期班、英国德蒙福特大学暑期班、美国塞基诺州立大学暑期班、美国莫尔豪斯学院暑期班等短期项目，扩大了国际学生培养的影响力和灵活性。全年共有91名国际学生来校短期学习，丰富了学生类别及生源国别。

（佟秋石）

【附表】

北京科技大学2017年度国际学生情况一览表

类别	本科	硕研	博研	语言生	普进	高进	合计
毕业生	74	69	14				157
结业生	1			67	3	5	76
9月份在校生	353	324	141	152	6	9	985
中国政府奖学金	130	222	90	47	5	9	503
鼎新国际学生奖学金	6	63	29	3			101
外国政府奖学金	19	5	4				28
自费生	198	34	18	100			350
交换生				2	1		3

（郭凯琳）

学科建设工作

【概况】 2017年，北京科技大学以学校“十三五”教育事业发展规划、“综合改革方案”及“双一流”建设方案为指导，全面落实相关具体内容，推进学校“双一流”建设，以一流学科建设引领带动学校整体发展。

（乔　兰　胡晓军）

【“双一流”建设方案】 根据教育部相关文件要求，按照党的十九大报告提出的新目标、新任务、新要求，以坚持中国特色、建设世界一流为目标，规划与学科建设办公室（以下简称“规划办”）组织相关学科和部门编写完成了《北京科技大学一流学科建设高校建设方案》。学校共有科学技术史、材料科学与工程、冶金工程和矿业工程四个学科进入一流学科建设名单，规划办组织召开各一流学科建设方案专家论证会，听取校内外专家对学校一流学科建设方案的意见和建议，力求方案符合国家发展需要和学校实际情况，具有前瞻性和可行性，为学校建设有特色的世界一流大学奠定基础。同时，根据学校的“一流学科”建设方案和“十三五”规划，规划办组织各学科和单位形成相应的学科建设实施方案。

（胡晓军　张云仙）

【引导专项资金项目】 按照《关于开展2018年中央高校建设世界一流大学（学科）和特色发展引导专项资金项目申报及评审工作的通知》（教财司函〔2017〕806号）要求，规划办结合“十三五”教育事业发展规划和“双一流”建设方案，会同财务处等相关部门和学科建设单位，开展2018年“引导专项”资金项目申报工作，同时对2018—2020年项目按拔尖创新人才培养项目、师资队伍建设项目、提升自主创新和社会服务能力项目、文化传承创新项目、国际合作交流项目五个部分进行逐年申报，按照“质量导向，突出学科”的原则，力求资金使用到位，达到最大建设成效。另外，根据《财政部教育部关于印发〈中央高校建设世界一流大学（学科）和特色发展引导专项资金管理办法〉的通知》（财科教〔2017〕126号）有关要求，严格管理引导专项资金的预算、支出和决算、监督检查和绩效评价按照该办法执行。

（胡晓军　张云仙）

【改善基本办学条件专项经费项目】 规划办加强对用于学科建设的改善基本办学条件专项经费使用的过程管理。2017年，组织完成了2016年16个学科建设项目的自评工作，共计3155万元，并认真总结了项目执行情况，撰写自评报告。对2017年的项目，从项目启动、执行和收尾等各个环节，强化项目负责人的责任，协调资产管理、财务等相关部门，保证了17个学科建设项目共计3249万元的顺利执行，至2017年年底全部执行完毕。

（胡晓军　张云仙）

科学研究与产业开发

科研工作

【概况】 2017年，学校主动适应国家深化体制机制改革、科技计划和科研项目资金管理模式发生重大变化的新形势，立足创新驱动发展战略，积极服务国家重大战略需求，加强有组织科研创新，推动交叉协同融合，放管结合，优化服务，通过顶层设计、制度创新、平台建设等切实提升了学校科学研究水平和社会服务贡献度。

（郝晓云）

【科研项目与经费】 2017年，全校科研经费稳中有升，全年实到科研经费总额达80927.28万元，其中，纵向经费60975.46万元，横向经费19951.82万元。新增合同经费73036.21万元，其中，新增纵向合同经费43029.13万元，新增横向合同经费30007.08万元。

纵向科研课题。2017年新增纵向科研项目361项。①国家自然科学基金项目163项，总经费10668.5万元。②国家重点研发计划（项目）6项，总经费11264万元。③重大专项（课题）2项，总经费801.7万元。④国家科技创新合作重点专项3项，总经费873.44万元。⑤北京市纵向项目（含北京市自然科学基金）65项，新增合同经费7718万元。⑥人文社科项目42项，总经费608.52万元。

横向科研课题。2017年新增横向合同868项。①由国家政策引导，高技术企业认定需要而签订专利许可合同的数量持续增加，共签订11份专利实施许可合同，总金额为333.64万元。②横向合同经费100万元以上的合同数为61项，合同经费12071.58万元。③与战略合作钢铁企业保持了良好、持续的合作关系。与钢铁研究总院签订6项合同，经费总额241万元；与首钢及其相关子公司等共签订14项合同，经费总额1633.4万元；与马鞍山钢铁签订7项合同，经费591.2万元；与山东莱钢共签订7项合同，经费总额435.1万元；与宝钢及其相关子公司等共签订7项合同，经费314.369万元；与酒泉钢铁签订6项合同，经费总额186.18万元；与上海梅山钢铁签订5项合同，经费总额176.48万元；与山东日照钢铁签订3项合同，经费总额153万元；与青岛特钢共签订1项合同，经费总额150万元；与新余钢铁签订2项合同，经费总额130万元；与柳钢签订4项合同，经费总额119万元。

（郝晓云）

【科研水平与成果】 2017年，学校获得省部级科学技术奖46项（特等奖1项、一等奖9项、二等奖16项、三等奖20项）。共申请发明专利730项，实用新型专利139项；授权发明专利500项，实用新型专利125项。另外，获软件著作权155项，11件发明专利申请提出了PCT国际申请。2016年学术论文被SCIE收录1797篇，同类机构排名第30；EI收录论文2388篇，同类机构排名第19；CPCI-S收录296篇，同类机构排名第45。

（郝晓云）

【科研基地建设】 2017年，学校获批3个省部级科研基地：北京材料基因工程高精尖创新中心、先进粉体材料研发与应用北京市国际科技合作基地和先进绿色微纳能源系统北京市国际科技合作基地。其中，北京材料基因工程高精尖创新中心的成立，对实现“中国制造2025”目标，建设北京“科技创新中心”，拓展国际化视野，汇聚国内外的优质创新力量和资源，突出科技创新与人才培养，推动材料科学与工程学科的发展具有重大战略意义。

此外，还完成了1个学科创新引智基地和1个北京市国际科技合作基地的申报工作，以及8个北京市科研基地的评估考核工作。

（郝晓云）

【产学研合作交流】 2017年，学校着力构建新型政产学研创新创业模式，大力促进科技成果转移转化。继续发挥北京科技大学—钢铁企业科技合作组织作用，加大与各大钢企合作力度，与鞍钢、包钢、柳钢、山钢、酒钢达成新一轮战略合作协议，先后与26个企业、政府签订合作协议，在智能装备制造、新材料、节能环保、生物工程与传感技术、电子信息等领域开展密切合作。

同时，沿海协同创新研究院以市场需求为导向，以体制机制创新为核心，通过资源整合，积极探索新型政产学研创新创业模式，构建了人才培养—技术研发—成果转化—企业孵化四位一体的特色研究院建设模式，有效促进科技成果转移转化和研究院健康发展。2017年，广州新材料研究院和烟台工业技术研究院建设取得重大进展：已组建相关技术创新中心9个；孵化高技术企业6家；组建风险投资公司1家；建设科技成果转化基地2个；研究院牵头申报的山东省核电材料与装备创新中心成功入选山东省首批制造业创新中心，还牵头组建了贝壳粤港澳大湾区创新交流中心。

学校积极参与北京全国科创中心和“三城一区”建设，针对中关村科学城、未来科学城、怀柔科学城的功能定位和发展规划，着力策划研讨，整合全校资源，集中对接攻关，取得了较大突破。还积极利用首都高校科技信息联盟等平台，围绕新材料、新能源、装备制造等战略新兴产业，在长三角、京津冀鲁等国家重点发展区域，组织产学研对接活动150余次，发布科技成果500余项，服务区域经济发展。

（郝晓云）

【军工科研生产】 2017年，学校加强国防科研项目培育，积极融入国家军民融合战略，共签订国防科研合同76项，合同额9353万元。其中，装备发展部预研项目立项9项，支持力度在教育部高校中排名前五；两机重大专项学校牵头申报4项、参研11项。材料先进制备技术、腐蚀与防护教育部重点实验室（B类）实验室通过了教育部重点实验室评估。组织召开了北京科技大学军民融合创新研讨会，教育部科技司、军委科技委战略局等18家单位参加，建议发起成立北京科技大学军民融合雄安联盟，并与国防科工局联合举办首期“先进装备制造及关键材料专家大讲堂”。

（郝晓云）

【基本科研业务费】 学校持续基本科研业务费资助，做到了青年教师科研成长的全阶段覆盖，为遴选和培育学术领军人才提供了有力的保障。2017年，立项资助344项，立项金额3417.8万元。其中人才类项目135项，立项金额1316万元，实现了对35岁以下青年教师持续的科研支持；还设置了国防类基本业务费项目，校内开放申报，组织专家匿名盲评，从140余个项目中遴选出57项予以立项支持，为提高老师参与国防科研项目申请积极性打下了重要基础。同时，通过专家评价及目标核查等方式，对180余项课题进行了中期检查和结题验收。

（郝晓云）

【科技期刊】 2017年出版《矿物冶金与材料学报（英）》《工程科学学报》（原北京科技大学学报）、《北京科技大学学报（社会科学版）》《物流技术与应用》《粉末冶金技术》和《金属世界》共54期，载文920篇。其中自然科学研究论文810篇，社会科学研究论文110篇；SCI收录论文168篇；EI收录论文408篇；中文核心期刊论文312篇。

《矿物冶金与材料学报（英）》继续获得“中国科技期刊影响力提升计划”C项目资助，2017年被评为“中国最具国际影响力学术期刊（Top5）”。《工程科学学报》在中国学术期刊评价研究报告（2017—2018）评价结果中为A+期刊；在中国知网发布的期刊影响力指数及影响因子排名中，其影响力指数CI值排名第13位；在中国科学技术信息研究所《2017年版中国科技期刊引证报告》（核心版）的工程与技术科学基础学科类期刊中综合评价排名为第4位。两刊均荣获“中国科技论文在线优秀期刊”二等奖。《金属世界》的扩展影响因子由2016年的0.214上升为0.313，期刊社会影响力逐年提高。《北京科技大学学报（社会科学版）》2017年发展良好，影响力持续增长。其复合总被引频次、复合影响因子和综合影响因子持续增长，均已超过一些中文核心期刊和中文社会科学引文索引来源期刊（CSSCI期刊），跃居Q2期刊前列。

（郝晓云）

【人才培育】 2017年，学校高水平领军人才队伍建设取得新进展。冶金与生态工程学院张立峰、钢铁冶金新技术国家重点实验室焦树强获得国家自然科学基金委国家杰出青年科学基金项目资助立项；材料科学与工程学院夏志国、廖庆亮和土木与资源工程学院尹升华获得国家自然科学基金委优秀青年科学基金项目资助立项；能源与环境工程学院邢奕、材料科学与工程学院刘雪峰入选中组部“万人计划”科技创新领军人才；材料科学与工程学院庞晓露、新材料技术研究院张达威、土木与资源工程学院宋洪庆入选“北京市科技新星计划”。

（郝晓云）

【科协、学会、学术交流】 2017年，学校主办国际会议9次；参加国际会议820人次，交流论文1411篇，特邀报告225篇；派遣105人次、接收24人开展合作研究。学校科协组织学生科协举办了第十届百科知识竞赛，普及科普知识，受到师生欢迎；组织20件专利参加了第六届首都大学生科技创新作品与专利成果展示推介会，荣获科技创新成果金奖2项，并荣获北京市科协“第六届首都大学生科技创新作品与专利成果展示推介会”最佳组织奖。

（郝晓云）

【科研管理】 围绕深化体制机制改革，落实科研项目资金管理，放管结合，优化服务，通过多种渠道对国家最新发布的科研项目资金管理办法等进行政策解读和调研，使教师尽快了解并适应科研政策的新变化、新要求，合规、高效开展科研工作，也进一步推进了科研经费管理的规范化。同时注重顶层设计，积极组织策划，在争取大项目、大平台等方面卓有成效。

（郝晓云）

【学术委员会】 按照《北京科技大学学术委员会章程》及《北京科技大学学术委员会产生办法》，选举产生了新一届校学术委员会委员。成立了北京科技大学学术委员会办公室（秘书处）。

（郝晓云）

【附表】

2017年科研成果统计表

单位	获奖数（项）	申请专利（件）			授权专利（件）			软件著作权（项）	国际PCT申请（件）
		发明	实用新型	合计	发明	实用新型	合计		
土木与资源工程学院	17	78	24	102	39	22	61	0	0
冶金与生态工程学院	7	78	19	97	38	10	48	1	3
材料科学与工程学院	1	128	15	143	93	7	100	1	2
机械工程学院	0	42	18	60	47	16	63	5	1
能源与环境工程学院	3	28	6	34	4	12	16	1	0
自动化学院	4	30	9	39	22	12	34	20	0
计算机与通信工程学院	5	86	14	100	42	7	49	118	0
数理学院	0	6	2	8	3	1	4	0	1
化学与生物工程学院	0	16	4	20	21	5	26	0	0
东凌经济管理学院	0	1	0	1	0	0	0	0	0
文法学院	0	0	0	0	0	0	0	0	0
新金属材料国家重点实验室	1	45	2	47	52	0	52	0	2
工程技术研究院	3	18	2	20	26	9	35	7	0
新材料技术研究院	3	104	8	112	87	7	94	0	2
国家材料服役安全科学中心（筹）	0	14	11	25	12	9	21	1	0
钢铁冶金新技术国家重点实验室	1	36	1	37	13	3	16	0	0
钢铁共性技术协同创新中心	6	20	1	21	5	0	5	0	0
其他	0	0	0	0	2	5	7	3	0
合计	51*	730	136	866	506	125	631	157	11

*注：有成果为多个学院合作完成

2017 年科研获奖项目一览表

序号	项目名称	奖励名称	奖励单位	获奖等级	完成人	完成单位	所在单位
1	高熵合金的相形成规律及组织性能研究	高等学校科学研究优秀成果奖（科学技术）（自然科学类）	教育部	一	吕昭平（1） 张　勇（2） 刘雄军（3） 吴　渊（4） 王　辉（5） 惠希东（6） 何骏阳（7） 左婷婷（8）	北京科技大学	新金属国重室
2	电弧炉炼钢终点控制技术及应用	高等学校科学研究优秀成果奖（科学技术）	教育部	二	朱　荣（1） 董　凯（2） 杨树峰（7） 魏光升（10） 刘福海（15） 胡绍岩（22） 赵　飞（33） 王　云（38） 王雪亮（41） 吴学涛（49）	北京科技大学、西宁特殊钢股份有限公司、天津天管特殊钢有限公司、新余钢铁集团有限公司、中南大学、北京荣诚京冶科技有限公司	冶金学院
3	低渗砂泥交互油藏压裂开发理论和技术及应用	高等学校科学研究优秀成果奖（科学技术）	教育部	二	朱维耀（1） 岳　明（5） 宋智勇（10） 高　英（14） 宋洪庆（15） 马东旭（16） 李剑辉（17） 杨连枝（18） 王　明（19） 刘昀枫（21） 亓　倩（24） 韩宏彦（25） 王九龙（26）	北京科技大学、中国石化胜利油田石油工程技术研究院、中国石油大学（北京）、中国石油吐哈油田勘探开发研究院	土资学院
4	钢铁行业烧结 / 球团烟气半干法脱硫集成技术及应用	高等学校科学研究优秀成果奖（科学技术）	教育部	二	邢　奕（1） 宋存义（4） 路　培（9） 苏　伟（10） 汪　莉（12） 赵荣志（14） 钱大益（15） 童震松（16）	北京科技大学，鞍钢集团工程技术有限公司，河钢集团有限公司，中国科学院过程工程研究所，首钢环境产业有限公司	能环学院
5	基于组装业务建模的保险行业应用软件参考系统平台研究与应用	北京市科学技术奖	北京市人民政府	二	阿孜古丽·吾拉木（7）	中科软科技股份有限公司、北京科技大学	计通学院
6	分布式系统隐私保护认证技术及应用	北京市科学技术奖	北京市人民政府	三	朱岩（6）	北京交通大学、北京天诚安信科技股份有限公司、北京天威诚信电子商务服务有限公司、北京科技大学	计通学院
7	高炉冲渣水余热回收技术研发及应用	北京市科学技术奖	北京市人民政府	三		北京亿玮坤节能科技有限公司、北京科技大学、邯郸钢铁集团有限责任公司、国网冀北电力有限公司	能环学院
8	北京燃气管网防腐蚀安全关键技术与设备研究及推广应用	北京市科学技术奖	北京市人民政府	三	杜艳霞（2） 路民旭（5）	北京市燃气集团有限责任公司、北京科技大学、北京永逸舒克防腐蚀技术有限公司、北京安科管道工程科技有限公司	新材料院

续表

序号	项目名称	奖励名称	奖励单位	获奖等级	完成人	完成单位	所在单位
9	超大容积顶装焦炉技术与装备的开发及应用	冶金科学技术奖	中国钢铁工业协会、中国金属学会	特	张欣欣（3） 冯妍卉（8）	中冶焦耐工程技术有限公司、北京科技大学、鞍山钢铁集团公司	能环学院
10	大型水电站用高强度易焊接厚板与配套焊材焊接技术开发应用	冶金科学技术奖	中国钢铁工业协会、中国金属学会	一	刘国权（5）	首钢总公司、秦皇岛首秦金属材料有限公司、北京科技大学、中国水利水电第七工程局有限公司机电安装分局、中国水利水电夹江水工机械有限公司、中国电建集团华东勘测设计研究院有限公司、中国葛洲坝机械船舶有限公司、天津大桥焊材集团有限公司	2011
11	超纯净不锈钢脱氧及夹杂物控制关键技术开发与应用	冶金科学技术奖	中国钢铁工业协会、中国金属学会	一	王丽君（3）	太原钢铁（集团）有限公司、北京科技大学、山西太钢不锈钢股份有限公司	2011
12	基于M3组织调控的钢铁材料基础理论研究与高性能钢技术	冶金科学技术奖	中国钢铁工业协会、中国金属学会	一	尚成嘉（4）	钢铁研究总院、北京科技大学、上海大学、东北大学、清华大学、山西太钢不锈钢股份有限公司	2011
13	高性能铁基粉末原料和制品工业化关键技术与应用	冶金科学技术奖	中国钢铁工业协会、中国金属学会	二	曲选辉（1） 尹海清（8）	莱芜钢铁集团粉末冶金有限公司、北京科技大学、钢铁研究总院、中南大学、莱芜市新艺粉末冶金制品有限公司	新材料院、2011
14	武钢转炉-RH精炼流程网络集成技术创新	冶金科学技术奖	中国钢铁工业协会、中国金属学会	二	姜　敏（7）	武汉钢铁股份有限公司、北京科技大学、中冶南方工程技术有限公司	冶金学院
15	超大型集装箱船用钢全流程关键技术创新及应用	冶金科学技术奖	中国钢铁工业协会、中国金属学会	二	尚成嘉（3）	鞍钢股份有限公司、北京科技大学、大连船舶重工集团有限公司	2011
16	冶金矿山智慧矿山研究与应用	冶金科学技术奖	中国钢铁工业协会、中国金属学会	二	张德政（2） 李　擎（5） 何　杰（10）	鞍钢集团矿业有限公司、北京科技大学	计通学院、自动化学院
17	国内首创双机架线材减定径机组的成套技术	冶金科学技术奖	中国钢铁工业协会、中国金属学会	二	钟廷珍（3） 陈雨来（8）	哈尔滨哈飞工业有限责任公司、江苏永钢集团有限公司、北京科技大学、天津市先导倍尔电气有限公司	工程技术院
18	钢铁材料的高温氧化特性及其在碳钢板带表面质量控制中的应用	冶金科学技术奖	中国钢铁工业协会、中国金属学会	三	赵征志（5）	首钢总公司、首钢京唐钢铁联合有限责任公司、北京首钢股份有限公司、北京科技大学	冶金学院
19	高性能焊丝钢开发及应用	冶金科学技术奖	中国钢铁工业协会、中国金属学会	三	尚成嘉（2） 王学敏（4）	江苏沙钢集团有限公司、北京科技大学	2011
20	大型KR高效低耗智能化铁水脱硫成套技术集成与创新	冶金科学技术奖	中国钢铁工业协会、中国金属学会	三		首钢京唐钢铁联合有限责任公司、首钢总公司、北京首钢自动化信息技术有限公司、中冶京诚工程技术有限公司、北京科技大学	冶金国重室

续表

序号	项目名称	奖励名称	奖励单位	获奖等级	完成人	完成单位	所在单位
21	首钢烧结高温烟气循环提质节能减排新工艺	冶金科学技术奖	中国钢铁工业协会、中国金属学会	三		首钢总公司、北京首钢股份有限公司、北京科技大学	冶金学院
22	金属矿山崩落法转充填法安全高效联合开采技术	冶金科学技术奖	中国钢铁工业协会、中国金属学会	三	宋卫东（1） 谭玉叶（3） 付建新（5）	武钢资源集团有限公司、北京科技大学	土资学院
23	高级别汽车板关键技术创新及应用	河北省科学技术奖	河北省人民政府	一	米振莉（2） 江海涛（5）	河钢集团邯钢公司、北京科技大学	工程技术院
24	热轧生产线密集型层流冷却工艺技术的开发与创新	河北省科学技术奖	河北省人民政府	三	余　伟（3）	河钢集团邯钢公司、北京科技大学	工程技术院
25	复杂人工生命建模与大系统广义模型化理论和方法	江西省自然科学奖	江西省人民政府	一	涂序彦（2）	南昌航空大学、北京科技大学、北京邮电大学	计通学院
26	典型高分子涂层与材料腐蚀老化寿命评估技术研究及工程应用	湖北省科技进步奖	湖北省人民政府	二	李晓刚（1） 高　瑾（4） 程学群（6） 肖　葵（7） 吴俊升（8）	武汉材料保护研究所、北京科技大学、湖北飞龙摩擦密封材料股份有限公司、山东龙泉管道工程股份有限公司	新材料院
27	低成本高性能热轧系列高强及超高强宽带钢工艺关键技术及应用	湖南省科学技术进步奖	湖南省人民政府	二	康永林（2）	湖南华菱涟源钢铁有限公司、北京科技大学	材料学院
28	电弧炉炼钢复合吹炼与余热回收技术的研究与应用	湖南省科学技术进步奖	湖南省人民政府	三	朱荣（2）	衡阳华菱钢管有限公司、北京科技大学、中南大学、北京荣诚京冶科技有限公司	冶金学院
29	会泽膏体充填物料匹配性及系统适应性研究与应用	云南省科学技术进步奖	云南省人民政府	二	吴爱祥（1） 王洪江（3） 王贻明（5） 尹升华（7） 韩　斌（9）	云南驰宏锌锗股份有限公司，北京科技大学	土资学院
30	次氧化锌粉深度治理低浓度 SO_2 烟气耦合提取有价组元新技术及产业化	云南省科学技术进步奖	云南省人民政府	三	王成彦（2）	云南云铜锌业股份有限公司、北京矿冶研究总院、北京科技大学	冶金学院
31	高品质混凝土骨料及其对混凝土性能影响的研究及应用	新疆维吾尔自治区科技进步奖	新疆维吾尔自治区人民政府	三	刘娟红（1）	新疆天山水泥股份有限公司、北京建筑大学、北京科技大学	土资学院
32	低浓度 SO_2 资源化经济利用新技术集成与示范	中国有色金属工业科技进步奖	中国有色金属工业协会	一	王成彦（2）	云南云铜锌业股份有限公司、北京科技大学（4）	冶金学院
33	山东矿区冲击地压类型、发生机理与治理关键技术	中国煤炭工业科学技术奖	中国煤炭工业协会、中国煤炭学会	一	姜福兴（3） 杨淑华（13） 朱斯陶（15）	山东能源集团有限公司、北京科技大学、山东科技大学、新汶矿业集团有限责任公司、尤洛卡矿业安全工程股份有限公司、兖矿集团有限公司东滩煤矿、济宁矿业集团有限公司	土资学院、自动化学院
34	深井条带开采冲击地压发生机理与防治研究	中国煤炭工业科学技术奖	中国煤炭工业协会、中国煤炭学会	二	姜福兴（2） 温经林（4） 杨淑华（11） 王存文（12）	山东能源集团有限公司、北京科技大学	土资学院、自动化学院

续表

序号	项目名称	奖励名称	奖励单位	获奖等级	完成人	完成单位	所在单位
35	急倾斜(55°~74°)特厚易燃煤层长壁综放开采技术研究	中国煤炭工业科学技术奖	中国煤炭工业协会、中国煤炭学会	二		华亭煤业集团有限责任公司、西安科技大学、中国矿业大学、北京科技大学、天地（常州）自动化股份有限公司	土资学院
36	强冲击大构造空间煤柱条件下综放开采防冲技术研究	中国煤炭工业科学技术奖	中国煤炭工业协会、中国煤炭学会	二	姜福兴（5）	黑龙江龙煤鹤岗矿业有限责任公司、北京科技大学	土资学院
37	千米深井巨厚岩浆岩下冲击地压规律及防控技术研究	中国煤炭工业科学技术奖	中国煤炭工业协会、中国煤炭学会	三	姜福兴（2） 杨淑华（8）	山东东山王楼煤矿有限公司、北京科技大学	土资学院、自动化学院
38	深井综放开采沿空支护工艺与围岩控制技术	中国煤炭工业科学技术奖	中国煤炭工业协会、中国煤炭学会	三	朱斯陶（8）	山东新巨龙能源有限责任公司、华北科技学院、北京科技大学	土资学院
39	强冲击煤层不规则孤岛工作面防冲技术研究	中国煤炭工业科学技术奖	中国煤炭工业协会、中国煤炭学会	三	姜福兴（2） 王存文（3）	肥城矿业集团梁宝寺能源有限责任公司、北京科技大学	土资学院
40	震动场、应力场联合监测冲击地压的理论与应用	中国煤炭工业科学技术奖	中国煤炭工业协会、中国煤炭学会	三	王存文（3） 朱斯陶（4） 姜福兴（5）	华北科技学院、北京科技大学、山东省冲击地压控制工程研究中心、山东省标准化研究院	土资学院
41	特厚煤层分层工作面冲击地压事故后复产及安全回采研究	中国煤炭工业科学技术奖	中国煤炭工业协会、中国煤炭学会	三	姜福兴（1） 杨淑华（5） 朱斯陶（7）	北京科技大学、黑龙江龙煤鹤岗矿业有限责任公司	土资学院
42	高瓦斯矿井黄泥基长效防灭火材料研发与应用	中国煤炭工业科学技术奖	中国煤炭工业协会、中国煤炭学会	三	黄志安（1） 高玉坤（8）	阳泉煤业（集团）股份有限公司、北京科技大学	土资学院
43	巨厚火成岩下复合型煤与瓦斯动力灾害防治技术研究	中国煤炭工业科学技术奖	中国煤炭工业协会、中国煤炭学会	三	李　铁（2） 刘　建（4）	淮北矿业股份有限公司、北京科技大学	土资学院
44	采掘车间绩效考核业务员过程优化与系统研发	中国黄金协会科学技术奖	中国黄金协会	一	李国清（2） 王进强（5） 侯　杰（7） 马朝阳（10） 黄树巍（13） 刘　迪（16） 李　瑞（19） 陈连韫（20）	山东黄金矿业（莱州）有限公司三山岛金矿、北京科技大学	土资学院
45	无线网络去结构化设计理论与方法（自然科学）	中国通信学会科学技术奖	中国通信学会	二	张中山（1）	北京科技大学、北京理工大学	计通学院
46	深井综放开采沿空支护工艺与围岩控制技术	中国职业安全健康协会科学技术奖	中国职业安全健康协会	三	姜福兴（1） 朱斯陶（3） 史先锋（4）	北京科技大学、山东新巨龙能源有限责任公司、黑龙江科技大学	土资学院
47	全球化背景下国家产业安全与经济增长	江西省第十七次社会科学优秀成果奖	江西省社会科学界联合会	二	何维达（1）	北京科技大学	经管学院
48	高校大学生资助管理绩效评估研究	第五届全国教育科学研究优秀成果奖	教育部	三	曲绍卫（1）	北京科技大学	文法学院

2017年知识产权成果明细

发明专利		实用新型		软件著作权	PCT
申请数	授权数	申请数	授权数		
730	500	139	125	155	11

2017年北京科技大学出版学术专著奖励明细

序号	专著名称	作者	出版社	所属单位
1	城市地下综合体建筑物结构防火设计研究	牟在根 等编著	中国铁道出版社	土资学院
2	难处理铁矿石煤基直接还原磁选技术	孙体昌 等编著	冶金工业出版社	土资学院
3	厚层坚硬煤系地层冲击地压机理及防治研究	王涛 等编著	中国矿业大学出版社	土资学院
4	Mechanism and Control Technology of Rock Burst in Fault Structure Area under Mining Disturbance	王涛 等编著	中国矿业大学出版社	土资学院
5	轴承钢中非金属夹杂物和元素偏析	张立峰 等编著	冶金工业出版社	冶金学院
6	太阳能级多晶硅的精炼方法	张立峰 等编著	冶金工业出版社	冶金学院
7	ZnO Nanostructures Fabrication and Applications	张跃 编著	Royal Society of Chemistry	材料学院
8	冷轧生产自动化技术（第2版）	孙一康 等编著	冶金工业出版社	自动化学院
9	机器智能人工情感	解仑 等编著	机械工业出版社	计通学院
10	广义网络空间	宁焕生 等编著	电子工业出版社	计通学院
11	机器智能人脸工程	肖若秀 等编著	机械工业出版社	计通学院
12	竞赛机器人	王志良 等编著	机械工业出版社	计通学院
13	机器智能人工心理	王志良 编著	机械工业出版社	计通学院
14	双足步行机器人	解仑 等编著	机械工业出版社	计通学院
15	纳米表征与调控研究进展	王荣明 等编著	北京大学出版社	数理学院
16	针尖增强拉曼光谱和荧光光谱	孙萌涛 等编著	科学出版社	数理学院
17	Modeling and Analysis of Modern Fluid Problems	郑连存 等编著	Academic Press	数理学院
18	Photoinduced Electron Transfer in Organic Solar Cell:Principle and Applications	孙萌涛 等编著	科学出版社	数理学院
19	Theoretical Design of Single Phase High-entropy Alloys	田付阳 等著	Lambert Academic Publishing	数理学院
20	京津冀区域土地综合承载力评价研究	刘祥东 编著	中国石油大学出版社	经管学院
21	区域科技创新景气的测度与评价	杨武 等编著	华中科技大学出版社	经管学院
22	新时代中国金融安全及治理研究	何维达 等编著	知识产权出版社	经管学院
23	跨语际再实例化视角下的及物性翻译转换研究	赵晶 编著	清华大学出版社	外国语学院
24	质的研究方法论	范玉梅 编著	九州出版社	外国语学院
25	汉英双语者的阅读研究：影响因素、困难预测和教学干预	薛锦 编著	世界图书出版公司	外国语学院

续表

序号	专著名称	作者	出版社	所属单位
26	马克思主义文明理论及其当代价值	李艳艳 编著	人民出版社	马克思主义学院
27	中国马克思主义公共哲学研究	王俊博 编著	人民日报出版社	马克思主义学院
28	群落的“存在”及其内涵分析	毕丞 编著	光明日报出版社	马克思主义学院
29	国民党与德国的关系	张北根 编著	社会科学文献出版社	马克思主义学院
30	磁致伸缩材料	周寿增 等编著	冶金工业出版社	新金属国重室
31	金属材料霉菌腐蚀行为与机理	肖葵 等编著	科学出版社	新材料技术研究院
32	典型电子材料户外大气环境腐蚀行为与机理	肖葵 等编著	科学出版社	新材料技术研究院
33	典型废旧金属循环利用技术	张深根 等编著	冶金工业出版社	新材料技术研究院
34	材料科学中的数学方法及应用	时鹏 等编著	化学工业出版社	国家科学中心
35	钢铁冶金尘渣利用新技术基础	郭占成 等编著	科学出版社	冶金国重室
36	语域视角下的翻译研究——理雅各和辜鸿铭《论语》英译比较	高生文 编著	对外经济贸易大学出版社	期刊中心

2001~2016年学校SCIE、EI、CPCI-S在全国高校排序表

年份	SCIE	排名	EI	排名	CPCI-S	排名
2001	197篇	23名	223篇	16名	32篇	48名
2002	287篇	22名	206篇	22名	64篇	40名
2003	255篇	24名	254篇	22名	56篇	49名
2004	241篇	31名	347篇	25名	34篇	71名
2005	383篇	26名	571篇	27名	156篇	42名
2006	376篇	34名	618篇	27名	147篇	54名
2007	441篇	33名	838篇	25名	296篇	36名
2008	552篇	33名	981篇	22名	373篇	42名
2009	577篇	37名	941篇	29名	335篇	36名
2010	680篇	39名	1156篇	26名	608篇	30名
2011	816篇	33名	1137篇	28名	473篇	13名
2012	911篇	36名	1225篇	25名	520篇	13名
2013	1234篇	33名	1606篇	23名	342篇	25名
2014	1445篇	32名	1911篇	17名	363篇	23名
2015	1718篇	28名	2447篇	16名	202篇	33名
2016	1797篇	30名	2388篇	19名	296篇	45名

数据来源：中国科学技术信息研究所

科技产业

【概况】 2017年，党的十九大胜利召开，吹响了决胜全面建成小康社会、夺取新时代中国特色社会主义伟大胜利的号角。科技产业集团在学校党政的坚强领导下，以培育新增长点、形成新动能为目标，以优化创新创业生态为主线，依托学校，面向社会，将学校科技智力资源与市场优势创新资源紧密结合，完成创新资源集成、科技成果转化与产业化、科技创业孵化、双创人才培养和开放协同发展。截至2017年年底，学校科技产业全口径统计企业共43家，其中一级企业6家，包括全资1家、参股5家；二级企业26家，包括全资及控股11家、参股企业15家；三四级企业11家，包括全资及控股2家、参股企业9家。职工总计500余名，其中学校编制职工35名。北京科大资产经营有限公司2017年度审计报告显示，纳入合并报表的资产总计5.93亿元，相比年初增长6.26%；所有者权益合计1.95亿元，相比年初增长1.56%。

（李嘉芷、于 伟）

【资产公司发展概况】 ①重大事项集中发力，规范企业股权退出。针对大量校办企业需要在较短时间内规范股权退出，完善企业国有资产处置的重点难题，在深刻领会国有资产管理相关法规，灵活运用《公司法》的基础上，除原有常用的无偿划转、协议转让、挂牌交易股权退出三种方式外，又探索出一套合法合规、流程简化的参股公司“减资退出”的新方法，得到教育部主管部门领导的充分肯定，并多次向兄弟院校介绍管理经验，广受好评，截至2017年年底，完成12家企业的减资退出、合并收购等工作，等待批复企业1家。此外，为明确国有资产权属问题，进一步规范下属企业管理，确保国有资产安全，按教育部要求补充产权占有登记申报2家。

②落实上级文件精神，明确企业清理整顿思路。按照教育部2016年10月下发的《关于进一步清理规范所属企业全面加强企业国有资产管理的通知》（教财司函〔2016〕595号）下发的整改要求，对学校43家校办企业，分类别、分阶段、分重点、分步骤制定出清理规范方案，并通过经资委会批准后实施。

③完善体制机制，全面促进制度化建设。年内，资产公司完善了所属企业制度建设，包括经营绩效考核、董监事派出、企业领导人员管理、收入分配、收益收缴等相关制度；全面构建了国有资产监管制度体系，包括产权转让、审计、资产评估招投标等制度，推进国有资产监管工作科学化、制度化、规范化。截至目前，资产公司共有经营管理类制度13项，财务管理类制度6项，行政人事类制度17项。

④多次配合接待外校来访，并对外进行多次调研。配合学校资产处接待重庆大学、北京林业大学、北京交通大学来访，对北京化工大学、中国石油大学、中国矿业大学进行多次调研。就当前高校科技成果作价入股相关政策、高校产业发展存在的难点问题，与兄弟院校进行了经验分享，共同就高校产业下一步发展进行探讨。

⑤配合完成各项科技统计，全面加强对企业信息管理。年内，资产公司认真落实财政部、教育部、北京科技大学等上级部门的文件精神，完成18项统计工作的上报。主要分为以下三类：一是完成了财政部和教育部要求的2017财务会计决算、财务月度快报、国有资本收益、校办产业统计在内多项统计工作的上报；二是完成了北京市教委下发的《北京工业年鉴》北科大部分的上报工作；三是完成了北京科技大学下发的包括社科统计、科技统计、学校对外投资、教育信息公开等在内的多项统计工作的上报。

（郑包林、于 伟、郑晓娜）

【全资控股公司】 ①科技园公司和孵化器公司。科技园公司在继续做好园区运营管理工作基础上，不断加强自身能力建设，提升管理与服务水平，积极推进科技成果转化、高新技术企业孵化、创新创业人才培养工作。在资质建设方面，2017年，科技园被北京市科委授予第二批“首都科技志愿服务站”，被中关村管委会评为“中关村高新技术企业”，被中关村科技园区海淀园管委会授予第四批“中关村协同创新服务平台创新驿站”。在孵化服务方面，截至年末，园区在园企业184家，其中，学生创业企业6家，年内新入驻企业40家，新入驻海归创业企业2家；科技园主办技术合同登记、融资策略等各类专场培训或交流13场；针对企业技术需求，组织北科大专家教授开展校企技术咨询与对接2场；面向在园企业及拟创业者提供企业设立与注册、资质认定等各类咨询服务累计300余人次；承办中关村留学人员精品项目推介会1场，组织企业参加各类投融资对接会13场，组织企业开展异地产业化发展对接洽谈18家次；园区新增战略合作伙伴8家，合作内容涵盖投融资、成果转化、园区文化建设及产学研合作基地建设等方面，进一步丰富与完善了园区孵化服务体系、助力双创服务能力建设。

科技成果转移转化方面，产研院加快推进怀柔中试基地建设，完成1000平方米中试车间改造工作，并建设完成日产公斤级“生物质吸附材料高效净化氟砷饮用水技术”中试示范线；同时继续推进“生物质纳米零价铁吸附材料治理土壤残留农药污染技术”“先进电子封装技术”等创新项目的中试转化。加大R&D投入，重视知识产权保护，完成4项国家发明专利和1项作品著作权申请，北京科大科技园有限公司获批成为“中关村高新技术企业”。科技创新方面，完善中试公共服务平台建设，经中关村科技园区海淀园管理委员会批复，成为中关村协同创新服务平台第四批“创新驿站”，获得海淀区协同创新券补贴。项目申报方面，依托新材料技术转移中心，成功申报2项北京市教委支持的校企合作产学研项目。校地企合作和京津冀协同创新方面，与郑州市、唐山市曹妃甸区等地积极对接，探索建立异地研究院的可行性以及人才-科技-产业深度融合与协同发展模式；与首钢等企业签订产学研战略合作协议，提供技术开发服务。

②宏洁物业公司。进一步提升方兴大厦和西三旗中试基地物业服务水平。以安全生产为核心，强化安全稳定意识，统筹消防安全与治安安全，重点发力人员安全教育培训，下力气检查完善消防安全设施、安全监控设施，全年产业集团各公司及所管辖区域安全生产零事故、消防安全零事故、治安安全零事故。西三旗校区全年除去学校自用，其余各项费用收取率达100%。

③分析检验中心公司。2017年，分析检验中心积极推进实验室开放共享制度建设，不断扩展和完善研发实验服务体系，努力打造“北科检测”服务品牌，取得了新的成绩。一是积极配合学校资产管理处深入推进校内实验室开放工作，参与制定学校实验室开放工作相关管理办法，与资产管理处重新签订了授权委托服务协议，并以此为契机，制定和完善了更加科学规范的业务承接、财务结算工作流程和管理办法，促进了学校实验室开放共享工作。二是进一步扩展和完善西三旗实验基地实验服务体系。实验基地本着“与学校资源优势互补、以市场需求为导向”的思路，加快建设6个专业检测实验室，目前检测能力已达到300多项，公司自主的实验检测体系基本建立起来。三是实验室资质建设继续推进，8月顺利通过了计量认证（CMA）与实验室认可（CNAS）二合一评审工作，本次评审涉及钢铁材料、合金、矿石、涂料与涂层、建筑材料、塑料橡胶、电力井盖等领域共24个领域308个检测项目。四是加强市场开拓工作，强化“专家、专业、专心，不一样的大学检测机构”这一服务与发展理念，积极开拓研发实验服务市场，截至2017年年底，共签订委托协议书2003份，出具科测报告/数据1531份，为276家企业和高校院所单位提供测试服务，客户遍及全国24个省市自治区及1个国外地区。五是“北科标样”推广使用成效显著，已累计面向全国150余所高校，推广使用近45000块实验教学样品，在高校材料实验教学领域的影响力进一步提升。

（张慧秋、黄　瑛、陈兴禹、刘亚东）

【天工公司】 2017年，天工公司根据学校对天工大厦年度工作的总体要求，重点在严格履行房屋租赁合同、保证安全稳定、提升服务质量、推进企业规范化管理四个方面开展工作。通过公司全体员工的共同努力，较好地完成了全年的工作计划和任务指标，为今后继续保持长期稳定的经济收益和提高公司规范化管理水平奠定了基础。全年大厦签约进驻企业117家，出租面积64412.25平方米，出租率97.3%；商业配套签约进驻服务企业9家，出租面积10358平方米，出租率88%；大厦整体出租率96.03%以上，完成全年财务收支预算，超额完成本年度上缴经济任务指标。大厦资产管理运营良好，无安全责任事故，固定资产账务相符率100%；大厦全年严格执行设备设施规范化、专业化管理，设备设施运行维护及完好率为98%；全年为大厦进驻企业提供公共服务和1666次个性化服务，客户满意率99%以上；全年严格按照规定办公，全年补充、修订后的规章制度达8大类135项。2017年，"中关村高端人才创业基地"与中关村管委会、海淀区政府协商和沟通基地二期建设有关事宜。

（刘　临、孙　桐）

【参股公司】 2017年，钢铁行业作为国家供给侧结构性改革的重要阵地，整体效益回暖。学校80%的下属企业主营业务与钢铁相关，紧密围绕节能减排，增质增效积极开展相关业务，推动钢铁行业改革，促进行业转型升级。从取得统计数据的参股企业来看，北京北科麦思科自动化工程技术有限公司净利润与上一年相比有较大增加，2017年股东大会决议拟向资产公司分红1600万余元，为学校科技产业的发展做出了突出的贡献。由学校胡正寰院士创立的北京科大机翔科技有限公司2017年再次获国家高新技术企业认定，实现营业收入530万元，此外还参与起草了国家标准《钢质楔横轧件工艺编制原则》，为推动行业高新技术发展、规范行业标准做出贡献。学校"新三板"上市公司赛能杰高新技术股份有限公司致力于"服务政府，改善环境，造福于民"的环保理念，大力开展危废资源利用市场，2017年在环保领域业务扩展、新客户开发、新技术研发等方面效果显著，公司经营模式逐步多元化，为行业节能减排做出贡献。

（郑包林、于　伟）

【党建和行政工作】 2017年，科技产业集团党委组织学习党的十九大精神和十八届中央历次全会精神，深入贯彻落实习近平新时代中国特色社会主义思想，积极参加和推动"两学一做"学习教育常态化制度化建设，配合学校迎接北京市教工委"基本标准"检查，全力做好党建和思想政治工作。为科技产业转型发展和持续健康发展提供坚强的思想和组织保证。

理论学习和政治纪律方面。认真学习习近平新时代中国特色社会主义思想和党十九大精神，并结合工作实际撰写多篇理论文章；重点学习研讨关于在国企中加强党的领导和党的建设的有关政策文件精神，以推动科技产业持续健康发展；加强集团党风廉政建设，营造风清气正的工作氛围，驰而不息地纠正"四风"，开创"踏石留印、抓铁有痕"的良好局面，形成作风建设的长效机制；完善和规范各项企业管理制度，梳理廉政风险点，统筹管理，确保国有资产保值增值。

通过"两学一做"学习教育常态化制度化建设，扎实推进基层党组织建设。集中开展党支部书记换届，配齐配强支部书记，同时开展支部书记述职工作；严格落实"三会一课"制度，加强支部规范化建设，针对薄弱支部的问题进行整改推进，增强党支部的凝聚力和战斗力，发挥基层党组织的战斗堡垒作用；认真组织各党支部开展参观"砥砺奋进的五年"成就展、红色主题教育等学习教育；以主题党日活动和基层党组织活动立项为抓手，引导各支部开展多种形式的党建活动；党委也注重加强党员队伍建设，严格党员发展教育管理，认真贯彻执行党内组织制度；产业集团党委也深入开展调查研究，抓好基层党建工作，力争协调好企业在业务发展和基层党建的共同发展。

科技产业集团进一步改进工作作风，求真务实，做好各项工作。规范各项制度，健全内部控制流程体系；加强"三公"经费和办公经费管理，厉行节约，防止浪费；同时注重通过网络等渠道加强信息公开；严格公车管理，杜绝公车私用；积极开展各项工会工作，同时完成集团110名非校编职工自愿加入工会工作，极大推进集团工会建设，提升企业发展力。

（刘　焱、李嘉芷）

【附表】

北京科技大学企业一览表
（截至 2017 年年底）

单位：万元

序号	公司名称	法定代表人	注册资本
1	北京科大资产经营有限公司	王维才	4500
2	北京科大科技园有限公司	刘俊友	1000
3	广东北科科技发展有限公司	何新波	600
4	北京科大天工科技服务有限公司	张卫钢	500
5	北京科技大学设计研究院有限公司	陈雨来	1500
6	北京科大恒兴高技术有限公司	唐　荻	500
7	北京宏洁物业管理有限公司	刘　焱	100
8	北京科大分析检验中心有限公司	刘俊友	100
9	北京科大永兴科技有限公司	张深根	500
10	北京科大印刷有限公司	张志民	200
11	北京科大华科高新技术有限公司	郭　俊	100
12	北京科大方兴加油站有限公司	张　岩	200
13	北京鼎鑫钢联科技协同创新研究院有限公司	陈兴禹	800
14	京津冀钢铁联盟（迁安）协同创新研究院有限公司	陈兴禹	1000
15	北京科大方兴科技孵化器有限责任公司	刘　临	100
16	北京科大华冶工程技术有限公司	王满元	300
17	北京中渣冶金技术有限公司	牛四通	50
18	北京科大博联科技发展有限公司	黄重国	50
19	北京科大机翔科技有限公司	胡正寰	100
20	北京科大方兴高新技术有限公司	王剑军	100
21	北京科大京都高新技术有限公司	刘　勇	608
22	北京北科麦思科新材料技术有限公司	刘伟嶂	1000
23	常熟中科创管理有限公司	李　军	200
24	北京科大国泰能源环境工程技术有限公司	李士琦	200
25	科大天工智能装备技术（天津）有限公司	张　超	100
26	莱芜钢铁冶金生态工程技术有限公司	王中学	1000
27	赛能杰高新技术股份有限公司	刘　洪	5000

续表

序号	公司名称	法定代表人	注册资本
28	北京科大朗涤环保工程技术有限公司	黄钢汉	1000
29	亿源科大磁性材料有限责任公司	丁穆源	5000
30	北京科大森浪信息技术有限公司	王宗杰	501
31	北京新材料孵化器有限公司	王　兵	500
32	北京伟豪智能玻璃有限公司	张正喜	1470
33	北京科大文鑫技术有限公司	张恒立	100
34	时光科技有限公司	杜宏斌	3000
35	蓝天科大新材料有限责任公司	朱明龙	7500
36	北京北科麦思科自动化工程技术有限公司	刘伟嶂	3334
37	北京银河昊星置业投资有限公司	谢胜华	1000
38	北京联力源科技有限公司	苏庆泉	100
39	北京科光磁性材料有限公司	黄光南	50（美元）
40	北京首钢中冶机电设备有限公司	鲍生旭	500
41	中联先进钢铁材料技术有限责任公司	杜挽生	11000
42	新冶高科技集团有限公司	张启富	7500
43	北京中关村海归文化发展有限公司	周树鑫	140

科研基地及研发平台

"重大工程材料服役安全研究评价设施"暨"国家材料服役安全科学中心（筹）"

【概况】"国家材料服役安全科学中心（筹）"（以下简称NCMS）于2008年12月由国家发展和改革委员会批复组建，依托于国家重大科技基础设施"重大工程材料服役安全研究评价设施"（以下简称MSAF），由"重大工程材料服役安全研究评价设施"项目建设指挥部（以下简称指挥部）负责相关筹建工作。NCMS位于国家自主创新基础能力建设"十一五"规划研究实验体系的最高层，是首个由教育部直属高校牵头承建的国家科学中心，位于北京市昌平区的中关村国家工程技术创新基地，共占地475亩，建设总投资约13.2亿元，建成后将达到研究人员（含客座研究员、访问学者、博士后）500人、研究生（含博士、硕士研究生）2000人的规模。

NCMS建设内容包括力学-化学多场耦合环境结构材料实验装置、多相流环境结构材料实验装置、高温高压水汽环境结构材料实验装置等八套具有公共性、通用性，居世界领先水平的大型工程结构材料服役安全科学研究实验装置。NCMS的建设目标是全面提升大尺寸/全尺寸构件及材料的实验研究能力和安全评价技术的整体实力，建立独立自主的工程材料安全服役标准和规范。在建设世界先进水平的大型工程结构材料服役安全科学研究实验装置基础上，NCMS大力推进国际化建设进程，积极创新管理体制和运行机制，创造汇聚一流人才的学术环境，立足为解决制约经济社会发展的重大科技问题提供科技支撑。

（于龙洋）

【人员状况】NCMS本着"以我为主、按需引进、为我所用"的原则，在建设期注重人才的汇集，有计划、多层次、多渠道地引进国内外各类专业科学、技术和管理人才，注重复合型人才的吸纳和培养，使师资队伍结构不断优化。2017年，NCMS共有建设人员79人（包括北京科技大学45人、中科院沈阳金属研究所9人、西北工业大学10人、哈尔滨工业大学15人），其中专职在编人员39人，具有博士学位教师比例达74%，具有高级专业技术职务教师比例为49%，海外毕业及外校毕业教师比例为59%，35~45岁教师占62%，现有院士1人、荣誉教授4人、客座教授4人、高级顾问3人，以及10余位长期在NCMS工作的国外知名专家，初步形成了一支结构合理、学科交叉、人员精炼、整体水平较高的科研管理团队。

（贺诗淇）

【装置建设工作】2017年，"重大工程材料服役安全研究评价设施"各装置建设工作稳步推进：高温高压实验装置已完成试运行工作，初步测试指标均已达到了任务书规定的技术指标，正在开展试验验收准备工作，新申请国家专利1项；多相流实验装置基本完成了4英寸试验环路介质混合器、环路抬升装置的优化改造、现场安装及调试工作，并完成了通用试验段的设计及插入式监测探针系统等实验数据监测采集设备的采购等工作；自然大气环境结构材料实验装置已完成安装和初步软、硬件调试等工作，并进入软硬件联调阶段；同时完成了高级循环腐蚀试验箱及氙灯老化试验箱安装、调试工作以及其他小型设备的采购工作，本年度申请专利2项；特殊地域实验装置已经完成试验道的铺设工作，装置各部件已经完成出场验收，并已进场开始安装，实验室主体建筑施工完成；力学化学实验装置完成了3000吨试验机方案论证，并确定了的最终实施方案；完成反力钢架系统、多点协调加载腐蚀性溶液环境仓等设备的设计及招标等工作；蠕变持久实验装置完成了80台常规蠕变持久试验机的出厂、到货验收等工作，其余14台常规蠕变持久试验机和6台（套）特殊环境蠕变持久试验机正分别在长春和上海开展运行实验，新申请国家专利3项；1项专利荣获2017年中国专利优秀奖；开放共享配套设施软件部分顺利完成了招标和合同签订，已按合同要求开展实施工作，初步完成软件系统的详细设计方案，申请专利1项。

（张利欣）

【装置招标与园区建设工作】 招投标工作方面，启动了开放共享配套设施的招标采购工作，完成了特殊地域环境结构材料实验装置的招标工作、高温高压环境结构材料实验装置、自然大气环境结构材料实验装置和力学-化学多场耦合环境结构材料实验装置等子项目的辅助设备招标工作，完成投资额1000余万元。

园区建设方面，在学校领导的关心和基建处及各部处的共同努力推动下，昌平创新园的主楼已于2017年12月底由施工单位交付给学校基建处。主楼区域的绿化道路工程已启动施工。专家公寓及食堂、博士后公寓的配套家具和学生宿舍的床铺及主楼的部分办公家具已到场并完成安装工作。主楼B区超净室实验室已开始施工。高温高压、自然大气、多相流厂房设备安装调试工作基本完成。特殊地域实验楼土建工程基本完工，环道和直道建设已完工。力学化学厂房的强力地板、反力墙修复工作基本完成，3000吨试验机基础设计工作已完成，已进入基础施工的招标程序。

（杨　斌、王志强）

【国际化进程推进工作】 在教育部“111”学科创新引智计划、“鼎新北科”、海外高层次文教专家引智项目、校重点、校常规项目等外专项目的大力支持下，NCMS持续开展国际学术交流，进一步扩大和巩固与海内外工程服役相关专家及机构的深入合作。①召开与材料服役相关海内外研讨会2次（第二届NCMS-OAS双边研讨会，NCMS-壳牌双边闭门研讨会）。②组织大型国际学术会议2次（首届世界交通研究峰会、土木工程石基材料基因组国际研讨会），加强互识与交流，制定合作路线，提升国家科学中心国际影响力。③积极接触材料服役安全有关国际知名专家，4名签约国家科学中心。④广泛邀请海外知名专家20余人次来华进行短期讲学、访问，加强国家科学中心的引智力度，促进前沿知识传播，推动青年学者、科研人员和研究生出访交流15余人次。⑤与海外知名专家及其团队成员开展科研合作，发表共同署名文章，提升国家科学中心科研实力。⑥国际知名专家参与装置的安装、调试与试运行。例如：Shoji教授在中国及日本积极参与指导高温高压水汽环境结构材料实验装置的装配、调试及相关初步验收工作。Yagi博士协助中心科研人员完成了百台蠕变试验机的驻厂监造与调试。

（金　莹、常　海）

【预研工作与用户拓展】 2017年，高质量地完成了国家重大科学仪器设备开发专项项目“极端特殊环境下材料及构件试验评价科学装置研制与应用”的结题审计和验收工作，完成了国家自然科学基金委员会、教育部、科技部、国家能源局和北京市科委等多项科研项目的研究工作，取得了丰硕的研究成果。紧密围绕材料服役安全相关领域发展方向，积极争取国家、部委的相关科研项目，提高相关学科领域地位，为设施建设和中心发展服务。2017年中心作为项目负责单位申请获批“十三五”国家重点研发计划重点专项“基于激光扫描和三维映射技术的路面桥梁关键计量测试技术与装备研究”1项，项目资助经费1133万元。作为课题负责单位申请获批重点专项2项，“高温合金材料近服役状态原位研究平台”和“智能化工作流管理与远程互交可视化技术研究”，获得资助经费644万元。参与项目申请获批2项，获得资助经费约120万元。中心共申报2017年国家重点研发计划项目13项，其中项目牵头2项、课题牵头5项、参加8项。获得国家自然科学基金、科技部、教育部、博士后科学基金项目等科研项目资助31项，已到款经费3318万元，其中纵向3259万元、横向59万元。提出国家重大需求和国家自然科学基金等项目建议50余项。通过适度争取和参与国家和企业项目，稳步提高中心科研能力，积累服务国家和企业的科研经验，用户单位逐步扩大，目前已经形成具有实质合作关系的用户30余家，涵盖核电火电、能源、高速铁路、航空航天、道路工程以及有色冶金等领域的生产制造和研究单位，随着中心的建设完成，将继续拓展用户群体，逐渐建立稳定长效的设施用户群。

（蒋立武）

【研究生培养】 NCMS 继续践行国际化教育理念，完善国际化培养长效机制，培养创新型人才。邀请知名学者开设海外名师精品课程 3 门，外籍博导独立招收博士生 4 人，以建立海外专家研究生指导团队 2 支，组织国际知名学者学术报告 20 余次，派出 3 名研究生赴美国、日本及欧洲进行短期访学与联合培养，以及多种形式的国际知名学者指导研究生工作。1 个班级获北京科技大学研究生标兵集体，1 个党支部获北京科技大学标兵党支部。4 人获国家奖学金，1 人获北京科技大学研究生学术之星，2 人获北京科技大学校长奖学金，1 人获海天特种奖学金，86 人次获校级及以上奖项或称号。同时，NCMS 积极探索多学科交叉国际化创新培养模式，并申报北京市教育教学成果一等奖，同时完成中国学位与研究生教育学会研究课题结项。

为吸引研究生优质生源，组织各学科教授亲临一线赴全国多地开展招生宣传工作，并于 7 月举办了第三届暑期学术夏令营，效果较为明显，硕士研究生报考人数上升明显。为推进研究生学风建设，举办研究生学术论坛、“学术三分钟”演讲比赛、学术微沙龙等活动；修订研究生奖助学金评审细则，规范开展研究生评奖评优。为促进毕业生高质量就业，举办模拟求职大赛、校友话就业讲座、生涯工作坊等就业指导活动，定期为毕业生精准推送招聘、实习信息，积极向用人单位推荐毕业生。2017 届毕业生就业率达 100%，连续六年实现全就业，再次荣获学校就业率优胜奖。

（艾轶博）

【党建工作】 在学校党委领导下，全面学习和深入贯彻党的十九大精神，牢固树立“四个意识”，增强“四个自信”，以政治建设为首要，推进党总支党建工作。2017 年 7 月完成中心近五年党建工作全面自查，形成自查报告和整改报告；落实“一岗双责”，项目建设指挥部副指挥陆永浩同志任国家材料服役安全科学中心党总支委员。

完善议事制度，确保科学民主决策。制定《国家材料服役安全科学中心党总支委员会议事规则》，完善会议的决策程序；修订《重大项目建设指挥部设备、材料、非标设计招投标实施办法》等文件；在人事管理方面，工程技术党支部和工程管理党支部书记分别进入专业人员和管理人员的录用评审小组，把好入职人员的政治关和师德关。发挥基层党组织的战斗堡垒作用；全年召开党总支委员会议、党支部书记会议共计 25 次，集体审议通过各类重要事件 50 余项；发展 13 名中共预备党员，转正 16 名中共党员报机关党委审批。获得学校优秀基层党组织活动二等奖、校研究生标兵党支部、校研究生标兵集体、2016—2017 年度校级先进党支部等荣誉称号；在学校基层党组织立项活动的基础上，开展中心基层党组织评优工作，评出一等奖和二等奖支部各 3 个；党总支委员会评议出 6 名在党建工作中表现突出的优秀学生党员作为年度党建积极分子，营造积极向上的工作氛围。

（杨超华）

钢铁共性技术协同创新中心

【概况】“钢铁共性技术协同创新中心”（以下简称中心）是北京科技大学牵头，以北京科技大学和东北大学两所冶金特色高校为核心，联合宝钢、鞍钢、武钢、首钢等国内龙头企业，钢研集团、中科院金属所等研究院所，上海大学、武汉科技大学等高校共同组建。中心于 2014 年 10 月，成功入选国家“2011 计划”，成为钢铁领域唯一国家“2011 协同创新中心”。中心围绕钢铁工业“绿色制造”“制造绿色”两大战略主题，聚焦“关键共性工艺与装备研发、重大工程高端产品开发”两大协同创新任务，坚持“同一个目标、同一个任务、同一支队伍、同一个机制”的协同创新模式，建立可持续发展的协同创新体制机制，为国民经济发展和钢铁工业转型做出重大贡献。

（徐　科）

【人员状况】 中心团队建设按照人才的能力和专业分布，本着“为我所用、德才兼备、协调互补、按需引进”的原则，有计划、多层次、多渠道地引进和培养国内外各类相关专业的科研和管理人才，不断优化师资队伍和团队结构，注重复合型人才的吸纳和培养，全面提高师资队伍整体素质。截至2017年，中心校内平台共有人员61人（包括北京科技大学42人、其他外聘人员16人、外籍教授3人），其中专职在编人员38人，具有博士学位的教师比例达到了87%，具有高级专业技术职务的教师比例达到了74%。中心人员中有院士2人、国家杰青2人、长江学者2人、青年长江1人，初步形成了一支结构合理、学科交叉、人员精炼、整体水平较高的科研创新团队。

中心根据每个团队的研发方向及发展规划，各团队从自身承担的重大任务需求出发，积极优化师资结构，推进各团队以负责人、骨干、一般研究人员、教辅人员互为补充的建设方案。2017年，共入职新教工3名（包含1名校聘非编人员）。中心根据实际情况和发展需要制定了师资队伍建设规划，积极构建以事业编、全职非编、博士后、兼职、学生勤工助学、新教工补充等多种聘用方式以缓解中心缺编情况。

（王　翊）

【协同创新任务进展】 2017年，中心在材料设计理论与方法、在线检测与质量保障、洁净钢及冶金节能环保、海洋工程用钢、现代交通用钢、先进能源用钢、特殊钢等领域取得了实质性的进展与科研成果。

材料设计理论与方法方向：形成具有中国自身特色的钢铁材料工程数据共享平台技术，并据此建成便捷实用的国家材料科学数据共享网2.0版；基于材料基因工程理念，实现多层次跨尺度的材料设计方法在钢铁应用上的突破，初步实现各尺度材料计算软件间的方法贯通；广泛开展数据共享平台和设计支撑的宣传、培训，形成在中心内部及各大钢厂的多例应用示范，包括大型水电站用高强度易焊接厚板与配套焊材焊接技术开发应用、高性能铁基粉末原料和制品工业化关键技术与应用；出版《章守华：正己守道 风华百年》《光学金相显微技术》《汽车材料及轻量化趋势》《中国大百科全书》（矿冶卷）第三版等书籍。

洁净钢及冶金节能环保方向：调研了南钢弹簧钢夹杂物及线材表面脱碳层现状，系统研究了各精炼环节对夹杂物数量、组成、尺寸及形态，实现了塑形夹杂物的有效控制，最终实现了高性能弹簧钢产品质量提升；优化了上海电气重型机械厂汽轮机低压、高中压转子用钢精炼渣系，提出了渣系评价标准，根据产品需求设计新型渣系并指导生产；系统研究了高端油井管用不锈钢洁净化控制机理和控制方法，指导太钢高端不锈钢洁净化生产，成果显著，并获得2017年冶金科学技术一等奖；成功完成了国家实践十号卫星微重力科学材料熔体润湿特性的研究，并入选国家2017年十大重要科技结果，获得2018国家自然科学基金空间科学卫星研究联合基金1项；侯新梅教授研发的钢包用新型功能化CaO-Al_2O_3-MgO系耐火材料具有显著净化钢水中高熔点非金属夹杂物的作用，并由此入选2017国家“长江学者奖励计划”青年学者。

在线检测与质量保障技术方向：国家科技支撑计划课题“金属板带表面三维在线检测分析仪”通过国家质检总局组织的专家验收；采用超声显微镜技术，实现夹杂物尺寸准确检测、$Al_{11}La_3$枝晶形貌的检测与重构、钢板坯内部缺陷检测表征等；采用二维X射线衍射技术，实现了HiB钢超大晶粒尺寸的在线检测；深入研究钢铁生产全流程质量的监控、诊断和优化技术，推进全流程质量管控系统从板带到棒线、从钢铁向有色的推广应用；获得2项工信部智能制造新模式应用项目的立项，包括沙钢“高端线材全流程智能制造新模式应用”和中铝瑞闽“高端铝合金功能材料智能制造新模式”项目，为鞍山钢铁集团公司制定智能制造总体规划与顶层设计；与西门子公司共同筹备由工信部和钢协指导的“中德钢铁行业智能制造联盟”，中心为秘书长单位，2017年7月在南京举行成立大会。

海洋工程用钢研究方向：完成国家科技支撑课题“高性能膨胀套管产业化研究”的全部研究工作，实现了两个成分体系、多规格新型膨胀套管的产业化；完成科技部ITER项目“核聚变堆结构材料钒合金基础研究”，十三五重点专项“多场耦合服役环境下抗震耐蚀耐火钢的材料设计理论研究”“低温高压服役条件下高强度管线用钢”“低温压力容器高Mn钢”“国家重大专项（水专项）”以及多项自然科学基金项目的年度研究工作；在钢铁材料的相变模型和理论计算、显微组织数字化表征和组织性能强关联及大数据建设方面取得显著进展，并与鞍钢签订了关于“高性能中厚板智慧制造”的合作项目，针对鞍钢所有中厚板产品的研发需求，开展了集成化协同研究；获得冶金科技进步奖一、二、三等奖各1项，中国汽车工业科学技术奖三等奖1项，中信铌钢发展奖等多项奖项。

现代交通用钢研究方向：完成国家科技支撑课题“高性能超高强汽车用原型钢的技术基础研究”的年度研究工作；完成两项国家自然科学基金项目结题工作及“超细晶亚稳组织高强塑积钢的制备基础与动态变形行为研究”项目的年度研究工作。为适应汽车轻量化发展，以“轻质、高强”为主线进行了先进高强钢的关键共性技术研究，在商用TRIP钢、Q&P钢基础上，通过成分设计和工艺优化，获得了不同强度级别的先进高强钢（1400MPa级延伸率可达30%，1500%MPa级延伸率可达22%）。研究成果已发表多篇高水平学术论文，获得授权国家发明专利4项。

先进能源用钢研究方向：立足于解决能源领域重大工程用钢面临的服役安全问题，联合国内钢铁领域研究院所和骨干企业进行协同创新，搭建用户技术服务平台，建立了从基础研究、重大共性关键技术到应用示范的纵向研发链以及横向协作的产业链的全链条创新体系；牵头申请并获批了国家“十三五”重点研发计划“CO_2驱耐腐蚀石油管材生产技术”课题、“无镍LNG钢的组织演变规律与关键制造技术”子课题。针对提高百万千瓦级压水堆关键结构材料服役安全的迫切需求，利用旋转加速喷丸处理技术为国家先进压水堆关键结构材料抗辐照和耐蚀性能的提升提供技术支撑。在前期先进压水堆关键结构材料研究基础上，开展第四代钠冷快中子反应堆用钢多组元交互作用、工艺、组织和性能的研究。

高品质特殊钢方向：针对国家特殊钢发展现状，继续开展特殊钢关键共性技术研究；完成了国家自然基金“高性能焊丝钢精炼机理与关键技术”“具有TRIP效应的超细贝氏体钢的相变规律与塑性变形机理”的年度研究任务，进行了超低氮条件下脱氮热力学和动力学研究，研究了预变形和马氏体预相变对贝氏体相变行为的交互作用；完成十三五国家重大专项“含Cu抗菌不锈钢”课题的年度实验研究，进行了含铜铁素体不锈钢的热变形和热脆敏感性研究；与宝特韶关、德龙轧辊、三明、承德建龙等企业合作的高品质特殊钢相关项目按计划进行中。

（尹海清、孙彦辉、徐　科、尚成嘉、赵征志、武会宾、赵爱民）

【科研工作】 2017年，中心共签订国家重点研发计划重点专项、国家自然科学基金、北京市科技计划项目、北京市教委共建项目和北京市自然科学基金等19项纵向研究项目，其中武会宾教授、杨善武教授、王学敏教授、郭晖副教授负责国家重点研发计划重点专项项目经费合计1484.5万元。此外还签订38项企业合作项目，合同经费达2845.02万元。吕志民负责的“硅钢—冷轧智能工厂项目顶层设计与咨询服务项目”研究项目获得首钢经费支持500万元。尚成嘉负责的“高品质中厚板智慧设计及大数据分析”项目获得鞍钢经费支持392万元；赵征志负责的“汽车用钢性能测试与技术服务”项目获得包钢经费支持450万元。孙彦辉、武会宾、袁章福等7人分别获得国家自然科学基金委员会面上项目、联合基金项目和青年科学基金项目。2017年度，中心人员共发表SCI检索论文99篇，EI检索论文29篇，申请发明专利17项，授权发明专利10项。获得冶金科学技术奖6项，其中一等奖3项、二等奖1项和三等奖2项。

（孙彦辉）

【国际化进程推进工作】 为加大境外引智力度和进度，中心设立“钢铁共性技术中心特聘境外专家”等引智项目，着力拓展外部资源，成规模、成建制地引进海外知名专家、外籍专家学者，逐步构建中心引智交流合作平台，充分借助国外高水平智力，推动人才培养和科学研究等工作，推动中心的国际化进程。中心尚成嘉教授入选英国材料、矿物和矿业学会会士。

2017年，中心主办了北京科技大学—日本东北大学“先进材料和制造”双边交流研讨会。中心材料检测团队与德国西门子公司签订“工业4.0框架下的钢铁智能制造关键技术”项目合作协议；尹海清教授承担美国肯纳金属公司（Kennametal Inc.）的持续资助项目；张瑞杰副教授承担Ford Motor Company的研发项目，建立境外领域优势公司的长期合作研发模式。与*Informatics for Materials Science and Engineering*作者Krishna Rajan及出版社达成协议，成功取得该著作的翻译权，并完成著作翻译工作，依托国内高等教育出版社进行出版发行。该著作将成为国内首部材料信息学专著。

作为联盟秘书长单位，组织成立中德钢铁行业智能制造联盟。该联盟是中德钢铁领域中致力于推动钢铁行业智能制造技术发展的企业、科研机构、事业单位等团体成员自愿结成的契约型组织。旨在提升中德两国钢铁行业制造能力和水平，增强中德两国钢铁行业的核心竞争力，强化中德钢铁行业的科技优势和工程技术服务优势，推动智能制造人才的培养。联盟由中德智能制造联盟发起，委托北京科技大学和西门子股份公司组建和管理，接受中华人民共和国工业和信息化部和中国钢铁工业协会的指导以及社会的监督。

（侯超刚）

【研究生培养】 中心以创新人才培养体制机制为核心，以提高人才培养质量为目标，突出“寓教于研”的特点，构建协同创新人才培养体系。目前，中心在籍学生共219人，其中2人在国外进行交流学习，25人为“2011专项计划”博士生。2017年度，中心共有8人获得国家奖学金，2人获学院学术之星，1人获得海天特种奖学金，1人获得“北京市三好学生”荣誉称号、26人获得优秀三好研究生、优秀学生干部等荣誉称号，15人获得优秀共青团员、优秀共青团干荣誉称号，协创硕16班获校级优秀集体。

2017年，中心招收博士研究生29人，其中“2011专项”计划博士研究生7人，为企业培养创新型领军人才；招收硕士研究生82人，其中推荐免试5人。为了推进研究生学风建设，中心进一步修订研究生奖助学金体系，规范开展研究生评奖评优工作。为推动毕业生高质量就业，中心组织指导10余名研究生前往大型企业开展实习实践。

（侯超刚）

【党建工作】 中心目前共有7个党支部，其中2个教工党支部和5个学生党支部。现有党员105人，其中教工党员26人、学生党员79人。本年度共参加学生党校培训两期，参加培训26人次。本年度转为正式党员8人，发展预备党员9人。完成了5个党支部的委员选举，共有3人参加支部书记培训、10人参加“红色钢铁摇篮”研究生骨干培训。中心以党支部为单位成立了学习小组，深入学习党的十九大报告，认真学习贯彻落实全国高校思想政治工作会议精神，严格执行组织生活制度，积极创新实践，以讨论会、新媒体介入的组织生活形式，切实提高组织生活质量。学生党支部通过学习党章党规、习总书记系列讲话，阅读红色书籍，观看红色电影，实地考察，座谈及讨论会等丰富的支部活动，提高了中心学生支部党员的党员意识，增强了党员同志的使命感与责任感。

（王　翊）

新金属材料国家重点实验室

【概况】 新金属材料国家重点实验室（以下简称“重点实验室”）作为国家科技创新体系的重要组成部分，是国家组织新金属材料领域高水平基础研究和应用基础研究、聚集和培养优秀科技人才、开展高水平学术交流的重要基地。按照“开放、流动、联合、竞争”的运行机制，秉承“严谨、求是、笃行、创新”的精神，坚持前沿性、创新性、系统性、深入性和长期性的研究特色，开展科学研究，倡导协同创新。科学研究立足于金属材料发展的国际前沿、国民经济和国防建设对金属材料的重大需求，开展以新金属材料研发和使传统材料升级换代为目的的基础和应用基础研究，提供全面系统的规律性认识和新材料及其相关技术的原型，推动研究成果的转化，力争实现工程化应用。在研究方法上，着眼于材料科学与工程四要素关系的核心问题，从科学规律、制备技术、计算模拟与设计、服役评价和实验技术五大方面开展全面研究。

重点实验室具有材料科学与工程一级学科博士学位授予权，涵盖材料物理与化学、材料学和材料加工3个二级学科，并与凝聚态物理、冶金学、力学等学科相交叉。目前已建设有5个公共检测平台：材料性能测试、物理模拟系统、物质结构分析、材料制备与加工以及高性能计算模拟平台；构建了多个重点研究基地：国家111创新引智基地、国家军工实验基地、中广核联合实验基地、中国铝业联合研发基地等。重点实验室同时通过中国计量认证（CMA）以及中国合格评定国家认可委员会（CNAS）实验室认证及认可评价。建立了党政联席会、教授会和教代会三会协同工作模式，分工明确，优势互补。发挥教授会在实验室建设与发展、学科建设、科学研究与学术交流、队伍建设和人才培养等方面的咨询决策作用；发挥教代会在涉及职工利益和实验室发展等方面的监督作用；实施党政联席会制度，严格按照“三重一大”决策制度的要求，汇聚集体智慧，充分发扬民主，依法依纪集体决策。近年来，在学校大力支持和正确领导下，重点实验室在学科建设、队伍素质、人才培养、科研装备、科技创新和开放交流等方面都取得了很大发展。

（隋延力）

【学术梯队建设】 以国家重大需求为导向，以顶层设计为核心，以学科前沿为支撑，调整学科布局，凝练学科方向；在强化原有学术方向和学术梯队的同时，强调梯队的学术交叉，形成新的研究方向。以材料基因技术为抓手，为加快新金属材料的研发进程，解决传统“试错法”金属材料研发模式过程复杂、效率低、成本高和周期长等问题，交叉整合，形成新的材料基因技术研究方向。在此基础上规范梯队管理制度，完善学术创新及奖励机制，建设学科团队，遴选、引进和培养学科带头人和青年骨干教师。

重点实验室充分发挥自主课题和开放课题在高端人才引进、重大项目立项、重大成果培育申报，以及扩大国内外影响力等方面的作用。2017年重点实验室获得国家重点专项1项。

健全高端人才与青年人才互动提升机制。新教师入职都由梯队负责人负责制定培养计划，为其提供教学科研方面的咨询和建议。利用自主课题青年基金、“1+1”开放交流项目等多种模式，着力培养青年骨干教师。力争打造一支师德高尚、业务精湛、结构合理、充满活力的高素质专业化教师队伍。

秉承“严谨、求是、笃行、创新”的精神，倡导协同奉献，师德建设成绩显著。确立了“把师德建设与推进学术创新、搞好人才培养和加强师资队伍建设相结合”的目标，制定并执行《新金属材料国家重点实验室学术道德管理规定》，在岗位聘任、年度考核、职称晋升中实行师德考核一票否决制，将师德建设贯穿到科研和教学全过程中。

（林均品）

【科研工作】 2017年，召开了新金属材料国家重点实验室学术委员会第七届第一次会议，委员们对重点实验室工作报告、学术报告及近年来的科研工作给予了充分肯定，同时有针对性地提出了意见和建议，为重点实验室的发展指引了方向。在科研工作中探索新的学科领域和方向，强化学科和科学研究的交叉与融合；重视国家在材料领域的重大需求，积极组织和争取国家重大科技计划，注重自主课题的重点布局和国家重大科技计划的培育，同时加强产学研合作，促进科研工作稳步发展和突破。

承揽国家重大重点科研项目的能力和科研水平继续提升。2017年度共承担科研项目238项。纵向课题共163项，其中973计划课题6项、863计划课题3项、国家重点研发计划重点专项课题16项（新增5项）；国家自然科学基金课题51项，其中新增12项；军工课题13项，其中新增7项；国际合作课题12项，其中新增6项；其他省部级项目60项，其中新增24项；横向课题共75项，其中新增24项。科研经费到款10541.1万元，其中纵向经费9061.6万元、横向经费1479.5万元，比上一年度增加497.7万元，提高了50.7%，与企业合作解决实际问题的能力显著提高，响应了习近平总书记的“把论文写在祖国的大地上”的号召。

重点实验室承揽科研项目，特别是国家重大科研计划的数量持续提升。在军工项目稳步发展的同时，获批3个国家重点研发计划重点专项，合同经费为9224万元，新增1项牵头课题；新增国家自然科学基金12项，作为课题负责单位获批重大项目1项，合同额498万元；加强与大型国有企业的产学研合作，横向课题数量也大幅度提升，年内新增24项。

科研产出继续攀升，成果突出。2017年，吕昭平教授团队首次实现了在国际顶级期刊*Nature*发表论文的突破。荣获教育部自然科学一等奖1项、其他省部级一等奖3项、二等奖1项。授权国家发明专利126项，申请国家发明专利91项、实用新型1项。出版英文专著1部、中文专著3部。发表论文在数量和质量上显著提升，共发表期刊论文292篇，其中国外期刊223篇，国内核心期刊17篇，SCI收录252篇，EI收录20篇，*Nature* 1篇（影响因子40.137），*Progress in Materials Science* 1篇（影响因子31.14），*Advanced Materials* 3篇（影响因子19.791），*ACS Nano* 1篇（影响因子13.942），*Nano Energy* 6篇（影响因子12.343），*Advanced Functional Materials* 1篇（影响因子12.124），*Nature Communications* 2篇（影响因子12.124），*Materails Horizons* 1篇（影响因子10.706），*ACS Catalysis* 1篇（影响因子10.614），影响因子大于10的17篇，10~5的有31篇，5~4的有25篇，4~3的有73篇，3~2的有36篇，2~1的有40篇，Top期刊125篇，1区论文92篇，占比31.5%。承办学术会议13次，其中国际会议5次。学术报告73篇，其中特邀报告60篇，国际会议报告26篇。

（张来启）

【实验室建设】 重点实验室紧紧围绕主要任务和研究方向，致力于公共实验平台和基地的软、硬件的不断提升。继续完善重点实验室质量管理体系，确保了试验的规范化，量值的溯源化，检测结果的公正性、准确性和可靠性，提高了为科研教学服务的质量。作为同时取得CNAS和CMA资质的国家重点实验室，为维持管理体系的正常运行，不断持续改进和提升检测技术能力与管理水平，逐步完善质量管理体系。围绕高校资质认定实验室标准与质量体系的要求，进一步完善质量管理体系，提升实验室的管理规范化、标准化水平，确保实验数据科学、公正、准确，资质建设不仅提高了实验室的检测技术水平，同时为实验室的科学管理建设奠定了基础，为国内外金属材料检测提供了优质平台保障实验室成为国内外认可的金属材料领域研究基地和金属材料检测实验室。通过实施管理体系，规范了实验室的检测活动，2017年，在体系建设方面主要完成了三项工作：①继续贯彻执行国家质量监督检验检疫总局163号令，认真学习《检验检测机构资质认定管理办法》和《检验检测机构资质认定准则》，将新的要求纳入管理体系，并逐步落实在日常的检验检测活动中。②顺利通过了2017年1月实验室认可（CNAS）和资质认定（CMA）“二合一”现场换证复评审工作。③为贯彻执行新的ISO/IEC 17025—2017新的认可标准，准备质量管理体系（第五版）的编制工作。

重点实验室在公共实验平台软件建设的同时，积极、稳妥地进行实验仪器设备升级改造工作等硬件建设。进一步打造重点实验室公共平台，完成了科技部大型设备专项的购置、修缮工作。重点实验室按照国家认证认可监督管理委员会CMA和中国合格评定国家认可委员会CNAS资质运行，圆满完成国家科研仪器设备购置、研制和改造任务，总经费3802万元；其中仪器设备购置费2300万元，仪器设备研制费540万元，设备升级改造费714万元，科研配套设施维修费248万元。

重点实验室注重建立管理有序、运行高效的仪器设备公用和科研平台，并优化布局实验场地，仪器设备集中放置，采用按功能划分的方法，将所有仪器设备按功能集中放置，统一管理，专人负责，大大地提高了实验空间的利用率。截至2017年年底，重点实验室有公共服务的检验检测科研与技术服务人员22人，其中大型仪器设备技术管理人员10人（博士学位4人，高级职称人员9人）；拥有仪器设备共1818余台（套），设备原值近12349万元，其中40万元以上设备47台（套）；重点实验室不仅具有一批高水平的试验技术队伍，还具备了较完整的从材料合成与制备、相与组织结构分析、性能测试与服役评价到计算与模拟的各种精密仪器设备和装置。

重点实验室大型公共科研设备坚持对外开放与共享，加强设备的管理，-建立健全大型科学仪器设备开放共享与考核机制，通过多种途径支撑科研、支持同行、服务社会，设备的使用率得到有效提升，有力地支持了实验室多项科研工作及人才培养任务，重点实验室为了充分利用现有大型精密仪器设备，在完成学校的教学科研和实验任务的同时，均向社会开放，积极为科研院所、大专院校和工矿企业提供优质的服务，为社会出具公证性检测数据。同时利用基地与平台的优势开展相关技术培训，培养研究生的技术创新能力。

（王建国、刘斌斌）

【开放交流与合作】 2015年度批准的开放课题进行结题验收，据统计，该年度开放课题发表和接收论文31篇，其中影响因子大于5的论文5篇，影响因子介于3和5之间的论文12篇，影响因子介于1和3之间的文章10篇，论文发表刊物包括*Acta Materialia*、*Applied Physics Letters*等国际知名刊物，另有4篇已经投稿。2016开放课题中期评估成果统计显示：本年度开放基金资助课题进展基本顺利，发表和接收学术论文12篇，其中：影响因子大于5的论文3篇；影响因子介于3和5的论文7篇；发表论文期刊包括*Acta Materials*、*Scripta Materialia*、*Applied Physics Letters*等国际知名期刊，另有6篇已经投稿。2017年度，重点实验室共收到开放课题申请13份，研究内容涉及高熵合金、功能材料、先进制备成形技术、高性能金属新材料等，申请者所在机构包括哈尔滨工业大学、香港理工大学等知名高校和研究机构。经形式审查、评审和主任会议讨论，资助各种课题共计11项，其中包括新资助重点研究项目4项，一般研究项目7项，资助总金额66万元。通过这些开放课题的开展，将极大促进重点实验室与相关单位的合作与交流。

实验室确立“国际化”为实验室发展战略之一。全年接待了28人次来访。组织学术报告23场。来访者中有ASM Fellow Kim博士，Sammy Tin教授，以及俄亥俄州立大学的Fraser教授。同时美国阿贡国家实验室的Ren Yang研究员，塔塔钢铁公司（荷兰）研发中心的研究人员，和得克萨斯大学达拉斯分校Jingguo Wang教授等多位专家在实验室进行2~3周的合作研究。邀请美国康涅狄格大学张立春教授来学校进行短期讲学，课程20学时。

重点实验室积极做好社会公众开放工作，2017年接待来访人数达1000余人次。先后接待了来自国内外的共25家科研院所、企事业单位人员来访参观。重点实验室积极响应国家发展科普教育的方针，接待了北京石油大学附属中学、北京交通大学附属中学、北京科技大学附属小学等多所中小学集体参观。对加强科技交流、推动中小学生科普教育、宣传重点实验室起到了良好的作用。

重点实验室所有先进设备均对外开放，清华大学、北京大学、北京航空航天大学、中国科学院、北京航空材料研究院、北京有色金属研究院等20余家知名高校和科研院所从中获益，树立了重点实验室开放友好的形象，也吸引了多方优秀人才以不同形式来实验室交流和工作。

重点实验室积极做好开放交流，向广大科研工作者、政府职能部门和广大公众宣传实验室的研究领域、平台建设、科研成果，收到了良好的社会效果。

（蔡元华、叶　丰、乔　祎）

【党建、工会与研究生工作】 党委书记立足重点实验室实情认真履职，以学习贯彻党的十九大精神、北京市第十二次党代会和全国高校思想政治工作会议精神为重点，以推进“两学一做”学习教育常态化、制度化加强党风廉政建设，认真落实班子其他成员履行“一岗双责”。积极发挥基层党支部战斗堡垒和党员先锋模范作用，教工党支部采用PPT形式组织政治学习并记录考勤；每月集体给党员庆祝政治生日、铭记入党誓词，增强党员意识，不忘初心、牢记使命。所有党支部参加了学校的基层党组织立项活动。组织参观“砥砺奋进的五年”大型成就展；共产党员献爱心活动；党员民主评议活动，“新点子材料大赛”“咖啡吧”“党群手拉手”“拓展训练”等特色活动，交流谈心，深受师生喜爱。将支部建设与专业特色紧密结合，促进学习型、服务型、创新型基层党组织的开展。

加强研究生的教育和管理，党委委员固定参与和指导学生党支部学习活动。学生党支部采取班级和梯队班双支部生活；认真做好研究生党建及思想政治教育，立足研究生学术论坛推动学风建设；做好毕业生就业、心理健康、安全教育、困难研究生帮扶等工作，全面提升教育与服务水平。

党员吕昭平、张勇等获2017年教育部自然科学一等奖，重点实验室教工党支部获校级“先进党支部”称号，党员王辉获“先进工作者”称号，党员孙学辉获“优秀党务工作者”称号。9人获研究生国家奖学金，1人获北京市三好学生，在读博士蒋虽合获校长奖章、十佳学术之星、青年五四奖章，5人获铌钢奖学金荣誉称号。

重点实验室高度重视研究生招生工作，2017年生源人数和质量继续稳步提高。组织教职工赴京外开展招生宣传，继续举办优秀大学生科技夏令营活动，为选拔优质生源创造条件。作为博士生申请—考核制招生模式的试点单位，积极探索有效形式，增加了上机实验和回答问题相结合的招考形式。复试程序规范、严格，为学校2018年全面实行申考制的试点工作做了有益的尝试。召开梯队负责人会、导师培训会、新老学生见面会等，提出招生工作新思路。

积极组织研究生参加国内外学术活动，博士生深度参与科研项目，在科研实践中培养学术创新精神和能力。2017年重点实验室研究生培养取得优异成绩，研究生共发表190余篇学术论文。在读博士生蒋虽合以第一作者身份在 *Nature* 上发表论文，在读博士生黄海龙、张飞、李睿等分别在 *Advanced Materials*、*Nature Communications* 和 *Biosensors and Bioelectronics* 发表文章。共有10人获得国家奖学金，蒋虽合获校长奖章、十佳学术之星、青年五四奖章，丁洁等5人获铌钢奖学金，李德晨获学校第二届研究生学术三分钟演讲比赛金奖。

2017年重点实验室研究生管理工作立足于理想信念教育和科研创新能力，突出党建和学风建设，着力解决“为谁培养人”的问题，充分利用集中理论学习、基层党支部立项、学术论坛、暑期科技服务等平台，强化理想信念教育和集体建设，推进安全教育、科研能力、心理健康、生涯规划等多项主题教育，提升研究科研创新能力、责任意识和担当精神，经过全体师生共同努力，重点实验室多个集体和个人获得了国家奖学金、北京市三好学生、“先锋杯”优秀团干部、校长奖章、校十佳学术之星、五四青年奖章、优秀班集体等各项奖励。

重点实验室工会在党委和校工会的领导下，紧紧围绕中心工作，开展好在职职工互助保障计划、服务月、送温暖等活动，组织参加了迎三八以“秀出你的美”为主题的女职工服装表演、第十二届研究生师生轻体运动会、司马台踏青、校园健步走等一系列丰富多彩的文体活动。教工之家设施齐全、和谐温馨，为教职工提供了家一样的温暖。分工会关心职工健康，组织职工到北医三院进行了全面体检。作为“北京市教育系统先进教职工小家”，参加了校工会组织的“模范教职工小家复评工作”，并顺利通过了验收。

（孙学辉、王海骊、刘斌斌）

钢铁冶金新技术国家重点实验室

【概况】 2017年，在学校大力支持和实验室全体教职工努力下，实验室在科学研究、学生培养、国内外合作与交流、师资队伍建设以及实验室平台建设与管理等方面工作稳步推进，整体建设和运行良好，完成了科技部对工程领域国家重点实验室评估的前期准备工作，达到了预期的目标，取得了可喜的成绩。

（郭占成）

【科研工作】 实验室注重提升承担重点科研项目的能力，科研水平稳步提高。获得国家自然基金委杰出青年科学项目1项、重点项目1项、面上项目2项，参与十三五重大专项课题1项，承担国家重大专项、973计划、863计划、科技支撑、国家自然基金项目、省部级项目、各人才类计划等纵向项目以及企业技术服务横向合同78项，2017年新增项目24项。实到纵向科研经费约3300万元，横向科研经费约800万元，年人均经费达到157.6万元。发表SCI、EI收录论文约220篇，其中SCI收录论文158篇；发表中文核心期刊论文35篇；获得授权发明专利12项、实用新型专利1项、省部级科技奖励2项、地市级科技奖励2项。

实验室对4项自主研究课题重点项目进行年度检查，重点检查了科研工作进展、科研工作成果、后续工作计划以及项目经费使用情况。设立了22项自主课题项目以及2项新教师自主课题。实验室高度重视开放课题设置，设立了9项开放课题，例如与重庆大学合作的开放课题“TiC_xO_y材料低温制备新方法研究”，与内蒙古科技大学合作的开放课题“富稀土铁矿的氢气还原及高温熔分机理研究”等。

（刘锦周）

【师资队伍与研究生培养建设】 2017年，实验室本着“循序渐进、宁缺毋滥、择优录取”的原则，培育1名杰出青年获得者，引进1名特聘教授，签约1名国外访问教授，成功招聘1名实验技术人员。实验室现有专职研究人员26人，其中副高级及以上职称人员20人（占全体研究人员77%），具有博士学位研究人员达到了96%；仪器设备管理人员和行政管理人员12人，其中具有博士学位3人、硕士学位8人。2017年2人晋升为副教授。

截至2017年年底，实验室有在学博士生研究生88人，硕士研究生128人；年内毕业博士研究生16人、硕士研究生42人，其中8人获得国家奖学金，3人被评为北京市优秀毕业生，9人评为校优秀毕业生，一批优秀学生获得其他奖学金和荣誉称号。

（刘锦周）

【学术交流与合作】 实验室主办的“2017冶金创新论坛（2017 Metallurgy Innovation Symposium，简称MIS）”于6月6～9日在京成功举办。大会邀请了美国、日本、英国、韩国、加拿大、澳大利亚等国及国内相关高校、科研院所的知名专家、主管科技的政府官员、知名企业研发管理学者及研究生等200多名代表参会。会议得到了教育部国际合作与交流司、王宽诚教育基金会、中国钢铁工业协会、中国金属学会、京津冀钢铁行业节能减排产业技术创新联盟及校国际交流处的大力支持。世界金属导报、冶金工业规划研究院官方网站、北京科技大学官方网站对论坛会议进行了全面报道，多家主流媒体转载，充分体现了会议的影响力。

青年学者论坛已经成功召开4期，每期都邀请不同青年学者或专家进行互相交流和学习。实验室还主办了2017中国固废与生态材料青年论坛。

实验室加强了与德州永锋集团有限公司就科技开发、科技成果转化、科技咨询与培训等方面的交流合作。在企业项目、研究生实习基地、实验室共建及永锋—北科大中试基地等方面达成共识。为结合企业技术发展需求、加强学术交流、发挥校企联合优势作用，成立了永锋—北科大合作技术委员会，为企业的技术革新和稳定发展奠定基础，同时也提高了实验室在行业内的影响力。

为加强国际合作，进一步深化与瑞典皇家理工学院、日本东京大学、英国莱斯特大学、英国华威大学、韩国浦项工业大学、加拿大多伦多大学、加拿大麦克马斯特大学、加拿大麦吉尔大学、澳大利亚伍伦贡大学、比利时鲁汶大学、韩国汉阳大学等校际学术交流与合作，在青年教师访学、博士后培养方面都取得了实质性的进展。冶金大讲堂和国际学术交流活动月营造了实验室浓厚的学术氛围。

实验室开展国际交流派出教师46人次、学生12人次，4名研究生获得了国家建设高水平大学博士研究生资格；对外开放活动23次，810余人参观学习，举办冶金大讲堂讲座9次，专题学术报告6次，680多人次参加。

（刘锦周）

【实验平台建设与管理】 实验室紧密围绕主要研究方向，加强科研平台建设，投入172万元购置了65台仪器设备，其中价值101万元的1台，价值48万元的1台，价值30万元以下的仪器设备63台。实验室继续充分发挥“北京科技大学仪器设备共享管理系统”的作用，不断提高实验室对外服务的能力，通过“北京科技大学仪器设备共享管理系统”使用实验室仪器设备的用户数量已经达到了2500人以上，其中不仅包括学校师生，还包括厂矿企业和其他高校及研究机构的人员。

加强实验室安全管理，在硬件方面持续投入，为专业实验室安装了门禁和监控系统。针对实验室自身特点建立了实验室安全题库，在新入职的实验技术人员、青年教师以及在读研究生中进行网上“实验室安全准入考试”，进一步提高了师生的实验室安全意识，排除了各种隐患，降低了事故的发生。

【支部建设】 实验室党支部现有党员35名。按照校党委的部署认真学习了党的十九大精神及新时代中国特色社会主义思想理论，深刻领会党章和党内政治生活准则、党内监督条例等党规党纪。教育党员牢固树立“四个意识”，在服务中心工作中发挥先锋模范作用，严守政治纪律和政治规矩。认真贯彻执行学校党委的要求和理论学习部署，召开支委会，研究制定年度“三会一课”计划。党支部创新组织形式，把党支部分成三个党小组进行理论学习和实践，每个小组按照“老中青”以及职位划分，既发挥传帮带作用，同时也方便了学习时间的安排，丰富了学习内容。全年召开党员组织生活会16次，全体党员、积极分子参加了党支部书记讲党课培训班。党支部注重党员发展工作，把入党积极分子的培养工作落到实处，确定了1名入党积极分子，并为积极分子指定支委成员作为培养联络人，及时了解思想动态，加强引导，提高觉悟。

（李　晶）

工程技术研究院

（高效轧制国家工程研究中心、国家板带生产先进装备工程技术研究中心）

【概况】 工程技术研究院（以下简称“工研院”），以原北京科技大学冶金工程研究院为主体，下辖两个国家级科技创新平台（高效轧制国家工程研究中心和国家板带生产先进装备工程技术研究中心）及一个国家级高新技术企业（北京科技大学设计研究院有限公司）。工研院于2016年6月12日由学校批准正式更名。其中，高效轧制国家工程研究中心成立于1996年，依托于北京科技大学建设，是原国家计委第一批批复设立的47家国家工程研究中心之一，也是轧制技术领域唯一的国家级工程中心，获得“国家工程研究中心杰出贡献奖”。国家板带生产先进装备工程技术研究中心是国家科技部批复依托北京科技大学组建的工程技术研究中心，2009年7月学校成立专门机构正式启动相关建设工作，2012年11月通过国家验收，并获得优秀，在同批27个国家工程技术研究中心验收总成绩中排名第2，是全国第一个冶金装备领域建成的国家工程技术研究中心。

工研院于2014年获“全国钢铁工业先进集体”称号。2017年，工研院拥有以中国工程院王一德院士领衔的专职教职工48人，科技成果转化人员近100人，另有来自冶金、材料、控制、机械、计算机、能环等专业的特聘教授30多人。

（梁治国）

【科研工作】 2017年，由工研院牵头的新增科研合同38项，合同金额共计3413.193万元。其中，新增纵向科研项目10项，合同金额885.27万元，包括国家重点研发计划专项课题3项、北京市自然科学基金项目1项、广西科技重大专项1项，其他纵向项目5项；新增横向科研项目合同28项，合同金额2527.923万元。工研院2017年度到校科研经费总额1779.73万元，同比增长23%以上，其中，纵向经费到款392.97万元，横向经费到款1386.76万元。2017年，以工研院为第一完成单位共计公开发表科技论文91篇，其中EI/SCI检索收录62篇；申请发明专利25项，获得专利授权37项，授权数量大幅上升；申请软件著作权31项，出版学术著作1部。积极组织凝练和申报科技成果，与哈尔滨哈飞工业有限责任公司、江苏永钢集团有限公司、天津市先导倍尔电气有限公司共同申报的“国内首创双机架线材减定径机组的成套技术”获得冶金科学技术奖二等奖，与广西柳州银海铝业股份有限公司共同申报的“宽幅铝板带热连轧成套控制系统和关键工艺技术研发及应用”获得中国有色金属工业科技进步奖一等奖，与河钢集团邯钢公司共同申报获得河北省科学技术奖2项及邯郸市科学技术奖1项，另有2项成果分别获2017年度广西壮族自治区科学技术进步奖二等奖及中国表面工程行业科学技术奖。“宽幅铝板带热连轧成套控制系统和关键工艺技术研发及应用”通过中国有色金属工业协会成果评价，评价结果为成果整体达到国际先进水平。

在课题申报方面，积极组织和动员，尤其是调动青年员工的课题申报积极性，共计撰写各类纵向项目申报书34项，其中包括申请国家自然科学基金8项、北京市自然科学基金3项、十三五重点研发计划项目10项、十三五装备预研共用技术基金5项、广西壮族自治区重大专项1项、教育部基本科研业务基金5项，另有其他纵向课题申报2项。在课题申报过程中，除立足传统领域外，积极开展面向中国制造2025及智能制造方面的探索，积极申报长型材智能化关键技术开发及应用示范、高性能超高强汽车用钢的研发与应用、铝铜板带大数据、苛刻环境下铁路车辆关键部件用钢等项目，并向钢铁协会提交钢铁工业智能制造科技成果转化与应用项目建议书若干。课题执行及验收方面，顺利参加完成了首钢“十二五”国家科技支撑计划“精密带钢产品质量优化与关键装备研发”课题的开发和验收工作。“基于大数据的钢铁服务型制造质量管控创新方法及应用”项目启动会顺利召开，并顺利通过科技部中期现场检查。在成果转化方面，积极应对去产能、调结构的冶金行业现状，在科技成果转化及工程服务方面努力开拓，2017年累计获得工程服务合同总额达2.03亿元，并成功完成新钢硅钢全流程质量改进项目、首钢迁钢1580高强钢板形质量改进、邯钢CSP加热炉二级改造、涟钢2250加热炉二级升级改造、银邦4000mm热轧二级升级改造、河北东海特钢1450热轧三电+3#卷取机、安徽马钢CSP热轧HMI升级改造、马钢CSP板形闭环控制升级改造、上海鼎信1780mm不锈钢热连轧自动化系统+新增F8等项目的验收工作。2017年，北京科技大学设计研究院有限公司（北京科技大学工程技术研究院）积极响应国家提出的优势产能和装备“走出去”的号召及“一带一路”国家发展战略，积极参与中国印尼综合产业园青山园区的建设工作（印尼经贸合作区青山园区被中国商务部和财政部联合确认为中国标志性境外经济贸易合作区，是中国—印尼系列商务协议中，由习近平主席和印尼总统苏西洛亲自见证签约的第一个海外实质启动的大型项目）。此项目的实施，开创了北京科技大学为国家建设“一带一路”做出贡献的新篇章，也实现了国家热连轧宽带钢自动化控制工程技术的首次海外输出，为学校在科研成果的产业化、规模化和国际化方面贡献力量，为迎接党的十九大的胜利召开献礼。

在校企合作方面，工研院加强多方位、多层面的合作模式，高效轧制国家工程研究中心与北京安德里茨信泰工程技术有限公司签订战略合作协议，助力钢铁行业磨辊间智能化建设，双方确立了新型战略合作关系，发挥各自在磨辊间领域信息化、装备制造、工程实施以及现场服务等多方面的技术和资源优势，强强联合实现科技成果的转化与落地。与江苏兴化市签署高性能金属材料产业研究院合作协议，兴化市高性能金属材料产业研究院将面向地方战略性结构调整和企业产业转型升级，针对高性能金属材料领域的科学研究、技术开发及人才培养等方面进行全面合作。以高性能金属材料品种开发和战略升级、制定产业规划和工艺技术优化设计为基础，进而拓宽合作范围，深化合作层次，为推进兴化市高性能金属制品产业及相关行业转型升级起到重要促进作用。与山东鑫鹏源公司签订战略合作框架协议，经过友好协商，双方达成建立战略合作伙伴关系的共识，并将战略合作定位于特种管材联合研发平台建设及进行人才培训与培养两个层面。发挥双方资源优势，合作开展高性能大口径钛、铌、铜合金、镍基合金管材和高性能钢管品种、加工制备技术及市场开发和信息服务等全方位合作，以提升国家大口径特种无缝管品种结构、产品质量及加工能力。学校可为企业培训和培养技术人才，企业则成为学校的教学实习和科研试验研究基地。

在资质申请与维护方面，北京科技大学设计研究院有限公司再次荣获“高新技术企业”认证，“高新技术企业”的再次认证意味着北京科技大学设计研究院有限公司的创新发展又上升到了一个新的台阶，证书的获得不仅是对公司整体技术水平的高度肯定和认可，同时也是对创新研发道路上的一种激励和鞭策。公司将以此为契机，充分发挥既有优势，不断加强研发投入，提高技术创新能力，提升服务水平，提升中国企业的市场竞争力，实现公司与客户双向跨越式发展，以此带动符合国家战略发展方向的产业发展。2017 年 7 月对公司质量体系进行了外部审核，11 月对公司质量体系进行了换证审核。同年 9 月公司通过了环境管理体系认证。

在科研管理方面，技术研发与规范管理双轮驱动，逐步形成了工艺 + 数据混合驱动的特色分析平台，并引入了阿里云，设备远程监控，平台互联等先进技术手段，坚持流程化、标准化、最佳化、传帮带的原则，推进技术研发及传承。积极召开科研例会及自然基金动员会，开展技术首席评聘工作，共聘任首席专家 1 人、主任工程师 7 人。组织单位内部科研项目立项评审，共申报 12 项，立项 8 项。组织专业技术宣讲赛，分两个阶段进行，目前已完成部分宣讲。

（张勇军）

【工程技术领域】 2017 年，钢铁行业状况继续改善，发展态势稳中向好，得益于国家推进供给侧结构性改革，着力化解过剩产能，彻底取缔“地条钢”等一系列政策措施的强力推动。2017 年工研院通过设计院公司共签订企业合同 70 余项，累计合同额超过 2 亿，较上一年实现 10% 的增长，其中软性服务类合同 700 余万元，智能制造类合同 1200 余万元，主要包括 7 条普碳钢和不锈钢热连轧生产的控制系统、8 套控制冷却装备、9 套表面检测系统。轧制自动化、信息化、表面缺陷检测和设备领域的项目实施人员克服了项目多、出差频繁等问题，发扬乐于奉献、艰苦奋斗的优良传统，圆满完成设计和调试任务，为学校、工研院和公司赢得了行业的好评。

①一带一路，崭露锋芒。2017 年 7 月，工研院（设计院公司）在印度尼西亚实施的一条 1780mm 宽幅不锈钢热连轧生产线自动化控制系统正式投用并得到业主的一致好评。到目前累计生产 60 余万吨合格不锈钢产品。生产线经过小幅改造，增加了碳钢生产能力，现在已经生产普碳钢 5 万吨。这是自主研发的控制系统首次输出到海外市场，也标志着北京科技大学响应国家“一带一路”号召，率先实现业绩突破。

②河北安丰钢铁 1780mm 热连轧三电控制系统项目取得成功，热试后仅 10 天，生产线日产量破万吨。创造同类型生产线的达产新纪录。

③表面检测系统将深度学习算法应用到实际项目中，显著提升了缺陷的识别率。在系统硬件方面研发了多核 CPU 加高性能 GPU 相结合的异构并行运算平台，并开发云服务和云计算功能，提出三层纺锤式模型，强化了第二层缺陷检测结果数据与企业内部管理系统之间的信息交互，第三层中引入了阿里云服务器，检测系统的硬件运行信息可以传输到云服务上实现远程监控，分类缺陷数据也可以在云服务器上进行优化等工作。新的系统在太原钢铁公司替换了 2 套国外同类产品，获得好评。

④为了满足用户对产品的不同需求，真正“以客户为关注焦点”实现产品质量的稳定提升和产品质量的持续改进，通过构建“基于工业大数据的钢铁板带产品全流程工艺质量管控系统”，将板带产品分散在各制造单元不同系统中的质量信息统一集中到公司一体化质量管控系统中，实现板带生产过程中炼钢、热轧、冷轧产品上下游工序间质量信息的贯通（也可用于有色、棒、线、型等生产流程）。建立以产品质量为重点，收集、整合系统的生产过程数据，实现信息全流程质量信息共享，并利用现代统计方法对全流程的生产过程进行监控、诊断和质量改进，从而持续提升钢铁企业总体的质量管理水平。该技术包含数据采集平台和应用平台。该技术 2017 年在淮钢、马钢获得工程业绩推广。

⑤先后与马钢、柳钢、北海诚德、银邦、永杰签订了轧制技术攻关和服务类项目，该类项目以解决现场技术难题、培养现场技术人才为主要目的，有别于传统的技改项目，实施难度大，时间要求严格，需要持续投入人力，从服务好客户角度出发，不断完善创新产学研合作的模式。

⑥实现了新一代超密集快冷装置的推广应用。经过改进的新型超密集均匀冷却器的冷却均匀性好，冷却能力大，内部结构更加合理，外观更加紧凑美观，安

装与维护更加方便，完全满足热轧带钢控制冷却工艺的需求，已先后在新余、涟钢、安丰、莱钢等生产线上投入使用。

（郭　强）

【合作交流】 2017年，工研院继续加大青年教师的培养和国际交流，先后派出6名教职工出国参加各类交流访问及国际会议。其中，4名青年教师进行为期半年或一年的交流访问，1名教授赴加拿大进行为期1周的访问交流，1名教师参加英国剑桥大学国际会议。获得留学基金委资助，材料科学与工程专业程磊赴日本东北大学进行为期1年联合培养；冶金工程专业博士生何杨赴加拿大多伦多大学进行为期2年的联合培养。机械专业李婷赴日本参加第四届国际工业工程及应用会议，机械工程专业董峰赴美国西北大学进行为期6个月的短期访学。

（刘云清）

【实验室管理和建设】 建设高水平的实验室和实现安全的实验室管理一直是工研院努力的目标。2017年，工研院实验室管理和建设方面重点做了以下三项工作：①按照学校资产处管理规定，根据科技司下发的《高校实验室安全检查项目表（2017）》，彻查实验室各实验用房及设备，张贴安全警示标识，更换了一批老旧插座，为每台设备制定了安全操作规程并上墙张贴，进一步完善了与工研院学科相适应的、具有本学科特色的安全制度、应急预案及实验室各项规章制度。②按照学校资产处特种设备的有关规定，报废了两个服役时间过长的储气罐，并完成了购置，消除了安全隐患。③更加注重安全培训，积极参加学校组织的各类安全培训，全年累计培训12人次。针对学院学生开展了安全培训，增强学生的安全意识。

（胡水平）

【研究生培养】 截至2017年年底，工研院在校研究生共243人，其中，博士85人、学术型硕士59人、全日制专业学位硕士99人。毕业研究生84人，其中，博士13人、学术型硕士27人、全日制专业学位硕士44人。招收研究生60人，其中博士11人、硕士18人、全日制专业学位硕士29人、非全日制专业学位硕士2人。除积极做好招生、培养、毕业全过程的管理外，研究院重点开展了以下六方面的工作。①继续推进研究生培养基地建设。与新疆众合股份公司签订了招收单独考试非全日制研究生培养协议并于2017年3月举行开办仪式，陆续协调安排研究生课程，目前27人报名参加考试；推荐2名专业硕士研究生到首钢京唐公司实习。②积极落实导师责任制。通过召开导师工作会、举办“冶研家话”活动方式，提高研究生的培养质量。2017年博士生学位论文盲审最终通过率100%。③加强党团和班级建设。在充分调研的基础上，细化入党工作流程，指导各学生支部完成发展工作。加强入党资料检查，严把“入党关”，本年度共发展预备党员11人。五个学生党支部以不同形式开展红色“1+1”活动、基层党支部立项活动。其中工艺设备党支部与北京市海淀区苏家坨镇柳林村党支部共建项目综合表现优异，再次被推选到北京市参加红色“1+1”评选，获得北京市三等奖/校一等奖。支部整合后的冶金机械党支部获“校级标兵党支部”称号，材料党支部、自动化机械党支部获“校级优秀党支部”称号，参评获奖率100%。在集体建设方面，机械一梯队、品种开发梯队获得“校级标兵集体”称号，工硕16班获“校级优秀集体”称号，机械二梯队、普硕16班获“院级标兵集体”称号，工艺设备梯队、冶金梯队、自动化梯队获“院级优秀集体”称号。④加强毕业生就业指导。2017年举办院内就业相关大型讲座及活动7场，参与校级就业相关活动1场，组织开展招聘宣讲1场，个体咨询持续覆盖到全体毕业生。从认识职场、初探职场到了解职场、走进职场，一系列就业相关活动受到全院在读研究生的积极关注及响应，学生对于职业生涯的关注度持续保持着很高的热情。同学们通过亲自参与其中，对于就业市场和职场环境有着切实的感受，从而使引导学生自觉地树立职业生涯规划意识的做法起到切实有效的作用。工研院2017届毕业研究生包括材料、冶金、机械、控制、物流、计算机在内六个专业，在就业引导工作中，为适应学生个性化要求不断增强的趋势，侧重个体咨询的力度，针对性的推荐及就业进展的反馈效果加强。毕业生在读期间实践机会多，应用能力强，求职意向明确，就业状况保持良好态势。2017年研究院毕业研究生就业率100%，已连续六年实现全就业。研究院努力完善培养模式，不断提高毕业生的就业质量和层次，毕业生就业单位近9成为大型国企、事业单位、科研院所、500强大型企业及行业创新型公司。本年度有2名毕业生荣获北京市颁发的“志愿服务西部奖”，志愿西部、服务西部、成长在西部。研究院连续六年荣获学校“年度就业率优胜奖”。⑤开展科技服务与挂职锻炼工作。发挥工研院实践育人特色，组织并指导各梯队开展科技服务与挂职锻炼活动，本年度工研院共有4支团队获得研究生工作部的立项，总资助金额近2万元，品种开发梯队、自动化梯队获“校级标兵实践团队”称号。⑥认真开展评奖评优工作。顺利完成2017年奖优助贷补工作，奖学金评定工作，共评审各类个人奖学金、荣誉称号共计110人次，合计22.7万元。认真做好政策解释、会场组织、典型宣传等工作，学业奖学金评定工作中，将学生的课业成绩、课外学术活动折算为可量化的分数，将科研获奖、发表论文等作为加分项，顺利完成评定。荣誉称号评定工作中细化了考评要素，明确了比例范围。

（米振莉、刘云清、徐　哲、赵晶晶）

【党建与工会工作】（1）认真学习宣传贯彻党的十九大精神。组织全体师生观看《榜样》，为十九大营造良好氛围，组织全体师生观看党的十九大开幕式并组织座谈，组织各支部学习十九大精神。（2）积极推进“两学一做”学习教育常态化制度化。为全面落实从严治党责任，将“两学一做”学习教育常态化制度化，切实解决基层党组织和党员队伍存在的突出问题，根据学校“两学一做”学习教育整体部署安排，配合研究院党委对教工及学生支部做好学习教育的安排，并督促各支部做好每次学习的记录以及个人记录好学习笔记。（3）扎实推进党风廉政建设。①将党风廉政建设纳入党委工作计划，对学院制度进行梳理，进一步明晰程序，建章立制。②贯彻执行中央八项规定精神和党规党纪，按照《北京科技大学关于中秋、国庆期间开展“四风”问题监督检查的通知》要求，开展了“四风”问题的自查自纠工作，未发现相关问题。③按照学校信息公开要求，通过党务院务公开栏、院办橱窗、电子大屏幕、邮件、文件、党政联席扩大会、党委会、部（所）会、教职工大会等形式，全面、及时、准确地公开相关信息，并通过当面解答和会议传达，加强各项政策法规的宣传和解读。（4）组织北京市第十二次党代会代表选举。核实本单位代表情况，并组织各党支部进行投票选举出北京市第十二次党代会代表候选人四名。（5）组织深入学习贯彻习近平总书记在中国政法大学考察时重要讲话精神。积极响应学校号召，组织教工及支部认真贯彻《习近平总书记在中国政法大学考察时重要讲话精神》。（6）组织学习贯彻习近平总书记在省部级主要领导干部专题研讨班上重要讲话精神的有关落实情况。根据学校要求，做好学习计划，并积极组织各支部学习贯彻习近平总书记在省部级主要领导干部专题研讨班上重要讲话精神并将有关落实情况上报上级部门。（7）组织学生党支部开展民主评议党员工作。经党支部班子查摆问题、民主评议，所有学生党员均无不合格党员，党支部均不存在薄弱、涣散情况。（8）评奖评优。根据文件要求组织好评优工作。机械二支部被评为先进党支部，张飞、赵爱民、徐哲被评为优秀共产党员。（9）从2017年5~11月，配合完成了学校党建基本标准检查工作。（10）做好党组织活动立项及组织发展、党员信息管理工作。①组织研究院各教工和学生党支部做好基层党组织立项工作，所有支部全部参加支部立项。其中，材料支部立项活动申报校级优秀基层党组织活动。②提高党员发展质量，做好党员发展工作。按规定程序督促、指导各党支部做好组织发展工作，核查党员发展材料，统计发展党员信息。截至目前，2017年研究院共计发展学生预备党员20人，转为正式党员8人。③规范党员信息及组织关系管理工作，定期对党员信息库进行维护和更新，做好党员统计工作。（11）共产党员献爱心活动及困难党员申请工作。2017年积极响应学校号召组织开展共产党员献爱心活动，捐款共计4851.3元，申报困难党员2名。（12）做好党委日常工作。①起草《北京科技大学工程技术研究院党政联席会制度》《北京科技大学工程技术研究院部（所）会议制度》，学习“十九大”等相关文件、工作计划、报告、总结和各种通知。②组织学院班子及新提职人员的民主测评会，并统计测评结果上报学校组织部。③做好党员管理系统数据库的维护工作。④办理党委介绍信，党员组织关系接转工作以及外调工作。⑤完成学院党委党费的收缴与统计。⑥协助做好学院统战工作，积极推荐党外人士后备干部，把培养和推荐党外干部的工作落到实处。⑦完成新生档案整理及毕业生档案归档工作。（13）加强宣传工作。首先是加强新闻报道工作。本年度学校网站新闻投稿量达到22篇，完成宣传观测点指标。其次是加强新媒体建设，规范新闻稿件发布流程。以“北科工研传媒”微信平台为抓手，推送了系列宣传稿件。平台关注人数达到1390，基本覆盖了工研院全体师生。根据图文统计数据，累计发布图文消息123篇，各类图文页阅读71556人次，分享转发1963人次。本年度，工程技术研究院依托“十三五”项目，主动申请承接学校本科生创新创业训练国家级项目3项，拟投入培养经费3万元。（14）协助校工会承办“教职工乒乓球赛”“秀出你的美女教职工服装表演”等。在领导的支持、同志们的积极配合和共同努力下，大家利用休息时间一起排练，获得乒乓球团体三等奖、服装表演最佳组织奖等。（15）关心职工的生活，年内慰问教职工及家属20余人次；在校工会为教职工办实事的工作中，将购物通知单发到每个部门，做好登记、购买和发放工作，对于老教师和出差在外的尽量安排统一领取，解决他们的后顾之忧。年内安排124人体检，140人参加了意外伤害保险。组织全体教职工秋游活动，参观科技馆，年终还要组织系列文体比赛活动，极大地丰富了教职工业余文化生活。（16）开展公司员工入会工作，2017年74名公司员工上交了工会会费，正式加入了工会组织，2名员工办理了京卡。（17）召开青年教工座谈会，认真听取教职工诉求及工作中出现的各类问题，会后具体落实，并逐一解决。如教职工住房问题、年休假的落实等。

（刘云清、彭笑艳）

2017年新增纵向科研项目表

序号	项目名称	项目编号	项目分类
1	高性能交通用铝合金大规格板带材制造技术与产业化		广西科技重大专项
2	高性能超高强汽车用钢的新型先进成型技术开发与示范应用	2017YFB0304404	国家重点研发计划重点专项
3	面向重点区域安防的光纤传感信号分析与模式识别	FRF-GF-17-B13	中央高校基本科研业务费
4	新型钨纤维增强铜锌复合材料的制备及动态力学性能研究	2017M610762	中国博士后科学基金
5	含β相TiAl合金板材制备与组织性能研究	FRF-TP-17-006A1	中央高校基本科研业务费
6	高能量吸收稀土镁合金与铝射流超高速碰撞机理研究	FRF-IC-17-001	中央高校基本科研业务费
7	基于激光超声的低合金高强钢晶粒尺寸与分布特性检测关键技术研究		北京市自然基金面上项目
8	双PWM变频系统全响应精准预测与协同控制	FRF-TP-17-045A1	中央高校基本科研业务费
9	苛刻环境下铁路车辆关键部件用钢	2017YFB0304600-01	国家重点研发计划——重点基础材料技术提升与产业化
10	高强耐蚀车体和高铁转向架构架钢的腐蚀行为及机理研究	2017YFB0304602	国家重点研发计划重点专项

2017年新增横向科研项目表

序号	合同号	合同名称	合同类别	甲方名称
1	2017-225	涟钢1720酸轧线轧机控制模型优化	技术开发	湖南华菱涟钢薄板有限公司
2	2017-506	一种多信息融合的高温铸坯表面缺陷在线检测方法	专利实施许可	凌云光技术集团有限责任公司
3	2017-450	铣面后铝铸锭表面质量在线检测技术开发	技术开发	中铝瑞闽股份有限公司
4	2017-159	超密集快速冷却实验测试平台研究与开发	技术开发	涿州市发达机械制造有限公司
5	2017-153	一种改善上下工作辊磨损差异的热轧润滑方法	专利实施许可	涿州市发达机械制造有限公司
6	2017-597	湖南湘投金天钛金板形质量改进	技术开发	湖南湘投金天钛金属股份有限公司
7	2017-638	无人值守撬装一体化注水装置研究	技术服务	中国石油天然气股份有限公司吉林油田分公司
8	2017-591	无锡硕阳冷轧机组主动传动系统集成技术服务	技术服务	株洲中车时代电气股份有限公司
9	2017-637	一体化集油多通阀装置及控制系统技术研究	技术服务	中国石油天然气股份有限公司吉林油田分公司
10	2017-611	高铁用碳烯增强铝基复合材料制备关键技术及产业化	技术开发	青岛海源实业有限公司
11	2017-743	（按一般横向拨款）一种高强度高塑性中锰冷轧钢板及其制造方法	专利实施许可	北京科技大学设计研究院有限公司
12	2017-513	钛板织构演变及表面氧化行为的研究	技术开发	湖南湘投金天钛金属股份有限公司
13	2017-514	铝合金连接有限元模型的建立与优化	技术服务	云南航天神州汽车有限公司
14	2017-348	5083H111铝合金1.2mm薄板成形极限曲线测定	技术服务	广西柳州银海铝业股份有限公司
15	2017-229	鼎鑫锻造镁轮毂与市场铝合金轮毂的性能检测及综合评价	技术服务	林州市鼎鑫镁业科技有限公司
16	2017-143	5083H111铝合金1.1mm厚板材成形极限曲线测定	技术服务	广西柳州银海铝业股份有限公司
17	2017-080	商用飞机非结构件用镁合金板材中试及研究	国际合作	波音公司
18	2017-451	梅钢1780产线质量数据在线自动判定技术研究	技术开发	上海梅山钢铁股份有限公司
19	2017-600	板带产品高精度轧制技术攻关	技术开发	马鞍山钢铁股份有限公司
20	2017-599	全流程硅钢断面质量稳定性攻关	技术开发	马鞍山钢铁股份有限公司
21	2017-578	热力管道智能检测装置研发	技术开发	北京亿玮坤节能科技有限公司
22	2017-509	不锈钢热轧全流程质量改进	技术开发	北海诚德金属压延有限公司
23	2017-644	高强钢低残余应力控制技术研究与应用	技术开发	莱芜钢铁集团银山型钢有限公司
24	2017-734	高线低温轧制对盘条组织性能影响的研究	技术开发	宝山钢铁股份有限公司
25	2017-787	IF钢铁素体区热轧工艺及其产品性能研究	技术开发	上海梅山钢铁股份有限公司
26	2017-469	高性能钛铌锆合金管批量制备技术及推广应用研究	技术开发	鑫鹏源智能装备集团有限公司
27	2017-369	四轧钢棒材控轧控冷工艺与装备的研究与开发	技术开发	江苏沙钢集团淮钢特钢股份有限公司
28	2017-370	三轧车间控轧控冷工艺与装备的研究与开发	技术开发	江苏沙钢集团淮钢特钢股份有限公司

2017年新增工程项目表

序号	编号	名称	甲方单位
1	SJY-1701	系列搪瓷钢板开发及鳞爆控制机理研究	湖南华菱涟源钢铁有限公司
2	SJY-1702	河北裕华1380热连轧自动化系统L1/L2	天津电气科学研究院有限公司
3	SJY-1703	棒材生产线控轧控冷设备供货	承德建龙特殊钢有限公司轧钢厂
4	SJY-1704	高锰钢的制备及加工	太原理工大学
5	SJY-1705	中板厂增设钢板表面缺陷在线检测设备	福建三钢闽光股份有限公司
6	SJY-1706	表面质量检测仪HXSI-H02设备	山西太钢不锈钢股份有限公司
7	SJY-1707	一级PLC、二级服务器及传动设备采购	首钢总公司
8	SJY-1709	1580mm热连轧自动化仪表和传动系统	河北东海特钢集团有限公司
9	SJY-1710	3#加热炉区机械设备电气控制及改造	北海诚德金属压延有限公司
10	SJY-1711	热连轧层流冷却改造-34P	新余钢铁股份有限公司
11	SJY-1712	金汇900mm热轧不锈带钢生产线三电及伺服液压控制系统供货	宁波中超机器有限公司
12	SJY-1713	1850mm热轧生产线自动控制系统改造	浙江永杰铝业有限公司
13	SJY-1715	热轧2号横切线功能提升改造（技术服务）	邯钢集团邯宝钢铁有限公司
14	SJY-1716	江苏德龙镍业有限公司1450mm热轧工程过程自动化及精轧卷取基础自动化系统	江苏德龙镍业有限公司 天津一重电气自动化有限公司
15	SJY-1718	涟钢2250热轧带钢均匀冷却集管开发	湖南华菱涟源钢铁有限公司
16	SJY-1719	北海4#固溶线表面检测系统设备	山西太钢不锈钢股份有限公司
17	SJY-1720	1500mm宽带生产线自动化控制系统升级	莱芜钢铁集团银山型钢有限公司
18	SJY-1721	不锈钢板带项目层流（均匀）冷却装置	许昌金汇中超不锈钢科技有限公司
19	SJY-1722	钛金属无缝管轧制工艺开发与试制	宝鸡市杰特瑞金属材料有限公司
20	SJY-1723	柳钢热轧厂2032轧线L1/2控制系统升级改造工程施工	广西柳州钢铁集团有限公司
21	SJY-1724	中板线ACC功能恢复性改造供货	新余钢铁股份有限公司
22	SJY-1727	淮钢产品质量在线评级与预判系统技术开发	江苏沙钢集团淮钢特钢股份有限公司
23	SJY-1729	板型仪，钢板表面检测系统HXSI-H01	莱芜钢铁集团银山型钢有限公司
24	SJY-1730	热轧工序质量精准判定预警及分析智慧平台	北海诚德金属压延有限公司
25	SJY-1731	结晶器水模型试验台工业品供货	北京科技大学
26	SJY-1732	安钢1550冷轧工程镀锌机组带钢表面质量在线检测系统设备	安钢集团冷轧有限责任公司
27	SJY-1734	3600精轧项目ACC控冷装置的设计开发	南阳汉冶特钢有限公司
28	SJY-1735	4000mm热轧生产线技术服务	银邦金属复合材料股份有限公司
29	SJY-1736	板带厂1500mm宽带生产线层流冷却、均匀快冷工业品买卖	莱芜钢铁集团银山型钢有限公司
30	SJY-1738	薄板厂CSP生产线加热炉二级系统升级改造硬件设备供货	内蒙古包钢钢联股份有限公司
31	SJY-1739	薄板厂CSP生产线加热炉二级系统升级改造技术开发	内蒙古包钢钢联股份有限公司
32	SJY-1740	冷轧厂3#拉矫新增金属表面缺陷在线检测系统承揽	西南铝业（集团）有限责任公司

续表

序号	编号	名称	甲方单位
33	SJY-1741	压延厂 2# 气垫炉及薄宽规格剪新增金属表面缺陷在线检测系统	西南铝业（集团）有限责任公司
34	SJY-1747	马钢板带质量管理数据采集平台开发项目	百时宜信息科技（上海）有限公司
35	SJY-1749	上海鼎信 1780mm 热轧工程和新增 F8 轧机自动化补充协议 -2	中国第一重型机械股份有限公司
36	SJY-1753	1780 热连轧自动化系统（广东阳江广青金属科技有限公司）	中国第一重型机械股份有限公司
37	SJY-1754	TA2 大口径钛合金无缝管开发与试制	宝鸡市杰特瑞金属材料有限公司
38	SJY-1755	热轧带钢表面缺陷在线检测技术开发（含技术附件）	北海诚德金属压延有限公司
39	SJY-1759	高线北线改高速棒 / 线材复合型生产线工程	首钢长治钢铁有限公司轧钢厂

2017 年专利申请

序号	专利名称	第一发明人	专利类型	申请日期
1	一种具有高室温成形性能含钙稀土镁合金板材及制备方法	江海涛	发明专利	2017-01-11
2	一种具有良好室温成形性的变形镁合金板材及其制备方法	江海涛	发明专利	2017-01-11
3	一种复合式多功能实验轧机机组及其可逆轧机	张立杰	实用新型	2017-01-22
4	一种复合式多功能实验轧机机组及其可逆轧机	张立杰	发明专利	2017-01-22
5	一种基于综合等负荷函数的轧制规程优化方法	韩　庆	发明专利	2017-02-24
6	一种用于铸态 Fe-Mn-C-Al 系 TWIP 钢金相试样侵蚀的方法	刘建华	发明专利	2017-03-08
7	一种调控 Al-La 合金抗拉强度和塑性的方法	刘建华	发明专利	2017-03-17
8	针对热轧下游机架工作辊的周期内变步长窜辊控制方法	王晓晨	发明专利	2017-04-14
9	一种轧制模型自学习系数确定方法	宋　勇	发明专利	2017-05-17
10	一种采用电动和液压压下的铝板热轧机厚度控制方法	张　飞	发明专利	2017-06-08
11	一种优特钢棒材控轧控冷方法	刘　涛	发明专利	2017-06-21
12	一种热轧厚板摆动冷却方法	刘　涛	发明专利	2017-06-21
13	一种热轧带钢全幅宽平坦度的控制方法	何安瑞	发明专利	2017-06-21
14	一种板带横截面局部高凹点的在线识别方法	何安瑞	发明专利	2017-07-13
15	多芯电缆非侵入式电流测量方法及测量装置	张勇军	发明专利	2017-07-13
16	一种低成本高强塑型高锰 TWIP/TRIP 效应共生钢及其制备方法	米振莉	发明专利	2017-09-07
17	一种基于纳米结构的高吸能型高锰 TWIP 钢及其制备方法	米振莉	发明专利	2017-09-07
18	一种针对热连轧下游机架工作辊的异步窜辊控制方法	王晓晨	发明专利	2017-09-26
19	一种基于 MPP 电压规律与梯度寻优的光伏 MPPT 控制方法	张勇军	发明专利	2017-09-28
20	一种基于光度学的测量表面变形的方法	周　鹏	发明专利	2017-10-16
21	一种多自由度并联光学微调机座	周　鹏	实用新型	2017-10-16
22	一种应用脉冲磁场实现石墨化钢石墨固溶的方法	张勇军	发明专利	2017-11-17
23	一种提高带钢热连轧精轧穿带速度设定精度方法	韩　庆	发明专利	2017-11-23

续表

序号	专利名称	第一发明人	专利类型	申请日期
24	一种改善 CSP 双流换规格轧制力模型精度的控制方法	荆丰伟	发明专利	2017-11-23
25	一种双机架粗轧机设定数据的跟踪管理方法	裴红平	发明专利	2017-11-23

2017 年专利授权

序号	专利名称	第一发明人	专利类型	申请号	授权公告日
1	一种钢板表面三维重建快速实现方法	徐　科	发明专利	201410137363.X	2017-01-04
2	一种汽车座椅安全销轴高速扭转检测装置	胡水平	实用新型	201620775791.X	2017-01-04
3	兼顾磨削精度及冷轧电工钢边降控制的工作辊辊形技术	孙文权	发明专利	201510020629.7	2017-01-04
4	一种消除双机架铝冷连轧机组负荷漂移的控制方法	孙文权	发明专利	201510097347.7	2017-01-11
5	一种轧机交流主传动机电系统加载试验测试方法	张勇军	发明专利	201410641791.6	2017-01-18
6	一种具有耐蚀性的 NM400 级耐磨钢及其制备方法	武会宾	发明专利	201510112624.7	2017-01-25
7	一种轧机电动和液压组合压下快速定位的方法	张　飞	发明专利	201510452186.9	2017-01-25
8	一种电火花毛化工作辊生产带钢的粗糙度预测和控制方法	徐　冬	发明专利	201510069718	2017-02-01
9	一种 GCr15 高碳铬轴承钢在线快速球化退火工艺	米振莉	发明专利	201410538252.X	2017-02-01
10	一种适用于沙漠及干砂质土地的植树装置	徐言东	实用新型	201620271128.6	2017-02-01
11	一种增氮析氮法去除钢液中显微非金属夹杂物的方法	刘建华	发明专利	201410584586.0	2017-02-08
12	一种带钢表面处理浆料连续供给系统及使用方法	王　尚	发明专利	201510029354.3	2017-02-22
13	一种用于轧制圆形板的纺形组合轧辊	程知松	实用新型	201620962772.8	2017-03-01
14	一种多工位自动注水装置	张勇军	实用新型	201621040520.6	2017-04-26
15	一种钢丝绳升降棒材及中厚板机械定尺设备	徐言东	实用新型	201621066021.4	2017-04-26
16	对轧钢加热炉用煤气进行冷冻脱湿的设备	徐言东	实用新型	201621070591.0	2017-04-26
17	一种基于高次多项式的热轧梯形坯形状识别方法	邵　健	发明专利	201410562651.X	2017-05-10
18	兼顾浪形和断面的热轧高次曲线工作辊窜辊策略控制	邵　健	发明专利	201610023972.1	2017-05-17
19	一种用于冷轧边降控制的工作辊及其辊形设计方法	王晓晨	发明专利	201510303524.2	2017-05-31
20	一种板带钢控制冷却超密集冷却器	何春雨	实用新型	201620730968.4	2017-06-13
21	一种将微波引入脱硅法冶炼低碳锰铁的方法	刘建华	发明专利	201510338464.8	2017-07-04
22	一种利用微波加热锰矿冶炼锰铁合金的方法	刘建华	发明专利	201510024668.4	2017-07-18
23	一种烧结烟气处理和利用的方法	刘建华	发明专利	201510283510.9	2017-07-18
24	一种冷轧电工钢的边降自动控制方法	王晓晨	发明专利	201511008464.8	2017-07-28
25	轧制生产线锥形输送辊道速度动态协同控制系统及其方法	张勇军	发明专利	201510792661.7	2017-08-08
26	一种型材与管材连续镀锌的装置及方法	张勇军	实用新型	201620933790.3	2017-08-11
27	一种复合式多功能实验轧机机组及其可逆轧机	张立杰	实用新型	201720079495.0	2017-08-15
28	一种防止连铸坯表面开裂的冷却装置	余　伟	发明专利	201610057028.8	2017-09-15

续表

序号	专利名称	第一发明人	专利类型	申请号	授权公告日
29	一种板带钢控制冷却超密集冷却器	何春雨	发明专利	201610547328.4	2017-09-15
30	一种粗轧机轧制线标高随道次及坯料自动调整的控制方法	裴红平	发明专利	201510997929.0	2017-09-29
31	一种与高次曲线工作辊配合的支撑辊辊形通用设计方法	邵　健	发明专利	201610023974.0	2017-11-03
32	一种适用于沙漠及干砂质土地的植树系统及植树方法	徐言东	发明专利	201610202447.6	2017-11-14
33	一种动态实时监测森林砍伐的方法及其系统	张勇军	发明专利	201610244034.4	2017-11-17
34	一种适合轧制中小规格钢板的试验装置	徐言东	发明专利	201510742109.7	2017-11-17
35	一种适用于沙漠及干砂质土地的植树车及植树方法	赵正义	发明专利	201610202470.5	2017-11-28
36	考虑厚度变化的热轧中间坯镰刀弯检测装置及检测方法	徐　冬	发明专利	201510755435.1	2017-12-05
37	一种用于轧制圆形板的纺形组合轧辊	程知松	发明专利	201610742037.0	2017-12-15

新材料技术研究院

【概况】 2017年，新材料技术研究院全体教职工不忘初心，凝心聚力，团结奋进，本着“组织大项目、出标志性成果、推进成果转化”定位和目标，加强落实“传统学科做精、新兴学科做强”的学科建设目标；完善人才培养机制和模式；组织争取国家重大项目，不断提升国际影响力。这一年，新材料技术研究院硕果累累，成绩斐然，圆满完成学校下达的各项任务。

（曲选辉、吴春京）

【师资队伍建设】 加强师资队伍建设和师德建设，着力提高青年教师的培养力度。制定《新材院2019—2020年师资队伍规划》和《新材院2019—2020年专业技术职务任职条件》，出台《新材院非事业编制人员招聘办法》；引进副高职务1人，中级职务2人，师资博士后6人；曲选辉教授获“北京市优秀教育工作者”荣誉称号，董超芳教授获“北京市优秀共产党员”荣誉称号，姜雁斌副研究员获“第二届全国有色金属优秀青年科技者奖”，博士后刘永畅破格晋升为副研究员。

（曲选辉、李　芊）

【学科建设】 积极落实校/院“十三五”事业发展规划，坚守“传统学科做精、新兴学科做强”学科建设目标，出色完成学科建设任务。

以学校“双一流”建设为重点工作，积极推动学校“材料科学与工程”学科进入中央高校“一流学科”建设行列，协助完成“一流学科”建设方案和引导专项资金项目的申报工作；坚持做精“材料制备加工、粉末冶金、新型功能材料、材料服役与评价”传统学科；做强“材料基因组、3D打印、海洋腐蚀、量子点太阳能材料、材料循环再利用”新兴学科。在传统学科方面：国家重点研发计划“大尺寸高纯稀有金属制品制备技术”等重大项目启动，“核电站蒸汽发生器690合金管组织与性能调控关键技术及产业化”等重大成果通过鉴定，为建世界一流学科提供强力支撑。在新兴学科方面：“北京市材料基因工程高精尖创新中心”获批，为学校建设世界一流材料学科打下良好基础。牵头承担2项国家重点研发计划材料基因工程重点专项项目。其他新学科方向已初具规模，并承担多项国家重要项目，发表系列高水平论文。范丽珍教授发表的论文，他引总次数达500多次。

（曲选辉、张志豪）

【科学研究】 积极组织重大项目，出标志性成果，不断提升国际影响力。全年科研到款1.224137亿元，连续6年过亿，其中纵向

10682.52万元、横向1558.85万元；新增2项国家重点研发计划专项项目：曲选辉教授负责的“大尺寸高纯稀有金属制品制备技术”（2221万）和董超芳教授负责的“基于高通量实验和计算的材料结构-性能数据采集与数据库融合技术”（1685万）。新增2项国家重点研发计划国际合作项目：李成明教授负责的“基于先进电子与光电应用的金刚石纳米材料与器件研究”（436万）和柳伟副教授负责的“东南亚海洋工程用先进钢铁材料制备与防护关键技术研究”（620万）；新增国家自然基金15项，其中乔利杰、李金许教授分别获批基金重点项目；“材料基因工程学科创新引智基地”有20余人次海外高水平学者来访、交流；2017年研究院教师发表SCI收录论文（2016年发表）192篇，出版专著5部；申请专利108项，授权专利81项；获省部级科研奖9项，其中一等奖4项、二等奖4项、三等奖1项。范丽珍教授发表的论文，单篇他引总次数超过500次；在美国腐蚀工程师协会（NACE）主办的2017年国际腐蚀大会（Corrosion 2017）上，腐蚀与防护中心获得“杰出科研机构奖”，李晓刚教授获杰出技术贡献奖，路民旭教授获NACE Fellow称号；张深根教授团队完成美国波音公司委托的“报废飞机铝合金保级循环利用”项目，得到波音公司的高度评价。

（曲选辉、董超芳）

【人才培养】 不忘初心，坚持育人为本，加强服务管理，完善培养机制。人才培养成绩显著，获校2015—2017年度“研究生教育管理奖”；顺应学科发展趋势，调整研究生课程。将学科优势变成人才培养优势，强化研究型教学特色，材料基因工程、腐蚀与防护、粉体材料科学与工程、材料循环利用、材料加工、功能材料六个学科方向调整了40门研究生课程；学科优势促进生源质量名列前茅，培养质量显著提升。2017年招收博士生60名，招收硕士生170名，其中推免生24名，“211”工程及以上院校生源占39.41%。首届独立招收和管理的研究生毕业，授予博士学位36人、硕士学位141人。获校优秀博士论文4篇、校优秀硕士论文6篇；博士研究生钱鸿昌获2017年欧洲腐蚀大会青年科学家奖。

（曲选辉、张深根）

【国内外学术交流工作】 加强国际合作，促进国际化成果。国内外学术交流活动活跃，进一步提升了研究院国际影响力。以前沿科研为载体，活跃学术交流，拓展师生国际视野。2017年主持9项境外合作项目，109人次参加国际会议、选派6名青年骨干教师赴境外访学、发表国际期刊论文520篇；创新建设引智基地，积极聘请国际大师，加强国际化人才培养，共聘请Philippe Marcus等6名外聘专家为研究院兼职教授，邀请材料学科大师来华讲学12场次、讲座40余次，营造了国际化育人环境。

（曲选辉、张深根）

【实验室工作】 加强安全管理，促进平安校园。把“安全稳定”放到首位，成立学生实验室安全自律委员会，开设《实验室安全》必修课，实现了全年安全稳定。坚持研究院月查、实验中心和研究院办公室周查的实验室安全检查制度，保证研究院全年未发生较大安全责任事故。配合学校及时处理废弃化学品及废液空瓶，协助工程实践基地建设拆迁和新建房屋工作，对各楼冷却循环水站进行日常维护和维修，确保了教学、科研、实验顺利进行。

（曲选辉、孙建林）

【党建及党风廉政建设】 围绕研究院发展定位，把方向，谋大局，提高基层党组织战斗力。加强领导班子制度、思想、组织、作风和廉政建设，同心同德、团结互助，做好顶层设计，共谋发展，有力促进各项工作顺利开展；学习新时代中国特色社会主义思想，加强政治建设，发挥党组织的战斗堡垒作用和党员先锋模范作用，促进一流学科发展；履行党建主体责任，落实“一岗双责”，推进党政班子交叉任职，党委和党支部在干部和教师队伍建设中发挥主导作用，落实意识形态工作责任制，成立媒体中心，引领思想动向；严格履行党政联席会民主决策程序，预防和消除工作风险点；严格履行党风廉政各项规章制度，认真贯彻八项规定，持之以恒纠“四风”，预防和消除个人岗位风险点；建设了走在“一带一路”沿线的党组织；获基层党组织活动评选一等奖2项（全校11项）。

（曲选辉、吴春京）

【其他工作】 创新管理模式，建工会之家、党员之家、平安之家，凝心聚力，共筑和谐美丽研究院；开发“研究院服务管理信息平台”，提高了服务水平和效率。

（曲选辉、李　芊）

科技史与文化遗产研究院

【概况】 科技史与文化遗产研究院成立于 2014 年 12 月，下设冶金与材料史研究所、文化遗产保护研究所、科技与文化研究所、金属与矿冶文化遗产研究国家文物局重点科研基地，科学技术与文明研究中心挂靠于此。2017 年 10 月，经学校批准按照二级教学科研单位管理。

（潜 伟）

【师资队伍】 研究院目前有全职人员 15 名，其中教授 4 名、副教授 4 名、讲师 5 名（外籍 1 名）、实验室工程师 1 名、信息资料员 1 名。具有博士生导师 5 名（其中兼职导师 2 名）、硕士生导师 7 名。有国务院学位委员会学科评议组成员 1 名，教育部新世纪优秀人才 3 名，文物保护领域优秀青年科技人才 1 名，北京市优秀教师 1 名，北京市高校青年英才 1 名。

（潜 伟）

【学科建设】 研究院设有 2 个学位授权点：科学技术史、文物与博物馆。科学技术史一级学科有硕士和博士学位授予权以及博士后科研流动站，2017 年进入“双一流”学科建设行列，并在教育部组织的第四轮学科评估中获得 A+ 的好成绩。文物与博物馆专业硕士学位 2014 年获得批准建设，即将迎来学位点专项评估。

（章梅芳）

【人才培养】 完成 2017 版研究生培养方案中科学技术史、文物与博物馆 2 个专业培养方案的修订工作，并在秋季学期开始正式使用。2017 年新入学研究生 28 名，其中博士生 8 名、硕士生 20 名（科学技术史专业 15 名、文物与博物馆专业 5 名）。毕业研究生 23 名，其中博士生 5 名、硕士生 18 名，另有 4 名博士后出站。目前在校研究生 103 名，其中博士生 49 名、硕士生 54 名。

（章梅芳）

【科学研究】 潜伟教授主持的“中国冶金史”获批国家社会科学基金重大项目，实现重大项目零的突破。李秀辉副教授作为子课题负责人参与国家社会科学基金重大项目“先秦时期中原与边疆地区冶金手工业考古资料整理与研究”。刘思然博士获得国家自然科学基金青年项目。

金属与矿冶文化遗产研究国家文物局重点科研基地苏家垅工作站在湖北省京山县挂牌。北京科技大学科技考古与文物保护教学实习基地在甘肃省秦安县挂牌。研究院与中国文化遗产研究院、中国社会科学院考古研究所、国家文物局水下文物保护中心、湖北省考古研究所、北京市文物研究所等单位的一批横向合作项目相继实施。研究院师生参与了湖北苏家垅、河北兴隆副将沟、江西包家金矿、新疆阿敦乔鲁等多处遗址的考古发掘，以及南昌海昏侯墓地、河南城阳城、广东南海一号、浙江良渚遗址等考古现场文物保护工作。

发表学术论文 60 余篇，其中数篇发表在 *Journal of Archaeological Science* 等著名国际期刊上。

（陈坤龙）

【实验室建设】 采购扫描电子显微镜设备 100 万元，古代材料科学认知与检测分析平台建设初见成效。推进制定未来几年发展规划与设备购置计划，推动文物保护修复实验平台、古代材料模拟试验和仿真研究平台等平台的建设。

（陈坤龙）

【学术交流与合作】 陈坤龙副教授、刘思然博士组织的第二届“古代材料研究专题研讨会”，吸引了来自全国各地青年学者参加，成为本领域的一个品牌会议。韩向娜博士组织的“考古现场出土遗存提取保护新技术研讨会”顺利召开，旨在加强国家考古现场出土文物的保护工作，提高脆弱质文物的提取质量，促进学术交流与合作。

在巴西里约热内卢召开的世界科学史大会上，潜伟教授等组织了“全球视野下的早期中国的技术”专题讨论会，并参加中国科学技术史学会与巴西科学史学会的双边会议。陈坤龙副教授、刘思然博士和 Brett Kaufman 博士赴韩国釜山参加由研究院参与组织的第九届国际冶金史大会（BUMA-IX），会议设立专场对发起人之一柯俊先生进行了追思活动。魏书亚教授参与并组织的

"绿色博物馆——文物保护中的风险管理与可持续发展"国际研讨班在西安交通大学顺利召开，这是第三次举办此系列的文物保护国际会议。举行海外名师短期讲座，邀请英国诺丁汉特伦特大学的梁海达教授围绕"光学仪器与文物保护"开展了系列讲座；耶鲁大学的文德安教授、伦敦大学学院的 Ian Freestone 教授、埃克塞特大学的哈丁教授、牛津大学的安可博士等国外学者来访进行学术交流。魏书亚教授、韩向娜博士赴奥地利维也纳艺术大学交流，并就奥地利政府资助项目"金属文物保护涂层材料"开展合作研究。

2017 年"科学技术史论坛"学术讲座举办了 20 期，邀请了中山大学吴滔教授、湖北博物馆方勤研究员、清华大学杨舰教授、加州州立理工大学普莫娜分校王作跃教授、香港大学冯锦荣教授、广西民族大学万辅彬教授、中国科学院大学王扬宗教授、中国社会科学院经济研究所魏明孔研究员等知名学者主讲。

（潜　伟、刘思然）

材料科学数据共享网

【概况】 材料科学数据共享网项目于 2009 年 10 月由国家科技部批复建设，由教育部担任牵头部门。项目承担单位包括北京科技大学、中国科学院金属研究所和西北工业大学等 16 家高校和科研院所，项目管理办公室设在北京科技大学。

材料科学数据是工程与装备设计、制造与服役安全评估、新材料研发等活动不可缺少的重要信息。材料科学数据共享网项目建设的总体目标是：以满足国家经济与国防建设和材料科学技术创新研究与快速发展需求为目标，以现有较为成熟的材料科学数据资源为基础，结合国家重大工程、支柱产业发展、国防建设等实际应用需求，评价、整合、重构材料科学数据资源，建立跨部门、跨地区、多层次、异构、分布、有序共享的材料科学数据体系。形成数据齐全完整、存储安全可靠、使用灵活方便的材料数据服务体系和共享网，最大限度地发挥数据信息的效益，满足国家建设、社会发展与科技创新的迫切需要。研究制定符合材料数据特点的共享机制和数据共享相关的标准规范体系。构建面向社会的网络化、智能化的材料科学数据共享服务平台，形成数据采集提交、质量控制、数据存储、安全保障、资源共享、面向应用与数据重构的管理体系。按照统一的标准规范对材料数据进行整合集成，形成材料领域专门化数据共享资源结点，在此基础上建设数据管理服务中心，初步构建成材料科学数据共享网。

至 2017 年年底，材料科学数据共享网项目已完成了全部 10 个材料数据共享资源结点和 2 个面向应用的主体库的结构建设，即材料基础、有色金属材料及特种合金、黑色金属材料、复合材料、有机高分子材料、无机非金属材料、生物医用材料、能源材料、信息材料、天然材料及制品数据共享资源结点，和建筑材料、道路交通材料应用主体库。制定形成了 40 余个标准规范草案，其中 2017 年形成 2 项新的标准规范草案，修订了 2 项标准规范草案，并申请了 2 项国家团体标准；新获批 1 项软件著作权，形成了 5 项相关技术软件，并已登记，形成 1 个名词术语对照词典，5 项规章制度，3 个材料数据的环境、收集整理及质量分析的分析评价方法。完成了材料科学数据共享网的网站 2.0 版本的建设并上线运行，满足国际最先进的材料基因工程的材料创新研究的需求。纳入中心的数据为 29 万条，其中 2017 年新增纳入中心的数据 3 万余条，分布数据源的数据约为 45 万条，合计 73 万余条，涉及材料 2.4 万余种，其中 2017 年新增 100 余种。通过搜索引擎的多种检索方式，可以实现对各类材料数据的检索。

（尹海清）

【科研活动】 2017 年 3 月 1 日，项目组成员尹海清和姜雪受邀在中科院宁波材料研究所做材料基因组工程数据库及其建设的报告。5月5日，项目组成员尹海清受邀在重庆三峡学院做题为“材料基因工程与材料创新发展”的报告；6月12日，项目组成员尹海清受邀在中科院物理所组织的International Workshop on Materials Genome Infrastructure and Materials Design上做题为“Constructing the Ecosystem of Materials Data”的报告；7月11日，项目组成员尹海清在银川召开的2017中国科学数据大会的材料基因工程分会上做了邀请报告，题目为“构建材料数据的生态系统”。8月16日，项目组成员尹海清在第七届钢铁模拟及仿真国际会议上做了题为“Materials Data Science, a Paradigm for Materials Discovery and Innovation”的邀请报告；9月26日，项目组成员尹海清在美国Rockville参加Materials Research and Data Science Conference并代表宿彦京教授做了题为“Materials Database Based on MGI and Big Data in China”的报告；12月06日，项目组成员尹海清向由科技部组织的“国家科学数据中心体系建设”编写小组提交了材料学科方向调研报告。

（尹海清）

【队伍建设与人才培养】 2017年，共有40余名学者参与了材料科学数据共享网项目的建设，其中教授23人、副教授14人、讲师或博士后4人，大部分具有博士学位，50岁以下的中青年占95%。共有15人参与到项目的建设中，其中教授9人、副教授4人。材料科学数据共享网项目已经基本建成一支稳定的建设队伍。2017年共培养硕士生4人。

（尹海清）

国家环境与能源国际科技合作基地

【概况】 国家环境与能源国际联合基地（以下简称“基地”）于2010年11月由国家科技部国际合作司批复成立，依托北京科技大学建设，集中国内外环境与能源研究领域的一流优势科研院所，吸纳优秀成果和杰出人才，开发具有自主知识产权的环境与能源领域技术与产品，形成了一流的研发平台、技术转移平台和信息服务平台，达到国内领先及国际先进水平。

基地现有固定人员81名，流动人员80名。其中教授28人（全部为博士研究生导师），副教授31人，外聘中国工程院院士1人、中国科学院院士1人、外籍院士1人、著名国外学者客座教授5人。拥有国家自然科学基金优秀青年1人、“万人计划”科技创新领军人才2人、中科院“百人计划”入选者1人、新世纪百千万人才工程北京市人选1人、北京市教学名师2人、北京市科技新星培养计划2人、教育部新世纪优秀人才2人。基地的国际科技合作与学术交流十分活跃，先后与美国、德国、英国、加拿大、俄罗斯、瑞典、挪威、意大利、法国、日本、韩国和联合国环境规划署UNEP等国家和组织的同行建立了长期稳定的科研合作关系，主持、参加过多次国际学术会议，形成了“基地—项目—人才培养—成果”的循环模式，有力地推动了基地的科研水平。

（李子富）

【科研活动】 基地以国际合作、国家级、省部级、厂协项目为基础，围绕水污染控制与资源化治理、固体废物处理及资源化、工业废气污染控制与治理、环境生物技术、工业节能和可再生能源、环境生态毒理学及环境健康、环境规划管理等7个研究方向，建设有7个专业研究实验室。2017年，基地新增科研项目46项，其中包含国家重点研发计划大气污染控制项目1项，申请/授权专利20余项，在国内外学术期刊发表学术论文300余篇，其中SCI检索论文180篇以上。

（李子富）

【对外交流】 基地积极与国内外一流的科研院所及知名公司合作。目前已经与基地建立良好合作关系的科研单位有：加州理工学院、耶鲁大学、哥伦比亚大学、约翰霍普金斯大学、辛辛那提大学、伊利诺伊大学香槟分校、杜克大学、哈佛大学、麻省理工学院、俄克拉荷马大学、德国国家UFZ环境研究中心、汉堡工业大学、维也纳自然资源与生命科技大学、德国国际沼气与生物质能源中心、斯德哥尔摩环境研究院、帝国理工学院、伦敦大学、伯明翰大学、西英格兰大学、巴黎第十一大学、挪威科技大学、加拿大国家生物技术中心、麦吉尔大学、卡尔加里大学、匈牙利罗兰大学、九州大学；国外机构和公司有：美国比尔及梅琳达盖茨基金会、德国技术合作公司、英国 Mercy Corps 公益组织、挪威 SOBY 公司等。2017 年，基地人员参加国际会议 20 人次，邀请专家报告 30 余次，派遣研究生、教师赴国外短期学习 16 人次。

（李子富）

沿海协同创新研究院

【概况】 沿海协同创新研究院（以下简称“沿海研究院”）大胆创新产学研合作模式，紧紧围绕创新驱动发展战略，坚持以产业结构调整和产业转型升级为核心，构建以市场需求为导向，以科技成果转化为目标，人才—技术双驱动和双转移的新型校—地—行业协同创新模式，实现人才—科技—产业的融合与协同发展。

沿海研究院根据学校学科优势、学科特点及发展需要，结合地方产业特色与发展方向，通过科学规划，重点布局，采用校—地—企业共建模式在我国沿海等地区重点建设若干实体基地（特色研究院），从而构建我校沿海区域经济发展协同创新带，加快我校科技成果的转化和产业化。2017 年，广州新材料研究院和烟台工业技术研究院在技术创新中心基础设施建设、科技创新团队建设与高层次人才引进、技术创新与成果转化基地建设、科技成果的中试与产业化、山东省核电材料与装备创新中心、广州新材料产业园的规划与对接等重点建设方面取得重大进展。广州新材料研究院也顺利通过了由广州市科创委组织的第一期验收。从而进一步夯实了特色研究院基础，大力提升了研究院科技创新、成果转化和产业化能力。通过沿海研究院，学校更好地实践了与地方政府和企业间的协同创新模式，极大促进了学校沿海区域经济发展协同创新带的建设。

沿海研究院经过整合相关特色研究院，现主要管理 4 个特色研究院或机构：①北京科技大学广州新材料研究院，主要负责学校在珠三角及华南地区的科技成果转化、技术研发、产学研合作、科技服务、企业孵化等工作；②广东北科科技发展有限公司，作为原广东研究院的主要承接机构，主要负责广东省省部产学研项目的对接、技术研究与开发、成果转让等相关工作；③佛山市北京科技大学研究院，主要负责学校在佛山市等区域的产学研工作，以及在佛山、广州、深圳等珠三角地区以及粤东地区的远程教育和相关研究生培养等工作；④北京科技大学烟台工业技术研究院，主要以学校在装备制造、新材料、海洋工程等领域所具有的教育、科技创新及产业化优势资源为基础，通过校地协同创新，大力提升烟台核电、海工、智能制造等产业的人才培养和技术创新能力。截至 2017 年年底，沿海研究院现有正式工作人员 43 人。其中，博士学历 5 人、硕士学历 8 人、本科学历 11 人。研究院还聘请了多位教授和相关专家作为兼职人员，参与研究院的建设与发展。

（何新波）

【基地建设】 在学校、地方政府和相关部门等的大力支持与关怀下，广州新材料研究院和烟台工业技术研究院等特色研究院在实体化建设方面取得长足进步。广州新材料研究院不仅具有约 3000 平方米的管理与试验场地，同时还建有约 2700 平方米的技术创新和成果转化基地；烟台工业技术研究院建有约 1500 平方米的管理与试验场地，以及约 1500 平方米的中试与产业化基地。另外，通过合作，与多个企业建有相关技术创新中心，为研究院的技术创新和成果转化提供场地和条件。一年来，沿海研究院共建有 9 个技术创新中心、1 个省级创新中心、2 个科技成果转化基地。

（何新波、姚　迪、张　涛）

【科研与产业】 沿海研究院继续发挥科技桥梁与窗口作用，大力推进学校科技成果在沿海等区域的转移转化，积极组织和策划相关产学研项目的申报和技术开发，加强学校与地方的协同创新。2017年，研究院牵头承担的“电磁炉用轻质锅具新型涂层制备技术研发”“环保型高温耐磨不粘锅涂层制备技术的研发”等科研项目顺利通过广东省科技厅和市科技局验收。广州新材料研究院联合北京科技大学、中山大学等相关高校、企业共同申报了“三代核电站反应堆控制棒驱动密封焊缝在役修复关键技术研究”“传热管材料在役性能研究”和“海洋工程装备高性能钛合金制备加工成套技术研发”等四项广东省科技项目。烟台工业技术研究院牵头，联合相关企业共同申报了“高性能尿素装备用双相钢的研制及产业化技术”和“农村厕所粪污和农业养殖废水联合资源化处理工艺研究”等两项省市科研项目。由烟台工业技术研究院牵头建设的山东省核电材料与装备创新中心（试点）进展顺利。

2017年，研究院在成果转化和企业孵化方面取得突破性进展。广州新材料研究院共孵化企业4家，为实现研究院自我造血和可持续发展起好了头。

（何新波、姚　迪、张　涛）

【合作交流】 2017年，沿海研究院先后赴山东大学、中山大学、烟台大学、广东工业大学、广东西安交通大学研究院等单位学习和调研，积极探索和创新研究院建设模式与思路；与广州市、烟台市、威海市、阳江市、汕头市、佛山市等地区就产学研合作、科技创新等进行广泛交流；为加快研究院融入粤港澳大湾区，研究院联合广东地区校友会和相关企业组建了贝壳粤港澳大湾区联盟，大力推进青年人才的创新创业。一年来，共进行粤港澳大湾区交流会5次，极大带动了珠三角地区校友等群体的创新创业；积极参加各类成果交易、技术转移、学术研讨等会议，如中国高校科技成果交易会（惠州）、中国国际高新技术成果交易会（深圳）、广东国际应用科技交易博览会（广州）等，加强研究院管理与创新能力建设。同时，加强与地方科技部门的汇报与交流，进一步强化学校与地方、学校与企业间的长效合作机制。

（何新波、姚　迪、张　涛）

【人才培养】 通过佛山研究院人才培养工作的推进，学校在华南地区的教育职能得到进一步加强。佛山远程学习中心在佛山市、深圳市、广州市、东莞市等地区通过现场宣传、网络媒体、合作招生等形式，积极开展远程本、专科学历教育和职业培训等非学历教育工作。2017年，远程教育学习中心根据华南市场的需要，新增了人力资源管理、电子自动化技术、车辆工程等专业，进一步完善了研究院人才培养体系，全年招收远程教育新生超过1500人。同时，针对企业与市场需求，有针对性地开展短期培训等，并结合产学研合作，不断将人才培养与技术开发融为一体，努力扩大学校在华南地区的影响。

（何新波、杜　娟）

平谷生物农业研究院

【概况】 北京科技大学平谷生物农业研究院（以下简称“研究院”）是在深入学习贯彻党的十九大精神，推动国家创新驱动发展、粮食安全战略和北京市全国科技创新中心建设，加快推进平谷区农业农村现代化，促进平谷区全国农业科技创新中心和北京科技大学“双一流”建设的大背景筹建成立的。

研究院的愿景是紧紧围绕习近平总书记对现代农业的战略定位，“确保国家粮食安全，把中国人的饭碗牢牢端在自己手中”“实施食品安全战略，让人民吃得放心”，汇聚生物与农业领域国内外顶尖科技人才，打造“农业+大健康”国际一流的科技创新平台，确保中国粮食安全、食品安全，最终实现健康中国梦。研究院的任务是开展生物与农业领域的国际前沿研究，形成一批重大科技创新成果并转化应用，培养一批杰出青年科学家及优秀创新群体，着力打造央地融合、理论研究与技术应用结合、“政、产、学、研、用”一体化且具有国际影响力的“农业+大健康”科技创新与应用转化中心。

2017年10月30日，北京科技大学正式批准成立“北京科技大学平谷生物农业研究院”，挂靠科学研究与发展部，聘任中国农业科学院原院长、原中央候补委员、俄罗斯及印度外籍院士翟虎渠教授担任北京科技大学平谷生物农业研究院荣誉院长，聘任万向元教授担任院长。2017年12月13日，“北京科技大学平谷生物农业研究院”揭牌，平谷区政府和北京科技大学签署战略合作框架协议，双方决定结合平谷区农业、农村发展实际，加强高校农业科技创新智库建设和人才培养，在提升平谷区“三农”产业发展水平的基础上，联合打造生物农业高科技创新创业基地和人才培养基地，帮助平谷区开展“生物农业科技创新中心”建设。平谷区政府将协调有关部门，支持北科大师生到平谷区进行生物农业科学试验、实习和社会实践，并提供必要的优惠政策、空间资源和工作条件，支持北科大在平谷区建立“生物农业科学试验基地”和“学生实习就业基地”。

研究院目前主要包括8个研究中心：①作物育种与应用研究中心，主要开展玉米、水稻、小麦、高粱等主要作物的生物育种基础和应用研究；②植物生物技术与应用研究中心，主要开展植物高效遗传转化、基因编辑技术等前沿生物技术的研发工作；③益生菌与应用研究中心，主要开展纳豆芽孢杆菌、乳酸菌等益生菌作用机制与高端食品及保健品开发工作；④作物重要基因与应用研究中心，主要开展玉米、水稻、小麦、高粱等主要作物的雄性不育、抗病虫、耐逆、高产、优质等重要功能基因的发掘与应用研究；⑤生物农业大健康研究中心，主要开展植物生物反应器、植物源抗癌药物研发等生物农业与分子医药农业研发工作；⑥生物分析研究中心，主要开展生物工程与传感技术研发工作，包括核酸标志物传感分析及微流控单细胞构建，单细胞分析、微流控芯片的设计，构建单细胞基因分析及灵敏、多元核酸的检测等精准诊断相关领域；⑦生物基功能材料研究中心，主要开展生物基天然高分子及复合材料、生物基功能化复合材料及其医学应用、金属3D打印生物医用材料、粉末注射成形医疗器械及生物材料等研发工作；⑧环境气味分析研究中心，主要开展农业环境气味分析、土壤水资源循环再生和可持续利用等研究工作。

截至2017年年底，研究院现有正式工作人员和研究生40余人。此外，研究院聘请了中国农科院研究员徐云碧、刁现民，北京市农林科学院研究员赵久然等多位知名专家作为兼职教授，参与研究院的建设与发展。

（万向元）

【人才培养】 2017年，研究院积极推进人才的引进和培养工作。新引进教授2人、讲师3人、客座研究员2人，新增加学科博士后2人、博士研究生1人、硕士研究生4人。同时，研究院作为北京科技大学本科生教学和社会实践基地，承接了2017级生物技术专业本科生的社会实践活动，促进了北京科技大学的本科教学工作。此外，研究院非常注重青年科技人才的培养，2017年培养北京市青年拔尖人才2名：孙倩博士和张勇博士。

（万向元）

【科研工作】 研究院积极发挥农业科技桥梁与窗口作用，大力推进学校农业科技成果在京津冀协同创新发展中的转化与应用，积极组织和策划相关产学研项目的申报和技术开发，加强学校与地方的协同创新。同时，为推进平谷生物农业研究院的实体化，不断加强与相关科研院所及企业间的科技合作。研究院与中国农科院、北京市农林科学院、北京首佳利华科技有限公司合作，共同承担了“十三五”重点研发计划项目5项、国家转基因重大专项项目2项、国家自然科学基金项目3项、北京市科技计划项目2项、中央高校基本科研事业费项目6项、北京市青年拔尖个人项目2项、平谷区高层次人才引进项目1项。通过协同创新，大大加强了研究院、地方与学校之间的紧密合作。

2017年，研究院与北京首佳利华科技有限公司联合申报并获批了“生物农业大健康北京市星创天地”，并成功获评国家科技部“生物农业大健康国家级星创天地”资质。2017年，平谷生物农业研究院发表学术论文6篇，其中SCI论文3篇；申请国家发明专利7项，获得授权国家发明专利6项。

（万向元）

【基地建设】 2017年，研究院与北京市农林科学院、北京首佳利华科技有限公司联合申请并获批“主要作物生物育种北京市工程实验室”。在平谷区政府、区农业局、峪口镇政府的协调下，研究院的“生物农业科学试验基地”和“学生实习就业基地”已经启动，并投入使用。一期批复试验用地约50亩，主要用于研究院的农作物（玉米、小麦、高粱）基因和种质资源创新杂交育种、杂交制种、杂种优势测试等农业科学试验。

（吴锁伟）

【合作交流】 2017年，在学校领导的大力支持与亲切关怀下，研究院与美国康奈尔大学、北京首佳利华科技有限公司联合申请并获批“生物育种北京市国际科技合作基地”；研究院与澳大利亚诺贝尔奖获得者巴里·马歇尔合作，建立了“巴里·马歇尔精准医学研究中心”；研究院与康奈尔大学BTI植物研究所合作，承担了国家国际科技合作项目，并且申报了“主要农作物种子工程北京市国际联合共建实验室”。同时，加强与地方科技部门的汇报与交流，尽力争取多方资源推进研究院建设，促进学校科技成果在京津冀地区的转移转化，进一步强化学校与地方、学校与企业间的长效合作机制。

（吴锁伟）

新能源材料与技术北京市重点实验室

【概况】 新能源材料与技术北京市重点实验室前身为固体电解质与冶金测试技术国家专业实验室，1988年经国家计委和国家教委审批确认，经原冶金工业部批准，于1991年11月开始筹建，1997年通过国家验收，2005年经北京市科委和教委认定批准，依托于北京科技大学建立，于2007、2015年分别通过了北京市组织的中期评估和验收。十余年来，实验室始终围绕新能源材料与技术，以建设北京地区具有一定科研实力和国际影响力的新能源材料与技术先进研究中心为目标，努力成为培养服务京津冀地区建设优秀人才的先进育人基地。

目前，实验室设有材料制备与加工、微观结构分析、微纳加工超净间、高性能计算模拟五大公共实验平台，拥有先进仪器设备百余台（套），设备原值4500余万元，其中30万元设备50余台（套），具备完整的材料表征、性能测试、计算模拟实验条件。实验室承担建设了纳米材料与器件物理学北京市重点交叉学科、北京市新材料学科群、教育部和国家外专局的“111创新引智基地”等多个平台。实验室现有固定人员34人，其中中科院院士2人，正高职博士生导师22人，国家重大科学研究计划首席科学家1人，杰出青年科学基金获得者3人，优秀青年科学基金获得者3人，教育部新世纪优秀人才、北京市科技新星15人、博士后创新人才支持计划1人。

（张　铮）

【研究方向】 ①微纳能源与传感系统：面向下一代柔性可穿戴电子器件的核心问题，通过微纳结构设计与界面调控，构筑新原理微纳能源及自驱动传感器件，研究多场耦合效应调控界面能带和电子结构优化器件性能的手段，揭示微纳能源与传感器件的服役行为与评价指标。②光电功能材料与器件：以光能和太阳能高效利用为目标，构筑太阳能电池、光电化学器件、白光LED和光电探测器等光电器件，研究各种光电功能材料的制备、结构及性能，从优化材料本征性能与器件结构优化两方面出发，全方位发展光电功能材料与器件。③先进核能材料与技术：立足于国家能源战略需求，以清洁高效的先进核能发电系统、太阳能发电系统中关键材料为研究对象，开展先进金属材料、先进陶瓷材料、先进复合材料的成分设计、制备技术和应用研究。④动力电池与能量转换材料与技术：重点围绕新能源汽车所需的动力电池开展研究，研制新型锂离子电池、甲醇燃料电池以及热电、压电等能量转换材料与器件。开发高效能量存储器件，研究各种新型物理能源转换材料的制备工艺、微观结构与各种能源转换应用性能关系的基础理论、性能检测技术，以及各种相关能源转换元器件的研制技术。

（张 铮）

【科研活动】 2017 年，实验室成员负责承担了国家重点研发计划、国家自然科学基金重大仪器研制项目、重点建设项目、北京市科委项目、军品配套项目等国家级、省部级项目共计 14 项，总经费 1300 万元。在 *Nature Energy*, *Nature Communication* 等期刊发表 SCI 学术论文 99 篇；申请国家发明专利 46 项，授权 15 项。针对低维材料在能量转换与功能化应用的目标，实验室建成了一整套微纳加工设备和超净工作间，主要设备包括紫外曝光和电子束曝光等微纳图形化设备，原子层沉积、磁控溅射、电子束蒸镀等沉积设备、引线键合机，精密转移平台等微纳器件构筑设备，已具备成熟微纳器件的设计、制作技术。

（张 铮）

【对外交流】 实验室一贯重视国际合作交流工作，承担了多个国家级重大国际合作交流项目，包括科技部与国家自然科学基金委的重大国际科技合作与交流项目、教育部与国家外国专家局联合资助的高等学校学科创新引智计划项目。与美国、英国、德国、澳大利亚、新加坡、韩国、俄罗斯、新加坡和中国香港等十余个国家和地区的二十余所大学和研究机构建立了长期稳定的合作关系。

2017 年，实验室成功通过北京市科学技术委员会组织评审，获批成立“先进绿色微纳能源系统”北京市国际科技合作基地。成为北京市微纳能源研究领域重要的国际学术交流平台。实验室主任张跃教授担任主席主办了第十二届中美华人纳米论坛（The 12th Sino-US Nano Symposium）、第八届全国氧化锌学术会议。实验室成员参加国内外学术交流活动，作邀请报告、口头报告等共计 132 人次。

2017 年，实验室邀请国际顶级外籍专家、学者 40 余人次开展了多层次、多角度、多形式的学术交流与合作，受邀专家包括诺贝尔物理学奖获得者、英国曼彻斯特大学 Konstantin Novoselov 教授，美国科学院院士、加州大学伯克利分校杨培东教授，*ACS Nano* 主编、美国加州大学洛杉矶分校 Paul Weiss 教授等。

（张 铮）

环境断裂教育部重点实验室

【概况】 环境断裂教育部重点实验室（以下简称“实验室”）具有 30 多年的发展历史，长期从事结构材料特别是钢铁材料的腐蚀、断裂和环境敏感断裂的基础和应用基础研究，获得了丰硕的研究成果，在国内外具有重要影响。实验室的前身是原环境断裂研究室，1990 年被正式批准为教育部开放实验室；1999 年更名为环境断裂教育部重点实验室。几十年来，实验室培养了一批高水平的研究型人才，他们在国内外知名研究单位、大学和首钢、宝钢等国家大型企业从事科研工作，取得了重要成绩。近年来，实验室在保持原有优势的基础上，开展铁电、铁磁等新型功能材料的制备和性能研究，以及纳米材料的性能研究。

2017 年，实验室有固定人员 39 人，其中教授 24 人、副教授 12 人，博士生导师 25 人，长江学者奖励计划特聘教授 1 人，国家杰出青年基金获得者 1 人，跨（新）世纪优秀人才 5 人，中组部拔尖人才 1 名，国家自然科学基金优秀青年基金获得者 1 名。实验室拥有原子力显微镜、高分辨率电镜、透射电镜、俄歇电子能谱仪、场离子显微镜、宏－微摩擦磨损测试系统、纳米力学探针仪等较为先进的仪器设备 149 台（套），设备价值 2200 万元，其中 30 万元以上设备 21 台（套）。

（李金许）

【科研活动】 2017 年，实验室承担国家科技平台建设及重大专项等项目 3 项，国家重点研发计划及国际合作等项目 13 项，973 项目 2 项，863 项目 1 项；国家自然科学基金重点项目 1 项，面上项目 13 项，青年科学基金项目 1 项，军工课题 1 项，其他省部级项目多项；合同额 30 万以上厂协项目 40 余项。在国内外核心期刊上发表论文 70 余篇，其中 SCI 收录约 50 篇。

（李金许）

【人才培养】 实验室采取加强国内外交流、培养和引进高层次人才、创造有利的学术环境等措施，积极建设高水平研究队伍，拓宽研究领域，已经培养出一支年龄结构合理、专业方向有机结合、学术气氛浓厚、凝聚力强的研究队伍。

2017 年，实验室研究生与往年基本相同，160 余人在读，其中硕士生 100 余人、博士生近 50 人；毕业硕士生 50 余人、博士生 12 人。

（李金许）

【学术交流】 2017 年，实验室进一步加强材料科学领域的学术合作与交流。3 月，实验室 7 名研究人员参加了在美国举办的 NACE 年会。9 月，实验室 6 名教授和副教授及多名博士生参加了在捷克举办的 2017 欧洲腐蚀大会（EUROCORR 2017）；邀请了来自瑞典、美国、英国、日本、泰国等国的多位知名学者到实验室讲学和交流。10 月，实验室大部分研究人员参加了在青岛即墨召开的第九届全国腐蚀大会。12 月，实验室大部分研究人员参加了在广东湛江举办的第四届海洋材料与腐蚀防护大会暨海洋耐蚀钢铁材料学术交流大会。

（李金许）

环境断裂教育部重点实验室 2017 年在研课题一览表

项 目 名 称	项目来源	负责人	起止年限	经费（万元）
国家材料环境腐蚀平台运行费（2017 年度）	科技部	李晓刚	2017.05.17~2017.12.31	2000
中国材料腐蚀现状及材料腐蚀对自然环境污染情况调查	科技部	李晓刚	2012.04.01~2017.04.30	919
深水管道气水和油水典型流型腐蚀和缓蚀剂评价方法	国家科技重大专项	路民旭	2016.01.01~2020.12.31	402.7
材料基因工程专用数据库和材料大数据技术	国家重点研发计划重点专项	宿彦京	2016.07.01~2020.06.30	2100
基于高通量实验和计算的材料结构－性能数据采集与数据库	国家重点研发计划重点专项	董超芳	2017.10.31~2020.12.31	1685
油气管道及储运设施损伤致灾机理与演化规律研究	国家重点研发计划重点专项	路民旭	2017.07.01~2020.12.31	64
材料环境失效过程的多因素耦合加速模拟实验技术	国家重点研发计划重点专项	王旭东	2017.07.01~2021.06.31	150
材料环境失效数据高效处理与利用技术	国家重点研发计划重点专项	张达威	2017.07.01~2021.06.30	328
镁合金产品残余应力消减与表面保护	国家重点研发计划重点专项	张　津	2016.07.01~2020.12.31	180
材料基因工程大数据技术的示范应用	国家重点研发计划重点专项	宿彦京	2017.01.01~2020.12.31	511
材料大数据挖掘与分析技术	国家重点研发计划重点专项	岩　雨	2016.07.01~2020.06.30	70
油气管道及储运设施损伤致灾机理与演化规律研究	国家重点研发计划重点专项	路民旭	2017.07.01~2020.12.31	64
高性能超高强汽车用原型钢的技术基础研究	国家重点研发计划重点专项	李金许	2017.07.01~2021.06.31	57

续表

项 目 名 称	项目来源	负责人	起止年限	经费（万元）
液化天然气接收站及石油储罐的设计建造技术研究	国家重点研发计划重点专项	张　雷	2017.07.01~2020.12.31	36
材料微－纳尺度力学高通量实验、计算模拟和知识提取	国家重点研发计划重点专项	柳　伟	2017.11.29~2020.12.31	56
油气管道及储运设施安全状态监测与保护技术研究	国家重点研发计划重点专项	杜艳霞	2016.07.01~2020.06.30	48
海洋环境下磨蚀过程的力学－电化学机理研究	国家 973 计划	孟惠民	2014.01.01~2018.08.31	155
多重动态海洋环境因素作用下材料腐蚀损伤的机理与规律	国家 973 计划	李金许	2014.1.1~2018.12.31	387
基于材料基因工程的高通量设计、制备与表征技术	863 计划	乔利杰	2015.04.01~2017.12.31	2783
东南亚海洋工程用先进钢铁材料制备与防护关键技术研究	科技部国际合作计划项目	柳　伟	2017.09.01~2020.08.31	420
高温高压核电水环境中材料腐蚀的痕量效应及防护机理研究	国家自然科学基金重点项目	乔利杰	2015.01.01~2019.12.31	355
印刷电路板在薄液膜下霉菌和电化学交互作用机理	国家自然科学基金面上项目	肖　葵	2017.01.01~2020.12.31	60
吸附对金属钝化膜结构与稳定性影响的计算模拟及实验研究	国家自然科学基金面上项目	董超芳	2017.01.01~2020.12.31	60
铁素体不锈钢表面制备 p-n 结结构钝化膜的理论基础及耐蚀机制研究	国家自然科学基金面上项目	程学群	2017.01.01~2020.12.31	60
汽车用高强高塑性中锰钢延迟开裂的机理及规律研究	国家自然科学基金面上项目	岩　雨	2017.01.01~2019.12.31	54
酸性湿气腐蚀中 O_2 与 H_2S 交互作用机制	国家自然科学基金面上项目	柳　伟	2016.01.01~2019.12.31	73.8
高强钢的氢脆机理和抗氢脆设计研究	国家自然科学基金面上项目	宿彦京	2016.01.01~2019.12.31	89.4
晶界特征对氢致延迟开裂过程的影响	国家自然科学基金面上项目	李金许	2016.01.01~2019.12.31	80
深海等静压对应力腐蚀的影响规律和机理研究	国家自然科学基金面上项目	宿彦京	2014.01.01~2017.12.31	82
磁场、环境耦合作用下 Fe-Ga 合金应力腐蚀的规律及机理	国家自然科学基金面上项目	李金许	2014.01.01~2017.12.31	80
准同型相界铁电材料电卡效应影响规律及机理研究	国家自然科学基金面上项目	白　洋	2014.01.01~2017.12.31	80
交流电 / 应力场耦合对 X80 钢 SCC 裂纹萌生与发展的影响机理	国家自然科学基金面上项目	杜翠薇	2014.01.01~2017.12.31	80
油套管丝扣塑性变形促进腐蚀加速机理和控制措施研究	国家自然科学基金面上项目	路民旭	2014.01.01~2017.12.31	80
疏水 / 超疏水防腐涂层物理屏障作用与自修复机制的研究	国家自然科学基金青年项目	张达威	2015.01.01~2017.12.31	25

续表

项目名称	项目来源	负责人	起止年限	经费（万元）
以功能介质拓展超材料的光频及太赫兹超常物理特性研究	其他纵向	白　洋	2014.01.01~2018.12.31	240
2016100050101	军工课题	张　津	2015~1~1~2018.12.31	300
溶液等离子微弧电沉积复合涂层技术研究	北京市教委共建项目	王德仁	2017.01.01~2017.12.31	30
材料基因工程关键技术及其在镍基高温合金、金属锂负极中的应用研究（2016 重大项目主持单位管理费）	北京市科技计划项目	乔利杰	2016.01.01~2017.12.31	20
阴极等离子制备涂层及应力测定（后补贴项目）	北京市其他	张　津	2018.01.01~2019.12.31	20
铝基粉末压制与烧结致密化行为及其调控	实验室开放、自主课题	曲选辉	2016.03.01~2018.02.28	30
新型牙种植体表面碱性纳米层的制备与性能研究	实验室开放、自主课题	李晓刚	2016.03.01~2018.02.28	30
E690 钢海水腐蚀疲劳裂纹萌生过程的电化学特性研究	实验室开放、自主课题	李晓刚	2017.05.01~2018.04.30	25
超高强汽车用冷镦钢的氢致延迟开裂研究	实验室开放、自主课题	李金许	2017.01.10~2018.12.31	48
钢材锈蚀对策控制技术开发	厂协	程学群	2017.12.28~2022.12.28	148
南海大气区和青岛海水全浸去环境谱与加速试验环境谱相关性	厂协	程学群	2017.01.01~2019.12.31	120
阴极保护电位智能采集系统标准化	厂协	杜艳霞	2017.12.01~2018.12.31	119.8
复杂工况管柱选材选扣委托实验	厂协	张　雷	2017.12.01~2019.12.31	108.3
交流 500kV 交联聚乙烯（XLPE）海缆关键技术研究与应用	厂协	张　雷	2017.09.01~2019.06.30	108
高速列车结构材料典型运营环境适应性关键技术研究	厂协	董超芳	2016.12.01~2018.05.01	105
规整填料在减压条件下的腐蚀机理及失效预防	厂协	岩　雨	2012.12.19~2017.12.30	100
低成本尾气净化装置材料开发	厂协	路民旭	2017.02.01~2018.02.28	84.8
不同新型保温材料综合性能评价研究	厂协	董超芳	2018.02.05~2018.12.31	80
新型筛管冲蚀腐蚀性能评价试验	厂协	柳　伟	2018.04.01~2018.10.31	79
超级 13Cr 油管应力腐蚀开裂原因分析及防护措施研究	厂协	路民旭	2016.01.01~2017.12.01	76.2
镍基合金涡轮叶片和不锈钢导向叶片阴极等离子电解沉积陶瓷涂层研究	厂协	王德仁	2016.01.01~2017.06.30	65

续表

项 目 名 称	项目来源	负责人	起止年限	经费（万元）
高含硫气田集输管道安全裕量评价及预警智能化模块开发合同	厂协	路民旭	2017.07.26~2018.05.31	64.8
高压交直流干扰腐蚀规律及模拟计算技术研究	厂协	杜艳霞	2016.09.26~2017.07.30	59.5
汽轮机末级长叶片材料的氢脆敏感性评价	厂协	李金许	2017.11.30~2019.07.30	57
旅大 21-2/ 旅大 16-3 区域开发可研、ODP 研究——高温注蒸汽条件下的筛管评价研究	厂协	路民旭	2017.05.01~2018.10.31	57
加氢装置换热器 H 损伤规律及机理研究	厂协	许立宁	2018.04.01~2019.09.30	50
高性能耐候桥梁钢户外大气暴露腐蚀试验	厂协	肖 葵	2016.07.01~2023.09.29	48
塔中北坡超高温高压酸性气藏完井试气技术研究——超高温酸性井筒环境腐蚀预防对策和环空保护液研究	厂协	张 雷	2017.05.01~2017.11.30	47.8
影响冷轧产品防锈性能的平整工艺最优化研究	厂协	卢 琳	2017.11.13~2018.12.31	46
（有预算）注水井水源井腐蚀机理及防腐工艺研究	厂协	张 雷	2017.11.06~2018.02.28	45.7
固网 T500 机柜拼装底座玻璃钢埋地测试	厂协	杜翠薇	2015.12.10~2025.11.09	44.9
（有预算及负责人签字的说明）秦二厂一回路可拆卸放射性部件离线去污安全性评价项目委托合同	厂协	董超芳	2017.12.01~2018.08.31	44.6
12.9—14.9 级超高强度紧固件用钢氢脆敏感性研究	厂协	李金许	2018.01.18~2019.06.30	43.7
冷轧基板及镀锌层缺陷对前处理工艺的影响研究	厂协	卢 琳	2016.07.22~2017.06.30	43.5
北燃 2018 年埋地管道杂散电流干扰检测与评价技术服务	厂协	杜艳霞	2017.12.01~2018.11.30	43.3
腐蚀环境下耐蚀合金与橡胶材料研究与优选	厂协	柳 伟	2017.09.01~2018.07.31	42.5
塔河油田井筒探针式腐蚀监测技术研究与应用——塔河油田井筒腐蚀规律研究	厂协	张 雷	2016.12.22~2017.06.30	40.2
Q2-OT212 大修 CRF 排水涵洞钢筋混凝土腐蚀检测	厂协	何积铨	2017.07.01~2018.07.01	40
核电秦山联营有限公司 Q2-OT113 大修 CRF 排水涵洞混凝土耐久性评估	厂协	何积铨	2016.07.12~2021.07.12	40
塔中北坡超高温高压酸性气藏完井试气技术研究——顺南井下完井管柱失效腐蚀检测	厂协	张 雷	2017.05.01~2017.12.31	38
典型材料渗氢和脱氢实验研究	厂协	乔利杰	2016.12.01~2017.07.01	38
近海环境接触网腕臂零部件表面腐蚀机理及防护措施研究	厂协	李晓刚	2017.08.16~2018.03.31	36

续表

项 目 名 称	项目来源	负责人	起止年限	经费（万元）
金风海上型与陆地型机组内环境腐蚀情况对比研究及新型机组内环境腐蚀情况研究	厂协	杜翠薇	2016.05.01~2017.08.31	34.3
钢质管道非焊接连接技术可行性评价研究	厂协	路民旭	2017.05.01~2017.12.31	32.3
XYPEX（赛柏斯）水泥基渗透结晶型防水材料防腐性能的研究	厂协	何积铨	2016.12.16~2018.11.30	30
废旧电子产品资源化利用技术	厂协	岩 雨	2015.12.01~2020.11.30	30
球铁管外涂层耐土壤腐蚀性及服役寿命研究与评估	厂协	孟惠民	2014.11.10~2017.09.30	30

（李金许）

金属矿山高效开采与安全教育部重点实验室

【概况】 金属矿山高效开采与安全教育部重点实验室于2003年经教育部批准建立，2004年开始建设，2012年通过教育部评估。实验室涵盖5个二级学科博士点：采矿工程（国家重点学科）、安全科学及工程（国家重点学科）、岩土工程（北京市重点学科）、工程力学（北京市重点学科）、防灾减灾工程及防护工程。实验室现有固定研究人员56人，其中中国工程院院士1人、长江学者2人、国家杰出青年科学基金获得者2人、青年长江学者1人、国家优秀青年科学基金获得者1人。实验室围绕金属矿山采矿系统优化与地压控制、金属矿床高效开采理论与方法、矿山人工环境研究及采动灾害预测与防治、“数字矿山”理论与应用等四个研究方向建设了相应的实验区，共计建筑面积6400平方米。实验室拥有MTS岩石力学实验机、电液伺服岩石三轴试验机、ASC声发射监测系统、岩体微细观结构分析与成像系统、台式扫描电子显微镜、EH-4大地连续电导率成像系统、矿山减灾结构综合试验系统、数字开采模拟实验系统等一大批性能先进的现代化实验设施，均对实验室研究人员、在校学生开放，在条件允许的情况下，部分设备也面向社会提供服务。

截至2017年12月31日，实验室设备总值8012万元，设备总数达3672台（套），其中10万元以上大型设备121套，40万元以上大型设备41台（套）。

（吴顺川）

【科研活动】 实验室以岩石力学理论研究为基础，以金属矿山安全高效开采为目标，形成了金属矿山采矿系统优化与地压控制、金属矿床高效开采理论与方法、矿山人工环境研究及采动灾害预测与防治、“数字矿山”理论与应用等4个研究方向。2017年度，实验室研究人员获批了多项科研项目，包括国家重点研发计划项目4项及课题11项、国家优秀青年科学基金项目1项、国家自然科学基金重点项目1项、国家自然科学基金面上项目5项、国家青年科学基金项目7项。新增获批纵向课题总计57项，经费3242万元；新增获批横向课题总计131项，经费6232万元。同时，2017年度实验室在采矿与安全工程领域取得了一批创新研究成果，发表SCI检索论文57篇、EI检索论文72篇，授权发明专利35项、实用新型专利17项，获省部级（或行业协会）科学技术奖特等奖1项、一等奖4项、二等奖2项、三等奖1项。

（吴顺川）

【学术交流】 通过积极与国内外同行开展广泛的学术交流活动，努力提高实验室在国内外科研领域的学术影响力。2017 年度，实验室成功举办了第二十届国际膏体充填与尾矿浓密学术研讨会暨第三届中国膏体充填采矿国际学术研讨会、第八届矿业可持续发展国际会议和 2017 城市防灾国际学术研讨会 3 个国际会议，邀请外国专家学者来院交流讲学共 30 场次。此外，实验室研究人员积极参加国内外学术会议，其中，蔡美峰院士、吴爱祥教授、何学秋教授、吴顺川教授等在相关学术活动上做了特邀报告。

为加强实验室建设与管理，实验室常务副主任吴顺川教授率团先后对中国矿业大学煤炭资源与安全开采国家重点实验室、中国科学技术大学火灾科学国家重点实验室、湖南科技大学资源环境与安全工程学院等单位进行了走访调研交流。

在本科国际化教学方面，实验室促成了学校与新南威尔士大学签署矿业工程本科生“2+2”项目协议，在此基础上，双方校长签署了校际合作协议。这是学校矿业工程专业首次签署本科生“2+2”项目，具有里程碑意义。今后两校将在学生联合培养、教师互访、科研合作、联合举办研讨会等方面开展深入合作，促进矿业学科国际化，助力矿业学科的可持续发展。

（吴顺川）

工业过程知识自动化教育部重点实验室

【概况】 2008 年底，钢铁流程先进控制教育部重点实验室（以下简称“实验室”）获批立项建设。2016 年 6 月正式通过教育部验收。2017 年 2 月，教育部同意更名为“工业过程知识自动化教育部重点实验室”（教技厅函〔2017〕17 号）。

实验室面向国家重大需求与学科发展前沿，整合学校相关学科优势资源，形成数据驱动的工业过程监控理论与方法、钢铁流程先进控制理论与方法、高精高速控制系统实现技术、高性能过程控制系统与技术、恶劣工业环境下信息获取方法与技术等主要研究方向。构建了虚拟数字冷轧机、转炉和带钢热连轧过程控制、高炉雷达等多个研究平台。

在保持传统优势和行业影响力的基础上，拓展新方向、注入新活力，在知识领域自动化、机器人控制等特色新方向初见成型，人才队伍不断壮大。

（陈先中）

【科研活动】 目前，实验室成员主要在以下纵向项目开展研究。①国家自然科学基金优青项目：贺威教授负责的“柔性结构振动控制”。②国家自然科学基金重点项目：面向指标优化的高炉布料过程建模与控制。③国家自然科学基金面上项目：高炉内部多相多场复杂环境 FMCW 体制雷达目标特性提取方法，纳米钢材料无损穿透通信中的信号传输技术研究，二维系统的有限频设计方法研究，质量相关的多工况动态间歇过程建模及故障诊断方法研究，基于增量学习的演化模糊系统的解释性问题研究，下三角异构无人机群鲁棒协调控制，现代大型高炉料面特征建模理论与方法研究，面向控制系统性能的复杂工业过程容错控制研究及其应用。④国家自然科学基金国际（地区）合作与交流项目：多智能体事件驱动分布式优化控制。⑤国家重点研发计划：基于工业大数据的铝/铜板带材智能化工艺控制技术。

另外，各科研梯队发挥实验室传统优势并不断取得新成就。例如，基于 ZigBee 的电机温度巡检与通信系统开发，管件制造与防腐生产线全过程监测及信息管理系统设计，智慧管网物联网平台及应用示范等横向科研项目。

（陈先中）

【人才培养】 2017 年，实验室培养毕业博士生 6 人，学术学位硕士及专业学位硕士 113 人。

（陈先中）

【学术交流】 2017 年 11 月 28 日，由中国自动化学会青年工作委员会主办，实验室承办 2017 智能机器人与无人系统论坛暨第二期自动化前沿热点论坛。12 月 15 日，由北京科技大学自动化学院和中国金属学会冶金自动化分会联合主办，实验室承办高炉布料过程建模与控制技术研讨会。本年度共邀请国内外学者做学术报告和交流近 10 次，其中实验室主办的“深度学习与大数据系列讲座”分别邀请清华大学张长水教授、加拿大阿尔伯塔大学黄彪教授、浙江大学葛志强教授三位业内专家学者为实验室师生做学术报告。实验室与多所国外著名大学建立紧密的合作关系，进行科研合作和研究生培养。本年度，实验室相继有 5 位研究人员作为访问学者对美国、英国、德国、日本等国著名大学和研究机构进行交流与合作，有 6 位研究人员参加了国际学术会议等短期对外交流，扩大了实验室的国际学术影响。

（陈先中）

科技部材料模拟设计实验室

【概况】 科技部材料模拟设计实验室（以下简称“实验室”）前身是国家 863 计划新材料模拟设计实验室。实验室结合北京科技大学在材料科学方面的优势，依靠独创的晶格反演方法建立起固体材料体系、界面系统以及层状材料的第一性原理计算到原子级计算机模拟的桥梁，在材料模拟计算方面进行了多方面的探索，努力拓展新的学科发展方向。自成立以来，实验室先后承担了国家 973 计划——“材料计算设计与性能预测基础问题”（2000~2005 年）及“面向性能的材料集成设计的科学基础问题”（2006~2010 年）项目中的课题研究。2011 年，实验室承担国家 973 计划项目“基于集成计算的材料设计基础科学问题”（2011~2015 年）项目中课题。2017 年度，继续参与国家重点研发计划重点专项“高通量材料计算大数据处理技术”和国家“十三五”核科学挑战专题项目“×××”，并成功申请了国家自然科学基金面上项目“晶格畸变对高熵合金相稳定性及力学性能的影响”。目前实验室有研究人员 6 人，其中中国科学院院士 1 人、教授 1 人、副教授 3 人。

（陈难先、钱　萍、田付阳）

【科研活动】 2017 年，实验室重点工作继续围绕国家重点计划项目开展工作，集中开展了数据库建设及复杂合金的模拟。本年度实验室进行的主要研究进展有：①晶格反演 EAM 合金势的深入探索，对二元合金的力学及热力学性质进行了原子级模拟计算。②提出并发展了等效原子势，基于晶格反演方法，发展了 Ni-Al、Cu-Au、Ta-W、U-Nb 合金的等效原子势，研究了有序无序转变及相应的力学性质。③结合数据挖掘和深度学习方法，初步对复杂的原子间相互作用势进行研究。④完成了化学无序合金的程序开发，并得到了初步的成功应用。⑤稀土与锕系金属间化合物研究。⑥较深入探索了基于格林函数求解的多重散射理论。

（陈难先、钱　萍、田付阳）

【科研展望】 原子势数据库是材料集成设计中的一个重要组成部分。精确、可靠的原子势是当前材料学科发展的重大瓶颈，是计算模拟中的核心技术。如果有了有效的势场，将大大促进材料的模拟与设计。在研究中实验室发掘常规第一原理难以解决，而原子势和经典分子动力学模拟能够回答的问题。实验室的办法是将理论分析结合中等规模的原子级模拟计算来解决问题。选择适当的模型，控制计算时间，结合理论分析和合适的唯象物理模型能够解答一些材料科学中的基本问题。下年度实验室一方面要继续进行探索性研究，另外加大应用推广力度。根据当前研究进展情况，深入研究晶格反演不同的原子势，同时拓展到不同领域中加以应用。对界面系统方面加大研究力度，在金属 / 氧化物及金属 / 半导体的界面势研究方面推广应用，特别在跨界面热传导研究方面进行拓展。在晶格反演对势有应用优势的稀土与锕系金属间化合物及其他复杂金属间化合物中继续拓展应用领域。深入研究高熵合金的固溶增强机制及良好塑性机理。

通过等效原子势的概念研究复杂合金的热力学性质。实验室将加强与中科院半导体所、中科院物理所、中科院金属所、中国工程物理研究院、北京计算科学研究中心、瑞典皇家工学院及匈牙利固体物理与光学研究所 Winger-Seitz 研究中心等研究机构交流合作。

（陈难先、钱　萍、田付阳）

北京市先进粉末冶金材料与技术重点实验室

【概况】 2017 年，北京市先进粉末冶金材料与技术重点实验室（以下简称“实验室”）有固定研究人员 22 人，其中教授 12 人，博士生导师 12 人，副教授 8 人，具有博士学位的教师 22 人，长江学者特聘教授 1 名，国家杰出青年科学基金获得者 1 名，教育部跨 / 新世纪人才培养计划入选者 5 名，教育部青年骨干教师 1 名，北京市科技新星 6 名。此外，实验室聘请了兼职教授 6 名，接收访问教授 4 名。材料先进制备加工与成形研究团队先后入选教育部“长江学者创新团队”、国防科技工业局“国防科技创新团队”和科技部“国家 863 计划高技术创新团队”。主要学术骨干均有在国外留学和工作的经历。

实验室下设 4 个研究室：①反应合成与纳米材料研究室。研究方向：自蔓延高温合成技术、射频等离子体球化制粉技术、纳米及超细粉末制备技术、金属粉末凝胶注模成形技术、弥散强化材料、超细晶硬质合金、硬面涂层、医用钛合金、金刚石工具、磁性纳米粉末及磁流体技术、粉末冶金新材料和新工艺。②先进粉末冶金成形技术研究室。研究方向：粉末注射成形、高速压制、热等静压及熔渗技术等，以及研究高性能铁基粉末冶金材料与零件、粉末高温合金、粉末高速钢、粉末冶金 TiAl 及 Ti 合金、高导热电子封装材料、新型电池材料等先进材料和粉末冶金过程模拟技术。③先进复合材料研究室。研究方向：高性能金属基和陶瓷基复合材料、粉末冶金成形新技术等，通过材料、冶金、物理、化学、计算机与电子技术等多学科的融合与集成，重点开展粉末冶金金属基复合材料及其近终形成形、高性能电子封装复合材料设计与制备、超高温陶瓷基和钨基复合材料的制备、高速压制成形、3D 打印及熔渗与强化烧结等技术的基础与应用研究。④清洁能源材料研究室。研究方向：清洁能源材料及器件，以基础研究和应用问题的解决为目标，研究清洁能源材料的理论基础和材料制备中的若干科学问题，解决清洁能源材料在应用中存在的相关重要基础科学问题。具体研究方向有：锂离子电池关键材料、超级电容器关键材料、储氢材料、新型碳材料、功能纳米复合材料、轻质热传导材料、电磁屏蔽材料、介电与微波吸收材料、磁性材料等。

（曲选辉）

【科研活动】 2017 年，实验室共承担各类科研课题 19 项，包括国家重点研发计划项目 1 项，子课题 2 项、国家自然科学基金项目 6 项、国防军工项目 1 项，其余为省部级项目和各类厂协（横向）等项目，在研项目合同经费总计 7350.1 万元。发表学术论文 72 篇；申请国家发明专利 23 项，获专利授权 8 项。

（曲选辉）

【师资队伍】 2017 年，实验室师资队伍得到进一步加强。

（曲选辉）

【人才培养】 2017 年，实验室有 12 名博士生、23 名硕士生和 24 名本科生毕业。

（曲选辉）

【学术交流与合作】 2017 年，实验室继续与美国、英国、澳大利亚等国家及海峡两岸暨香港地区的学校、科研机构和企业保持紧密的合作关系，学术交流活动频繁。研究室师生参加国内外重要学术会议 37 人次。

（曲选辉）

2017 年北京市先进粉末冶金材料与技术重点实验室主要在研项目

序号	负责人	项目 / 课题名称	类别	起始年	截至年	经费（万元）
1	曲选辉	大尺寸高纯稀有金属制品制备技术	国家重点研发计划	2017	2021	5321.0
2	任淑彬	水下采油系统特殊耐蚀合金产业化技术开发	国家科技支撑计划课题	2015	2017	70.0
3	何新波	粉末冶金铜碳复合材料制备与应用技术基础	国家重点研发计划重点专项	2016	2020	495.0
4	秦明礼	卫星 2016150320101	JG	2015	2018	280.0
5	曲选辉	粉末冶金超合金近终形制造相关基础问题研究	国家自然科学基金面上项目	2014	2017	81.0
6	任淑彬	熔渗法制备二维散热用（鳞片状石墨＋金刚石颗粒）/ 铜复合材料的相关基础问题研究	国家自然科学基金面上项目	2014	2017	80.0
7	李　平	聚合物 / 储氢合金复合材料用于氢气回收的基础问题研究	国家自然科学基金	2015	2018	40.0
8	秦明礼	低温燃烧合成稀土氧化物掺杂钨基粉末的研究	国家自然科学基金面上项目	2016	2019	75.6
9	曲选辉	铁基粉末冶金高密度压坯成形与烧结行为及其控制	国家自然科学基金面上项目	2016	2019	80.4
10	章　林	粉末冶金铁素体超合金中纳米析出相演变与协同强化机制	国家自然科学基金面上项目	2016	2019	75.6
11	李　平	铁氧体催化剂对 $NaAlH_4$-MgH_2 储氢材料热力学及动力学性能的作用机理	北京市自然科学基金	2015	2017	18.0
12	路　新	高铌 TiAl 合金粉末瞬时液相烧结过程与致密化机理	北京市自然科学基金委员会	2016	2017	6.0
13	曲选辉	材料基因工程关键技术及其在镍基高温合金、金属锂负极中的应用研究（参加）	北京市科技计划项目	2016	2017	199.5
14	秦明礼	溶液燃烧合成稀土氧化物掺杂钨基粉末的研究	北京市自然科学基金委员会	2016	2018	18.0
15	曲选辉	粉末冶金摩擦材料研究	北京天宜上佳新材料有限公司	2015	2020	200.0
16	曲选辉	山东银光钰源轻金属精密成形有限公司—北京科技大学产学研合作协议	山东银光钰源轻金属精密成形有限公司	2016	2017	100.0
17	曲选辉	粉末冶金铁基软磁复合材料研究与开发	山东京科新材料有限公司	2016	2018	20.0
18	曲选辉	上海富驰高科技有限公司—北京科技大学产学研合作协议	上海富驰高科技有限公司	2016	2020	150.0
19	曲选辉	铝合金粉末注射成形研究	常州精研科技有限公司	2016	2018	40.0

北京市腐蚀、磨蚀与表面技术重点实验室

【概况】 北京市腐蚀、磨蚀与表面技术重点实验室（以下简称“实验室”）包括腐蚀控制系统工程研究所、材料失效与控制研究所、表面科学与技术研究所共三个研究所，下设材料表面化学与技术、腐蚀控制系统工程、电化学工程与材料、环境敏感断裂、环境损伤评估与控制研究等8个学术梯队。实验室有固定人员32人，其中国家级突出贡献专家1人、博士生导师16人、教授15人、副教授12人，讲师1人。50岁以下的中青年研究人员中，有长江学者1人、全国优秀教师1人、教育部跨世纪人才2人、北京市科技新星3人、国家自然科学基金优秀青年基金获得者1人、北京高校青年英才计划4人、科技北京百名领军人才培养计划1人。

实验室拥有一系列世界水平的成套仪器和设备，包括在研究开发新测试技术基础上研制的一系列新型实用研究设备和测试装置，总计1285台（套），总价值12550万元。在硬件建设方面，建设了具有国际先进水平的材料环境腐蚀研究中心，拥有开展材料环境腐蚀基础研究的环境扫描电子显微镜、X射线光电子能谱、傅立叶红外光谱、M370微区电化学工作站、多通道电化学工作站等先进的分析检测设备，原子力显微镜、纳米力学压痕仪、UMT摩擦磨损仪及Atlas综合腐蚀试验箱、Atlas氙灯老化和紫外老化等加速腐蚀设备，并拥有自主知识产权的多种类型的自然环境腐蚀加速模拟试验设备，如用于模拟管道腐蚀和在多相流环境工作的高压釜装置等，在保证材料环境腐蚀基础研究工作的同时，还可以为国内外的企事业单位提供材料环境腐蚀试验。

腐蚀、磨蚀与表面技术涉及材料科学、化学、电化学、力学、表面科学和生物、生命科学等众多学科领域。实验室主要从事基础、应用基础和高新技术研究。基于科学、经济和社会的发展，实验室形成了独具特色的研究方向。①腐蚀与防护机理研究，包括环境敏感断裂、高温腐蚀与防护机理研究、煤化工气化炉腐蚀机理与控制技术研究、油气田腐蚀与控制、电化学腐蚀机理研究、腐蚀防护系统工程。②磨蚀机理及其控制研究，包括生物、医用材料研制、磨蚀机理及控制，材料微振腐蚀机理及控制研究，多相流中材料的腐蚀及控制研究，摩擦条件下金属材料的电化学行为。③高新表面技术研究与应用，包括锌溴电池电极材料表面修饰处理、磁性材料防蚀技术、电子器件抗磁干扰处理等高新功能表面技术研究与应用。

（张　津、王德仁）

【科研活动】 实验室在腐蚀、磨蚀与表面技术领域开展了大量的科研工作，获得一批重要的成果，其中一些具有创新性的成果达到了世界先进水平或国内领先水平。重点实验室在材料环境腐蚀观察平台建设、燃气管道安全评估、国家高新国防工程等领域开展了大量的研究，开展了卓有成效的工作，取得了较为突出的成果。2017年负责承担了国家973项目1项、国家863项目1项、国家科技重大专项1项、国家重点研发计划重点专项项目8项、国家自然科学基金22项、北京市教委项目1项、科技部国际科技合作计划项目1项、其他各部委项目21项、厂协项目79项，累计科研经费5587.27万元；获得国家发明专利授权11项、国家实用新型专利授权2项；获得省部级一等奖3项、省部级二等奖2项、省部级三等奖1项，出版专著13部；发表EI收录论文35篇、SCI收录论文62篇、核心期刊收录论文18篇、其他论文10篇。

（王德仁）

【人才培养】 实验室所属学科专业在国内高校中首批获得硕士、博士学位授予权，是当时该学科专业的唯一的博士点和设立博士后流动站的单位。2017年实验室共培养博士生13人、硕士生94人、本科生70人。

（王德仁）

【对外交流】 2017年，实验室邀请国际知名教授学者来校讲学18次，并派出25人次到国外进行短期访问交流，与国外相关单位进行联合研究，实验室教师应邀在国际学术会议做报告50余次，国内学术会议做报告60余次。

（王德仁）

冶金工业节能减排北京市重点实验室

【概况】 冶金工业节能减排北京市重点实验室（以下简称“重点实验室”）主要建设单位是能源与环境工程学院热科学与能源工程系，主要依托学科是动力工程及工程热物理。重点实验室拥有动力工程及工程热物理一级学科博士学位授予权，其中热能工程学科是国家重点学科，动力工程及工程热物理一级学科是北京市重点学科，还设立了动力工程及工程热物理学科博士后流动站。重点实验室自2011年获北京市科委认定以来，在人才队伍建设、实验平台建设、科学研究和成果转化、管理机制及产学研合作等方面取得长足进步，2014年、2017年年底两次通过了北京市科委组织的三年绩效考评。其中，2017年考评成绩为“优秀”（前14%）。

（姜泽毅、刘训良）

【人才队伍建设】 重点实验室现有研发人员56人，其中副高级（含）以上职称人员39人，取得博士学位人员49人。重点实验室作为冶金工业节能减排领域科学研究和成果转化平台，在人才资源管理探索过程中，紧密结合实验平台和管理机制建设，不断总结经验，吸引和稳定了一大批该领域高水平人才。2017年，重点实验室的童莉葛老师晋升教授，苏福永老师晋升副教授，解玉磊等五名师资博士后顺利出站并留校任教，李子宜博士入选2017年全国博士后创新人才支持计划（博新计划），并以特聘副教授的身份入职，重点实验室引进从事智慧能源方向的潘崇超副教授，进一步壮大了重点实验室的学术队伍。

（姜泽毅、刘训良）

【研究生培养】 2017年度重点实验室毕业硕士研究生29名，博士研究生11名。截至2017年年底，在读硕士和博士研究生人数130余人。

（姜泽毅、刘训良）

【实验平台建设】 2017年重点实验室获得来自中央级普通高校改善基本办学条件专项资金的重点资助，新增仪器设备价值340万元，运行经费投入220万元。

（姜泽毅、刘训良）

【科学研究】 重点实验室长期为钢铁、有色、化工、建材等流程工业开展科技研发和服务，其建设宗旨是源于首都、服务首都、辐射全国。2017年度，重点实验室承担或参与国家重点研发计划重点专项项目5项，承担国家自然科学基金项目4项、博士后基金项目2项及横向项目20余项，总计到款科研经费2087万元。

（姜泽毅、刘训良）

【交流与合作】 重点实验室组织研究生参加“2017年第十届全国大学生节能减排社会实践与科技竞赛”，参赛作品“变螺距挤压与电磁感应耦合的泡沫塑料热解制油装置”和“磁性炭负载酸碱催化餐饮废油制生物柴油的装置”获一等奖，另获二等奖1项、三等奖6项。重点实验室邀请英国伯明翰大学储能研究中心主任Yulong Ding教授，美国工程院院士、麻省理工学院教授Dr. David C. Wisler等人进行学术交流或短期讲学。

（姜泽毅、刘训良）

高效零件轧制技术研究推广中心

【概况】 高效零件轧制技术研究推广中心（以下简称“轧制中心”）主要从事轴类零件轧制（楔横轧与斜轧）技术的研究、开发与推广工作。总体技术水平与实验条件处于国内领先水平，并达到国际先进水平。2007年经教育部批准建设成立“零件近净轧制成形教育部工程研究中心”。

2017年，轧制中心下设3个机构：①研究与开发室，主要从事理论研究、模具设计、设备设计、新产品开发等；②轧制实验室，主要从事实验研究、新产品试制，拥有楔横轧与斜轧机6台及其相关设备与仪器等；③模具制造车间，主要从事楔横轧与斜轧模具的制造，每年开发并生产300副左右的模具供生产厂使用。至2017年年底，中心共有数控机床7台，其中大型数控车床3台、高速铣床1台、大型模具专用加工机床4台。共有工作人员20余人，其中中国工程院院士1人、具有高级技术职称人员8人。

（王宝雨、郑振华）

【科研活动】 轧制中心与工厂合作，在北京、重庆、山东、湖北等27个省市建成零件轧制生产线近300条，其中有10余条生产线出口美国、日本、俄罗斯、印尼等国家，建成零件轧制专业化工厂10余家。累计开发并投产的零件500余种，如红旗轿车的输出轴、玉林柴油机六缸凸轮轴、东风与解放载重车变速箱传动轴等。已累计生产轴类零件500余万吨，产值260余亿元，直接经济效益30余亿元。由于推广工作成绩显著，该项技术被国家科委评为“全国十大典型推广项目”之一。项目先后获国家级奖5项、省部级奖14项。

2017年，轧制中心承担的主要任务有：科技部重点研究与推广项目，平均每年推广零件轧制生产线6~10条；国家自然科学基金项目“重载大模数齿轮精密轧制成形与微观组织演变规律研究”；国家自然科学基金重点项目“高性能车身覆盖件用铝合金板材组织性能调控与成形性研究”；国家自然科学基金青年科学基金项目“耐热合金21-4N楔横轧成形的高温损伤机制与控制研究”；北京实验室项目“船舶用关键材料与制备技术”；山西省重点研发项目“轨道车辆车轴快锻－楔横轧高效近净复合成形技术及装备开发”等。年内，轧制中心发表期刊论文17余篇，其中SCI检索论文15篇、EI检索论文2篇，获授权发明专利8项，完成国家标准制定1部，完成课题10余项，经费收入800余万元。

（王宝雨、郑振华）

【人才培养与对外交流】 轧制中心从1995年开始招收研究生。2017年，共有近30名研究生在轧制中心就读和从事科研工作，主要研究零件轧制成形机理、轧制工艺模具CAD/CAM、轧制设备控制与自动化技术等。

年内，轧制中心派出数人次参加科技合作交流和访问研究等活动，并与英国帝国理工学院合作开展零件近净轧制成形项目的研究。

（王宝雨、郑振华）

高效零件轧制研究推广中心2017年科研项目

编号	性 质	项 目 名 称	年 度	经费（万元）
1	国家自然科学基金项目	重载大模数齿轮精密轧制成形与微观组织演变规律研究	2014~2017	80
2	国家自然科学基金重点项目	高性能车身覆盖件用铝合金板材组织性能调控与成形性研究	2016~2019	288
3	国家自然科学基金青年科学基金项目	耐热合金21-4N楔横轧成形的高温损伤机制与控制研究	2016~2018	24
4	北京市教委	船舶用关键材料与制备技术	2017	80
5	民用飞机专项科研	轻质合金薄壁构件高速冷模热成形工艺与装备技术	2016~2018	55
6	山西省重点研发项目	轨道车辆车轴快锻－楔横轧高效近净复合成形技术及装备开发	2017.12~2019.12	400

（王宝雨、郑振华）

北京表面纳米技术工程研究中心

【概况】 北京表面纳米技术工程研究中心（简称“中心”）于2002年4月由北京市科委批复成立，依托北京科技大学建设，集中北京地区表面纳米科技优势，吸纳优秀成果和杰出人才，开发具有自主知识产权的表面纳米工程技术和产品，形成一流的研发平台、技术转移平台和信息服务平台，成为推动国家表面纳米产业发展的重要节点。

中心设有中心建设管委会，下设学术委员会及战略研究委员会，具体包括3个专业实验室、1个管理办公室及1个信息服务中心。2017年，中心有研究人员11人，其中教授8人，副教授3人；长江计划特聘教授2人，国家杰出青年基金获得者1人，跨世纪优秀人才1人，新世纪百千万创新人才1人，北京市科技新星2人。中心拥有宏观—微观摩擦磨损测试系统、纳米力学探针、超音速火焰喷涂设备、金属纳米粉末制备系统等10余套先进的仪器设备，条件建设经费1500万元，建设面积1000平方米；建立了表面纳米摩擦磨损检测平台，表面纳米微观性能测试平台。

（孟惠民）

【科研活动】 中心以国家和北京市项目为基础，围绕纳米功能涂层材料与制备技术、纳米催化净化材料与制备技术、纳米光电（能源）材料与制备技术、表面纳米检测、分析、表征及标准4个研究方向，建设了3个专业研究实验室。2017年，中心在研项目26项，其中省部级以上项目18项，包括973项目1项，国家自然科学基金项目6项。在先进武器装备，海洋腐蚀与装备制造等领域均做出了贡献。授权国家发明专利4项，在国内外学术期刊上发表论文42篇，其中SCI/EI收录28篇；参加国际学术交流会议3次，国内学术交流会议8次；培养毕业博士生7人、硕士生38人、本科生31人。至2017年，在读硕士研究生55人，博士研究生18人。

（孟惠民）

【对外交流】 中心利用设备和技术优势，积极加强与国内外企业的合作，承担了性能测试、检验及分析等技术服务与咨询工作。同时，中心与国内外表面纳米技术研究机构建立了广泛的合作关系，通过主办和联合举办国际国内学术研讨会，积极加强表面纳米技术领域内的学术交流与合作。

（孟惠民）

北京高校节能与环保工程研究中心

【概况】 北京高校节能与环保工程研究中心（以下简称“工程研究中心”）始建于1997年，2010年获北京市教委认定。工程研究中心建设单位为能源与环境工程学院热科学与能源工程系和环境工程系，依托动力工程及工程热物理学科和环境科学与工程学科，拥有动力工程及工程热物理一级学科博士学位授予权和环境工程二级学科博士学位授予权，其中热能工程学科是国家重点学科，动力工程及工程热物理一级学科是北京市重点学科，还设立了动力工程及工程热物理和环境科学与工程两个博士后流动站。工程研究中心长期致力于节能与环保技术研发和推广，已形成“能量转换与梯级利用”“清洁燃烧与污染治理”“节能新工艺、新设备和新材料”“新能源技术”“气体制备与处理”等多个有特色的研究方向，已建设成为学科队伍齐整、科研业绩突出、成果转化畅通、综合效益显著的科研开发和技术推广平台。

（姜泽毅、童莉葛）

【研究生培养】 2017年度工程研究中心毕业硕士研究生24人，博士研究生1人，目前在读硕士和博士研究生72人。

（姜泽毅、童莉葛）

【实验室建设】 2017年度工程研究中心获北京市教委共建项目建设计划项目资助，总计投入30万元，用于建设高温烟气除尘与余热回收关键技术研究。

（姜泽毅、童莉葛）

【科研成果】 工程研究中心在高温烟气净化、钢铁流程低品位余热高效利用技术开发与研究、CO_2捕集处理、垃圾及废弃物焚烧、污水处理、天然气重整制氢、分布式能源、建筑节能、建筑材料和低谷电利用等方面开展了卓有成效的推广与示范工作。2017年承担了国家重点研发计划重点专项——液态熔渣离心粒化及相变换热和物相演化机理课题、固体散料余热高效蓄存与分级提取工艺课题。近期典型成果包括承担蓄热式有机废气焚烧炉关键技术研究与应用示范、低谷电蓄能供暖技术、脱硫技术成果转化、煤矿乏气瓦斯分离富集与氧化作用关键技术与设备、干熄焦成套技术、新一代辐射管研发、炉顶煤气循环氧气鼓风高炉炼铁技术等。

（姜泽毅、童莉葛）

【产学研合作】 工程研究中心保持与生产企业和研究机构的密切合作，共同申报完成国家级、省部级以及生产企业自主立项的科技研发项目，2017年获得研发经费800余万元，项目委托和合作单位包括科技部、清能科技有限公司、宝山钢铁股份有限公司、首钢京唐钢铁联合有限责任公司、中冶京诚（扬州）冶金科技产业有限公司、重庆赛迪热工环保工程技术有限公司、北京神雾环境能源科技集团股份有限公司、北京北科欧远科技有限公司等。

（姜泽毅、童莉葛）

【交流与合作】 由北京科技大学发起成立的“中国工业节能减排大学联盟”已有80余家联盟单位，并与美国劳伦斯伯克利国家实验室、美国橡树岭国家实验室等国际著名研究机构签署了合作协议。2017年度工程研究中心邀请来自澳大利亚、英国伯明翰等的知名学者进行专题讲座和报告。

（姜泽毅、童莉葛）

北京企业低碳运营战略研究基地

【概况】 北京企业低碳运营战略研究基地（以下简称“基地”）以北京科技大学优势学科为基础，整合冶金工程、管理科学与工程、环境工程等相关国家及北京市重点学科，发挥北京科技大学工科背景及学科交叉融合的优势，紧密围绕京津冀企业在低碳运营中出现的亟待解决的重要理论与现实问题，从低碳运营及低碳技术角度开展系列研究，服务北京“四个中心”功能定位，助推京津冀协同发展战略实施及“绿色北京、人文北京、科技北京”建设。研究基地以课题研究为纽带，以研究方向为主线，会聚校内外在循环经济、运营管理、碳减排技术及管理等研究方面的骨干研究人员46人，配备充足稳定的科研力量，比上一建设期结束增加15人。

（朱晓宁）

【研究方向】 基地一直围绕低碳运营及低碳技术两个主要研究方向开展研究，在本建设期，低碳运营又具体分为低碳物流与京津冀协同发展。具体情况如下：

①城市金属资源低碳技术研究。基地的主要研究对象是京津冀钢铁、水泥等高耗能企业的低碳运营，研究企业的工艺流程、低碳技术，借助发达国家城市或者城市群进行低碳运营的经验，建立低碳排放评价指标体系，计算碳成本，进行碳效率研究，探索实现“绿色北京”，降低碳排放，实现低碳运营的技术路线，为北京及京津冀城市绿色发展规划和环保政策制定提出建议。

②京津冀低碳协同发展。研究京津冀低碳协同发展，是指以低碳发展为目标加强京津冀协同与合作，在融合、协同、合作的基础上共同改变传统的高碳增长模式，发展低能耗、低污染、高效益的低碳经济。低碳协同发展注重以协同、合作、融合为基本原则加强低碳技术创新和制度创

新，不断提高整个区域的能源利用效率，积极发展新型能源和低碳产业，减少碳排放，形成低碳高效的经济体系，为打造国际一流的和谐宜居城市群提供支撑和发展基础。

③北京市低碳物流研究。全面探究并评估城市物流系统的碳足迹，发掘系统各利益相关方之间的利益及碳排放博弈机制，确定低碳物流优化方案，进而对城市物流低碳发展对策进行研究，这对于绿色北京生态文明建设具有重大的意义。

（朱晓宁）

【科研力量配备及整合情况】 研究基地现有“长江学者”特聘教授1名，国家自然科学基金委“杰出青年基金”获得者1名，国家“万人计划”科技创新领军人才1名，教育部新世纪优秀人才3名，科技部“中青年科技创新领军人才”2名，北京市教学名师2名，国家级精品课程负责人1人，北京市精品课程负责人1人。

①校内优势学科融合。基地校内研究人员来自学校的四大优势学科：冶金工程、管理科学与工程、材料科学与工程、环境科学与工程，在2017教育部全国一级学科评估结果分别为A+、B、A、B+，依托北京科技大学工科背景及交叉学科融合发展的优势，集中了学校良好的科研力量。

②其他高校科研力量配合。基地聘任了北京理工大学、中国地质大学、北京交通大学、大连理工大学在低碳运营、循环经济、能源与环境工程方面的知名专家作为基地主要研究人员，共同开展研究、举办学术活动、申报完成课题，提升基地科研力量及影响力。

③政产学研紧密结合，与政府部门、企业以及其他科研院所联合，攻关重大课题。除了高校的科研力量，基地还积极与北京市国资委、北京市经信委等政府部门，北京金隅集团、首钢、河北钢铁集团、中国石化润滑油有限公司、中国宝武集团、北京市工程咨询公司等企业，能源与环境政策研究中心、冶金经济发展研究中心等科研机构开展科研合作与学术交流，促进研究基地成果转化与应用。

（朱晓宁）

【学术活动与学术交流情况】 2017年12月30至31日，基地在北京举办“2017运营管理课程工作坊”，全国共90余名运营管理领域的高校教师参加了此次研讨学习班，就运营管理的教学、科研新进展及企业中的应用开展了详细研讨。2017年9月21至22日，基地于北京承办第八届材料外场加工国际研讨会，会议就材料外场加工、材料外场清洁加工与制造等理论与实际问题进行了探讨，并探索该领域清洁、节能生产等研究新方向，来自世界的50余专家、企业管理人员等参加了此次会议。除此之外，基地2015至2017年，每年举办高品质钢研讨会，年均参会人数在70人左右，形成了一定的影响力。2017年，基地成员参与国内外会议22场，共41人次；组织各类小规模交流研讨、沙龙等10余次；加强了基地对外的联系，扩大了影响力。

（朱晓宁）

【资料信息与网站建设】 2017年，基地购买了最新版的《中国低碳年鉴》和《中国循环经济年鉴》，并与年鉴编撰单位建立了合作关系。基地门户网站于2017年10月正式上线，分为“基地简介”“基地成果”“智库”“低碳数据库”四个核心模块和其他功能性辅助模块，低碳数据包含了中国环境、经济、社会、能源、城市数据库及十个重点行业统计数据，继续完善了“冶金工业经济分析与预测平台”。根据冶金行业的特点，建立一套以真实生产管理数据为依托，以行业内所有参与企业为对象，集基础数据操作、数据分析、评价、预测和生产数据统计功能为一体的综合管理信息系统。

（朱晓宁）

材料领域知识工程北京市重点实验室

【概况】 材料领域知识工程北京市重点实验室（以下简称“实验室”）围绕材料领域的材料设计与新材料开发所需智能化信息技术开展理论与技术研究，力争创建一个具有一定规模、先进、开放、共享的材料知识工程创新性实验基地，深化学科交叉，研发新理论、新技术、新设备，拓展应用服务，全面促进北京市材料科学与智能技术发展。针对当前材料领域高度活跃的材料信息技术、技术创新等前沿支撑技术需求，瞄准材料领域中信息技术应用的共性需求；通过深化材料设计与新材料开发所涉及的知识工程理论与技术，为国家及北京市材料领域技术创新方法建立与推广应用提供支撑技术，为材料设计以及新材料开发提供理论与技术支撑。

重点实验室技术成果与北京科技大学的材料科学与工程等优势学科及相关领域应用形成汇聚效应。①推动材料领域知识工程理论与技术研究的不断深入，形成了知识获取、知识库、仿真等技术。②通过“新材料开发技术创新方法”“材料设计支撑技术”的实现与应用，加速成果的转化，使知识工程领域的研究成果与材料领域的应用实践紧密结合。

（张德政）

【科研工作】 在北京市科委和北京科技大学的支持下，实验室在深化原有在智能技术与知识发现、机器翻译与自然语言处理、智能控制与智能管理系统、创新方法与知识管理、大系统智能管理与控制、高性能计算技术与数据工程等方面研究基础的同时，针对北京市重点发展的材料领域对信息技术与创新支撑技术的重大需求，实验室依托北京科技大学智能科学与技术优势、材料科学与工程的学科优势与资源优势，定位于面向高性能金属的材料设计与开发需求，研究材料科学工程知识工程理论与技术，服务北京材料领域产业化发展与技术创新。以解决材料领域的知识工程、材料创新方法以及支撑技术等共性关键问题为研究重点，以材料领域创新知识工程技术体系的形成、发展与产业化为目标，研发切实满足材料科学与工程发展需要的智能技术，形成一批具有自主知识产权的技术成果。

2017年，重点实验室新增45项国家973计划、国家863计划、国家重点研发计划、国家自然科学基金等国家级以及省部级与企业的重大课题。新增经费总计5317.2万元，其中获得国家科技计划项目（科技部项目）、国家自然科学基金委员会等项目14项，经费合计4192.5万元；北京市科委科技项目17项，经费合计236.2万元；其他省部级项目14项，经费合计888.5万元。申请专利38项，发表论文83篇。

（张德政）

【学术梯队建设】 实验室现有专职人员71人，其中教授23人，副教授31人，具有副高级技术职称以上人员占76%。2017年培养硕士生116人，博士生14人。实验室学术委员会由17位国内著名专家组成，其中中国工程院院士2人、中科院长江学者特聘教授1人、国家杰出青年科学基金获得者1人、教育部新世纪优秀人才2人。另外有部分兼职、流动研究人员和两百多名博士、硕士研究生参与重点实验室的项目研究工作。2017年，重点实验室引进3名高水平人才，晋升职称2名，更加充实了重点实验室的科研队伍。

重点实验室设主任1名，副主任3名，其中专职管理副主任1名，负责重点实验室日常行政管理与对内对外协调工作。重点实验室下设1个办公室，4个研究室。学术委员会负责重点实验室建设目标、发展规划、学科建设和发展、科研方向和学术活动、人才培养和开放课题等重大问题的研究、制定和控制。

（张德政）

【交流与合作】 开放和交流是重点实验室的基本特征之一。2017年，重点实验室对开放与交流的认识不断升华。不断加大重点实验室的开放力度，通过参加国际会议、邀请讲学、聘请兼职研究人员等方式，吸引国内外高水平研究人员进行交叉研究，制度化与国际同行的实质性交流与合作，并选派部分中青年教师到国外进行访问交流。

2017年，聘请20余位国际、国内著名教授和学者来学院讲学；积极组织人员参加高水平国际学术会议，加强与同行的学术联系，扩大重点实验室的学术影响，2017年参加高水平学术会议30余人次，同时实验室成员积极承办优秀学术会议（“中国图象图形学学会文档图像分析与识别专委会成立大会暨2017年文档图像分析与识别前沿理论与应用研讨会”）；选派3名优秀中青年研究人员到国外高水平高等院校如拉夫堡大学等进行访问交流；积极与高等院校、科研院所、骨干企业或者其他单位建设长效稳定的产学研联盟，与国内大型钢铁企业如宝钢、鞍钢建立紧密的合作关系，合作承担项目。

（张德政）

北京市弱磁检测及应用工程技术研究中心

【概况】 北京市弱磁检测及应用工程技术研究中心（以下简称“中心”）成立于2012年5月。中心针对现代先进智能测量技术及控制系统、电子通信设备、工业测试设备以及军事应用领域中对新型小尺寸、高灵敏度、高热稳定性、低功耗磁敏传感器的巨大需求，以北京科技大学已有的低维磁性材料、磁敏芯片的制备技术、磁敏传感器的设计制造技术为基础，以特殊功能IC芯片的设计与开发、传感器通用结构设计及磁路优化为手段，研究系列磁敏旋转和线性位移传感器制造技术、高灵敏度隧道结巨磁电阻（TMR）器件制造技术、高灵敏度高温超导量子干涉器件（SQUID）制造技术、高灵敏磁光和磁激发拉曼散射器件制造技术，建立完整的弱磁检测技术框架、知识库和工程技术标准。开发出能实现高精度、轻量化、多用途的系列无触点磁敏传感，应用于恶劣工业环境下的自动控制系统、军事惯性导航系统和地磁匹配制导领域；研制弱磁无损检测装置，解决特殊行业大型金属工程构件的无损检测难题，设置应力集中容限，实时检测并警报从而为金属工程结构延寿。联合中国科学院空间科学与应用研究中心，建立空间三维正交磁场测量系统，解决影响弱磁检测器件的温度稳定性和噪声，研制出先进磁敏载荷，服务国家深空探测重大专项。

（张　超）

【管理运行】 北京市弱磁检测及应用工程技术研究中心整体并入学校GJB9001B-2009版认证体系管理，产品生产获得武器装备科研生产许可授权。中心设主任1名，常务副主任1名。北京科技大学弱磁检测及应用技术工程技术中心实行主任负责制，主任由学校聘任和考核。主任负责中心全面工作，包括技术开发、科研计划的制定、新项目开展、项目的组织落实和监督管理、协调与共建单位的合作事宜等。常务副主任负责日常管理，包括研究生培养、各学术梯队的科研协调、技术推广、技术培训、产品开发及市场协调等工作。

（张　超）

【人才队伍培养和建设情况】 至2017年年底，中心共有研究人员34人，包括固定研究人员31人、客座人员3人。其中高级职称16人、中级职称10人。工程技术研究中心有技术管理人员1人，工程技术人员5人。中心主任姜勇教授获得国家杰出青年基金；徐晓光教授先后获得北京市科技新星和北京市优秀人才称号；苗君教授获得教育部新世纪优秀人才称号，在低维功能材料领域获得创新成果。为提升中心对磁检测半导体器件的研发能力，中心引进了郑新和教授加入了研发团队。中心有在读博士研究生20人、硕士研究生25人。

（张　超）

【科研活动】 2017年中心重点开展了基于垂直磁各向异性材料的反常霍尔效应和自旋轨道转矩研究。①系统研究了垂直磁各向异性金属材料MnGa和拥有强自旋轨道耦合的重金属材料Ta、Pt等组成的双层膜材料的反常霍尔效应，通过探讨反常霍尔电阻率和纵向电阻率之间的关系，讨论了自旋轨道耦合对磁性材料反常霍尔效应产生的影响。相关结果发表在 *Physical Review B: Rapid Communications* 上。②近年来，一种利用自旋极化的电流来控制磁性材料磁矩的方法得到了广泛关注，被称作自旋轨道转矩（SOT: Spin orbit torque）效应。在 STT-MRAM 中，电流需要通过两层铁磁性材料来转移自旋角动量，与此不同，SOT 主要是由强自旋轨道耦合材料通过自旋霍尔效应产生自旋极化电流，此自旋流扩散至相邻的磁性层中，通过转移自旋角动量对磁矩施加转矩。因此，利用 SOT 翻转磁性材料的磁矩从而进一步制作自旋存储器件方法更为简单。但是，这种效应在实际应用中有一个缺陷就是需要外加辅助磁场。如何降低甚至消除外界辅助磁场是研究自旋轨道转矩效应的一大关键。中心利用在 MnGa/IrMn 中 IrMn 同时具有强自旋轨道耦合以及可以提供交换偏置场的特点，实现了能够在几乎零外界磁场的条件下翻转 MnGa 磁矩的效果。相关结果发表在 *Physical Review B* 上。③如何降低自旋轨道转矩器件的翻转电流密度，同样是一个需要解决的难题。中心在 MnGa/Ta 中插入超薄铁磁性金属 Co 或者 Co_2FeAl，这两种磁性材料的饱和磁化强度接近，但是两者与 MnGa 可以形成不同的耦合作用，Co 与 MnGa 形成的是反铁磁耦合，而 Co_2FeAl 与 MnGa 形成的是铁磁耦合，因此两者形成的有效各向异性磁场不同，从而可以达到调节翻转电流密度的效果。相关结果发表在 *Scientific Reports* 上。

（张　超）

【学术交流】 通过依托单位、合作企业、相关学会等机构与国际相关学术组织、科研机构、高等学校及先进企业建立长期交流合作，中心定期举办相关领域的学术交流和人员互访，及时跟踪掌握国外相关技术发展方向，积极组织力量，引进、消化吸收国外先进技术成果，同时互派研究人员合作进行项目研究开发。在产业化领域，中心学习国外先进的产业化经验、跟踪业界先进技术并开发出了自主知识产权产品，走出国门，进行广泛的技术交流与服务。对整个工程中心的技术深度，服务领域的拓展都产生了重大的积极影响。

（张　超）

北京市融合网络与泛在业务工程技术研究中心

【概况】 北京市融合网络与泛在业务工程技术研究中心（以下简称“工程中心”）由北京科技大学和中国移动设计院有限公司共建。工程中心依托北京科技大学信息与通信工程一级学科（含通信与信息系统北京市重点学科）、计算机科学与技术一级学科与矿业工程国家一级重点学科，结合中国移动设计院的工程化优势，瞄准融合网络与泛在业务领域亟待解决的关键问题，面向国家及北京市公共通信服务和重点行业应用领域的工程部署和产业化，重点开展光网络和无线网络、地面网络与卫星网络、电信公网与行业专网的融合与技术创新，技术方向主要包括：①融合通信和网络架构；②融合通信和网络关键技术和核心设备；③泛在业务与应用软件系统；④大数据应用与云服务。

（隆克平）

【管理运行】 工程中心的组织结构包括技术委员会、理事会、中心主任等，工程中心下设融合网络体系架构技术研发部、无线网络技术研发部、光网络技术研发部、泛在业务及应用工程部 5 个技术部门，在北京科技大学和中国移动设计院分别设置办公室。

在管理上，采取技术委员会指导下的主任负责制。工程中心主任由理事会聘任，报北京市科委备案，目前由隆克平教授担任工程中心主任。工程中心主任主要负责和主持实验室日常工作，提出年度工作计划，制定具体的执行方案并组织实施，聘任工程中心工作人员等。该体制可以保障技术方向的正确性和具体事物推进的高效性。

在组织体系上，采取技术部

门的合理单元划分，将部门分为融合网络体系架构研究室、无线网络研究室、光网络研究室、泛在业务及应用工程部等，便于技术攻关和工程推进。

在人事管理方面，工程中心实行全员聘任制，坚持竞争、择优、流动的用人机制。以创新团队建设为重点，倡导有序竞争和团队合作，密切关注信息与网络工程领域前沿技术问题和国家及北京市的重大需求，面向国内外招聘学科技术领军人物和拔尖人才。实行人才流动机制，建立中心研究人员流动的核准体系，保持活力。

在成果转移机制和团队激励上，逐步推进成果转化中相当比例的收益激励团队和个人，以保障人员的创新活力。

在对外开放共享机制上，设立开放课题，鼓励实验室开放，加强学术交流和对外培训，积极加入北京市科研条件平台。

（隆克平）

【科研工作】 2017年，工程中心进行三年建设期间的绩效考评并顺利通过。2017年，工程中心承担国家级项目19项，北京市级科技计划项目4项，其他省部级项目18项，合计纵向项目经费数1250万元，技术合同48项，技术性收入5967万元，获北京市科技进步奖1项，在京成果转化直接经济效益3200余万元。在知识产权方面，工程中心共发表学术论文（SCI/EI）8篇，编著4部，申请专利75项、授权专利7项。

（隆克平）

【师资队伍与研究生梯队培养建设】 2017年，工程中心在认定时期固定人员填报60人，其中高级职称为48人（占79%），中级职称为13人（占21%）。在人才队伍上，工程中心现有人员76名，2017年引进和转入4名（吕兴教授、胡堰博士、任超、杜冰博士），职称晋升4名（石志国、吕兴升为教授，许海涛和路慧敏升为副教授）。工程中心具有中级以上的职称60余人，其中正高级职称23人，副高级职称33人，且研究人员全部为博士及以上学位，人员数量和队伍结构有良好的发展。

（隆克平）

【成果转化】 工程中心典型成果包括无线网络规划仿真云和先进无线网络规划软件（ANPOP），其最高直接经济效益均达3000万。此外，小型化模测终端（AIST/AISR）、室分规划设计工具（AIDP）、无线网络规划仿真云、先进无线网络规划软件（ANPOP）、网络评估分析与诊断系统、网络专项优化产品、LTE网络结构优化分析平台在首都得到广泛应用。

精细化无线网络规划仿真平台具有强大的仿真预测以及方案审核功能。基于设计院多年的网络规划设计经验，同时依托精细化无线网络规划仿真平台，对无线网络规划方案的合理性进行科学评估。应用精准的射线跟踪传播预测、科学的业务建模方法，动态仿真机制不仅能够应用于网络规划阶段的无线网络规划方案的制定与评估，同时也可应用于无线网络优化阶段，优化方案的制定与评估；同时应用平台中对于MR等现网实测数据的处理与分析，还能够应用于当前中国移动十分关注的深度覆盖的评估以及弱覆盖发现等工作中。

工程中心的研发成果可以通过共建单位（中国移动设计院有限公司）吸纳孵化或由外部公司合作推进。工程中心对外交流频繁，合作资源丰富，吸收消化技术和再创新能力强。

（隆克平）

【应用示例】 “面向异构通信环境的云计算资源管理关键技术及IaaS系统应用”获得北京市科学技术奖三等奖。该成果由阳小龙教授与北京华胜天成科技股份有限公司共同完成。该项目主要技术创新如下：①针对云计算任务数据副本冲突问题，提出了基于物理位置的副本一致性维护方法。该方法能有效地降低网络中任务数据副本更新消息传输延时，并减少冗余更新消息的数量。②针对云计算资源管理实体间安全信任问题，提出了一个面向云计算IaaS服务模式的资源管理安全信任体系。该体系能为云计算数据中心IaaS提供统一的身份管理服务、身份认证服务、资源访问授权服务、资源访问记账与审计服务和统一的安全管理服务。③针对云计算环境中数据的高生存性需求，基于网络编码提出了支持高效数据重构的分布式数据存储技术。该技术可以设计出合理的可再生码与局部可修复码，不仅可以实现与传统RAID冗余同级别的可靠性，还可大幅减少单一故障节点数据重构所需传输带宽。④针对最小化域间数据传输开销需求，提出了一种ISP友好的云计算任务数据流分发技术。该技术能计算并选取传输成本最小的路径与节点，并提高同一网络基础设施内节点的命中率，达到流量本地化目的。⑤针对云计算泛在无线接入场景的可效率与公平兼顾需求，基于软件人提出了一种边缘计算云无线接入资源动态管理模型。

该项目已获授权专利 5 项等多项成果。截至目前，基于上述创新成果开发的 IaaS 系统已广泛应用于政府、医疗、石油、制造、教育、科研、广电、电力等行业，总销售额达 3280 余万元。该项目取得的关键技术以及开发的 IaaS 系统，带动了国内云计算应用系统的发展，推动了国家信息产品自主化进程。

（隆克平）

教育部金属电子信息材料工程研究中心

【概况】 教育部金属电子信息材料工程研究中心（以下简称“中心”）于 2001 年 4 月经教育部批准成立，依托北京科技大学建设，是由教育部和北京市共建的技术创新和高新技术产业化基地。中心采用现代企业制度进行管理，实行多元化投资，与注册成立的具有独立法人资格的北京科大永兴科技有限公司为同一个实体。中心设有粉末冶金事业部、高技术薄膜材料事业部、微电子辅助材料事业部、有色加工事业部，另设有办公财务部、投资发展部。

（雷　诺）

【粉末冶金事业部】 粉末冶金事业部成立于 2001 年，至 2017 年年底，有教师和研究人员 22 人，其中教授 8 人。2017 年，16 名博士生、24 名硕士生和 36 名本科生在实验室进行毕业论文等相关研究工作。年内，实验室毕业博士生 6 名，硕士生 16 名。事业部拥有较为先进的专用仪器设备，设备原值近 800 万元，其中进口设备日本岛津烧结炉一台，价值 205 万。10 万元以上设备 10 台（套），如永磁材料测量系统、磁滞回线仪、磁场注射机、粉末冶金注射机、转矩流变仪、高效混炼挤出造粒机、热等静压烧结炉等。

事业部主要业务范围是高技术新材料的研究、开发与生产，新材料制备与加工设备的制造，新型电子信息元器件的开发与制造，计算机控制系统集成、机电一体化技术开发，铁基合金、不锈钢、高比重合金、硬质合金、磁性材料、金属陶瓷、高温合金、难熔合金、低合金钢、钛合金等产品的生产与销售。产品广泛应用于医疗器械、电子通信、办公机械、仪器仪表、纺织机械、食品饮料机械、计算机工程、汽车工业、机械武器、体育娱乐器械等领域。

近期重点研究与产业开发方向有：①纳米粉体及材料的研究。超细和纳米粉体制备技术、机械合金化制粉技术、雾化制粉技术、磁屏蔽材料、纳米硬质合金、钨基高比重合金、难熔金属与合金、高温合金。②反应合成技术与复合材料的研究。自蔓延高温合成技术、陶瓷 / 钢复合管制造技术、核废料处理技术、粉末冶金多孔材料、粉末冶金层状与梯度结构材料、AlN-BN 复合陶瓷、耐热及抗氧化涂层粉末与涂层技术、高性能 SiC 和 Si_3N_4 陶瓷、C/SiC 陶瓷基复合材料、超高温陶瓷基复合材料、高性能粉末冶金金属基复合材料。③先进成形与烧结技术的研究。粉末注射成形技术及其智能化、粉末微注射成形技术、温压成形技术、高速压制成形技术、等静压成形技术、胶态成形技术、放电等离子烧结技术、粉末冶金材料设计与工艺过程模拟。④功能材料的研究。NdFeB 粘结磁体、Sm-Co 合金、磁温度补偿合金、超磁致伸缩材料、电工合金、新型电子封装材料、能源材料、储氢合金、光电信息材料、功能陶瓷。⑤钴基高温合金的研究等。

（雷　诺）

【微电子辅助材料事业部】 微电子辅助事业部成立于 2002 年，至 2017 年年底，有教授 2 人，副教授 2 人，技术员 1 人，在读博士生和硕士生 12 人。事业部具有较完备的材料制备和组织性能检测的设备，如 100kg 真空熔炼下拉式连续定向凝固设备、50kg 下拉式连续定向凝固设备，反重力铸造设备以及完整的拉丝设备等，能生产各种规格的高性能有色金属丝材。主要业务集中在微电子超细丝材的研究、开发与生产，高性能铜及铜合金、铝及铝合金超细丝材制备与加工成套设备及产品的研制和开发。产品主要有：直径为100μm、75μm、50μm、32μm和25μmAl-Si合金集成电路用键合丝，具有单晶或连续纤维晶组织的各种规格的高性能铜及铜合金线材等。广泛应用于电线电缆、集成电路、仪器仪表、纺织机械、汽车工业、航空航天、高级音响等领域。近期重点研究与产业开发方向有：①航空航天用特种电线电缆。②高性能无氧铜杆。③25μmAl-Si合金集成电路用键合丝。④高性能铂金丝。⑤微细Ag包Al丝。⑥高性能铜及白铜管等。

（雷　诺）

【高技术薄膜材料事业部】 高技术薄膜材料事业部至2017年年底有教授3人，副教授3人，技术人员2人，在读博士生12人，硕士生18人。事业部拥有包括100kW直流电弧等离子体喷射、10kW直流电弧等离子体喷射、5kW微波等离子体化学气相薄膜沉积系统和强电流直流伸展电弧（HCEDCA）等离子体CVD系统等多种金刚石薄膜制备设备，拥有电子束真空蒸镀机、磁控溅射仪、射频等离子体CVD装置、金刚石膜研磨机、金刚石膜抛光机及光学材料砂蚀试验机、金刚石膜力学性能试验机等常规薄膜材料制备手段。固定资产总价值约300万元。主要业务集中于以金刚石厚膜、薄膜为主的各种高技术薄膜材料、各种硬质涂层材料与技术、各种非常规的等离子体化学沉积设备等。

近期重点研究和产业开发方向有：①大面积金刚石光学窗口材料。②金刚石薄膜光学涂层。③声表面波器件金刚石薄膜基片。④金刚石膜热沉材料及其在微电子和光电子器件或系统中的应用。⑤掺硼金刚石膜（BDD）及其在废水处理和生物医学中的应用。⑥高性能粒子探测器、紫外探测器、X-射线探测器用高质量（探测器级）金刚石膜材料。⑦金刚石涂层硬质合金工具。⑧金刚石膜基探测器和传感器。⑨类金刚石硬质防护涂层。⑩金刚石薄膜化学气相工业化生产技术和设备开发等。

（雷　诺）

磁光电复合材料与界面科学北京市重点实验室

【概况】 磁光电复合材料与界面科学北京市重点实验室（以下简称“实验室”）于2017年6月由数理学院牵头成立，实验室主任是王荣明教授。截至2017年年底，实验室有全职工作人员40名，实验室面积约1600平方米，设备总价在4000万以上。主要分四个研究方向：①先进功能复合材料的界面设计及性能预测；②复合材料功能结构单元的制备、组装和界面调控；③复合材料的微结构和性能表征；④高性能复合材料和器件的应用研究。重点实验室立足于新材料“可控制备”及“绿色应用”领域，紧追国际前沿，响应“国家急需”，围绕提高纳米材料和器件在新能源、生物医药、新一代信息技术、节能环保、航空航天等国家重点支持领域，通过磁、光、电纳米材料微结构的调控及功能协同，在磁性金属纳米材料、低维半导体材料、金属-金属化合物异质结、微纳结构表征等方向开展相关具体研究工作。

（陈　娣）

【管理运行】 实验室实行主任负责制，全面负责组织实施实验室建设、发展、科研、管理、人才培养和对外交流。同时，实验室主任、四个方向学术带头人（兼任实验室副主任）及有关人员组成实验室管理委员会。在实验室学术委员会指导下，制定建设实验室的具体实施细则与阶段工作目标和计划。统筹协调研究方向的发展与建设，协调解决重点实验室建设中的各项具体问题，对实验室资源、人员的流动、共享等实行统一管理。

（陈　娣）

【人才队伍培养和建设情况】 至2017年年底，实验室在队伍结构及团队建设方面取得了可喜的成果：焦树强教授获得国家杰出青年基金资助；晋升高级／中级职称人员共 6 人。实验室人员中具有副高级职称以上人员共 30 人，其中包括国家杰出青年科学基金获得者 1 人、国家自然科学奖二等奖获得者 1 人、教育部新世纪优秀人才 7 人、青年千人 1 人、北京市教学名师 2 人。此外，四个研究方向根据研究内容又分别成立不同研究团队，具体如下：凝聚态理论与分子模拟课题组、计算物理与材料模拟设计课题组、多磁性材料模拟研究课题组、光电功能材料与器件课题组与微结构与低维物理课题组等。通过资源整合，提高实验室的整体竞争能力。2017 年，实验室培养并顺利毕业硕士研究生 48 人，博士研究生 15 人。

（陈　娣）

【科研活动】 实验室人员在磁、光、电功能复合材料和界面科学及其应用领域开展了系列研究工作，取得丰硕成果，实验室骨干成员焦树强教授获 2017 年度杰出青年科学基金支持。至 2017 年 12 月，以重点实验室为第一单位及合作单位在包括 *Adv. Mater.*，*Adv. Energy Mater.*，*Appl. Phys. Reviews*，*Nano Res.*，*Nanoscale*，*Chem. Eng. J.* 等国际知名刊物上发表 SCI 论文 59 篇。其中一区论文 9 篇，影响因子大于 5 的论文 13 篇。①多孔结构 Co 基化合物纳米材料具有大比表面积、高理论电容量、丰富的原材料和优异的催化活性等特点，在催化制氢、氧还原和能源存储等领域有着广泛的应用。基于以上背景，实验室研究人员设计合成了内部相连的多级多孔结构 Co_3O_4 和 $NiCo_2O_4$ 微球，结构表征证实了其多孔结构和大的比表面积，性能表征表明其具有良好的储能特性。尤其是 $NiCo_2O_4$ 作为超级电容器电极材料显示出高的比电容和长的循环稳定寿命，并组装设计了高性能的 IH-$NiCo_2O_4$/graphene 非对称超级电容器。此外，由于纳米材料性能与其表面结构息息相关，实验室通过一种新奇的退火处理，在 $NaH_2PO_4 \cdot 2H_2O$ 的辅助下制备了由 CoO@Co_3O_4 纳米颗粒组装的多孔微球。利用 TEM 和 XPS 技术对其表面晶体结构和电子状态进行了详细分析，证实了在 CoO 颗粒表面外延生长了一层 Co_3O_4。得益于其多孔结构以及 CoO 和 Co_3O_4 间强烈的耦合协同效应，CoO@ Co_3O_4 组装多孔微球在超级电容器测试中表现出比单组份 CoO 和 Co_3O_4 多孔微球更高的比电容量，并利用其组装了 CoO_x/graphene 非对称超级电容器，展现出了较高的能量密度和良好的循环寿命，说明该纳米材料在能量储存领域有着实际的应用价值。相关工作发表在 *Chemical Engineering Journal* 上。②通过系统集成成功制备出一种基于氧化铟半导体微米线阵列的图像传感器件与一种基于原子层沉积的氧化铝阻变式忆阻器件。通过外界紫外光线的激发，图像传感器的电阻状态将从高阻态转变为低阻态。当其阻值降低到一定值，将使串联的忆阻器件两端的电压达到忆阻器的开启电压，进而激发忆阻器从高阻态转换为低阻态，这两种状态分别对应于逻辑电路中的 off（1）和 on（0）状态。故当外界紫外光线消失时，虽然图像传感器件将恢复到初始状态，但是其感知到的光线信息已经以二进制的形式被存储在了忆阻器中。另外，通过扩展器件阵列的像素密度而组装的 10×10 视觉存储阵列器件，还能够实现对于外界图像式光线分布的感知与存储功能。实验室研究成果在未来的可穿戴设备、电子眼、多功能机器人和视觉障碍者的辅助设备等方面具有极大的应用潜力，并为设计新型的柔性多功能传感和存储集成器件如触觉记忆系统和听觉记忆系统提供了新的思路。相关工作成果发表在 Advanced Materials 上。

（陈　娣）

【学术奖励与交流】 2017 年，重点实验室在系列研究领域均取得了可喜的成绩。2017 年 12 月，焦树强教授获得了“高等学校科学研究优秀成果奖（科学技术）技术发明奖”二等奖（排名第一），项目名称：钛的电化学提取与提纯。陈娣教授获得了“中国材料研究学会科学技术奖”一等奖（排名第三），项目名称：三维无粘结剂电极材料设计及柔性储能与集成器件的研究。此外，重点实验室积极与其他科研机构、高等学校及先进企业等开展合作，实验室定期举办相关领域的学术交流和人员互访。在引进、消化国内外先进研究成果的同时，派遣研究人员到外单位开展合作研究。在实验室主任规划与推动下，北京科技大学国家纳米科学中心环境气氛透射电子显微镜协作实验室于 2017 年 6 月成立。

（陈　娣）

城市地下空间工程北京市重点实验室

【概况】 城市地下空间工程北京市重点实验室（以下简称“实验室”）于2016年经北京市批准建立，旨在针对北京及全国城市建设与发展过程中土地资源紧缺和城市环境恶化的双重瓶颈问题，以开发利用城市地下空间为目标，以城市工程地质精细探测与地下空间适建性评价、城市地下空间工程规划与设计新理论、城市地下空间工程施工技术与风险管控、城市地下空间环境与地下结构耐久性、城市地下空间工程数字化及智能监控为主要研究方向，重点开展城市地下空间地质条件探测、工程规划、设计建造、使用环境及安全保障等领域的基础理论和关键技术研究，搭建城市地下空间工程领域的基础研究、技术研发、人才培养的公共平台，助力北京城市海绵化功能建设，为实现城市的可持续发展提供技术保障。实验室现有研究人员60名，其中，教授22人，副教授19人。拥有中国工程院院士1名、国际学术机构委员会主席1人，国务院学科评议组成员和召集人1人、国家教学名师1人、杰青及长江学者2名、入选国家“新世纪百千万人才”3人、入选教育部“新世纪优秀人才支持计划”3人、北京市科技新星1人。

截至2017年12月31日，实验室建立了深部地下工程安全模拟试验平台，购置水压致裂室内模拟试验系统、复合反力框架等设备3台（套），建筑结构设计软件包1套，完善重大岩土地质灾害减灾及工程安全试验系统平台，新增MTS高温及渗透系统的设备，配合学校完成北京科技大学仪器设备共享平台建设，设备仪器购买投入经费600余万元，修购采购设备仪器46项，总资产达到6000余万元。

（纪洪广）

【科研活动】 实验室以开发利用城市地下空间为目标，形成了城市工程地质精细探测与地下空间适建性评价、城市地下空间工程规划与设计新理论、城市地下空间工程施工技术与风险管控、城市地下空间环境与地下结构耐久性、城市地下空间工程数字化及智能监控5个研究方向。2017年，实验室新增获批纵向课题32项，专项经费1709.5万，新增获批横向课题21项，经费699.65万元，获批纵向项目包括国家重点研发计划重点专项课题6项、国家自然科学基金项目5项，引智项目7项，同时还有10余项省部级基金和博士后基金项目，申报国家重点研发计划课题3项。年度发表SCI收录论文46篇、EI收录39篇，申请发明专利25项，出版专著4部，获省部级科技二等奖2项。

（苗胜军、许　镇）

【学术交流】 实验室制定了实验室开放基金管理章程，积极与国内外同行开展广泛的学术交流活动，努力提高实验室在国内外科研领域的学术影响力。2017年，实验室举办国际会议1次，国内会议3次，分别为“2017城市防灾国际学术研讨会”“深部地应力环境与灾害动力学”专题研讨会、“深部金属矿建井与提升关键技术”项目2017年度执行情况讨论会、“超高大型尾矿坝隐患治理技术与装备”启动会暨课题讨论会。

实验室研究人员积极参加各种国内外学术会议，实验室主任纪洪广教授带队赴荷兰、德国、法国进行有关土木工程技术交流，包括BIM技术与理论、深埋隧道施工技术、深竖井施工技术和相关设备的技术交流；蔡美峰院士率团赶赴南非参加国际岩石力学学会年会和非洲岩石力学大会，在相关学术活动上做特邀报告，并对南非威力掘黄金矿业公司（Village Main Reef Limited）进行考察交流。香港大学专门举办了首次“岩土与交通领域战略研究论坛”，特邀蔡美峰院士做了题为“采矿和岩土开挖工程稳定性分析与优化设计力学研究”的学术报告。宋波教授赴日本参加土木学会国际会进行演讲及短期学术交流，同时进行“国外抗震管理制度研究”的学术调研活动。牟在根教授赴德国参加IASS2017年度国际会议，进行空间结构领域的学术交流。谢谟文教授赴尼泊尔参加了国际工程地质与环境协会第十一次亚洲区域国际会议。许镇副教授赴加州大学伯克利分校、华盛顿大学进行学术交流，参加土木工程计算国际会议。

实验室邀请了多位国外专家来到实验室进行学术交流，新加坡南洋理工大学教授、国际地下空间联合研究中心新加坡主席周迎新博士就城市地下空间国际化教育教学做交流。北达科他州立大学 Tolliver 教授、Joseph 教授、芦盼教授、Rajinder 博士和黄莹博士五名教授到实验室进行学术访问活动。英国斯旺西大学李晨锋教授进行了专题为“Uncertainty Quantification in Materials and Structures”的学术讲座。

（苗胜军、许　镇）

先进粉体材料与应用北京市国际科技合作基地

【概况】 先进粉体材料与应用北京市国际科技合作基地（以下简称“基地”）于 2017 年 3 月批准成立，基地针对增材制造、高温合金、生物医用材料以及新能源材料等产业需要的先进粉体材料为对象，与国内外知名科研团队和企业展开合作研究，加快先进粉体材料及科技成果转化，促进相关产业技术的提升和快速发展。目前，基地已经与麻省理工学院、加州大学、华盛顿大学、德州大学（奥斯汀）、伊利诺伊大学（UIUC）、瑞典隆德大学等著名研究机构，以及美国肯纳金属、美国福特汽车等国际知名企业建立了长期稳固的合作关系，正在着力推进先进粉体技术的升级和成果转化。基地以北京为科技中心，通过技术转化、科技服务等方式，辐射全国相关产业。基地现有研究人员 25 人，其中教授、博士生导师 18 人，瑞典皇家科学院院士 1 名、长江学者与杰出青年基金获得者 3 人、教育部跨（新）世纪优秀人才 6 人。此外，基地每年招收和培养博士和硕士研究生近 150 名。

（田建军）

【科研活动】 截至 2017 年年底，基地承担了国家重大 / 重点研发计划 5 项、自然科学基金 10 项、国际合作项目 6 项以及其他省部级、产学研项目 20 余项。在 Energy & Environmental Science（影响因子 30.067）、Advanced Materials（影响因子 21.95）、Advanced Energy Materials（影响因子 21.875）、Coordination Chemistry Reviews（影响因子 14.499）、ACS Energy Letters（影响因子 12.277）、Journal of Materials Chemistry A（影响因子 9.931）和 Journal of Physical Chemistry Letters（影响因子 8.709）等期刊上发表学术论文 100 余篇；获得国家技术发明二等奖 1 项、省部级科技一等奖 4 项；授权中国发明专利 50 余项、国际 PCT 专利 3 项。与国外学术交流活动活跃，国际交流出访 50 余人次，特邀国外知名教授来访和讲座 30 余人次，承办大型国际学术会议 2 次，基地人员在国内外学术会议上做特邀报告 40 余次。

（田建军）

管理与服务

校务管理

【概况】 学校校务管理工作主要由党委办公室、校长办公室承担。党委办公室、校长办公室是学校党委和行政的综合办事机构，负责处理学校党委和行政的日常工作。校长办公室成立于1953年10月（当时称院长办公室），1964年5月改为政治部办公室，“文化大革命”期间停止工作，1978年恢复建制。党委办公室成立于1956年4月，1964年9月学校建立政治部后属政治部领导，“文化大革命”期间停止工作，1978年恢复建制。根据不同时期的工作需要，校长办公室下设机构几经调整，到1992年，校长办公室下设综合室、文秘室、信息室、档案室、校史编辑研究室。1997年，档案室、校史编辑研究室与人事处的人事档案室合并成立档案馆。1999年5月，学校机构改革后，党委办公室、校长办公室、统战部合署办公，下设综合接待室、信息文秘室、校友会与校董会办公室、法律事务中心。2001年统战部从党办、校办、统战部合署中分离，党办、校办合署办公，下设机构不变。2017年，学校成立扶贫工作办公室，挂靠党办、校办，下设信息文秘室、综合接待室、政策研究与法律事务中心。

（张卫冬、郑安阳）

【重点工作】 ①做好学习宣传贯彻党的十九大精神和全国及北京市思政会精神。协同组织部、宣传部积极开展党的十九大精神和全国及北京市思政会精神的学习宣传贯彻工作，协助做好动员部署、集中学习和学校领导讲党课、赴二级党组织调研等工作，扎实推进“两学一做”学习教育常态化制度化。②高水平完成学校落实《党建和思想政治工作基本标准》工作。牵头做好学校落实工作方案制定、动员部署及任务分解工作，稳步推动学校党委赴二级党组织检查督查工作，做好迎接北京市检查组入校检查的自评报告起草、支撑材料准备及整体工作协调，进一步提升了学校党的建设和思想政治工作的科学化、规范化水平。③参与制定学校“双一流”建设方案。协同规划办研究制定学校“双一流”建设方案，明确学校“双一流”建设的目标、学科建设任务和整体建设思路。④稳步推进依法治校工作。修订完成学校党委全委会、党委常委会、校长办公会议事规则，制定学校“放管服”工作实施办法。⑤完成建校65周年系列庆祝活动。做好全国政协原副主席徐匡迪校友返校工作，协同相关部门组织完成建校65周年庆祝大会、“魏寿昆科技教育奖”颁奖典礼等重要活动。⑥做好学校重大活动保障。牵头相关部门完成迎新、毕业典礼等多项学校重要活动；先后组织和服务北京高精尖医疗与健康研究院（筹）揭牌仪式、学校思想政治工作会议、十一届党代会二次会议、八届教代会四次会议等多项学校重大活动。

（张卫冬、郑安阳、赵　萌、郭志恒、苏　栋）

【综合管理工作】 ①常委会、办公会、全委会等会务保障工作。2017年，完成70余次重要会议材料准备，会议记录、纪要，会务保障等工作。②信访接待工作，坚持做好领导接待日、校长面对面等校领导联系群众制度的落实工作。2017年，处理来信81封，接待来访人员100余次，及时处理校长信箱各类问题70个，答复率100%。推行一般信访工作电子化，利用信息化手段改善信访工作流程，做到过程透明、处理及时、全程监督。搭建起以二级单位为节点的信访工作网络，建立了以信访流程数据为依据的信访件实时跟踪及问责机制。2017年，电子化派件42件，形成《信访工作月报》8期，有力提升了信访工作的办事效率和落实力度。③外单位来访接待及学校出访服务。2017年，接待中南大学、东北大学等国（境）内外高校，首钢集团、包钢集团等企业，教育部、市委教育工委等政府单位访问、调研和检查100余次；多次组织协调赴甘肃、雄安、平谷等地开展合作交流。④督查督办工作。完善党委常委会、校长办公会纪要发放形式，明确对会议议定事项实行专项督办。2017年，对学校综合改革方案、年度工作要点完成情况等重点工作开展了专项督办。⑤协调有关部门完成组建精准医疗与健康研究院、申报高精尖创新中心、推进大科学工程建设、协调学生入住管庄校区等重点工作。⑥会议室改建工作。完成学术报告厅、建龙报告厅的改建、装修工作，完成办公楼三楼、四楼会议室的维护、管理工作，为举办高规格、高水平会议提供条件保障。⑦安全稳定工作。牵头制定学校年度及两会期间的安全稳定方案，协调各单位做好相关工作；认真做好学校印章管理；积极帮助师生解决问题，维护学校稳定。

（苏　栋、李　鹏）

【信息文秘工作】 ①信息与统计工作。向教育部和北京市教工委报送学校信息180余期，6篇被教育部网站采用，4篇被教育部“要情综合”采用，学校再次荣获“教育部信息工作先进单位”；牵头完成《普通高等学校基层报表》《普通高等学校科技统计年报》等数十份大型统计工作，荣获“教育事业统计工作质量评估优秀集体一等奖”。②年鉴、党务公开、信息公开工作。编辑出版学校《年鉴（2017）》，完成校外年鉴3万余字编撰工作；设计制作学校《2016年事业发展公报》；完成信息的主动公开和依申请公开。③完成内部公文310份、上报公文260余份的转呈、办理与发布，并做好有关规章制度的清理。④重要文稿起草。完成学校工作要点、党建工作要点、党建和思想政治工作自查报告、综合改革自评报告等整体性工作报告起草工作。⑤机要文件管理。接收上级来文967份，其中涉密文件500余份，严格执行涉密文件专人专递、领导签字、无中间环节的流转程序，全年零事故。

（赵　萌、金剑芭、倪　阳、康　玲）

【法律事务与政策研究】 ①编发《决策参考专报》。创新政策研究工作方式，以服务学校改革发展和领导决策为主线，提升政策研究服务水平。《专报》着力突出问题导向、拓展研究视野，2017年编发《专报》3期，围绕京津冀教育专项规划、新校区建设工作等重大机遇开展专题研究，为学校领导决策提供重要参考。②法律事务工作。选聘校外顾问律师事务所，建立起校外律师事务所和校内咨询团队结合的法律顾问工作机制，试点实行合同审核“二级单位初审—律师事务所复审—法律事务中心终审”的三审工作机制，推行法律咨询现场服务工作模式。2017年，牵头处理涉诉案件4件，提供现场法律咨询16起，审查合同132份，审查法律文书16份，起草重大合作协议4份，审查规章制度4份，出具法律意见书5份，组织专项法律培训1次，为学校管理办学提供了有力的法律支持和保障。继续开展校园普法工作，与宣传部、文法学院共同开展宪法宣传日、普法微视频等主题活动，选送作品获北京市普法微视频比赛三等奖。③理论研究。撰写理论宣传文章5篇，其中，《钢铁摇篮，求实鼎新》在《光明日报》发表。围绕学校重点工作，撰写高精尖中心筹备进展汇报、新校区建设规划等多份重要文字材料。

（郭志恒、胡智林、安晓东）

【扶贫工作】 成立扶贫工作办公室，与秦安县签订《结对帮扶工作框架协议》。创新以工科为主高校帮扶以农林业为主贫困县的“携手+”帮扶模式，在教育、人才、产业、电商等方面取得帮扶实效。投入资金83.3万元；帮助引进各类资金217万元，消费扶贫75.6万元，捐赠冬衣1000余件，受益建档立卡贫困户850人；携手中国曲协义演提高美誉度，实现旅游收入1.13亿元。

（吴豪伟、孙雅娴）

校友会、基金会工作

【概况】 2017年，校友会、基金会办公室遵循“传承、创新、服务、共赢”的工作理念，围绕学校中心工作，继续凝聚和服务广大校友，不断吸纳和挖掘社会资源，求真务实，开拓创新，圆满完成各项工作任务，为学校改革发展做出了应有贡献。

（吕朝伟）

【校友日常联络与服务】 校友会办公室作为广大校友与母校之间的桥梁纽带，在日常工作中格外重视广大校友的联络和服务工作。

①牵头筹备65周年校庆，圆满组织校庆系列活动。以“传承历史，凝聚共识，求真务实，鼎新发展”为主题制定了《北京科技大学65周年校庆工作方案》，全力做好65周年校庆筹备工作。成功组织“北京科技大学建校65周年暨83级、93级校友值年返校庆祝大会”，2000余名校友返校；协调学校相关部门举办“熔铸春华·科创未来”65周年校庆文艺晚会、第四届“魏寿昆科技教育奖”颁奖典礼、全球化与青年领导力论坛、“校长相约·共话成长”校长奖章获得者主题论坛、诺贝尔奖得主Bary Marshall受聘仪式等一系列学术、文化、宣传、校友返校活动10余场，彰显了学校的发展历史、辉煌成就、办学特色和时代特点，汇聚了师生、校友情感，凝聚发展共识，提升了师生、校友对学校的认同感与自豪感，助力学校各项事业发展。

②召集并联络83级、93级两届校友共计76个班级2000余名校友参加校庆大会暨值年返校活动；日常接待机械57、冶57、炼钢59、数学63、金物64、铁66、电67、炉69、选72、精密73、机制74、金物76、物理77等20余个班级的近1000名校友的班级聚会，全年共接待各类校友返校3000多人。为每一位返校校友制作学籍卡，赠送手提袋、各类宣传品，并在活动咨询、人员邀请、场地安排、住宿餐饮、会场服务、校内参观等方面给予热情服务，得到广大校友的一致好评。

③统筹管理校友会网站、微信、微博等各类信息平台，及时发布校友工作新闻信息。2017年，以电子邮件形式定期编辑、发送《北科大校友工作动态》8期，每期发送电子邮件约4万封。密切掌握校友动态，第一时间为职务晋升、获得奖励等取得成绩的校友寄发贺信，共20余封。每逢重要节假日，通过多种方式和渠道向校友传递祝福，加强与校友的日常联络和维护。

（杨志国、陈晔明）

【校友分会建设】 校友分会是联系和凝聚各地校友的重要平台，承担着联络和服务当地校友、扩大学校社会影响力、促成校企合作等重要职能。

①着力推动校友分会建设。年内，新成立芝加哥校友分会、研究生支教团校友会，积极筹建上海、天津、苏州、杭州等地校友分会。截至目前，搭建起由49个地方校友会、6个专业校友会、3个社团校友会和1个兴趣校友会组成的59个校友组织纵横交织的校友交流平台。

②完善校友分会联系机制。一是确立并实施“校友工作年会制度”，邀请安徽、福建、广东、香港等28个地方校友分会近50名校友举办“2017年校友工作研讨会”，进一步形成了校友会建设思路和共识，建立了各校友分会负责人、联络人微信群，加强对分会工作的联系和指导。二是持续推进“校领导走访分会”机制，协调校领导走访各地校友或校友会，2017年分别走访了广东、深圳、吉林、海南、南京等地校友分会，为与当地搭建沟通联络平台创造条件，拜访仇建平、王锦华、章根江等知名校友，探索校企合作新模式。三是有序推进“总会扶植分会制度”，支持和配合广州、深圳、海南、上海、香港等校友分会分别开展有自身特色的活动，为校友发展提供帮助，扩大学校和校友在各自地区的影响力。四是巩固“校友分会迎新”制度，及时向各分会发送年度毕业生信息，在各方面给予帮助和支持，海南、广东、深圳等校友分会举行了迎新活动。

（吕朝伟、杨志国）

【整合与开发校友资源】 校友是支持母校发展的重要资源和力量，

开发校友资源对于学校事业发展具有重要意义。2017 年校友会办公室协同相关部门在开发校友资源方面进行了有益的探索。

① 服务学生就业创业。与招生就业处联合举办“2018 届校友、校董企业大型双选会”，主动拜访企业家校友，邀请五矿、鞍钢、太钢等 150 余家单位参展，提供就业岗位 3500 余个，吸引毕业生 4000 余人参加。

②助力学校立德树人中心工作。在全国高校中首家设立“时代凌宇 · 求是奖学金”，探索和创新高校理论社团建设及青年马克思主义人才培养新途径；利用开学、毕业典礼和颁奖仪式等重要育人载体，邀请聂华、周媛媛、邓电明及 87 级校友等回校分享成长经历和人生感悟，帮助学生树立正确的人生观、价值观，指引学生进行正确的职业规划；与团委共同打造“励志计划”品牌活动，七年来邀请近 60 名杰出校友担任导师，为学员提供“一对一”师徒式培养，在学业发展、职业选择等方面提供“点对点、精致化”指导；协助材料学院邀请十九大代表王云平校友举办“学习贯彻党的十九大精神王云平校友专场报告会”；邀请张晓峰校友捐资助力母校思想政治工作队伍建设。

③助力学校拓展社会资源。推动学校与甘肃省教育厅、中天钢铁集团、深圳盛世智能装备有限公司签署战略合作协议；协调陆正耀校友捐资 200 万元作为“北京北科精准医疗与健康科技研究院”注册资本，协助化生学院成立非营利社会组织，开展精准医疗与健康科技研究工作；与扶贫办一起协调校友捐款、捐农资支持甘肃秦安县。在人才培养合作、产学研协同创新、决策咨询、扶贫工作、科研成果转化、大学生创新创业发展等方面建立长效合作机制。

（吕朝伟、杨志国）

【校友信息收集与整理】 校友会办公室不断拓宽信息收集渠道，积极通过各地校友分会、校友会网站、官方微博、官方微信等渠道收集信息。实现校友信息的动态管理，充分利用校友返校、聚会等机会掌握校友信息变更情况，积极发挥群体力量，广泛动员教职工、校友积极为校友会提供各自掌握的最新校友信息。

①按照“时时、处处、人人”收集信息的原则，编织好“网格式”校友信息收集体系，维护并完善校友信息系统。截至 2017 年末，学校校友信息库中校友人数接近 13 万人。通过对校友信息筛查、分类、汇总，整理《2017 胡润百富榜校友名单》《两会代表校友名单》《两院院士候选人校友名单》《十九大代表校友名单》《第三届校董贡献情况汇总表》等校友数据信息，为开展募捐及相关联系服务工作夯实基础。

②完善制度，夯实校友工作基础。继续推行毕业班校友联络员制度，在每个本科班、研究生专业全覆盖选拔 200 多名毕业生作为校友联络员，并在毕业典礼上举行正式聘任仪式，从源头铺设校友联络通道，加强毕业生与母校、校友之间的情感联系。

（杨志国、陈晔明）

【捐赠项目开发】 2017 年接受捐赠 2435 万元（49 个基金项目），争取教育部配比资金 1038 万元，为学校增加收入 3473 余万元。公益支出总计 1663 万元，资助公益项目 53 个，举办捐赠仪式 10 余场。

（吕朝伟、李佳宁）

【基金运营与管理】 ①按照民政部基金会年检工作要求，填报《北京科技大学教育发展基金会 2016 年度工作报告》，通过了民政部组织的年检检查，获得年检“合格”的结论，并在《公益时报》公布基金会年度工作报告。接受财政部“中央高校捐赠收入财政配比专项核查”，进一步提高了基金会的公信力。② 2017 年按照项目化管理要求，完成 29 份协议的修改和签约，开具了 89 笔捐赠收据，完成制作捐赠证书、基金入账、银行对账、基金会网站信息公开等工作；向学校转出 65 笔基金，完成相关的项目审批表、领导审批、建立账号、开具转账支票、建立经费卡，以及后期与学院（部门）协调等工作；完成 34 个捐赠项目，42 笔捐赠收入的教育部捐赠配比申报工作。完成了北京科技大学教育基金会在北京市民政局的注销工作（2018 年 1 月 5 日拿到行政许可决定书）。③按照《国家社会组织管理局关于开展 2016 年度全国性社会组织评估工作的通知》，坚持“以评促建”的原则，负责在基础条件、内部治理、工作绩效以及社会评价四个方面对基金会进行了全面的梳理和改进，并对基金会的 100 多个基金项目进行分类整理，完成了基金会的评估工作，获得了 3A 级社会组织。

（吕朝伟、李佳宁）

发展规划工作

【概况】2017年是全面深化"十三五"教育事业发展规划以及"综合改革"方案向纵深推进的关键之年，也是学校加速推进"双一流"建设，积极推动内涵式发展的一年。

（乔　兰、胡晓军）

【"双一流"建设】建设世界一流大学和一流学科，是党中央、国务院在新的历史时期为提升国家教育发展水平、增强核心竞争力、奠定长远发展基础做出的重大战略决策。它是在"211"工程、"985"工程之后，又一次体现国家意志的高等教育发展计划。学校根据《统筹推进世界一流大学和一流学科建设总体方案》《统筹推进世界一流大学和一流学科建设实施办法》的精神，加强组织领导，做好顶层设计，认真学习深刻理解建设世界一流大学和一流学科的重大意义，坚持中国特色、世界一流，以学科为基础，以人才培养为核心，以改革为动力，着眼长远，经认真讨论，并听取各方意见，编制了学校一流学科建设方案。

（胡晓军、张云仙）

【追踪大学和学科排名情况】为了更好地指导学校学科建设的方向和内容，对ESI数据、各类大学排名、学科评估结果等进行了跟踪和分析，评测学校及各学科在不同体系的位置，找出差距，谋划路径和目标，有力支持了"双一流"建设方案的编制工作。

（胡晓军、张云仙）

人事管理

【概况】2017年，学校不断深化人事制度改革，创新人才体制机制，扩大二级单位人事自主权，充分调动各方面积极性，为学校各项事业发展提供了强有力的人才保障和智力支持。

2017年，学校入职159人，其中教师岗位110人（含引进的高水平拔尖人才及人才团队），占69%。入职人员中，具有博士学位111人，占70%；具有高级专业技术职务29人；具有海外留学经历15人，教师博士后53人。

至2017年年底，学校在职职工总数为3375人，其中专任教师1760人，教辅人员272人，行政人员465人，专职科研人员15人，工勤人员及其他人员863人。专任教师队伍中具有博士学位1319人，占74.9%。

（苏　靖、王玺宁、王泽汉）

【专业技术职务评聘工作】2017年，学校评聘工作在保证政策连续性的基础上，主要变化为"一个取消、两个调整和一个增加"，即取消职称外语和计算机能力水平要求、调整社会化评审系列的评审顺序、对教学科研教师系列高级职务申报人员岗位聘任相关要求做了补充说明、明确并强调非教学科研岗教师系列学科工作组的工作职能。同时，结合上级文件精神，在充分调研的基础上，提前公布《2018年专业技术职务评聘工作思路及评聘实施办法》（讨论稿）。2017年，全校共有150人晋升高一级专业技术职务，其中教学科研教师系列晋升92人（正高32人、副高57人、中级3人），非教学科研教师系列晋升58人（正高2人、副高11人、中级44人、初级1人）。

（郭艳琳、于　群、杜　焱）

【高层次人才引进工作】2017年，学校进一步实施人才强校战略和人才振兴工程，把目光瞄准海内外高层次人才，大力加强人才引进力度。新世纪百千万人才工程国家级人选、中国有色矿业集团有限公司教授级高级工程师刘风琴，河南师范大学教授马力，北京矿冶研究总院教授级高级工程师王玲，北京交通大学副教授吕兴，中国科学院北京纳米能源与系统研究所副研究员李志鹏，渤海大学副教授牛奔，英国帝国理工学院助理研究员贾晶晶，北京工业大学助理研究员李博通，中国科学院数学与系统科学研究院助理研究员邵燕敏，中国科学院地质与地球物理研究所助理研究员王宇，中国科学院理化技术研究所助理研究员赵静，电子科技大学讲师张爽，德国波恩大学博士后陈云华，清华大学博士后高磊，北京航空航天大学博士后孙亮，北京师范大学博士后张玉珍，香港城市大学博士王龙，北京科技大学博士许太林、李子宜、林鲲、任英、李克江，美国宾州州立大学终身副教授姚韬（兼职），英国伯明翰阿斯顿大学候任教授叶海涛（兼职），新西兰奥克兰大学副教授曹鹏（兼职），英国华威大学首席研究员李祖树（兼职），中国国家博物馆学术研究中心研究员铁付德（兼职）等高水平拔尖人才。

（郭东旭）

【高层次人才推评工作】 2017年，学校进一步加强和规范各类人才工程推评工作，完善人才遴选办法及评审程序，坚持“公正公开、实事求是、宁缺毋滥”的原则，做好各类人才工程项目的推评和管理。年内，经科研、教务、人事等部门推荐，张立峰、焦树强获“国家杰出青年科学基金”资助，尹升华入选“长江学者”青年项目，尹升华、夏志国、廖庆亮获“国家优秀青年科学基金”资助，张朝晖、孙莹获“北京市教学名师”，冯妍卉、覃京燕获“北京市青年教学名师”，弓爱君、王凤平、刘杰民获得2017年“宝钢优秀教师奖”，李晓光被北京市委教育工委聘为“北京高校思想政治理论课特级教授”，周鑫和杨兴业被评聘为“北京高校思想政治理论课特级教师”，金龙哲、蒋仲安被评为2017年度“北京市安全生产领域学科带头人”。

（郭东旭、郭艳琳）

【考核聘任工作】 ①新一轮岗位聘任工作。根据《北京科技大学各类人员编制管理规定》（校发〔2016〕55号）和《北京科技大学各类岗位聘任指导意见》（校发〔2016〕67号）文件精神，新一轮岗位聘任工作坚持“政策稳定，改革创新”和“普惠全员，鼓励拔尖”的原则，进一步明确教职工岗位分类（教师岗位、其他专业技术岗位、党政管理岗位、工勤岗位），岗位等级与津贴按不同类型岗位分别设岗与聘任；进一步扩大二级单位自主权，充分考虑不同二级单位在人员结构、学科背景等方面的差异性，允许二级单位在学校政策框架内自主制定岗位聘任实施细则和考核细则，避免“一刀切”。各类岗位的聘任工作于2017年1月顺利完成，其中教师岗位聘至特岗36人、A岗428人。

②教职工年度考核工作。按照学校相关规定及管理办法，组织实施并完成教职工（处级以下）年度考核工作。参加考核的教职工共计2512人，其中优秀174人、合格2297人、基本合格26人、不合格15人。

③教师博士后工作协议期满考核工作。按照学校相关规定，2017年5月和11月分两个批次组织并完成教师博士后工作协议期满考核工作，共计61人参加考核，52人通过考核出站留校工作。

④回国人员期满考核工作。按照留学人员签订的《出国留学协议书》要求，对回国教师进行综合考评，共计75人参加考核，均考核合格。

（苏　靖、郭艳琳、于　群、杜　焱）

【师资培养培训工作】 ①青年教师思想政治教育工作。2017年人事处联合宣传部和相关学院选派3位教师参加中宣部、教育部哲学社会科学教学科研骨干研修班，选派12位青年教师参加北京市哲学社会科学教学科研骨干研修班，选派10位青年教师参加北京高校青年骨干教师理论培训班。

②教师国际学术交流工作。学校做好教师队伍出国留学选派工作整体指导和规划，按照各单位出国人数比例进行总量控制，有层次、有步骤地进行选派。2017年入选各类国家公派项目67人（高级研究学者、访问学者项目35人，青年骨干教师出国研修项目25人，高等教育教学法LH项目1人，中美富布赖特项目1人，香江学者项目1人，清洁能源拔尖创新人才培养项目1人，孔子学院教师2人，高校优秀学生工作者1人）。以单位公派形式灵活选派26人赴海外高水平大学或机构进行学术研修。年内，学校共派出访问学者88人，其中国家公派62人、单位公派26人；完成访学回国78人，其中国家公派56人、单位公派22人。

③新教师岗前培训工作。2017年，学校共161人（含校聘劳动合同制人员）参加新入校教师岗前培训，其中教学科研岗位102人、实验岗位15人、党政管理岗位33人（含辅导员15人）、其他岗位11人。学校通过主题讲座、座谈交流、素质拓展等多种形式开展全方位系统培训，内容涵盖师德师风、廉政教育、保密工作等多个方面。此外，学校组织12人参加北京市高校师资培训中心高等学校教师岗前培训，提高新教师教育教学能力和专业素养。

④教师资格认定工作。2017年，学校继续组织落实北京市教委的教师资格认定工作，共对111人认定教师资格，进一步提升了教师专业化水平。

⑤其他培养培训工作。学校继续鼓励基础学科或亟须发展学科人员在职攻读学位，给予学费支持，同时适当放宽岗位专业技术性质强、学历相对较低人员在职攻读学位比例。2017年申请在职进修人员25人，审批通过22人；2017年最终录取14人；在职学习毕业8人（获得博士学位6人、硕士学位2人）。

⑥国内访问学者接收工作。按照教育部相关要求，认真做好青年骨干教师国内访问学者选派工作。2017年实际接收9位国内访问学者（西部之光访问学者1人、少数民族特培学员1人、青年骨干访问学者2人、一般访问学者5人；其中，教授1人、副教授4人、高级工程师2人、讲师2人；具有博士学位5人、硕士学位3人、学士学位1人）。

⑦兼职教授聘请及管理工作。为充分发挥校外专家学者和杰出人才对学校学科建设、人才培养、教学科研等工作的指导和推动作用，全年共新聘兼职教授12人，并颁发聘书。

（郭艳琳、于　群、杜　焱）

【研究生助教、助管岗位管理】 2017年，根据学校相关规定，开展研究生助教岗位设置、岗位职责制定、竞聘人员选拔、签约上岗及聘后管理等工作，共选拔博士研究生助教87名，硕士研究生助教170名，硕士研究生助管7名。

（苏　靖、王玺宁）

【博士后科研流动站工作与博士后管理工作】 2017年，学校共招收博士后研究人员112人，其中学校流动站单独招收85人（含拟聘教师博士后53人）、与企业联合招收27人；办理博士后出站99人；至2017年12月31日，在站博士后239人，其中教师博士后117人、学科博士后63人、企业博士后59人。年内，共有48人获得中国博士后科学基金第61批和62批面上资助项目，其中8人获得一等资助，40人获得二等资助，资助总金额264万元；3人获得中国博士后科学基金特别资助项目，资助总金额共计45万元。

年内，任英、林鲲、李子宜3人入选国家第二批博士后创新人才支持计划，2人入选博士后国际交流计划学术交流项目。机械工程学院教师博士后张勃洋被选为北京市博士后联谊会副秘书长。另经专家评审，评选出材料科学与工程学院张铮等8名优秀博士后。

（焦丽君）

【社会保障工作】 2017年，学校为全体在职教职工（含劳动合同制人员）共3632人进行养老、失业、工伤、医疗、生育保险的征缴和管理工作，其中保险新增及转出手续543人次、保险补缴手续2人次、异地转接手续3人次、失业金领取3人次、社保退休手续3人次、生育津贴及生育医疗保险报销手续14人次、工伤申报及认定手续5人次、医疗保险二次信息采集7人次、变更定点医院23人次，全年共收缴各部门保险费2241.55万元。此外，办理工伤保险、生育保险及津贴申领38.94万元。

年内，继续做好30名一级人事代理人员及14名待岗人员的日常管理工作，其中待岗人员中安排消防值班岗10人、按产业方式管理2人、长期病假2人。年中，退休3人，去世1人。时刻关注待岗人员状态，全年共为生活困难人员申请困难补助3人次。积极支持业务人员参加财会、档案管理及医疗保障等培训。此外，全年共办理照顾医疗申请3人次，变更定点照顾医院4人次。共办理申请解决夫妻两地分居配偶调京手续14人次，协助办理落户32人次。

（邵丽华、彭一真、苏　靖）

【养老保险制度改革】 按照人社部、教育部关于在京中央直属高校、直属事业单位养老保险改革工作安排，2017年7月，学校顺利完成在职人员（共2706人）和退休人员（共2433人）个人信息上报、2014~2017年缴费基数确认、近三年人员增减变更、首次征缴确认等工作，高质高效完成任务，得到上级部门认可。9月，人社部布置预调养老金发放工作，学校完成2508位退休人员共计1336.5万元养老金的补发。10月，学校按照人社部和教育部要求，安排业务人员参加在京中央国家机关事业单位养老保险业务培训班学习，深入理解政策文件，为做好退休人员统筹内外待遇发放工作做好准备。

（邵丽华、彭一真）

【劳动合同制人员管理工作】 截至2017年年底，学校劳动从业人员共1161人。全年共办理劳动合同人员入职离职手续共173人次，合同续签36人，全年累计发放劳动报酬1896.14万元。随着劳动合同人员管理的不断规范，中心先后就离职赔偿金、公积金缴存、工会入会等问题，进行了专门的研究，最大限度地帮助各用人单位，合法规范用工，降低法律风险。

针对校聘劳动合同制人员，逐步实现“同工同酬”待遇，2017年兑现新教工补贴及普涨工资事宜，同时也解决了北京市集体户口存放、档案存放、子女入托入学等福利待遇。同时，按照学校进一步扩大劳动合同制人员劳务派遣范围和规模的要求，选取基础教育中心部分岗位开展试点劳务派遣用工，目前已成功派遣7名劳务人员。

此外，为更加规范地向北京市相关管理部门和学校有关单位提供劳动和薪资数据，学校建立劳动合同制人员信息统计制度，完善劳动合同制人员基础数据库，确保信息维护准确、及时、全面。

（邵丽华、彭一真）

【离退休工作】 2017年，按照学校退休工作规范，为全校74位老师办理退休手续，进行退休工资的核算和发放。为55名去世职工办理丧葬费抚恤金申领，共计330余万元，做好申领资格审核和材料留存。同时，为老师们做好退休政策解读和咨询服务，规范离退休信息管理，为各单位提供离退休相关数据。

（苏　靖、彭一真）

财务工作

【概况】 2017年，财务处全面贯彻落实学校各项决策，严格按照《北京科技大学综合改革方案》《北京科技大学“十三五”事业发展规划》文件精神，积极拓展筹资渠道，优化资源配置，统筹各项经费支出，加强资金管理，努力提高经费使用效益；切实加强经费管理，严肃财经纪律，着力做好二级单位财务管理工作，完善内部控制体系建设，深入贯彻落实中央“八项规定”及勤俭办学精神，确保学校资金安全；本着以人为本的原则，在坚持规范化、科学化管理的基础上，继续推进财务服务信息平台建设，全面推进投递式报销系统，积极做好税收筹划，用心提升各项服务，确保服务有实效，提升师生获得感。

（曹光远）

【总体财务状况】 2017年，学校收入总计268011万元，包括财政补助收入135597万元，占收入的50.59%。其中，教育补助收入124026万元，占收入的46.28%；科研补助收入5100万元，占收入的1.90%；其他补助收入6471万元，占收入的2.41%；事业收入93564万元，占收入的34.91%。其中，教育事业收入28314万元，占收入的10.56%，科研事业收入65250万元，占收入的24.35%；附属单位上缴收入851万元，占收入的0.32%；经营收入3299万元，占收入的1.23%；其他收入34700万元，占收入12.95%。2017年，学校支出总计241281万元，包括工资福利支出60241万元，占总支出的24.96%；商品和服务支出73098万元，占总支出的30.30%；对个人和家庭补助支出77580万元，占总支出的32.15%；基本建设经费支出4895万元，占总支出的2.03%；其他资本性支出22168万元，占总支出的9.19%；经营支出3299万元，占总支出的1.37%。

2017年，学校基本建设完成投资9076万元，其中：国家拨款4895万元，自筹经费4181万元。

截至2017年年底，学校拥有

资产总值829958万元，比2016年末增加63458万元，增长8.28%。其中，固定资产376752万元，比2016年末增加14815万元，增长4.1%。

学校负债总额为39105万元，比2016年末增加4464万元，增长了12.89%。资产负债率为4.71%。学校账面净资产790853万元，比2016年末增加58994万元，占资产总值的95.29%。

（甘　露）

【财务管理】 ①加强收入管理，为学校整体发展提供坚实保障。随着学校发展和宏观经济环境变化，学校经费收支矛盾日益突出，筹资理财压力不断增大。为此，财务处在大力变革预算管理的同时，积极拓展筹资渠道。一是全力争取财政拨款，积极与财政部科教司、教育部财务司沟通，实时把握主管部门要求，领会上级文件精神，全年在正常财政拨款基础上，争取更多的新增财政拨款；二是继续做好盘活存量资金工作，坚持在规范前提下优先使用存量资金，优化资源配置；三是继续加强收入上交管理，强化任务和协议执行，保证应收尽收，全年收入上交率超过100%。

②切实加强经费管理，严肃财经纪律。继续深入开展收费管理和“小金库”治理，巩固工作成果，实施全面检查并深入12家单位重点检查，保持学校良好收费环境。完善电子支付平台功能建设，扩大覆盖面，学宿费等非税收入已全部实现电子平台收取，其他收费类别稳步推进，有效增强了收费规范性和交费便利性。

③着力做好二级单位财务管理工作。着力做好管庄校区收支纳入学校管理工作；适应后勤、学院等机构调整，细致做好相关经费划分和账务调整工作，保证调整后单位业务顺利开展和财务规范有序运行。通过宣讲、培训、座谈等形式，继续深入做好二级单位政策宣传和业务沟通，虚心听取意见建议，不断改进二级单位财务管理。充分发挥委派会计职能，加强派驻单位财务基础工作，完善财务规章制度。

④完成《北京科技大学内部控制手册》编制，内控体系建设取得阶段性重要成果。2017年财务处牵头继续扎实实施学校内部控制建设工作，在专业机构和学校相关单位协助下，经过反复调研论证，数易其稿，完成了《北京科技大学内部控制手册》的编写。《手册》包括1部总册和14部业务分册，约20万字，绘制管理流程图113个，涵盖了学校整体与业务层面主要经济活动领域，构成学校内部控制的总体框架和基本指引，为学校内部控制和财经管理的有序开展打下了坚实基础。

⑤全面推进财务信息化平台建设，进一步提升财务服务能力。自2015年学校新一轮全面财务信息化建设启动以来，在不到两年内，学校财务信息化框架基本建成，财务管理服务模式深刻改变，初步形成了以财务信息服务平台为基础的覆盖广泛、便捷高效的财务信息生态系统，其强大服务功能和优越性日益彰显。2017年，财务处瞄准师生服务需求，适应社会信息生活样式变迁，又着力精心开发了财务处微信公众号，并于年底正式上线。公众号以财务信息查询与发布为主要定位，通过整合庞大数据与集合相关业务功能，实现了快捷查信息、一键办业务和轻松求帮助，给广大师生提供了更贴心便利的信息服务，一经推出就受到广大师生的热烈欢迎。

⑥全面推进投递式报销系统。2017年在网络预约报销及科研经费报销“一站式”服务工作的基础上，推行了投递式报销服务模式，报销人员将手续齐全的原始凭证签字盖章后直接投递到指定投递点，财务人员在相关资料审核合格后将直接完成报销程序。投递式报销模式的实行，简化了报销流程，取得了良好效果。

⑦认真做好税收服务工作。财务处本着合法合规、做好服务的原则，进一步加强和细化涉税业务管理和服务。积极主动为职工进行年终纳税筹划，帮助职工在合法合规前提下充分享受税收优惠。通过网络在线等方式热情耐心开展涉税咨询等服务。

⑧专注细节，用心提升各项日常服务。在学校日常财务业务量不断增加，财务人员紧张的情况下，财务处努力提高财务工作效率。会计凭单从投单至完成处理的时限压缩到了一般不超过3个工作日；津补贴和劳务费核算由定期批量处理变为实时处理列支；更加密集和合理安排公费医疗报销，尽量方便师生尤其是离退休老同志；依据有关规定进一步简化公积金提取手续。

（甘　露）

资产管理

【概况】 学校共有本科教学实验室69个，校级公共服务平台2个，国家级实验教学示范中心2个，国家级虚拟仿真实验教学中心2个，北京市级实验教学示范中心8个，实验室及实习场所面积13.9万多平方米。全校实验技术人员291人，其中高级职称71人（正高职1人），中级职称174人，初级职称30人，工人16人。

（张　捷、张珊珊）

截至2017年年底，学校各类在账仪器设备74511台（套），价值17.41亿元；家具65890件（套），价值0.74亿元；软件2395套，价值1.99亿元。学校土地面积共80.39万m^2（合1205.78亩），其中本部57.8万m^2（合867.06亩）、管庄校区5.69万m^2（合85.35亩）、西三旗校区3.53万m^2（合52.98亩）、昌平创新园13.36万m^2（合200.39亩），全校总建筑面积97.01万m^2。

（牛　犁、何　勇）

【实验室管理】 ①整合学校优质仪器设备资源，持续推进仪器设备开放共享工作。出台《北京科技大学仪器设备开放共享管理办法（试行）》（校发〔2017〕28号）、《北京科技大学仪器设备开放共享校外服务管理实施细则》（校资发〔2017〕18号）等系列文件，完善学校仪器设备开放共享管理制度体系建设，调整仪器设备开放共享绩效分配方案，并加强二级单位财务自主审核管理权限。②开展仪器设备信息采集以及入网管理工作，统一核定收费标准，制定《北京科技大学仪器设备开放共享服务目录及收费标准》（2017版）。③优化仪器设备开放服务收入结算方式，对接财务管理平台，实现校内外仪器设备开放共享服务收入结算转账的全流程电子化管理。④完成科技部落实《国务院关于国家重大科研基础设施和大型科研仪器向社会开放的意见》的现场督查及整改工作。截至2017年年底，学校仪器设备共享管理平台USERS入网设备779台（套），其中10万元以上743台(套)，40万元以上314台(套)，已纳入国家网络管理平台面向社会开放的50万元以上设备199台(套)，开放共享率达91%。⑤组织开展第二十三届北京优秀青年工程师评选推荐工作，2人获北京市优秀青年工程师荣誉称号。⑥成立2个国家级实验教学示范中心教学指导委员会，并组织完成国家级实验教学示范中心年度考核工作。⑦组织开展2017年度示范性虚拟仿真实验教学项目遴选推荐工作。⑧组织开展2016—2017学年40万元以上大型仪器设备（03类）考核。考核设备数279台(套)，考核合格数259台(套)，合格率92.83%。⑨组织学术论文征集并推荐参加北京高教学会实验室工作研究会、技术物资研究分会2017年学术论文评选活动。北京高教学会技术物资研究分会2017年学术论文评选活动中共获得一等奖1项，二等奖2项，三等奖1项，优秀奖3项，学校荣获优秀组织奖。⑩实验室开放与仪器设备共享服务收入管理。2017年全年仪器设备开放共享服务收入1093.83万元。支持教学和公共服务仪器设备维修41台（套），总金额200.29万元。

（张　捷、张珊珊）

【设备管理】 ①仪器设备购置总体情况。2017年全校购置仪器设备4271台(套)，价值11583.42万元；家具类3289套，价值639.3万元；软件类268套，价值2683.72万元。②招标采购情况。完成招标采购127批/次，其中，委托招标66批/次，总值人民币13164万元，校内招标61批(次)，总值人民币1302.2万元。③政府集中采购情况。完成批量采购、协议供货项目488个、网上竞价项目4个，总价值825.86万元。④进口设备及外贸免税情况。完成50万（含）以上进口仪器设备审批备案项目29个；完成外贸代理117批(次)，共计设备148台(套)、软件4套，价值折合人民币约6790.6万元，节约税金约1358.12万元；顺利通过北京海关2017年度年审。⑤履约验收情况。审核货物及服务类合同4021份，其中招标限额上（单一来源）合同248份，合同金额1.357亿；招标限额下合同3773份，合同金额1.32亿。组织完成100万及以上设备（服务）验收 21 次，50 万～100 万项目验收 9 次。⑦制度建设情况。落实国家“放管服”要求，制定《关于完善科研仪器设备采购相关工作的通知》（校发〔2017〕67 号）；加强批量采购管理，制定《复印纸集中采购事项通知》。

（牛 犁、王 蒙）

【国有资产管理】 ①完成公车处置工作。根据学校公车改革总体安排，按照规定的处置流程，顺利完成学校42辆公车的处置工作，经过鉴定评估，42 辆待处置公车中的 23 辆具有拍卖价值，采取公开拍卖的方式进行处置，剩余 19 辆公车直接报废解体，并按规定程序报教育部备案。②开展固定资产盘点工作。根据教育部《教育部直属高等学校国有资产管理暂行办法》（教财〔2012〕6 号）、《高等学校财务制度》和《北京科技大学国有资产管理办法》（校发〔2014〕59 号）等文件规定，对截至 2017 年 8 月 31 日学校所有固定资产进行全面盘点，确保账实相符。③加强资产使用管理。针对公共用房出租出借，严格按照《关于进一步加强公共用房出租出借规范管理的通知》（校发〔2016〕54 号）要求，为规范出租价格，通过公开招标的方式遴选出三家资产评估机构，对出租资产进行资产评估，确定出租价格。④继续推进资产专项检查整改。根据学校国有资产管理专项检查整改工作安排，从机制体制建设、规章制度完善、规范事业资产管理、加强校办企业监管等方面继续推进整改落实，提高国有资产使用效益，防范国有资产流失。⑤推进办公用房整改工作。2017 年按照学校统一安排继续开展行政办公用房清理整改工作，协同学校其他职能部门对行政办公用房使用情况进行核查，与存在超标情况单位进行会商，确定清理腾退或工程改造方案。加强对腾退用房统筹规划，合理调配，提高房屋资源使用效益。⑥完成首钢宿舍搬迁工作。首钢实习宿舍位于 2022 年北京冬奥会组委会办公场所及运动员训练场馆地块，按照相关规划需腾退。2017 年 2 月接到腾退相关通知后，经与首钢多次接洽，3 月 22 日何民庆副校长与首钢胡雄光副总经理进行会谈，3 月 23 日张欣欣校长又与首钢张功焰总经理进行了进一步洽谈，就腾迁问题及后续相关事宜进行了沟通，并形成《谅解备忘录》。按时完成了首钢实习宿舍中学校固定资产的搬迁工作。⑦文物普查及安全管理工作。配合街道办完成全国第三次文物普查，学校 13 栋建筑物被北京市列为不可移动文物，根据学校建筑物实际情况，部分建筑物已不宜列为文物，就此向海淀区文化委提交了不宜列为文物的报告，并配合海淀区文化委完成了学校文物使用管理的安全隐患自查及整改工作。⑧推进房产证办理工作。继续推进学校部分房屋房产证办理及房产证信息变更相关工作，目前学校门牌号编号方案已通过海淀分局审批，正向海淀分局申请做门楼牌，门楼牌做好后到海淀分局开具证明信，并着手准备材料办理房产证。

（何 勇）

【人防及地下空间管理】 ①加强地下空间使用管理。一是按照使用规划及实施方案完成地下空间整理，并分配各使用单位；二是与各使用单位签订《领用协议》和《安全使用责任书》，明确使用单位和安全责任；三是完成地下空间的日常使用管理。②加强地下空间安全管理。一是组建 6 人的安全巡查队伍，负责地下空间的日常性巡视、检查和设施维修、维护任务，全年共组织巡查 978 小时。二是在两会、节假日等重点时期内，坚持做到 24 小时值班制。三是完成汛期地下空间入口处防汛沙袋（约 2000 袋）的布放，坚持雨天 24 小时值班，确保安全。

（谭 豪）

【环保与技术安全管理】 ①推进化学品采购与管理平台在化生、冶金等单位试点运行，进一步优化采购审批流程，完善系统功能模块，完成平台供应商资格遴选与培训，补充供应商 57 家，产品覆盖普通生化试剂、危险化学品、压缩及液化气体气瓶三大类 175 个品牌 400 多万种商品，目前已在全校范围内推广使用。②进一步完善重点危险源制度建设。制定各类实验室安全工作通知 23 个；制定两个重点危险源管理制度，包括《北京科技大学实验室加热设备安全管理细则》（校资发〔2017〕49 号）及《北京科技大学实验室冰箱安全管理细则》（校资发〔2017〕50 号）。③落实实验室安全工作责任制，代表学校与 21 个二级单位签订实验室安全责任书，要求二级单位与系所（中心）、实验用房责任教师、实验人员逐级签订安全责任书。④推进实验室安全防范设施建设。为全校理工科实验室配置阻燃工作服1300件、防护口罩1300个、护目镜1300个、防护手套1300对、防静电工作服400件；协助国科中心完成昌平园区实验室安全防范设施配置工作，包括化学品柜12个、气瓶架19个、废液柜及废液桶11个、铝制安全标示105个；制发各类实验室安全警示标识3500余个；完成全校72个实验室急救箱补充工作。⑤全面开展实验室安全教育培训。完成入校实验室安全培训，包括新生入校培训8场，辅导员岗前培训1场、新教职工安全培训1场；完成学校2017年实验室安全专项培训，发放培训证书120余册，涉及危险化学品及压力气瓶安全操作；组织学院参加校外实验室安全培训3场；完成实验室安全课程授课工作，涉及材料、化生、冶金相关专业学生等1300余人；组织2017级全体新生7355余人参加校级实验室安全准入考试。⑥持续加强实验室安全文化宣传。组织2017实验室安全文化月活动，围绕八个主题开展包括实验室安全文化月活动开幕式、实验室安全专项培训、实验室危险化学品及废弃物泄露应急演习、实验室安全宣传展、实验室安全先进工作奖评选等各项活动；制发《实验室安全知识读本》（中英文版）等系列宣传资料5000多份。⑦深入开展实验室安全检查督查。本年度学校季查及实验室安全督查共公示20次，涉及56个实验用房91个隐患点，复核隐患整改完成项91个；完成专项检查督查工作，包括危险化学品专项督查1次、压力气瓶专项督查1次、特种设备专项调查1次及本部校区外实验室安全督查7次；完成上级专项检查3次，包括市教委危险化学品专项检查、教技司高校科研实验室安全检查、教技司在京高校危险化学品使用安全问题检查。⑧加强重点危险源监管工作。完成危险化学品日常审批，线下审核登记危险化学品申领记录592次，平台审核危险化学品采购记录631次；理顺特种设备注册登记流程，从业人员证件办理流程及特种设备定期检测办法，完成实验室特种设备专项调查，统计实验室特种设备共计16台。⑨扎实做好环境保护工作，组织完成危险废弃物处理工作。本年度共处理实验室废弃试剂、废液及废弃试剂瓶共计44.1吨，处理废弃气瓶45个；对校医院医用污水、实验室及办公室内空气质量、实验室产生污泥成分及实验区域周边噪声等环保指标进行监测；按要求完成了15名涉辐人员的证件办理、培训、体检、剂量监测及24台辐射设备的检测工作。

（马　庆、赵雨霄）

【数据统计及报表】 ①根据国务院机关事务管理局要求，完成2017年度中央行政事业单位资产决算报表编报；②根据财政部要求，完成2017年行政事业单位资产管理信息系统报表编报；③根据教育部要求，完成2016—2017学年高等学校实验室信息统计数据报送工作。

（何　勇、张　捷、张珊珊）

信息化建设与管理办公室

【概况】 信息化建设与管理办公室编制12人，2017年在编人员11名，缺编1人。全面负责校园网络及信息系统的安全，网站的管理和运维，业务系统的管理和技术维护，数据中心的整合和建设工作。信息化工作围绕学校的综合改革和“双一流”建设，开始逐步整合人事、科研、本科教学、研究生培养、财务等数据，推进标准统一、安全可靠的数据规范和应用体系，实现数据有序、有效的流通；梳理、优化业务流程，推进协同、移动办公，线下业务向线上办理、窗口服务向自助服务模式转变，有效提升校务管理的水平。强化网络与信息安全建设，梳理、清理各级网站。完成学校门户网站升级和改版，有效提升学校在互联网上的形象。

（杨德斌）

【网络中心】 网络中心主要承担校园网络的规划实施和运行维护、安全监控等技术支持工作，包括新增楼宇以及网络信息点的部署和上线。校园网在线终端峰值近40000个；上网用户峰值数近

20000 人，校园网出口带宽增加到 6.8G。2017 年主要完成如下工作：①规划、组织实施了管庄校区校园网综合改造项目。②完成信息化新核心机房建设，原机房迁移，涉及交换机、服务器等网络设备共 120 多台（套），以及光纤的重新熔接，搬迁过程中科学组织、多方协同，效率提高一倍，提前完成预定计划。③更新了网络出口认证设备 2 台，实现无线网络认证的无感知应用。④新增 30 余台虚拟机，为各种资源在统一平台之上的高度融合提供硬件保障。⑤更新网管系统，并积极创新，不断提高工作效率，如在核心交换机出口接口上部署反 IP 伪造策略，降低对出口设备的攻击概率。⑥购置 CACHE 缓存设备，减轻了校园网出口的压力，并为师生节约平均 600M/S 的流量。⑦全心全意为校园网用户服务：实现上网账号与校园卡有效期的联动、自助开户、重置密码等；微信网络故障报修系统正式上线使用，用户使用便捷，维修人员反应及时，缩短了响应时间，提高了服务效率；暑期对新生宿舍的端口统一检修，共检修房间近 1400 间，修理更换模块面板 600 余个。

（陈济平）

【数据中心】 数据中心主要承担数据应用平台和业务应用系统的规划设计、建设、管理、使用与运维。①一卡通系统与电子支付系统的功能完善：电子支付平台多次升级，增加了多项缴费项目和商户扫码模块，实现本部全体在校学生学费、住宿费的缴纳，以及管庄校区远程、高职、函授、夜大等各类成人教育学费的在线缴纳；将短信平台更新为多运营商平台。②一卡通二期项目方案已经通过论证，新增公交一卡通融合等，已完成专网、服务器、系统调查与开发。③完成管庄校区一卡通系统建设，以及与学校的一卡通系统统一对接。④统一身份认证系统的建设。完成了系统招标、部署等过程，正在完成学校各部门业务应用系统的集成。⑤启动信息服务中心在线系统的建设。⑥启动新 OA 系统的招标和系统部署，对党办校办业务流程进行网络化和电子化部署。已初步完成电脑和移动端的上级来文、校内公文、日程安排的展示。⑦人力资源管理系统升级改造。完成了系统软件招标和系统环境部署，在原有数据的基础上，重新合理分类并导入了人力资源基础信息，逐个模块推进人力资源管理系统的建设和使用。⑧新主页历经 6 个月、17 稿精心打磨，于 2017 年 6 月 16 日正式上线，新主页在力求学校特色的同时又表现出与众不同的风格，中文主页样式在国内尚无相似之例，上线至 2017 年年底，浏览量已经突破 139 万，受到广泛好评。⑨广泛调研跨部门业务需求，融合先进的信息化技术，创新引领 2017“刷脸迎新”的新潮流。迎新数据实时知晓、自驾来校车辆预测、新生网上自选床上用品、体检表自助打印、线上缴纳学费、住宿费、体检费等创新应用为相关部门的精准服务提供了强有力的技术支持；2017 北科大的“刷脸”报到引领迎新新潮流，中国教育网络为此发表了题为《北京科技大学：科技之美注入数字迎新》的专题报道。⑩为学校的大型活动网络视频直播提供网络和平台保障，完成了原创话剧《奔流》专场演出、65 周年校庆文艺晚会、2017 届学生毕业典礼、学习宣传贯彻十九大精神专题报告会、第二届研究生学术三分钟演讲比赛等视频直播。

（颉 斌、何 敏）

【信息服务中心】 2017 年主要完成工作如下：①完成 2017 年新生、各类交流生、夏令营、科学营、学术交流营等各类信息卡的批量制作、发放，共计 9032 张；其它各类补卡 15384 张。②完成毕业生校园卡、上网账号销户、退费等工作。③教工每月餐补的发放，以及财务、后勤校园卡报表统计、打印等工作。④提供师生来访、微信、客服邮箱、电话等各类信息咨询服务两万余次。⑤ 现有一卡通系统扩充和升级：为研究生院、后勤集团、校医院等单位安装校园卡收费 POS 机，消除现金收费；为校史馆以及科技经营管理中心安装统一的门禁系统。⑥食堂 POS 机由原仅支持 M1 卡升级为支持 M1 卡和 CPU 卡，为校园卡的升级做好基础准备。⑦更新学生、教职工校园卡卡面和自助补卡机模板，实现了卡面统一。

（陶丽红、钱大益）

【信息安全管理】 强化网络与信息安全工作，全年未发生信息安全责任事故，有力维护了学校网络与信息系统的稳定运行。①完成了教育部、公安局文保大队、教工委等单位的各种信息安全检查；填写各种表格并进行情况汇报，敏感时期的安全事件每日零报送。②对校内网站与信息系统进行不定期漏洞扫描与风险评估，年内累计开展402次，查出有风险网站18个，协同相关部门及时整改和处理，对发现存在网络安全隐患的网站也逐一进行了整改。③积极应对信息安全突发事件，5月勒索病毒出现后第一时间通过北科大信息安全群、邮箱等形式发布消息及防范措施，并对全校网站进行扫描，未发生电脑感染事件。④十九大召开前期，全面清理核对有效网站和“双非”网站信息，将154个有效网站分类归入已备案等保信息系统中。⑤完成域名 ustb.edu.cn 和 ustb.cn 的ICP备案工作；继续推进等级保护测评工作；补充完善原有网站和管理员信息台账。⑥充分利用新媒体的特点，建立北科大信息安全沟通和协调微信群，定期发布安全信息和对应方法。

（陶丽红、钱大益）

招生与就业工作

【招生工作】 2017年学校共有26个本科招生专业，其中文理兼收专业6个，大类招生专业12个。2017年学校录取本科生3453人，其中理工科2905人、文科429人、综合改革（不分文理）119人；普通类2883人，自主招生140人，高校专项计划30人，国家专项计划221人，视觉传达设计（艺术类）42人，高水平艺术团11人，高水平运动队30人，外语类保送生8人，南疆计划3人，新疆、西藏内地班学生37人，港澳台4人，少数民族预科生23人，新疆民考汉21人。从录取新生情况看，男生2122人，占61.45%；女生1331人，占38.55%。城镇户口2253人，占65.25%；农村户口1200人，占34.75%。2017年，录取平均分与各省市的重点控制线之差为101.8（理工）和65.9（文科），理工科和文科录取分数都有提高。

① 科学制定招生政策，凝练学科特色，提高吸引力。一是科学调整分省、分专业计划。根据学校办学条件等实际情况，统筹考虑各省2017年高考报名人数占全国高考报名总数的比例和2016年中央部门高校录取人数占中央部门高校全国录取总数比例、生源质量、就业情况，认真研究，科学合理地确定了学校来源计划。二是进一步完善特殊类型招生办法。自主招生和高校专项计划招生全部在教育部特殊类型招生报名平台报名，并在测试中加入综合素质评价成绩；停止艺术类校考，使用学生省里专业统考成绩计入综合成绩，大大激发了艺术类学生的报考兴趣，优化了艺术类人才选拔流程，显著提高生源质量。三是在北京继续实行“百分百满足考生专业志愿”政策，北京地区录取保持了较高水平。四是积极应对国家考试招生制度改革，稳步推动学校大类招生。2017年由原来的39个专业（类）缩减为26个招生专业（类）；积极应对浙江、上海新高考，开展10余次专项调研、研讨，科学制定招生政策；顺利完成改革试点招生录取工作。

② 利用立体化宣传平台，精准宣传，扩大学校影响力。一是注重传统媒体和新媒体的有效结合。组建网络宣传运行团队，以高中生和家长为目标群体，通过微信公众号定期发布各类文案，涉及招生政策、校园文化、学院专业介绍等；通过本科招生网发布权威招生政策和信息；2017年与央广网、北京卫视等40余家媒体开展招生宣传合作。二是广泛凝聚各方力量，开展精准宣传。从2015年开始推动“大学教授走进中学校园”公益科普讲座活动，至今累计进入全国重点优质中学开展了52场讲座，覆盖近2万名学生；充分调动学生积极性，开展“把我的大学带回母校”寒假招生宣传实践活动，活动规模持续突破，2017年组织了800多名北科大学子进入439所中学，效果显著。三是加强招生宣传队伍建设，加大各省市宣传力度。修订招生宣传工作管理办法，加强培训和校院联动，2017年选拔培训370人次教师参加京内外咨询会465场，为数十万考生和家长答疑解惑。四是全方位高考咨询答疑。在高考咨询周期间，利用

BBS、新浪微博、阳光高考网、各省咨询网等平台及时解答考生和家长咨询问题。同时，13部招生咨询热线延长至每日21点，尽可能满足广大考生和家长的咨询需求。

③严格招生政策执行，确保招生工作公平、公正、公开。一是规范招生过程。进一步明确招生工作责任，规范招生计划制定、招生录取、信息公开公示和新生入学复查等重要环节的过程操作，落实招生工作的全程监督。二是加强特殊类型招生工作管理。积极与机械学院、体育部、外国语学院、校团委等部门合作，对特殊类型招生的关键环节和重要节点进行梳理，明确具体责任，规范工作流程。三是严明纪律，细化责任。修订招生工作手册，细化招生录取工作程序，组织网上录取人员认真学习教育部规范招生录取工作的系列文件，进一步强调工作纪律，明确工作责任。学校纪委全程参与招生录取过程，严格执行教育部提出的“六不准、十严禁、十公开”制度。

（王　进）

北京科技大学2017年录取分数统计表

理工科

省市	重点线	最高分	最低分	平均分	省市	重点线	最高分	最低分	平均分
北京	537	642	624	627	湖南	505	617	587	593
天津	521	629	610	615	广东	485	579	558	564
河北	485	636	607	620	广西	473	581	545	561
山西	481	581	551	560	海南	539	743	707	721
内蒙古	466	620	562	591	重庆	492	618	589	598
辽宁	480	628	602	612	四川	511	631	599	606
吉林	507	621	573	592	贵州	456	585	553	560
黑龙江	455	612	585	596	云南	500	613	581	589
江苏	331	372	366	367	陕西	449	614	565	583
安徽	487	605	586	592	甘肃	460	580	557	563
福建	441	572	544	551	青海	391	578	483	511
江西	503	601	580	584	宁夏	439	568	532	544
山东	515	647	621	628	新疆	437	586	552	561
河南	484	611	592	597	西藏（汉）	426	584	539	560
湖北	484	605	589	593	西藏（少）	296	350	316	330

文科

省市	重点线	最高分	最低分	平均分	省市	重点线	最高分	最低分	平均分
北京	624	614	617	617	江西	592	588	590	590
天津	598	588	592	592	山东	605	595	597	597
河北	623	610	616	616	河南	606	592	595	595
山西	571	561	564	564	湖北	595	586	589	589
内蒙古	570	560	564	564	湖南	619	607	610	610
辽宁	604	587	591	591	重庆	602	589	592	592
吉林	595	558	573	573	四川	603	588	592	592
黑龙江	579	559	567	567	云南	627	612	616	616
江苏	368	357	360	360	陕西	597	589	592	592
安徽	591	586	588	588	甘肃	574	555	560	560

综合改革（不分文理）

省市	自主参考线	最高分	最低分	平均分	省市	自主参考线	最高分	最低分	平均分
浙江	577	641	624	631	上海	501	537	524	530

【就业工作】 学校2017届毕业生共6010人，其中本科生3251人，研究生2759人。截至8月31日，毕业生整体就业率为96.62%，圆满完成年度就业工作目标。其中，研究生就业率98.44%，本科生就业率95.08%。本科生深造率较2016届提高1.3个百分点，国内读研率连续四年保持在40%以上。根据第三方调研结果，学校毕业生国内读研比例和留学比例均高于全国“211”工程、全国“985”工程平均水平。毕业生薪酬、对学校总体满意度均持续高于全国“211”工程平均水平，对工作现状满意度高于全国“985”工程、“211”工程平均水平，毕业生就业满意度和社会认可度稳步提升。

①开展多元生涯教育，成就学生职业梦想。

学校坚持以“结合需求、尊重个性、长远发展、集体成才”为导向，不断完善“课堂教育+个性化辅导+网络引导+岗位实践”四位一体的生涯教育体系，将职业生涯规划教育贯穿大学全程，丰富就业指导的内容，创新就业指导的形式，帮助学生探索适合自身发展的成长路径。学校开设《大学生职业发展与就业指导》本科生必修课，课程贯穿大学四年，内容紧密结合不同年级大学生所面临的职业生涯发展问题和实际需求，通过课堂潜移默化地将职业生涯规划意识根植于学生内心。课程内容和授课效果受到学生欢迎，连续三年，学生对课程满意度超过90%。开设《研究生生涯规划与就业指导》选修课，面向全体研究生新生开展职业生涯规划教育讲座18场。通过第一课堂系统性课程设计，实现生涯规划和就业指导全覆盖。

科学设计第二课堂生涯教育和就业指导课表，深入开展分类指导、团体辅导和一对一深度辅导。科学遵循学生成长规律，满足不同学生的发展需求。依托“职业生涯辅导月”“求职季公开课”“求职训练营”等平台，建设“生涯体验日”“模拟求职大赛”“校友进专业（班级）话就业”等品牌活动，开展“专题讲座、公开课、模拟求职大赛、班级工作坊、简历问诊日、求职集训营”等活动200余场，覆盖学生2万余人次，有效将职业教育融入学生的日常学习和生活中，及早帮助学生树立发展目标。充分发挥学生职业发展类社团在大学生生涯规划和专业行业发展等领域的自我教育作用，打造“学生职业发展协会”，建立“BOE企业俱乐部”“百度菁英俱乐部”等学生明星职业社团，大力开展朋辈生涯教育。

学校把握新时代大学生特点和需求，创新开展了丰富多彩的寓教于乐的生涯指导活动，通过这些丰富的活动，启发学生思考在国家战略发展背景下如何更好地实现个人成长，树立积极健康的就业观并走好大学的每一步。学校每年举办的“职业体验日”，以“探索、实践、求知、成长”为理念，将职业生涯规划的理念融入“大富翁”“狼人杀”等多种元素，设计锦囊妙计、意外转盘、解忧杂货铺等易被大学生接受和喜好的游戏项目，活动既好玩又实用，吸引了校内外7000余人次参与。开通“北科职日声”“择业AB面”等栏目，充分利用网站、微信等平台提供就业指导，为毕业生提供精准就业服务。

学校积极推行“大学生预实习计划”，以实习促就业。每年5月，学校组织大型“实习生双选会”，2017年有190余家企事业单位参会，涉及互联网、材料科学、航空航天、电子信息、机械制造、金融贸易、文化创意等领域，为在校学生提供了实习岗位近3000个，覆盖全校各个专业，吸引了4000余名学生参加。截至目前，学校已与100余家重点企业签订了就业实习基地协议，进一步加深校企合作关系，为学生赴企业参观、实习、实践提供机会。

②精准对接用人单位，提供更多优质岗位。

就业市场是学生顺利就业的生命线。北京科技大学根据学校人才培养目标和学科特点，明确“区域合理、行业兼顾、满足需求、保障质量”的就业市场格局，不断推进校院两级就业市场建设，积极开拓重点领域和新兴领域就业岗位，进一步拓宽就业渠道，提升招聘和信息传递效率，努力为毕业生提供更多优质有效的就业岗位。学校加强与材料、冶金、机械等传统行业重点企业的合作，积极引进行业重点龙头企业，保持学校传统优势行业企业进校招聘基本稳定。大力开拓高端装备制造、新能源、新材料、航空航天、国防工业等新兴领域就业市场，目前已与装备制造、能源化工、IT 互联网、信息通信等八大行业的 200 余家龙头企业建立了稳定的合作关系，去重点单位就业人数明显增加。

学校积极创新就业渠道。结合分学院、分专业学生的就业特点和需求，组织了文科专场、理科专场、生物医药专场等特色行业双选会，提高就业市场的针对性和有效性。加强与校友企业和地方政府的合作。2017 年继续举办校友企业双选会，中国五矿、中冶集团、神州优车、中国航天科技集团、大唐高鸿、东软、用友、京东方等知名企业在内的 150 余家单位参展，涵盖新材料、装备制造、钢铁冶金、汽车制造、信息互联网等多个领域，为毕业生提供就业岗位 3500 余个，吸引毕业生 4000 余人，实现校友发展“传、帮、带”。与京津冀地区、江苏、山东等地的人才机构和企业达成合作协议，为毕业生服务地区经济发展创造条件。鼓励学生导师利用校企科研合作平台，帮助学生参与企业科学研究、工作实习并实现顺利就业。2017 年，进校招聘毕业生的企业数量达 1864 家，举办招聘会（宣讲会）468 场，共提供就业岗位 3 万余个，供需比达到 1:6.08，有效保证了毕业生的就业需求。

③加强就业引导工作，鼓励重点领域就业。

树立科学的就业观和成才观，自觉把个人理想同国家和社会需要紧密结合，让青春之花绽放在祖国最需要的地方，既是国家发展的需要，更是青年学生成长成才的需要。学校确立了毕业生“到国民经济建设主战场建功立业”的就业引导目标，“搭平台、重引导、给政策”引导毕业生在服务国家的大舞台上追求梦想、实现价值。

为毕业生搭建到重点领域就业的平台。聚焦国家重点领域，向重点地区、重大工程、重大项目、重要领域输送毕业生，围绕“一带一路”建设、京津冀协同发展、长江经济带发展等开发就业岗位。聚焦新兴领域，结合建设创新型国家需求，在共享经济、现代供应链、人力资本服务等领域，积极拓展就业新空间，引导毕业生到高技术产业、战略性新兴产业、先进制造业和现代服务业等领域就业创业。

加强与地方政府合作，邀请地方重点企业入校招聘。2017 年，学校与包头市、无锡市、南通市、德州市等地方人社局开展合作，邀请地方重点单位组团进校招聘。学校组织毕业生去其他高校及外地参加新疆、西安、成都等中西部地区的招聘会。除地区招聘会外，学校与中西部重点企业加强联系，利用企业走访，带领毕业生走进重庆、成都等企业，吸引了中冶赛迪、西部矿业、西部超导等与学校主干专业对口的企业入校招聘。

引导毕业生到基层岗位锻炼成长。基层是大学生成长成才的重要平台，学校鼓励毕业生服务基层、奉献才干、锻炼成长。学校积极推进大学生村官、西部计划等中央基层项目，发挥示范引领作用，落实好基层就业学费补偿代偿、升学等优惠政策。积极为愿意到基层就业的大学生创造条件，引导毕业生到中西部地区、东北地区、艰苦边远地区就业创业，到城乡基层从事教育文化、健康养老、扶贫开发等领域工作，到社会组织就业。鼓励大学生投身军营，认真落实学费资助、复学升学、就业创业等优惠政策，鼓励更多大学生响应号召，将爱国之心化为报国之行。鼓励大学生到国际组织实习任职，及时收集发布国际组织招聘信息，把国际组织相关内容纳入就业指导教材和课程。学校每年召开“我的事业梦在这里启航——北京科技大学西部·启航奖励金颁奖仪式”，对赴西部、基层就业毕业生进行表彰并发放专项奖金，引导学生到祖国最需要的地方建功立业。

2017 年，学校有 224 名毕业生结合专业特长，奔赴西部基层单位建功立业，有 12 名毕业生参加“大学生村官”项目就业，共有 46 名学生入伍，其中 12 名毕业生。为鼓励毕业生到西部、基层就业，学校制定了《毕业生“志愿服务西部奖”“志愿服务基层奖”及“启航奖励金”评选实施办法》，对于去西部、基层及艰苦岗位就业的毕业生发放奖励金。2017 年，共发放西部、基层就业奖励金近 70 万元。教育部大学生就业网对学校就业引导工作经验进行了介绍。

④细化就业服务内容，解决学生实际困难

学校关心关爱每个学生，细致贴心为学生做实事、解难事。建立精准就业一体化服务系统，精确掌握毕业生求职动态，精准掌握毕业生求职需求，实现学生信息获取、手续办理、预约咨询等服务一站完成。细化就业服务内容，加强就业政策的宣传、落实和引导，优化就业手续办理流程。面向全体毕业生提供“三个一”服务：一次“一对一”深度辅导，修改一次简历，一次匹配度较高的职位推荐。学生就业指导中心和各学院就业指导教师定期开设“简历诊所”“职业工作坊”，为学生提供量体裁衣式的指导。根据学生不同就业去向、求职时间特点和求职目标开展分类、分时、分需的精准服务，开展毕业生出国留学、户档政策、职业选择等专题交流，覆盖学生3000余人。

建立完善的就业帮扶体系。关注重点环节和重点群体，开展分层分类就业帮扶。积极为少数民族、经济困难、就业困难等就业特殊群体毕业生提供就业帮扶和指导。成立“少数民族”就业专项工作组，通过求职训练营、政策交流会等方式为少数民族学生回乡就业提供全方位的就业指导和工作推荐。对于经济困难的学生，发放专项求职补贴30余万元；对于心理承受能力较差的同学，联合学校心理咨询中心，通过专题工作坊、个别辅导等形式帮助毕业生排解就业压力；对于求职能力和求职技巧较差的同学，着重进行笔试、面试“一对一”辅导，帮助学生提升就业能力。广泛发动任课教师、班主任、班导师和校友等资源，为就业困难毕业生进行工作推荐，确保让每一个有就业意愿的毕业生顺利就业。

（陈建帮）

审计工作

【概况】 2017年，审计室在校党委和行政班子的领导下，按照教育部审计工作要求，结合学校中心工作，以审计促管理，明确目标，顺利完成本年度工作计划。本年度重点关注学校二级单位领导干部履行经济责任情况、“三重一大”事项决策执行情况、资产管理情况、专项资金使用情况、预算执行及决算情况、基建工程和修缮工程施工过程管理及决算情况等。审计室认真履行监督职能，配合相关部门共同促进完善学校内控体系建设，防范风险。

（孙亚东）

【专项审计】 ①经济责任、财务收支及专项审计工作。2017年，审计室共实施了10个审计项目，具体包括学校预算执行与决算审计1项，二级单位［规划与学科建设办公室、宣传部、体育部、资产管理处、人事处、新金属材料国家重点实验室、学生工作部（处）、武装部］主要负责人任期或离任经济责任审计7项，中央高校教育教学改革经费和大科学工程建设情况专项审计2项。通过审计，进一步强化了被审计单位主要负责人的“两个责任”意识，促进了二级单位完善内部管理制度，加强了内部管理。

②审计整改落实专项检查工作。按照《教育部经济责任审计整改工作办法》要求，审计室继续强化审计整改工作的严肃性，努力提升审计整改工作质量和效果，2017年对上年度完成审计的7个单位（自动化学院、马克思主义学院、图书馆、校医院、计算机与通信工程学院、体育馆、管庄校区）的审计整改落实情况进行了专项检查。从检查情况看，各单位都能按照要求针对审计中发现的问题进行相应整改，完善了相应管理制度，加强了内部管理，细化了部门预算编制，除个别难处理、需要相关职能部门配合解决的问题外，被审计单位基本都完成了整改。对于审计中发现的共性问题，及时与相关职能部门沟通，共商共议，共同完善相关管理工作，解决实际问题。

③完成教育部对校长任期经济责任审计工作。2017年5月教育部组建审计组入校，对学校校长进行任期经济责任审计，审计室作为审计工作联系部门，积极

配合教育部的审计工作，协调相关部门积极准备审计所需资料，按审计工作要求安排相关人员进行谈话，保障了审计工作的顺利开展。接到教育部发送的经济责任审计报告后，作为审计整改牵头单位，积极组织协调相关部门开展整改工作，最终形成北京科技大学校长经济责任审计整改结果报告上报教育部。

④基建、修缮工程审计工作。本年度完成基建、修缮工程审计121项，审计金额5897.21万元，审减额为165.72万元，审减率为2.81%。年内列入重大项目审计范围的包括昌平创新园东区和工程实践基地（一期）2个基建项目；纳入全过程审计范围的修缮项目包括2017届学生公寓粉刷维修工程、逸夫教学楼粉刷及卫生间维修工程等18个60万元以上的修缮项目。以上项目均按照工程进度完成了相应阶段的审计任务。在不断加强对基建工程项目和大额修缮项目进行跟踪审计力度的同时，更加注重对外委审计机构的管理。对项目前期准备、施工以及竣工结算等进行全过程跟踪审计，严格把控关键环节，防范风险，提高建设资金的使用效益。

除对以上金额较大建设项目进行全过程审计外，审计室对超过5万元的修缮项目全部进行结算审计，同时，对20万元以上项目加强了对施工过程中关键风险点的控制，参与审核招标文件、拦标价、施工合同、工程洽商等多个环节，提出审计意见建议。

（肖雅珠、纪国东）

【联席会议】 2017年3月2日审计室组织召开了学校2017年第一次经济责任审计工作联席会议，校党委副书记、纪委书记戴井岗以及组织部、人事处、财务处、资产处、纪委监察室、审计室6个学校经济责任审计联席会议成员单位负责人出席了会议。会上汇报了2016年经济责任审计情况，讨论拟定了2017年经济责任审计工作计划，戴井岗对审计工作提出了要求。联席会议加强了相关部门之间的沟通交流，为经济责任审计工作提供了新思路，进一步推进学校经济责任审计工作的深化。

（李霞飞）

【队伍建设】 坚持组织审计人员认真学习党的十九大精神、领导人重要讲话精神和党建理论，增强党性修养。根据审计和会计岗位后续教育的要求，组织审计人员参加后续培训和经验交流会议8人次，及时掌握新政策，学习兄弟院校工作经验，不断提高审计工作水平。为了优化审计队伍结构，从财务部门调入一名年轻财会人员到审计室工作，充实壮大了审计队伍。

（李霞飞）

【其他工作】 ①审签各类科研结题项目19项；②对每季度末财务处报送的银行对账单和银行存款余额调节表进行审签；③参与教育部信息化管理系统建设项目工作；④参与工程建设项目工作领导小组工作；⑤配合相关部门参与学校治理教育乱收费工作。

（曹　勇）

国际及港澳台交流与合作

【概况】 2017年，国际合作与交流处暨港澳台事务办公室围绕学校的中心工作，坚持全球维度、高端定位、深度合作、引领发展的方针，建设以学校交流为平台、以教师合作为主体、以学生交流为促进的全方位国际合作框架，助力提升学校学科、教学及科研水平。

年内，学校与11所高水平海外院校新签合作协议，共选派733名学生赴海境外交流学习，主办国际学术会议10个，接待各类来访人员逾900人次，教师短期因公出国境进行学术交流465人次。

（梁志扬）

【对外合作与交流】 着眼全局，强化顶层设计，积极优化国际合作结构与布局，拓展国际合作广度与深度，谋划重点学科领域的高水平合作，服务学校整体发展。

①系统布局国际化建设推进工作。顺应教育发展新战略和国际化新趋势，召开了国际化建设工作会议，全面分析了学校国际合作与交流工作面临的内外部环境、国际化发展进程和现状、面

临的机遇和挑战，并提出了新时期国际化发展愿景和规划，明确了国际化建设要服务党和国家工作大局、服务学校中心工作、服务师生国际化发展的定位。

②抢抓战略机遇，重点谋划“一带一路”国际合作战略新布局。推动校领导出访奥地利、爱沙尼亚、波兰等“一带一路”沿线国家洽谈教育合作，与4校新签/续签战略合作协议。加强国际（区域）问题研究，以一带一路研究院为依托成立的东盟研究中心入选教育部备案名单，2项课题获教育部批准立项。与泰国农业大学联合开展国家首个“一带一路”材料环境腐蚀研究的国际合作项目。

③国际合作重心向“高精尖”倾斜。构建战略导向的国际合作网络，与新南威尔士大学、亚利桑那大学等11所全球知名高校新建合作（含5所世界排名前200高校，4所“一带一路”沿线国家高校），与鲁汶大学、东北大学等12所高水平院校续签协议。重点推进高层次合作，与塔塔钢铁集团举办第二届中层管理人员培训班，以联合研究中心为基础深入推进与伯明翰大学全面、实效性教研合作，储能与环境功能材料拔尖培养项目获批国家创新型人才国际合作培养项目，与密苏里大学堪萨斯分校推动“大数据”方向中外合作办学项目、海外办学，推动一带一路研究院开展高水平科技智库国际合作。深化双边多边教育合作，与北海道大学举办双边研讨会，深度参与中欧工程教育联盟合作机制，加入欧洲最大且占主导地位的学术网络联盟——欧亚太平洋大学联盟。提升学校国际知名度和影响力，举办了与北海道大学合作30周年纪念暨北科大日活动、校庆65周年活动之全球化与青年领导力论坛等。促进教师国际合作交流，短期因公出国境人数达465人次。

④以“宏观指导”和“自主推进”为原则，创新“鼎新北科”学院国际化建设推进机制。积极完善政策指引、制度支撑和项目建设，制定了国际化发展宏观指标体系，多极化特色化的学院国际化发展局面正在形成。例如新材料技术研究院与泰国农业大学联合开展国家首个“一带一路”材料环境腐蚀研究的国际合作项目，马克思主义学院与美国俄克拉荷马州立大学成立国内首个学生事务理论与实践联合研究中心，材料科学与工程学院、冶金与生态工程学院、高等工程师学院、东凌经济管理学院、外国语学院积极选派学生赴合作院校开展暑期实习/社会调研，土木与资源工程学院、自动化学院与国外大学积极洽谈符合自身专业建设需求的学生联合培养项目。

⑤孔子学院特色化内涵式建设持续推进。密切与德蒙福特大学校际关系，策划创意产业设计特色交流活动，开展了艺术设计工作营、联合申请智慧医养合作项目、联合培养英国文化方向博士生，举办了德蒙福特大学学生中华文化暑期营活动等。召开了第三届孔子学院理事会，讨论制定了《孔子学院管理条例》，确立互访讲学、博士培养、创意技术、学生夏令营等基础合作模式，开拓联合实验室、科技合作、体育交流等新领域合作。大力推广汉语国际教育，选派10人赴任汉语教师及志愿者，下设的孔子课堂正式揭牌成立，建设26个教学点，汉语学习人数近3000人次。创新孔子学院办学模式，按需增设商务汉语课，为德蒙福特大学学生开设汉语学分课与非学分课等。

（郭侃俊、李　贝）

【学生国际化培养】 贯彻落实全国留学工作会议精神，深化内外双驱、多元融合的学生国际化培养体系，不断强化学生国际化培养的能力。

①大力推动学生赴海境外经历拓展，执行公派交流项目达124项，选派学生733人，其中国家公派108人，创历年新高。

②重点推动战略急需人才培养，执行国家创新型人才国际合作培养项目2项，国家优秀本科生国际交流项目14项，首次选派6名师生代表学校参加联合国难民和移民问题会议，展示学校强烈的社会责任担当。

③项目申请和资助新举措成效初显，5名学生通过个人自主申请赴牛津大学、耶鲁大学、新加坡国立大学等顶尖高校学习，19名学生获首批“行知世界”奖学金资助。

④稳步拓展项目体系，新洽谈了新南威尔士大学“2+2”项目、密苏里大学堪萨斯分校“3+1+1”项目、锡根大学交换生项目在内的一批新项目。

⑤多维度增强国际化自主培养能力，扎实推进“学知行一体化”国际理解教育，举办中外教师合作讲学的“海外大学体验课

堂”，打造工程创新实习项目和暑期学校，举办“行知世界”系列讲座。

⑥打造丰富多元的校园国际文化生态，持续建设海外学习交流会、学生国际交流大使团，举办海境外项目开放日、外国文教日等活动，接收来自法、英、美、日等国高校暑期交流学生38人。

（梁志扬）

【港澳台地区交流】 创新方式方法，与港澳台高校稳步开展务实高效的多元化合作交流。

①以学术交流为根基增进深层次交流，深度参与两岸创新创业大学联盟合作机制，与台北科技大学联合开展科研计划20项，与屏东科大举办第十二届双边研讨会，与23所高校开展师生访学交流，选派126名学生赴台交流，选派79人次教师赴台开展科研交流。

②以文化为纽带强化对台对港青少年的教育宣传，主办了海峡两岸青年科技交流营，来自22所中国台湾高校的近150名师生参加活动；协办京港青年伙伴交流周活动。

③以人文关怀为核心促进学生管理服务，接收中国台湾高校学生63人，制定了港澳台学生管理规定，推行“1+1”学伴同行模式，组织迎新、文化巡游、科技参访、体育交流会等系列活动。

④渐进拓展对台对港合作，推动校领导访问台湾大学、逢甲大学、辅仁大学洽谈战略合作，接待台北大学、逢甲大学、香港城市大学校长来访，与台北大学新签协议。

⑤发挥对台合作优势，当选北京市港澳台侨学生教育管理研究会常务理事单位。

（王梦瑶、梁志扬）

【引智工作】 服务学科建设和人才培养，集中优势资源引进国外高端智力，加强多元化项目设计，构建多元化、可持续发展的引智工作体系。

①着力提升引智层次，瞄准国际前沿，重点建设国家级111学科创新引智基地5个、引智基地培育项目获批1项、国家级引智项目9项，打造校级引智平台70余个。

②致力提升引智效益，授予14名海外人士名誉学衔，共聘请专家逾900人次，着力推动引智资源与教育教学深度融合，开展120余场次课程教学与讲座，联合开发课程教材。

③促进科研合作与国际影响力提升，主办了10个大型国际学术会议和2个双边学术研讨会，共邀请全球18个国家/地区近2000名学者参加。

④引智工作成果突出，被评为中国高教学会引智分会优秀理事单位。

（章　靖、王　洋）

安全保卫与校园综合治理

【概况】 2017年，保卫保密处、综合治理办公室在学校党委行政的统筹领导和上级主管部门的指导下，以服务学校中心工作、维护学校安全稳定，构建平安和谐校园为目标，加强了校园安全防范和治理力度，全力做好校园安全稳定各项工作。

（刘兴德）

【校园综合治理】 完成2017年度教学区、学生宿舍区外来人员数据统计工作；加强对教学区违规丢弃化学实验用品、违规堆放建筑垃圾、公共设施是否完好的日常巡查工作。全年共发现丢弃于楼前垃圾箱前的腐蚀化学实验用品1起，联系资产管理处科学、有效处理废弃实验用品；督促有关单位清理建筑垃圾3次。2017年共为930名未迁入户口在校生及后勤工作人员办理了北京市居住证登记卡。开展教学区内经营用房基本信息登记备案；全年共审核备案大小型活动、出行活动共计124次，保证各类活动顺利进行；联合城管队、东升派出所、食品药品监督管理所、工商所等职能部门多次对家属区违规商业摊点进行联合执法，取得了良好的效果；治理校园流动商贩、散发张贴小广告等违规行为，净化校园环境。对进入校园外来人员、快递、外卖派送车辆和摩托车加强管控、引导，加强校园巡逻，引导相关人员和车辆在指定场地集中停放，规范校园区域环境。

（田　园）

【治安防范】 加强校门管理和校园巡逻，对教学区、学生宿舍区等重点区域进行常规化巡逻，在敏感重点时期，集中组织安保力量开展巡查。落实校园治安安全定期检查和抽查工作，强化等级化防控措施。2017 年共破获各类案件 190 余起，涉案金额达 30 余万元。处置突发性事件 30 余起，应老、弱、病、残、孕等请求出警送人 30 余次，为师生员工提供便捷服务；发放安全须知、自护自救手册和警情提示 1 万余份；每学期组织开展矛盾纠纷和重点人员排查，调处师生各类矛盾纠纷 6 起，涉及金额 1 万余元；协助有关单位对重点人员进行管控。

（徐亚伟）

【消防安全】 为提高师生员工应急处置能力，强化消防意识，全年组织不同岗位、不同类型人员进行消防安全知识培训 8 次，覆盖 4000 余人；火灾等突发事件应急疏散演练 9 次，覆盖 3600 余人，其中 4 次邀请北京市海淀区公安消防支队及海淀区 8 家消防中队警官为师生及义务消防队进行培训。组织开展消防安全检查，坚持日常检查与重点检查相结合，每个季度、重大节假日及特殊时期对校内各人员密集场所、经营单位、管庄校区、驻校外单位进行消防安全检查，对检查中发现的隐患和问题及时督促整改，全年签发隐患整改通知书 42 份。

为确保消防器材完好有效，全年检修灭火器 14497 具、维护室内消火栓 2432 个、室外消火栓 39 个、消火栓及喷淋接合器 66 个。新购更新灭火器 2373 具、新购更新消防水袋 601 条。全面维护保养学校各楼宇火灾自动烟感报警系统、喷淋系统、排烟送风系统。

（王　晨）

【安全生产】 按照上级有关部门要求，认真组织开展学校安全生产大检查，在检查中对存在的隐患和问题责令相关单位做好整改。同时，根据北京市委教育工委、市教委要求，学校集中开展安全隐患大排查大清理大整治专项行动，清理整治了一系列安全隐患。配合资产管理部门对实验室进行安全监督检查，特别是实验室消防安全及危险化学品、特种设备安全监督管理；配合、指导有关单位加强施工现场安全的监督管理；“安全生产月”期间，摆放展板 24 块，悬挂宣传横幅 4 条，张贴安全宣传挂图等宣传海报 16 幅，发放印有消防安全宣传的毛巾和购物袋 300 余件。对学校楼宇直击雷防护设施及设施设备浪涌保护器进行全面检查维护，全年检测防雷设施共计 61 栋建筑。

（王　晨）

【交通安全】 完善规章制度，发布《关于加强学生公寓区及教学区车辆管理的通知》，人员配备上形成“学校交通安全委员会统筹引导，专职保卫干部、交通安全保安员、平安志愿者三位一体”的交通安全工作组织体系，确保校园交通秩序良好。在原有交通设施的基础上，继续完善交通设施，对学校大门、收费岗亭、护栏、学东路两侧路锥进行全面更新；对校园内、地下停车场的车位线进行重新施划；全年共完成基础设施修缮、新装 100 余处。对铭德楼前、学生公寓 9 斋附近地面进行硬化，新装自行车停放架 5 处。学校引入专业停车管理公司进行校园停车管理工作，实现了智能化、纯牌照识别，有效改善了校园机动车停放及通行秩序。引入 ofo 共享单车，有效降低了新生购买自行车的数量，加强校园内两轮摩托车、电动车管理，处理违规摩托车、电动车 159 辆。全年，出动大小勤务共计 145 次，涉及出勤人 2261 人次。

（张训超）

【政保工作】 根据实际情况及时调整、变更各级国家安全组织机构组成人员，完善有关规章制度，确保各项工作措施落实到位；组织“4·15 全民国家安全教育日”主题活动，加强国家安全宣传教育，提高领导干部、师生的国家安全意识，做好内部安全防范工作；加强对各类重点人群的监控力度和校园巡逻检查工作，防止不法分子在校内进行破坏活动；强化校园信息安全管理力度，加强值守，确保校园舆论环境和谐稳定；做好重大政治活动、重大事件等敏感时期的安全稳定工作，确保校园安全稳定。

（刘　萍）

【保密工作】 顺利完成第三轮保密资格审查认定工作，再次取得二级保密资格。根据新的《武器装备科研生产单位二级保密资格标准》要求，修订完善学校保密管理相关制度，启动涉密计算机安全防护系统换代升级工作；配置邮件安全防控系统对互联网邮件信息进行保密检查，降低互联网邮件系统泄密风险，提高学校保密安全防控等级。举办“保密安全宣传周”系列活动，加强保密宣传教育培训，提高师生、领导干部和涉密人员维护国家秘密安全的政治站位和大局意识。规范国家秘密事项管理，及时准确开展密级确定工作。对进岗涉密人员及时进行审查、界定，加强涉密人员进岗、在岗、离岗、出境等管理；表彰保密工作先进集体和先进个人。不断规范涉密载体、信息系统、信息设备和存储设备管理；加强网络信息安全管理，开展计算机和信息系统保密检查工作。协助有关单位开展国家各类统一考试保密管理工作。对涉密会议、涉外活动和宣传报道加强保密管理，严格履行申报审批备案制度，确保国家秘密安全。

（卜浩然）

【户籍管理】 完成2017年新生落户、毕业生户口迁出、身份证照片信息和指纹采集工作。共办理新生落户2895人；新生身份证照相及指纹采集1906人。办理毕业生户口迁出2743人。补（初）办二代身份证563张；退学、变更婚姻状况、丢失补办户口迁移证、更改迁移证地址、时间、毕业生改派、新生儿落户等事项共计398人次。全年共接待近万人次日常查阅、咨询、户口借用等工作。加强了集体户口的日常管理，配合公安机关完成户口信息核查等工作。

（刘京民）

【安防建设】 完成管庄校区，学生公寓5、6、7斋，体育馆和社区安全技术防范系统建设和改造；对地下停车场、校史馆、校医院老旧模拟监控进行网络高清系统改造；提高主楼、体育部跑廊有关部位安防监控覆盖率。将改建新建系统有效纳入“平安校园”综合管理平台统一运行管理，确保平台兼容性和稳定性。坚持日常维修保养与重点集中维护相结合，组织指导专业维保人员对出现各类故障的安防设施设备及时维修，集中维修改造故障和隐患点位。进一步规范安防中心值班制度，加强内部培训和管理。为公安机关侦办案件、调查处置以及大型考试和活动保障提供技术服务和影像资料。

（田　斌）

基建管理处

【概况】 2017年，基建管理处下设综合办公室、规划设计科、前期后期科、投资管理科、工程项目管理部五个科室。根据学校工作要点和综合改革方案，围绕校园整体规划设计、建设项目筹备与验收、工程建设现场管理、项目全周期投资管理等重点工作，扎实开展各项基础工作。2017年，昌平创新园东区建设取得重大进展，主楼竣工验收，其他单体逐步交付；工程实践基地一期、昌平创新园西区前期手续顺利推进，为工程开工奠定基础；地铁学院桥站、附小改扩建等重点规划项目稳步开展，全年建设任务顺利完成。

（林　林）

【规划设计】 科学规划、周密布局，统筹需求精细设计。①深化昌平创新园西区初步设计。协调清华设计院完成了设计任务书编制、初步设计及概算编制等工作。②协调工程实践基地二期建设规划。根据疏解产业功能的要求，与北京市规委等政府部门多次沟通协调，按拆一建一原则与规委沟通规划指标，保障学校利益不受损失。③筹划西北角高精尖中心。以契合国家战略、满足北京市总体规划、服务首都公共需求为依据，推动规划手续，做好立项准备，针对难点，着手突破路径，推动工作。④配合地铁学院桥站设站。积极配合北京市轨道交通建设管理有限公司推进北京地铁昌平线南延学院桥站设站工作，及时沟通设计方案，目前方案正待北京市规划部门审核。⑤推进附属小学改扩建。与市教委、附中、附小领导多方协调配合，解决学生周转、风雨操场等实际问题，解决部分资金来源，提出细化流程的要求。⑥加快顺德研究生院建设。完成顺德研究生院方案比选、设计任务书、初步设计图纸、施工图及绿化图纸工作，截至2017年年底已完成主体结构等工程。⑦推进家属区11栋改扩建。委托测量单位对11栋进行为期一年的沉降与倾斜观测。在2013年11栋建设项目规划条件的基础上，于2017年11月重新取得规划条件。⑧积极推进既有多层住宅加装电梯工作。委托设计院对加装方案进行初步设计，联合各部门召开全体居民大会，妥善解决意见分歧。

（刘晓楠、朱文亮）

【前期手续】 着眼项目建设总体布局，加快办理前期手续。完善昌平创新园土地和总体规划手续。①完成设计方案复函审批。根据东区建设完成规模，重新规划调整昌平创新园总体规划，报昌平规划局审批，2016年12月取得方案复函批复，为办理西区和特殊地域规划许可提供强有力的支撑。②完善土地出让手续。根据设计方案复函批复面积，详细编制地下用房的功能属性，按照北京市土地管理规定，与昌平区土地局核算了应补缴的地下用房土地出让金，并签订补充协议，补缴相关费用，完善昌平创新园区土地出让手续。

积极推进昌平创新园西区前期工作。①完成人防规划变更手续。因国家规范调整，致使原方案地下人防部分布局不合理，结合专家论证意见，需将原方案中地下部分由地下二层改为地下三层。经与教育部人防办、国管局沟通核实，2017年8月7日取得人防规划变更审核意见书。②完成西区地质勘查工作。委托勘察单位对昌平创新园西区进行地质勘查并取得勘察报告，为西区施工图设计提供依据。③办理西区项目施工计划。与北京市委、区政府领导多次沟通协调，经北京市城乡与建设委员会和昌平区发改委同意，全部减免城市基础设施建设费，并于2017年12月6日完成施工计划手续。

完成工程实践基地一期开工手续。2017年12月15日完成工程实践基地一期招标工作，2017年12月20日，正式向中标人北京城建八建设发展有限责任公司发放中标通知书，完成合同审核备案工作，确保2018年3月16日进场施工。

（冯建明、朱文亮）

【工程建设】 加快推进重点工程建设，力保项目按期竣工。①克服困难，及时完成特殊地域实验室建设任务。作为重大工程材料服役安全研究评价设施项目的最后一项新建工程，昌平创新园东区特殊地域实验室建设项目于2017年7月完成招投标，2017年8月正式进场实施。项目工作人员强化现场管理，采取多方联动，克服十九大、冬季供暖、混凝土材料限供、气候因素等几次政策性停工困难，保证在停工令之前完成了主体结构封顶等相应建设任务，2017年12月已基本完工。在项目建设过程中，认真贯彻执行“安全第一，预防为主”的方针，强化落实安全责任制，不断强化全员质量意识，严格质量管理标准和质量检查制度。②沟通多方部门，加快东区主楼收尾工作。多次与施工单位就工程延期、进度款、分包单位配合费等问题进行磋商协调，并会同各级相关部门，多次组织召开协调会研究解决重点难点问题。2017年9月，主楼配电室完成验收发电；12月26日，在完成屋面等九项分部分项验收工作基础上，建设、勘察、设计、监理、施工等相关参建单位负责人对主楼进行五方竣工验收，经工程竣工验收小组讨论，统一认定本项目符合竣工验收条件，准予验收。

（周文海、武绍杰）

【党风廉政建设】 ①加强基层组织建设。顺利完成支部换届选举，行政一把手担任支部书记，积极落实“一岗双责”。严格执行“三会一课”和民主集中制，多种形式开展党员学习教育，通过观看教育视频、参观展览等多种形式，落实学校党委、机关党委工作部署和要求。②完善党内议事规则。推动支部参与处内关键事项议事决策，重大事项主动听取党员意见，制定《基建管理处处务会议事规则（暂行）》，坚决落实民主集中制，杜绝“一言堂”。在处务会、支部生活等重要会议中提出“两重两讲两守”，要求全体党员在工作中重建设、重学习，讲政治、讲奉献，守规矩、守底线。③加强干部教育管理。组织全体干部员工学习党的十九大精神、习近平新时代中国特色社会主义思想和新党章，京津冀协同发展战略。通过定期召开支部会、支委会，集体学习讨论、观看教育视频、参观展览等方式，结合工程建设领域廉政教育案例，明确工作职责、规范工作流程。④着力加强内部建设。推行廉政风险防控管理“时时看”，结合工程建设领域突出问题专项治理，对全处的各项工作流程和岗位进行了重新梳理、排查，完成《北京科技大学工程项目管理内部控制手册》，完善12项基建工作流程，梳理14项基建风险点控制，提高工作效率，确保工程建设领域行为廉洁、高效。

（林　林、武绍杰）

后勤服务保障

【概况】 后勤管理处（集团）成立于2017年1月，下设科级建制机构14个，其中6个管理职能科室，包括处办公室、计划管理科、节能办公室、职工住房管理科、住房制度改革办公室、财务室；8个服务职能中心，包括人力资源中心、饮食中心、物业服务中心、运行保障中心、经营管理中心、车辆管理中心、会议中心、管庄后勤服务中心。主要工作内容为制定后勤工作规划、编制后勤经费预算、基础设施改造、修缮工程管理（含修购项目申报与实施）与项目决算审核、能源管理与节约型校园建设、职工住房管理、餐饮服务、学生住宿服务、校园绿化及卫生养护服务、公用楼宇物业服务、水电暖运行保障服务、经营服务及学生生活、教学科研辅助类服务、管庄校区及昌平创新园后勤服务。

（张文平）

【体制机制改革】 完成后勤体制机制改革，构建后勤管理服务新模式。2017年，按照学校工作规划，启动后勤体制机制改革，重点是整合后勤服务与管理职能。1月，将后勤服务集团的全部职能与后勤基建处后勤管理职能相整合，新组建成立了后勤管理处。按照“统筹规划、优化资源、完善功能、协调运行”的原则，构建后勤管理职能与服务职能协调统一的“大后勤”管理体制，形成行政管理和企业化运作相融合的“大服务”运行机制。3月，管庄校区后勤管理工作全面并入后勤管理处；昌平创新园部分后勤工作也陆续移交后勤管理处。一年来，后勤管理处积极探索新体制下的后勤管理服务模式，加强后勤资源整合，理顺机构、机制，协调工作关系，机构改革后，后勤工作不乱、不断。《北京科技大学后勤改革方案》的出台，标志着新的后勤管理模式形成，新模式下，后勤工作扯皮少了，决策快了，“一站式”后勤更有效率，更加方便师生，得到各方面肯定。

（张文平）

【服务保障建设】 ①以人为本统领后勤工作全局。坚持“问题导向、需求导向”，积极解决热点、难点问题。新建鸿博园暖风系统，缓解师生冬季就餐寒冷问题；学生宿舍、教室新增51台新型净化过滤型开水器，改善学生饮用水水质；逸夫楼增设开水器，满足学生用水需求；精心改造逸夫楼卫生间，提供整洁文明环境；通过多次现场调研，更换大功率排风扇，定时自动排风，改造下水管道，增加自然通风管道，安装纳米免冲水小便器，基本解决了土木与资源楼卫生间反味难题；完成外国语学院教室、自动化学院教室桌椅更换工作；开展毕业生烹饪技能课讲座及食品营养健康宣传；鸿博园四楼常年举办食品展销活动；物业中心组织“橙暖校园”志愿活动；房管科开展“供暖上门服务日”活动等，通过一系列微改变、微创新，实现暖心服务。

②圆满完成六十五周年校庆后勤保障任务。校庆前期，对校园绿化、环境卫生、供水、供电、供热、供餐等工作进行认真准备，营造良好环境和喜庆气氛，校庆当天，为全校师生及校友提供校庆餐两万余份。

③高效完成管庄校区的基础设施维修改造，保证新生入住。6月，学校决定让600余名研究生入住管庄校区。在时间紧、任务重、人手少的情况下，后勤迎难而上，在充分调研的基础上，制定详细的切实可行的维修改造方案，多个项目同时实施，技术、管理人员紧盯现场，在校领导关怀和管庄校区大力支持下，工程如期完工，一个崭新的校区呈现在新生面前。

④全力服务《北京高校党建

和思想政治工作基本标准》检查工作。虽不是检查的主战场，但后勤主动作为，早发动、早动手、早准备。迎评工作方案详细，干部深入一线检查指导，推动目标责任落实。检查正值秋季落叶高峰期，垃圾清运量为平时10倍，保洁工作量是平时2倍，后勤员工加班加点出色地完成了任务。

⑤保质保量完成锅炉降氮改造更新工程。根据北京市燃气锅炉排放要求，校本部和管庄校区共11台锅炉都不符合新的排放标准，由于资金紧张，最初制定了所有锅炉采取更换燃烧器的方案，在即将实施时，国家机关事务管理局出台新的支持政策，为了学校长远利益，后勤管理处及时更改改造方案，并争取到国家机关事务管理局资金支持923.5万元，对9台老旧锅炉进行整体更换，在施工工期不到四个月且供暖之前必须保证投入使用的情况下，经不懈努力，11台新改造锅炉如期投入使用，学校锅炉的降氮改造工作走在北京高校前列。

⑥完成系列维修项目和基础设施改造项目。完成年度大修、教学区专项维修、家属区专项维修172项；完成基础设施改造计划，包括学生公寓粉刷，建龙报告厅整修，土资楼、机电楼屋面防水维修，镭目报告厅整修，教学区二次供水净水改造，锅炉房、东换热站板式换热器、循环泵及阀门等更换，教室桌椅维修，管庄校区综合办公楼5~8层改造，管庄校区学生公寓6号楼整修等工程。编制2018年度中央高校改善基本办学条件项目书36项。完成校内76部电梯的维保及值班工作；顺利完成2016至2017供暖季的供暖工作。

⑦开展后勤品牌活动，提升服务质量和育人水平。5月，以“发扬工匠精神，提升服务质量”为主题开展劳动竞赛月，各中心根据岗位特点举办技能比武、岗位练兵、业务创新等活动，充分调动员工的积极性、主动性和创新性，发掘培养了一批“业务精兵”“技术能手”，推进后勤服务能力再上新台阶。11月，以“砥砺前行创精品，文明服务树新风”为主题开展“文明服务月”活动，积极发挥后勤育人功能，推出的“银杏文化节”“柿子文化节”项目深受师生的欢迎，“银杏灯光大道”引发校园网络热潮，广受关注好评。

（金　播、路子茂、张晓媛、张志民、鲍　伟、曹建波）

【后勤管理创新】 ①推进智慧后勤建设。智慧后勤信息平台全面规划，线上维修系统进入试运行；物业管理系统内部调试；房产管理系统建设已启动；节能监测平台投入使用，部分供暖系统实现远程监控；改造路灯智能定时系统，实现智能化控制。

②成立车辆管理中心，规范公车管理。4月，成立车辆管理中心，建立健全公车使用制度，对学校公车实行集中管理、统一调度，管理日益规范。

③推进学校自备井供水置换自来水工程。2017年全面调研了自备井置换工程的基础资料、运行现状、整改预期等工作，完成了前期报装、全校表井和管线的踏勘工作，制定了自备井置换目标和置换方案，明确置换工程资金来源并完成预算工作。

④加强房产管理，推进家属区物业改革。按照“把握政策、坚持原则、公平合理、安全高效”的工作要求，进一步加强学校周转房、承租公房及已售公房管理工作。全年累计腾退周转房20套，腾退床位23个，累计安排入住教师91人，调整住房12人；累计登记办理已售公房二手房上市手续的房屋100套，办理住房抵押贷款8套；完成《2018年中央行政事业单位住房改革支出预算》编制与上报；全面发放2017年职工供暖补贴；为1016名教职工发放交通补贴；完成周转房、承租公房房租扣缴及社会户房租收取工作，完成本年度供暖费扣缴与收费工作。有序推进了家属区物业改革工作。制定家属区物业改革方案，成立改革领导小组，成立业主代表委员会并选举业主代表；聘请专业公司对家属区进行测绘，完成各项基础数据统计，推进家属区物业改革。

⑤重视节能减排工作，学校综合能耗下降明显。推动节能减排工作的落地和推广，实行锅炉降氮改造，增加烟气余热回收装置；完成2016年度二氧化碳排放履约工作；对售电系统进行升级，进行公共区域LED节能灯具改造；开展学校2016年能耗数据标准比对工作；完成20台高能耗设备的淘汰更新；开展全校节水宣传周和节能宣传周活动，举办第一届“绿盾杯”节能环保演讲比赛，组织参加全国大学生节能减排社会实践与科技竞赛。通过一系列节能工作的落实，学校综合能耗较

上一年下降 1.48%，单位面积能耗下降 5.93%，天然气与水的消耗明显降低。

（赵宝永、仇安兵、张东平、熊　梅、卫　星、闫文鑫、王洁萍）

【党风廉政和安全管理】 ①加强党风廉政建设，以作风建设带动队伍建设。进一步明确党风廉政建设责任，逐级签订党风廉政建设责任书，推进工作层层落实。对党员干部开展廉政教育、加强工作纪律和作风建设，领导干部带头，进一步贯彻落实中央八项规定，以作风建设带动后勤队伍建设，形成风清气正的工作环境。

②严格落实安全管理措施，确保后勤安全运行。层层落实安全责任，推进安全培训、日常安全检查、重点岗位安全巡查等工作常态化、制度化。全校水、暖、电供应安全有序，常年组织处级安全检查，特别是 12 月对各部门开展地毯式安全大检查，对存在的安全隐患，坚持立查立改，力保安全运行。

（张俊燕）

图书馆

【概况】 图书馆组织机构为“四部一室”：资源建设部、书刊服务部、信息咨询部、技术支持部和办公室。至 2017 年 12 月，图书馆在职正式职工 47 人，校聘劳动合同制人员 8 名，正式职工中高级职称人员 13 名，中级职称人员 21 人，中级职称及以上人员占总人数的 61.8%；拥有硕士及以上学位人员 30 人，占总人数的 54.5%。

图书馆设有新书、保存本、中外文书刊等阅览室，以及冶金、材料外文过刊阅览室、“摇篮书斋”阅览室、文献检索与学位论文阅览室等独具特色的阅览室，为读者提供印本文献与电子文献、实体馆藏与虚拟馆藏、单馆保障与多馆互借传递相结合的全方位文献信息服务，包括：纸质文献借阅、数字资源服务、科技查新、论文收录与引用、信息咨询与情报分析、学术研讨与交流、多媒体服务、读者咨询、读者主题活动、学科服务和移动图书馆等服务项目。除国家法定假日外，2017 年图书馆全年开放 327 天，每周开放 94.5 小时。网上文献信息资源全天 24 小时对外服务。

（季淑娟、张　涛）

【文献资源建设】 到 2017 年年底，图书馆实体馆藏文献总量 231 万册（件）。订有 108 种、259 个数据库。图书馆收藏学校博硕士学位论文印刷本 43000 余册，电子版 35000 余篇。2017 年订购纸质图书 49409 种、81148 册，接收赠书 928 种、1102 册，订购印本报刊 1824 种，图书品种同比增加 8%。图书馆规范严格的采访工作得到社会同行的认可，获得化学工业出版社 2017 年度“万卷书香之特别奖”、高等教育出版社 2017 年“优秀馆藏图书馆”，机械出版社 2017 年“优秀馆藏图书馆奖”。2017 年馆际互借累计 368 人 422 册，完成原文传递 97329 篇论文、487744 页图书。由于对北京地区高校的服务贡献，图书馆 2017 年获得“BALIS 原文传递先进集体奖”“BALIS 原文传递学科服务二等奖”“BALIS 馆际互借服务先进集体二等奖”。

（季淑娟、王　瑜）

【文献信息服务】 图书馆始终践行“读者第一、服务至上”的服务宗旨。① 2017 年接待读者 133 万人次，门户浏览量 159 万次，借还纸质图书 66.8136 万册。全文数据库、电子书全文或章节下载和文摘数据库检索共 971.5 万篇（次），其中全文数据库下载 659.6 万篇，比上一年增加 12.7%，多媒体资源使用 103.6659 万次，比上一年增加 5%。②开创 24 小时智慧图书馆服务新模式。2017 年移动图书馆客户端访问 51 万余次，文献传递 7 万余篇。图书馆微信关注人数突破 2 万人，比上年增加 5 千余人，阅读次数接近 27 万次，较上年增加 29%。研修室网上预约 10043 人次，使用时间 25787 小时，同比增加 66%。自助文印量大幅增长，2017 年自助文印 33 万张，较上一年增加 48%，24 小时还书机还书量较上一年同期增加 29%。③为提高电子资源的利用率，2017 年图书馆开设《科技文献检索与计算机应用》《经济管理学科文献检索》《文献检索与学术活动》等选修课程。举办了多类型、多场次的数据库资源宣传和服务推广活动，全年举办66场数字资源宣传培训活动，参加人数超过6500人次。④本年度年完成论文收录检索2540项，完成科技查新项目663项。⑤积极开展面向学科建设的学科信息服务与定量评价工作，为学校的学科发展、科研绩效及人才评价提供客观的数据支持。2017年完成学科评价报告5份、学校ESI学科排名动态快报6份、20所高校的ESI学科排名动态报表6份；完成专利检索服务8项，发布专利季报3期，专利技术分析服务1项。图书馆成功入选由国家知识产权局评定的全国专利文献服务网点。⑥积极配合学校专业工程教育认证工作，年内为生物学、数学学科一级学科博士点申报提供相关材料；为测控、环境、机械、冶金、采矿等专业提供专业认证材料，接待了冶金、测控、采矿等专业认证专家现场考察。为学校的职称评聘、考核和科研项目、人才申报等提供检索报告。为国际处提供学校国际化发展有关“外文书刊存量”等数据，为留学生用全英文开办图书馆资源利用讲座三场，受到热烈欢迎。⑦为管庄校区图书馆建设规划、书刊管理等工作提供支持，协助管庄校区图书馆开展馆际互借服务。利用学校丰富文献资源为管庄校区师生提供数字化资源访问和纸质图书的借阅服务。⑧借用新媒体，探索新服务。新生入馆教育系统已上线试用。学位论文系统完成升级更新，实现与校园网e平台的统一认证，正式对读者提供服务。⑨加强图书馆中心机房的安全管理，使中心机房的日常管理规范化、制度化、科学化，保证各类软硬件系统的正常运转，确保全校读者365天7×24小时网上无障碍利用图书馆资源。

（季淑娟、王　瑜）

【全民阅读工作】　图书馆积极推进全民阅读工作，“读书天”“毕业季”等系列阅读推广活动深入人心。上半年举办主题为“以梦为马，书写青春”的读书文化节活动，开展了世界读书日讲座、“广州大典”捐赠仪式、优秀读者表彰暨与图书馆馆长面对面活动、“摇篮书苑”讲坛、杏坛传统文化讨论班、“毕业勿忘初心，回忆感恩有你”毕业季主题活动。下半年举办主题为“喜迎十九大，助力新服务”读者服务月活动，开展了“绿色还书日”、党史专题阅读角、“馆际互借朗读者”“入馆教育优秀志愿者”表彰活动、学科化培训专场、多媒体资源推广等40余项活动。作为推进全民阅读工作的重要平台——图书馆原创书评栏目《读书天》荣获国际图联（IFLA）2017国际营销大奖第一名，受邀参加了2017年8月举行的国际图联大会并进行了项目汇报，提高了北京科技大学的知名度。

（张　涛、路春梅）

【教育部修购项目建设】　完成了修购项目“图书馆文献信息资源建设”（2017年）及“图书杀菌机、学位论文系统、校外远程访问系统”的建设任务。完成了修购项目建设“图书馆文献信息资源建设（2016年）”及“自助门禁通道系统”等项目的验收工作。完成申报2018~2020年修购项目6个，总经费3620万元。

（季淑娟、王　瑜）

【业务培训与学术研究】　图书馆加强馆员业务学习和培训，提升文化素养和职业素养。2017年全馆共开展业务培训与学术交流活动15次，派出人员参加各类培训77人次、1593小时，学时数较上一年增加53%，开拓了馆员的视野，极大地提高了馆员的学术水平与业务能力。全馆累计发表论文（第一作者）4篇，主编或参编图书3部，校级及以上科研项目7项，其中省部级项目3项。图书馆荣获机关党委2016年工作创新二等奖、1人荣获中国高等教育学会优秀学会工作者、2人荣获Balis原文传递2017先进个人、2人荣获2017年北京数图年会“新技术环境下高校图书馆的变革、创新与发展”学术研讨会二等奖、2人分获首届全国冶金院校图书馆服务创新案例大赛一、二等奖。

（王　瑜、路春梅）

【党建与工会工作】　图书馆党支部2017年全年召开民主生活会、集中理论学习、党员发展等支部党员大会14次，支部组织自学3次，党支部支委会议6次。党支部充分利用支部微信群、支委微信群，通过支委和党员大会，第一时间认真传达贯彻上级精神，并把相关措施落实到每一名员工。开展主题为“喜迎十九大，助力新服务”的第十四届读者服务月活动、组织“喜迎十九大党史专题阅读角”图书展、与人民日报社共同组织《百名摄影师聚焦香港》精选图片展、组织全体党员参观“砥砺奋进的五年成就展”等活动。11月18日，组织支部成员来到河北省邢台县前南峪抗大陈列馆参观，并在学校纪委委员季淑娟同志的带领下重温入党誓词。图书馆党支部带领党员同志捐资助困、奉献爱心，策划组织“寒冬送温暖，爱心永相传”图书馆党支部一对一帮扶秦安县许敦村小学活动。

2017年图书馆工会小组积极组织参与学校工会、机关党委分工会和图书馆的工会活动20余项。组织职工积极参加校运动会，羽毛球赛、乒乓球赛、摄影比赛、拖拉机比赛、秋游等机关工会活动，报名人数占全馆60%以上。关心职工身体健康，组织全体职工参加体检，关心慰问生病、住院、家中发生重大变故的在岗职工和离退休职工，为21人次申请各种补助补贴。举办退休职工欢送会、老同志新春茶话会、在重阳节等节日看望图书馆退休老同志。

（张　涛　、路春梅）

【附表】

图书馆2017年读者服务情况统计（1~12月）

项目	2017年服务数量	项目	2017年服务数量
接待进馆人次（万）	133.9540	上机检索（万人次）	2.8774
图书馆主页浏览/访问次数（万次）	159.49/77.15	课题查新	663
借出书刊(万册)	33.464	检索与收录	2540
归还书刊(万册)	33.3496	资源宣传与推广（场/人）	92/12298
阅览书刊（万册）	2.6942	馆际互借（人/册）	368/422
新增读者（人）	8480	原文传递服务	97329篇论文、487744页图书
上架图书（万册）	50.3730	科技文献检索与计算应用（学时/人）	80/206

2017年各类电子资源使用情况（1~12月）

项目	数量	项目	数量
外文电子期刊全文下载/篇	2414289	自建数字资源下载/篇	55515
中文电子期刊全文下载/篇	3148717	外文文摘数据库检索次数	1656166
外文学位论文全文下载/篇	18289	外文专利检索次数	301072
中文学位论文全文下载/篇	751286	外文电子书章节下载	177860
中文会议论文全文下载/篇	147715	中文电子书章节下载	297527
中文专利下载/篇	60124	多媒体使用次数	1036659

档案馆

【概况】 2017年，学校档案馆下设办公室、综合档案室和人事档案室，定编9人。年内，校内调转进馆1人，借调至教育部经费监管事务中心1人，离校去京1人，年底完成新一轮岗位聘任后在编8人。其中3人具有档案专业背景，4人具备档案系列中级职称，45岁以下7人全部为硕士学历，全员参加过北京市档案局组织的专业知识培训。

至2017年年底，档案馆馆藏学校1952~2016年形成档案总计168248卷，其中综合档案2个全宗12门类总计130130卷（占比77.34%），包括北京科技大学全宗（1952~2016）126103卷和原北京冶金管理干部学院全宗（1978~1999）4027卷；教职工人事档案和学生档案总计38118卷（占比22.66%）。年内总计接收档案15004卷，移出档案7137卷；有记录的校内和校外档案利用3557人次、14794卷次，复制和出具证明30142件次。

2017年，档案馆修建避风阁，将通道门厅改为业务场地，改善档案服务场所条件，为档案及校史宣传场地布局，为开门办事和大厅办公创造条件。

（罗明书）

【重点工作和条件保障】 ①启动档案制度修订工作：以中办和国办“关于加强和改进新形势下档案工作的意见”为指导，吸取教训，审慎地启动学校档案制度修订和清理工作，写入学校工作要点，分年实施。2017年针对学校专职档案人员队伍“人少年轻学历高，知识丰富工作历练少”的现实特点，着重政策和经验准备，抓紧人才培养、政策调研和项目练兵，起草《北京科技大学档案管理办法》《北京科技大学关于完善干部人事档案材料的实施办法》建议稿若干。实施过程中，6月至暑期为国家教育行政学院拟建档案室进行选址和建设标准论证、档案制度和档案数字化方案规划建议；7月至11月参与国家档案局《科学技术研究档案管理暂行规定》的修订工作和国家重大建设项目档案工作调研，并参加了清华、北大和中科院重大科研项目档案验收工作；全年依靠协会平台派出12人次参加《档案法》修订及专门档案制度规范的宣贯培训。

②推进档案信息化建设，抢救性开展专门档案的数字化工作：2017年，档案馆按照实际信息能力和需求筹措数字化经费，更新信息化设备设施，推进档案实体安全和信息安全工作。档案馆于暑期进行服务器扩容、档案管理系统升级和数据迁移工作，有效提升了数据处理速度和安全存储能力；于学期内更新6台计算机，购置3部档案专用高拍仪和1台触摸屏，按照预设方案完成档案信息化工作和成果发布交互工作的硬件配置；在积极申请2018年修购项目经费的同时，加大现有经费对信息化工作的投入比例，通过外包服务对损毁严重的基建底图和1951~1970年基建竣工图进行抢救性扫描，对942份亡故人员人事档案进行履历扫描，同时继续自行扫描增量文书档案、新生录取审批表、毕业生分配名册、学籍卡等，档案利用响应提速，用户体验不断提升。档案馆在做好档案信息安全软硬件建设的同时，对涉及档案实体安全的馆库条件认真做好保障工作，建章立制、监督巡检和维护保养工作有条不紊。

③加强学校档案资源建设，深化档案服务：2017年，档案馆积极参与校园文化建设，参与院史研究，首次独立申报学校“礼敬中华优秀传统文化”项目，从馆藏声像档案入手“寻访校史老照片背后的故事”，借此打开校史研究的不同视角，同时丰富馆藏。2017年，档案馆工作首次嵌入新教工入职培训和学院行政院长工作例会，对于提高公众档案意识和依法行政意识有显著促进。2017年，档案馆启动馆藏优化工作，研究生论文因校内资源重复建设等原因不再列入档案馆今后收藏范围。2017年，档案馆配合学校中心工作和各部门工作要点，配合党风廉政建设和内部治理、校园文化建设、建校65周年活动、老科学家学术信息采集等专项，配合人事、科研、基建修缮、财务、资产等多部门的日常管理工作，改进工作作风，加强部门协同，随时满足急查、急用需求，加速信息定向传递，尽可能简化流程和手续。

（罗明书）

【综合档案管理】 综合档案管理与服务工作配置4人，实有3人。2017年，档案馆以规范化、标准化、信息化为年度目标，按照《高等学校档案管理办法》有关规定，落实学校党群、行政、教学、科研、基建、设备、财会、产品、出版、外事、声像、实物等12门类档案的收集、整理、保管和利用工作。①业务指导工作仍然实行联系人制度，依据分工各自与相关部门沟通，对归档范围、立卷规范进行培训和指导。②全年接收各类档案7652卷13248件，其中党群、行政、科研、设备类合计占比15.4%，教学类档案占比44.7%，财会类档案占比39.9%，部分档案类别存在零进馆情况。③为提高查准率，保证账实相符，保障数据质量，对档案管理系统的历史目录对照档案实体进行整理、重建或清理，调整记录4614条，涉及档案923卷，涉及文件3682件。④为保障查档便利，根据案卷利用频次，对财会凭证档案调整库房和排架，跨楼宇实体迁移档案226箱7661卷，柜架调整500余米。⑤全年接待教学档案查借阅438人次645卷次，学历认证330人次；接待综合其他类档案查借阅275人次1911卷次；配合学校廉政检查、资产清查和各类审计提供近似开放的财会凭证查询服务，接待1096人次调阅9319卷次会计凭证，提供会计凭证拍照4万余页。⑥继续推进馆藏存量档案数字化工作，年内重点整理基建类底图，整理后登记案卷数由145卷调整至188卷，完成数字化扫描2600余张，并纳入图像系统，与馆藏蓝图形成补充。⑦经校长办公会协调，以档案馆止收纸质学位论文为突破口，启动馆藏优化工作。⑧配合校庆校友工作，与校友会合作开发历史学籍档案。⑨向教育部、国家档案局报送2016年《全国档案事业年报》中北京科技大学相关数据，参加行业内工作交流与培训，开展档案业务学习和调研。

（李　倩、纪　伟、罗明书）

【教职工档案管理】 2017年，教职工档案管理实有1人，负责学校教职工人事档案的全面管理和服务。主要工作包括：①鉴别并接收教职工干部履历表、年度考核及挂职锻炼等考核鉴定表、学历学位材料、专业技术职务申报表、教师资格认定申请表、入党及考察材料、体检表、身份证复印件、奖励与处分等档案材料5525件，协商组织部补充约300件处级干部的获奖材料，确保归档材料真实可靠、手续完备和30天入档。②沟通人事处调整新入校教职工、博士后档案的初查和催要工作流程，规范归档手续，减少管理隐患，年内接收新入校教职工人事档案167卷，其中博士后档案40卷，完成分类整理和装订、制作目录。③满足日常工作查考，协助组织人事部门提高查档效率，做到应审批事项严格守制、对简明常规事项简化手续、对财产落户等民生事项尽量援助，2017年提供教职工档案内部阅览730卷、借出175卷、归还169卷，年内共接待查档536人次。④整理加工转递教职工档案43卷（平均每卷档案装订零散材料6件），收回回执27件，单项工作量达到5年最大，约为上年总量的1.8倍——为避免因材料缺失造成纷争，树立北京科技大学人事档案工作的良好形象，逐卷做到鉴别仔细、分类准确、编号有序、目录清楚和装订整齐。⑤上半年以外包形式完成现存942份死亡教职工的履历档案的数字化扫描工作，提高了服务民生需求的能力和响应速度。⑥派出1人次参加全国高校人事档案管理与信息安全保障培训，深化对人事档案信息化工作的内涵、手段和规律的理解，为拓展工作进行思想准备。

（高　阳、罗明书）

【学生档案管理】 2017年，学生档案管理实有1人，负责全日制统招学生的档案事项。主要工作包括：①接收当年入校学生档案6956卷(总体增幅3.37%)，其中本科生档案3516卷，研究生档案3440卷。②全年转递学生档案5119卷（总体增幅-2.35%），其中本科生档案2482卷（应届2281卷），研究生档案2637卷（应届1083卷）。③年内日常接收登记并归档零散材料34877份（总体持平），其中各类本科生档案材料17612份，研究生档案材料17265份。④转出零散档案材料1079份（总体增幅6.72%），其中本科生材料579份，研究生材料500份。⑤指导学生完成新生档案的复查工作，更新并反馈核查结果，核查整理档案7566卷，其中本科生档案4529卷，研究生档案3037卷（总量恢复常态）。⑥日常提供学生档案咨询、档案利用、档案查阅、政审和有关公证事项611人次881卷次（恢复常态）。⑦登记学籍变动情况，对名册、存根、回执和查单等有序化处理，年内接收整理考（保）研调档函552份、档案转递存根6840张、回执256张，登记学籍变动580次，盘查遗留学生及博士后档案并完善检索工具17本。⑧参加学校迎新和毕业工作协调会，通过现场指导和培训会方式指导学院档案接转工作，全年及时转递学生档案，寒暑假集中派档。⑨派出一人参加教育部直属高校档案工作会议和对天津大学、南开大学档案工作的调研。

（赵君怡、罗明书）

【专职队伍建设】 档案馆全体既为专职档案工作者，又是中国共产党党员，“党”与“档”的结合使得专职队伍的建设更为重要。2017 年，档案馆于年初完成新一轮岗位聘任工作，聘岗中注意兼顾年资、人职匹配，全馆处级以下人员 1 人聘至六级岗位，2 人聘至七级岗位，4 人按照学校规定聘至八级至九级岗位；档案馆党支部于2017年年底进行了换届选举，馆长担任支部书记，全面履行从严治党主体责任。

2017 年，档案馆继续“走出去、开眼界、扩思路”的理念，思想建设、作风建设与业务建设深入结合。①在思想建设方面，结合党的十九大召开，积极与校内部门、校外单位共学共进，落实“三会一课”制度，组织党规、党纪和党的理论学习，组织观摩“砥砺奋进的五年”大型成就展、参观故宫、中国科技馆等文化、科技事业机构，促进全员了解国情、振奋精神。②在作风建设方面，组织全体加强与档案工作先进高校的交流，赴京内其他高校和天津两所著名大学实地调研，眼见为实，促使大家了解高校的共同困境，在具备批判思维的同时，注重探索建设思路，主动改进工作和生活的状态。③在专家培养方面，支持资深档案人员参加国家档案局《科学技术研究档案管理暂行规定》修订工作，通过较高层面的思考锻炼和调查研究，提高思想占位，促进现实工作。④在青年成长方面，充分利用协会（学会、研究会）平台，先后选派 12 人次参加各级工作会议和培训，帮助青年职工尽快明晰职业状况，了解档案工作的根本、难点、热点和突破方向，年内多次组织人员参与清华大学、中国地质大学（北京）、北京语言大学、北京师范大学等高校档案馆的面对面业务交流。⑤在业务增长方面，档案馆积极参与校园思想文化建设，通过校园文化项目的实施和配合工作，锻炼队伍，提升能力，探索档案育人功能，同时为档案编研工作和校史挖掘工作谋划路径。

2017 年，经过全馆共同努力，档案馆获得学校机关党委优秀基层立项三等奖，特色工作“以支部联合的形式开展理想信念实地教育活动”获机关党委“工作创新奖”党建工作类三等奖。

（罗明书、纪　伟）

现代教育技术中心

【概况】 2017 年，现代教育技术中心（简称“电教中心”）有在编工作人员 7 人，其中中级职称 4 人、初级职称 1 人，长期患病在家休息职工 1 人，返聘退休教工 3 人。

电教中心拥有各类设备 1326 台件，固定资产 2986.6 万元，以及多个结构完整、功能齐备的教育信息化、网络化、数字化教学资源平台。

①公共教学资源平台包括：教学资源管理系统、互动教学研讨系统、教学评估系统、电子巡考系统；多媒体课件制作平台包括：教学资源存储系统、多媒体课件制作系统、精品课程录制系统、云录播系统、电视节目制作系统、课件格式转码系统、教学综合考试系统。

② RF 教学传输平台包括：用于播放教学课件的教学区有线电视系统、支持多种语言教学的卫星接收系统和家属区有线电视模转数系统、网络外语教学、教学研讨、教师备课 IPTV 直播系统。

③教学综合信息发布平台包括：多媒体教室广播及铃声系统、无课教室信息发布系统、有课教室教学信息发布系统、研讨互动教室和《数字化教学资源平台》。一是多媒体教室广播及铃声系统实现了全校教室上课铃声时间准时、统一。二是在多媒体教室广播铃声系统中进行功能扩展，增加广播终端及放音设备，实现外语四级、六级外语听力考试，在其他考试应用中，实现全校 200 余间多媒体教室在考试中统一播放考场指令及与考试相关的音频资料。三是无课教室信息发布系统使得教师和学生在教学楼、逸夫教学楼大厅的 4 块大屏幕显示器上可实时看到本楼无课教室的分布情况，方便找到教室答疑及自习学习。四是有课教室教学信息发布系统实现了面向教师、学生、督导老师等教学相关人员的

信息发布，是全国第一个实现此功能的信息系统，2017年中心对系统功能进行更新、使功能更加多元，可在教室门口实时看到当前及之后课堂的课程名称、主讲教师、上课班级等信息以及全天的上课课程信息，且实现了课程信息的实时自动更新系统充分运用“互联网+”模式，进一步改善了教学环境，促进了教学，使教育信息化程度进一步提升。五是2017年新建研讨互动教室两间。在教室内安装了教师操作控制终端，实现教师上课无培训操作；安装了纳米互动黑板显示一体机、纳米多功能书写屏等设备，实现了学生讨论书写、教师板书、课件粘贴讲解、易擦除等功能，保障了教室环境的整洁。教室还实现了组与组之间互动研讨、师生互动研讨、异地互动、无线移动设备课件投屏、实时提问、智能语音互动等诸多功能，实现了教学课堂活动全记录，为学生开辟第二课堂提供了学习资源。学校建设的研讨互动教室，在全国高校范围能产生强烈反响，众多外省市高校来校考察；应北京市高校建议，在学校研讨互动教室组织了一次深层次研讨会，60余所学校130多人参加会议，学校研讨互动教室得到了同行们的认可。六是《数字化教学资源平台》新增“我的云盘”功能模块。教师通过在线注册，把课件存储在电教中心大数据大容量存储系统中，在任何地点只要访问《数字化教学资源平台》网站，就能上传资源或打开课件上课；在学校多媒体教室计算机上直接点击《数字化教学资源平台》网址，进入“我的云盘”功能模块，教师课前上传的课件及课程资料打开即可上课，进一步解决教师课件存储在移动设备上的丢失、电脑病毒、计算机不识别移动设备以及教学课件无法打开等问题。通过一段时期使用，教师反映良好，希望进一步增加功能，使操作更简便。年内，72间设施齐全的智能网络化多功能教室有力保障了全校公共课正常授课，为本科教学顺利开展打下了坚实基础。此外，中心还拥有相当数量的录音复制设备及课件刻录设备等。

学校本科现代化教学设施设计理念新颖、功能齐全、覆盖面大、管理规范、运行良好、故障率低，受到领导、教学督导组、教师、学生的好评，通过“互联网+”模式的运用，多个教学信息化系统相互独立、又互相依托，促进教育信息化大数据的应用。在教学管理方面，打造课堂教学活动全方位、全信息纪录应用新理念，在北京市高校乃至全国高校中名列前茅，众多高校来中心考察。

（段海涛）

【教学服务工作】 2017年，多媒体教室使用情况：据不完全统计，多媒体教室按每学期开课课表0～16周计算，2016—2017学年共开设4041个讲台，其中使用多媒体3025个讲台，共计114615学时；小学期开设476个讲台，其中使用多媒体201个讲台，共计3175学时。北京科技大学《数字化教学资源平台》上载课程286学时，其他类专题片、讲座共计50部；接收传输15套IPTV节目，利用多媒体课程点播系统，点播课程、专题片等音视频资料，点击次数达92506人次；通过学校卫星地面站自行接收，向外国语学院提供BBC、CNN、NHK、DW、NGC、STARMOVIE纯外国语类教学节目六套。中心积极搭建公共服务体系多媒体课件技术教学平台，为教学工作提供技术支持，完成教学素材编目50学时，为学校各部门复制、转录、刻录教学等课件80学时；完成各类国家级考试、北京市级考试等考试录像任务及设备保障35次；应北京市考试办公室要求，统调英语4、6级考试电子巡考系统；利用电子巡考系统为北京考试院统调研究生考试监控图像的正常传送提供技术保障。

利用2017年中央级普通高校改善基本办学条件专项资金下拨计划经费314万元，顺利完成多媒体教学平台建设。①更新教学楼多媒体教室操作台，解决教师使用困难、操作不便、课件存放等问题。②升级改造教学评估、巡考平台系统，由于经费问题，更新了逸夫教学楼1~3层服务器、评估终端、摄像头、网络环境等设备，更换高清设备后使操作更简单，图像更清晰、音频更干净。③新建智能化研讨互动教学系统两套，融进当今前沿教学设备，使功能强大，设计新颖，满足各种教学活动，促进新型模式下的教学授课方式，为教学改革创建新思路创建了条件。④对教学管理信息化系统的设备进行升级，形成了包含多媒体控制系统、教学广播系统、教学信息发布系统、巡考系统、签到系统等于一体的综合教学考试系统平台，使教学信息化系统功能更加强大、使用范围更加广泛、功能更加完善。⑤更换逸夫教学楼部分教室窗帘，使教学环境更舒适。多媒体教室维修维护共计1000余次，安装各类教学软件百余次，保证了全校200余间多媒体教室设备正常运行，设备完好率达100%。

利用电子巡考系统为学校各种考试提供实时录像监看功能，为在考试当中出现的纠纷及作弊等现象提供视频依据，考试结束后帮助各部门下载考试录像、提供保存载体，以便于查看及存档，配合保卫处做好安全保卫工作以及学生在教室丢失物品等视频录像的查看工作，提供视频依据。

（冀燕丽、王　敬）

【精品课程和电视片制作】 2017年，现代教育技术中心制作各种电视片及课件共计36部，录制各种精品类课程11门，总计79学时。①制作北京市名师申报课程2门类，分别是张朝晖老师申报的《智能仪器》（2学时）和孙莹老师申报的《国际经济合作》（2学时）；制作《北京市青年名师》2门类，分别是覃京燕老师申报的《界面设计》（2学时）和冯妍卉老师申报的《传热传质学》（2学时）。②制作高校数学微课比赛参赛课程5门类、6人次，共计5学时，分别是刘白羽老师的《等周不等式》、王丹龄老师的《由泊松分布到指数分布》、曹丽梅老师的《数列极限的例子》、何洋老师的《悬链线及其方程》、王彩凤老师的《向量的内积与长度》、刘秀芹老师的《马尔可夫链模型推断系统发育树》。其中，1人获得全国特等奖、2人获得全国一等奖、1人获得全国二等奖。③录制《万人计划》申报课程郑连存老师的《微分中值定理应用》。④录制招就处《大学生就业指导课》12学时。⑤录制冶金研究史院士访谈系列电视片，3人次，共计24小时（胡正寰院士、葛昌纯院士、陈国良院士）。⑥与招生就业处合作制作了2017年学校招生电视宣传片14部，包括13个学院的《院长谈招生》及1个《就业处长谈招生》。⑦录制《大学英语<通用学术英语>模拟学术会议》（Ricky）2学时，开启英语教学新模式。⑧2017年，为保障各类国家级考试，留存考生考试现场资料，全程录制的有：《体育特长生招生考试》《艺术特长生招生考试》《本科生自主招生考试（包括笔试和面试）》《各学院研究生面试》《人事处招聘考试》《团委新教师面试》等等。⑨2017年，全程直播学院各类文艺晚会3部，包括《65周年校庆运动会开幕式表演》《秀出你的美——教工服装大赛》、外语学院《第八届银杏之星颁奖晚会》。⑩应机械工程学院教师要求，培训新疆工程学院机械系教师《多媒体课程制作及软件使用》课程，系统讲解了课件制作、课程录制、课程编辑、后期合成、编解码格式生成以及微课制作、微课软件使用、案例分析等内容，并考察了《精品课程录播教室》《微课制作环境》和《研讨型互动教室》，进行了实际上课体验，得到老师们认可及表扬。

向北京科技大学《数字化教学资源平台》上传精品课程共计8门类，主讲教师14位，合计286学时，其他类专题片、讲座共计50部。

（冀燕丽、高玉峰）

【有线电视和网络运行】 2017年，对有线电视网络前端系统故障设备进行维修和设备更新，中心还完成有线电视系统前端机房设备测试40余次，对卫星地面站、检查、测试、调试与维修20多次。由于学校家属区有线电视系统已于2011年1月1日归北京歌华有线公司进行管理、维护及维修，中心负责提供学校自办模拟电视节目源，经过对电视信号重新编码后转换成数字电视节目信号，融入北京歌华公司的学校有线电视系统内，通过数字高清电视机顶盒接收，供学校教职工收看。更换学生区、教学区、办公区光站3台；因遭雷击、刮大风、密封不严导致接头氧化等诸多因素，维护、维修室内外光站、放大器、干线器件，对有故障的有线电视用户进行登记，上门进行测试和维修，更换损坏严重的线路及器件，据不完全统计，故障维修150余次，保证了系统的正常运行，线路传输畅通，使学校教职工和学生收看到清晰的电视图像。

电教中心机房共计7处，分布在教学楼2楼、4楼、5楼，逸夫教学楼3楼、7楼，承担72间多媒体教室的控制、互联网访问、多媒体音视频采集等任务。其中教学楼4楼的中心机房放置有为全校提供服务的防火墙、服务器、交换机、存储设备等26台（套），其余设备分布在两座教学楼的设备间，有音视频编码器、网络交换机等设备共计90余台（套）。2017年度较好地维护了机房设备及机房运行环境，保证了各个系统正常运行，及时排除了教学楼、逸夫楼网络环路故障，避免了教学事故，使教学活动正常进行。

（王　敬、高玉峰）

【能力提升和对外交流】 当今信息化技术突飞发展，电子技术日新月异，在信息高速发展的时代，为不断学习新知识、新技术，了解当前数字化时代的发展前景，跟上时代的潮流，用知识武装自己的头脑，2017年，组织技术类培训12次，参加新设备、新技术等类型的讲座8次，对外考察及调研4次，接待来中心考察交流的高校30余次。

（段海涛）

【其他主要工作】 现代教育技术中心业务范围广，涉及学校各个部门，经常与各部门一起处理一些工作。中心是学校重点防火、防盗部门，配合保卫保密处对本单位所有的电器开关、设备、线缆等进行了全面检查，接收防火安全整改通知书，协助保卫处完成避雷设施检测、消防设备的检测检修以及灭火器更换维修工作；配合资产管理处对不能使用的设备进行报废处理，完成国有固定资产清查工作；配合教学科完成新生照相采集工作；配合北京歌华有线公司来校对有线电视信号进行检查和测试；利用《数字化教学资源平台》直播学院晚会，通过平台移动终端实时观赏，实现场内场外实时互动。

（段海涛）

社区卫生服务中心

【概况】 北京科技大学社区卫生服务中心（校医院）始建于1954年，由医务室逐步发展为校医院。1989年新建成了建筑面积3586 ㎡，业务用房2000 ㎡的医院。1996年定为“一级甲等”医院。2002年4月通过北京市评审成为社区卫生服务中心，可对外服务。校医院承担着学校3.3万余名师生员工及周边地区居民的预防、医疗、保健、健康教育、康复、计划生育技术指导等“六位一体”的医疗卫生服务任务。

2017年，校医院设有院办、急诊科、内科、大外科（外科、妇科、眼耳鼻喉科、口腔科）、健康管理科、中医科（中医诊室、针灸按摩科、理疗科）、预防保健科、护理部、医技科（放射科、化验室、B超室、心电图室）、药剂科（中药房、西药房）、财务科及保安组、保洁组。校医院现有医务人员59人，其中事业编制42人、人事代理合同制17人；临床大夫23人，临床护士12人，医技人员12人，财会人员6人，党政管理人员4人，保洁2人。正高级职称1人，副高级职称5人，中级职称32人，初级及以下职称21人。

（褚　洪、刘明明）

【医疗服务】 2017年，校医院以“规范服务、和谐发展”为理念，以提高医疗卫生服务保障能力为目标，以全面提升服务态度、服务质量、服务水平为重点，以医药分开综合改革为契机，进一步做好医疗安全、日常门急诊、健康管理、传染病防控等各项工作，努力提供优良的医疗卫生服务。2017年，校医院门诊处方量为139796张，累计门急诊139634人次，肌注2312人次，静脉输液3366人次，静脉采血2726人次，换药2774人次，完成各种体检13271人次（包括新生入学体检、职工体检、入职人员体检和零散体检等）。进一步规范和完善药品准入制度，全年召开药事会2次，新增药品55种，药品结构更趋丰富合理。

（褚　洪、李素君）

【健康教育及预防保健】 健康教育是社区卫生管理的一项重要任务。2017年校医院配合学校大学生教育，安排两批次医生共30人次，开设大学生卫生基础保健课112学时，受众学生500余人；为社区居民定期开设高血压、糖尿病等慢性病健康教育讲座12次，积极开展世界卫生日、高血压日、糖尿病日、结核病日等宣传教育活动，受众3000余人次，发放宣传页2500余份。管理辖区在册精神疾病患者55人，免费服药患者12人，管理学生心理健康患者35人。培养全民健康生活方式指导员5名，组建老年防摔倒毛巾操团队1支、成员20人。继续推进家庭医生式服务并签约，新增签约133人，签约人数上升至29889人，新增80岁以上一键式家医电话服务8户，电话咨询459人次。

2017年，校医院在做好转诊和流行病学调查的同时，对所有本年度确诊肺结核病人的密切接触者进行排查及开展肺结核知识讲座288人次。全年共发现肺结核、水痘、手足口病、猩红热、细菌性痢疾和感染性腹泻等传染病69例，均为散发，无流行疫情发生。校医院还承担着全校学生、教职工、流动人口、居民、散居儿童等的计划免疫工作。2017全年共管理散居儿童408人，小学生845人，共接种疫苗20049剂次，其中为儿童接种1968剂次、小学生404剂次、大学生接种16678剂次，为本社区及周边地区60岁以上老人免费接种季节流感疫苗675剂次，为外来务工人员接种118剂次，为其他人员接种206剂次。及时有效地处理各类人群疫苗接种后反应4起。散居儿童五苗接种率达100%，单苗接种率达98%以上。小学生白破二联、麻腮风疫苗接种率达98%以上，大学生麻腮风接种率90%以上。并做好流动人口调查摸底工作，流动儿童建卡率达98%以上，单苗接种率达90%。多年来，社区计免接种率均达到100%。

（李素君、宋　锐）

【工作成效】 进一步改善服务态度，在加强内部考核的同时，继续坚持"院长接待日"制度和院外监督员制度，充分发挥网络监督的作用，着力提升服务质量和服务水平。以医药分开综合改革为契机，校医院制定了《北京科技大学医院医药分开综合改革实施方案》，取消药品加成、挂号费、诊疗费，设立医事服务费；实施药品阳光采购，全部零差率销售（中药饮片除外）；规范医疗服务价格，改善医疗服务质量，加强成本和费用控制，完善分级诊疗制度。继续推进中医药综合诊区建设，改善就诊环境，更新理疗设备3台。校医院与卫生局配合全面升级社区卫生管理系统，同时增加了服务器等硬件设施，系统更趋安全、稳定。在保卫处的支持下全面升级监控系统，并接入保卫处中控系统，同步进行实时监控，就诊环境更加安全。加强医疗安全、疫情监控和饮食卫生管理，避免或减少医疗事故和公共卫生事件的发生。加强处方管理，做好医疗报销审核工作，有效控制公疗费用支出。进一步做好健康管理工作，建立职工慢病健康档案，规范慢病管理，定期对慢病患者进行随访，指导慢病治疗。利用北医三院牵头的医联体资源，为校内职工患者提供北医三院的预约挂号，同时安装了医联体内部远程视频系统，为日后开展远程会诊和远程培训打下基础。做好职工、新生和研究生复试体检工作，加强体检的组织管理和质量监督，提高服务意识和责任意识，确保体检结果准确率。

（褚　洪）

体育馆

【概况】 按照年初制定的工作计划，体育馆逐项落实，对内注重全体员工的综合素质培养，贯彻落实上级工作指示，对外积极开拓市场，搭建场馆宣传推广平台，高效高质完成了全年工作任务。体育馆连续8年获得"北京市优秀体育场馆"荣誉称号。

（邹华东）

【制度保障】 根据体育馆实际运营经验，在第二版《管理制度汇编》的基础上进行细化修订，一是紧密结合学校工作要求，针对审计工作和人事工作的管理细则和指导意见进行相关修订。细化财务工作流程，对票据查验和报销手续明确相关职责，杜绝财务隐患点；增加实习生管理细则和返聘人员管理规定。实习生作为体育馆储备人才重要途径，通过一年的实习期，既可以全方位考察实习生工作表现和工作能力，同时可以让实习生深入了解体育馆整体运行工作，提高了招聘工作效率。二是安全管理工作。由于2017年冬季火灾频发，北京市安全工作指导意见不断升级，体育馆根据最新意见进行及时调整。作为学校防火防灾重点单位，在安全管理章节全面细化，对照指导意见增加安全生产标准化内容，共计 11 项指导标准，通过制度建设保障日常运营。

（邹华东、鞠 洋）

【队伍管理】 年内体育馆各项重大决策均通过召开领导小组会议审议执行，涉及合同续签、项目合作等重点工作，按照“报—评—审—存”的工作步骤落实执行。3 月，采用公开招募的形式选择乒乓球合作培训机构，通过两轮竞价，北京三维万体乒乓球俱乐部以 31 万元 / 年的最高出价获得合作机会。8 月，通过市场评估和专家评审的方式，与健身房续签了合作协议，合作费用为 48 万 / 年。通过完备的工作流程有效防止了一言堂和拍脑门现象，突出了民主集中制和集体决策的必要性。

全年主管及经理级无人员离职，保持了团队整体的稳定性；完成各类人员每月工资等核算和发放工作，全年发放各类人员工资等 700 多人次，定点医院变更 4 人次。7 月份核对并调整全馆非事业编制人员社会保险基数，10 月份根据北京市最低工资标准指导要求对薪资标准进行相应调整。积极学习最新财经法规制度，提升财务人员的业务素质和专业技能，截至 12 月 15 日，共开具增值税发票 1564 张，全部收入及时足额上缴学校，保证资金安全。

（鞠 洋）

【顾客服务】 校内大型活动：2017 年 1 月 1 日至 12 月 18 日，承办了开学典礼，毕业典礼，校园大型双选会，校庆大会，校友会，大学生 CUBA 联赛，2017 年新生羽毛球、乒乓球、游泳比赛等 11 项校内大型活动，服务师生约 36000 人次，高质量完成了全年校内大型活动服务工作，得到了校内各部门的认可。

体育教学及代表队训练服务情况：承担了学校大一、大二学生的羽毛球、乒乓球、篮球、高尔夫球、游泳、健美操、瑜伽、体育舞蹈、柔道、跆拳道 10 门课程共计 89168 人次的体育教学任务；承担了附小 751 人次的游泳教学任务，附小乒乓球课后 1 小时及乒乓球校队 10800 人次的训练任务；承担了学校篮球、羽毛球、跆拳道运动代表队训练的任务。

校外活动：2017 年 1 月 1 日至 12 月 18 日，体育馆接待校外顾客共计 380504 人次，承办校外公司年会、综艺性活动 12 场，企业羽毛球赛、篮球联赛及趣味运动会 11 场、机器人竞技比赛 5 场，游泳比赛 2 场、五环广场宣传活动 4 场等。

通过 8 年多的团队磨合，各类大型活动转场效率明显提升，在顺利完成大型活动的同时，降低对体育教学和对外开放运营的影响。在不妨碍体育教学的前提下对乒乓球场地照明进行彻底更换，光源更换面积达到 480 平方米，由过去的普通照明灯管更换为 LED 光源。协助学校工会等部门组织举办丰富多彩的教职工体育活动。

（郑 璐）

【安全稳定工作】 完成年度电气检查、消防检查、防雷检查；空调通风系统卫生评价、检测；体育馆、游泳馆安全生产责任险投保；体育馆公众责任险续保；游泳馆卫生许可证变更；体育设施注册证年检。

体育馆作为安全检查重点单位，全年共组织了 7 次安全消防检查、4 次火灾隐患专项排查；组织了 2 次全馆性质的安全知识培训和 2 次消防培训演练；配合保卫保密处对全馆灭火器进行年检；参加海淀区场馆协会组织的救生技能演练比赛，提高救生员的安全救护意识和岗位技能。体育馆全年安全平稳运营。

（李 龙）

【设备维护改造】 4 月份完成太阳能淋浴加热系统、中央空调冷却塔机组的清洗工作；进行空调管道和机组过滤网的专业保养，空调空气质量检测验收合格；检修更换了泳池制氧机组线路板；检修并测试了高压配电柜、低压配电柜设备，电阻电压运行情况都达到了安全运行标准。

9 月在学校保卫处的大力协助下完成了全馆的安全防范系统改造。从前期摄像头布点，到后期系统验收，共持续三个多月。此次改造工作共在场馆内外布置了 176 个监控点，其中馆内重点区域安装了 138 个 200 万像素的高清摄像机，场馆周边安装了 38 个 300 万像素的高清摄像机，所有新增监控点位都配置了红外照明，保证夜间监控效果。全新更换的安防监控设备的分辨率和覆盖率满足了体育馆运行使用需求，大大提升了场馆安全防护工作的稳定性。

（李小红、刘定贵）

【六十五周年校庆工作】 配合校庆大会和校庆晚会场地布置和舞台搭建工作，由于校庆大会和校庆晚会均在馆内举办，转场时间紧，持续时间长，从前期场地协调，到晚会彩排，为保障校庆活动顺利举办，第一时间与搭建方沟通设备进场、消防安全等工作，实时监测线路负荷和功率大小，全面检查馆内各类硬件设施，圆满完成65周年校庆大会和校庆晚会承办工作。

（邹华东、郑　璐）

基础教育中心

【概况】 2017年，中心共有教职工142人（其中在编教师46人、合同教职工79人、劳务派遣17人）、在编教师中小学高级教师33人。2017年，中心较好地完成了各项工作：紧抓海淀学区制改革契机，为附小争取了更多办学经费；为满足教职工及家长对美好生活的需要，附小、幼儿园均安装了新风系统；为稳定大学教职工队伍，在不断增长的招生压力下，解决了大学校聘教职工二代子女入学附小的需求；为提高非编教职工工作积极性，中心与相关部门沟通、协调，向上级领导请示，为非编教职工补缴公积金；开展党风廉政专题教育，层层落实“一岗双责”；健全完善各项规章制度，推进廉政风险防控工作；严格落实安全责任，做到留痕以鉴，做好风险防范。

（张　娜、马翀云）

【附属小学】 2017年，北京科技大学附属小学共有在校学生847人，教学班24个，毕业学生127人，新招学生127人。经与海淀区教委沟通，除大学职工子弟外，其余生源均由海淀区教委向大学购买学位。附属小学共有教职工66人（其中在编教师37人、合同教职工22人、劳务派遣教职工7人），在编教师中小学高级教师32人。

（王　旭、马翀云）

①校务管理。一是继续建章立制。先后完善《北京科技大学附属小学教职工绩效考核办法》《北京科技大学附属小学教职工考勤制度》《北京科技大学附属小学学生考勤、休学、复学制度》《北京科技大学附属小学物品服务类（低于10万）采购流程》等，以制度建设推动学校规范发展。二是提升非编教职员工福利。为从根本上解决附小非编教师群体的一系列问题，提高附小非编教师的福利待遇，促进一线教师的工作积极性，经与人事、财务处等相关部门的沟通与协调，向上级领导请示，为附小非编教师补缴公积金。三是整合学籍与校务联合办公。为简化家长办理学籍变动等事务的流程，节约家长到校办事时间，附小合并学籍管理与校务管理办公一体，学籍变动申请、审核、盖章一站办理。四是实施“副班主任”制度。随着家长对附小的教育教学需求不断上涨，为提供更好的服务，逐步实施精细化管理，实施“副班主任”制度，班主任与副班主任轮流对班级进行一周五天的管理。

（张　娜、马翀云）

②德育工作。一是加强德育体系建设。牢固树立“育人为本、德育为先”的教育理念，深入开展思想道德建设，确定学校德育机构设置、岗位配备和管理办法，构建了以校长、副校长、校长助理、德育干部、少先队辅导员、年级组长、正副班主任为主体的德育工作框架，形成纵向多层次德育管理体系和横向“学校—家庭—社会”三结合德育育人网络。开辟德育办公室、少先队大队部、广播站等德育工作阵地，不断完善和补充德育机制，加强班主任队伍建设，选配优秀教师担任正副班主任，形成班主任聘任、培训、考核和评优等制度。二是加大人力投入力度。新增1名专职德育干部，新聘8名副班主任，保证德育工作师资充足。

三是新设《一日常规管理表》。学生在校每一分钟都有老师教育管理，德育教育无缝对接，构成全方位、全时段的教育网络，为夯实德育工作做好了物质准备。四是加强德育实践，实现实践育人、活动育人。把重点落实到学校大型活动中，引领学生崇尚美德，践行文明公约，养成良好行为习惯。6月策划进行“童心飞扬”六一儿童节文艺会演；7月举办“追踪梦想 行远思恩”毕业典礼；9月1日举行“礼敬文化笃行规范”开学典礼；9月10日开展“引领学生成长 培育桃李芬芳”庆祝第33个教师节活动；10月开展“为祖国献礼”等大型活动。依托体育嘉年华、艺术节、科技节等传统常规活动以及“我手绘校园”“校园种植节”“红领巾小辅导员”等特色活动，扎实展开各项德育教育。五是制定《科大附小一日常规》。认真贯彻落实《中小学生守则》《海淀区中小学生文明行为公约》，引导与规范学生的文明意识和行为，因地制宜，制定出学校培养细则——《科大附小一日常规》，修订《科大附小班主任工作手册》《科大附小班主任工作指导手册》《正副班主任工作职责》《科大附小德育干部工作职责》《科大附小一日常规实施细则》等新规，使工作职责清晰，分工明确，便于执行和操作。六是开设《法制小讲堂》。一学期设计三个主题，分年级开展法制教育，活动有计划、有教学设计、有实施、有记录、有总结。七是心理健康教育工作纳入学校教育规划。从学生、教师以及家长三个层面，通过个体咨询、团队辅导和报告讲座等多种方式开展心理健康教育，既做到全员参与又能关注重点，有效提升了学校心理健康教育的效果。八是加强德育宣传力度。继续发展“科大附小校园广播”“科大附小宣传橱窗”“科大附小微信公众号”三大宣传阵地，及时全面进行宣传报道工作，加入“北京科技大学新媒体联盟”，全年通过微信公众号推送宣传稿46篇。

（刘建玲）

③教学工作。一是加强常态教学管理，提升教师队伍整体水平。组织教师参加继续教育学习，开展课堂实践研究。以“十三五”教师继续教育培训为契机，开展线上线下课程培训，组织全校教师参加“运用信息技术”课堂展示活动，教师们运用网络学习，写出教学设计，进行课堂展示，恰当地运用信息技术辅助教学，起到突破难点，突出重点的作用。关注青年教师成长，对新入职教师进行岗前集体培训，组织青年教师积极参加校外比赛。扎实推进课堂教学常规工作，继续常态课展示，组织家长开放课活动。将非事业编制教师全部纳入北京市继续教育系统，保证每位教师接受继续教育。二是以教科研助推教学方式改革。开展“合作学习”的课堂教学研究，开展语文学科“单元整合”校本教研活动，开展数学学科“思维课堂”的研究，开展《道德与法治》部编版课程。三是强化质量意识，扎实日常学业质量管理。开展质量提升为主的校本教研，各学科围绕《课程标准指导用书》以及《七年级检测分析报告》开展校本教研，准确把握课标，提高课堂实效性。坚持学期中各学科开展“期中活动”，语文、数学、英语分别按照课标要求、年段特点开展活动，并根据学生参加活动情况进行奖励。加强质量监控，做好日常学科单元质量验收的学生试卷检查、评价、反馈工作，面对真问题开展教研组活动，关注学生学业成绩提高。四是以走班制选修课为载体，优化课程建设。2017年9月开始，学校为孩子们开设了24门走班制选修课、11门跨年级课后一小时和8个校级社团（包含4个校级品牌社团），课程丰富多彩，包含了科学技术、数字工程、艺术鉴赏、人文经典、体育健康五个方面。课程师资包含了校内教师、校外机构、海淀教委支持、部分北科大二级学院的支持。为了能让孩子们享受课程的乐趣，并尽可能地做到公平、有序，学校引进选课系统让每个孩子网上自主选课。经过一学期全校师生共同努力，学校的第二课堂得到了家长们的一致好评，工程搭建、机器人、机器人马球、高尔夫球深受学生们喜爱，舞蹈、创客、乒乓球、无线电测向、啦啦操、跳绳的校级团队踊跃参加区级、市级比赛，取得了校好的成绩。

（高　彦、唐明华）

④后勤工作。一是美化校园环境。综合利用有限空间，更新校园室内外绿植，以“阳光体育、足球特色”装饰楼外主题墙，完成了学校西门内风雨长廊和西门两侧围墙的重新装修，完成了大队部、保安室的重新装修，让校园的每一个角落换发生命的精彩，实现育人价值。二是安装完成新风系统。2017年10月开始运行，缓解了雾霾天气里学校内污染空气对学生的侵害，为师生创造了良好的学习环境。三是加强安全保卫工作。制定十九大安全保障方案、全国大清理大排查大整治安全方案和学校各项安全预案，每月举行一次学生安全教育、应急疏散演练，完善保安管理制度，加强了学校巡视，落实各项安全检查记录，执行不同区域安全责任人管理制度。四是完成了上级卫生部门安排的各项卫生保健工

作。组织家长委员会家长完成学校每学期营养餐配送公司及餐标的选定，加强学生营养餐的日常管理，制定完善食品和饮用水中毒应急预案，完成各项卫生保健的晨午检档案统计、学生卫生宣传、学生体检、传染病筛查、班级卫生消毒管理、学生意外伤害工作，迎接海淀卫计委、卫生监督所等多部门对学校食品、卫生的多次档案和实地检查，受到上级部门的肯定。

（王　旭）

【幼儿园】 2017 年，北京科技大学幼儿园在园幼儿 459 人，教学班 12 个，教职工 76 人（其中在编教师 9 人，合同教职工 57 人，其他 10 人为劳务），在编教师中小学高级教师 1 人，一级教师 4 人。

①管理工作。一是坚持以人为本与制度管理相融合的管理理念，落实规范管理实效，提升服务质量，营造和谐、温馨、生态化的校园管理环境。年内，通过职代会，最终讨论完善、通过了《北京科技大学幼儿园规章制度》。在管理实践中落实层级管理实效，严格按照“履行职责、知人善任”的要求开展工作，提高整体管理水平。强化目标与量化考核相结合的管理举措，“以评促建、推优学优”，提高园所服务质量。二是优化人员结构，实施竞聘上岗，形成人力资源合理配置的长效机制。完成年度聘任工作，全园各岗位教师经过逐级聘任、民主参与和协商、考核小组审核，重新签订岗位责任书和安全责任书，明确了岗位责任。经过述职答辩、逐级聘任等小组考核环节，13 人作为新任班长上岗，其中 2 人为新任班长。三是完成了北京市教委“国培计划”项目活动三次；迎接来自 93462 幼儿园、展春园幼儿园、农大东区姐妹幼儿园园长及教师来幼儿园观摩交流活动；接待了来自丹江口市贫困山区手拉手幼儿园的来访观摩，获得与会者的好评和认同。四是加强教师队伍师德、专业技能培训，推进校园文化建设。结合幼儿园教师师德建设的实际需求，园内组织了园本培训，促进不同岗位的员工在各自的岗位上履好职、尽好责。为进一步加强队伍职业道德、专业化水平建设，树立良好职业道德形象，开展“走进童心、读懂幼儿”读书演讲比赛及互动交流活动。结合师德建设和幼儿养成习惯的自主性培养，园党政工团共同开展以“为幼儿自主、自立、自信的成长提供支持”为主题的优质服务月活动；通过师德培训活动，促进了幼儿园师德服务水平提升。

②教育教学工作。一是在全园各班幼儿自主性常规培养方面取得显著成绩。幼儿生活常规、幼儿游戏水平与关键学习经验的获得取得成效，促进了幼儿身心和谐发展。二是开展了主题背景下的各区域活动内容及教师指导的研究、主题背景下区域活动材料（科学和益智）四性的研究等多种形式的教研活动，提升了教师园本教研能力，提高教师的专业水平。三是园本教研成果丰硕。完成区域活动个别指导案例 12 篇，主题背景下的区域材料层次性案例 12 篇。

③家园共育。一是特聘首都师范大学房超博士为家长开展家教讲座，提升了家长对幼儿年龄特点的认识和教育指导水平，形成了家园一致的教育观，促进了幼儿身心和谐发展。二是结合优质服务月活动的开展和家长开放日活动，邀请家长走上讲台，有效地促进了家园合作。

④早教工作。2017 年，园内早教工作稳步推进，为看护人提供科学有效的育儿指导。开展了周末早教班、专家讲座、社区活动站、电话咨询、宣传展板展示等早教活动，进一步落实了市区教委“让科学的早期教育走进千家万户”的号召，参加了北京市学前教育研究会“十三五”课题《0~3 岁婴幼儿父母的家庭教育指导策略研究》，撰写个性化指导案例 4 篇。

⑤后勤工作。一是努力为一线工作提供需求化服务。紧紧围绕幼儿园中心工作重点，努力解决家长后顾之忧，为教师和幼儿全心全意服务。加强校园文化建设，改善办园条件。安装新风系统，为教学班更换热水器和空调，厨房添置了蒸箱和消毒柜，粉刷了户外大型玩具，配备了班级玩具；把安全工作放在全园工作的重中之重，开展安全培训，聘请海淀区融安消防学校和北京市防火中心专业讲师对全体教职工进行消防安全培训，开展预防幼儿意外伤害新年故事会活动，对幼儿进行了安全自护教育，新增摄像头、灭火器、灭火毯，更换应急灯、安全出口指示标志，加装了简易车桩；强化安全自查，安全小组定期对重点区域进行检查管理，对水、电、暖、燃气做好检查工作，节假日对教职工进行安

全教育，签订安全协议，提高教师的安全意识；开展了“幼儿高热惊厥演练”活动，完善了《舆情应急预案》《消防中控室记录》《消防设备维修和保养记录》等。二是积极开展丰富多彩的工会活动，提升职业幸福感。关心教职工的生活，为青年教师宿舍更换了老旧的上下床。新租赁两套宿舍，改善青年教师的住宿环境和条件。组织全体教职工开展野外拓展活动，磨炼意志，增强团队凝聚力。“重阳节、春节”等看望慰问退休教职工；为新婚的教职工送上新婚祝福；看望休产假教职工。三是改变幼儿托费收缴方式。自2017年1月起，幼儿托费收缴工作由以往的现金、pos机刷卡方式改为网上缴费。幼儿缺勤伙食费的退费由以往的现金退费改为网上抵扣的方式，极大地简化了幼儿托费的收缴工作和退费工作，减少了现金流的流动，规避了财务风险点。四是进一步强化卫生保健工作。年内完成幼儿伙食花样研究的主食副食创新，促进了幼儿的身体健康发展；健康教育加大密度、拓展形式、丰富主题，修补了两项以往的薄弱环节——开展保健医进班为幼儿讲课、专业口腔科大夫来园为家长和教师举办讲座，保健巡查指导进一步加强落实实效，五官保健成绩提高，荣获五官保健模范园的称号。

（宋玉梅）

【附表】

2017年北京科技大学附属小学教师学生获奖一览表

序号	获奖名称	获奖级别	获奖者	授奖单位
1	第二届“学院杯”课堂教学风采展示活动一等奖	学区级	陈巍巍　段文琼　李瑞雪	海淀区学院路学区管理中心
2	第二届“学院杯”课堂教学风采展示活动二等奖	学区级	倪文悦　宁高峰　信明慧 张　雪　师乾元　赵　岳	海淀区学院路学区管理中心
3	第二届“学院杯”课堂教学风采展示活动优秀组织奖	学区级	北京科技大学附属小学	海淀区学院路学区管理中心
4	中国高等教育学会教师教育分会“中华优秀与现代语文课堂教学实践研究”课题（教学案例类）二等奖		王秀兰	中国高等教育学会教师教育分会“中华优秀与现代语文课堂教学实践研究”课题组
5	中国高等教育学会教师教育分会“中华优秀与现代语文课堂教学实践研究”课题（语文教学优质课类）二等奖		刘建玲	中国高等教育学会教师教育分会“中华优秀与现代语文课堂教学实践研究”课题组
6	中国高等教育学会教师教育分会“十三五”科研课题“中华优秀传统文化与现代语文课堂教学实践研究”实验学校立校通知书		张　娜　高　彦	中国高等教育学会教师教育分会“中华优秀与现代语文课堂教学实践研究”课题组
7	海淀区阳光少年“多彩中国梦”系列主题活动优秀辅导教师	区级	王忠艳	北京海淀区教育委员会 北京市海淀区东升青少年活动中心
8	海淀区阳光少年“多彩中国梦”系列主题活动优秀辅导教师	区级	李　翎	北京海淀区教育委员会 北京市海淀区东升青少年活动中心
9	《科学课中的行动研究——我的教师研修舒写》三等奖	区级	冯鑫鑫	北京市海淀区教育科学研究院
10	北京市2016—2017学年度基础教育科学研究优秀论文一等奖	市级	李瑞雪	北京市教育科学研究院基础教育研究所、北京市教育学会中青年教育理论工作者研究会
11	北京市2016—2017学年度基础教育科学研究优秀论文二等奖	市级	陈巍巍	北京市教育科学研究院基础教育研究所、北京市教育学会中青年教育理论工作者研究会

续表

序号	获奖名称	获奖级别	获奖者	授奖单位
12	北京市2016—2017学年度基础教育科学研究优秀论文三等奖	市级	周　喆	北京市教育科学研究院基础教育研究所、北京市教育学会中青年教育理论工作者研究会
13	北京市2016—2017学年度基础教育科学研究优秀论文三等奖	市级	王秀兰	北京市教育科学研究院基础教育研究所、北京市教育学会中青年教育理论工作者研究会
14	北京市2016—2017学年度基础教育科学研究优秀论文三等奖	市级	段文琼	北京市教育科学研究院基础教育研究所、北京市教育学会中青年教育理论工作者研究会
15	北京市2016—2017学年度基础教育科学研究优秀论文三等奖	市级	唐明华	北京市教育科学研究院基础教育研究所、北京市教育学会中青年教育理论工作者研究会
16	北京市2016—2017学年度基础教育科学研究优秀论文二等奖	市级	高　彦	北京市教育科学研究院基础教育研究所、北京市教育学会中青年教育理论工作者研究会
17	海淀区中小学学生科技竞赛计算机知识技能比赛优秀辅导教师	区级	沈　磊	北京市海淀区青少年活动管理中心
18	第七届全国“中华文化小大使”展示活动伯乐奖		魏　辉	中国教育学会学校文化研究分会
19	探究传统节日文化内涵 做优秀文化的传承者——《我家这样过春节》综合实践活动调查报告二等奖	区级	王秀兰	海淀区教育科学研究院
20	2017—2018全国啦啦操联赛（清华大学站）首都高校啦啦操比赛优秀教练员	区级	张甲香	海淀区青少年活动管理中心
21	海淀区中小学生阳光测向比赛优秀辅导教师	区级	张甲香	海淀区青少年活动管理中心
22	海淀区中小学阳光测向竞赛优秀组织奖	区级	北京科技大学附属小学	海淀区青少年活动管理中心
23	北京市第十一届“和谐杯”乒乓球比赛优秀组织奖	市级	北京科技大学附属小学	北京市第十一届和谐杯乒乓球比赛组委会
24	北京市第十一届“和谐杯”乒乓球比赛小学女子团体总分第三名	市级	北京科技大学附属小学	北京市第十一届和谐杯乒乓球比赛组委会
25	海淀区花式跳绳比赛集体三等奖	区级	北京科技大学附属小学	海淀区
26	2017年英国皇家国际艺术比赛全国总决赛金奖		北京科技大学附属小学	亚洲青年音乐家协会
27	海淀区艺术节合唱比赛二等奖	区级	北京科技大学附属小学	海淀区
28	北京市中小学幼儿园教师演讲、朗诵比赛演讲组第三名	学区级	宁高峰	北京市海淀区学院路学区管理中心
29	第一届年会举办的优秀科研成果评审教研论文二等奖		李瑞雪	中国高等教育学会 中华优秀传统文化与现代语文课堂教学实践课题组
30	第一届年会举办的优秀科研成果评审二等奖		高　彦	中国高等教育学会 中华优秀传统文化与现代语文课堂教学实践课题组

续表

序号	获奖名称	获奖级别	获奖者	授奖单位
31	担任海淀区学院路教研中心数学学科四年级兼职教研员工作（任期2015至2016学年度、2016至2017学年度）	学区级	信明慧	海淀区学院路教研中心
32	2013—2016年度优秀工会积极分子	校级	马翀云	北京科技大学工会
33	2017年海淀区优秀“四有”教师	区级	刘建玲　钟美艳　乔俊玲	中共海淀区委教育工作委员会、北京市海淀区教育委员会、北京市海淀区人民政府教育督导室、中国教育工会北京市海淀区委员会
34	优秀共产党员		刘建玲	北京科技大学机关党委
35	2017年全国无线电测向公开赛体育道德风尚奖	全国级	北京科技大学附属小学	中国无线电运动协会
36	优秀班主任	区级	魏　辉　李瑞雪	北京市海淀区教育委员会
37	先进工作者	校级	乔俊玲	北京科技大学
38	优秀教师	学区级	乔俊玲	北京市海淀区学院路学区管理中心
39	2017年度十八届CCTV“希望之星”英语风采大赛三等奖		李振宇	中央电视台“希望之星”英语风采大赛北京组委会“希望之星”中英双语文化达人选拔活动组委会
40	2017年度十八届CCTV“希望之星”英语风采大赛一等奖		耿逸清	中央电视台“希望之星”英语风采大赛北京组委会“希望之星”中英双语文化达人选拔活动组委会
41	2017年度十八届CCTV“希望之星”英语风采大赛二等奖		王思涵　张译贤	中央电视台“希望之星”英语风采大赛北京组委会“希望之星”中英双语文化达人选拔活动组委会
42	北京市第十一届“和谐杯”乒乓球比赛男子丁组第三名	市级	刘洪瑞	北京市第十一届和谐杯乒乓球比赛组委会
43	北京市第十一届“和谐杯”乒乓球比赛女子丙组第七名	市级	赵子涵	北京市第十一届和谐杯乒乓球比赛组委会
44	北京市第十一届“和谐杯”乒乓球比赛女子乙组第四名	市级	冯加琳	北京市第十一届和谐杯乒乓球比赛组委会
45	中小学科技创客秀安全骑行指导助手项目一等奖	市级	王嘉良　田书行　边正奇	北京市教育委员会，青少年创新活动中心
46	中小学科技创客秀输液提示项目一等奖	市级	孟凡怡	北京市教育委员会，青少年创新活动中心
47	中小学科技创客秀安静闹钟项目二等奖	市级	王昱焜　高新博　王恩泽	北京市教育委员会，青少年创新活动中心
48	中小学科技创客秀交互式立体打地鼠健身器材项目二等奖	市级	成　功　廖舒瀚　王德鲲	北京市教育委员会，青少年创新活动中心
49	2017年全国无线电测向公开赛（广东站）快速测向个人赛，3.5MHz测向个人赛，144MHz测向个人赛一等奖	全国级	邵英轩	中国无线电运动协会

续表

序号	获奖名称	获奖级别	获奖者	授奖单位
50	北京市海淀区中小学生科技竞赛阳光测向个人比赛、制作小学男子组一等奖	区级	邵英轩	北京市海淀区青少年活动管理中心
51	北京市中小学生测向比赛（短两米个人）小学男子组一等奖	市级	邵英轩	北京市体育局
52	海淀区“红领巾奖章”	区级	王子琦、周松涛、蒋瑶	北京市海淀区少工委、区教工委
53	海淀区“优秀辅导员”	区级	詹 维	北京市海淀区少工委、区教工委
54	海淀区“星星火炬”	区级	四（2）中队（信明慧）	北京市海淀区少工委、区教工委
55	学院路学区“阅读之星”	学区级	任心怡 杨若溪 马艺菲 闫紫铭 孟凡怡	北京市海淀区学院路学区管理中心
56	北京市“红领巾奖章”	市级	蒋 瑶	北京市少工委、团市委、市教委
57	海淀区“三好学生”	区级	徐若兮 马栖菲 蔡沐珈 何雪然 丁晓彤 温 昕 余欣然 王伟嘉 柴艺萱 劳靖雯 陆天晟 张辽川 隗子涵 张乔力 赵丹秀 孟德慧 张雅轩 刘轩霆 张莹莹 周子博	北京市海淀区教育委员会
58	海淀区中小学学生科技竞赛计算机知识技能比赛四年级三等奖	区级	姚萱仪、罗一驰、马可凝	北京市海淀区青少年活动管理中心
59	海淀区阳光少年“多彩中国梦”系列主题活动之绘画一等奖	区级	梁静仪 卢 芈 孙 梅 窦勤月 伏子陆 王思蓉 李雨阳	北京海淀区教育委员会 北京市海淀区东升青少年活动中心
60	海淀区阳光少年“多彩中国梦”系列主题活动之绘画二等奖	区级	杨茹伊 夏卓暄 贾子涵 武芮萱 李梓莹 崔家珩	北京海淀区教育委员会 北京市海淀区东升青少年活动中心
61	海淀区阳光少年“多彩中国梦”系列主题活动之绘画三等奖	区级	贾宜涵 张益宁 夏卓暄 刘西雅 唐悦迪 刘思扬 杨晨誉 蒋琪然 周善熙 胡曦文 何姝月 王思语 时凌萱 张青杨 于沛文 孟依涵 周怡君 魏雨漫 白墨竹 梁静仪	北京海淀区教育委员会 北京市海淀区东升青少年活动中心
62	海淀区阳光少年“多彩中国梦”系列主题活动之软笔书法一等奖	区级	阳佳灏 徐潇涵 章 哲 张悦佳 何宇涵 王思荣 刘正炘	北京海淀区教育委员会 北京市海淀区东升青少年活动中心
63	海淀区阳光少年“多彩中国梦”系列主题活动之软笔书法二等奖	区级	王 坦 曾 瑜	北京海淀区教育委员会 北京市海淀区东升青少年活动中心
64	海淀区阳光少年“多彩中国梦”系列主题活动之软笔书法三等奖	区级	孔俊博 赵雁乔 徐涵婧 顾天玉 郝承帅 陈熙诺 高雨轩 高艺珊 郑元釉 杨琳轩	北京海淀区教育委员会 北京市海淀区东升青少年活动中心
65	北京市“三好学生”	市级	王伟嘉 陆天晟 隗子涵 张辽川 孟德慧 张雅轩	北京市教育委员会

2017年幼儿园集体、个人获奖统计（校级及以上）

序号	获奖名称	获奖级别	获奖者	授奖时间	授奖单位
1	海淀区三八红旗集体	区级	幼儿园	2018年3月	北京市海淀区妇女联合会
2	在2017年度海淀区五官保健模范园	区级	幼儿园	2018年1月	北京市海淀区妇幼保健院
3	青海省2016年民族地区乡村幼儿园园长省级培训项目	校级	李　静　卢建颖　常俊利　李晓丽　王树梅　张静苹　刘　婷　张　莉　张　楠　朱丽洁　刘燕鑫　董荣荣　郭　爽　张凤玲	2017年4月	首都师范大学学前教育学院
4	海淀区优秀四有教师	区级	杨金玲、张宝森、卢建颖、李晓丽	2017年9月	中共海淀区委教育工作委员会
5	“中国杭州武林汇教明德论坛”项目中出色完成大班示范课《悬浮的蛋》科学活动	校级	卢建颖	2017年9月	北京世纪明德教育科技股份有限公司
6	在北京市中小学、幼儿园教师演讲、朗诵比赛中荣获三等奖	市级	王　坤	2017年11月	中国教育工会北京市委员会、北京市教育学会
7	海淀区区级学科带头人	区级	刘翠英　杨金玲	2016至2018年	北京市海淀区教育委员会
8	海淀区区级骨干教师	区级	宋玉梅、周丽君	2016至2018年	北京市海淀区教育委员会
9	“走进童心，读懂幼儿”教师读书演讲比赛及互动交流活动	园级一等奖	李　静　王　坤　梁琴琴　李家燕	2017年3月9日	北京科技大学幼儿园
		园级二等奖	孙林杰　刘　婷　王树梅　李晓丽　孟　露　李婵娟　杨婷婷　王珊珊　田佳伟　卢建颖		
		园级三等奖	刘燕鑫　张凤玲　张　莉　张静苹　郭　爽　王嘉琪　邵　娜　董荣荣　张东月　蔡迎鑫　邢美菊　王　倩　赵　禹　常俊利　于世红　曹振素　李亚平　赵晓宁　刘彤菲		
		园级鼓励奖	李　程　庞晓慧　杨　柳　张静蕊　王欣欣　朱丽洁　赵　雪　李月明　张　楠　乌雅汉　唐子晨　刘　彦　王　丹		
10	优质服务月荣获优质服务月标兵	园级	大一班：李　静　王　坤　杨　柳　朱丽洁 大二班：刘燕鑫　郭　爽　庞晓慧　王欣欣 大三班：张凤玲　张静苹　孙林杰 大四班：刘　婷　贾　迪　王嘉琪　李　程　张　莉 大五班：李晓丽　董荣荣　张　楠 中一班：卢建颖　梁琴琴　赵　禹　张东月 中二班：刘　茵　李　蕾　邵娜 中三班：王树梅　孟　露　蔡迎鑫 小一班：常俊利　赵晓宁　刘彤菲　王　莹　乌雅汉 小二班：于世红　李婵娟　唐子晨　刘　彦　王　怡 小三班：曹振素　李家燕　田佳伟　于亚苹 小四班：杨婷婷　王玲玲 厨房班：张宝森　冯雨新　班显柱　周玉华　赵小龙　杜丽辞	2017年8月	北京科技大学幼儿园

续表

序号	获奖名称	获奖级别	获奖者	授奖时间	授奖单位
11	保育员技能比赛	园级一等奖	孙　婷　石　蕊　蔡迎鑫　张东月	2017 年 11 月	北京科技大学幼儿园
		园级二等奖	熊　芳　石　硕　王　怡　于淑媛　刘　彦		
		园级三等奖	谢宇涵　张海娟		
12	学科带头人	园级	卢建颖　常俊利	2018 年 2 月	北京科技大学幼儿园
13	骨干教师	园级	李晓丽　曹振素　王树梅　杨婷婷　李　蕾　张凤玲　董荣荣（早教）　赵晓宁（早教）	2018 年 2 月	北京科技大学幼儿园
14	优秀班组长	园级	常俊利　曹振素　卢建颖　李晓丽　杨婷婷　张宝森　王树梅　刘燕鑫	2018 年 2 月	北京科技大学幼儿园
15	优秀员工	园级	王嘉琪　王　坤　刘彤菲　张静苹　郭　爽　朱丽洁　梁琴琴　班显柱　王玲玲　蔡迎鑫　田佳伟　张　莉　王欣欣　尹占文　刘　婷	2018 年 2 月	北京科技大学幼儿园

社区服务管理中心

【概况】 2017 年，社区户籍居民 2454 户、8092 人，实际居住人口 8530 人。其中 60 岁以上老龄人 2320 人，80 岁以上老龄人 839 人，90 岁以上老龄人 70 人，100 岁以上 2 人；残疾人 153 人。享受低保 11 户，享受困难家庭补贴 36 人；孤寡老人 11 人；空巢老人 954 人；优抚对象 24 人；帮教对象 7 人；居住 3 个月以上流动人口 1960 人。

（殷官朝）

【社区党建】 社区党委积极发挥基层党组织战斗堡垒作用，夯实党建工作基础，保质保量地完成各项工作。社区党委始终把贯彻执行党风廉政建设责任制作为加强党风廉政建设和反腐败工作的龙头，党委及各支部都设立纪检委员，年内代表街道党工委圆满完成海淀区党风廉政建设责任制检查工作；组织党员学习十九大报告精神，创新性地提出“三步走、三环节”（党委先学，支委跟学，党员精学）学习模式；成立社区党建协调委员会，进一步落实区域化党建工作；继续落实“三会一课”制度，积极推进“两学一做”学习教育常态化制度化，落实党员“承诺践诺”“亮身份”行动，创新性地开展“不忘初心在社区 美化家园我先行”绿色环保志愿服务项目，坚持每周四举办活动，全年服务 400 余次。同时继续发动党员参与“流动书车连心桥”等志愿服务工作；持续开展党内关怀活动，将平时走访与节日慰问相结合；定期评选表彰社区优秀党员；扎实落实党员组织关系集中排查工作，组织开展党费收缴专项检查工作；完成非公有制企业党的组织覆盖和工作覆盖登记工作，找到和登记企业 45 家，党员 260 名，消除非公党建“空白点”。

（杨　峰）

【社区服务】 2017 年，社区六大委员会及业务部门积极发挥作用，各负其责，协同合作，全方位为居民服务。通过网格化管理和精细化服务，规范社区服务管理，扎实推进各项工作，认真做好民政服务、人民调解、治安维稳、公共卫生、计划生育、文化体育、残疾人群体服务等工作，切实将党的惠民政策不折不扣地落实到居民手中。此外，还完成了 120 余项为民服务项目，努力为社区居民生活提供便利、周到的服务。

（殷官朝）

【社区维稳】 社区和谐稳定是社区发展的重要保障。2017 年，社区综治委紧紧围绕学校和街道综治办的工作部署，扎实做好社区安全稳定工作。在重大节庆日与重要会议期间，加强志愿者队伍建设，积极鼓励发动楼门长在自己楼门前轮班站岗执勤，将安全责任点落实到社区最细小的单元，切实做到全面防控；在“疏解整治”专项行动中，多次组织召开现场会，校、地、警三方联合执法，共整治群租房 11 套，有效疏解地区人口 62 人。

（杨　峰）

【社区环境】 坚持狠抓环境整治工作，成立环境整治小组，建立环境日报微信群，实现了动态信息“灵”、问题处置“快”的工作效果。2017 年共清理无主废旧家具 65 车，有效治理侵占绿地 11 起，制止违规装修 4 起；继续开展每月清洁日活动，组织居民、楼门长、大学生志愿者参与社区卫生清洁；补种 10 棵行道树及景观树、800 棵月季花、100 余平方米丹麦草；倡导环保理念，继续组织捐献闲置自行车活动。

（殷官朝）

【网格化管理】 2017 年，根据学院路网格化社区服务管理工作的整体部署，社区网格单元紧紧围绕着“网格化管理，团队式服务”的宗旨，继续深化、细化网格服务工作，将社区各项工作全部纳入网格中，并向纵深发展。充分利用网格化移动采集终端，加强系统信息上报，将社区每天的工作内容、大小事上传上报，让政府及时了解基层工作和居民诉求，为制定更好的惠民利民政策提供第一手材料，及时处理完成社区网格案件百余起。在“大排查、大清理、大整治”专项工作中，社区联合校、地、警三方成立专项工作小组，拆除彩钢建筑 6 处，监督关闭“多合一”经营网点，消除社区安全隐患。

（杨　峰）

【文化建设】 大力推动文化建设，加强文化阵地建设，2017 年共创办并出版了 5 期《北科大社区之声》，利用社区 51 块直通车宣传橱窗和 2 块电子屏，及时发布各类信息，并实现全覆盖；打造社区楼宇文化墙，提升宣传影响力。积极响应创建文化自信社区的号召，弘扬传统文化，举办传统节日活动、社区系列大讲堂、夏日文化广场、朗读比赛、卡拉 OK 比赛、“六一”亲子活动、棋牌比赛等系列多彩文化活动，丰富社区居民生活，促进和谐文化社区建设。

（杨　峰）

【其他工作】 ①关注民生。全面整修 5~7 栋路面，修缮排水管道，平整硬化路面；为社区 2900 多户居民更换了信报箱并发放信报箱钥匙；对 29 栋下水管进行改造，解决了居民十几年公用下水管道下水不通的问题；修缮 35 栋自行车存车棚顶部漏洞，整修存车棚门口低洼地面；在社区便民菜站加装扶手；成功调解居民纠纷 28 起；②关爱特殊群体。全年慰问高龄老人、困难家庭、特殊家庭、残疾人家庭、社区党员等 150 余次；举办重阳节系列活动，为 14 对老人拍摄金婚照，组织 150 余位老人重阳节趣味运动会、700 余位老人健步走，为高龄老人发放 150 余根人工智能拐杖；社区残协举办“康扶沙龙”系列活动，帮助残疾朋友回归正常生活；办理及发放 65 岁及以上老年人北京通－养老助残卡 280 张；协助申请保障房家庭 27 户；帮助失业人员再就业 65 人；申请重度残疾人护理补贴 76 人；组织参加无偿献血 100 余人，超额完成地区指标。③继续创新社区治理模式。发挥楼委会自我管理、自我服务作用，评选文明楼和卫生楼门；居民自发成立“巾帼亲情服务队”，充分发挥女性组织力量，服务社区。④打造精品项目。利用辖区内资源，继续开展“楼宇协理员”和“悦耆同行”项目，服务社区内楼宇和空巢独居老人，创新性开展“三员三带（代）”项目，打造党员、团员、少先队员互学互助的立体化志愿服务模式，全年提供志愿服务 2000 余次。

（杨　峰）

新校区筹建

【概况】 2017年，学校以京津冀协同发展为契机，根据教育部统一部署，积极推进京外校区筹划工作。3月29日，学校召开十一届党委第61次常委会，讨论研究新校区建设工作，决定成立以党委书记武贵龙为组长的新校区建设领导小组，安排专人负责新校区筹建工作。11月28日，学校成立新校区建设领导小组办公室。

（郭景文）

【明确需求】 5月15日，学校召开十一届党委第66次常委会，传达教育部召开的在京直属高校服务京津冀协同发展座谈会会议精神，启动学校新校区建设需求方案拟定工作。

按照教育部要求，依据《北京科技大学综合改革方案》《北京科技大学“十三五”事业发展规划》《北京科技大学十三五基本建设规划（草案）》和《2016年“十三五”基本建设规划调整稿（新校区）》，经5月22日、25日、26日相继召开的学校党委常委会、党委全委会研究，确定新校区建设需求方案，并向教育部报送《教育部在京直属高校非首都功能疏解需求统计表》。

（郭景文）

【聚焦雄安】 ①9月6日，党委书记武贵龙、校长张欣欣一行赴雄安新区与新区工委书记陈刚等会谈，就参与新区建设、筹划北京科技大学雄安校区做充分交流和研讨，并达成共识。9月12日，副校长何民庆一行赴雄县昝岗镇实地考察。

②结合雄安新区建设，学校于9月25日组织召开“北京科技大学军民融合协同创新研讨会”，教育部科技司、军委科技委战略局、国防科工局协作配套中心、中国航天科技集团、中国兵器集团、中国航空发动机集团、钢铁研究总院、北京有色金属研究总院等18家单位的30余位领导和专家参加会议。会议倡议成立“军民融合雄安联盟”。

③10月17日上午，教育部副部长孙尧来校调研，对学校筹建雄安校区表示肯定和支持。10月17日下午，雄安新区党晓龙副书记一行来校，介绍雄安新区规划情况，并与党委书记武贵龙、校长张欣欣等就学校雄安校区筹建工作座谈交流。

（郭景文）

【初步规划】 12月25日，学校向教育部报送《北京科技大学雄安校区建设初步规划要点及近期工作汇报》。初步规划的要点如下。

一是结合国家重大战略，明确北京科技大学雄安校区的功能定位是北京科技大学未来主校区，承载学校大部分学科的各层次人才培养、高水平科学研究和成果转化、社会服务、国际交流合作、文化传承创新等完整的办学功能。学校将着力把雄安校区打造成为雄安新区实施军民融合战略的重要高地之一，成为北京科技大学建设有特色的世界一流大学的最重要组成部分。二是坚持创新驱动发展，树立办学新理念、实施用人新机制，建设校园新格局，高起点规划建设北京科技大学雄安校区。三是聚焦军民融合发展，以先进材料、绿色能源、生物技术、安全工程、信息技术等领域为重点，以专、尖、高为着眼点，组建相关研究机构和产学研用一体化实体，全面助力雄安新区建设。

（郭景文）

【其他】 ①3月17日，党委书记武贵龙、校长张欣欣一行赴天津，与天津市委副书记怀进鹏，天津市委常委、教育工委书记陈浙闽等会谈，就在武清区筹建北京科技大学新校区深度交换意见，并达成共识。

②11月13日，河南省教育厅朱清孟一行来访，与校长张欣欣会谈，向学校表达希望与北科大合作在河南筹建高水平大学、全方位支持河南各项建设的愿望。学校副校长臧勇一行于11月17日赴郑州市考察。郑州市副市长刘东一行于12月21日来校，与校长张欣欣、副校长何民庆等就相关问题交流研讨。

（郭景文）

党建与思想政治工作

组织工作

【概况】 截至2017年年底，北京科技大学共有院系党委21个，院系党总支3个，党支部549个（其中直属党支部1个）。共有党员9247名，占全校总人数的24.27%，其中：干部党员689名，占干部总数的82.32%；教师党员1177名，占教师总数的59.59%；工人党员86名，占工人总数的9.1%；其他专业技术人员党员295名，占其他专业技术人员总数的43.51%；离退休党员1090名，占离退休人员总数的42.75%。学生党员5474名，占学生总数的17.59%；其中研究生党员3837名，占研究生总数的40.63%；本科生党员1637名，占本科生总数的7.55%；其他党员436名。

全校共有在职校级干部10名，处级干部（含校管干部，以下均同）236名。其中，正处级干部76人，副处级干部160人；女干部75人，占31.78%；少数民族干部14人，占5.93%；党外干部23人，占9.75%。35岁及以下21人，占8.90%；36～40岁49人，占20.76%；41～45岁40人，占16.95%；46～50岁54人，占22.88%；51～55岁52人，占22.03%；56岁及以上20人，占8.47%。博士研究生学历123人，占52.12%；硕士研究生学历84人，占35.59%；大学本科学历29人，占12.29%。正高级职称102人，占43.22%；副高级职称76人，占32.20%；中级及以下职称58人，占24.58%。专职管理干部116人，占49.15%；“双肩挑”干部120人，占50.85%。

（黄武南、孙景宏、武　森、王英辉、肖晓玲）

【干部工作】 ①以建设高素质专业化干部队伍为目标，做好处级干部选拔任用工作。调整处级（含校管）干部64人次，其中提任21人，任期届满换届或职务调整29人次，免去职务14人。积极稳妥推进新一轮机关、直属单位及学院行政领导班子集中换届工作。通过单位内部考察、工作相关单位延伸考察、专场座谈会、个别谈话等形式，广泛征求干部群众意见，力求最大程度地选好用准干部。

②不断提高处级干部选拔任用和管理监督的科学化水平。根据上级有关精神，坚持“凡提四必”，严格做好干部选拔任用前档案核查工作、“三龄一历”认定工作，切实落实请示报告制度。严格落实《干部选拔任用纪实制度》，从干部选拔任用各环节把好廉洁关；严格落实干部任前公示制度，不断改进干部任前公示内容，充分实现广大师生群众的知情权、监督权；严格执行领导干部报告个人有关事项制度，年内完成13名处级干部2016年度个人有关事项报告的随机抽查工作，34名拟提拔考察对象或拟进一步使用人选、换届拟继续提名人选个人有关事项报告的重点抽查工作。根据上级要求，制定或修订学校《处级干部选拔任用工作规定》《关于处级领导干部任职试用期制度的实施办法》《校外挂职干部管理办法》《处级及以上党政领导干部兼职管理规定》等文件；将二级党组织书记述职评议考核结果与年度处级干部考核结果结合，综合评定二级党组织书记年度工作；严格执行领导干部出国（境）备案制度。

③以增强“八种本领”为目标，做好各类干部培养工作。举办处级干部学习宣传贯彻十九大精神专题培训班、学习贯彻习近平总书记系列重要讲话和全国高校思想政治工作会议精神专题培训班、新任处级干部和青年干部培训班，引导干部切实把思想和行动统一到中央精神上来，针对学校教育事业发展的重点、热点问题深入调研，为学校改革发展和“双一流”建设提供有力的组织保证。选派24名干部、教师赴教育部、甘肃省白银市、江西理工大学等中央部委、地方政府和大学进行挂职锻炼，选派33名干

部、教师参加校内向挂职锻炼。通过线上学习、专题辅导、社会实践、岗位辅导多样化培训方式，形成立体式干部培养渠道。

（黄武南、孙景宏、武　森、肖晓玲）

【组织工作】 ①不断强化院（系）党的领导，完善院（系）管理体制和运行机制。贯彻落实中央文件精神，落实学院党员院长任学院党委（党总支）副书记、党员副院长任学院党委（党总支）委员工作，进一步强化院（系）党的领导。修订《学院党政联席会议事规则》，建立集体领导、党政分工合作、协调运行的工作机制；制定《系务会议事规则》，明确系行政班子和党支部书记按照民主集中制原则，集体讨论决定本单位重要事项。在学校党委书记领导下，承担北京高校党建难点项目，研究解决院（系）党组织政治核心作用发挥不够、功能弱化的问题。开展二级党组织书记、党支部书记述职评议工作，层层压实主体责任。

②以评促建，切实提高基层党的建设质量。制定《北京科技大学党建和思想政治工作基本标准》，开展二级党组织党建评估工作。系统整理基层党建工作材料，协助顺利完成北京市委教育工委《基本标准》入校检查工作。以民主评议党员为基础，开展党内评优表彰，促进党员先锋模范和党支部基层战斗堡垒作用有效发挥：年内表彰先进党支部38个，优秀共产党员124人，优秀党务工作者14人；完成校内31项党建课题评审工作，完成北京市和北京高校党建研究会课题各1项；组织开展基层党组织活动立项，共442个党支部完成立项活动，参与率达96.51%。加强党内民主建设，保障党员民主权利，顺利完成党的十九大代表和北京市第十二次党代会代表推荐工作。

③推进“两学一做”学习教育常态化制度化。做好党员日常教育和党支部书记培训工作，提升党员党性修养和党支部书记履职能力。严格落实“三会一课”制度，创新形式，不断提高组织生活质量。设立“党员示范课”“党员示范岗”等，引导教职工党员围绕立德树人做合格党员；以“党员述责测评”为抓手，开展“承诺、践诺、评诺”行动，搭建学生党员“学做结合”的“两学一做”学习教育平台。

④不断加强信息化建设，创新党建工作方式方法。升级完善“大学生入党积极分子在线学习与考试系统”（已在北京市推广）、“大学生入党前集中培训系统”（被评为北京高校党建优秀课题）、“大学生党员述责测评系统”（入选北京市基层党建创新项目孵化工程）等，不断加强入党积极分子和发展对象培训信息化、全程化、标准化管理，不断提升发展党员质量。依托北京市党建工作平台，完善党内信息管理系统相关数据，通过“党员E先锋”转接组织关系，不断提升党员日常教育管理工作水平。

⑤修订学校《党委组织部、党校经费使用规定》，使党内活动经费管理更加符合基层实际。在严格遵守中央八项规定精神、严格执行廉洁自律各项规定的基础上，结合学校党建活动实际情况，与财务处多次协商，进一步明确了党费、活动费具体使用内容，为基层党组织开展党建活动特别是京郊、京外党建活动提供了便利。

（黄武南、孙景宏、武　森、王英辉）

【党校工作】 ①做好处级干部专题培训工作。以“不忘初心、牢记使命”为主题，开展学习宣传贯彻党的十九大精神专题培训。组织全体处级干部深入学习领会党的十九大精神和习近平新时代中国特色社会主义思想；开展处级干部学习贯彻全国高校思想政治工作会议精神专题培训。通过专题理论学习、分系统研讨、调研等形式，使处级干部准确把握会议精神和工作重点，推动学校思想政治工作再上新水平。

②开展教职工党支部书记培训，指导学生业余党校开展各类培训。举办教职工党支部书记培训班，通过专题讲座、经验交流和社会实践等形式，对教职工党支部书记、党委秘书160余人进行培训，进一步深化支部书记对基层党组织工作的理解与认识，提高党支部书记的理论水平和业务能力。充分发挥党校的主阵地作用，指导学生工作部门根据各类党员的特点和需求，重点针对本科生党支部书记、研究生党支部书记、学生公寓党支部书记，组织开展分层轮训，分类制定培养方案，构建“线下教学”与“在线引导”相互补充的思想引领模式。年内共培训学生党支部书记171余人、学生公寓党支部骨干410余人次；以党员教育培训网络平台为基础，做好预备党员、毕

业生党员、新生党员骨干等分类培训工作，共培训预备党员611人、毕业生党员832人。扎实推进入党积极分子、党员发展对象的教育培训工作，培训学生入党积极分子2400余人，学生党员发展对象1400余人。发挥马克思主义学院学科和师资优势，完成党员发展对象课程化建设。

③积极做好新任处级干部及青年干部培训工作。举办第28期新任处级干部岗位培训班，通过理论学习、专题报告、1对1岗位辅导、社会实践等形式针对近一年提拔任用的26名处级干部开展培训；举办第6期优秀青年干部培训班，通过专题讲座、素质拓展、无领导小组讨论、专题研讨、实践调研等形式对86名青年教师和机关干部进行培训；举办“2017年青年高层次人才培训班”，对“万人计划”青年拔尖人才、创新人才推进计划中青年科技创新领军人才、国家优秀青年科学基金获得者、新世纪优秀人才支持计划入选者、北京市科技新星计划入选者等青年高层次人才进行培训。利用网络在线、新媒体等技术手段，合理设置培训内容与形式，进一步统筹好线上和线下学时分配，以提高干部的思想政治素质、业务能力和管理水平为目标，提高干部教育培训的针对性和实效性。

④加强党建研究工作。举办2017年高校大学生入党在线学习与考试系统专家研讨会，邀请北京大学等10余所高校就大学生入党在线学习与考试系统进行研讨交流，深入探索高校“互联网+”党建的新模式。

（孙景宏、武　森、王　佳）

宣传工作

【概况】 学校党委宣传部、新闻中心设有办公室、校报编辑部、广播电视台和校史馆，有专职工作人员13人。2017年，部门深入学习宣传贯彻习近平新时代中国特色社会主义思想和党的十九大精神，全面学习贯彻落实全国高校思想政治工作会议精神，紧紧围绕学校中心工作，充分发挥宣传思想主渠道主阵地作用，以社会主义核心价值观为引领，着力推进理论学习、新闻宣传和文化建设工作，积极营造解放思想、凝聚力量、求实鼎新、科学发展的良好氛围，努力为学校改革发展提供强有力的思想基础、政治保证和舆论支持。

（于成文、邢华超）

【理论学习】 继续做好党委理论中心组学习组织工作，新制定《党委理论学习中心组学习规则》，全年组织理论学习16次。抓好教职工理论学习的统筹安排，制定学习计划，督促各二级党委教职工理论学习的落实，形成优秀案例集。做好学生党支部理论学习导师遴选工作，组织理论学习导师参加各类培训10余次。组织教师参加哲社研修及青年骨干理论培训，开展青年教师社会调研，获一等奖7项、二等奖3项，部门获优秀组织单位奖。编辑《北科大工作》10期。落实意识形态工作责任制，分别与各二级党委、职能部处及直属部门签订了《意识形态工作责任书》。严格阵地管理，落实“一会一报”“一事一报”审批备案制度，审批校园网登录界面、会议讲座论坛等320余次。健全舆情研判机制，建立了舆情网络监控系统，研判处理重要舆情10余条。做好督促检查，会同纪委办公室等单位对所有二级单位进行了普查，对15个单位进行了重点检查。

（沈　崴、李　洁）

【新闻宣传】 2017年，新闻宣传以“树立形象、凝聚人心、传播文化、促进发展”为目标，强化“围绕中心工作、深入一线基层、突出典型示范、促进媒体融合”工作导向，做到学校重大活动不遗漏、典型人物宣传不断线。制定《新闻发布和新闻宣传工作管理办法》《新媒体管理办法（试行）》，逐步构建起校院两级联动的新闻宣传机制，推动校园传统媒体和新兴媒体的融合发展，“微言大义新媒体工作室”被评为北京市新媒体工作室。加强新闻宣传工作队伍建设，组织各类培训10余次。部门获北京市2017年度宣传工作先进单位、中国高校电视工作优秀单位、北京高校新闻宣传工作优秀集体等多个荣誉称号，多部作品获中国高校电视奖一、二等奖，北京市高等学校好新闻二、三等奖。

（李 洁、邢华超）

【校刊工作】 深度挖掘基层新闻线索，坚持典型报道不断线、重点工作有专题，全年出刊18期。其中出版了校庆专刊2期16版，还出版了社会实践专版、毕业生专版、军训专版、高校田径运动会专版等。开设了“啡常时光”“校长奖章”“我和我的老师”“北科大人物”等专栏4个。报道北京市教学名师夏德宏、北京市优秀教育工作者曲选辉，科研标兵吕昭平、“校长奖章”获得者刘宇、“自强之星”格桑措姆等先进个人和先进集体。

（李 洁、李 伟）

【网络宣传】 2017年，进一步加强新闻网信息发布主渠道建设。注重教学、科研等领域取得的成果和经验报道。加大先进教师和学生典型的报道，做好重要时间节点重要事件的专题推送，提高新闻网实效性和可读性。保证重要事件第一时间发布，重大新闻提前策划并当天发布，提高新闻网发布时效性。及时主动与投稿单位沟通协商新闻事实，切实保障新闻稿件事实清楚、数据确切，提高主动服务意识。新闻网成为学校权威新闻信息发布集散地，重要新闻点击量同比增长21.78%，教学科研及成果类新闻的报道，占新闻导读总发稿量的48.71%。

（李 洁、邢华超）

【广播电视】 2017年，广播电视台注重栏目策划和新闻质量，全年拍摄新闻260余场次，“啡常时光”、理论学习报告、各类科研学术讲座等全程50余场，开学典礼、毕业典礼、研究生学术三分钟、新年晚会等直播11场次。编辑《北科大新闻》35期，制作《北京科技大学建校65周年纪念片》《思政会巡礼片》《北京市优秀共产党员》《机械原理课程机构创新设计虚拟仿真实验申报》等各类宣传片10部。闭路电视放像210余天，约1500小时。大屏幕放像320小时。完成广播各类节目约400期，举办第八届中文配音大赛。

（沈 崴、郝慧鹏）

【对外宣传】 突出主动出击和重点策划，与主流媒体建立定期沟通机制和校媒协同策划机制。重点策划了65周年校庆、学校思政会、精准医疗与健康研究院成立、“一带一路”、学习十九大精神等外宣项目。2017年，主流媒体共报道学校759条次。中国中央电视台、中国教育电视台、北京电视台报道32条，新华社、人民日报、光明日报等报道63条，较2016年有较大提高。其中，中央电视台《新闻联播》报道学校3次，《光明日报》对学校“砥砺奋进的五年”进行了整版报道，在《中国高等教育》等重要期刊发表文章5篇，实现了学校外宣工作的新突破。

（沈 崴、孟 婍）

【新媒体宣传】 发挥北京科技大学新媒体联盟在校园新闻宣传中的作用，通过信息报送、业务交流、资源共享等方式与多个组织的新媒体建立联系和合作机制，加强对学校新媒体平台的建设与管理，进一步扩大新媒体的校园影响力。官方微信加强栏目策划，注重新媒体联盟协同联动，全年推送269期，点击量过万文章近20篇，粉丝数量达37560人。官方微博侧重回应社会关注热点问题，全年发布消息435条，点击率90余万人次。

（吴钰重、高 龑）

【校园文化建设】 制定发布《北京科技大学文化建设规划（2017—2020）》。统筹整合校内人文资源，举办了首届“礼敬中华·文溢满井”传统文化节。正式确定《北科华章》和《摇篮颂歌》为校歌。设立了“求实”“鼎新”“五环”“青年”四个文化广场。编辑出版校园文化系列丛书《校史资料——人物篇》第二辑。注重校史、院史挖掘，开展文化立项25个。获第九届全国高校校园文化建设优秀成果一等奖。结合65周年校庆，对校史馆进行了全新升级改造，增加了校友信息查询系统和大型展览功能，内容更加丰富，布局更加合理。高质量制作学校65周年宣传片，格局高大、震撼人心，普遍反响良好。出版了《北科65周年》《印象北科》两本画册，受到师生校友欢迎。

（李 洁、董 强）

【附表】

北京科技大学 2017 年 1 月 1 日至 2017 年 12 月 31 日对外宣传情况统计表

（广播新闻）

序号	报道时间	报道媒体	栏目	报道内容
1	2017/10/31	中国交通广播	速度早高峰	北京科技大学实践活动

（视频新闻）

序号	报道时间	报道媒体	栏目	报道内容
1	2017/1/22	CCTV4	中国舆论场	走进大学校园
2	2017/2/28	CCTV1	晚间新闻	谢建新院士、孙冬柏教授出席国家新材料产业发展专家咨询委员会成立大会
3	2017/3/1	人民网	人民电视	传统党建教育要学会搭乘“互联网”的顺风车
4	2017/4/8	CCTV 新闻	新闻直播间	发力精准医疗 多位诺奖得主加盟
5	2017/4/11	BTV 北京卫视	北京您早	“作家进校园”系列文学论坛走进北京科技大学
6	2017/4/30	中国教育电视台	中国教育报道	“杰出工程师进校园”启动 首场报告会走进北科大
7	2017/5/9	中国教育电视台	中国教育报道	各地高校师生学习贯彻习近平总书记五四青年节讲话精神
8	2017/5/11	CCTV 新闻	新闻直播间	哈萨克斯坦“熊猫血”小伙鲁斯兰留学中国 8 年 献血 5000 毫升
9	2017/5/11~13	CCTV1	晚间新闻	“一带一路”——“丝路话语”
10	2017/6/7	人民网	人民电视	被习主席点赞的“熊猫侠”
11	2017/6/11	CCTV 新闻	面对面	鲁斯兰：“熊猫侠”在中国
12	2017/6/14	BTV 北京卫视	特别关注	五所高校联合发布高招信息 录取零调剂成今年招生新亮点
13	2017/6/14	腾讯视频		北京五校联合高招咨询新闻发布会
14	2017/6/14	优酷网		北京五校联合高招咨询活动新闻发布会
15	2017/6/14	网易视频		北京五校联合发布高招信息 大类招生成普遍趋势
16	2017/7/5	BTV 北京卫视	北京您早	爱心读诗亭进科大 众学子为爱发声
17	2017/8/11	中国教育电视台	中国教育报道	北京科技大学：以“四个结合”学习贯彻习近平总书记重要讲话
18	2017/8/16	CCTV 新闻	新闻联播	用青春书写无愧于时代无愧于历史的华彩篇章
19	2017/8/17	中国教育电视台	中国教育报道	习近平回信引发大学生创新创业团队热烈反响
20	2017/8/22	CCTV 新闻	新闻直播间	柯俊：一颗报国心 一生为他人
21	2017/9/8	中国教育电视台	e 视界	开学第一课 北科大校长张欣欣：做祖国崛起的忠实“华粉”
22	2017/9/22	CCTV 新闻	朝闻天下	北京“砥砺奋进的五年”大型成就展 京港青年观展 与祖国同心同行
23	2017/9/23	CCTV10	点赞中国	2016~2017“五个一百”网络正能量精品展播特别节目
24	2017/9/26	中国新闻网		京港两地学子参观“砥砺奋进的五年”成就展 称非常骄傲
25	2017/9/30	央视网	话筒给你	“国庆”的国庆
26	2017/10/23	光明日报		十九大时光 · 大学生篇
27	2017/10/24	BTV 生活频道	生活这一刻	北科大高校食堂标语网络走红

续表

序号	报道时间	报道媒体	栏目	报道内容
28	2017/10/26	中国教育电视台	中国教育报道	北京科技大学师生：牢记使命 高举旗帜 奋勇前进
29	2017/10/29	CCTV 新闻	新闻联播	【十九大代表回基层】 高校学子：接力奋斗 投身新时代
30	2017/11/7	CCTV4	深度国际	“日本制造”怎么了
31	2017/11/19	BTV 北京卫视	北京新闻	在学懂上下功夫 在弄通上下功夫 在做实上下功夫 努力建设好和谐宜居新农村
32	2017/11/21	求是网	求是动态	北京科技大学师生宣讲团深入京郊农村宣讲党的十九大精神
33	2017/12/2	CCTV 新闻	新闻直播间	【记者观察：2018 就业季】 毕业生人数或创新高 AI 等战略新兴产业受青睐
34	2017/12/10	CCTV 新闻	新闻直播间	2018 大学生就业 95 后走向职场 新闻观察 慢择业：注重个人兴趣与自我成长
35	2017/12/11	CCTV 新闻	朝闻天下	关注 2018 大学生就业 毕业生 820 万出现“慢择业”现象
36	2017/12/11	CCTV 新闻	新闻联播	首都高校“浸入式”学习十九大精神
37	2017/12/14	CCTV 新闻	焦点访谈	走心的“浸入式”宣讲
38	2017/12/14	中国教育电视台	中国教育报道	“慢就业”流行，毕业生找工作很淡定
39	2017/12/23	CCTV 新闻	新闻直播间	2018 年全国硕士研究生考试今天举行报名人数继续高涨

（文字新闻）

序号	报道时间	报道媒体	报道内容	链接
1	2017/1/6	中国矿业报	如何实现深部开采技术的“弯道超车”？ ——访中国工程院院士、北京科技大学教授蔡美峰	4
2	2017/1/9	中国青年网	北科大高校共青团改革：让“青年之声”聚青年人气接校园地气	6
3	2017/1/9	中国网	北京科技大学构建大学生思想引领工作新体系	1
4	2017/1/13	中国网	北京科技大学深入开展“党建进宿舍”工作 切实发挥学生党支部战斗堡垒作用	0
5	2017/1/17	中国高校之窗	北京科技大学附属中学举行科技军校育人成果研讨会	0
6	2017/2/4	中国教育报	引导青少年树立和践行社会主义核心价值观	3
7	2017/2/7	佛山日报	北京科技大学顺德研究生院计划 2019 年建成投用	1
8	2017/2/8	湛江新闻网	北科学子回湛助学暨“湛放北科”宣讲会举行	0
9	2017/2/9	人民日报	春节“爱心红包”温暖经济困难学子	1
10	2017/2/13	环渤海新闻网	“追梦北科”河北宣讲团走进唐山	0
11	2017/2/14	南方日报	北科大顺德研究生院项目即将开建 预计明年 6 月完工	5
12	2017/2/23	人民网	北科大：勇于创新积极构建大学生思想引领工作新体系	1
13	2017/2/23	中国网	北京科技大学积极构建教育精准扶贫体系	3
14	2017/2/23	人民网	构建“党建进宿舍”工作模式 拓展大学生思想政治工作阵地	3
15	2017/2/24	中国高校之窗	北京科技大学附属中学召开新学期教职工大会	0

续表

序号	报道时间	报道媒体	报道内容	链接
16	2017/2/28	中国高校之窗	北京科技大学附属中学团委周琦书记一行人访问芬兰 Joensuun lyseon lukio 中学	0
17	2017/3/2	胶东在线	北科大烟台工业技术研究院落户烟台	3
18	2017/3/4	劳动午报	首都高校共青团举行“一学一做”教育实践启动会	1
19	2017/3/4	北青网	首都高校共青团“一学一做”教育实践启动	1
20	2017/3/5	北京青年报	首都高校共青团举办“学雷锋”团日公开课	4
21	2017/3/5	千龙网	雷锋生前班长：进高校澄清网络诋毁雷锋的谣言	1
22	2017/3/5	新华网	雷锋班班长与大学生共话雷锋精神	4
23	2017/3/5	中国教育新闻网	精准扶贫可以在教育上多做文章	0
24	2017/3/5	人民日报	我们今天为什么还要学雷锋	1
25	2017/3/6	中国青年网	首都高校共青团“一学一做”教育实践启动会在北科大举行	0
26	2017/3/6	北京共青团	北京科技大学青年学生开展丰富志愿活动纪念“学雷锋日”	0
27	2017/3/6	人民网	北京科技大学：学习雷锋精神，争做六有大学生	0
28	2017/3/7	光明网	雷锋班首任班长走进校园讲团课：“我的兄弟叫雷锋”	1
29	2017/3/7	北京教育	高校参与组织国际大科学计划和大科学工程的思考	0
30	2017/3/8	人民网	中国高速稳步迈进世界教育强国行列	3
31	2017/3/12	千龙网	北科大校友再捐百万助力母校辅导员队伍建设	0
32	2017/3/13	中国青年报	大学党委书记上台讲团课：要做雷锋精神的种子	2
33	2017/3/16	新华网	“工业 4.0 和中国制造 2025”主题沙龙走进北京科技大学	5
34	2017/3/16	新华网	田宇：社会可以由精英创造，也可以由普通人引领	0
35	2017/3/16	中国日报网	“百名摄影师聚焦新长征”高校巡展在北京科技大学展出	0
36	2017/3/16	北京教育	大学生思政教育机制的构建与实践	0
37	2017/3/20	中国教育报	雷锋精神化于心表于行	0
38	2017/3/20	中国教育新闻网	第八届全国大学生数学竞赛决赛在北京科技大学举行	1
39	2017/3/21	中铝网	北京科技大学教授孙春宝来访平果铝	0
40	2017/3/21	中国科技网	北科大张学记教授当选美国医学与生物工程院院士	2
41	2017/3/22	北京考试报	第八届全国大学生数学竞赛决赛在北京科技大学举行	0
42	2017/3/22	北京考试报	北京科技大学学生举行“百团大战”社团招新活动	0
43	2017/3/22	千龙网	北科大第六届“87 级校友基金”为母校师生颁奖	0
44	2017/3/27	中国青年报	肖珣：创业路上的“爱迪生”	1
45	2017/3/27	天水市政府门户网站	在京秦安籍青年“心系家乡”座谈会在北科大召开	0

续表

序号	报道时间	报道媒体	报道内容	链接
46	2017/3/30	人民日报	大学生党员要有“先锋范儿”	6
47	2017/3/31	中国科技网	三名诺奖得主加盟北京精准医疗与健康研究院	1
48	2017/3/31	千龙网	北科大建新研究院 诺奖获得者斐里德·穆拉德受聘	1
49	2017/3/31	中国教育新闻网	诺奖得主斐里德·穆拉德加盟北京精准医疗与健康研究院——北京精准医疗与健康研究院（筹）在京揭牌	0
50	2017/3/31	中国新闻网	北科大精准医疗与健康研究院揭牌 诺奖得主加盟	8
51	2017/3/31	新华网	北京科技大学成立精准医疗与健康研究院	3
52	2017/4/1	光明日报	北京精准医疗与健康研究院成立	2
53	2017/4/1	北京日报	北京精准医疗与健康研究院揭牌	8
54	2017/4/1	中国教育报	北京科技大学：成立精准医疗与健康研究院	1
55	2017/4/4	人民网	北京精准医疗与健康研究院（筹）揭牌	5
56	2017/4/5	北京日报	在京高校百余新专业今年起招生	10
57	2017/4/6	国家外国专家局	周长奎副局长赴北京科技大学调研	1
58	2017/4/7	中国青年网	北科大学子参与校园模拟求职大赛 现场获实习 offer	2
59	2017/4/8	新浪网	北科大附中举办体育开放体验日 外籍教练主抓足球课	2
60	2017/4/9	新华网	让足球充满乐趣——北科大附中开放日体验形式新颖	1
61	2017/4/10	中国作家网	“作家进校园”系列文学论坛首场活动 在北京科技大学举办	0
62	2017/4/11	北京青年报	迎65周年校庆 北科大原创剧上演	3
63	2017/4/11	光明网	同创共享——2017光明双创公益行第一站 走进北京科技大学	1
64	2017/4/11	中国科学报	北京精准医疗与健康研究院（筹）揭牌	6
65	2017/4/12	新华网	北科大团队研发出新型超高强钢	13
66	2017/4/12	中国青年网	北京科技大学创作大型原创校史剧《奔流》 献礼校庆65周年	2
67	2017/4/13	科技日报	新型超高强钢突破2000兆帕强度极限	0
68	2017/4/14	北京教育	构建国际化课程体系面向世界培养工程型创新人才	0
69	2017/4/17	北京教育	章守华：执着于理想 纯粹于当下	0
70	2017/4/18	中国科学报	让理论学习成为习惯 ——北京科技大学教职工理论学习工作纪实	0
71	2017/4/18	千龙网	北科大学生着汉服寻根传统文化	2
72	2017/4/18	中国新闻网	北京科技大学启动首届传统文化节	9
73	2017/4/19	现代教育报	朋辈讲师开课 学生打卡学习	0
74	2017/4/19	光明日报	传统文化现身北科大校园	3

续表

序号	报道时间	报道媒体	报道内容	链接
75	2017/4/20	北京晨报	北京科技大学转专业“零门槛、不设限”	2
76	2017/4/23	北京青年报	北科大两万余名师生为母校 65 岁庆生	6
77	2017/4/23	千龙网	北科大迎来 65 周年华诞 开启“校长奖章”新 10 年	2
78	2017/4/23	中国新闻网	北科大纪念建校 65 年 启动 2017 年校长奖章评选	16
79	2017/4/23	齐鲁网	北京科技大学专家学者到禹城参观考察	0
80	2017/4/24	人民网	北京科技大学“校长相约 共话成长”主题论坛举行	0
81	2017/4/24	央广网	北京科技大学：2017 年共 26 个专业面向全国招生	5
82	2017/4/24	千龙网	北科大一研究院再聘诺奖得主	0
83	2017/4/24	光明网	北科大“校长相约 共话成长”主题论坛举行	1
84	2017/4/24	中青在线	北科大“校长相约 共话成长”主题论坛举行	0
85	2017/4/24	中国教育新闻网	北京科技大学“校长相约 共话成长”主题论坛举行	0
86	2017/4/24	中国钢铁新闻网	第四届“魏寿昆科技教育奖”颁奖典礼举行， 周国治、李喜、张福明获奖	0
87	2017/4/24	人民网	北京科技大学举行 65 周年校庆文艺晚会	4
88	2017/4/25	中国科学报	让优秀传统文化沁润学生心田 ——北京科技大学启动首届传统文化节	0
89	2017/4/25	中国科学报	北京科技大学启动 2017 年校长奖章评选活动	1
90	2017/4/26	央视网	哈萨克斯坦小伙 7 年在中国献血 5000 毫升 称帮助别人自己很幸福	0
91	2017/4/27	千龙网	我国空警 2000 总设计师走进北京高校做报告	0
92	2017/4/27	光明日报	“聚”是基础“用”是关键	4
93	2017/4/28	中国科技网	“杰出工程师进校园”活动启动仪式暨首场报告会 走进北科大	0
94	2017/5/2	中华人民共和国 教育部	北京科技大学扎实推进教职工理论学习工作	0
95	2017/5/3	现代教育报	北科大教授摘金奖 献礼母校 65 岁	0
96	2017/5/3	中国教育报	北京科技大学：“寻根”中传承优秀传统文化	3
97	2017/5/3	中国知识产权报	献身自主创新 翘首中华腾飞	2
98	2017/5/4	中国青年网	北京科技大学举办五四青年节主题团会隆重纪念 建团 95 周年	2
99	2017/5/4	中国青年网	习近平总书记中国政法大学重要讲话引热议 北科广大青年师生热烈学习讨论	2
100	2017/5/4	中国青年网	北京科技大学举行青年广场启用仪式暨“贝壳青年说”首讲活动	0
101	2017/5/4	人民网	北京科技大学举办五四青年节主题团会	1
102	2017/5/8	中国教育报	以“卫士”之名捍卫材料服役安全之责——记北京科技大学“重大工程材料 服役安全研究评价设施”项目	0

续表

序号	报道时间	报道媒体	报道内容	链接
103	2017/5/12	千龙网	北科大数百学生亲笔写信关爱母亲	4
104	2017/5/12	央视网	哈萨克斯坦“熊猫血”小伙 8年在中国无偿献血5000毫升	5
105	2017/5/15	央视网	“一带一路”志愿者养成记	0
106	2017/5/16	北京教育	国际化人才培养的影响因素及对策研究	0
107	2017/5/17	北京晚报	外国小伙在华八年献血五千毫升	3
108	2017/5/18	人民网	北科大“黄昆”班50%毕业生可直接保研到中科院	5
109	2017/5/19	千龙网	北科大“生涯体验日”寓教于乐	0
110	2017/5/23	光明网	北京科技大学举办“生涯体验日”系列活动	0
111	2017/5/25	齐鲁网	北京科技大学考察团到禹城市参观考察 张安民陪同	0
112	2017/6/6	中国科学报	北京科技大学探索学生就业工作新思路 打造学生就业全生命周期服务	0
113	2017/6/12	新华网	科技传播与科普工作研讨会在京举行	1
114	2017/6/12	中国教育报	新型崩落开采技术攻克“矿石贫化”	0
115	2017/6/13	千龙网	北京五大高校推进大类招生改革	0
116	2017/6/13	北京晚报	录取零调剂成今年高招新亮点 五所高校联合发布高考招生信息	5
117	2017/6/13	教育部阳光高考信息平台	北京五校联合发布2017年高考招生信息	1
118	2017/6/13	新浪网	北京五所行业特色高校2017招生新动态发布	0
119	2017/6/13	北京考试报	北交大、北科大、北邮、北林大、北化工五校 联合发布高招政策	2
120	2017/6/13	中国科学报	北京科技大学首届传统文化节闭幕	0
121	2017/6/13	中国新闻网	北京五校联合发布高招信息 大类招生成普遍趋势	0
122	2017/6/13	北京青年报	北科大等五所高校联合发布在京招生信息 推行大类招生 在京计划保持稳定	3
123	2017/6/13	新华网	北京五所高校降低转专业门槛	0
124	2017/6/13	人民网	北京五所行业特色高校联合发布高招信息	4
125	2017/6/14	北京晨报	六高校计划在京招生1302人	6
126	2017/6/14	北京日报	五高校在京推行大类招生	3
127	2017/6/14	新京报	五高校公布高招计划	2
128	2017/6/14	中国网	北京五校联合发布2017年高考招生信息	2
129	2017/6/14	中国教育新闻网	五所高校联合发布高考招生信息 2017高招新亮点：转专业“零门槛、不设限”	3
130	2017/6/14	人民日报	5所行业特色高校推进大类招生	6
131	2017/6/15	中国青年网	北京五大理工科高校高招政策出炉！咋报志愿看这里	4

续表

序号	报道时间	报道媒体	报道内容	链接
132	2017/6/15	光明日报	高考志愿怎么报 招办主任来支招	6
133	2017/6/16	千龙网	甘肃贫困县县长京城叫卖优质大苹果	0
134	2017/6/18	人民日报	节俭亮新招 浪费不回潮（让“光盘”成为习惯）	4
135	2017/6/20	中国科学报	北京五校联合发布高考招生信息	1
136	2017/6/20	中国高校之窗	北京科技大学教授潜伟来景德镇陶瓷大学讲学	0
137	2017/6/21	千龙网	北科大师生首次集体秀出智能服装	1
138	2017/6/21	中国新闻网	北科大工业设计系建系 15 年 举办“未来已来”设计展	7
139	2017/6/23	光明网	北科大工业设计系建系“未来已来”设计大展举办	0
140	2017/6/26	中国教育报	北京科技大学：“未来已来”设计大展开幕	2
141	2017/6/27	佛山日报	京城名校牵手华南制造业强区	0
142	2017/6/29	千龙网	台湾学生在大陆高校毕业后可享受同等待遇	0
143	2017/6/29	人民网	“智创未来”，北科大海峡两岸青年科技交流营举行	0
144	2017/6/29	中国新闻网	“智创未来”2017 海峡两岸青年科技交流营开幕	6
145	2017/6/29	环渤海新闻网	唐山举行人才技术项目交流对接会	1
146	2017/6/29	光明日报	中国大陆高校七学科位列世界第一	1
147	2017/6/30	中国青年网	“智创未来”2017 北京科技大学海峡两岸青年科技交流营开幕	2
148	2017/6/30	中国教育新闻网	“智创未来”2017 北京科技大学海峡两岸青年科技交流营开幕	2
149	2017/7/3	中国日报	Mainland, Taiwan students share tech smarts at camp	0
150	2017/7/3	光明网	“智创未来”海峡两岸青年科技交流营邀两岸高校师生学习交流	0
151	2017/7/3	广西日报	诚德公司“引智”北京科技大学	3
152	2017/7/4	中国新闻网	京港两地青年参访内地文创企业：加深了解 受益匪浅	7
153	2017/7/5	新华网	2017 年全国大中专学生暑期“三下乡”社会实践启动	1
154	2017/7/5	未来网	从公益体验感受成长力量 500 万大学生将投身暑期社会实践	2
155	2017/7/5	南报网	龙潭“小鲜肉”和“北科大”将共建工作站	1
156	2017/7/6	千龙网	全国 500 万大中专学生出征暑期“三下乡”	1
157	2017/7/6	中国青年网	全国大中专学生暑期“三下乡”社会实践正式启动	3
158	2017/7/7	人民日报	京港青年伙伴交流周落幕	3
159	2017/7/7	北京晨报	北科大海峡两岸青年科技交流营举行	0
160	2017/7/11	中国科学报	架一座桥 连两岸心 北科大海峡两岸青年科技交流夏令营侧记	0
161	2017/7/17	千龙网	北科大“教育扶贫”培训秦安县教师	1
162	2017/7/17	新华网	北京科技大学构建教育精准扶贫体系帮扶甘肃秦安县	0

续表

序号	报道时间	报道媒体	报道内容	链接
163	2017/7/18	南京日报	龙潭多肉基地与北科大共建工作站	2
164	2017/7/19	中国青年网	北京科大慰问研支团 与昌吉续签合作协议书	0
165	2017/7/20	人民网	北京科技大学构建大学生心理素质教育体系	5
166	2017/7/20	中华人民共和国教育部	北京科技大学构建大学生心理素质教育体系	1
167	2017/7/24	中国教育报	“大创”扶贫，从延安出发	2
168	2017/7/25	中国台湾网	台湾青年畅游北京 体验地道京味文化	5
169	2017/7/25	浔阳晚报	北科大学生深入九江都昌湖区宣传保护候鸟和海豚	0
170	2017/7/27	长城网	北京科技大学学生到枣强开展暑期社会实践活动	4
171	2017/7/27	人民网	张百清：“工科男”重走丝路圆了“记者梦”	0
172	2017/7/28	河北新闻网	辛集与北科大签署“政产学研用”战略合作协议	1
173	2017/8/1	中国科学报	北京科技大学新金属材料国家重点实验室：机制创新驱动持续发展	2
174	2017/8/4	萍乡日报	北科大师生在萍开展社会实践	1
175	2017/8/7	科技日报	中国机器人运动等级认证考试北京站举行	11
176	2017/8/7	新京报	中国机器人运动等级认证考试在京举办	2
177	2017/8/9	北京日报	百岁“贝茵体先生”走完钢铁人生	7
178	2017/8/9	新京报	北京科技大学教授柯俊逝世 开创中国第一个金属物理专业	4
179	2017/8/9	中国新闻网	“贝茵体先生”柯俊逝世　走完百年钢铁人生	2
180	2017/8/10	光明日报	钢铁人生 孳孳百年——追记著名材料科学家柯俊	4
181	2017/8/11	秦安县人民政府门户网	北京科技大学“教育精准扶贫”“一对一资助”秦安 66 名贫困学生	1
182	2017/8/15	中国新闻网	“贝茵体先生”走了	11
183	2017/8/15	北京晚报	上午送别百岁“贝茵体先生”柯俊院士 当年的学生回忆 九十多岁时他还每天爬楼上班	1
184	2017/8/15	中国网	柯俊院士告别仪式今天上午在八宝山举行	0
185	2017/8/16	中国教育报	不忘初心坚守创业梦想 砥砺青春谱写奋斗之歌	2
186	2017/8/17	人民日报	把激昂青春梦融入伟大中国梦	11
187	2017/8/17	中国青年报	用青春和理想谱写信仰和奋斗之歌	3
188	2017/8/17	中国青年网	立信仰 青年如何高高举起这面旗	1
189	2017/8/21	中国青年网	文化育人 让高校思想政治工作活起来——北京科技大学开展思想政治工作的探索与实践	1
190	2017/8/28	中国青年网	北京科技大学实践团赴白浪村支教 设计多元化课程	0

续表

序号	报道时间	报道媒体	报道内容	链接
191	2017/8/30	中华人民共和国外交部	驻札幌总领事孙振勇出席北海道大学与北京科技大学合作三十周年纪念庆典	0
192	2017/8/30	光明日报	“一个人的成功果实要结在爱国的常青树上” ——北京科技大学教授张学记的归国故事	12
193	2017/8/30	中国青年报	钢铁先生的钢铁人生	3
194	2017/8/30	广州日报	一代宗师柯俊：智识留青史 捐躯任解剖	4
195	2017/8/30	环渤海新闻网	北京科技大学单车自导航实践团来唐进行科技实践	0
196	2017/8/30	中华人民共和国教育部	北京科技大学积极运用新媒体新技术开展大学生思想政治教育	0
197	2017/8/30	北京青年报	北京科技大学迎3000余新生 首设人脸识别技术新生“刷脸报到”	0
198	2017/9/3	千龙网	北科大在秦安县大地湾遗址成立科考基地	0
199	2017/9/4	科技日报	钢铁人生 孳孳百年——追忆中国科学院院士柯俊	2
200	2017/9/4	千龙网	北科大教育扶贫10万元奖励贫困县骨干教师	0
201	2017/9/4	千龙网	北科大师生进村挂牌认购秦安苹果1000余棵	0
202	2017/9/5	千龙网	北科大牵手甘肃秦安 人才优势助力“旅游扶贫”	0
203	2017/9/6	千龙网	明志向，扎根教育做贡献 ——记北京科技大学教授张学记	0
204	2017/9/7	北京考试报	北京科技大学首试“刷脸”迎新	0
205	2017/9/7	中国青年网	北京科技大学志愿者走进乡村小学 开展暑期支教	0
206	2017/9/7	中国青年网	北京科技大学志愿者赴山西吕梁岚县进行义务支教	0
207	2017/9/8	中国科学报	致真立人 中华骄傲：纪念柯俊先生	1
208	2017/9/9	新浪网	曲选辉：粉末冶金技术经济性较好	0
209	2017/9/10	北京教育播报	因梦想而伟大！这5位优秀教师甘当学生的铺路人	0
210	2017/9/11	千龙网	北科大电商扶贫卖苹果助推秦安农业升级	0
211	2017/9/24	中国高等教育	北京科技大学校长张欣欣在2017级本科生开学典礼上的讲话	0
212	2017/9/25	中国教育新闻网	200余名京港青年结为成长伙伴 开启大学生活	4
213	2017/9/26	中国高校之窗	北京科技大学对口支援兰州理工大学正式签约	1
214	2017/9/26	中国新闻网	京港青年参观“砥砺奋进的五年”成就展“意外”发现自己照片	7
215	2017/9/26	新华社	特写：在“砥砺奋进的五年”成就展中“留影”的京港学生	4
216	2017/9/26	文汇网	“砥砺奋进的五年”成就展 港青点赞：好犀利！	0
217	2017/9/27	文汇报	祖国发展迅猛 港生与有荣焉	1
218	2017/9/27	中国教育报	甘肃省教育厅与北科大签合作协议	2
219	2017/9/27	甘肃日报	甘肃省教育厅与北京科技大学签署战略合作协议	1
220	2017/9/27	兰州晚报	甘肃省教育厅与北京科技大学签订战略合作协议	1
221	2017/9/28	人民日报	同心共筑中国梦	0

续表

序号	报道时间	报道媒体	报道内容	链接
222	2017/9/30	千龙网	北科大携手甘肃秦安举办国际会议推介大地湾文化	0
223	2017/10/1	中国教育报	感受砥砺奋进这 5 年	0
224	2017/10/2	人民日报	将成功果实系于祖国大树	5
225	2017/10/10	中国科学报	科技考古，一个“神秘”的存在	2
226	2017/10/11	光明日报	砥砺奋进的五年 北科大助推“钢铁强国”建设进程	0
227	2017/10/13	中国日报网	《百名摄影师聚焦香港》精选图片高校巡展 北京科技大学站开幕	1
228	2017/10/13	央广网	2017 中国机器人及人工智能大赛完满收官	1
229	2017/10/15	南方网	10 所高校人工智能团队同台竞技，这款轮椅很“吸睛”	1
230	2017/10/17	经济日报	在华外国人谈“中国温度”：在这里找到家的感觉	4
231	2017/10/19	中国教育和科研计算机网	科技之美注入数字迎新——访北京科技大学信息化建设与管理办公室主任杨德斌	0
232	2017/10/20	中国网	“报效祖国不需要理由”爱国科学家张学记教授	0
233	2017/10/23	中国青年报	雪域格桑 铿锵盛放	4
234	2017/10/26	中国钢铁新闻网	酒钢与北科大签订校企合作框架协议	0
235	2017/10/28	中国青年网	贫农果树我认领！北科大百名师生扶贫不掉队	0
236	2017/10/28	中国青年报	百位名家将为百万首都高校师生共讲十九大	1
237	2017/10/29	人民网	百位名家为首都高校百万师生共讲十九大	0
238	2017/10/29	中国高等教育	“首都高校百位名家共讲十九大”活动“火爆”启动！	0
239	2017/10/30	中华人民共和国科学技术部	“化工冶金流程系统优化与节能技术”项目研讨会 在北京召开	1
240	2017/10/30	中国新闻网	百位名家将为首都高校百万师生宣讲十九大精神	1
241	2017/10/31	中国科学报	北科大书记武贵龙：建立科学的教师考核评价体系	0
242	2017/11/2	千龙网	中美两高校成立国内首个思政教育研究中心	1
243	2017/11/2	人民网	十九大精神进校园：风正扬帆当有为 勇做时代弄潮儿	0
244	2017/11/2	中国科技网	首个思想政治教育领域国际联合研究中心成立	0
245	2017/11/3	国际在线	北京科技大学国际学生畅谈收看十九大盛会感受	1
246	2017/11/3	中国教育报	推动十九大精神进课堂进教材进头脑	0
247	2017/11/7	中国科学报	北科大成立学生事务理论与实践联合研究中心	0
248	2017/11/17	求是网	北京科技大学师生宣讲团深入京郊农村 宣讲党的十九大精神	0
249	2017/11/17	中国教育报	以首善标准打磨思政课 ——北京高校加强学生思政工作纪实	2
250	2017/11/20	中国教育报	多媒体设备用“活”了——北科大研支团秦安支教记	1
251	2017/11/21	人民日报	报效祖国正当时 ——中国迎来最大规模留学人才归国潮	0

续表

序号	报道时间	报道媒体	报道内容	链接
252	2017/11/21	现代教育	首都高校创新方式学习十九大精神	0
253	2017/11/23	中国考古网	“考古现场出土遗存提取保护新技术研讨会”在北京科技大学召开	2
254	2017/12/4	中国科技网	推进“厕所革命”：第二届大学生厕所创意大赛启动	3
255	2017/12/8	人民日报	思政工作 在高校牢牢扎根（新时代 新气象 新作为）	6
256	2017/12/14	千龙网	北京平谷联手北科大建生物农业研究院	4
257	2017/12/18	北京日报	生物农业科技创新中心落户平谷	0
258	2017/12/19	中国青年网	京港新生结对百日共成长 伙伴欢聚分享故事迎新年	0
259	2017/12/20	京郊日报	平谷北科大共建生物农业研究院	0

纪检监察工作

【概况】 2017年，纪委监察室深入贯彻落实习近平新时代中国特色社会主义思想以及党的十九大精神，认真落实教育部党组、北京市纪委、北京市教育工委等上级部门的工作部署，推进党委全面落实从严治党主体责任，认真履行监督责任，把党风廉政建设要求渗透到学校各项工作中，结合重点领域监督，不断提出制度规范要求，促进二级单位管理。牢固树立“围绕中心抓党建，抓好党建促发展”的理念，坚持纪严于法、纪在法前，践行严管厚爱理念，不断提升监督执纪履职能力，积极营造风清气正的校园政治生态，为学校改革发展提供坚强保障。

（曲　雁、夏秀芹）

【协助落实全面从严治党主体责任】 ①制定《北京科技大学深入推进惩治和预防腐败体系建设实施办法（试行）》，进一步加强惩治和预防腐败体系建设，深入推进学校党风廉政建设和反腐败各项工作，全面落实两个责任，强化党内监督，促进全面从严治党向纵深发展。②推进全面从严治党主体责任向纵深发展。一抓责任分工。按照“有权必有责、有责要担当”的工作思路，强化“主责单位”责任担当，在充分调研及征求意见基础上，起草制定《北京科技大学2017年党风廉政建设和反腐败工作主要任务分工》，将学校党风廉政建设工作分解为6大项35个任务，明确了主责单位和参与单位，提出了具体要求。二抓责任检查。年底责任制检查与意识形态责任制及党务信息公开落实情况一并检查，二级单位将责任制落实情况向分管校领导报告，在各单位全面自查的基础上，学校组成了由党委副书记、纪委书记带队，党办校办、组织部、宣传部等部门负责人，纪委委员、纪委监察室工作人员等参加的检查组，对15个单位进行重点检查，听取集中汇报，会前逐一审查相关单位的支撑材料包括会议记录、制度汇编、支部生活会记录等原始资料，检查过程中既检查班子整体落实责任制情况，又检查主要负责人“第一责任人”责任和班子成员“一岗双责”责任，促进二级单位、党政主要负责人及班子成员落实主体责任。

（曲　雁、夏秀芹、杜　伟、邓春秋）

【宣传教育】 坚持总体漫灌和精准滴灌相结合，深入开展党风廉政宣传教育系列活动。坚持“大宣教”工作格局，开展“廉洁诚信 遵规守纪”为主题的党风廉政宣传月活动，坚持以党性、党风、党纪、国家法律法规教育为主线，不断完善教育内容、创新教育形式、丰富教育载体，建立健全分层分类施教机制。针对不同的教育对象，采取多种教育形式，组织处级干部参观北京市廉政教育基地、开展处级党员领导干部党纪党规知识问答活动、逐级签订党风廉政建设主体责任责任书、征集廉政作品等，加强廉洁从政教育、岗位廉政教育、学术诚信教育，提高教育针对性和实效性。继续精心打造纪委监察室自主创办的《明镜月刊》和《廉政参考》两份电子刊物，两份刊物至今已刊发72期，每月一期发送至全校中层以上党员干部和重点岗位科级工作人员300余人，已成为学校开展处级干部廉政教育的重要平台。

（曲　雁、夏秀芹、杜　伟、邓春秋）

【监督工作】①干部监督管理。严格执行干部选拔任用监督制度，加强干部选拔任用工作监督，严把干部选拔“党风廉洁意见回复”关。2017年纪委出具干部廉洁意见98人次。对13名处级干部以及34名拟提拔考察对象的个人事项报告进行抽查核实，对存在申报不实的干部批评教育并责令做出检查1人、批评教育6人。②以督促主责单位落实主体责任的方式开展“监督的再监督、检查的再检查”，监督检查职能部处切实担起招生、职称评审、人员招聘等工作中的监管责任。制定《北京科技大学采购监督工作暂行规定》，明确学校实行采购工作责任制，采购主责单位主要负责人为本单位采购工作第一责任人，对本单位采购监管工作负总责；年底开展专项检查，督促主责部门建立专家库及完善专家抽取制度等，防范廉政风险。③持之以恒贯彻落实中央八项规定精神，巩固作风建设成效。一是强化重要节点监督。在元旦、春节及教师节等重要时间节点，下发廉洁过节通知，严肃纪律要求。组织全校二级单位开展中秋、国庆期间“四风”问题自查工作。二是开展专题警示教育。严肃认真组织学习《关于中管高校党员干部教师违反中央八项规定精神问题典型案例的通报》并要求二级党委对照检查。

（曲　雁、夏秀芹、杜　伟、邓春秋）

【纪律审查】①对受理的信访件做到“件件有落实、事事有回应”。日常受理信访接待，耐心细致做好当事人情绪疏导、思想教育及政策解释工作。及时解答关于婚丧嫁娶、经费使用、津补贴发放等方面党纪党规咨询30余人次。②践行监督执纪“四种形态”实施办法，制定《北京科技大学纪委关于对党员干部任职廉政谈话、提醒谈话和诫勉谈话的实施办法（试行）》《北京科技大学纪委关于对党员干部谈话函询的实施办法（试行）》等制度，坚持纪在法前、纪严于法，分类处置问题线索，严肃查办违纪案件。③截至2017年12月31日，纪委共收到信访件18件（业务内13件，业务外5件），给予党纪、政纪处分3人。在信访线索核查中，开展校内外人员谈话，形成谈话笔录5万余字。④定期对受理信访件进行分析研判，找出普遍性和规律性问题，为学校领导提供决策参考。及时反馈监督检查中发现的问题，督促规范管理。

（曲　雁、夏秀芹、杜　伟、邓春秋）

【队伍建设】①首次开展对纪委委员、基层党组织纪检委员专题培训，规范专兼职队伍管理，发挥教育宣传、监督、信息反馈功能，形成监督网络和监督合力。②深度学习党的十九大报告精神，汇编《中纪委监察部网站回复选登》加强业务学习，全年10人次参加教育部、教育纪工委等组织的业务培训。完成北京市纪委重点课题一项，在《国家教育行政学院学报》《共产党人》等刊物公开发表多篇理论文章。1人被中纪委、监察部嘉奖表彰，纪委监察室被推荐为北京市三八红旗集体单位，1人被评为校级优秀党务工作者。③坚持每周工作例会制度，集体讨论问题线索核查事项，集体决定部门事项。

（曲　雁、夏秀芹、杜　伟、邓春秋）

【党建评估】严格按照学校要求和安排，圆满完成部门负责的党建评估相关任务。①对五年来党风廉政建设工作全面自查，以评促建。整理部门五年来170余项材料千余份文档。②制定二级单位党风廉政建设部分检查方案及支撑材料目录，参与对20余个二级党委前期三轮检查，提出相关工作整改意见并督促落实。③评估期间，部门全体人员作为党建组专家联络员、工作人员等，尽职尽责圆满完成各项工作任务。

（曲　雁、夏秀芹、杜　伟、邓春秋）

统战工作

【概况】 截至2017年年底，学校共有民主党派基层组织4个：民盟支部、民进支部、致公党支部、九三学社支社。民主党派成员115人，其中中国国民党革命委员会10人，中国民主同盟46人，中国民主建国会3人，中国民主促进会10人，中国农工民主党1人，中国致公党6人，九三学社39人。党外高级知识分子399人，占全校高级知识分子总数的31%，其中正高职称144人，副高职称255人；党外中层实职干部23人，占全校中层干部总数的10%；归侨14人、侨眷109人；台属43人；定居台胞1人；港澳台侨在校学生11人；少数民族教职工200人；少数民族学生1401人。

（张卫冬、郝　媛、吕晓丽）

【统战工作机制建设】 形成了“党委统一领导、行政积极参与、统战部门牵头、有关单位共同配合”的统战工作机制。制定学校关于进一步加强新形势下统一战线工作的意见，全面指导学校统战工作。成立港澳台侨工作领导小组和民族宗教工作领导小组，完善港澳台侨工作和民族宗教工作机制。二级党组织书记兼任统战委员，具体指导基层统战工作开展。加强对党员干部的统战理论、方针、政策的宣传教育培训，严格落实“四个纳入”。

（张卫冬、郝　媛、吕晓丽）

【党外知识分子工作】 ①加强学习，夯实共同思想政治基础。多次组织党外人士学习贯彻党的十九大精神；做好党外知识分子的教育培训和实践锻炼，构建“上级部门调训、跨校联合培训、校内自主培训”的三级培训体系；成立党外知识分子联谊会，留学人员联络小组；带领党外人士赴井冈山专题培训。②多方协调，拓宽党外知识分子工作渠道。统筹校内外资源，学校1名无党派人士担任海淀区人大代表；推荐1名无党派人士校外挂职；推荐1名党外人士参加北京市第十期无党派人士培训班；推荐5名无党派人士参加北京北京市及海淀区党外高级知识分子联谊会。

（张卫冬、郝　媛、吕晓丽）

【党外代表人士工作】 ①集聚优势，党外代表人士培养工作再上新台阶。全面落实“3个10%”计划，有计划地培养选拔党外代表人士担任校内各级领导职务，做好党外代表人士政治安排、实职安排、社会安排。推荐全国、北京市政协委员共计2人；推荐冯英教授为民盟北京市委委员、海淀区委委员；推荐2名党外人士参加北京市委教育工委举办2017年北京高校党外代表人士高级研修班。认真落实党外高级知识分子每人每年500元培训经费。做好校领导与党外人士交朋友、联系民主党派基层组织等工作。②发挥作用，党外人士助力扶贫攻坚。深入推进“心桥工程”，在精准扶贫方面充分发挥党外人士的优势。6月，组建学校党外人士历史文化团，就文化遗产保护利用工作赴秦安县进行考察。10月，组织党外人士赴秦安县开展法治专题讲座、北科大—秦安县民盟组织携手助力脱贫攻坚交流座谈会、大地湾国际学术会议筹备工作等。协调工业设计系高层次党外知识分子，针对秦安县“麦秆编”产品现有技艺与特点，研发新的产品类型，深入推进“非遗扶贫”工作。③充分沟通，党外代表人士积极参政议政。继续加强和完善双月座谈会制度，坚持与各级人大代表政协委员沟通交流制度，向党外人士传达重要文件和邀请参加重要会议制度，重大事项征求党外人士意见建议制度。鼓励党外人士为学校发展做贡献。

（张卫冬、郝　媛、吕晓丽）

【民主党派和无党派人士工作】 ①积极配合，协助民主党派完成各项工作。协助民主党派基层组织加强思想建设、组织建设和制度建设。全面贯彻“把一部分优秀人才留在党外”的方针政策，推荐优秀人才加入民主党派，年内发展民主党派成员10名。加强对民主党派基层组织的政治领导，支持其加强自身建设。协助致公党成立支部，协助民盟、民进支部成功召开支部大会。②热心服务，真诚为党外人士办实事。带领党外代表人士参加“北京市高校党外专家教授企业行”活动。

为民主党派设立单独的办公室，增加民主党派经费支持力度。与民主党派基层组织负责人定期沟通情况，相互交流信息，及时了解党外人士思想和工作动态。

（张卫冬、郝　媛、吕晓丽）

【民族宗教工作】①多措并举，民族宗教政策宣传教育全覆盖。继续开设“宗教概览”公共选修课。在新教师培训、辅导员培训中增设防范校园传教与抵御渗透讲座。向辅导员发放“宗教政策知识与实务问答”小册子300册，由辅导员对学生开展民族宗教学习工作。②加强民族团结，做好少数民族师生服务管理。协同学生工作部参与和落实新疆少数民族学生辅导员挂职工作，民考汉、内地班推免研究生工作，开斋节，为穆斯林师生加餐。对于上级部门布置的安全稳定相关工作，做好情况了解工作，发现问题，及时报备。全年无民族宗教突发事件发生。

（张卫冬、郝　媛、吕晓丽）

【港澳台侨工作和其他统战工作】①搭建平台，进一步提高港澳台侨工作落实力度。制定学校港澳台侨学生奖学金评审制度，推荐2名中国台湾学生、1名中国香港学生获教育部港澳台侨学生奖学金。定期召开港澳台学生座谈会，就学生提出的问题进行沟通解决。带领3名中国台湾学生参加北京市台办组织的“2017年北京高校赴台交换生及在京台生工作调研座谈会”。协助校团委举办“京港青年伙伴交流营”活动，参加全国台联“寻根祭祖——燕赵行”活动，有效增强港澳台青年的国情教育认知。增加侨联经费支持力度，充分发挥侨联在促进学校发展中的优势和作用。②为提升统战干部理论素养和政策水平，组织学校六名统战委员参加“北京高校统战委员培训班”。选派统战干部参加北京高校哲学骨干班培训，提升政治素质及工作把握能力。统战部研究课题获得北京市统战部的统战理论研究和调查研究成果三等奖，完成北京市委教育工委的“北京高校统战队伍建设研究”课题。

（张卫冬、郝　媛、吕晓丽）

工会工作

【概况】2017年，校工会下属的学院、机关、后勤、产业分工会共24个，会员3801人，其中非事业编制会员996人。校工会下设组宣部、文体部、生活福利部、工会办公室，负责协调各部门工作并承担教代会的工作，处理日常工会工作。工会有专兼职干部8人，工会主席由校党委副书记戴井岗同志兼任。常务副主席1人，专职副主席2人，兼职副主席1人，专职干部3人。

（黄爱霞）

【教代会】学校教代会在党委领导下，组织教职工行使民主权利，参与学校管理，维护自身权益，在学校日常管理和改革发展中发挥重要作用。6月15日，组织召开第八届教代会第四次会议。校长张欣欣做专题报告，党委书记武贵龙发表讲话；各代表团认真讨论审议2016年度学校工作报告、财务工作报告、工会教代会工作报告和提案工作报告，并对学校发展提出合理建议，形成教代会决议。

二级教代会职权落到实处。在院党政领导支持下，学院二级教代会每年至少召开一次。对涉及全体教职工切身利益的事情，学校要求各二级单位须采取召开全体教职工大会或二级教代会的方式，征得教职工同意后方可报学校批准实施。充分发挥二级教代会民主监督作用，使二级教代会职权落到实处。

充分发挥各专门委员会作用。教代会下设的民主管理委员会、提案工作委员会和青年教师工作委员会各项工作开展良好，提案工作已成为教代会进一步促进学校决策和管理民主化、科学化的重要渠道。2017年处理提案26件，立案22件，答复22件，涉及教学科研管理、教职工福利待遇等方面，提案解决满意率97.5%。

（黄爱霞）

【劳动人事争议调解】为贯彻落实十九大精神、市教委和教育工会《关于加强和改进新形势下北京高校工会工作的意见》等文件精神，加强学校劳动人事调解工作，将矛盾化解在基层，充分考虑委员的构成，对学校劳动人事争议调解委员会进行调整，各二级分工会新增兼职调解员48名。11月22日，举办劳动人事争议调解工作培训会。通过培训不断提高学校劳动人事争议调解工作的规范化、专业化、科学化水平。学校现为北京市海淀区劳动人事争议仲裁院“海淀区劳动人事争议调解委员会”基层调解组织。

（黄爱霞、张　娟）

【教学基本功比赛】 2017年精心组织第十届青年教师教学基本功比赛。各学院按照学校要求组织符合条件的所有青年教师参加比赛，全校16个教学单位近470名青年教师参赛。4月中旬，校工会组织各教学单位选拔出的41名青年教师参加了学校比赛，通过现场评分评选出学校级一、二、三等奖，并从一等奖中选拔出3名优秀青年教师代表学校参加北京市第十届青教赛并取得优异成绩。储继迅荣获理工类A组一等奖第一名，赵晶荣获文史类A组一等奖，钟日晨荣获理工类A组二等奖。

（黄爱霞、赵智杰）

【师德建设】 宣传先进典型，弘扬师德师风。组织推荐学校化生学院张学记教授荣获2017年首都劳动奖章称号；组织推荐5名教师荣获“北京市优秀教师”和“北京市优秀教育工作者”，并对他们的先进事迹进行了大力宣传。2017年9月召开教师节表彰大会，对近一年来涌现出的受到校级以上奖励的业绩优秀的教师进行集中表彰奖励。组织新入职青年教师赴平谷冀东抗日根据地遗址开展爱国主义教育。

（黄爱霞）

【调研宣传工作】 校工会继续做好理论研究，增强工会工作科学化。2017年申报工会理论课题33项，结题22项，内容涉及教职工思想状况调研、职工小家建设等。加强对基层工会工作动态的宣传，拓展宣传渠道，加大网络宣传力度。2017年向市教育工会网站投稿89篇；积极推广北京工会12351和“健步121”APP。

（黄爱霞）

【组织建设】 积极推动非事业编制人员入会工作。认真贯彻落实《北京科技大学关于劳动合同制教职工入会工作实施方案》（校发〔2016〕70号），工会积极推进各二级单位非事业编制人员工会经费和会费的缴纳，在工会层面上力争达到在编与非在编人员权益的统一。2017年，学校非事业编制人员工会经费全部收缴到位，自愿入会率达到85.7%。

对照《北京普通高等学校党建和思想政治工作基本标准》认真做好工会工作自查。校工会对全校24个分工会进行实地走访，对近5年的工会工作全面检查，各二级分工会组织机构健全、二级教代会落实到位、“建家”活动规范并各具特色，受到检查组的好评。

推进教职工之家建设。11月份，校工会开展2017年学校“模范教职工小家”复验工作。对现有的全国模范教职工小家2个，北京市模范教职工小家4个，北京市先进职工小家4个，学校模范教职工小家5个进行了复验。积极申报2017年北京市教育系统先进教职工小家评选，择优推荐化学与生物工程学院分工会、机关分工会和后勤分工会进行申报并获评。通过“评家验家”活动，夯实建家基础，提高建家含金量，努力把基层教职工小家打造成和谐之家、温暖之家、发展之家、欢乐之家。

（黄爱霞）

【服务教工】 2017年，继续发挥工会作为党联系群众的桥梁和纽带作用，全力为教职工办实事，关爱困难教职工。①做好“京卡”推广，学校会员已完成“京卡·服务卡”办理比例近88%。②推广“在职职工互助保障计划”，2017年集中为全校45岁以上教职工办理重大疾病保险78人，新增办理“女职工大病保险、职工意外伤害保险、职工重大疾病保险、职工住院保险”人数分别为225人、590人、249人、396人。③做好节日慰问品发放工作，普惠全员。为体现工会组织的温暖，2017年从贫困地区购置优质农副产品作为节日慰问品发放给全体会员，同时增加生日蛋糕慰问，体现工会组织的普惠制，受到会员好评。④继续做好“两节送温暖”“三八关爱女职工”“五一关爱劳模”“教师节关心一线困难教师”和上半年、下半年定期发放困难补助以及日常慰问工作，年内发放金额近22万元，涉及在职职工160多人次。⑤继续做好各类生活服务平台的搭建工作。继续做好暑期学车和寒暑假自费旅游工作，涉及教职工150余人次；11月份搭建应季产地直销商品服务平台，做好供应商与各单位教职工的沟通协调，为教职工办实事。

（黄爱霞、王宇同）

【文体活动】 工会始终以“健康身心，愉快工作”为主题，组织教职工开展全民健身活动，2017年主要开展：①庆“三八”组织女教职工奥森健步走，搭载北京工会12351手机APP；举办“聆听女教授声音”座谈会。②喜迎学校65岁华诞，组织“秀出你的美——全校女教职工服装表演”。③组织第三十九届师生运动会，新增教授环校园健步走项目。④组织教职工通州大运河森林公园春季踏青活动。⑤组织学校教职工羽毛球赛，近300人参赛。⑥组织工会委员等秋游活动。⑦组织工会会员蟒山登山比赛。⑧搭载市总“健步121”手机APP软件，全年开展教职工健步走活动。⑨组织参加12月份举办的海驾杯高校羽毛球团体赛。⑩12月份组织教职工环校园冬季长走活动。

（黄爱霞、于海荣）

【人口和计划生育办公室工作】 2017年，人口和计划生育办公室有专职干部2人，由各学院、机关部处基层干部38人组成计生宣传员队伍。年内，计生办围绕学校中心工作，全面落实人口和计划生育工作责任制，广泛宣传全面两孩政策，加强大学生青春健康教育，全心全意为全校师生提供优质服务，独生子女家庭各项奖励兑现率100%。此外，计生办接受学院路地区属地管理，承担政府部门部分职能。

①做好计生服务，为教职工办实事。2017年是全面两孩政策实施的第二年，坚持党政一把手亲自抓、负总责，坚持计划生育目标管理责任制和“一票否决”制度。增强服务意识，做好计划生育服务管理。为师生办理各种计生证件、手续；对国家政策法规及学校规定进行耐心细致的解释，及时解决师生遇到的问题。做好计生宣传员指导工作，建设高水平的服务队伍。

②举办各种活动为教职工办实事：“三八”妇女节，向全校女教职工每人赠送一本《品质决定未来》；组织女教职工参加中国人寿“女性意外安康保险”，共计74人参保；“六一”儿童节为600多户独生子女家庭送去节日祝贺和慰问品；组织全校教职工参加计划生育家庭意外伤害保险，倡导“幸福家庭，和谐人口”理念。共计93户家庭参保；组织全校教职工家庭亲子活动，促进家庭幸福发展；积极为流动人口服务。

③开展大学生青春健康教育助益学生成长。2017年，学校被中国计划生育协会评选为高校青春健康教育项目三年期优质项目校，2016—2018年每年获得1万元资金及技术支持。因工作出色，年内又获得海淀区计生协5000元资金支持。计生办下属学生社团青春健康同伴社秉持“青年参与服务青年”理念，在学校开展了一系列青春健康教育活动：在能环学院、自动化学院、外语学院、材料学院和冶金学院大二学生中开展同伴教育18场，近500名学生参加培训，间接受益人约1500人；5月举办北科大第一届青春健康文化节，包括9场同伴教育及一场知识宣传外展动；“7.11”世界人口日举办健康知识竞赛，200多名学生参加；“9.26”世界避孕日组织“我青春 我健康”知识讲座，文法学院、自动化学院和能环学院的400多名大一新生参加；与研工部合作组织研究生专场婚育健康知识讲座，共计400多名研究生参加；选派学生参加北京市计生协举办的大学生青春健康演讲大赛，荣获第一名，该生代表北京市参加中国计生协举办的“2017年大学生青春健康演讲大赛全国复赛和总决赛”，荣获一等奖，增强了学校影响力；“12.1”世界艾滋病日举办“勇敢爱 共抗艾”主题宣传外展。

④加强政策理论学习，注重沟通协作。积极参加中国计生协、北京市卫计委组织的政策法规培训，准确把握全面两孩政策宗旨及法律条文的确切含义，保证依法行政。对计生宣传员进行政策培训，提升整个计生队伍业务水平和服务师生的能力。与学工部、研工部及各学院合作开展大学生青春健康教育，直接受益人约2300人，间接受益人约7000人，不断提高学校大学生生殖健康水平及艾滋病预防能力，打造学校大学生青春健康教育优质品牌。参加中国计生协举办管理培训班，交流高校青春健康教育工作经验，探寻实践中出现的问题及可行的解决方法，加强高校青春健康工作能力建设，提升青春健康工作管理水平。

（曹红丽、赵智杰）

本科生工作

【概况】2017年，学生工作部（处）、武装部深入贯彻落实党的十八大、十八届三中、四中、五中、六中全会和习近平总书记系列重要讲话精神，全面学习宣传贯彻党的十九大精神，以全国高校思想政治工作会议精神为牵引，以社会主义核心价值观为引领，紧紧围绕立德树人根本任务，强化“精实化、精细化、精品化”的工作导向，加强系统谋划，突出思想引领，着力质量提升，推进改革创新，不断增强工作的亲和力和针对性，为学生健康成长成才和学校改革发展稳定服务。

（盛佳伟）

【学生党建】①优化学生党建引领机制。更新学生党员网络学习系统内容，推进线上与线下有机结合，完善入党积极分子、发展对象、党员全程递进式的学生业余党校三级培训机制，并重点提升体验式教学方法和“一站到底”党史竞赛等以赛促学的培训实效性。2017年，举办学生业余党校培训19期，培训学生党员和入党积极分子3600余人次。结合“两学一做”学习教育常态化制度化，加强组织生活的过程指导和监督，每个月第三周的周四下午为学生党支部书记固定培训时间，《大学生党员“两学一做”学习教育常态化制度化机制研究》获批北京市党建研究会重点课题并顺利结题；为深入学习贯彻党的十九大精神，按照北京市教工委“百校千组学讲行——党的十九大精神我学我讲我践行”主题教育活动的整体部署，组建学生党员十九大精神学习宣讲团、学习小组100余个，深入学生班级、支部以及走出校外、走进农村社区街道开展宣讲活动200余场，受到中央电视台、中国教育电视台、北京电视台等多家媒体广泛报道。按照教育部、北京市的整体部署，先后组织1000余名学生赴人民大会堂、兄弟院校等聆听专家报告10余场、组织5000余名学生赴北京展览馆参观“砥砺奋进的五年”大型展览。主动承办“两弹一星”精神宣讲会、工程师进校园、“名家领读经典”北京市级思想政治理论课、“青春与价值对话”系列活动暨北京高校十佳辅导员优秀事迹宣讲会以及全国“双巡”活动北京高校优秀辅导员宣讲团十九大精神巡讲报告会等大型高质量、高层次教育活动10余场，覆盖学生5000余人次。②实施“成才表率”培育计划。整体推进学生党员“承诺践诺评诺”活动全覆盖，重点完成学生党员网络述责测评系统的升级并在机械工程学院、能源与环境工程学院、自动化学院、计算机与通信工程学院、东凌经济管理学院和文法学院等六个学院开展学生党员“承诺、践诺、评诺”线上活动试点。③推进“服务先锋”行动计划。2017年，完成红色“1+1”共建活动数量95个，位列北京高校首位；文法学院本科2015、2016联合党支部与社工研16党支部获得北京市示范活动一等奖，保持学生党支部连续八年获此殊荣，学校也连续获得北京市优秀组织奖。《人民日报》2017年3月30日以《大学生党员要有“先锋范儿”》为题，报道了学校学生党员先锋工程实施的做法和经验。

（史立伟、潘红涛）

【学生教育】坚持立德树人，强化日常精准引领，着力提升党建和思政工作质量。

①日常思想政治教育。一是以学习宣传党的十九大精神为重点，抓实社会主义核心价值观培育和践行工作。加强部门联动，系统设计推进。联合研工部、校团委、马克思主义学院等单位，制定《学习贯彻落实党的十九大精神工作方案》《关于开展“学习宣传贯彻党的十九大精神”主题教育活动的通知》，系统设计推进党的十九大精神学习活动。注重学习教育，发挥课堂主渠道作用。协同马克思主义学院，将党的十九大精神、社会主义核心价值观作为思想政治理论课和“形势与政策”课的重要内容，组织专题学习48场。策划主题活动，加强宣传教育。以党的十九大胜利召开、建军90周年为契机，精心设计以中国梦为主题、爱国主义教育为主线、不同阶段各有侧重的主题教育活动。围绕继承和弘扬中华优秀传统文化主题，统筹

设计和开展“中华优秀传统文化节”系列活动，推进党的十九大精神、社会主义核心价值观、中华优秀传统文化深度融入学生日常教育、管理、服务、活动等各项工作，年内完成逸夫楼、教学楼400余张文化海报上墙；培育和选树以“十佳辅导员”和“校长奖章”等为代表的一批师生先进典型，发挥典型引领作用，营造崇德向善、见贤思齐的浓厚氛围。融入日常工作，努力落小落细落实。围绕学生的阶段特点和成长需求，以核心价值观为统领，重点设计和推进“我和社会主义核心价值观”“学习宣传党的十九大精神”等主题班会，完善了以“思想成长为主体，价值引领和学业引航为两翼”的“一体两翼”型主题班会体系，年内共完成思想引领型主题班会1000余场次，覆盖学生26000余人次。积极推进励志、诚信、感恩、礼仪主题教育常态化，充分发挥各种典礼仪式的育人功能，做实新生教育、毕业生教育等工作的全覆盖。年内，学生工作部报送的《坚持问题导向 打造精品项目 扎实推进大学新生教育》被评为第五届首都大学生思想政治工作实效奖优秀奖。人民网《教育频道》于2月23日专题报道学校构建大学生思想引领工作新体系的具体做法。二是扎实开展本科新生教育。做好入学前教育。继续实施新生网上报到、在线学习制度，并依托辅导员QQ群、微信公众号、微信群，加强与新生的互动交流。进一步整合教育资源，整合部门、学院的教育项目，整合第一、第二课堂的教育内容和教师、家长、校友等教育力量，形成教育合力。开展新生“六个一”教育体验活动，加强爱国荣校教育。完善以成长对话课为代表的新生主题班会思想引领体系，以新生班级为教学单位，以交流研讨为教学形式，组织知名教授、班导师、优秀校友、高年级优秀学生与新生进行交流互动，帮助新生答疑解惑、适应大学。年内，全部本科生学院均开设该课程，新生满意度达93%以上。扎实推进新生适应小组工作在文法学院、能源与环境工程学院、土木与资源工程学院等学院的开展。三是做好毕业生教育。重点打造了“二零一七 爱你一起”为主题的“感恩·公益·温情”毕业生教育系列活动，开展“抒校情·勿相忘”大学最后一次主题班会、“毕业生文化衫方案征集”“毕业生旧货交易市场”“写给学弟学妹的一封信”等形式新颖的活动，营造温馨和谐的毕业氛围，引导毕业生分享毕业情感，表达感恩母校之情。指导各学院开展丰富多彩的毕业季活动，增强学生爱校荣校意识和母校归属感，倡导毕业生文明、安全离校。四是推进形势与政策教育教学。加强与马克思主义学院合作，进一步完善理论与实践相结合、校级指导与院级组织相结合和慕课学习与线下教育相结合的立体化课程体系，特别是围绕“习近平总书记系列重要讲话精神”“党的十九大精神”“两岸关系发展面临的新形势”“一带一路”“大国关系”“京津冀一体化”“大国之都”等热点开展一系列高水平的讲座，增强了学生对于党的理论方针政策和国际、国内形势的理解与认同。

②学生心理健康教育。一是课程教学。开设必修课《大学生心理健康》，探索建设新生心理素质教育MOOC平台，通过探索翻转课堂教学模式，为全体本科新生提供16学时网上理论学习与16学时课堂团体心理训练相结合的心理素质教育，激发学生学习热情和兴趣，提高教学效果。二是宣传教育。以“理性平和，阳光心态”为主题开展第十七届心理健康文化月，协同各学院心理协会分会，开展心理知识竞赛、心理情景剧大赛、心理素质拓展、鼓圈、给母亲的一封亲笔信、“心灵氧吧”等多项活动。开展第十七届“心理健康快车”活动，逐班对新生开展班级心理辅导，覆盖全体本科新生，活动满意度达98.93%。组织筹划心灵氧吧、心理讲坛、心理沙龙等系列品牌活动。三是加强心理咨询的规范化和专业化建设。完善督导制度，规范淘汰机制，加强培训力度，大力提高咨询服务人员的工作技能。2017年总计开展各类督导、培训活动21次。建立咨询服务的保障机制，提高咨询服务水平与质量。2017年，接待个别咨询3053人次，为本科生、研究生、宿舍楼层长以及不同类型问题学生开展长程团体咨询147余场，短程团体辅导200余场。在危机预防与干预中，重点做好春、秋两季学生排查及研判工作，组织全校新生通过网络平台进行心理普查，并认真做好约谈工作。

③国防教育与大学生参军入伍工作。一是理论教学。完成军

事理论必修课、选修课共计700余学时的基础教学任务；开展课题研究7项。二是实践教学。2017级本科学生在北京市学生军训基地（怀柔）学习训练14天，共完成军事训练课目8项、专题教育讲座5场，训练及文体竞赛活动14次；组织参训教师及学生骨干培训8次、座谈交流会4次；搭建学生骨干队伍体系，扎实开展学生骨干培养和心理辅导，突出学生"自我教育、自我管理、自我服务"，切实将军训打造成育人的重要平台。三是大学生参军入伍工作。认真落实大学生参军入伍各项政策，建立"全覆盖、多途径、网格化"的宣传动员体系，深入细致做好大学生参军入伍服务、保障和慰问工作。2017年共46名学生入伍；有44名学生退伍，考入军校2人；1人荣获"海淀区优秀大学生士兵"称号，1人荣获"北京科技大学青年五四奖章""北京科技大学十大新闻人物"称号。四是基础性国防教育活动。积极打造国防教育品牌活动，培育学生爱国情怀，创建"北京科技大学国防大讲堂"，举办"国防辩论赛""国防知识竞赛""国庆节升旗仪式"，开展校际交流研讨4次，开展与学生班级、学生党支部共建活动10次，国防知识宣传外展6次，组织开展国防类大学生社会实践，组织学生定向越野代表队参加北京市和全国比赛并取得优异成绩。国防知识爱好者协会、国防体育协会再次蝉联"北京科技大学十佳社团"称号、戎程研究会"戎程日"系列主题活动获中组部共产党员网报道。学校荣获教育部"国防教育特色学校"称号。

（史立伟、陈大鹏、王　艳、臧伟伟、潘红涛、郭　南）

【学生管理】 ①家庭经济困难学生资助。2017年学校以资助育人为导向，以精准资助为核心，围绕学生需求，逐步完善保障型学生资助工作体系，并逐步向发展型资助工作体系转变。2017年学校认定家庭经济困难本专科学生共计3150人，截至2017年年底，学校各类资助100%覆盖家庭经济困难学生，同时在教育部2016年度绩效考评中获得成绩"优秀"，位列全国教育部直属高校第16名。一是规范落实助学金、补助评审发放。2017年，共有3145人获得各类助学金，其中，国家助学金获得者2776人（本科生2763人，高职生13人），其他助学金获得者369人，约占学校本专科学生总数的23%，资助总金额964.6万元，较2016年增长22.5万元；评审出2017年家庭经济困难学生饮用水、洗澡和电话费用专项补贴获得者2699人（本科生2683人，高职生16人），资助总金额49.93万元。发放7名学生特殊困难补助2.48万元，发放536名毕业生就业补助66.3万元，发放67名体育生学费减免补助15万元，发放220名学生献血补助6.6万元，发放4099名学生社会实践补助40.99万元。二是完善各类助学贷款服务。2017年，共有2386人申请各类助学贷款，累计发放金额1715.69万元。其中，校园地贷款833人共计放款567.43万元；生源地贷款1553人，共计1148.26万元。三是继续落实和执行国家相关资助政策。新生入学"绿色通道"第一时间为578名困难新生缓交学费共计341万元，同时为特困生发放现金补贴和各类物资折合人民币共计近30万元；学校为大学生士兵（含退役复学生）申请国家学费补偿，贷款代偿及学费减免47人，共计资助56.79万元，为2017届毕业生申请基层就业代偿资助51人，共计103.36万元，为2015届、2016届基层就业毕业生72人发放代偿资助51.59万元。四是拓展勤工助学岗位。2017年，共设置校内勤工助学岗位近2000个，其中上岗困难学生比例近40%；设置校外岗位100余个，开展对口支持科大附中学业辅导勤工助学项目（第三期），选配65名本科生对接附中初三至高三4个年级百余名学生。五是积极做好资助宣传和育人工作，开展励志诚信感恩教育。在新生入学绿色通道、毕业生旧货交易市场、国家助学贷款申办、助学金评审、勤工助学督察走访等工作和活动中，利用网络和平面媒体，多渠道宣传国家资助制度。持续开展助学励志育人活动，树立朋辈榜样，实现育人与激励并行。组织学生参与中国扶贫基金会爱心见面会活动及各类颁奖表彰会以及资助育人活动，其中"助学·筑梦·铸人"主题征文活动，征集文章近1000篇、宣传画作品10余幅，学校获得全国优秀组织奖，1名学生征文获得全国二等奖；"暖心家乡行"家访活动，全校51余名辅导员走访16个省、市、区的63个乡镇的困难学生家庭，将学校关爱送到学生家中；"冬季送温暖"活动为2017级家庭经济困难新生发放羽绒服300

件，价值近10万元。

②学风建设。一是扎实推进学生学习与发展指导工作。本着“按需供给、真帮实助、帮导结合、助力成长”的原则，构建起了以需求满足为主体、辅导引领和发展引航为两翼的全员化、分众化、精致化的学业辅导工作体系。一是按需供给，夯实学业辅导工作基础。将学生首考挂科频率前5位课程、全校本科上课率超过50%的课程，以及本科理工类选课率超过50%的课程纳入学业辅导中心工作范畴进行全方位督学辅导。二是三级联动，确保学业辅导无死角，建立了“校—院—班级”三级协同联动机制。三是建强队伍，筑牢学业辅导工作保障。中心课程辅导老师已有北京市教学名师3名、青教工比赛一等奖老师2名，教授5名、副教授12名。朋辈讲师51人。四是搭建四个平台，优化学业辅导工作内容。新生调适平台方面，全年共开设讲座18次，受益学生4000余人次；创新推出“小贝壳计划”线上打卡活动，促进学生学习习惯养成，全年总参与人次已经达到8000余人，其中高数答疑群参与人数高达2921人。学困帮扶平台方面，科学设置学困排查标准，建立学困学生台账，2017年按照排查标准，排查人数3200人次，追踪三星以上同学211人，新建三星以上档案41人。中心整合资源开展课程辅导，全年共开设课程辅导15门次152学时，开展朋辈习题课辅导16门次225学时，开设双培学生辅导课4门次38学时，切实帮助学生解决学业困难问题。学业发展平台方面。加强朋辈讲师队伍自身建设，通过打造“领航学子培训计划”等系列学习发展提升培训项目，助力学生学业发展。学情监测平台方面。通过问卷、座谈、听课等形式，开展学风调研，年内共发放问卷1560份，召开学风建设座谈会、研讨会54场，学生工作干部听课173门次，通过深入课堂、班级、宿舍、网络，较全面、客观了解学校当前的学风状况。年底，学生学习与发展指导中心成功入选首批10个北京高校学业辅导示范中心。二是完善评奖评优工作机制。全面推广特种奖学金答辩制度，加强评审流程规范化建设。2017年，共设立本科生奖学金19项，5700人次获奖，覆盖率达40.82%，奖励金额达720余万元。本科生中，评选出北京地区高等学校优秀毕业生170名，北京市三好学生15名，第十一届“校长奖章”获得者6名，校三好毕业生684名，校优秀三好学生522名，校三好学生1042名，校优秀学生干部657名，“87级校友基金”优秀学生干部20名。三是加强学生基层组织建设。完善基层组织标准化、规范化建设要求，强化重点培育和过程管理，借助学生骨干培训、新生小班主任、宿舍文化节、集体达标创优等，突出对学生基层组织建设的方向引导、方法指导和激励保障，倡导班级、宿舍建“家”，强化氛围育人，努力创建优良学风。2017年，274个班级参与申优，参评率为73%，评选出北京市优秀班集体7个，北京科技大学“87级校友基金”最佳团队10个，先进班集体、优秀团支部标兵35个，先进班集体、优秀团支部70个，其中东凌经济管理学院管理1403班荣获北京高校“十佳示范班集体”称号。评选标兵宿舍60个、文明宿舍548个、标兵宿舍长94名、优秀宿舍长532名，宿舍达标率为99.99%。四是宣传先进典型。突出榜样引领作用，搭建校院两级、线上线下的立体宣传体系，深入开展先进事迹宣传，立标杆、重辐射、强引领，有效提升激励和示范效果，形成崇尚先进、学习先进、争当先进的良好风气。编写并发放2017级新生《象牙塔里的足迹》。开展“校长相约 共话成长”主题论坛活动，邀请前九届校长奖章获得者返校，与学生分享成长故事，为学生成长励志导航。

③日常管理。一是修订发放《2017本科生学生手册》。组织2017级本科新生参加校规校纪考试，强化学生对自身权利和义务的认识。二是组织2017届学生毕业典礼暨学位授予仪式和2017级新生开学典礼，共计7000余名学生及1000余名学生家长参加典礼。

④安全稳定工作。一是做好安全教育。开展宗教观讲座、安全知识讲座、网络安全教育周、反恐及防诈骗校园宣讲、节假日及特殊敏感时期学生安全教育等活动，覆盖全体学生，提高安全意识。与保卫保密处、后勤服务集团、相关学院联合组织举行学生公寓火灾疏散演习，共计3000余名师生参加演习。健全联动机制，通过网络和纸质两种方式发放《致学生家长的一封信》12000余封，加强与家长的互动和沟通。二是做好危机应对。在学期开学、

学生毕业及重大敏感时期开展学生思想动态研判，及时掌握学生思想动态。严格执行校规校纪，2017年共处理违纪学生5人。向全体2017级本科生发放《本科生保险手册》，引导学生学习安全、保险及医疗相关规定，为3100余名新生办理大学生人身意外伤害保险。2017年，本科生理赔金额近20万元。

⑤少数民族学生培养和管理。重视少数民族学生的培养和管理工作，在尊重其民族习惯的同时，充分发挥专职辅导员的作用，不断加强对学生学习的帮助和引导。2017年，有54人次获得“民考汉、内地班”学生奖学金，4名2018届少数民族本科毕业生获得免试攻读硕士学位研究生的资格。开斋节，为233名回族、维吾尔族、哈萨克族等伊斯兰教少数民族提供免费午餐欢度节日。

（盛佳伟、丁煦生、刘晓杰、王金蕊、张同华）

【辅导员队伍建设】 ①完善四级培训体系。进一步完善初级、常规、专题、高级四级培训体系，优化辅导员全年培训安排。全年开展春秋季集中培训、日常专题培训、红色实践、挂职锻炼、国际互访等培训项目41个，培训辅导员724人次（人均3.7次），其中参加校外、京外和境外高水平培训项目97人次，进一步增强了辅导员马克思主义理论功底、工作技能、研究能力和国际化视野。学生对辅导员的满意度为93.2%。据《2017年度首都高校师生思想政治状况滚动调查报告》显示，学校学生对辅导员工作满意或比较满意的达93.2%。②优化学生工作考评激励机制。在原有考评机制的基础上，协同党委宣传部制定并执行了《思想政治工作奖励办法》。完善学院专项奖评选观测点，加强辅导员工作日志督导与检查，优化学生满意度、同行认可度等测评指标，多维度，较全面、客观了解辅导员的日常履职情况。开展“十佳辅导员”评选活动，强化基本履职能力考察，优化评选办法，完善满意度测评、事迹材料展示、答辩汇报和主题班会教案等综合评选形式，充分发挥“评选”指挥棒作用，提高评选工作的科学性。③创新辅导员队伍建设机制。优化辅导员年级组、志趣发展小组、研究专项和辅导员工作室纵横结合的网格化业务平台，提升专业化水平。年内，学校完成《关于加强学生工作队伍建设的实施办法》修订工作，学校辅导员队伍获批市级以上课题6项，公开发表论文28篇，并取得历史性突破成功获批首都大学生思想政治教育战略课题1项（经费10万元），2人获得2015—2016年度首都大学生思想政治教育优秀科研成果奖、1人获得全国高校辅导员工作优秀论文三等奖、1人获得全国高校青年德育工作者论坛论文三等奖、1人获得“丹柯杯”优秀研究成果三等奖；1名辅导员获第五届北京高校辅导员职业能力大赛二等奖；1名辅导员获第九届“全国高校辅导员年度人物”提名奖。

（史立伟、潘红涛）

【信息化建设】 发挥网络新媒体育人功能，着力加强网络思想政治教育工作。进一步优化学生工作信息系统。2017年，依托系统完成本科生奖学金评审4177人次，个人荣誉称号评审2087人次，实现了学生工作数据的互通共享，提高了学生工作数据的互通共享效率。完善以“贝壳学子”“贝壳毕业生”“北科大家庭”为主的“微媒体”引领体系，定期刊发原创性作品，依托辅导员队伍重点打造“导员说”网文、《智祯句酌》脱口秀微视频等网络思想引领精品。建设《学子在线》网站，注重信息公开，实现学生工作部（处）、武装部门户网络平台动态更新。

（盛佳伟、丁煦生、史立伟）

【学生工作调研与宣传】 ①做好大学生思想舆情调研工作。坚持思想动态调研，通过假期返校学生座谈会、社会热点座谈会、网络思想教育，调查问卷调研、学生业余党校等措施加强对学生的思想动态调查、舆情焦点掌握、热点话题分析。及时了解学生的思想状况和重要问题，加强工作的针对性、时效性。2017年，共撰写报告33篇。②做好新闻宣传工作。加强学生工作新闻队伍的建设，掌握宣传素材，充分利用校内外宣传平台将学生工作动态、经验、成绩进行准确及时的报道。年内，共编发学工快讯6期，教育部门户网站《战线联播》采用学校学生工作简报1篇，北京市委教育工委的《宣教之窗》采用学校学生工作简讯、简报共10余篇。

（史立伟、潘红涛）

研究生工作

【概况】 2017年研究生工作部在校党委和校行政的正确领导下，团结一致，积极进取，不断丰富和改进研究生思想教育工作途径和方法，服务学生成长，维护学校稳定，全面、保质地完成了年度计划内工作。

（董春阳、张　颖）

【研究生管理】 ①探索分校区研究生教育管理模式。落实学校部分研究生新生入住管庄校区要求，协同相关部门和学院探索实施管庄校区研究生管理模式。建立了管庄校区负责日常管理、主管学院负责专业教育、研工部负责业务指导的三方联动机制。多方联动推进校区研究生党建和思想政治教育、学风建设、心理教育、文体活动及日常教育，开展了“青杏计划”系列学术报告。入住校区的617人学风优良、思想稳定、对学校各项政策满意度高。为学校未来多校区研究生教育管理提供了有益的探索经验。②研究生评奖评优工作规范开展。完善研究生评奖评优制度，规范工作流程，大力宣传典型事迹，形成“求实鼎新、追求卓越、勇于争先”的良好氛围。为营造良好的集体氛围，继续开展研究生集体建设立项工作的同时，推进研究生党支部成才表率培育计划。4月份启动研究生优秀集体建设项目和研究生党支部成才表率培育计划，155个集体申报。经过近8个月的建设，各学院以多种形式对建设项目进行了验收，向学校推荐了35个优秀班级。经过材料评审和现场答辩评审，产生北京市先进班集体2个，北京科技大学标兵班级16个。完成2016—2017学年度国家奖学金、校长奖学金（最高奖金12万元每人每年）、特种奖学金、（优秀）三好研究生、优秀研究生干部等3000余人次的个人评奖评优工作。其中“校长奖章”4人，优秀三好研究生285人，三好研究生849人，优秀研究生干部285人，研究生特种奖学金113人，国家奖学金239人（硕士生149人，2万元/人，博士生90人，3万元/人），博士研究生校长奖学金39人，研究生十佳学术之星10人，提名奖10人，学院学术之星80人，5个单位获得学术论坛优秀组织奖。在2017届春季毕业研究生中评选出北京市优秀毕业生90人，校级优秀毕业研究生262人，夏季毕业研究生中评选出北京市优秀毕业生64人，校级优秀毕业研究生191人。③心理健康教育贯穿始终。继续丰富研究生心理健康教育工作方法和有效途径，在2017级新生中开展团体心理辅导并实现全覆盖，使新生最快的适应新的生活和学习环境，学会正确认识和评价自我的方法，为今后顺利完成学习科研任务打下良好的基础。团体辅导活动在有效预防个别研究生的心理危机事件中已显现出较好的识别和防治效果。配合心理素质教育中心做好2017级研究生新生的心理健康普查工作，并进一步进行约谈工作，为建立学生心理健康档案，有针对性地开展心理健康教育打下良好基础。指导学院和心理素质教育中心对“重点关注研究生”的心理健康状况进行研判，及时帮助和控制具有危机倾向的研究生，化解危机事件，稳定学生状态。④扎实做好研究生安全稳定工作。进一步完善研究生安全教育体系和危机应对工作机制，妥善处理研究生中出现的突发事件，维护校园稳定。通过座谈会等多渠道开展舆情调研，了解研究生关心的热点问题和思想动态，及时进行思想教育和价值导向。关注学生个体状况，协同相关部门有效应对各类突发事件。及时对安全事件案例进行分析、总结、宣传；节假日、敏感时间节点前做好安全通知、安全注意事项提示、值班安排；严格执行学生集体外出活动审批制度，做好大型学生活动安全预案；做好安全知识的普及工作，在全体研究生新生中进行实验室安全普及教育和学生公寓的守则教育，通过与资产管理处合作在各学院或研究生培养单位进行宣讲，各学院组织全体研究生新生通过观看安全教育影片、宿舍火灾疏散演习、实验室设备使用及防护等途径，切实提高新生的安全意识。为促进实验室安全文化的形成，培养研究生爱校荣校、爱实验室的观念，形成“实验室是我家，安全靠大家”的理念，广泛传播安全正能量，进一步提高广大师生的安全意识。⑤教育学生增强自我保护意识和办理意外伤害保险的意识，使生命财产得到必要的保障。2017年共计为2224名研究生办理了意外伤害投保手续，为150人办理了保险理赔。⑥坚持以人为本，切实探索和采取相应措施，改善研究生学习、科研、生活条件，如为学生办理困难补助申请、出国申请等事宜。

（宗燕兵、胡　宽）

【研究生党建工作】 ①学习宣传十九大精神不断深入。组织广大研究生观看十九大开幕会直播，在党的十九大期间完成7篇思想动态报告，组织1000余名研究生参观“砥砺奋进的五年”大型成就展，组织200余名研究生参观全国“双创周”主题展，组建十九大精神博士生宣讲团。通过主题党班团日、主题演讲、理论宣讲、社会调研、参观考察等方式深入学习宣传教育活动。形成学校研究生学习宣传十九大精神工作方案。②深入推进学生党员先锋工程计划。充分发挥研究生党员先锋模范作用，引导研究生自觉践行社会主义核心价值观，以支部建设为主体，以“成才标准”和“成才表率”培育计划为重点，紧密结合学校人才培养目标和研究生成长成才需要，增强研究生党员理想信念，提高综合素质，推动学校研究生更好更快地成长成才。③积极开展红色“1+1”活动，发挥专业优势，服务社会基层。党支部发挥自身专业优势，与京郊农村、乡镇街道、企事业单位、驻京部队等地方党支部结对共建，利用节假日开展科技支持、文化普及、知识宣讲充分展现共产党员的风采，增强党支部的凝聚力，提高研究生的社会责任意识。④研究生骨干培训任务圆满完成。发挥“红色钢铁摇篮”训练营的平台作用，以训练营为平台，深化“分层次—体系化—重实效”党建培训模式，坚持“三个一”的工作原则，即让每一名研究生新任党支部书记参加一轮培训，对每一名研究生预备党员进行一轮培训教育，给一大批研究生骨干提供一次学习机会。先后组织开展了研究生新任党支部书记、研究生骨干、研究生预备党员三个层次的培训活动，93名新任研究生党支部书记、264名研究生骨干、228名研究生预备党员顺利结业。在培训中设立自主学习和课题调研等环节，注重激励党员学习的积极性和主动性，注重培养体系的探索，凝练出特色鲜明的培训内容体系，更加注重培训过程实效性。在总结往年预备党员培训经验的基础上，2017年的第291期预备党员培训充分利用多媒体平台，开拓出一片更具实效性、深刻性、趣味性的理论学习新阵地。网上学习分为学习党史与党章、走进中国共产党、了解治国之良方、感悟核心价值观、发现榜样的力量、明确青年的担当以及党的十九大专题学习等七个专题内容。

（董春阳、宗燕兵）

【研究生教育】 2017年，学校继续有针对性地开展入学教育、毕业教育、形势政策教育和安全教育等工作。

①实施研究生新生“引航工程”。落实全国、北京市和学校思想政治工作会要求，针对新形势下研究生思想政治教育新特点，实施研究生新生“引航工程”，全方位多维度开展新生教育，促进新生学术成长和全面发展。以项目制形式将新生引航工作落细落实，推进研究生新生学术生涯教育，增强新生“四个自信”，加强新生学术诚信教育。研究生新生“引航工程”是引导和帮助新生尽快适应研究生学习和科研工作的重要举措，是高层次拔尖创新人才培养的第一步，是研究生德育工作的主要组成部分。各学院和研究生培养单位在贯彻落实全员育人、全方位育人、全过程育人的基本方针时，从实际出发，创新形式，注重效果，用一个学期的时间，重点从“传承优良学风，培养归属意识”“倡导学术诚信，强化科研意识”“开展时政教育，培养责任意识”“学习校规校纪，深化安全意识”“重视心理教育，提升健康意识”“开展职业规划，培育发展意识”等六方面，帮助研究生建立积极心态，尽快适应科研节奏，发掘自我潜力，提升竞争能力。科技迎新，以人为本，创新网上报到手续。2017级研究生可在网上报到时选择宿舍、手机号，到校后可直接办理入住手续，充分体现了学校的“科技范儿”；组织参观校史馆，了解学校发展规划，开展学校历史及校风教育；组织学习《研究生手册》、开展新生与导师座谈会、新老学生经验交流会、学术规范教育、安全教育等活动，帮助新生尽快适应环境，完成角色转换；组织

全校研究生新生签订《遵守校纪校规承诺书》；实现研究生新生心理素质教育中心团体辅导全覆盖。

②丰富毕业教育形式。毕业典礼及学位授予仪式是毕业教育成果的重要体现形式，也是毕业研究生人生道路上的重要里程碑。北京科技大学2017届春季与夏季两次毕业典礼都将“不忘初心”加入主题，让学生成为毕业典礼的主角，深刻感受到母校的爱与祝福；以凝聚母校情结为宗旨，加强毕业生社会责任意识教育，在毕业生中进一步弘扬学校精神文化传统，凝聚感情，引导毕业生尊师爱校、亲情离校，增强毕业研究生的社会责任意识。组织“院系领导寄语”“毕业生欢送会”“师生联谊座谈”“重温校史”和“我为母校献言献策”等活动，增进学校、学院与毕业生之间的感情交流，提升毕业生荣校爱校的意识，培养毕业生为母校发展贡献力量的自觉意识，更好地为研究生的健康成长成才和学校的研究生教育发展服务。秉持“以学生为本”“以毕业生为主角”的理念筹备、组织研究生毕业典礼。以评选“优秀毕业研究生、优秀毕业论文”为依托，加强学术诚信和科学道德宣讲。通过大学“最后一课”等专题讲座对研究生进行学术科研指导以及学术道德教育，指引研究生在今后的人生道路上诚信做人，诚信做事，坚持和发扬科学精神，遵守学术规范、践行学术道德。做好2017届优秀毕业研究生推荐评比工作，树立先进榜样，宣传先进事迹，营造学校良好的学术氛围。以维护学校改革发展稳定的大局为出发点，做好安全教育。高度重视毕业生的安全教育，切实维护好学校的安全和稳定。举办安全教育讲座，通过分析以往毕业期间的典型案例，帮助广大毕业生树立安全意识。加强对毕业生宿舍的管理，保持宿舍的清洁卫生。在宿舍内部和校内公共场所进行全面控烟，做好毕业生控烟健康教育以及控烟宣传工作，为创建无烟校园、构建文明校园做出努力。

③利用各种契机深化思想政治教育。以选修课形式开设人文素质课程，从人、文、社、科等各个学科不同角度提高研究生价值判断能力、社会认知能力、科研学术能力等。

（宗燕兵、李钊源）

【研究生德育工作基层组织建设】①助力辅导员队伍建设。为加强研究生辅导员队伍建设，提高辅导员的职业素养和业务水平，研究生辅导员在参加学校统一组织的春、秋两季培训外，成立研究生辅导员联谊会，联谊会由博士生辅导员组、硕士生辅导员组以及若干专项研究组组成。其中博士生辅导员组与硕士生辅导员组为常设机构，旨在加强研究生辅导员的日常交流和队伍建设，构建良好工作氛围；专项研究生旨在针对具体问题进行深入研究，形成明确的工作方法或指标，切实提高研究生辅导员的工作效率和工作能力，并可根据研究生思想政治教育工作的深入开展或重心变化进行适当调整。②骨干成长工作坊，助力优秀集体建设。研究生优秀集体是团结带领广大研究生自我教育、自我管理、自我服务的基础，加强研究生优秀集体建设对促进研究生自觉成才、勇于创新、塑造优秀品格、增强社会责任意识具有重要意义。为推进研究生优秀集体建设，研工部开展“研究生骨干成长工作坊”系列活动，以研究生骨干培训经验为基础，帮助申报优秀集体项目的研究生集体负责人掌握集体建设的途径、强化自己的工作能力，使研究生集体建设项目形成“申报、指导、建设、考核、评比”定态的建设过程。以“针对工作能力，做到授之以渔”“促进交流，增进研究生骨干责任意识”“强化筹备，全面提升集体建设水平”为主要内容，不仅为他们创造了学习的机会，也提供了宝贵的集体建设经验，搭建了工作交流的平台。③学术诚信教育贯穿学风建设始终。结合学校实际情况和新时期研究生的特点，积极拓展科学道德与学风建设的新途径和好做法，不断深化对研究生的科学道德宣传和教育。将科学道德和学术诚信教育贯穿于党、团、班建设和优良学风建设之中，在学术论坛、入学教育、毕业教育、党员培训、党支部组织生活、评优评奖、科技与人文素质课程等环节中引入学术诚信和学术规范教育。将科学道德和学术诚信教育引入课堂、实践、培训，结合到研究生课程进展、科技服务与挂职锻炼、学生干部与支部书记培训当中，让学风建设走进第一、二课堂，使学风教育与学习科研紧密结合在一起，使宣讲效果更深入学生群体更贴近日常生活。通过宣讲报告、发倡议书等形式在全校范围内进行宣传教育活动。组织200名研究生代表和教师代表参加“学习贯彻党的十九大精神——2017年全国科学道德和学风建设宣讲教育报告会”，聆听了李晓红、邱勇、周琪三位院士的精彩报告，大家认真学习领会了报告会的精神，将在学习和工作中努力学习贯彻十九大精神，在刻苦钻研学术、投身建设世界科技强国伟大事业过程中，坚守科学道德底线，不负国家和民族的历史重托；在开学典礼上向全体新生发出学术诚信倡议，让每一名新生在入学之际就明确学术诚信对于科研人员的重要性；在研究生评奖评优中，对学术诚信问题采用一票否决制。

（董春阳、闫　强）

【科研学术及实践活动】 2017年研究生学风建设取得实效，研究生科技服务与挂职锻炼扎实推进。

①搭建学术平台，促进交流沟通。连续第十三年举办研究生学术论坛，旨在培养研究生的科研创新能力，加强研究生学术道德与学术规范教育，营造校园学术文化氛围，搭建广阔的研究生学术交流平台。学术论坛在研究生群体中反响强烈。4月份启动“第十三届研究生学术论坛”，累计举办近500场各类学术报告或活动，覆盖35000余人次，经过严格评选，共产生100篇校级优秀论文，形成了20余万字总结材料；开展第三届“科研最美瞬间”摄影比赛，大赛共收到239幅作品，生动展示了学校研究生在科研中的奕奕风采和善于发现科研之美的生活态度；12月份学术论坛闭幕，冶金与生态工程学院、材料科学与工程学院、机械工程学院、能源与环境工程学院、东凌经济管理学院等5个单位被评为本届学术论坛优秀组织奖。

②树立优秀典型，发挥示范效应。开展研究生“十佳学术之星”“学院学术之星”评选，坚持对候选人的匿名评审和现场答辩相结合的方式，以使评审环节更加科学和严谨。首先，各学院和培养单位组成初评委员会，制定本单位学术之星评选细则，按照评选细则评选出学院学术之星，共102名（含2名留学生），并择优推荐“北京科技大学研究生十佳学术之星”候选人40名进入终评阶段。终评活动分为两个环节，首先是40进20的匿名评审环节，产生20名“十佳学术之星入围人选”。最终，通过层层筛选，评选出学校第十届研究生十佳学术之星10名，十佳学术之星提名奖获得者10名，学院学术之星82名。在树立和宣传学术典型的过程中，坚持公开、公正、规范、独立的原则，加大公示和宣传力度，有效激励了全体研究生提升思想道德水平、激发学术科研兴趣、坚定成才报国志向、实现全面成长成才，并促进优良学风校风建设。

③贝壳学术汇为学校研究生不同学科交叉交流开启新篇章。随着科学技术的发展以及科研领域的延伸和融合，大学科的交叉已经成为一个新的发展趋势，作为科研生力军的研究生应该在更大范围内交叉和交流起来。贝壳学术汇是一个“服务研究生学术成长”的学术沙龙，强调打破学院界限和学科壁垒，突出跨学科的学术交流和思想交锋，从研究生自身需求出发，坚持学科交叉、学术争鸣、求实鼎新的精神，围绕学术前沿、科研热点、研究方法、实践创新，活跃学术思维、碰撞智慧火花，为广大研究生的全面成长成才和学校的研究生教育事业发展正向助力，在全校研究生中营造“交叉、争鸣、真知、创新”的学术氛围。2017年共举办7期，200余名师生参与。

④打造学术三分钟演讲比赛精品项目。精心策划和组织研究生学术三分钟演讲比赛，打造师生欢迎的学术精品，活动覆盖全校各学院，历时半年之久，吸引了300余名选手参加，决赛现场通过校园网、视友网等平台直播，获得2万余人关注。活动创新了学风教育模式，增强了实效性和吸引力。

⑤研究生科技服务与挂职锻炼助力求实鼎新的学术风气。按照“广泛宣传、积极申报、严格选拔、岗前培训、过程考核、总结表彰”的“六步走”思路，遵循“培育基地、分类实践、结合专业、注重实效”精神，把实践育人定位在“科技服务”和“挂职锻炼”两个层面。4月份，与各实践基地联系需求，完善研究生岗前培训内容。5月份，学校下发科技服务与挂职锻炼通知，广泛宣传，组织研究生积极申报。过程中坚持两点，一是研究生必须征得导师同意，保证实践活动不影响研究生的学位论文进展；二是岗位与研究生之间进行双向选择，保证实践取得效果。6月份，进行项目筛选和岗前培训，签订相关协议书，以及购买意外伤害保险。7、8月份，研究生奔赴实践基地开展科技服务或挂职锻炼，最后研工部回访实践单位。2017年55个团队的433名研究生个人

参加了科技服务与挂职锻炼。10月份，各团队和个人上交实践材料，研工部组织评阅实践报告；11月份，进行答辩考核，评选优秀团队及先进个人。2017年共评出6支标兵团队、19支优秀团队和141名优秀实践个人，同时对研究生参与度高、实践质量好的计算机与通信工程学院、化学与生物工程学院、材料科学与工程学院、自动化学院、机械工程学院等5个单位授予“优秀组织奖”称号。广大研究生在活动中积极深入生产一线和工作基层，虚心学习、发挥专长、服务岗位，实现了受教育、长才干、做贡献的目的。科技服务与挂职锻炼工作为培养研究生家国情怀、实践能力、服务意识提供了平台，为推进产学研合作，实现地方、学校、学生三方互利共赢打下了坚实基础。

⑥开辟实践育人新阵地，构建协同发展大平台。围绕党建和思想政治教育工作的中心任务，通过聘任优秀研究生担任科大附中高中生的“成长导师”，努力促进研究生思想教育与学术成长相结合、创新培养与实践体验相结合、提高素质与发挥作用相结合，为促进学生成长、促进学校发展提供了新途径，获得了附中老师、学生及家长的好评，取得了良好的社会反响。2017年共选拔了32名优秀研究生担任附中学生的成长导师，任期一年，以促进学生全面健康成长。相信在各方的努力推动下，“成长导师”工作会进一步开花结果，成为推动小学生、高中生、研究生共同成长的新平台。

（宗燕兵、闫　强）

【学生工作研究】　建设学习型、服务型、创新型部门。围绕高校思政工作会议和十九大精神，多次开展内部学习，不断提升高理论水平。注重加强与学院的沟通，激发学院活力。创新研究生思政教育的方法和载体，提升服务育人质量。以工作研究促工作实践。通过对研究生相关课题的研究增加了对研究生工作的认识和理解，对未来研究生工作的开展提供了理论支持。2017年研究生工作部完成了首都大学生思想政治教育课题《研究生认同社会主义核心价值观的机制建设》、北京科技大学党建研究会党建课题《“线上+线下”助力高校“两学一做”学习教育的实践研》。同时，研究生辅导员联谊会的专项小组结合工作实际进行了深入研究，通过对相关课题的研究增加了对研究生工作的认识和理解，对未来研究生工作的开展提供理论支持。

（董春阳、宗燕兵）

【中国学位与研究生教育学会德育委员会工作】　德育委员会秘书处发挥平台作用。德育委员会秘书处设在学校研工部，秘书长由北京科技大学研究生工作部张颖部长担任。2017年，德育委员会继续发挥全国研究生德育工作者平台交流作用，围绕高校研究生思想政治工作新要求新趋势，在全国不同片区推进研究生思政工作研讨交流，成功举行北京与华北片区、东北片区、华东片区、华南与西南片区、西北与河南省片区会议，宣传了学校研究生工作的经验做法，推进了学校研究生德育工作科学化体系建设。此外，继续使用德育委员会微信公众号，增强秘书处与各委员单位和会员单位之间的沟通联系，规范德育委员会内部章程和财务运行制度，完成上级单位交办的各项任务。在教育部思政司和中国学位与研究生教育学会的直接指导下，与全国高校的研究生思想政治教育工作的同仁们共同完成上级交办的各项任务，加强学会自身建设，优化工作体系，增强学会活力，发挥好桥梁纽带作用。

（张　颖、胡　宽）

共青团工作

【概况】　2017年，校团委在学校党委和上级团组织的领导下，紧密围绕学校中心工作，深入贯彻落实中央党的群团工作会议精神，深入落实学校党委10月份印发的《中共北京科技大学委员会关于进一步加强和改进共青团工作的若干意见》的要求，全面推动学校共青团工作改革，不断完善四维育人体系，着力提升共青团工作的科学性和对学校发展、学生成长的贡献力。改革后，校团委下设办公室、研究室、组织部、宣传部、社团部、青年双创服务中心、青年文体活动指导中心、青年成长服务中心、社会实践与志愿服务中心，共有团员18114人，学生社团110个。

（苏　栋、王海波）

【思想政治引领与组织建设】 2017年，校团委紧抓时代脉搏，开展春、秋季学期主题班团日活动，针对不同年级的成长特点和实际需求设计解读大学、艺术教育、专业筑梦、创新创业、志愿公益及毕业感恩等主题，全年共组织445个团支部举办活动1000余场次，形成学习笔记和读书心得2825篇，培育形成“五四精神传承”“精准扶贫助秦安”“学习雷锋精神，争做六有大学生”“一学一做”教育实践等精品示范活动。结合党的十九大、建军90周年、建团95周年等重要历史契机和校庆65周年、五四青年节、“一二·九”纪念日等重要时点开展宣传教育活动，动员全校青年生动开展“院士回母校”、志愿实践、公益扶贫等活动100余场次，多次受到人民日报、中青网等报道，获得广泛关注。

2017年，校团委完善团学骨干培养机制，锤炼干部工作作风、提升岗位胜任能力，取得显著成效。①实施“励志计划”，培养创新型青年领袖，探索形成“校友育人”“青年领导力课程”与“国际化培养”为核心的育人体系，聘任谢辉、陆正耀、余俊生、黄孝斌等60名校友导师，全年开展“校友面对面”“我为校友做助理”、中国香港五百强企业实习等教学活动120学时，育人模式受到教育部网站关注报道，成为人才培养的“试验田”与“风向标”。②完善团校四级培养格局，建立“全方位、多维度、立体式”学生骨干培养体系，全年开展校、院两级团校23期，开展“思悟行进”集体学习活动6场。③深入开展团干部联系基层“走进”系列活动，落实“1+100”团干部直接联系青年制度，全年共18名专职团干部联系青年总数超过2800人，线上、线下活动数量超过400次。

2017年，校团委统一规范推优入党组织程序。坚持党建带团建，严格遵守“全团一盘棋，院系齐步走”的思路格局，统一规划、明确分工，实现“校、院、团支部”三级联动，切实发挥好推优入党工作的思想引领作用，进一步巩固了“时间统一、程序规范、形式生动、内容丰富”的全校一体化推优格局。

2017年，团组织覆盖的有效性进一步提升，①推进基层团组织建设和基层工作，坚持党建带团建，实施基层团组织“细胞工程”，着力激发基层团支部活力，深入推进“班团一体化”机制建设，面向5家学院开展试点，扎实推进基层团支部职能建设、制度建设和评价体系的完善，提升党团班建设活力。②规范开展推优入党工作，各级团组织共举行推优大会966场次，近8000名学生通过自荐演说等形式申请成为党的发展对象，2340名思想进步、素质全面的优秀团员被党组织确定为党的重点培养和发展对象。③深入推进共青团工作考核与评价体系，面向学院（单位）和团委机关部门实施量化考核与评价，强化目标导向，有效提升共青团工作的科学化水平和育人实效。

（闫奎铭、崔　睿、于宝库、曲秀杰）

【新闻宣传与网络新媒体】 2017年，校团委继续深入推进团学工作的网络新媒体战略转型，网络思想政治引领能力明显提升。①夯实“北科大青年”全媒体神经网络，覆盖青年师生10.1万余人次，全年阅读量750万次。②深挖媒体传播内容，创作深受青年喜爱的网络原创文章和文化产品，“小博士动漫”“青声系语”“满井时评”等栏目广泛传播，“校庆65周年”“学习十九大”等专题深入人心，《我们今天为什么还要学雷锋》《“拼”出一个大中国》等作品受到“人民日报”转发、单品点击量超过200万次，全年登陆“人民日报”“共青团中央”等主流平台30余次，阅读量突破500万次。③建设网络宣传队伍，组建分层次、职能化的网络宣传员和网络文明志愿者队伍，有效开展学生舆情监控与引导，在应对网络舆情危机、维护校园稳定方面发挥了重要作用。④施工建设实体新媒体工作室，成为学校开展网络思政教育的新阵地。网络思想政治教育成效显著，12月荣获全国学校共青团优秀新媒体专业工作室（排名第一），原创视频MV《十九大有嘻哈》荣获2017全国党媒优秀原创视频“十佳作品奖”（政企类第一名）。

（崔　睿、赵若谷）

【社会实践与志愿服务】 社会实践方面，2017年，学校坚持“课程化”长效育人机制，充分发挥社会实践在培育和践行社会主义核心价值观中的养成作用，以“实践绘就最美青春——青春喜迎十九大，初心不忘悟真知”为主题，重点围绕“中国精神与中国梦学习宣讲”“聚焦农村精准扶贫”“京津冀区域协同发展调研”“促发展，惠民生”志愿公益“海峡两岸暨香港、澳门青年伙伴交流”“一带一路”青年观察、“校友生涯规划寻访”等内容开展七大专题行动。全国三下乡社会实践20周年出征仪式在学校举办。学生自主申报实践团队395支，4123名学生参与暑期社会实践活动，学生实践足迹遍布全国31个省、市、自治区，部分学生赴美国、俄国、印尼等地进行海外实践，取得了丰硕的实践成果。据统计，实践团队在各地开展志愿服务总时长29780小时，举办相关实践活动820场，并募捐总价值达506980元的爱心物资。形成实践报告395篇，论文341篇，拍摄视频总计7530小时，照片共175305张，形成活动微记录影片352部，收到各实践单位感谢信262封，受到新闻联播、人民日报、北京电视台等多家媒体报道。由北京团市委、北京科技大学和中国香港专业人士协会联合举办的京港青年伙伴训练营效果显著，京港青年大学生在天安门前齐唱《歌唱祖国》的合影被收录到“砥砺奋进的五年”大型成果展，训练营项目受到社会广泛好评和报道。此外，有6支实践团队入选首都大中专学生暑期社会实践百强团队，学校荣获全国“三下乡”暑期社会实践优秀组织单位和首都大学生暑期社会实践先进单位，在北京高校思政课学生社会实践优秀论文评选中荣获特等奖、二等奖各一项，并被评为优秀组织单位。2017年是社会实践课程化建设的第13年，校团委系统梳理课程建设成果，出版《实践绘就最美青春——党的十八大以来北科大青年服务国家实践风采录》，并在团中央指导下撰写《青春实践路——“三下乡”社会实践活动指南》供全国高校参考。

2017年，进一步加强志愿服务课程建设，规范课程管理，志愿服务工作开创新局面。①大力营造志愿服务氛围，积极服务国家重大赛会。雷锋日前夕，于3月4日举行“学习雷锋精神，争做六有大学生”主题团日公开课，雷锋班首任班长张兴吉走进校园向大学生深情讲述雷锋精神。校团委将志愿服务项目分层分类，发布2017年志愿服务彩虹计划引导学生开展公益行动。组织百名志愿者助力国家一带一路高峰论坛，志愿者圆满完成任务，学校被授予先进组织奖，机场贵宾室团队被评为“模范志愿团队”，学校作为高校代表在“一带一路”国际合作高峰论坛志愿服务交流分享会做交流发言，获得了广泛好评。此外，学校积极参与完成“砥砺奋进的五年”大型成就展志愿服务工作。发起“温暖衣冬”志愿服务活动，300余名学生将500件冬衣送到了需要帮助的人手中；开展学雷锋志愿服务活动、五四青年志愿行动、国际志愿者日志愿文化活动等，营造健康向上的校园公益氛围；②深化志愿服务项目管理，提升活动质量。对已有志愿服务实地调研，对优秀的项目进行挖掘宣传，存在问题的提出整改意见，帮助全校志愿服务项目质量的提升。现有81个长期志愿服务项目，年度新增长期志愿服务项目5个，开展志愿服务项目调研130余次，年度累计志愿服务174472工时。③完善志愿服务信息平台，全面助力志愿教育。为使线上系统更好地完成课程管理、信息宣传的功能，对志愿服务课程网进行了全面升级改版，结合原系统使用中总结的优势和不足，优化功能，更新平面设计，使志愿服务课程网更符合现代青年学生的使用喜好。

（陈　凯、于林民、张　誉）

【学术科技与创新创业】 2017年，以提升大学生创新能力为目标，加强多层次、全方位的大学生学术科技创新平台建设，提升科技创新育人实效。①建设讲座平台，邀请中国载人航天工程副总设计师陈善广、北京人民艺术剧院院长任鸣开展名家讲坛，组织各类讲座沙龙共计50余场、参与近1万人次；②建设竞赛平台，完善“摇篮杯”大学生创新创业竞赛，组建“双创工作联席会”，在“挑战杯”全国大学生课外学术科技作品竞赛中获得2项二等奖、3项三等奖；③建设文化平台，举办第五届青年科技文化节。参加第六届首都大学生科技创新作品与专利成果展示推介会，获得2项金奖、3项二等奖、8项三等奖和最佳组织奖。承办2017年全国青少年科学营北科大分营活动，加强学校社会声誉。

2017年，继续提升创业教育的广度和深度，探索创业教育模式创新，以培养创新创业意识、提升创新创业能力为宗旨，坚持

“一、二课堂两翼齐飞”“学习、实践两轮并举”“普及、精英两层推动”的思路，积极打造创业教育精品平台，不断提升创业教育的广度和深度。加强与学校创新创业中心协同合作，增强学生创业意识和创业能力。一是建设交流平台，举办“创业沙龙”10场、创业论坛3场，开展“创业的青春最美丽”主题团日，覆盖人数超过5000人次；二是建设竞赛平台，在全国“互联网+”大学生创新创业大赛中斩获1项银奖，“孟子居”创业团队参加竞赛活动“青年红色筑梦之旅”，负责人杨国庆作为执笔人之一给习近平总书记写信并收到回信，团队受到《新闻联播》报道与刘延东副总理接见；三是拓展服务平台，开展第二届“鼎新班”创新创业精英人才培养计划，遴选优质创新创业项目，以课程、个性化辅导等方式进行深度指导，服务优质创新创业项目。

（马　聪、苏　烜、赵　婴）

【文化艺术与社团活动】 2017年，秉承“科学与艺术共融、人文与创新并存”的理念，打造“高雅艺术”“群众艺术”“原创艺术”三元并举的艺术工作格局，统筹学校文艺活动，以深化艺术普及教育、打造艺术精英团队、优化艺术教育育人平台为目标，着力发挥艺术的素质教育和文化引领功能。努力实现艺术教育“文化唤醒、文化育人”的最终目标。①统筹推进高雅艺术。全年举办高水平文艺演出11场，组织师生赴国家大剧院等观赏高水平演出、讲座29余场。②大力普及群众艺术。举办以“艺术点亮青春”为主题的第五届贝壳青年艺术节，积极举办艺术讲堂、文艺主题团日、文艺类比赛、艺术沙龙等活动普及艺术教育。③积极打造原创艺术作品。原创短剧《奔流》获北京大学生戏剧节金奖，原创舞蹈《摇篮》获北京大学生舞蹈节银奖，深刻挖掘学校历史文化，展现了北科大底蕴深厚、独具特色的教育理念。④着力建设学生艺术团。举办4场专场演出，4月9日话剧团《奔流》专场演出，7月3日管乐团“歌唱祖国”专场音乐会，12月25日“风雅国音”北科大民乐团新年音乐会和“狂想与咏叹”北科管乐室内乐演奏音乐会。成立民族室内乐团，赴北京大学百周年纪念讲堂参加“寻根追梦 同心同行”京港青年学生庆回归联欢会。此外，⑤2017年4月22日，“熔铸春华·科创未来”65周年校庆文艺晚会在学校奥运体育馆隆重上演。

校园文化活动蓬勃开展。以“规模适度、主题鲜明、时间与空间协调”为目标，倡导“走下网络、走出宿舍、走向操场”，引导学生会建设实施校园文化精品工程。①开展“论辩锋情”校园辩论赛、“我爱我师”评选、三色校园等社会文化活动，全面引领北科学生思想意识，丰富北科校园课余生活，增强学生的爱校荣校、尊师重教意识，启发学生树立健康乐观积极的生活态度和拼搏精神。②响应学校号召，开展“吾肆放歌”歌手大赛、主持人大赛、柿子文化节等校园文化活动，彰显青春风采，凸显北科学子人文情怀。③开展荧光夜跑、篮球嘉年华、校园定向越野等体育文化活动，营造北科特色的体育氛围，传承北科学子奋勇拼搏的精神面貌。

校团委深入发挥对学校学生社团的思想引领作用，以党的十九大胜利召开为契机，掀起学生社团的理论学习热潮，实现社团思想引航常态化；合理设计社团干部的培养方案，组织社团骨干开展多次社团分类培训；改善社团活动空间，全面落实社团活动室安全管理；打造社团品牌活动项目，增强学生社团的精神传承、专项特色；明确社团管理与办事流程，进一步修订完善《北京科技大学学生社团管理办法》，把握社团动态舆情监控，细化社团活动审核制度，指导110家学生社团开展品牌活动83项，社团在册学生达5989人，举办活动近500场，覆盖在校生超过50000人次。

（王　鹂、闫奎铭、王海波、王　钰、张雅洁、石　苇、卞小艺、李晓彤、张钟鹤）

【学生成长助力工程】 2017年，校团委发挥第二课堂在思想引领和实践育人方面的作用，推进共青团改革，促进学生有目的、有计划、有组织地参与第二课堂活动，提升学生综合素质，7月下发《北京科技大学第二课堂学生成长助力工程实施办法（试行）》，应用“到梦空间”系统，全面推广实施“第二课堂成绩单”制度，打造学生成长助力工程。①注重实效、深入推广。从2017年5月开始，团委青年成长服务中心面向全校开展全方位、多层次的系统培训，确保相关负责人熟练使用“到梦空间”系统。同时，通过“北科大青年”微信公众平台、百团大战等多种线上线下方式，在全校学生中深入推广“第二课堂成绩单”制度，取得良好效果。截至2017年12月31日，学校系统共创建部落944个，激活学生12567人，发布活动3826场，参与活动达102202人次，第二课堂学生活动在系统上全面发布，青年成长服务中心每周反馈学院第二课堂活动开展情况。除此之外，校团委积极完善相关设施建设，建成第二课堂展示体验中心，已组织全校3000多名新生以班级为单位集体参观第二课堂展示体验中心，让学生们深入理解“第二课堂成绩单”制度的重要意义，促使学生更合理地规划第二课堂活动。学校做法受到共青团中央和全国高校广泛关注，600余所高校来校学习，成为学校新时期思政工作的一张“育人名片”。②充分借鉴、科学培养。校团委充分借鉴第一课堂教育教学的优秀经验，围绕人才培养目标，结合学院学科特色和人才培养目标，出台全国首份高校学院“第二课堂人才培养方案”。学院“第二课堂人才培养方案”的推出，为学生系统规划第二课堂活动提供参考。学生可以清楚了解大学中必须完成的二课活动和结合兴趣可参加的二课活动，培养方案对合理统筹学校各领域发展及学生综合素质提升方面发挥着重要作用。

（王　鹂、于宝库、徐　鹏）

【学生会与研究生会】 2017年，坚持做好学生会与研究生会的指导工作，两会的职能定位进一步清晰。学生会积极完善“代表性、服务型”职能强化，着力加强“引领型”职能转变。在“学生之家、干部之校、师生之桥”的工作定位基础上，着力推动“文化之窗”和“风向之标”职能化建设，做校园思潮的领航人、学生权益的发声源、校园文化的建设者、学生成长的加油站。以党的十九大胜利召开为契机，组织学生学习“十九大精神”，举行“不忘初心，牢记使命”2017级新生文艺会演大型晚会；以“引导校园舆情、反映同学心声、维护同学利益”为出发点和落脚点，成功举办北京科技大学第二届青年之声模拟政协提案大赛；开展“我爱我师”评选、“名师面对面”“四、六级模考”等活动；顺利完成2017级学生早操组织工作。校团委指导研究生会加强“代表性、学术型”职能建设，打造“学术之窗、学生之家”。以学术交流和科技创新为己任，开展“学术人生”访谈栏目、“研师亦友”评选、学术沙龙讲座、研究生英语演讲比赛等形式多样的学术交流活动，进一步完善了学校研究生的科研交流平台；丰富校园文化建设，举办第十二届轻体运动会、纪念“一二·九”运动——研究生合唱比赛等文艺体育活动。

（王　鹂、马　聪、王海波、李晓彤、侯先杰）

离退休职工工作

【概况】 2017年，离退休职工工作处有离退休职工2400人，其中离休干部90人，退休干部1707人，退休工人603人。离退休职工党委有党员965名，支部20个，其中离休支部4个，退休支部15个，在职支部1个。离退休职工工作处在职工作人员8人。离退休职工工作处对管庄校区离退休工作归口管理，截至2017年年底，管庄校区有离退休职工197人。

（乔哲、王祎炜）

【组织及思想建设】 认真学习贯彻党的十九大精神、全国高校思政会议精神、《北京普通高等学校党建和思想政治工作基本标准》和京教工〔2017〕16号文件精神，加强党对离退休工作的领导，推进离退休职工思想政治建设和党组织建设。①5月，学校党委常委会专题学习传达《关于加强和改进北京高校离退休干部工作的实施意见》，并在校长办公会上确定从2017年3月1日起给离退休党支部书记、副书记发放工作补贴。上半年，学校对离退休职工工作领导小组组成人员进行了调整。7月，召开学校离退休职工工作领导小组工作会，明确了离退休职工工作领导责任制，再次学习中办发〔2016〕3号和京教工〔2017〕16号文件精神，认真讨论《北京科技大学关于加强和改进离退休职工工作的实施细则（征求意见稿）》。10月11日，正式公布《中共北京科技大学委员会关于加强和改进离退休职工工作的实施意见》（校党发〔2017〕60号）文件。②十九大召开前，积极开展“喜迎十九大”系列活动，努力营造迎接党的十九大胜利召开的浓厚氛围。开展“我看新变化，建言十九大”专题调研活动，为老同志搭建畅谈建言的良好平台，凝聚共识，喜迎盛会。党的十九大开幕之际，组织校级离退休干部、支部书记及党员集体收看十九大开幕式直播。开幕式后，立即组织校级离退休干部及支部书记座谈，学习十九大报告。第二天，离退休职工党委各支部组织学习讨论十九大报告。十九大结束后，离退休职工党委迅速购买并发放十九大报告单行本和新党章，供党员们学习，并及时开展“砥砺奋进再出发，不忘初心跟党走”征文活动。“两节”期间为行动不便的老党员送学上门，确保将党的十九大精神传达到每一个党支部、每一名老党员。③离退休职工工作处（党委）以落实全国高校思想政治工作会议精神为契机，在工作人员和广大老同志当中着力加强思想政治工作和意识形态工作。学习中央《关于加强和改进新形势下高校思想政治工作的意见》精神、北京科技大学思想政治工作会议精神，落实《中共北京科技大学委员会关于加强和改进教职工思想政治工作的实施办法》（校党发〔2017〕40号），传达北京科技大学2017年暑期党委扩大会会议精神。学习《中共教育部党组关于深入学习贯彻习近平总书记在中国政法大学考察时重要讲话精神的通知》，发放《习近平总书记系列重要讲话读本》、十九大报告单行本和新党章两千多本，学习“习近平新时代中国特色社会主义思想的精神实质和丰富内涵——学习领会党的十九大精神”辅导报告等。每月组织广大党员学习时政辅导报告。充分利用微信公众号、公告栏、电子显示屏、网站、电子邮件、普通信件（邮寄学习资料）、语音短信系统，发布重要信息，提供更好的服务，加强和老同志的沟通，宣传正能量。离退休职工党委申报完成北京市教工委离退休干部处课题《高校离退休干部思想政治工作特点和规律研究》。④离退休职工党委扎实推进“两学一做”学习教育常态化、制度化，重点加强离退休职工党组织建设。坚持每月一次的党委理论中心组学习制度和党委会、支部书记会学习制度，不断提高思想政治素质和思想理论水平。组织支部书记和全体党员认真学习了《北京科技大学教职工共产党员行为规范》《北京科技大学合格党支部建设规范》《北京科技大学2017年组织生活指导意见》（校党组发〔2017〕1号），学习中共北京科技大学委员会关于落实《北京普通高等学校党建和思想政治工作基本标准》的工作实施方案和《北京科技大学开展党支部整顿工作的通知》等。2017年以推荐评选学校及离退休职工党委的先进党支部、优秀共产党员、先进党务工作者为契机，表彰先进，树立典型，以评促改，以评促建，推进支部建设规范化、制度化，增强支部的凝聚力和战斗力。举办支部书记培训班两次：一次与北京语言大学合作联合培训，两个学校的支部书记学习交流，取长补短；另一次组织以助力学校建设发展为主题的培训，邀请科研部、学生处、宣传部分别介绍了学校科研、宣传、学生等方面的工作，并参观国家材料服役安全科学中心（筹），了解中心建设情况，增强爱校荣校之心。在支部与党员层面，固定时间固定地点为各支部开展组织生活提供保证。集中组织高龄（80岁以上）党员参加知识竞赛，开展主题党日活动，赴北京展览馆参观大型成就展“砥砺奋进的五年”和赴蔡家洼村参观新农村建设，了解国家的巨大变化与人民的美好生活，赞美党的领导取得的伟大成就。

（乔　哲、刘淑红、杨　燕、高晓森）

【服务管理工作】 2017年，离退休职工工作处统筹资源，为高龄老同志提供养老服务，推进文化养老工作。组织学校重阳节祝寿活动，为249位老寿星祝寿，其中101位八十岁的老寿星参加祝寿庆典。校党委书记武贵龙、副校长王维才及原单位领导、离退休职工工作处工作人员共同为老同志祝寿。定期邀请养老院来铭德楼为老同志宣传介绍社会养老情况，邀请大学生夕阳再晨志愿者为老同志教授使用智能手机，邀请中国中医科学院博士、中国中医科学院望京医院专家前来授课并义诊，邀请北医三院三位专家前来为老同志义诊。每年两次为离休干部在网上采购居家养老生活日用品送到家中。根据老同志情况，研发各种活动的报名系统，让老同志操作简便，为老同志提供更好的服务。开展以“忆辉煌 畅未来”庆祝建校65周年、“相约大自然 畅谈新变化”为主题的摄影展、书画展、秋季运动会、春秋季健身徒步走等系列文体活动和征文、乒乓球比赛、台球比赛、麻将牌比赛系列活动。其中“喜迎十九大 永远跟党走”摄影展，分“祖国山河美如画”和“展老年风采颂美好生活”两个部分展出；“喜迎十九大 胜利再出发”书画展有56幅书法、绘画作品参展，主题鲜明、风格多样、具有深厚的艺术底蕴、鲜活的时代气息和较高的美学价值。为热烈庆祝建校65周年，老同志们积极参加离退休职工工作处组织的“忆辉煌 畅未来”庆祝建校65周年离退休职工系列活动，为校庆出力添彩。组织“赏花购物庆祝节日 春光明媚畅谈变化”为主题的三八节庆祝活动，旨在让离退休女同志们感受美好生活，畅谈十八大以来变化，展望十九大胜利召开。老年大学努力为老同志们创造良好的学习条件，鼓励学员们互敬互爱，互帮互助，快乐学习，实现友谊、知识双丰收。2017年开设计算机应用专业（高级班）、英语口语专业（初级班）、绘画专业（初级班）、书法专业（初级班）、老年健身专业（健美操班）五个班，共招收学员154人。

（王袆炜、张　薇、侯　佳）

【关心下一代工作委员会】 2017年，关心下一代工作委员会二级关工委全覆盖。继2016年三个学院成立二级关工委之后，2017年11个学院陆续成立二级关工委，为更多老同志发挥独特优势、为党的事业增添正能量提供了一个更好的舞台。学校开展的“院士回母校”系列教育活动，积极探索新形势下加强学校思想政治工作新途径、新方法，荣获教育部关工委授予的“全国教育关工委十佳创新案例”。老党员发挥先锋模范作用结出硕果：继本科教育教学督导组之后，学生党建工作指导组被授予老党员先锋队称号，在“志愿北京”网站对这两支队伍进行了网上注册。离退休职工党委退休十三支部与原单位合作，大力开展学院系所文化建设，为学校、学院的文化建设做了大量工作。先进党支部代表学校走访慰问生病、困难离退休职工，送学上门，帮助行动不便老同志学习《中共北京科技大学委员会开展“两学一做”学习教育常态化制度化的实施方案》等文件。优秀党员帮扶困难离退休职工，帮助送医挂号购物做饭，用实际行动践行“两学一做”。离退休职工工作处、关工委、宣传部联合组织“‘多彩瞬间 65载辉煌’北京科技大学65周年校庆大型摄影展”，分历史风貌、校园风光、老年风采和学子风华四部分，展出的166幅照片展示和见证了学校不同发展时期的精彩与辉煌，很多照片是老同志们精心保留下来的宝贵资料，非常珍贵。

（乔　哲、刘淑红、许炳春）

【队伍建设】 离退休职工工作处认真学习宣传贯彻党的十九大精神，重点聚焦党风廉政工作，进一步完善责任体系建设。5月底至6月初，从处长到普通职工明确各自责任与分工，逐级签订党风廉政、意识形态责任书，建立起完整的学校—处领导班子—普通职工的三级责任体系链条。党委书记兼处长全面负责离退休职工工作处的党风廉政建设和意识形态工作；副书记兼副处长在工作中具体落实党风廉政建设、意识形态各项工作的开展；主管财务副处长通过严格执行财经纪律、工作制度，将党风廉政建设、意识形态工作融于为老同志服务的各项工作中；其他几位科级干部也均按工作职责认真落实相关党风廉政、意识形态职责。积极开展风险防控管理工作。以上半年迎接北京市教工委对学校进行党建和思想政治工作检查和下半年迎接学校对离退休职工工作处进行党风廉政建设责任制、落实意识形态工作责任制及党务公开、信息公开等检查为契机，离退休处对本单位的业务工作进行了全面的梳理，进一步优化工作流程，大力推进廉政风险防控管理工作。5月，离退休职工工作处针对开展活动过程中的奖品采购与发放可能发生的风险与漏洞，认真梳理业务流程，经过充分的调研与讨论，新制定《离退休职工工作处活动奖品采购发放管理办法》，保证资金的安全使用；离退休职工党委也对以往的文件进行了进一步的全面梳理与修订，6月修订了《离退休职工工作处（党委）党务公开工作管理办法》（离退休党委发〔2017〕2号），11月下发了《离退休职工工作处贯彻落实党风廉政建设责任制实施细则》（离退休党委发〔2017〕3号）。

（乔　哲、刘淑红）

人　物

知名专家学者

一、中国科学院院士（7 人）

魏寿昆　柯　俊　肖纪美　高庆狮　周国治　陈难先　葛昌纯

二、中国工程院院士（7 人）

陈先霖　胡正寰　陈国良　王一德（双聘）　王海舟（双聘）　蔡美峰　谢建新

三、国务院学位委员会委员（1 人）

张欣欣（2013 年 4 月 19 日起任职）

四、国务院学位委员会学科评议组成员（5 人）

张欣欣　吴爱祥　张　跃　邢献然　潜　伟

五、北京市学位委员会委员（1 人）

张　跃

六、国家级突出贡献专家　（17 人）

周国治　刘庆国☆　张公绪　高庆狮　胡正寰　李连诗☆　钟廷珍☆　傅　杰☆　葛昌纯　冯铭瀚☆
朱允言☆　褚武扬☆　高泽标☆　杨天钧☆　王燕斌☆　高征铠☆　何学秋

七、省部级突出贡献专家　（14 人）

谢锡善☆　陈国良　陈景榕☆　李承基☆　林　实☆　管克智☆　周纪华☆　邹家祥☆　陈难先　张圣弼☆
周寿增☆　田乃媛☆　赵立合☆　王新华

八、国家 973 计划（含国家重大科学研究计划）、IETR 项目首席科学家（5 人）

谢建新　林均品　张欣欣　张　跃　燕青芝

九、“长江学者奖励计划”特聘教授（16 人）

乔利杰　张济山　曲选辉　朱鸿民 *　谢建新　杨　槐 *　姜建壮　邢献然　姜　勇　吴爱祥　吕昭平
林均品　王沿东　隆克平　王　戈　张立峰

十、“长江学者奖励计划”讲座教授 （4 人）

陈龙庆 张志良 王循理 梅建军

十一、“国家杰出青年科学基金”获得者（25 人）

乔利杰 何学秋 曲选辉 谢建新 张 跃 吴爱祥 郭占成 王习东* 姜建壮 陈龙庆 李庆峰
邢献然 乔 红 隆克平 吕昭平 王沿东 姚 俊* 杨 槐* 李正平 孙长银* 姜 勇 党智敏*
王守国 张立峰 焦树强

十二、“万人计划”领军人才（3 人）

姜建壮 吕昭平 万向元

十三、“万人计划”青年拔尖人才（3 人）

白 洋 陈 骏 吴 渊

十四、国家优秀青年科学基金资助（11 人）

董超芳 焦树强 陈 骏 吴 渊 冯妍卉 贺 威 侯新梅 查俊伟 尹升华 夏志国 廖庆亮

十五、“长江学者奖励计划”青年学者（2 人）

陈 骏 尹升华

十六、国家级教学名师（2 人）

余永宁☆ 蔡美峰

十七、北京市教学名师（30 人）

余永宁☆ 郗安民 高学东 吴 平 尹常治☆ 张欣欣 杨 平 戴淑芬 蔡美峰 周国治 张 群☆
张敬源 邱 宏 强文江 李长洪 马星桥 彭庆红 彭 漪 杨炳儒 吴胜利 陈红薇 林 海
郭汉杰 郑连存 刘 立 金龙哲 申亚男 夏德宏 张朝晖 孙 莹

十八、国家百千万人才工程入选者（20 人）

毛卫民 曲选辉 吴爱祥 谢建新 姜福兴 何学秋 张欣欣 郭占成 孙冬柏* 邢献然 高永涛
乔 红 王习东* 吴顺川 王沿东 王 戈 姜建壮 王成彦 吕昭平 刘凤琴

十九、中国青年科技奖（5 人）

王 立 曲选辉 吴爱祥 高永涛 张清东

二十、享受政府特殊津贴专家（2000 年以后）（54 人）

曹国辉☆ 范玉妹☆ 何知礼☆ 高永涛 李 阳* 李华德☆ 郭志猛 谢建新 王 立 李谋渭☆

张文明　唐　荻　刘应书　孙加林　乔　兰　孙冬柏＊　隆克平　邢献然　林均品　纪洪广
王习东＊　臧　勇　康永林　郗安民☆　朱鸿民＊　金龙哲　高学东　惠希东　姜建壮　吕昭平
王金安　王志良　李仲学　郭占成　高俊山　李晓刚　尹常治☆　蔡嗣经　王　京☆　罗维东
刘雅政　马星桥　梅建军＊　吴顺川　陈　曦☆　王　戈　林　海　强文江　朱维耀　王成彦
王荣明　张建良　张深根　朱　荣

二十一、高等学校优秀青年教师教学和科研奖励基金（简称“青年教师奖”）（3 人）

董建新　邢献然　何富连＊

二十二、教育部“跨世纪优秀人才培养计划”入选者（13 人）

毛卫民　何学秋　徐金梧　刘国权　田文怀　曲选辉　张　跃　张欣欣　孙冬柏　倪　文　惠希东
姜建壮　吴爱祥

二十三、教育部“新世纪优秀人才支持计划”入选者（97 人）

何维达　王新东　林均品　张波萍　宋卫东　于广华　隆克平　王沿东　高学东　谢谟文
宿彦京　高克玮　李　威　姜　勇　王西涛　张　勇　张深根　王　戈　顾　强　彭庆红
吴顺川　冯　强　耿文通　刘泉林　何新波　刘雪峰　袁文霞　于然波　王荣明　党智敏＊
梅建军＊　赵海雷　黄运华　王洪江　刘　青　马　飞　张　梅　曹文斌　常永勤　冯妍卉
王坤鹏＊　郭　敏　范丽珍　李立东　徐　科　李延祥　张晓冬　李晓岑＊　高学绪　李希胜
黄晓霞　何　伟＊　叶　丰　刘杰民　李建玲　闫小琴　阳小龙　李翠平　边永忠　何安瑞
班晓娟　秦明礼　张海龙　金　莹　张敬源　刘　洋　陈　骏　潜　伟　焦树强　贺　芳＊
王国杰　李晓理＊　陈艳萍　时国庆　魏　钧　董超芳　温永强　何　枫　杜宏武　张中山
冯志鹏　易红宏　廖庆亮　曹江利　侯新梅　白　洋　夏志国　曹　霞　丁大伟　刘雄军
刘　宇　苗　君　覃京燕　唐晓龙　田建军　尹升华　董文钧

二十四、霍英东教育基金（29 人）

年度	课题资助	青年教师奖		
		教学奖		科研奖
1987	赵建国＊　李育苗＊			
1989		刘国权☆（一等）	李维佳＊（三等）	
1991	吕雪山＊			王　立（三等）
1993			廖福成（三等）	乔利杰（二等）
1995			翟启杰＊（三等）	
1997			夏　新＊（三等）	温　治（三等）
2001	李江涛＊		于　文＊（三等）	
2004	高克玮			
2006	王　戈　顾　强　于　浩		袁文霞（三等）	

续表

年度	课题资助	青年教师奖	
		教学奖	科研奖
2009	金爱兵　范丽珍　秦明礼　苗　君　冯妍卉		
2012	陈　骏　庞晓露	董超芳（三等）	
2014	郑　磊	石志国（二等）	
2016		廖庆亮（三等）	

二十五、宝钢教育基金优秀教师奖（75 人）

年度	特等奖	特等奖提名奖	优秀奖
1994	刘国权☆		马星桥　申亚男　许世静*
1995	苍大强		闵乐泉☆　张　健　彭　漪☆
1996	王燕斌☆		吴　平　卢晋福　贾建华☆
1997	陈先霖		温美娟☆　杨世成*　许纪倩☆
1998	邹家祥☆		佟玉兰☆　管荻华☆　王维才
1999			李　杰　王新华☆　王小萍*　桂玮珍☆
2000			潘礼庆*　许三星☆　王志明　蔡美峰
2001			李文军　瞿国忠☆　康永林
2002			汪飞星　张敬源　王　立
2003			郗安民☆　高俊山　陆　俊
2004			邱　宏　于晓红☆　张志刚
2005			郗安民☆　戴淑芬　左　鹏
2006	吴　平		袁文霞　周贤伟
2007			张欣欣　张　群☆　郑雪峰☆
2008			郭汉杰　尹常治☆　范玉妹☆
2009			罗　胜☆　金龙哲　杨　平
2010	蔡美峰		杜振民　陈红薇
2011			张　群☆　强文江　彭庆红
2012		张欣欣	吴胜利　李长洪
2013	吴爱祥		赵海雷　魏　钧
2014	曲选辉		夏德宏　郑连存
2015		王　戈	林　海　何　伟*
2016			于广华　冯妍卉　廖福成
2017			弓爱君　王凤平　刘杰民

二十六、北京科技大学建龙讲座、特聘教授（36 人）

乔利杰 张济山 曲选辉 朱鸿民* 吴爱祥 郭占成 苏庆泉 吕昭平 耿文通 谢建新 杨槐*
张立峰 张建良 吴胜利 苍大强 刘青 高克玮 孔祥华 冯俊小 温治 徐科 陈伟庆☆
孙加林 王新东 于浩 王新华☆ 刘应书 王福明 李晶 李宏 宋波 张家泉 程树森
何安瑞 孙建林 康永林

注：带“*”者现已离校，带“☆”者现已退休，带“□”者现已去世

二十七、2017 年在岗博士生指导教师名单（492）

学院	姓名
土木与资源工程学院（52）	蔡美峰 胡乃联 孙体昌 谢玉玲 高永涛 李长洪 李仲学 高谦 冯雅丽 杨慧芬 李克庆 宋卫东 倪文 杜翠凤 龚敏 吴顺川 乔兰 蒋仲安 王金安 孙春宝 纪洪广 牟在根 金龙哲 金爱兵 宋波T 刘娟红 姜福兴 朱维耀 张英华 谢谟文 周晓敏T 潘旦光 谭卓英 李翠平 苗胜军 刘洋 王洪江 吴爱祥 李铁 尹升华 何学秋 王媛 汪旭光 孙传尧 韩大匡 吴宗之 李成江 魏复盛 赵铁锤 黄昌富 杨志强 杨鹏
冶金与生态工程学院（40）	李京社 吴胜利 张建良 苍大强 王新东 宋波Y 郭汉杰 王福明 邢献然 郭兴敏 张梅Y 朱荣 张家泉 徐安军 程树森 李宏 李建玲 曹战民 李素芹 于然波 郭敏 薛济来 李宏煦 闫柏军 贺东风 白皓 陈骏 张立峰 刘晓明 罗海文 王成彦 张新房 刘风琴 安胜利 殷瑞钰 朱立光 崔健 邱定蕃 李梅 杨健
材料科学与工程学院（81）	刘国权 刘雅政 赵志毅 葛昌纯 杨平 杜振民 万发荣 李长荣 韩静涛 龙毅 孙冬柏 任学平 赵海雷 强文江 黄继华 董建新 顾有松 王开坤 高克玮 于广华 康永林 张跃 田文怀 毛卫民B 王自东 孙加林 李静媛 周张健 徐桂英 孙建林 周成 连芳 曹文斌 张波萍 于浩 陈冷 刘雪峰 王丽萍 郑裕东 王戈 常永勤 姜勇 宋仁伯 齐俊杰 杨穆 曹晖 刘泉林 官月平 燕青芝 郑磊 徐晓光 李勇 李立东 闫小琴 陈俊红 苗君 杨洲 张迎春 詹倩 庞晓露 王国杰 廖庆亮 王鲁宁 夏志国 董文钧 王守国 牛康民 徐滨士 奚廷斐 杨裕生 朱思泉 李惠东 李红霞 张弘 王中林 王一德 朱国辉 卢世壁 韩恩厚 沈保根 卢云峰
机械工程学院（35）	胡正寰 朱超甫 张康生 董绍华 张文明 刘立 杨海波 臧勇 闫晓强 邱丽芳 张杰 王宝雨 马飞 李苏剑 张清东 石博强 韩建友 杨德斌 李威 曹建国 覃京燕 罗维东 李疆 赵宁 冯志鹏 阳建宏 冯明 孙朝阳 陈平 林建国 乔红 战凯 殷晓静 刘建平 Andrew Charles Cllop
能源与环境工程学院（24）	冯俊小 张欣欣 王立 林海 温治 林林 乐恺 姜泽毅 刘向军 童莉葛 刘应书 冯妍卉 邢奕 李子富 周北海 李天昕 苏庆泉 刘训良 汪群慧 季宏兵 易红宏 唐晓龙 Ruth Elaine Blake 段小丽
自动化学院（20）	童朝南 穆志纯 尹怡欣 李希胜 彭开香 付冬梅 陈先中 李擎 徐正光 张维存 张朝晖 蓝金辉 肖文栋 丁大伟 孙长银 杨旭 谷宇 贺威 忻欣 任向实
计算机与通信工程学院（30）	杨扬 王志良 王昭顺 班晓娟 张晓彤 周贤伟 张德政 解仑 陈月云 曾广平 胡长军 王建萍 赵冲冲 罗熊 殷绪成 孙昌爱 隆克平 阳小龙 彭云峰 张中山 朱岩 宁焕生 毛凌锋 戴晓明 张海君 吕兴 谢毅 邬贺铨 单志广 刘明
数理学院（28）	马星桥 廖福成 吴平 陈章华 陈明文 尚新春 郑连存 马万彪 魏培君 顾强 巨新 陈艳萍 王凤平 钱萍 林平 郑新和 宋玉军 王荣明 陈娣 孙萌涛 耿东生 刘焕明 王宁 马力 陈龙庆 巩馥洲 冯元平 陈难先
化学与生物工程学院（20）	李文军 刘杰民 袁文霞 弓爱君 陈飞武 李新学 闫海 杨运旭 杜宏武 胡继业 姜建壮 边永忠 常志东 王东瑞 温永强 查俊伟 王天宇 万向元 李正平 侯剑辉
东凌经济管理学院（30）	高俊山 王维才 武德昆 高学东 肖明 戴淑芬 黄晓霞 武森 李铁克 王道平 刘澄 杨建华 何维达 魏钧 张剑 杨青 甘明鑫 胡枫 张俊光 何枫 冯梅 张晓冬 杨武 张曾莲 闫相斌 白津夫 周天勇 刘明忠 李志民 罗乾宜

续表

学 院	姓 名
文法学院（4）	冯 英 时立荣 曲绍卫 徐家力
马克思主义学院（7）	陆 俊 李晓光 左 鹏 彭庆红 张红霞 潘建红 王民忠
外国语学院（7）	陈红薇 张敬源 何 伟 官 群 薛 锦 黄国文 Dominic Shellard
新金属材料国家重点实验室（20）	林均品 张济山 高学绪 惠希东 宋西平 王艳丽 黄进峰 张来启 朱 洁 张 勇 叶 丰 张海龙 冯 强 吕昭平 庄林忠 吴 渊 王沿东 何战兵 从道永 李 默
钢铁冶金新技术国家重点实验室（16）	周国治 薛庆国 刘 青 王静松 包燕平 成国光 李 晶 张炯明 胡晓军 左海滨 郭占成 张延玲 焦树强 张国华 王中丙 王建中
工程技术研究院（6）	刘建华 杨 荃 米振莉 张勇军 何安瑞 江海涛
新材料技术研究院（34）	吴春京 郭志猛 孟惠民 乔利杰 唐伟忠 李金许 谢建新 杜翠薇 李晓刚 宿彦京 曲选辉 李成明 何新波 路民旭 秦明礼 柳 伟 董超芳 张深根 李 平 郝俊杰 刘新华 吴俊升 黄运华 白 洋 范丽珍 田建军 张 津 肖 葵 岩 雨 张达威 曹国忠 李 俊 张统一 周 廉
国家材料服役安全科学中心（9）	张卫冬 陆永浩 金 莹 汪林兵 庄子哲雄 郑文跃 栾本利 李 惠 王海舟
钢铁共性技术协同创新中心（19）	徐金梧 唐 荻 蔡庆伍 尚成嘉 赵爱民 王西涛 杨善武 杨 滨 吕志民 王学敏 徐 科 孙彦辉 尹海清 孙蓟泉 赵征志 武会宾 黎 敏 侯新梅 袁章福
生物工程与传感技术研究中心（5）	张学记 苏 磊 许利苹 董海峰 曹 霞
科技史与文化遗产研究院（5）	李延祥 潜 伟 梅建军 魏书亚 马清林

党代表、人大代表、政协委员

党代表

北京市第十二次党代会代表 武贵龙 班晓娟

人大代表

北京市第十五届人大代表 金龙哲
海淀区第十六届人大代表 王维才 左 鹏 申亚男

政协委员

全国第十二届政协委员 朱鸿民
北京市第十二届政协常委 张济山
第十届海淀区政协委员 隆克平

校友风采

一、在北京科技大学学习或工作过的中国科学院院士

姓　名	工作单位 / 职务	毕业学校
魏寿昆	北京科技大学教授	北洋大学
吴自良	中科院上海微系统与信息技术研究所研究员	北洋大学
柯　俊	北京科技大学教授	武汉大学
张兴钤	中国工程物理研究院研究员	武汉大学
肖纪美	北京科技大学教授	唐山交大
邹世昌	中科院上海微系统与信息技术研究所研究员	唐山交大
王崇愚	钢铁研究总院教授	北京钢院相 54 届
徐祖耀	上海交通大学教授	唐山交大
高庆狮	北京科技大学教授	北京大学
陈难先	北京科技大学教授	北京大学
李依依	中科院金属研究所研究员	北京钢院铁 57 届
周国治	北京科技大学教授	北京钢院冶 60 届
叶恒强	中科院金属研究所研究员	北京钢院金物 62 届
葛昌纯	北京科技大学教授	唐山交大
张统一	香港科技大学教授	北京钢院金物研 79 级、博 82 级
雒建斌	清华大学教授	北京科大压加研 85 级

二、在北京科技大学学习或工作过的中国工程院院士

姓　名	工作单位 / 职务	毕业学校
范维唐	中国煤炭工业协会名誉会长	北京钢院矿 56 届
徐匡迪	十五届、十六届中共中央委员，十届全国政协副主席，中国工程院原院长、党组书记	北京钢院冶 59 届
殷瑞钰	钢铁研究总院名誉院长	北京钢院钢 57 级
陈先霖	北京科技大学教授	上海交大
周邦新	上海大学研究员	北京钢院相 56 届
涂铭旌	四川大学教授	北京钢院 55 研究生班
崔　昆	华中科技大学教授	北京钢院 54 研究生班
雷廷权	哈尔滨工业大学教授	北京钢院 55 研究生班
胡正寰	北京科技大学教授	北京钢院机 56 届
陈国良	北京科技大学教授	北京钢院相 55 届

续表

姓　名	工作单位 / 职务	毕业学校
柯　伟	中科院金属研究所研究员	北京钢院相 57 届
钟　掘	中南大学教授	北京钢院机 60 届
关　杰	西安重型机械研究所高级工程师	北京钢院机 63 届
刘　玠	十五届、十六届中共中央候补委员，中国科协副主席，鞍山钢铁集团公司原董事长、总经理、党委书记	北京钢院机 64 届
才鸿年	中国兵器装备集团公司顾问	北京钢院钢 62 届
何季麟	宁夏东方有色金属集团公司原董事长、总工程师	北京钢院物化 69 届
王一德	山西省政府决策咨询委员会专家	北京钢院轧 61、轧（硕）68 届
张玉卓	第十九届中央候补委员，天津市委常委、滨海新区区委书记，中国（天津）自由贸易试验区管理委员会主任	北科大采矿博 86 级
蔡美峰	北京科技大学教授	北京钢院采矿研 78 级
费爱国	空军装备研究院某研究所所长	北科大自控博 00 级
谢建新	北京科技大学教授	中南大学压加 78 级
毛新平	武汉钢铁股份有限公司副总工程师、武汉钢铁（集团）公司研究院常务副院长	北科大冶金博 02 级

三、曾任和现任省部级以上党政领导的部分校友

姓　名	职　　务	在校专业
罗　干	十六届中共中央政治局常委、中央政法委原书记	轧 57 届
刘　淇	十六届、十七届中共中央政治局委员，北京市委原书记	铁 64 届、冶研 68 届
徐匡迪	十五届、十六届中共中央委员，十届全国政协副主席，中国工程院原院长、党组书记	冶 59 届
黄孟复	全国工商联名誉主席，十届、十一届全国政协副主席，全国工商联原主席	铁 67 届
范长龙	十八届中央政治局委员、中共中央军事委员会原副主席、中华人民共和国中央军事委员会原副主席	信息国防 2000 级
郭声琨	中央政治局委员、中央书记处书记，中央政法委员会书记，中央全面依法治国委员会办公室主任，武装警察部队第一政委、党委第一书记，总警监	管理博 2003 级
刘晓峰	十二届全国政协副主席、农工党中央常务副主席	金物 78 级
孙安民	第十二届全国政协常委委员，全国人大法律委员会副主任，全国工商联原专职副主席	机 72 级
殷晓静	中央政府驻港联络办副主任	炉 77 级
袁　隐	国务院参事、国务院办公厅原局长	金相 69、金物研 79
付双建	第十二届全国人民代表大会财政经济委员会委员、国家工商行政管理局原副局长	管工 91 级
曹文虎	青海省人大常委会副主任	
史和平	江苏省人大常委会常务副主任、党组副书记	思政 91 级
高小玫	民革中央副主席、民革上海市委会主委，上海市政协副主席，上海市科学技术协会副主席	材研 83 级

续表

姓　名	职　　务	在校专业
郝　远	甘肃省政协副主席，全国工商联常委、省工商联主席	冶研 86 届
陈建华	广州市人大常委会主任、党组书记	机 78 级
孙瑞彬	河北省政协副主席、党组成员	管工 91 级
黄楚平	湖北省委常委，省政府常务副省长、党组副书记，省行政学院院长	思政研 88 级
王　可	广西壮族自治区党委常委、秘书长、办公厅主任、自治区直属机关工作委员会书记（兼）	相 77 级
刘　捷	江西省委常委、秘书长	冶 88 级
姜　军	辽宁省政协副主席、沈阳市政府副市长、民进辽宁省副主委	制氧 78 级
张广宁	广东省人大常委会原副主任、党组副书记	管工 81 级
陈国猛	中央纪委案件审理室主任（副部长级）	工管 98 级
李晓波	山西省政协副主席，省经信委党组书记	轧 80 级
艾丽华	内蒙古自治区政府副主席	公共管理 2011 级硕
张玉卓	第十九届中央候补委员，天津市委常委、滨海新区区委书记，中国（天津）自由贸易试验区管理委员会主任	采矿博 86 级
郑新立	中国国际经济交流中心常务副理事长、中央政策研究室原副主任	矿 69 届
刘振江	中国钢铁工业协会党委书记兼副会长、法人代表	相 73 级
邢书成	中国人民解放军广州军区原副司令员、中将	2001 级工硕班
方凌江	中国人民解放军济南军区联勤部自动化站站长、少将	军队班
费爱国	空军装备研究院某研究所所长、少将	自控博 2000 级
高德福	中国人民解放军吉林军区参谋长、少将	2001 工硕级
张吾乐	十五届中纪委委员、国家有色工业局原局长、甘肃省原省长	机 60 届
刘　玠	十五届、十六届中共中央候补委员，中国工程院院士，中国科协副主席，鞍山钢铁集团公司原董事长、总经理、党委书记	机研 68 届
李登柱	十五届中纪委常委、中央国家机关纪工委原书记	轧 59 届
吴溪淳	冶金工业部原副部长、中国钢铁工业协会原会长	铁 55 届
赵公卿	重庆市委原副市长、重庆市人大常委会副主任	相 68 届
李敏宽	八届、九届全国政协委员，九届全国政协副秘书长，十届全国政协常委、副秘书长，第七届台盟中央副主席	矿机 63 届
桂中岳	陕西省人大常委会原副主任	矿 61 届
哈斯巴根	内蒙古自治区人大常委会副主任，第十一届全国人大常委、民族委员会副主任委员	物化 72 级
王永明	浙江省人大常委会原党组书记、副主任	机 72 级
靳善忠	山西省人大常委会原副主任	矿机 78 级、管研 92 级
龚世萍	辽宁省人大常委会原副主任、第十届全国政协常委	相 69 届
冯炯华	宁夏回族自治区人大常委会原副主任	粉 68 届
王汀明	湖南省政协原副主席	铁 70 届

续表

姓 名	职 务	在校专业
贾锡太	福建省人民政府原副省长	轧 67 届
马锡广	宁夏回族自治区原常务副主席	轧 68 届
沈国俊	十五届中纪委委员、四川省原纪委书记	钢 62 届
郝振贤	四川省政协原常务副主席	相 65 届
应文华	大型企业监事会原主席、国内贸易部原副部长	机 62 届
陆 江	大型企业监事会原主席、国内贸易部原副部长	轧 63 届
范维唐	煤炭工业部原副部长	矿 56 届
殷瑞钰	冶金工业部原副部长	钢 57 届
陆叙生	物资部原副部长	钢 57 届
朱新均	国家语言文字工作委员会原党组书记	铸 60 届
周荣昌	内蒙古自治区人大常委会原副主任	轧 55 届
朱宗葆	上海市委原副市长	机 61 届
马仲才	山东省人大常委会原副主任	机 60 届
王宏民	江苏省人大常委会原副主任、南京市委原市长、江苏省扶贫领导小组副组长	铁 64 届
朱志辉	云南省委原副书记、华东冶金学院原党委书记	铁 56 届
王四连	湖南省人大常委会原副主任、党组成员	稀有冶炼 65 级
刘 沛	中国驻联合国军事参谋代表团原团长、少将	政治师资 78 级
单亦和	保利集团原董事长、党委书记，大型企业监事会原主席	冶 68 届
李克诚	中国石油天然气集团总公司监事会原主席	相 66 届

四、担任司、局和地、市级正局级领导的部分校友

姓 名	职 务	在校专业
巴建光	内蒙古自治区纪律检查委员会副书记	行管（92~95）
卜劲松	广东省地质勘查局巡视员、原局长	机 70 级
陈 石	政协贵阳市第十届委员会主席、党组书记	化学工程在职硕士 03 级
胡玉亭	山西省晋中市委书记	冶 82 级
贾银松	工业和信息化部材料司原巡视员、司长	铁 79 级
江 光	环境保护部辐射源安全监管司司长	腐蚀 81 级、材研 88 级
孔东风	河南省国资委副主任、党委委员	铸造 77 级
李 放	中国社保基金理事会秘书长	金属物理 76 级
李惠东	民革第十三届中央副主席兼秘书长	腐蚀博 90 级
李瑞阳	上海市教育卫生工作委员会巡视员	热能工程 77 级
李新中	国务院新闻中心舆情研究所所长	在校工作

续表

姓　名	职　　务	在校专业
刘　伟	北京市人大常委会副主任	精密合金77级
罗兆慈	广东省广州市南沙区人大常委会主任	管工博05级
马燕合	科技部社会发展科技司司长	采矿87级
彭华岗	国务院国有资产监督管理委员会副秘书长	机79级
彭学增	河北省邯郸市人大常委会主任	社科91级（函）
邵蜀望	中央纪委外事局副局长	英研85级
师建平	山西省晋城市政协主席	钢74级
苏　靖	科技部办公厅副主任	矿业工程博士后
孙耀唯	国家能源局法制和体制改革司巡视员，原国家能源局信息中心主任	管研85级
汪　韧	安徽省省政府副秘书长、驻京办主任	钢79级
王顶岐	山东省十二届人大教育科学文化卫生委员会副主任委员	压加77级
王民忠	中共北京市委党校（北京行政学院）常务副校（院）长	铸81级
王守祯	山西省人大财政经济委员会副主任，运城市委原市长	采矿73级
王　伟	财政部关税司司长	电77级
王中丙	广东省海洋与渔业厅党组书记	冶博98级
闫立刚	北京市商务委员会党组书记、主任	电80级
杨　璐	国家土地督察西安局局长、党组书记	选矿78级
余龙武	天津银监局局长	相85级
袁　春	中央纪委副秘书长、机关党委副书记	电77级
张汉东	国家发展改革委价监局局长	冶博02级
张义全	国家公务员局党组成员、副局长	机82级
赵光华	民进中央常委、秘书长，第十一届全国政协委员	社科系进修86~88
赵金生	中国电池工业协会理事长、国资委轻工离退休干部局原局长	电72级
周维现	中央党校中直分校、中央管理事务局常务副校长	矿机86级、思政双学位91级
司永涛	内蒙古自治区政府国资委副主任、党委委员	轧76级
张长富	中国冶金科工集团有限公司外部董事，中国钢铁工业协会副会长	机68届
于言良	辽宁省科技厅党组书记、厅长	思政研89级
耿识博	国务院参事室文史业务司司长	压加87级
马　锐	国家安全监管总局安全监督管理四司司长	金属学及钢铁热处理专业80级
武德昆	教育部经费监管事务中心主任	钢79级
王青海	北京市人大常委会副秘书长	冶79级
徐　风	北京市国有企业监事会主席	电77级
曹慧泉	湖南省经济和信息化委员会党组书记、副主任	金物88硕

续表

姓　名	职　　务	在校专业
单志广	国家信息中心信息化和产业发展部主任	电 93 级

五、部分曾任正局级领导职务现已离退休或调动的校友

姓　名	职　　务	在校专业
楼大鹏	国际田联副主席、亚田联原主席、国家体委原司长	机 59 届
梁　才	中国钢铁协会秘书长	轧 65 届
孙本先	四川省攀枝花市人大常委会主任	矿 65 届
张泽宇	山西省省长助理、山西省信息化领导小组办公室主任	矿 68 届
孙建群	河北省廊坊市委书记	机 70 届
赵禄祥	河北省人事厅厅长	轧 68 届
高盈民	陕西省企业工委常务副主任、陕西省政协常委	冶 70 届
程　光	上海市虹口区区长	管研 88 届
许华忠	国家经贸委市场流通司司长	铁 65 届
徐金堃	国家自然科学基金委综合计划局局长	金物 66 届
李国栋	黑龙江省齐齐哈尔市政法委书记	铸 70 届
闫承宗	北京市经委主任	轧 54 届
余宗森	冶金工业部外事司司长	轧 54 届
谢汝煊	广西南宁市市长	铸 62 届
谷向阳	青海省重工业厅厅长	冶 65 届
于瀛洪	河北省冶金工业厅厅长	铁 65 届
乔致奇	国家环保总局监督管理司司长	铁 64 届
何泽民	河南省洛阳市人大常委会主任	相 61 届
冯治益	中纪委北京培训中心主任	轧 60 届
李其世	上海市冶金工业局局长	函授冶 61 届
李腊望	四川省黄金管理局局长	轧 64 届
雷秀祥	四川省建材工业局局长	机 64 届
王大名	河北省秦皇岛市委书记	机 61 届
姜文韬	江苏省冶金工业厅厅长	铁 67 届
王克昌	天津市冶金工业局局长	轧 60 届
吕耘方	黑龙江省冶金工业厅厅长	金物
汪同建	甘肃省建材工业局局长	矿机 64 届
王乃立	上海市旅游局局长	轧 57 届
刘树和	外国专家局经济技术专家司司长	机 76 级

续表

姓　名	职　　务	在校专业
王世民	最高人民法院司法行政装备管理局局长	稀 72 级
武高山	北京西站地区管理委员会党组书记、主任	选 77 级
董晓民	中国烟草实业发展中心原党组书记、总经理	管工博 2006 级
王增明	河北省石家庄市人大常委会原主任、党组书记	铸造 74 级
郇　展	重庆市人民政府原副秘书长	成教
宋春婴	河北省环境保护厅原巡视员、环保局原副局长	冶金 77 级
陈明德	广州市政协原党组副书记、副主席	工业工程硕 2001 级
韩宝柱	九三学社中央研究室原副主任	政教师资 78 级
侯宝珠	国资委有色金属离退休干部局原党委副书记、局长	高温 76 级

六、部分在高等学校、科研院所、文化部门担任主要职务的校友

姓　名	职　　务	在校专业
谢　辉	北京工业大学党委书记	机械 86 级
常跃峰	河北钢铁技术研究总院院长	轧钢 78 级
孔留安	河南科技大学校长、党委副书记	安全工程博 03 级
雷平喜	中国冶金矿山企业协会总工程师	矿 86 级
李保卫	内蒙古科技大学党委书记、校长	冶博 99 级
李丰生	广西师范学院党委书记	思政双学位 86 级
李新创	冶金工业规划研究院院长兼党委书记	采矿硕 88 级
马宪平	中国教育学会教育管理分会理事长	选矿 76 级
任雁秋	包头轻工职业技术学院党委副书记、院长	炉 78 级
王建中	辽宁工业大学党委书记	冶研 88 届
杨　帆	北京商务科技学校校长	数学师资班 78 级
张少明	北京有色金属研究总院党委副书记、院长	相 80 级
雷朝滋	教育部科学技术司司长	管理博 06 级
倪红卫	武汉科技大学党委副书记、校长	冶金博 94 级
熊晓梅	东北大学党委书记	思政 84 级

七、曾任高等学校、科研院所、文化部门主要领导，现已离退休的部分校友

姓　名	职　　务	在校专业
刘建平	天津大学党委书记	机 73 级
仇春霖	北方工业大学校长	轧 57 届
王起桢	北方工业大学党委书记	机 57 届

续表

姓　名	职　　务	在校专业
吴晚云	北方工业大学党委书记	机 77 级
张先青	北京工业设计院院长	轧 63 届
韩景春	钢铁研究总院党委书记	思政 84 级
张　挺	北京农学院党委书记	铁 59 届
王希周	北京电子信息工程学院党委书记	轧 59 届
杨静云	北京市委党校党委书记、常务副校长	机 61 届
许　秀	北京建工学院党委书记	铸 61 届
齐鸿恩	江西冶金学院院长	机 59 届
刘正义	华南理工大学党委书记、校长	金物进修
刘景云	广东机械学院院长	北京科技大学调出
黎樵燊	广东工业大学校长	相 57 届
霍银海	冶金自动化研究院党委书记	机 62 届
朱耀中	冶金部情报研究所党委书记	北京科技大学调出
张成吉	钢铁研究总院党委书记	铁 57 届
樊源兴	中国冶金报社党委书记	矿 57 届
张训毅	中国冶金报社社长	铁 61 届
江仲圣	北京冶金设备研究院院长	机 59 届
严圣祥	北京钢铁设计研究总院院长	轧 64 届
董元篪	安徽工业大学校长	物化博 80 级
高兆祖	北京有色金属研究总院党委书记	粉 66 届
王志强	电子科技大学党委书记	炼钢 77 级
王萍辉	福建信息职业技术学院院长	矿机 84 级
张宇春	冶金工业信息标准研究院院长	金物 81 级
闫拓时	中国音乐学院党委书记	粉末冶金 77 级
曹胜利	冶金工业出版社社长	选 72 级
李家新	安徽工业大学校长	冶博 02 级
卢振洋	北京联合大学校长	思政双学位 84 级
张玉柱	华北理工大学党委书记	炼铁研 85

八、在企业中担任主要职务的部分校友

姓　名	职　　务	在校专业
陈德荣	宝武钢铁集团有限公司总经理、公司董事、党委副书记	炼铁 77 级
唐复平	鞍钢集团党委书记、董事长	冶博 00 级

续表

姓　名	职　　务	在校专业
姚　林	鞍山钢铁集团公司董事长、党委书记	机械博 01 级
王义栋	鞍钢集团公司党委常委、副总经理	工业工程硕 02 级
马国强	宝武钢铁集团有限公司董事长、党委书记	管研 84 级
赵民革	首钢集团有限公司党委常委、董事、副总经理兼北京首钢股份有限公司董事长	冶 82 级
韩　庆	首钢股份有限公司总经理	钢冶 84 级
葛红林	中国铝业集团公司董事长、党委书记	材博 86 级
刘明忠	中国第一重型机械集团公司董事长、党委书记，新兴际华集团有限公司董事长、党委副书记	冶博 01 级
郭士进	新兴际华集团有限公司副总经理、党委常委，新兴铸管股份有限公司董事长	炉 78 级
罗乾宜	国家电网有限公司总会计师、党组成员	管博 05 级
冯贵权	中国五矿集团公司党组成员、副总裁	机 81 级
刘安栋	中钢集团公司党委副书记、董事、总经理	EMBA00 级
王　臣	中国钢研科技集团公司党委常委、副总经理	化学研 85 级
张克利	中国有色矿业集团公司党委书记、总经理	采矿 77 级
陶星虎	中国有色矿业集团有限公司副总经理，兼赞比亚中国经济贸易合作区发展有限公司总经理	采矿 77 级
张少明	北京有色金属研究总院党委副书记、院长	相 80 级
熊柏青	北京有色金属研究总院副院长	金物 81 级
夏晓鸥	北京矿冶研究总院党委书记、院长	工程力学博 03 级
于　勇	河钢集团有限公司党委书记、董事长	冶博 00 级
陶登奎	山东钢铁集团有限公司董事、副董事长	机 81 级
黎立璋	福建省三钢（集团）有限责任公司董事长	轧 79 级
徐和谊	北京汽车集团有限公司党委书记、董事长	铁 78 级
韩永贵	北京汽车集团有限公司党委副书记	电 81 级
王　东	北京控股集团有限公司党委书记、董事长	矿机 82 级
宋　鑫	中国黄金集团公司董事长	采矿工程博 03
陆志方	中国有色工程有限公司执行董事、总经理、法定代表人、党委书记，中国恩菲工程技术有限公司董事长、总经理、法定代表人	热能 80 级
康　典	新华人寿保险股份有限公司董事长、执行董事	机械 77 级
汪子章	国家开发银行行务委员	管研 85 级
姜德义	北京金隅集团有限责任公司（北京金隅股份有限公司）党委书记、董事长	钢铁冶金博 09 级
王锐兵	中轻总公司总裁助理	化 88 级
李　琦	太平洋证券股份有限公司党委书记	热能 87 级
高祥明	太原钢铁（集团）有限公司副董事长、党委常委、总经理	机 79 级

续表

姓　名	职　　务	在校专业
彭存根	太原钢铁（集团）有限公司董事会人力资源委员会副主任	冶金 84 级
李贵阳	河钢集团有限公司副董事长、党委常委	冶博 03 级
张　海	河北钢铁集团宣钢公司董事长	轧 78 级
迟桂友	河钢集团有限公司副总经理	冶博 05 级
郭长波	青岛特殊钢铁有限公司总经理	钢 79 级
刘　安	宝钢集团总经理助理、钢铁及相关制造业发展中心总经理、宁波钢铁副董事长	压加 83 级
李士才	日钢集团（董事）总经理	冶 88 级
黄一新	南京钢铁集团董事长、南京钢铁联合有限公司董事长、南京钢铁股份有限公司董事长	轧 84 级
丁　毅	马钢（集团）控股有限公司党委副书记、总经理	自动化硕 87 级
杨　忠	西宁特殊钢集团有限责任公司董事长、党委书记	压加 87 级
黄　斌	西宁特殊钢集团股份有限公司总经理	压加 90 级
张　虎	攀钢集团国际贸易有限公司总经理	冶金 86 级
段向东	攀钢集团有限公司总经理	材料 86 级
周　灿	重庆钢铁集团建设公司董事长	热工 84 级
王子亮	河南省管国有企业监事会主席	冶博 01 级
张若生	广州钢铁股份有限公司董事长、党委书记	管博 05 级
钱　刚	中信泰富特钢集团总裁	冶博 02 级
高国华	湖北新冶钢有限公司总经理	机 87 级
刘建辉	首钢销售公司总经理	冶研 86 级
何汝迎	宝武集团宝钢不锈钢有限公司副总经理兼宁波宝新不锈钢有限公司董事长	机 81 级
陆志新	宁波钢铁公司总经理	冶博 00 级
杜东兴	陕西龙门钢铁有限责任公司总经理	冶 90 级
白　刚	鞍钢建设公司总经理	管工博 02 级
尹小鹏	武钢矿业公司总经理	矿 85 届
谢俊文	甘肃华亭煤业集团总经理	安全工程博 03 级
刘明东	海南矿业股份有限公司董事长	管工 85 级
黄宝利	本钢机械制造有限责任公司党委书记、董事长	制氧 80 级
陶方国	华菱钢管控股公司总经理	
杨志强	金川集团有限公司董事长、党委书记	工程力学博 04 级
朱津秋	上海有色集团公司总经理	机 76 级
路朝晖	新兴铸管（新疆）资源发展有限公司董事长	钢 77 级
丁传锡	正元国际矿业有限公司董事长	管工 82 级
王开力	中科创新园高新技术有限公司董事长	金物研 87 级

续表

姓 名	职 务	在校专业
陈 喆	中国兵器工业集团中兵矿业公司董事长	国贸 93 级
李京北	中房集团城市房地产投资有限公司总经理	热能 82 级、管研 86 级
宋占江	中国一冶集团有限公司董事长	机 82 级
廖世波	中钢集团金信咨询有限责任公司总经理	冶研 87 级
范文胜	中钢集团物业管理有限公司总经理	电 83 级
连民杰	中钢矿业开发有限公司总经理	采矿工程博 02 级
陆鹏程	中钢设备有限公司总经理	压加 92 届
梁津源	中色镍业有限公司总经理	冶研 87
王定洪	中冶东方工程技术股份有限公司总经理	冶 80 级
赖宁昌	广东东凌集团董事长	管工博 05 级
王德兴	哈尔滨电气集团公司总经济师、哈尔滨电气股份有限公司副总裁	高温合金 78 级
吴晓松	平安人寿天津分公司总经理	矿机 87 级
赵宇峰	清华紫光股份有限公司总经理	轧 82 级
陈玉民	山东黄金集团有限公司副总经理、山东黄金矿业股份有限公司董事长	采矿工程博 03 级
毕荣福	上海液压气动总公司党委书记	机 73 级
梁铁山	中国平煤神马能源化工集团有限责任公司董事长、党委书记	安全工程博 05 级
刘庆宾	重庆材料研究院院长（总经理）	相 85 级
郝树华	首钢矿业公司总经理	采矿工程博 03 级
王宝桐	中国广厦控股集团总裁	管工研 84 级
李连平	河北建设投资集团有限责任公司董事长、党委书记	材料博 00 级
孙 杰	北京二商集团有限责任公司党委书记、董事长	EMBA
任亚光	北京京城机电控股有限责任公司党委书记、董事长	铸 78 级
黄孝斌	北京时代凌宇科技有限公司董事长	自动化 90 级
杜凤超	北京市华远集团有限公司董事长	管工硕 94 级
杨启瑞	北京天客隆集团公司总经理	轧钢 77 级
张槐祥	中国水钢集团公司总经理	机制 77 级
吴 平	迁安钢铁公司党委书记	数学师资 78 级
束国刚	中国广核集团有限公司副总经理	材料 86 级
高本业	大连电机集团董事长	材研 85 级
邵 军	陕西宝钛新金属有限责任公司总经理	相 87 级
胡 刚	四川长虹电子系统有限公司总经理	相 87 级
张晗亮	中国石油装备制造分公司党委书记	机研 87 级
熊万平	首钢长治钢铁有限公司总经理	冶 89 级

续表

姓　名	职　　务	在校专业
王树琪	中条山有色金属集团有限公司董事长	采矿 77 级
高国华	国投创新投资基金管理公司总裁	矿机 86 级
张战波	北京中冶设备研究设计总院有限公司总经理	思政 01 级
郑剑辉	中冶南方（武汉）威仕工业炉有限公司总经理	热能 97 级
任美成	天泽科技董事长	计 86 级
彭　原	北京华深中色科技发展有限公司名誉董事长	机 85 级
张晓峰	北京桓裕投资（集团）有限公司董事长	机 88 级
陆正耀	神州优车董事长兼 CEO	自动化 87
胡庆周	深圳英唐智能控股有限公司董事长	轧 87 级
周惠敏	山东慧敏科技开发有限公司董事长、总经理	相 77 级
王满元	包头市液压机械有限公司董事长	机 84 级
张荣明	北京爱慕内衣有限公司董事长	物化 80 级
俞　兵	亚信联想集团有限公司董事，联想亚信科技有限公司董事长兼 CEO	电 84 级
郝伟亚	北京市基础建设投资有限公司常委副书记、董事、总经理	化学 88 级

九、曾在企业担任主要领导职务现已离退休或调动的部分校友

姓　名	职　　务	在校专业
刘　玠	鞍山钢铁集团公司董事长、总经理	机 64 届
张晓刚	鞍山钢铁集团公司总经理	冶博 00 级
余自甦	鞍钢集团公司原党委常委、副总经理	冶研 91 届
蔡登楼	鞍山钢铁集团公司副董事长	机 67 届
林滋泉	鞍山钢铁集团公司副总经理	轧 68 届
李　成	太原钢铁公司总经理	轧 54 届
林企增	太原钢铁公司副董事长	冶 62 届
杨盘铭	太原钢铁公司副总经理	矿 70 届
刘　琦	中国钢铁工贸集团公司党委书记	铁 61 届
白葆华	中国钢铁工贸集团公司总裁	轧 65 届
崔锡武	中国黄金总公司总经理	矿 66 届
杭永益	马鞍山钢铁公司总经理	铁 64 届
王满仓	成都飞机发动机公司党委书记	稀 63 届
马俊才	济南钢铁公司总经理	机 59 届
沈克林	中国重型机械总公司总经理	机 57 届
刁海章	鲁中冶金矿山公司党委书记	矿机 65 届

续表

姓　名	职　　务	在校专业
李成群	中国冶金矿业总公司党委书记	冶 72 级
张振纲	天津钢管公司董事长	钢 63 届
张建平	天津钢管公司党委书记	函授管理
陈守勋	湘潭钢铁公司总经理	冶 61 届
林承模	舞阳钢铁公司总经理	相 65 届
侯树庭	上海第五钢铁厂厂长	函授冶 62 届
陈英栋	新余钢铁总厂党委书记	函授冶 64 届
王鸿锷	上海第一钢铁厂党委书记	成教管 89 级
田锡恩	唐山钢铁公司总经理	钢 63 届
王国兴	邯郸钢铁公司党委书记	函授铁 64 届
李前煦	南京钢铁公司总经理	钢 61 届
刘建功	武汉钢铁公司总工程师	相 65 届
刘炳南	武汉钢铁公司副总经理	机 64 届
王跃祖	首钢总公司党委副书记	夜大 58 届
谢有润	首钢总公司副总经理	机 64 届
王宪固	西宁特殊钢公司党委书记	相 66 届
罗忠琳	陕西精密合金公司总经理	金物 66 届
董稼祥	中国冶金矿业总公司总经理	矿 61 届
吕聿信	长城特殊钢公司总经理	轧 66 届
孙公权	上海一钢集团总经理	冶 66 届
汪铁钢	上海矽钢片厂厂长	轧 57 届
潘世良	邯邢冶金矿山管理局党委书记	矿 65 届
赵如月	宝山钢铁集团公司纪委书记	铁 66 届
吴松春	浙江省中旅集团公司总经理	铁 67 届
冯国熙	北京自来水公司董事长	矿 66 届
吴玉林	石家庄钢铁有限责任公司党委书记	铁 67 届
高成涛	洛阳铜加工厂厂长	机 61 届
刘本仁	武钢集团公司董事长、总经理	自动化 73 级
张永昌	唐山钢铁公司党委书记	铸 69 届
施嘉良	新余钢铁公司董事长	机 70 届
顾强圻	邯郸纵横钢铁集团总经理	冶 70 届
赵占华	陕西钢厂党委书记	铸 69 届

续表

姓　名	职　　务	在校专业
杨复强	合肥钢铁集团有限公司董事长	轧 68 届
王庐嘉	合肥钢铁集团有限公司总经理	机 75 级
何建昌	华北冶金建设公司经理	矿 70 届
杨福国	宁夏石嘴山钢铁厂党委书记	轧 67 届
吴建民	吉林铁合金集团公司总经理	相 68 届
金树安	四川川投峨眉铁合金（集团）有限责任公司总经理	冶 74 级
张心健	锦州铁合金集团公司党委书记	高温 70 届
陈　明	上海宝冶党委书记、董事长	机 64 届
王绍成	十九冶金建设公司党委书记	炉 68 届
程敏直	西安冶金机械厂党委书记	铸 70 届
鞠祖荣	扬州冶金机械有限公司总工及常务副总	轧 69 届
胡梓清	乐山冶金机械轧辊厂党委书记	铸 66 届
杨东升	邢台机械轧辊公司副董事长、总经理	冶 66 届
张勇钢	（无锡）西姆莱斯钢管公司总经理	相 73 级
宋　力	福建省烟草总公司总经理	机制 75 级
梁相钦	深圳自来水集团公司总经理	自 68 届
张清富	中国光大国际经济技术合作公司总经理	机 73 级
周伟坪	中国青年旅行社控股股份有限公司总经理	政教 78 级
朱昌逑	马鞍山钢铁股份有限公司总经理	机 70 届
陈启祥	莱芜钢铁集团有限公司总经理	轧 77 级
郭洪成	包头第一机械集团公司董事长	冶 67 届
朱津秋	上海有色集团公司总经理	机 76 级
秘增信	中信集团常务董事、副总经理	压加 78 级
韩永义	乌鲁木齐铁路局党委书记	铸 69 届
阎胜科	石家庄钢铁有限责任公司董事长、党委书记	轧 70 届
胡玉亭	太原钢铁（集团）有限公司总经理	冶 82 级
党　歌	长治钢铁公司董事长、党委书记	钢 78 级
沈　伟	陕西精密合金股份有限公司总经理	钢 77 级
刘克忠	承德钢铁公司董事长	铁 63 届
司永涛	包头钢铁（集团）有限责任公司董事长、党委副书记	轧 76 级
汪声娟	北京佰能电气技术有限公司董事长	机 64 届
王义芳	河北钢铁集团有限公司董事长、总经理	冶博 00 级

续表

姓　名	职　　务	在校专业
吕　鹏	南京钢铁联合有限公司总经理	钢 78 级
周伟坪	中青旅控股股份有限公司总经理	政师 78 级
任　浩	山东钢铁集团董事长、党委书记	轧 78 级
陈启祥	山东钢铁集团总经理	轧 77 级
刘如军	河北钢铁集团有限公司原党委书记、副董事长	铁 73 级
张清富	中国光大国际经济技术合作公司总经理	机 73 级
韩巍强	中国国际金融有限公司监事会主席	政师 78 级
秘增信	中信资源控股有限公司董事会主席	轧 78 级

十、荣获全国劳动模范称号的部分校友

姓　名	获奖时工作单位	在校专业
邓　键	上海斯米克焊材公司	物化 66 届
常纯哲	上海钢铁工艺技术研究所	机 60 届
单亦和	西宁特殊钢厂	冶 68 届
周惠敏	山东冶金科学研究院	材料 77 级
马俊才	济南钢铁集团公司	机 59 届
张长富	中国第十九冶金建设公司	机 68 届
徐和谊	北京汽车工业控股有限责任公司党委书记、董事长	铁 78 级
刘明忠	新兴铸管集团有限公司董事长	冶博 2001 级
黄昌富	中铁十六局，北京市重点工程——北京站至北京西站地下直径线工程项目经理	采矿硕 95 级
丁立国	德龙钢铁实业有限公司	管理 MBA 班
马　祥	包头钢铁（集团）有限责任公司	冶研 99 级
李保卫	内蒙古科技大学	冶博 99 级
陈　列	西宁特殊钢股份有限公司	冶金 86 级
赵千里	金川集团股份有限公司	工程力学博 04 级
迟桂友	河北钢铁集团宣化钢铁集团有限责任公司董事长、党委书记	冶金博士 05 级
唐复平	鞍山钢铁集团公司总经理	冶博 00 级
李国保	宝钢集团中央研究院首席研究院	物理 82 级
程朝辉	马钢一铁总厂炼铁分厂车间副主任	冶金 88 级
王云平	甘肃酒钢集团宏兴钢铁股份有限公司碳钢薄板厂技术质量科责任工程师	压加 90 级
王德兴	哈尔滨锅炉厂有限责任公司董事长	高温合金 78 级
王玉玲	山西太钢不锈钢股份有限公司技术中心高级工程师	材料研 89 级

续表

姓　名	获奖时工作单位	在校专业
张翀宇	内蒙古金宇集团股份有限公司董事长	76 届
张荣明	北京爱慕内衣有限公司董事长兼总经理	物化 80 级
雒国清	中色（宁夏）东方集团有限公司宁夏东方钽业股份有限公司钽铌材料分厂技术专家	化学 95 级
刘李斌	首钢总公司高级工程师	材料 99 级

注：1. 所列校友排名不分先后；

2. 以上统计情况定有差错和疏漏，敬希广大校友补充、指正。

2017 年党发校发文件目录

2017 年北京科技大学党发文件目录

校党发〔2017〕1 号　关于调整北京科技大学国家安全工作领导小组成员及职责分工的通知
校党发〔2017〕2 号　北京科技大学 2017 年全国“两会”期间安全稳定工作方案
校党发〔2017〕3 号　北京科技大学 2017 年上半年党委理论学习中心组学习安排意见
校党发〔2017〕4 号　北京科技大学 2017 年上半年教职工理论学习安排意见
校党发〔2017〕5 号　关于学习贯彻全国高校思想政治工作会议精神以及做好总结宣传工作的通知
校党发〔2017〕6 号　北京科技大学出席北京市第十二次党代会代表选举工作方案
校党发〔2017〕7 号　关于成立北京科技大学网络安全和信息化领导小组的通知
校党发〔2017〕8 号　北京科技大学 2017 年工作要点
校党发〔2017〕9 号　关于评选表彰 2016—2017 年度先进党支部、优秀共产党员及优秀党务工作者的通知
校党发〔2017〕10 号　关于发布《北京科技大学 2017 年安全稳定工作方案》的通知
校党发〔2017〕11 号　关于印发《北京科技大学 2017 年党建工作要点》的通知
校党发〔2017〕12 号　关于王晨等同志职务任免的通知
校党发〔2017〕13 号　中共北京科技大学委员会关于建立党委委员党建工作联络点制度的通知
校党发〔2017〕14 号　中共北京科技大学委员会关于落实《北京普通高等学校党建和思想政治工作基本标准》的工作实施方案
校党发〔2017〕15 号　关于中共北京科技大学计算机与通信工程学院第二次代表大会选举结果的批复
校党发〔2017〕16 号　关于调整北京科技大学党风廉政建设和反腐败工作领导小组的通知
校党发〔2017〕17 号　关于印发《北京科技大学 2017 年党风廉政建设和反腐败工作主要任务分工》的通知
校党发〔2017〕18 号　关于组织开展 2017 年廉政文化建设宣传教育月活动的通知
校党发〔2017〕19 号　关于纪洪广等同志职务任免的通知
校党发〔2017〕20 号　关于印发《中共北京科技大学委员会开展“两学一做”学习教育常态化制度化的实施方案》的通知
校党发〔2017〕21 号　关于徐文超同志免职的通知
校党发〔2017〕22 号　关于李擎等同志职务任免的通知
校党发〔2017〕23 号　北京科技大学纪委关于对党员干部任职廉政谈话、提醒谈话和诫勉谈话的实施办法（试行）
校党发〔2017〕24 号　关于表彰 2016—2017 年度先进党支部、优秀共产党员及优秀党务工作者的决定
校党发〔2017〕25 号　关于深入学习贯彻习近平总书记在中国政法大学考察时重要讲话精神的通知
校党发〔2017〕26 号　中共北京科技大学委员会关于进一步加强和改进思想政治工作的实施意见
校党发〔2017〕27 号　北京科技大学新媒体管理办法（试行）
校党发〔2017〕28 号　关于同意给予李某某开除党籍处分的批复
校党发〔2017〕29 号　关于同意给予陈某某开除党籍处分的批复
校党发〔2017〕30 号　关于同意给予沙某某开除党籍处分的批复

校党发〔2017〕31号　北京科技大学处级及以上党政领导干部兼职管理规定
校党发〔2017〕32号　关于蔡爱惠同志任职的通知
校党发〔2017〕33号　关于印发《北京科技大学深入推进惩治和预防腐败体系建设实施办法（试行）》的通知
校党发〔2017〕34号　北京科技大学思想政治工作奖励办法（试行）
校党发〔2017〕35号　北京科技大学党委理论学习中心组学习规则
校党发〔2017〕36号　关于印发《北京科技大学“十三五”期间安全稳定工作规划》的通知
校党发〔2017〕37号　中共北京科技大学委员会关于加强学生工作队伍建设的实施办法
校党发〔2017〕38号　关于杨健等同志职务任免的通知
校党发〔2017〕39号　北京科技大学学生党建工作标准
校党发〔2017〕40号　中共北京科技大学委员会关于加强和改进教职工思想政治工作的实施办法
校党发〔2017〕41号　关于印发《北京科技大学第二课堂学生成长助力工程实施办法（试行）》的通知
校党发〔2017〕42号　关于学校领导班子成员分工调整的通知
校党发〔2017〕43号　关于处级领导干部任职试用期制度的实施办法（修订）
校党发〔2017〕44号　关于成立思想政治教育领导小组的通知
校党发〔2017〕45号　关于印发《北京科技大学文化建设规划（2017—2020）》的通知
校党发〔2017〕46号　中共北京科技大学委员会关于进一步加强新形势下统一战线工作的意见
校党发〔2017〕47号　关于成立北京科技大学民族宗教工作领导小组的通知
校党发〔2017〕48号　关于成立北京科技大学港澳台侨工作领导小组的通知
校党发〔2017〕49号　关于深入学习贯彻习近平总书记在省部级主要领导干部专题研讨班上重要讲话精神的通知
校党发〔2017〕50号　关于部分学校领导班子成员分工调整的通知
校党发〔2017〕51号　关于做好国庆节、十九大期间安全稳定工作的通知
校党发〔2017〕52号　北京科技大学2017年下半年党委理论学习中心组学习安排意见
校党发〔2017〕53号　北京科技大学2017年下半年教职工理论学习安排意见
校党发〔2017〕54号　北京科技大学新闻发布和新闻宣传工作管理办法
校党发〔2017〕55号　中共北京科技大学委员会关于进一步加强和改进共青团工作的若干意见
校党发〔2017〕56号　中共北京科技大学委员会常务委员会议事规则
校党发〔2017〕57号　北京科技大学校长办公会议事规则
校党发〔2017〕58号　关于金龙哲等同志任职的通知
校党发〔2017〕59号　关于成立党委教师工作部的通知
校党发〔2017〕60号　中共北京科技大学委员会关于加强和改进离退休职工工作的实施意见
校党发〔2017〕61号　关于董俊杰同志免职的通知
校党发〔2017〕62号　北京科技大学学院党政联席会议事规则（试用）
校党发〔2017〕63号　北京科技大学系务会议事规则（试用）
校党发〔2017〕64号　北京科技大学人才工作领导小组会议事规则
校党发〔2017〕65号　中共北京科技大学委员会议事规则
校党发〔2017〕66号　北京科技大学处级干部选拔任用工作规定（修订）
校党发〔2017〕67号　北京科技大学2017年处级岗位集中换届工作实施办法
校党发〔2017〕68号　关于郑安阳等同志职务任免的通知
校党发〔2017〕69号　中共北京科技大学委员会关于认真学习宣传贯彻党的十九大精神的实施意见

校党发〔2017〕70 号　　关于曾云甫等同志挂职的通知
校党发〔2017〕71 号　　北京科技大学关于对全校处级单位贯彻执行党风廉政建设责任制、落实意识形态工作责任制及党务公开、信息公开等情况进行检查的通知
校党发〔2017〕72 号　　北京科技大学处级干部学习宣传贯彻党的十九大精神专题培训班方案
校党发〔2017〕73 号　　2017 年基层党组织书记抓基层党建述职评议考核工作实施方案
校党发〔2017〕74 号　　关于张颖等同志职务任免的通知
校党发〔2017〕75 号　　北京科技大学“放管服”实施办法
校党发〔2017〕76 号　　关于做好 2017 年度处级单位和处级及以上干部考核工作的通知
校党发〔2017〕77 号　　关于盛佳伟等同志职务任免的通知
校党发〔2017〕78 号　　关于权良柱等同志职务任免的通知
校党发〔2017〕79 号　　关于于成文同志任职的通知

2017 年北京科技大学校发文件目录

校发〔2017〕1 号　　北京科技大学“北科学者”人才支持计划实施办法（试行）
校发〔2017〕2 号　　关于调整后勤基建管理处机构设置的通知
校发〔2017〕3 号　　关于林林等任职的通知
校发〔2017〕4 号　　关于公布北京科技大学第十二届实验技术成果奖评选结果的通知
校发〔2017〕5 号　　关于范小华等职务任免的通知
校发〔2017〕6 号　　关于土木与资源工程学院 303 研究生学习室火灾事故的处理决定
校发〔2017〕7 号　　关于举办北京科技大学第十届青年教师教学基本功比赛的通知
校发〔2017〕8 号　　关于成立北京科技大学精准医疗与健康研究院的通知
校发〔2017〕9 号　　北京科技大学本科生大类分专业和转专业指导意见（试行）
校发〔2017〕10 号　　北京科技大学院士工作平台建设办法（试行）
校发〔2017〕11 号　　北京科技大学 2017 年硕士研究生招生复试与录取工作规定 (会议稿)
校发〔2017〕12 号　　关于王媛免职的通知
校发〔2017〕13 号　　关于李宁等职务任免的通知
校发〔2017〕14 号　　北京科技大学医药分开综合改革实施办法
校发〔2017〕15 号　　关于 2017 年专业技术职务评聘工作的通知
校发〔2017〕16 号　　2018 年专业技术职务评聘工作思路
校发〔2017〕17 号　　关于金龙哲等职务任免的通知
校发〔2017〕18 号　　关于公布北京科技大学第十届青年教师教学基本功比赛结果的通知
校发〔2017〕19 号　　关于王晨任职的通知
校发〔2017〕20 号　　关于做好 2016—2017 学年度第二学期期中教学评估工作的通知
校发〔2017〕21 号　　关于姜勇等免职的通知
校发〔2017〕22 号　　关于确定《北科华章》和《摇篮颂歌》为学校校歌的通知
校发〔2017〕23 号　　2017 年博士学位研究生招生录取工作规定
校发〔2017〕24 号　　关于王鲁宁任职的通知

校发〔2017〕25号　北京科技大学采购监督工作暂行规定
校发〔2017〕26号　关于徐文超等免职的通知
校发〔2017〕27号　关于张朝晖任职的通知
校发〔2017〕28号　北京科技大学仪器设备开放共享管理办法（试行）
校发〔2017〕29号　关于沙某某同学开除学籍处分的决定
校发〔2017〕30号　关于调整2017年度住房公积金的通知
校发〔2017〕31号　关于成立武器装备科研生产许可证延续申请认证领导小组的通知
校发〔2017〕32号　北京科技大学港澳台学生管理规定（试行）
校发〔2017〕33号　北京科技大学学生赴台交流管理规定
校发〔2017〕34号　关于蔡爱惠任职的通知
校发〔2017〕35号　关于解除米某某警告处分的决定
校发〔2017〕36号　关于给予陈某某降低岗位等级处分的决定
校发〔2017〕37号　关于解除徐某某警告处分的决定
校发〔2017〕38号　关于给予李某某降低岗位等级处分的决定
校发〔2017〕39号　关于解除胡某某警告处分的决定
校发〔2017〕40号　关于成立北京科技大学智能机器人创新研究院的通知
校发〔2017〕41号　北京科技大学学生公费医疗暂行规定
校发〔2017〕42号　关于公布北京科技大学第八届“研究生教育奖”评选结果的通知
校发〔2017〕43号　关于李长洪等职务任免的通知
校发〔2017〕44号　关于做好2017年暑期安全工作的通知
校发〔2017〕45号　北京科技大学校长奖章章程
校发〔2017〕46号　北京科技大学关于评选优秀（三好）毕业生的实施办法
校发〔2017〕47号　北京科技大学国家奖学金评审办法（试行）
校发〔2017〕48号　北京科技大学国家励志奖学金评审办法（试行）
校发〔2017〕49号　北京科技大学民考汉、内地班学生奖学金评审办法
校发〔2017〕50号　北京科技大学国家助学金评审办法（试行）
校发〔2017〕51号　北京科技大学国家助学贷款工作实施细则（修订）
校发〔2017〕52号　北京科技大学高水平运动员“体育之星”奖学金评选办法
校发〔2017〕53号　北京科技大学本科国防生学籍管理规定
校发〔2017〕54号　北京科技大学学生违纪处理规定（试行）
校发〔2017〕55号　北京科技大学研究生奖助学金管理办法（修订）
校发〔2017〕56号　北京科技大学研究生国家奖学金评审办法
校发〔2017〕57号　北京科技大学本科生学籍管理规定（修订）
校发〔2017〕58号　北京科技大学本科生修读辅修专业管理办法
校发〔2017〕59号　北京科技大学本科生课程考核及成绩管理办法
校发〔2017〕60号　北京科技大学研究生学籍管理规定（修订）
校发〔2017〕61号　北京科技大学国际学生管理规定
校发〔2017〕62号　北京科技大学国际学生奖学金实施办法
校发〔2017〕63号　北京科技大学执行北京市外国留学生奖学金项目的实施办法
校发〔2017〕64号　北京科技大学学生校内申诉管理办法（试行）
校发〔2017〕65号　关于解除孙某某降低岗位等级处分的决定

校发〔2017〕66 号	关于留学生中心更名的通知
校发〔2017〕67 号	北京科技大学关于完善科研仪器设备采购相关工作的通知
校发〔2017〕68 号	关于成立北京科技大学顺德研究生院的通知
校发〔2017〕69 号	关于科技史与文化遗产研究院机构设置调整的通知
校发〔2017〕70 号	关于张新房任职的通知
校发〔2017〕71 号	关于成立北京材料基因工程高精尖创新中心的通知
校发〔2017〕72 号	关于成立北京科技大学本科教学审核评估办公室的通知
校发〔2017〕73 号	关于成立北京科技大学平谷生物农业研究院的通知
校发〔2017〕74 号	关于成立北京科技大学扶贫工作办公室的通知
校发〔2017〕75 号	北京科技大学安全生产管理规定
校发〔2017〕76 号	北京科技大学安全生产责任制暂行规定
校发〔2017〕77 号	北京科技大学后勤改革方案
校发〔2017〕78 号	关于郑安阳等职务任免的通知
校发〔2017〕79 号	关于彭笑艳等挂职的通知
校发〔2017〕80 号	关于成立北京科技大学人才工作办公室等机构的通知
校发〔2017〕81 号	关于郭景文等职务任免的通知
校发〔2017〕82 号	学生留校察看处理决定
校发〔2017〕83 号	学生退学处理决定
校发〔2017〕84 号	关于给予温某某留校察看处分的决定
校发〔2017〕85 号	关于盛佳伟等职务任免的通知
校发〔2017〕86 号	北京科技大学本科教学审核评估工作方案
校发〔2017〕87 号	北京科技大学教师学术休假制度试行办法
校发〔2017〕88 号	北京科技大学因公临时出国经费管理办法（试行）
校发〔2017〕89 号	关于做好 2018 年元旦、春节期间慰问看望离退休职工工作的通知
校发〔2017〕90 号	北京科技大学国际合作与交流先进单位及个人评选奖励办法（试行）
校发〔2017〕91 号	关于印发《北京科技大学学位评定委员会章程》的通知
校发〔2017〕92 号	关于周贤伟任职的通知
校发〔2017〕93 号	关于宋波等职务任命的通知

2017 年毕业生名录

2017 届本科毕业生名单

土木与环境工程学院（298 名）

张振宇 马笑雪 刘学 刘慧芳 闫康 李东辉 李珍珍 肖青飚 吴蒙
张连朋 张悦 陈雨雁 范悦 虎绍楠 呼子歆 周灵 柏杨 哈达
殷唯 郭西晓 梁天玺 甄胜强 廉欣荣 张益 王汝昕 王丹丹 王嘉莹
田向辉 伍靖宁 闫小丽 杜莹 李旭丽 杨张弛 何忠操 张思睿 张培培
周贝伦 阿卜杜热黑木·穆柯依提 赵金丹 赵增辉 秦天 徐海月 郭子凡
陶茂峰 陶鹏 康昱丞 温昊峰 谢晓雅 叶尔兰·巴合提 戴玲波 王晨超
王锦男 王赫 艾克热木·艾尼瓦尔 闫维汉 李延宝 李雪 肖凯晨 张宸
张智博 陈能斌 施浩然 海啸 黄思雨 韩辛 韩明睿 韩彪 谢磊
蔡和 刘思岐 王昊男 左二宁 刘壮壮 刘伽伟 李荣 李亮 李湘洋
吴凯 吴俊杰 罗骏璋 骆禹超 秦旭忠 秦昌来 梅江雯 崔柔杰 辜珏
谢雨豪 鄢高承 雷晓晓 翟文超 孔佳 陈子威 万昕 王莹 王紫薇
刘亚如 江颢 孙潇鉴 苏琴 李永刚 李兆峰 杨冠清 肖疆 张钰莹
陈俊明 陈晗 陈鑫涛 彭琪 韩吉财 童思意 潘祖超 王建阁 刘克
于畅 马轶 王美娜 文杰 尹铎 乐观 刘艳芳 刘晓然 买梦月
李荣荣 张智豪 陈子游 陈亚婷 陈灏 林昕 周荣臻 梅倩 梁子程
董丙旭 王珂珂 丁雪飞 白思琦 张烨 王昕彤 谢鑫飚 荆玮 刘雨薇
李子超 李晓林 杨文萍 邹泽辉 沈明鑫 张启涛 张清杰 徐龙翔 郭宏皓
朱焱鸣 刘绪泽 李齐飞 陈连正 孙瑀浓 王正 刘铎 钟旭 贾洁
于军辉 任宇鑫 陈兆丰 姜楠 曾晓曦 韩钰浩 童先瑶 邓宗鑫 过德臣
庄涛 张璐艺 郑浩然 陆蓓蓓 姬慧 胡玮聪 柯琳 唐文龙 翟培宁
赵梦醒 土邓曲培 王思达 王谦 朱连诚 任晓辉 刘子豪 刘海月 刘培宇
刘梦佳 那仁巴特 孙阳 李子林 李杨奕 李洪超 杨平 吴世兵 何靖
张文召 张帅光 张煜 陈雪瑞 林海天 胡冠华 姚璐 贺生轩 袁志仁
黄文煌 甄欣悦 李成 哈斯叶提·哈勒木别克 刘名锐 陈翔宇 马君明
马瑞成 王文闻 王含笑 王勃元 王轲 仁庆顿珠 田宇飞 乔宇 刘畅
刘韩冰 刘朝阳 李宛玲 李思琦 吴志祥 何力 谷书晗 张东升 张朝俊
阿尔米牙·恰力夏提 易宇翔 易里晴 罗傲 胡晓 胡彪 贺铮 董致宏
窦子豪 魏炜 周红文 马焜 王肖肖 王雅琦 师胜平 庄博志 刘宇
刘康 苏越 李冬晴 李建昊 李瑶 何宇宁 张勇 张继尧 张新蕊
阿尔达·塔布斯 陈群 范栋珏 呼延辰昭 胡金波 胡俊杰 郜泽邦 贺丹雄
徐钧鸿 彭基仙 韩琼琼 唐艺璇 蔡自航 王志卿 王泽 王程远 王鹏
王鹏城 牛迎磊 田伟辰 刘雨 齐留洋 孙正举 李森 吴龙 吴绛

张文昌　张立丰　张永芃　张华振　张建东　张恺伦　张雪　张超　张楠
范鸿翔　郑明阳　郝赫　童翊轩　游鹏　牛圳　张颖仪　夏子龙

冶金与生态工程学院（171 名）

赵微微　万奇林　马远　王宇航　卢俊文　白帆　朱心蕊　朱观宇　朱彧
刘中健　许洁　孙诗伟　纪政坤　杜进清　杜晨　李忆妍　杨成　陈旭炜
陈特　罗磊　胡靳羽　俞尧　钱逸清　高跃文　董志磊　董柯源　韩弘宇
傅琦栋　臧雪松　刘涵　韦慧杰　方洁　石昌民　冯强　边城　朱金辉
李洋　杨亚男　杨阳　杨慧星　张明阳　陈亚丰　陈良玉　邵爽　邵鑫
范越文　屈振民　秦三峰　高英杰　郭伟伟　黄柯荣　崔洪基　彭涛　储万熠
鲁宇星　公浩　叶玉庆　朱振秋　任子旭　刘志辉　刘燊辉　论昌衡　李水
李玉　李宏炜　李树晋　肖正杰　肖龙鑫　何晓波　宋沈杨　张旭松　范建军
凌珍珍　曹悦曦　崔云涛　康宇萌　蔡新雨　马谡昱　王伟健　王禹超　王胜
王震威　包铁铮　刘媛媛　孙胜东　李杨　杨谱　拓晶晶　易文轩　赵启乐
胡经纬　段学标　侯玉婷　侯伟强　姜再浩　贾东民　黄东　曹亚萍　钟文靖
叶琳　麦天赐　赵书彬　董延楠　马如叶　冯娇　朱明钦　刘志鹏　李祥
冶成良　张学贤　张继　陈金瀚　林苏　洪钢　徐扬　郭闯　谢宏亮
蔡建鹏　漆峻兵　徐志阳　马少飞　王举金　王博　王路召　石浩　冯梦姣
司小东　向思奇　杜加础　李军强　李勇　吴超荣　宋庆庆　陈明训　金佳祥
赵永鹏　郭竞泽　程焕林　鲁钰斌　温嘉玲　谢梦葭　蓝祥芙　魏路　王羽
王琬冬　巴鑫　冯川平　刘荣　严鑫　李成刚　李维斌　李嘉雄　李翌亮
张陶钧　邵帅　欧阳凌峰　罗雅健　周垚　郑亚迪　姜城　袁鹏飞　高柏涛
郭飞锋　梁峰毅　强亚乐　薛伟

材料科学与工程学院（441 名）

郭金金　徐克　卢桃丽　阿依扎提·波拉提　肖博文　张盼　赵剑铭　程垚
付梦锦　关珣　张元　罗宇峰　任婕　刘博　时卓杰　张钰良　路畅
马婧　王军　沈佳伶　龙俪文　李琦瑶　沈宁扬　李冰瑶　李靓　唐文超
喻佩瑾　李西莱　赵英海　祖云飞　刘德健　张健华　周吉祥　周霖　郑健
赵洁　王克俊　许文强　孙飞亚　彭锐　吕军军　高倩　王嗣雯　刘浩明
胡雪琦　梁宵月　韩志佳　徐鹏　刘恩宠　李子昱　郭淑洁　黄小雅　潘祥祥
白明洁　冯钊红　孙宏伟　迟小琦　梅奇禹　曹若菡　傅力　谢雨哲　廖泓源
刘神光　孙润枝　苏子佳　张榕　欧阳凌霄　王丹妮　代鑫淼　孙萌　孙栋
刘莹　刘昊霖　柳经天　高梓原　张贝妮　刘宇熙　张学峰　彭力宇　王法
李莹　任晟　张浩鹏　张誉炜　李飞宏　金智慧　郭猛　薛文嘉　吕志炀
李吉晨　张阳　胡苗苗　龚韩君　路桂隆　裴钰　魏书琪　白兴源　向奕儒
刘雨潋　张宁子　周瑶伟　霍万晨　王良圆　李晨阳　钟睿　高艳　马思文
王浩　王鲜俐　兰中叶　吕彤彤　吕苗苗　朱卫明　朱炜佳　任磊　孙晓瑞
李凯　张育康　韩若依　田自强　付子怡　乔爽　芦海洋　李中正　李星宇
吴忌　陈佳乐　姚小帅　姚欣跃　王梦雅　刘沂炀　李思君　杨富城　柳蒙浩

段庆熙　纪维涛　贾云龙　李玥　周烨秋　胡岚　曹娟　万晨　王慧颖
肖乐瑶　赵子钧　赵泽宁　赵震洋　席崟　鲁成　王漫　龙莹　吴浩
宋欣　宋洋　黄文婷　谢宗圣　李赛　张昕辰　沈祎舜　张国飞　胡佩
王鑫　薛彦均　田多　任卫东　刘子璐　刘安　李梓铭　吴志生　吴志鹏
张亮　阿林顿·阿布来提　陈帅　陈星也　陈涛　赵振琦　王大鑫　王易成
王彪　木扎帕尔·阿吉　田少鲲　肖爱飞　吴俊源　张洪涛　唐华杰　程紫旋
石喜君　肖祖骏　侯霖　章亚磊　麻峻玮　叶尔加那提·切肯　汤双喜　李海涛
谢辉　魏旸　魏晨　王迎　史牧轩　杨松亭　邹纲　张帆　郑奕鑫
徐可　刘晋宇　李沛洋　路浩琪　于科潼　刘潭　李伟　徐建宏　陈驰
周拴宝　王玥　李倩云　黄鹏远　陈坤成　寇璐璐　王超　陈绪明　郭媛钰
唐荣华　常瑞津　王秉域　刘阳光　李思琪　杨祖建　范鹏　欧阳睿　陶鲭驰
姚佳明　熊锋　马连驰　王舟　王聪　曲博易　刘晓　刘晓东　刘崇熙
刘晴　孙佳宝　李东　李雨轩　李昕儒　杨杨　杨景超　豆粟　张中阳
张琦琦　郑堪文　赵孔环　姜宗睿　夏隽尧　黄湘琦　常宇辰　崔明浩　蒋雨锟
蒋景行　廖思远　张名玮　额尔庆·那日玛　弓一博　王盛　毛伟尧　叶星平
付冬妹　吕浩昌　刘广华　刘峰　齐凯茜　杜进祥　李苏　李智　肖喻
吴志强　何焕秋　沈君尧　张云飞　张轩　张罂宇　陆黎立　周威　郑兆然
洪媛媛　徐启明　高歌　郭子豪　黄丹琪　韩一　张浩楠　贺海龙　郭鹏文
雒芳菲　敬乃铭　杨洮　张冬冬　邓闻喆　杨书亭　杨爽悦　肖峰　蒋聪
李越　杨琛　吴彦君　吴晨嫣　施天罡　徐仲棋　潘佳慧　薛璐玮　汪雯
高尚　邢义　陈彦梦　贾卢建　王彦沣　黄诗雨　丁博峰　王宇嘉　王辉芸
刘佳昕　杨全鑫　周文昊　聂众　马佳俊　王蕾　冯戬　李昱　蒋晓凤
蒋逸群　石竞一　闫凯淳　左灵犀　叶宸　包衔杰　李栋　赵玥驰　温晓东
付林挺　蔡访　薛传娇　伍海波　宋发双　韩帅凯　成晨　周厚博　杜森
宋一丁　张楼　广塬　王杰　王紫薇　王辉　计珊　卢俊奇　卢敏伟
代泽宇　孙浩　孙海同　李亦爽　李梓豪　杨闻帅　何奕霖　邹天泽　沈鸣啸
张甲英　张绮梦　陈友　陈步航　陈浩然　邵苏杭　武秋池　欧常乐　尚秋宇
罗泽浩　泮俊潼　郎朝阳　赵天鸣　徐肖慧　曹乐　梁迪　万铠玮　熊山霞
王子帅　蔚贝豪　邵子铭　龙宣有　程文秀　刘绮澍　严碧玥　李经纬　汪伟
高萌　董嘉慧　闫梦婕　张晓伟　施文可　董旭　任晓旭　李晓凡　张茹凤
胡志浩　李广德　和弦　柳子怡　许春仲　张岩　张筱涵　周子骞　苏瑞江
刘潇　王鹏程　徐梦　刘子露　吴燕平　李森　秦琴　马帅　刘华艳
何冠中　辛书源　金睿　周道坤　郑浩田　郑乾方　郭钊颖　常潇潇　章合坤
梁伟　马晨曦　王云龙　叶江涛　邹苏玉　张泽琛　周华建　黄健康　杨夕馨
姚墨笛　高睿

机械工程学院（401 名）

何兴頔　王阳　甘鑫　苏向阳　杨盛开　李洋　李宗玉　李维　徐斌
高旺　逯世玉　刘虹晓　李韫笙　于欣楠　王麟　皮新成　闫书宗　李飞飞
李佳楠　杨旭东　张郑武　张煜鑫　金成树　徐彪　高翱冉　韩雨麒　王钰
刘舸　梁统一　许凌贵　王莎莎　李春雄　刘秋　张佳　金哲曦　郇双宇

王鹏超 沙震 胡波迪 郜嘉鑫 牛子刚 吴龙正 张强强 陈佳傲 梁水林
邓治超 杨帆 张藜千 陈李帮 柳添琦 高小凡 韩峥 邓淇夫 段智林
王敬虎 许桂铭 汪世营 粟瑶 杨方 郄杨明 王雨菲 王思佳 申璐瑶
刘硕 关冬睿 李思琦 李洁瑶 肖诗雅 宋熠 张文姣 张珊 张瑞伦
陈安东 陈烨 屈子悦 高星 郭森 谢婷婷 霍建军 钱朝 惠蓉
王明刚 王津津 王浩歌 田昆青 冯甜 刘欢欢 李子薇 杨澍田 吴智苑
陈刚 陈佩 陈鹏 明凡 费腾 董晶 程椿权 靳惟一 蔡昱
廖宇芳 张艺纯 程玉亮 许泓宇 董倩倩 王向乾 吉鑫城 任尧 刘云
刘庆旭 刘志成 刘径舟 李卓燃 李浩 杨志恺 张力 张志宇 张金霖
张鑫桥 郑鸿强 赵亚辉 徐才 徐英恺 陶剑 董亚飞 傅也 黎天畅
王延青 牛星宇 闫成龙 高艺丹 戴玉国 王巧平 刘文杰 占翔南 周全
于子雄 王帅 王康 王嘉星 韦国宁 牛威震 亢雪峰 田强 付登科
丛文韬 郧贝特 刘召林 刘瑞雪 杨炯 肖旭 张立弘 陈翰 明志鹏
查明玮 高占友 唐丹 樊依圣 魏宁 王志康 何红红 口彦龙 孙超
马旭刚 程一坤 李博 王江江 王春阳 王湘龙 王滨雁 方贤亮 刘明亮
孙雨飞 杨志尧 杨昌鹄 何国彬 邵博庆 林轩增 林树林 罗静心 周龙
周英翔 周峰 赵世通 侯泽昊 程书培 蔡潇瀚 王琛 李元思 李坚定
张利名 李晨曦 马腾 王卫峰 王玉峰 王吉鹏 王岳茹 王路加 邓洋
刘志彪 刘倩男 许桐晖 李勇 杨华琴 杨洪东平 辛浩然 陈慧杰 罗建园
周家立 高伟晋 姬波林 蒋飞鸿 熊胜 王美钦 同一帆 温国栋 樊晓东
魏安安 李腾 马彦鸿 韦云鸿 牛广春 田孝猛 包龙飞 刘津良 刘媛
阴鹏艳 杜畅 李镇炜 邹广森 张希琛 张逸舟 罗志刚 胡子星 施剑睿
秦艳平 高东昕 唐辉 黄小海 崔梦嘉 廖学知 张威 陈璐 孟岩
杨帅杰 张明亮 张娜雯 马鹏飞 王志富 王周兴 王彦钧 邓霜 刘铭伦
孙博 李建冲 李增富 张泽洲 张超华 张誉翰 陈明坤 易岩 周祥聪
周程瑜 胡俊杰 胡啸 唐敏杰 海青 黄婷 田超然 郑科 温胜涵
余灵 陈兵 王大玮 王少兵 王妍 王杰 左世鹏 刘洋 刘晓豪
吴健 宋安 宋雄康 林亮 罗昊 周兵营 屈佳庆 赵霁野 侯小成
耿赛 郭建强 梁山 赖娅翎 兆振宇 杨紫阳 张爽 杨青鑫 于雅菲
刘先峰 李芳舟 李金山 李怡林 李盈盈 李祥玉 李瑞雯 杨一帆 宋云鹏
宋玥 张振 张浩哲 武雪梅 苗孟莜 洪江定平 耿焕豪 高伟斯 韩雪
颜思彤 王敬泽 支杨程 印田甜 冯琦 刘萍 李玉洁 李沛江 李涵
李雅娜 谷雨杉 宋化雯 迟玉心 张天豪 张仟 罗绍忱 赵阳 郝泽宇
徐冰倩 薛银臣 徐宽 王丹 王世洲 王成 王禹铮 王喜爱 王楠楠
史静雯 仲天琳 刘军义 闫蕊 江家兰 李涵轩 杨凯 杨婧 吴光谱
吴蓓 何季芯 张然 苑向云 周柳 赵玉婷 贾叶玲 徐天峰 寇贞贞
韩冰 傅国绩 何小妹 沈先利 千山雄 文雪卿 史恩可 刘承林 安佰开
许雅星 孙洪见 李一楠 李昌金 李珺 李梦雨 李博超 肖晓 张婧博
张潇 张薇 张露 陆艳玲 陈敏琦 陈超 赵浩勋 桂聪 郭海容
郭强 姬轩 彭博 董竹青 程雁宇 雷传锦

能源与环境工程学院（188名）

王芃　王晓敏　王榕　左斯琪　史航　史慧敏　白瑜伟　吕亚萍　年扎

朱文彬　朱仕琼　刘斯婷　许志成　买吾兰·买买提力　杨子墨　杨少强　杨东璇

别克扎提·努尔得拜　何娆　张一杰　张尧　张杰　张媛媛　戚蕙兰　蔡燕萍

霍慧敏　殷凤娇　王旭颖　王晨希　王睿　孔彦姣　田嘉禹　白玛加布　刘陈静

安可　李若繁　李锐　吴佳俊　何伟鸿　何佳馨　张含也　张洪潇　陈红宇

林景怡　赵琳涛　夏阳　徐艾婧　黄安琪　黄攀奇　彭睿　韩文　焦诗源

潘菊霜　古钰　刘月涛　韩越　王浩波　代尧　李宇婷　张会元　陈文洁

陈浩荣　林文岑　赵琦　俞昊　姜秋宜　郭猫驼　王正　王雅婷　冯贤哲

朱钺　后仪　刘旺太　刘婷婷　孙冬　孙宁起　李世鹏　李臻　杨肖

宋先博　张博通　纳斯嘎　和春梅　高一赛　高洁　梁伟松　梁海洋　解晓宇

马鹏坤　王泽阳　刘星琪　安立铭　李宇飞　周凯琳　曾正　丁玉琪　邓勰

石鸿运　白鹂莎　毋雯钰　毕笑天　朱明燕　刘文丽　闫介成　孙宏志　孙杰明

杜婧　李凯　李春风　李俊帆　李烨　李旋　杨宝山　吴迪晏　张少康

张瀚杰　陈康　郑雅心　彭玉齐　窦蒙家　臧煜阳　潘宇　王迪芬　王哲同

王浩男　王清宇　邓方行　朱自强　刘华峥　刘鑫　李昊天　杨瑞州　邳晓梭

宋锐　张航　林鸿裕　周芳　胡天宇　俞浪　柴玉莹　高墨　董源

窦旭东　廖奎星　马涵　向建光　沈桂龙　张家馨　耿嘉鑫　倪震　郭玉雪

詹涵　戴仪心　陶丽蓉　葛翔　王立池　王超　王傲　王磊　石潇

刘祚含　刘浩骥　杨亚翔　吴晓旭　张晓慧　范银均　郭乔轩　郭璞　曾龙

裴昊　缪昊丽　马吟风　王梦媛　王聪　刘嘉豪　李晓玥　余永江　余浩

周子博　徐正检　龚亦辉　梁宵　樊欢豹　尹飞龙　许徐浩

自动化学院（261名）

刘斌锋　王昊　王娜　王颖　叶尔恰提·托力恒　任浩周　刘继文　李思齐

余昉　汪婷婷　张子轩　陈诚　陈营修　林昭憓　尚甜　周立戎　胡玥

柳博阳　钟奕威　秦若晨　莫熠　徐宏玮　郭爽　韩文钰　樊芳　王丰

王健　牛秉青　邓莉　刘圣晨　刘玥　许佳诺　杜康豪　李远冬　李迎

李赜浩　吴佳彬　张昱炀　张盛魁　张瑞天　张瑜　陈天傲　欧阳维乐　孟玥

赵君伟　帝力夏提·艾尼玩尔　高星星　阚艺铎　李新乐　王晨阳　王雷　厉向炜

冯富森　皮敏　刘义昌　刘华宇　齐欢　关鑫　严泉雷　李全　李恪非

李润泽　李清源　李颖　汪婧　张炜华　张辉　罗会旻　郑烨　柳嘉豪

饶沛　容晓　梁明昱　梁爽　谢娜　路文婧　廖腾均　王康　马聪

王飒　王勇　田鑫　白飞龙　冯佳丽　皮彦婷　朱铁凡　刘岸风　刘炜

刘泽君　刘慕雅　关强　李岚鑫　张国龙　张庭华　陆瑶　陈小乐　陈东阳

陈思远　赵荣剑　柴迪　郭光辉　黄一锟　黄晨晨　曹宇旺　崔文冰　董书言

薛建强　王凯军　王晓辉　刘成　李庆超　张景龙　邹彤鑫　王光鑫　王媛

邓盈盈　邓道明　左良玉　刘云飞　刘岩　刘晓彤　齐恬婧　汤健乐　李欣蓉

李勃　李梓明　吴燃　宋宇骅　张佳佳　张豹　陈鑫　金伟城　郑权益

赵王麒麟　高翊钧　郭宇　黄耀才　鲁思凯　杨乔　邓博炜　张瑀涵　江玲

马乐琛　王雨澄　王祎伟　王爽　王璇玥　田济　田新磊　冯喆　刘冰
刘晓鹏　刘琦　孙鸿儒　阳宇翔　李佳蔚　杨柳青　苟欢　范天威　周务员
郑小龙　袁逸晨　常思远　廖泽华　戴伟琦　张林森　贾胜武　王晶　胡慧莹
卫泽林　王正阳　王建新　王海　邓文聪　石伟国　史治洁　白昕　曲亮
庄建凯　闫柏林　孙永坤　孙希仁　苏比努尔·哈力木拉提　李云竹　李宗原
李洁　杨志方　沈颖琦　宋凯　张西贺　张宇　陈冉　陈经纬　周宸
赵子秋　胡小龙　郭飞　郭臻睿　梅荣　谭磊　于梦丽　王瑞琳　尹陈林
石明睿　卢子瑜　冯毅南　杜园园　李义潇　李军　李卓林　李佳莹　李铭珠
杨丽君　时俣琛　吴子越　邹贤文　汪灿　宋强　张冬浩　张然　张聪
陈弘　尚雍清　郭昌佑　黄恺　黄韵怡　梁俊明　蒋坤　童嘉明　樊育
马摩尔　毛润雨　吕润泽　刘启哲　关鋆泽　许赛一　孙天柠　孙嘉宁　李兴胜
李宇　杨开云　杨爱民　何珏　汪章晗　宋英超　张接　陈秀元　陈彦琦
罗泰宇　郑小惠　赵沛晔　姜建通　高若飞　高枕岳　黄赛楠　蒋明福　曾婵
谢晓琪　谭青松　魏昕

计算机与通信工程学院（433 名）

陈新禧　王亚洲　王凯　王琨　乌尔肯·金恩斯别克　乔志强　任思垚　刘文康
刘昀晓　闫新宇　孙琳琳　李珺　杨名　肖成创　张亚磊　张海鑫　陈诚
陈家豪　阿卜杜热黑木·霍加西木　阿合卓力·努尔兰　努尔夏提·努尔麦麦提
周斌　赵凌云　郝宁宁　贾钦羽　常璐璐　蔡文杰　潘秋实　王涛元　范彦凯
胡浩　陈天然　匡东洋　弥继平　徐期涛　马立洋　王帅午　王皓　冉龙宇
毕鹏程　曲建波　刘子祥　刘楚妮　刘煜炜　李成　李壮　李金泽　李派
李鹏振　李黎琨　杨安鑫　杨容季　孛瑞朋　张天依　罗曼　周磊　侯斌斌
高琦　黄程　曹怒安　韩雨　谢涛　潘腊梅　虞裔　张小鹏　马成宏
王怡文　王犇　石乙杉　叶少钫　刘雪松　孙建鹍　李应孔　李妍初　邹于飞
张正原　张建达　张晶　陈一斌　陈茂建　周芷聿　赵善涛　侯新雨　袁兆麟
桂飞　殷明睿　黄焕龙　戚翔尔　梁泰琳　储根深　魏星　龚海燕　鲁竟成
李瑞旭　杨博闻　陈玲芝　鱼哲浩　薛博文　陈文聪　孙泽旭　于明鑫　马森
王智琦　宁博闻　吕斌　朱维忠　向征东　刘欢　刘镇贤　许思凡　李奥林
杨艳　吴佳豪　张秀玲　张雨蒙　张梦波　陈丹丹　陈坤　陈寒　林栋
林奕东　郑智予　侯冕　柴铎　黄婷雨　落建勋　曾繁涌　周志远　岳虹宇
徐奔　徐松松　万家旺　王凯阳　王泽欣　王怡涵　文成宇　田李帅　白雪梅
成宁　吕中原　朱沪丹　刘玉杰　刘欣　刘星宇　李伟晨　李资家　杨华
何志杰　张雨珂　陈旌　陈鑫垚　胡怡　高天　郭芷妍　涂锐　曹龙鹏
彭承林　董思岐　蔡天娇　霍晓晨　魏永林　雷亚辉　朱振宇　杨涛　云成龙
楚佳盟　于江坤　马丽　马海峰　王雨朦　王珊　王衍众　王振宇　王雪
王雪滢　扎西阿旺　长孙甜文　石光宇　刘媛　严建炜　李思敏　邱睿　汪万涛
汪鹏飞　张克诚　张瑞　陈美龄　陈涛华　苗杰　林刚华　赵建雄　高肖彤
崔璐　雷小琦　戴新颖　李阳　袁砚嫣　王欢　常悦　马倩　王一凡
王月瑾　王鑫　田少雄　刘佳佳　刘盼盼　孙硕　苏佳林　李东　李华夏

张人心 张方哲 陆天逸 陆艺婧秀 陈 伟 陈 玙 陈添锐 陈 颖 范潇杰
赵 曌 郝晓娟 洪顺平 秦 涛 党晓峰 曹清源 彭慧颖 韩 禹 程婷婷
谢圆琰 王永亮 王 亮 王 萌 王 曼 王 铮 王 琪 石彩彩 向骁汉
安 栋 李东微 李成钢 张 希 张秋杰 张 娇 陈 灿 金 麟 项雅丽
施 饶 洪彬叶 徐海祥 高艺乘 陶文强 黄昌柳 常 铮 崔忠浩 蒙启亮
薛亚军 刘嘉铭 韩家辉 薛晶晶 康淙塬 王义兴 王永波 王吉汤 王英凡
王梦杰 邓俊杰 付 泽 邢林涛 朱 超 刘沛辰 齐忠宝 许 浩 孙薪博
杜 伟 李思齐 李振宇 李敞超 杨继发 肖 聪 吴忆南 汪 洋 张守正
张林阳 逄 晨 娄 奥 徐 阳 栾晓群 高云峰 鲁守城 潘小龙 曹 秒
李妮蔚 罗棕元 殷斌一 王天杏 王 昊 王佳佳 王梧蓉 尹锐哲 石 淼
冯慎洁 刘 成 孙晨昊 李宏扬 李武斌 杨 光 吴晨霞 宋子阳 张钰婕
张睿杰 陈 曦 赵秋硕 徐众贤 黄万凌 曹茜男 崔胜江 董园园 谢欣怡
雷兆和 谭 龙 谭志凌 宋明周 张 普 黄 健 帖龙飞 冀东旭 万 建
王佳钰 王 珂 邓相舟 冉 艾 刘晓菲 孙丹阳 孙泽宇 苏 伟 李杨柳
李 琳 李碧薇 李慧迪 余 佳 岳宁宁 赵金阳 赵 曌 柳雯雯 俞康乐
姜亚雯 袁光涛 徐昌昌 卿佳欣 高 云 高傲之 郭东海 唐子元 常思腾
崔玉麟 蔡俊贤 吴金晶 丁 娜 马 啸 毛 爽 方 雅 尹新宇 阳 帅
苏 悦 李妤纤 李晓宇 杨 健 杨 博 何哲宇 谷 铮 张 杰 张 琦
范凌霄 呼月圆 周佳扬 孟 婕 赵 慧 胡泽堃 胡济涛 徐行浦 唐勇涛
唐 锦 曹宇宁 崔 悦 彭 跃 颜逸伦 马兴耀 石孙进 张 曦 沈 勇
王立志 王旭阳 王梦佳 石 佳 叶少宸 吕 超 刘凯铃 刘福超 李旭婕
李 蒙 杨美华 余乾铭 张自立 张安业 张 茹 松浩钊 周 越 赵春晓
赵智伟 施 睿 聂 溧 徐 瑞 郭熙辰 唐 宁 黄 帅 章一洋 梁杨晓
廖周缘 黎越炜

数理学院（180 名）

柯莎莎 孙甲政 王晓伟 杨巧林 任新宇 刘 阳 王浩淼 康妍妍 刘振威
沈 涛 程 波 文志宏 李孝诚 冷宇辰 陆 科 罗 琦 程 力 尚玲玲
窦如强 孙奕青 罗来娟 杨长荣 丁政尧 马 浪 王 笛 包达文 冯 晨
任艾佳 刘 昭 孙羽杉 李文懿 李宝林 时佩瑶 余智炫 张泽尧 陈晓航
陈舒翔 赵经纬 胡新月 洪延捷 贺思涵 聂少敏 郭紫阳 黄俊涛 曹喻钦
梁子重 梁丰韵 董思驰 曾昭玄 雷 恬 范 帅 高霖汉 周 悦 侯占鹏
于晓璇 王义伟 王雨晴 王思学 王 路 冉 昕 付 帅 吕晓燃 刘昱清
刘智禄 孙甘杰 李金城 杨熙宇 张伟彤 张宗庭 张 盾 阿尔曼·阿不力克木
张翔云 陈 晟 陈 琦 袁小涵 贾 霄 高 飞 虞 琦 潘鸿飞 刘 勤
墨颖恬 严 壮 王宁宁 王梦瑶 王 雷 甘瑞轩 邢彤彤 任 杰 刘 宸
刘 鑫 杨宇犇 肖轩宇 陈超凡 郑 鑫 胡志伟 侯文清 耿玉洁 贾文杰
贾 彤 原 昉 高 源 陶 勇 梁 川 蒋 洪 蒋淼童 王长天 王 圳
王 昊 王佳琦 王浩宇 朱 喆 刘 阳 刘逸飞 刘鹏程 李小平 肖 姗
汪 兴 林久翔 岳佳宁 郑圣启 胡成浩 星 辰 徐月伟 唐 荣 蒋立凡

籍海娇　管悦涵　马岳鸣　王思博　王　瑜　申航宇　史彩琳　冯雨晨　朱传豪
朱周标　李冰秀　李　爽　李雷涛　杨影茜　吴　彤　陈理聪　陈紫薇　宗　德
屈贝贝　赵亚枝　秦　阳　贾家兴　贾　檬　徐　淼　郭现舜　唐纪斌　舒铭洪
曾冠荣　窦柏铄　马小红　王志军　王　卓　王明宇　王　辉　冯一超　邢　敏
朱晓彤　刘一诺　安　斌　李　玖　李　凯　杨　刚　张　程　张　蔚　林清水
周译宣　郑天宇　郑世豪　赵雪婷　聂翠华　高天美　董　昊　蒋明罡　谢　洋

化学与生物工程学院（108 名）

周　志　宋永超　黄金荣　及燕铭　王变变　王　觌　巴　金　冯　妍　冯璐璐
乔　越　刘艺姗　刘逸晨　闫　锦　李　渊　宋观芬　张又文　张文彦　张若愚
陈　强　陈　燕　周晓云　郑智超　赵琪良　姜　辰　彭永珍　葛馨卉　程思宇
温　馨　蔡寒梅　刘武岳　于莹莹　朱　宝　许　丹　许涵真　李金欢　李泽宇
陈甘雨　陈钰媛　陈晶晶　陈　燕　郑昕璐　倪江枫　高英涵　高恩鹏　海红莲
黄　婷　蒋佳翰　韩晓妮　喻　璇　谭　天　潘梦芸　肖　蓓　丁　雪　王冬阁
王夏媛　云　超　冯　卓　吕慧新　任高飞　刘　唱　苏　涵　苏静宜　巫兴玲
李　卉　李　奇　李　爽　辛雨萌　张泽龙　张益龙　张毓凡　陈　宇　陈　然
郑旭恬　郑筱楠　郝得厚　胡艺蓝　莫雨轩　陶文静　黄文韬　强　荣　李　珂
扎　西　欧惠仪　王子维　王重阳　曲　喆　那迪热·阿扎提　刘晓筱　杨东傲
杨　阳　何　钰　张世堂　张兆旭　张英楠　武晓辰　罗水友　罗靖赟　赵芝婧
赵红蕾　修继冬　袁梦哲　徐　茜　高　菲　浦绍韬　董金红　曾广权　雷轶然

东凌经济管理学院（417 名）

王佳宁　苍赛男　匡泳庄　张竹青　禹晓琳　闻信垒　王雨婷　田　乔　李小艳
李凌雁　杨珂鑫　汪闻扬　张　天　张明哲　周龙涛　党政潇　黄　杉　麻选颖
马佳骏　王　敏　刘　璐　孙仕雄　李佳慧　李德志　杨亦晨　杨雨菡　尚跃胜
季　飞　段其华　唐露露　阎嘉敏　郭旭晖　黄明欣　杨　菲　肖时隆　何维强
王家男　王智豪　艾文清　付玉兰　白　凯　李　婧　陆吴继　陈祖良　金　尧
周　瑞　黄琛虹　梁　朔　王昕华　王慧娟　苏凤桐　李培龙　杨　燕　陈敏敏
金　龙　赵君然　姜　睿　郭　苗　曹　鹏　崔鸿堃　蒋瀚云　尹金玲　刘真曦
刘瑞卿　孙杨睿宇　李海啸　李繁茂　张卓娅　张墨竹　胡增旭　钱焕林　隆　节
韩　绪　朱丽娟　任照祝　刘盛俊　刘晗昳　孙雅美　苏　丹　陆子昂　武　琪
于朋雨　罗佳伟　周　捷　赵若谷　姜　赫　徐子涵　高　飞　董　睿　丁学芹
王　丹　卞小艺　邹嘉舒　宋晓康　张　珊　张语桐　金诗晴　胡盛峰　高小茜
高凡迪　郭　健　唐恩妮　雷　诺　王永梅　王俊淇　王冠杰　牛佳琪　左　越
任　磊　刘华鑫　刘相宇　孙东阳　孙曼杰　杜家豪　李　凯　李晋安　杨　帆
张乃元　张晟传　张雪琳　努尔买买提·吾守尔　姜雅淇　姚　玉　贺嘉祺　桂尚成
徐安达　徐浩文　高宏静　郭凡诚　矫　奢　韩冠谊　赖宇航　魏　鑫　石　越
张　瑛　韩冰意　凌　慧　蔚晨曦　宋嘉音　冯国明　刘宇哲　刘俊婷　李秀妍
李婉馨　吴江涛　吴　迪　邹玲玲　赵艺凡　赵亚翠　楚君华　马莹雪　王孟清
王继宁　成一航　李宏伟　李雯燕　杨美华　吴剑斌　何婷婷　陆　宽　桓亚星

高丽婷 王元珍 刘润雨 余乐 丁祎平 马宸宇 邓佳 刘盈 关义晖
吴迪夫 余雪 宋雨情 陈冬梅 陈禹泽 林大朝 焦晶晶 付赛际 刘砚文
孙梦瑶 李文举 陈华 欧珠多吉 郑曹歌 高欢 黄泽南 葛祎祎 马正宇
马晓萌 王叶 王婷 田媛 朱红佳 李年 沈薇薇 周婧 徐琛琛
商伯晨 王泠秋 邓江凤 刘洪宇 杨若琳 吴双 张磊 俞婕 王晨晨
王潇航 卢媛 李爽 杨月莹 杨桑 张光耀 陈奕奋 陈蔓 胡中琳
胡志彪 施庆昌 梁俊康 梁颖欣 王伟奇 王静 欧畅 高妍妍 部子凡
黄凯强 隋宁 黎明梦莹 薛珍妮 李昕潼 许峥 鞠悦 焦宇阳 焦杰
张芮杳 刘姝兰 吕淑霞 刘一婷 刘雅婕 李冰 杨子钰 余京琳 张敏兰
张皓爽 张瀚之 钟旭 盖亚洁 梁佳芸 王佳雪 杜梦娇 吴伊琳 邹梅
张文秀 张旭 张国佳 周晓驰 葛灵 董天一 傅颖诗 王俊雅 白子鉴
冯源 刘武才 孙羽 潘景烨 李静 杨硕 张运 郝佳赫 钟文亮
袁薇 夏畅 穆林 于孟洋 马柏川 马浚洋 尹维峰 吕航 刘文豪
刘晖 宇文泽鑫 李晨亮 吴军豪 张松 张金彪 邵煜程 郑继春 赵芝廷
姜宁达 党世英 高培皓 梁缘 陈君怡 周仁朋 程思琪 龚姿霖 陈颖
石丽明 丁宇翔 王尊 李照 唐其凡 刘梦云 周美花 张伟楠 王霄龙
邱文龙 王靖元 李君棠 张先智 张羽遥 张馨予 陈雨倩 赵愫情 胡瑞
钟清扬 钱锟 倪盼盼 郭红霞 葛昊楠 王雨峥 王战 王婷 闫怡瑾
何珍真 宋艾航 张冬妮 林雨青 官玥 赵鹏 相晨曦 黄娟 梅媚
崔灵雨 温雅岚 彭梓轩 付佳俊 张琳 项秉峰 阎洪 王愉靖 赵若淳
王苏杭 乔璐 刘娜 刘薇 杨玲 张彤 张蕊 陈曼姝 苟靖怡
胡昪 蔡鹓嫄 冯萌 全荣 刘玉鑫 李子源 杨天文 杨丹 杨瑶
张欢 张晶菁 陈亦妍 周韵致 胡双燕 徐志鹏 蒋毅 熊雅晴

文法学院（191 名）

常修铭 布尔兰·包拉特汗 冀晨林 王何 丁增嘎松 华乙阳 王丁玄 申启慧
白竣文 冯殿猛 吉宇轩 朱子薇 朱倩 邬文文 刘沙博雅 米媛媛 安丽莲
李昕 李家辉 李梦飞 李譞 杨心雨 杨艳 吴琼 张文涛 张旗
陈鑫兰 武子越 罗炜琳 胡燕燕 胡露平 洪礼滨 姚惠迎 徐思源 姬弘烨
逯倩倩 丛卉 张连珠 袁蕾 旦巴同珠 刁一芳 王颖璇 毛东升 田沛雨
刘可越 杜雯睿 李晶 李静彧 沈斯禹 张立群 张依如 张辉春 张婷
陈双帅 陈怡任 周璐瑶 赵宇潇 赵阳 赵佳星 胡亚楠 胡佳琦 修文龙
娄爽 耿艾楠 黄天添 商蕊 喇浩钊 温薇 靳宁 吕佳慧 党婉华
王任飞 王晓颖 王鑫 尹江涛 古丽孜热·安尼瓦尔 刘厚澎 闫霞 江尚虎
许思思 李佳宜 李诗秋 杨苗 杨怡盈 吴因 吴珺 张宇航 陈晨
范前一 果京蕾 赵春强 侯佳玥 钱正君 徐瑛 符维丹 隋泽欣 薛芯苾
杨彧颖 李泽宇 马汀兰 马钰宸 王雨婷 王妮妮 王晨 石楠 冯睿怡
朱平 许桐 孙宇光 李乔盛 杨雨帆 邱怡涧 何梓豪 余沛阳 邹璐璘
张晓云 阿里甫江·阿不来提 陈茁 陈博亨 赵甜 祖丽娅·卡哈尔 高荣梅
郭辰阳 程丽颖 于焱 韩瑨宸 曲宗 王宁 王胤玉 王娜 王浩淼

王　展　王梦圆　仁晋卓玛　艾孜买提·艾尔肯　付易东　兰　芸　伟力思　刘婷婷
刘嘉澍　许嘉欣　李梦娜　张　一　张功烽　张啸竹　陈玉瑾　陈世明　牧新蕴
周玉鹏　周城宇　秦　敏　高　昂　高　敏　黄宁宁　隋雅慧　霍英达　魏庆庆
刘祎璠　洛　旦　葛　力　于佳明　王　宇　王宇辰　王香人　王　皓　巴桑卓玛
朱萌萌　刘姝君　关舒文　许　楠　李美香　杨　茜　张钟鹤　张蓝熙　陆欣怡
荆椿贺　胡　宽　弯盈月　贾园园　夏　琪　黄丽娇　萨仁高娃　韩竞仪　曾紫薇
湛礼珠　谢灵瑶　熊　轲　颜桂飞　谭雨欣　黄聪颖

外国语学院（133 名）

王　函　王钰涵　牛佳琪　方　奕　邓诗琪　田　业　朱　捷　刘小慧　刘文颖
孙晓芳　李溪萌　何欣轩　宋　爽　张文派　张诗渤　张潇丹　陈丹晖　陈　怡
范一筱　周家伊　房　璇　赵涵天　赵嘉祥　宫川得　简　玮　蔡良美　孙金凤
王诗嘉　文晓洁　卢　洋　冯冰婷　刘宇阳　刘　晖　刘　琦　刘　聪　纪丁玮
李伊萌　李利明　李鑫爱　吴红丽　张　萌　邵歆玉　武文昭　范紫瑞　周小斌
赵旦华　赵肖慧　郝亚利　拾宇博　段　莹　徐可越　韩嘉宝　税韵洁　王　诗
张　娣　邹　静　王禹尧　王　莹　卢钰洁　邢维胜　李云鹏　李秋蕤　李　洁
李擎月　张号炀　张　磊　罗丹娜　郑珊珊　单海格　郎　冉　郦慧伶　钟　磊
姜敬一　袁月明　贾黎阳　高琳珊　郭梦岑　梅　雪　董扬帆　雷　玥　李　伟
王超跃　王超锦　王雅婷　牛凯茜　卢静怡　田静怡　母　校　江佳洁　李志颖
李俊男　杨洁珍　来依拉　肖　杨　张　丹　张　聪　陈玥恒　周　静　官云舒
郎灵秀　贺　殊　韩　娉　景旭浩　游佳蕴　靳鑫玥　潘梦伟　魏雪丽　夏中凯
于连媛　马　丹　王乙惠　王玖滢　王　悦　王　爽　王嘉悦　尹一水　尹　鑫
邢馨月　吕壮壮　朱明慧　汤晓宇　李冠文　李　鑫　吴欣悦　张　莹　张　敏
陈美善　胡译丹　姜　R　姜　瑶　章丹慈　寇小川　韩　旋

高等工程师学院（117 名）

邹　亮　于新港　王文森　王　瑾　方文秋　卢欣欣　吕苏叶　吕　莹　朱言晨
李佳佳　连佳欣　余伟铭　余　杰　张剑锋　陆彦如　邵佳昀　周小宵　庞靖宇
程志诚　魏子博　方　骏　曹祎程　王胜伟　李　宜　王玉珏　黄　良　赵朝阳
李永杰　曹世宸　于晓天　马　广　王子豪　王晨阳　曲俊红　吕晓秋　江赛超
孙江同　孙靖东　李东洵　杨嘉良　张伟东　张宗信　张俊升　欧阳铜　易冰洁
胡宗扬　晁儒凯　徐全全　董建兵　童　攀　王增辉　付　航　黄海伦　王敬香
张进云　何　伟　贺　博　刘文乐　马添翼　王培询　于　浩　马永鸿　王光华
王　培　付博扬　母晓东　杨　楠　肖　京　张冰芦　易　寒　郑亚鹏　赵泓璇
赵怡飞　姜春鹤　姚　恒　徐一民　高文强　黄自力　谢　彪　戴西波　魏贵宾
陈　草　宋　晨　胡宇天　徐家劲　邵永鑫　蔡亦凡　高立帅　王飞熊　王方博
刘　烨　孙明玉　张大光　张佳慧　陈　龙　陈博恩　周玉成　荣　奕　胡　俊
候凌翔　刘佳伟　魏余栋　钟　琛　张富友　聂文勃　侯尚武　初泓宇　张玉莹
沈志臻　赵家兴　黄　兴　谢雷涛　平浩冬　刘金星　李永亮　林嘉威　张金童

2017 年毕业并获得博士学位的研究生名单

学科、专业	博士研究生	导师	博士研究生	导师	博士研究生	导师
安全技术及工程	张　甜	金龙哲				
安全科学与工程	付明明	张英华	李海港	汪旭光	李雅阁	金龙哲
	王　明	蒋仲安	周佩玲	张英华		
材料科学与工程	安　迪	王　戈	安富强	李　平	鲍成人	康永林
	曹　城	张济山	曹　盛	李成明	曹　易	耿文通
	车子璠	王西涛	陈明月	夏志国	陈鹏起	秦明礼
	陈亚东	冯　强	崔佳鑫	杜振民	丁　一	张　跃
	杜雪飞	赵海雷	佴启亮	董建新	范东宇	黄继华
	范　爽	王　戈	方　璐	林均品	傅丽华	董超芳
	高盼盼	乔利杰	谷海容	赵爱民	郭彩玉	何新波
	郭建超	李成明	何承绪	杨　平	何骏阳	吕昭平
	胡小刚	康永林	化称意	李成明	黄　敏	秦明礼
	计鹏飞	张　津	江　河	董建新	蒋　晗	吴春京
	金　铭	王鲁宁	卡瑞玛	贾成厂	康　燕	毛卫民 B
	郎少庭	燕青芝	李高盛	蔡庆伍	李慧艳	董超芳
	李建伟	王西涛	李　杰	陆永浩	李　洁	王　戈
	李俊儒	刘雅政	李佩桓	曲选辉	李声慈	康永林
	李　卫	田文怀	李晓刚	赵爱民	李占华	韩静涛
	梁齐杰	闫小琴	廖新勤	张　跃	吝章国	唐　荻
	刘　赓	李　俊	刘恭涛	杨　平	刘　明	李晓刚
	刘倩倩	詹　倩	刘树敏	郑裕东	刘　硕	张　跃
	刘艳青	唐伟忠	刘一凡	张深根	刘亦玮	于广华
	刘怿冲	张　跃	龙　斌	徐桂英	卢凤双	李　平
	卢　瑶	赵海雷	陆盛楠	张　跃	吕国才	宿彦京
	吕　政	任学平	罗继辉	刘雪峰	罗　许	康永林
	莫永达	谢建新	牟绍艳	姜　勇	牛志伟	黄继华
	彭世广	宋仁伯	彭雪锋	韩静涛	乔自平	曲选辉
	任晓娜	葛昌纯	孙宁波	张迎春	孙一慧	闫小琴
	孙宇尖	卢云峰	汤　浩	吴春京	汤　甲	王　戈

续表

学科、专业	博士研究生	导师	博士研究生	导师	博士研究生	导师
材料科学与工程	汤银海	王　戈	唐　静	孟惠民	唐延川	康永林
	佟健博	曲选辉	王　彩	郑裕东	王大锋	张波萍
	王海燕	毛卫民 A	王　涵	宋西平	王乐莹	杨裕生
	王　蕾	唐　荻	王立辉	唐　荻	王　曼	周张健
	王胜龙	杨　滨	王　铄	庄林忠	王　坦	惠希东
	王文静	刘雪峰	王　志	何新波	魏　亮	高克玮
	温佳鑫	曹文斌	温玉清	孟惠民	文新理	刘雅政
	吴昊阳	秦明礼	向茂乔	张迎春	向青云	曹江利
	熊　桑	孙建林	薛维华	刘国权	闫　石	孙冬柏
	严　楷	曹江利	杨道均	田文怀	杨　光	于广华
	姚雯还	杨　洲	余　强	董超芳	宇文龙	康永林
	岳丽娜	郑裕东	翟凤瑞	孙加林	张代兵	张波萍
	张光杰	张　跃	张铭显	杨　滨	张　宁	毛卫民 A
	张素伟	张波萍	张银辉	孙祖庆	张玉凤	李长荣
	张　云	张迎春	张桢林	毛卫民 B	赵明月	周张健
	赵庆贺	路民旭	赵晓琳	贾成厂	赵云松	冯　强
	郑　鑫	闫小琴	郑志凯	毛卫民 B	周　丹	范丽珍
	朱代漫	李长荣	左婷婷	张　勇		
采矿工程	曹　辉	汪旭光	曹　帅	宋卫东	柴金飞	高永涛
	成曦晖	徐九华	杜富瑞	胡乃联	韩　光	胡乃联
	胡凯建	吴爱祥	宽　明	姜福兴	李　文	谭卓英
	刘　超	吴爱祥	刘光生	宋卫东	刘　懿	姜福兴
	饶振宾	蔡嗣经	史先锋	姜福兴	王　勇	吴爱祥
	许学良	吴顺川	张　辉	徐九华	张　明	李克庆
	张延凯	李克庆	张院生	高永涛	周云飞	徐九华
	朱斯陶	姜福兴				
动力工程及工程热物理	陈智杰	张欣欣	黄　建	王　立	李　虎	刘应书
	李媛媛	王　立	李子宜	刘应书	刘　林	郑连存
	隋济泽	郑连存	王　淦	温　治	杨培培	温　治
	余　跃	温　治	赵金虎	郑连存	祝显强	刘应书
钢铁冶金	龚　坚	包燕平				
工程力学	李　刚	高　谦	杨　啸	高　谦	周汉民	汪旭光
固体力学	张丽静	尚新春	张　朋	魏培君		

续表

学科、专业	博士研究生	导师	博士研究生	导师	博士研究生	导师
管理科学与工程	程全明	武　森	高卉杰	杨建华	李世鸣	刘　澄
	刘玉琢	李铁克	盛仲麟	何维达	孙仕敏	张　群
	卫李蓉	张　群	魏　青	张晓冬	吴齐跃	高学东
	辛宇非	何维达	赵东方	张晓冬	赵天翊	黄晓霞
	邹　蕾	高学东				
化学	曹静思	陈飞武	陈　鹏	闫　海	董必章	胡继业
	高博文	张学记	侯玉霞	姜建壮	焦翔宇	张学记
	刘学良	杨运旭	吕俊智	温永强	马　祺	姜建壮
	彭　媛	袁文霞	王方志	李文军	王　奇	袁文霞
	王思蛟	党智敏	吴传东	刘杰民	许太林	张学记
	薛灵伟	杨运旭	张　璐	姜建壮	张少青	侯剑辉
	张　扬	张学记				
环境工程	陈　巍	邢　奕				
环境科学与工程	柴汉魁	姚　俊	高凤雨	唐晓龙	靳竞男	姚　俊
	李　彩	季宏兵	李海波	周北海	刘泉利	林　海
会计学	哈米达	肖　明				
机械工程	陈胜利	何安瑞	崔光珍	韩建友	董晓旭	何安瑞
	冯彦彪	张文明	纪宏超	林建国	李　秾	张　杰
	李艳琳	曹建国	李　智	林建国	刘亚军	杨德斌
	刘　洋	杨　荃	马　威	马　飞	南东雷	李　威
	邱增帅	何安瑞	任天明	冯　明	尚　飞	张　杰
	唐学峰	王宝雨	王永伟	徐金梧	魏　龙	杨德斌
	武松灵	臧　勇	曾令强	臧　勇	张勃洋	张清东
	张　帅	张　杰	张　琥	罗维东	赵洪锋	臧　勇
计算机科学与技术	艾默德	郝红卫	瑞雅德	朱　岩	沈　晴	班晓娟
	王笑琨	班晓娟	易波拉新	张晓彤		
计算机系统结构	刘　歆	胡长军	杨　伟	王　沁		
技术经济及管理	单　晨	杨　青	马栋栋	何　枫	戚耀元	戴淑芬
科技与教育管理	纪效珲	曲绍卫				
科学技术史	陈虹利	潜　伟	崔春鹏	李延祥	董国豪	潜　伟
	王力丹	李晓岑	张学渝	李晓岑		
控制科学与工程	陈　龙	穆志纯	杜建卫	徐正光	关　心	尹怡欣
	霍　磊	李崇坚	贾　超	李晓理	宋　彪	肖文栋
	肖　雄	王　京	张　潮	王　京		

续表

学科、专业	博士研究生	导师	博士研究生	导师	博士研究生	导师
矿物加工工程	曹允业	孙体昌	崔孝炜	倪　文	耿　超	杨慧芬
	呼振峰	孙传尧	李国栋	林　海	王传龙	李克庆
	易爱飞	冯雅丽				
矿业工程	李腊梅	谢玉玲	南　峰	蔡嗣经		
凝聚态物理	曹立朋	潘礼庆				
企业管理	高　鑫	刘　澄	巩振兴	张　剑	郝　荣	何维达
	贾振全	高俊山	寇元虎	佘元冠	李海涛	肖　明
	刘　楠	武德昆	丘　东	王维才	索尼亚	杨　青
	汪邦军	佘元冠	叶　岚	张　剑	尹铁立	刘　澄
通信与信息系统	阿　里	周贤伟	安凤平	周贤伟	柴晓萌	张中山
	李　治	周贤伟	萨　尼	彭云峰	王丹丹	杨　扬
	王建荣	王建萍				
土木工程	卞立波	刘娟红	高　萌	刘娟红	宋朝阳	纪洪广
	孙利辉	纪洪广	许　波	谢谟文	曾　鹏	李成江
	张　旭	谭卓英	周　栋	谭卓英		
外国语言文学	张存玉	何　伟	赵常玲	何　伟		
物理学	李向龙	吴　平	宋宏权	钱　萍	孙宗利	顾　强
	王子娅	王凤平	赵立山	潘礼庆		
物流工程	李险峰	董绍华	孙　静	董绍华		
岩土工程	胡宝文	李长洪				
冶金工程	白智韬	张梅Y	曹卫刚	邢献然	陈佩仙	储少军
	陈　涛	吴　铿	陈　通	薛济来	陈亚楠	包燕平
	崔志敏	朱立光	董择上	薛庆国	窦　坤	刘　青
	杜瑞岭	吴　铿	杜玉涛	朱　荣	付　兵	成国光
	葛建邦	焦树强	苟海鹏	周国治	韩培伟	储少军
	韩　啸	王中丙	何煜天	王福明	侯传安	李京社
	胡　阳	陈伟庆	贾雅楠	朱立光	李晨晓	李　宏
	李　冲	郭占成	李晋岩	郭　敏	李康伟	刘建华
	李克江	张建良	李士娜	朱鸿民	李永亮	王福明
	李智峥	刘　青	李子亮	苍大强	林　鲲	邢献然
	凌海涛	张立峰	刘　纲	李京社	刘　亮	张炯明
	刘苏宁	朱鸿民	刘文武	郭　敏	刘彦祥	周国治
	刘迎立	薛庆国	刘召波	李宏煦	卢　翔	苍大强

续表

学科、专业	博士研究生	导师	博士研究生	导师	博士研究生	导师
冶金工程	马国宏	朱　荣	马金芳	杨天钧	潘　昭	陈　骏
	彭家庆	李京社	钱　义	薛济来	青格勒吉日格乐	吴　铿
	任鸿儒	郭占成	任　磊	张立峰	任　英	张立峰
	戎阳春	邢献然	沈　平	张立峰	宋高阳	宋波 Y
	宋　炜	张炯明	孙晓林	郭汉杰	锁国权	郭　敏
	汤旭炜	朱　荣	王　博	张炯明	王代军	张梅 Y
	王　坤	张炯明	王昆鹏	王新华	王林珠	李京社
	王强强	张立峰	王　睿	包燕平	王占军	张梅 Y
	肖九三	朱鸿民	谢　有	李　晶	徐国峰	王新东
	徐建飞	王新华	杨　亮	陈伟庆	杨晓波	周国治
	于文涛	李　晶	袁　骧	薛济来	张超杰	包燕平
	张江山	李京社	张乐辰	包燕平	张　丽	吴胜利
	张林兴	陈　骏	张明博	朱　荣	张学伟	董元篪
	张　扬	陈伟庆	张永忠	吴胜利	张哲铠	吴胜利
	赵长亮	孙彦辉	赵国磊	程树森	赵　昆	于然波
	赵立华	苍大强	郑常乐	张建良	周　芸	张建良
	宗玲博	于然波				
一般力学与力学基础	郭松柏	马万彪	郭玉建	廖福成	李　丽	廖福成
	李　林	林　平	吴　江	廖福成		

2017 年学术型硕士毕业并获得学位的研究生名单

学科、专业	硕士研究生	导师	硕士研究生	导师	硕士研究生	导师
安全科学与工程	丁　洁	黄国忠	胡　欢	刘双跃	林梦露	蒋仲安
	刘天琪	刘双跃	刘小芬	刘双跃	马韵彤	金龙哲
	宋守一	张英华	孙　倩	张英华	田　珍	刘　建
	王可伟	金龙哲	王浦语	杜翠凤	谢　婷	黄国忠
	徐梦瑶	刘　建	杨　飞	黄志安	于开元	金龙哲
	赵　雪	金龙哲				

续表

学科、专业	硕士研究生	导师	硕士研究生	导师	硕士研究生	导师
材料科学与工程	安家新	孙加林	蔡鹏程	庄林忠	曹国明	周　成
	曹学乾	吴俊升	曹　政	孙加林	柴　蕾	孙加林
	陈　博	杨　滨	陈　超	陈　冷	陈峰岭	顾有松
	陈　光	路民旭	陈海洋	陈俊红	陈嘉君	宋西平
	陈建豪	任淑彬	陈　徐	周香林	陈祎文	马　宁
	戴婷婷	薛文东	戴子霖	程知松	邸晓韦	吴俊升
	董　华	王海成	董晓萌	任学平	杜江平	王德仁
	段佳良	张海龙	房　华	杨　洲	冯敏楠	刘国权
	冯世安	廖庆亮	付秀秀	陈　宁	高建雨	任学冲
	高立梅	王金伟	高叔博	林均品	高　玮	黄继华
	高　鑫	李静媛	高悦敏	刘国权	宫雪婷	杜振民
	管艺琳	顾有松	郭城湘	陈树海	郭漫青	樊自栓
	郭少林	郑裕东	郭雪刚	金　莹	郭圆圆	柳　伟
	韩林宏	廖庆亮	韩攀阳	苗　君	韩　欣	李龙飞
	何　铎	任学平	侯　强	李晓刚	胡　宁	樊自栓
	黄国超	刘国权	黄晓林	王西涛	冀新宇	王　冬
	贾　蓓	刘雄军	贾际琛	龙　毅	贾俊翔	赵海雷
	贾书怀	乔利杰	江树青	何积铨	江伟龙	唐伟忠
	江伟强	陈　冷	江燕青	刘新华	蒋　立	肖　葵
	蒋旭敏	冯　春	解李尧	刘雅政	金　星	黄继华
	金亚军	庞晓露	阚鑫锋	孙蓟泉	康　泰	宋仁伯
	孔德成	董超芳	郎显磊	刘国权	李翱翔	王鲁宁
	李　斌	孙蓟泉	李长秋	李宏祥	李　峰	毛卫民 B
	李浩宇	董建新	李　佳	黄运华	李景昊	周香林
	李景阳	董建新	李　凯	胡水平	李林鹤	高克玮
	李　奇	郑　磊	李　琴	隋延力	李秋凡	杨善武
	李瑞文	李　平	李　曈	徐晓伟	李　威	许立宁
	李　伟	谢建新	李　伟	杜艳霞	李文倩	高　瑾
	李　响	张麦仓	李孝威	王开坤	李欣怡	岩　雨
	李馨宇	张波萍	李　鑫	杨　滨	李旭文	李静媛
	李　杨	曲选辉	李永叶	于广华	连恺轮	张麦仓
	梁立康	孟惠民	梁　轩	孟惠民	凌　亮	谢建新
	刘宸旭	张　津	刘　达	刘雄军	刘德星	朱　洁

续表

学科、专业	硕士研究生	导师	硕士研究生	导师	硕士研究生	导师
材料科学与工程	刘东民	从道永	刘　会	李　妍	刘　静	李晓刚
	刘　梦	陈俊红	刘　琦	刘智勇	刘　琪	谢建新
	刘少飞	吕昭平	刘旺龙	林国标	刘　伟	唐　荻
	刘晓冰	郑裕东	刘　欣	王　戈	刘新倩	李　妍
	刘雨晨	万发荣	鲁　斌	洪慧平	罗宝和	张　跃
	罗　芳	孙建林	罗红伟	李金许	罗时龙	白　洋
	罗　迅	张深根	罗艳龙	何积铨	马　剑	李　妍
	马明叶	刘　靖	马平平	张瑞杰	马启彪	张济山
	马如飞	张　雷	马艳辉	赵海雷	马远洋	樊自栓
	毛　滔	徐桂英	孟京京	张　跃	孟　楠	连　芳
	孟晓贺	吕昭平	孟　阳	王鲁宁	米文俊	陈俊红
	南阳瑞	王学敏	倪　翠	俞宏英	倪童伟	董建新
	倪晓晴	董超芳	牛亚伟	王自东	潘　进	赵兴科
	彭国正	路民旭	彭玉山	廖庆亮	彭子轩	曹　备
	齐小龙	柳　伟	齐英旭	王建国	秦　帅	宋仁伯
	秦思晓	乔利杰	邱俊杰	尹海清	饶梓元	惠希东
	任向远	邵慧萍	尚伟净	许立宁	申赛赛	姜　勇
	沈靖舒	康永林	沈　昕	张永军	盛超宇	邵慧萍
	石洪吉	陈　宁	舒进锋	郝俊杰	宋维锋	王鲁宁
	苏　宁	韩静涛	孙大洋	林均品	孙　鹤	刘雅政
	孙　璐	高学绪	孙明月	杨　平	孙秋阳	于广华
	孙　岩	蔡庆伍	汤　洋	何积铨	唐　怡	纪　箴
	滕勇强	赵海雷	万　康	常永勤	万政伟	金　莹
	汪　宁	张波萍	王宾宁	宋仁伯	王朝富	张迎春
	王　闯	何积铨	王海鹏	刘雪峰	王　浩	秦明礼
	王景瑞	黄继华	王俊峰	黄进峰	王磊磊	何战兵
	王　琳	王旭东	王伦滔	李晓刚	王明辉	范丽珍
	王鹏龙	江海涛	王　瑞	杨　平	王世勋	田建军
	王　涛	路　新	王　涛	郑为为	王　贤	郭志猛
	王小芬	曹　晖	王　欣	杨　洲	王　鑫	林均品
	王徐颖	陆永浩	王　旭	张　迪	王亚文	张　雷
	王岩森	郑裕东	王永迪	董超芳	王宇毫	陈银莉
	王月强	张　勇	王泽群	万发荣	王志珍	刘泉林

续表

学科、专业	硕士研究生	导师	硕士研究生	导师	硕士研究生	导师
	魏东彬	曲选辉	魏然	宋仁伯	魏治国	路新
	闻玉辉	朱国明	吴恒	张鸿	吴清宝	王沿东
	吴文刚	黄继华	伍伟玉	刘雪峰	向黔川	刘泉林
	肖蔚荣	任学冲	肖益帆	薛文东	谢冬寒	黄运华
	谢蒙蒙	乔利杰	谢思	白洋	信冬群	陈冷
	邢兰俊	常永勤	邢璐	岩雨	熊鑫	张麦仓
	徐猛	张志豪	徐守凯	赵兴科	徐阳	孙建林
	徐玉亮	齐俊杰	许晶	庄林忠	轩康乐	余伟
	薛杰	张志豪	荀梦	王纯	闫伟	张来启
	闫亚琼	庄林忠	严婷婷	曹备	颜利丹	肖葵
	杨贝贝	陆永浩	杨德望	刘靖	杨浪	黄运华
	杨恕权	乔利杰	杨小佳	杜翠薇	杨亚楠	王辉
	杨扬	高瑾	杨质	从道永	易龙	郭明星
	易莎	赵海雷	尹建娟	冯春	尹丽丽	曹文斌
	尹小峰	白洋	于镇	夏志国	禹坤	郑裕东
	袁朝煜	赵志毅	臧佳	任学平	翟发敏	陈俊红
材料科学与工程	张才华	赵征志	张长华	王西涛	张楚博	米振莉
	张海	王艳丽	张佳	田文怀	张瑾	许立宁
	张菁	周成	张乐	邵慧萍	张利冲	刘雅政
	张孟轩	张海龙	张苗	宿彦京	张朋	柳伟
	张盛华	王艳丽	张顺	赵兴科	张涛	刘雪峰
	张晓瑞	常永勤	张新	宋仁伯	张新振	朱洁
	张旭	王金伟	张一帆	纪箴	张倚雯	王旭东
	张泽钰	姜勇	张占云	包小倩	张政委	纪箴
	张子予	姜勇	章光辉	程学群	章嘉能	程学群
	章楼文	杨平	章彦娴	董超芳	赵波	韩静涛
	赵攀	林国标	赵婷婷	马宁	赵万里	张勇
	郑芳	吴俊升	郑汝文	宋仁伯	钟丹	王国杰
	钟祥敏	杨洲	周邦阳	李静媛	周健	陈冷
	周启明	张济山	周少坤	黄继华	周仲喜	王西涛
	朱楠	曹文斌	朱石磊	罗骥	朱彤姝	李金许
	朱祎淳	柳伟	朱永滨	张波萍	祝志立	葛昌纯
	訾建玲	郭翠萍	左宁宁	叶丰		

续表

学科、专业	硕士研究生	导师	硕士研究生	导师	硕士研究生	导师
采矿工程	常宝孟	韩　斌	陈博宇	宋卫东	高　爽	赵怡晴
	国仕磊	李翠平	何慧明	王德胜	胡　清	王进强
	黄小庆	吴顺川	江南申	李翠平	雷　达	璩世杰
	李海鹏	高永涛	李　瑞	胡乃联	李　赛	李仲学
	路亚彬	李翠平	马瑞雯	宋卫东	任全恩	李长洪
	史德俊	胡乃联	宋世文	杨　鹏	涂剑文	蔡嗣经
	王晶军	吴爱祥	王久玲	胡乃联	王　康	高永涛
	王通潮	毛市龙	王奕尧	李国清	王　泽	李国清
	王子豪	杜翠凤	谢芳芳	尹升华	辛利民	吴爱祥
	邢　鹏	王洪江	杨　超	吕文生	曾向阳	王贻明
	张　兵	吕文生	张　磊	王洪江	张　宁	胡乃联
	张鹏飞	王贻明	张威涛	乔　兰	张小庆	毛市龙
	张亚明	李国清	赵金田	韩　斌	周　靓	吴爱祥
	左凯华	吴顺川				
产业经济学	郭　情	何维达	李　成	何维达	刘连敏	邓立治
	戚丽囡	邓立治	邵　琪	冯　梅	武　婧	邓立治
	张　丹	张满银	张少涛	邓立治	郑紫夫	冯　梅
地质资源与地质工程	杨科君	谢玉玲				
电子科学与技术	曹　田	王志良	陈九任	董　平	贺　苗	解　仑
	胡　波	解　仑	胡松德	宁焕生	黄恩武	李　刚
	李博文	胡四泉	李　丹	解　仑	蔺云雷	王志良
	王晓冉	王志良	韦雯莹	董　平	杨志勇	石志国
	尹　磊	石志国	袁　文	王先梅	张朝晖	王先梅
	张珊珊	王先梅	张英健	李　刚	赵倩悦	胡四泉
	赵玉玲	胡四泉				
动力工程及工程热物理	蔡峻杰	于　帆	付艳辉	刘应书	葛思怡	冯俊小
	郭　屿	刘向军	胡苏婉	任　玲	回　声	林　林
	霍谢琛	夏德宏	李　鹏	米万良	李钦晔	刘训良
	李　冉	王　立	李雄赞	刘应书	李亚林	冯俊小
	李智勇	夏德宏	林达濠	姜泽毅	刘堂琳	刘向军
	刘亚洲	冯妍卉	刘雨浓	孙淑凤	孟凡凯	尹少武
	齐阳明	于　帆	宋　漪	楼国锋	孙　静	王　立
	魏　鹏	冯俊小	魏　鑫	童莉葛	向国栋	岳献芳

续表

学科、专业	硕士研究生	导师	硕士研究生	导师	硕士研究生	导师
动力工程及工程热物理	熊梦雅	冯妍卉	许冰心	童莉葛	尹和超	王　立
	张飞龙	刘柏谦	张　强	夏德宏	赵梓伶	张　辉
工程力学	胡　骞	王金安	黎　锐	谢谟文	谢健阳	高永涛
	辛明祖	纪洪广	曾明智	璩世杰	赵振振	龚　敏
供热、供燃气、通风及空调工程	何　姗	谢　慧	黎　洋	曲世琳	李思达	柳　靖
	马秀岩	范慧方	潘存巧	曲世琳	沙炫君	曲世琳
	谢先平	吴延鹏	杨启凡	谢　慧	叶　睿	吴延鹏
	袁艺荣	谢　慧				
固体力学	陈　新	尚新春	彭中伏	陈学军	师　柳	肖久梅
	许彦亭	尚新春	张继武	陈章华		
管理科学与工程	艾春丽	王道平	艾利克斯	杨建华	白英强	张晓冬
	蔡文明	魏桂英	崔　璨	杨建华	丁　琨	王道平
	和梦玲	李铁克	姜丹丹	武　森	焦　斌	李铁克
	雷　密	李铁克	李　静	高学东	李昕怡	王道平
	刘娟娟	张文新	刘　帅	高学东	刘晓婵	崔健双
	马奕婷	武　森	米切尔	魏桂英	任晓琳	张晓冬
	万　里	苏　玲	王芊博	张文新	王悦晓	李铁克
	吴佳蕙	高学东	闫芳琪	杨建华	伊斯梅尔	崔健双
	张　敏	王道平	张　帅	张晓冬	赵艳莉	魏桂英
	周　艺	武　森	朱　涛	张文新	朱　莹	杨建华
	朱宇滕	张晓冬	祝文博	武　森		
国际贸易学	安德拉	孙　莹	安吉拉	邓立治	郝　桢	孙　莹
	亨　利	冯　梅	侯赛因	冯　梅	金世一	邓立治
	李婧文	阚　宏	林彩虹	孙　莹	刘　灿	孙　莹
	马翔东	王　凯	蒙少成	范小华	母　沙	何维达
	娜　林	邓立治	茹法若	孙　莹	阮氏水	阚　宏
	阮廷决	冯　梅	塞　吉	冯　梅	苏　雷	孙　莹
	王久乐	王宾容	乌仁高	何　枫	希美纳	冯　梅
	喜乐娜	冯　梅	辛思吉	王　凯	徐　柯	孙　莹
	雅妮那	孙　莹	弋　阳	王宾容	于　淼	阚　宏
	张龙标	何　枫	张世奇	何　枫	赵崇远	王　凯
	朱召君	何　枫				

续表

学科、专业	硕士研究生	导师	硕士研究生	导师	硕士研究生	导师
化学	陈　军	弓爱君	陈燕云	李旭琴	付玉秀	李新学
	韩　达	许利苹	何康强	查俊伟	胡超鹤	温永强
	黄晓雅	陈飞武	贾　祺	范慧俐	姜　帆	李建强
	李晨光	车　平	李奉晓	邓金侠	林　伟	王明文
	刘　凝	刘杰民	刘　廷	李新学	马亚楠	党智敏
	戚红红	常志东	齐　琳	弓爱君	邵　玲	王碧燕
	宋义运	李建强	宋迎晓	周花蕾	苏　婷	李建强
	孙红翠	陈飞武	孙佳艺	孙长艳	孙　英	闫红亮
	王　勃	范慧俐	王俊甫	查俊伟	王立芬	柴成文
	王明珠	李文军	王琼琼	陈飞武	王　颖	查俊伟
	王玉娇	曹艳秋	温金昌	叶亚平	肖雨晴	范慧俐
	邢培培	边永忠	闫丽丽	胡澎浩	姚冰洁	杨运旭
	姚士聪	查俊伟	尹　璐	苏　磊	展小朋	边永忠
	张素美	王东瑞	赵　霞	弓爱君	郑玉婷	查俊伟
	周　靓	袁文霞	周　童	曹　霞		
化学工程与技术	高战胜	温永强	郭腾飞	张美芹	梁　明	袁文霞
	刘婷婷	路丽英	明　喆	常志东	邱发争	李文军
	张　淼	温永强	赵彩霞	杜　鑫		
环境科学与工程	白　雪	李子富	陈慧文	陈月芳	关欢欢	周北海
	郭凯岳	宋存义	何　茜	张玲玲	姜新舒	姚　俊
	兰隽如	李子富	李典泽	唐晓龙	李芳芳	施春红
	刘璐璐	林　海	罗　马	李子富	罗园园	王　飞
	马克思	汪群慧	马　原	李子富	潘永月	周北海
	彭悦然	李子富	任　莹	宋　波	沈　茜	邢　奕
	时春景	季宏兵	王　成	姚　俊	王　亚	李子富
	王亚恩	易红宏	王　哲	王　飞	吴雪娜	钱大益
	吴雪楠	王　飞	闫芳芳	陈月芳	杨　强	邢　奕
	张敏洁	李天昕	张亚杰	唐晓龙	赵娜娜	汪群慧
	赵　越	姚　俊	朱琳琳	常雁红		
会计学	鲍俊霞	胡志颖	段利锋	肖　明	高　姗	张曾莲
	郭戈辉	李晓静	郭振楠	张曾莲	黄天牧	武德昆
	李海天	刘亚莉	阮于蓉	胡志颖	王雪晗	李晓静
	吴　韩	刘欣华	谢亭亭	刘欣华	许梦娇	罗乾宜

续表

学科、专业	硕士研究生	导师	硕士研究生	导师	硕士研究生	导师
会计学	闫泓志	崔文娟	野祎宁	李晓静	张静亚	肖　明
	张淑琪	刘欣华	赵聘聘	陈雪松		
机械工程	奥马尔	张清东	白露露	郜志英	蔡　赫	臧　勇
	曹法如	冯茂林	曹　康	杨德斌	曹彦平	韩建友
	陈　俊	冯　明	陈　伟	陈　兵	代振梦	马　飞
	董栗明	刘国勇	董训海	尹忠俊	顿海洋	罗维东
	封二佳	巩宪锋	付兴辉	闫晓强	高晓旭	章立军
	古晓强	黄效国	管　超	张文明	韩　锋	吕卫阳
	韩泓冰	张文明	黄金刚	贾志新	黄磊阳	贾志新
	景　阳	苏兰海	雷　强	韩　天	李　波	阳建宏
	李　根	张清东	李　焕	杨海波	李　健	杨　珏
	李　楷	臧　勇	李连欢	刘　立	李苗苗	陈　平
	李维奇	曹建国	李岩峰	张文明	李一泽	杨海波
	李　宇	张少军	刘建伟	闫晓强	刘青林	黄明吉
	刘学良	韩　天	刘永兵	冯志鹏	芦建永	杨光辉
	鲁益豪	李　瑞	罗冰山	臧　勇	罗高赛	罗维东
	罗祥振	张少军	马　超	冯志鹏	马后成	周晓敏 J
	孟令帅	刘　立	孟令钊	黄明吉	宁浩洛	曹　彤
	乔　柱	杨　珏	屈利锋	张锁梅	任云鹤	杨　荃
	芮博超	郗安民	邵泽涛	张大志	沈　智	周晓敏 J
	师　羽	刘北英	石　轩	冯茂林	史广思	杨　珏
	宋亚男	黎　敏	宋志亮	曹　彤	苏亚龙	冯　明
	苏愿晓	张清东	田文静	吴迪平	王超华	吕卫阳
	王　栋	邱丽芳	王　岗	刘鸿飞	王　辉	陈　平
	王宽宽	刘国勇	王帅军	孙凤艳	王燕龙	杨　荃
	王勇哲	徐　科	吴建武	刘鸿飞	吴　伊	周晓敏 J
	伍祖槐	秦　勤	夏　飞	曹建国	夏福坤	李　威
	夏银亮	冯　明	夏鹰飞	何安瑞	祥　雨	孙朝阳
	杨欢欢	刘鸿飞	杨雨谋	冯　明	杨　源	曹　彤
	印思琪	邱丽芳	于　浩	陈　兵	詹智敏	侯建新
	张贵豪	范让林	张国强	吴迪平	张　航	尹忠俊
	张红琼	张文明	张立龙	曹　彤	张　强	冯　明
	张晓华	张清东	张　鑫	张　杰	张宇威	唐　荻

续表

学科、专业	硕士研究生	导师	硕士研究生	导师	硕士研究生	导师
机械工程	张月明	李　疆	赵启东	黎　敏	赵　玮	马祥华
	郑　见	何安瑞	周建成	黎　敏	周　志	闫晓强
	左　迅	孙朝阳				
计算机科学与技术	白　鹤	胡长军	毕　浩	王昭顺	蔡海飘	王　沁
	曹天伟	阿孜古丽	陈飞虎	李建江	陈　浩	王　沁
	陈松路	殷绪成	法　迪	陈红松	方　栋	曾广平
	冯少辉	殷绪成	傅树深	胡长军	高　启	殷绪成
	高晓浩	张桃红	滑水亮	李建江	贾　麒	曾广平
	李春醒	王成耀	李金苗	张晓彤	李鹏建	姚宣霞
	李瑞平	王成耀	李希飞	王　沁	李易桐	班晓娟
	李　云	夏克俭	刘　侃	孙　义	吕家慧	王　沁
	马　路	罗　熊	玛　希	王昭顺	孟明秀	刘宏伟
	慕启涛	宁焕生	穆哈麦德	李建江	穆莹雪	包　宏
	纳素丁	谢永红	潘轶凡	赵冲冲	石锦飞	谢永红
	宋　鹏	王成耀	宋　昕	包　宏	孙　冰	谢永红
	田　琦	曾广平	汪睦雄	张晓彤	王婧一	张晓彤
	王盼盼	曾广平	王志友	殷绪成	吴崇祥	王成耀
	吴　浩	朱　岩	谢　飞	吕志民	谢楠楠	王成耀
	邢纵横	周　芳	杨少峰	李建江	杨晓娜	罗　熊
	杨亚男	徐　科	杨智勇	张桃红	应文蕊	胡长军
	扎依达·阿依恒	阿孜古丽	翟文洁	殷绪成	张丹丹	罗　熊
	张　迪	班晓娟	张明媚	时　鹏	张少华	张桃红
	张自强	孙昌爱	赵　敏	姚宣霞	赵　帅	张晓彤
技术经济及管理	李亚红	杨　武	李伊童	张俊光	吕晓宁	马风才
	冉文娟	张俊光	任佳旺	杨　武	王飞飞	戴淑芬
	王玲玲	王维才	王　晓	刘明珠	武高宁	杨　青
	杨孟秋	王震勤	詹舒琳	杨　青	张婧婷	戴淑芬
	郑晓娜	刘明珠				
教育经济与管理	陈　丛	杨晓明	付永佳	曲绍卫	何　叶	李　梅
	霍　达	曲绍卫	金　蕊	杨晓明	李　洁	郭德侠
	陶春宁	郭德侠	王　苇	郭德侠	王卓琳	曲绍卫
	魏　力	李　梅	杨朝正	杨晓明	周楚玉	郭德侠

续表

学科、专业	硕士研究生	导师	硕士研究生	导师	硕士研究生	导师
金融学	卜天玉	张莲英	曹伟华	谢 湲	崔 帅	潘永泉
	杜春苓	王未卿	冯姣姣	王立民	李宝辰	张莲英
	刘 璐	黄晓霞	刘庭宇	刘 澄	吕 琳	张莲英
	申钊远	周晓光	宋 娟	胡 波	谭瑞霞	王未卿
	王 虹	张 燃	王连连	刘 澄	王奕然	王立民
	姚新宇	胡 波	周 晋	黄晓霞		
经济法学	陈氏安慧	张卫英	郭宁宁	张武军	汤馥宇	徐清梅
	王梦桐	徐清梅	闫以盈	董 梅	于经纬	魏增产
	赵 瑞	石 雁				
科学技术史	白旭冉	李晓岑	陈 藩	潜 伟	陈 瑶	章梅芳
	迟 鹏	李秀辉	邓世日	李晓岑	杜祖伟	李晓岑
	贾 淇	李延祥	蒋建荣	魏书亚	李倩倩	魏书亚
	闵 晨	潘 路	任文勋	李延祥	陶小凤	陈坤龙
	佟路明	李延祥	万 鑫	李秀辉	颜建超	章梅芳
	杨晋松	郭 宏	姚 瑶	章梅芳	朱旭明	潜 伟
科学技术哲学	崔 馨	钱振华	王茗南	刘文霞		
控制科学与工程	曹丽娜	杨卫东	曹 铭	张 森	曹瑞琳	李 擎
	陈培远	肖文栋	程 剑	穆志纯	丁 郸	付冬梅
	董文博	郭 强	杜 康	刘冀伟	樊晓灿	邵立珍
	付开婷	贺 威	高江峰	胡广大	高龙刚	蓝金辉
	顾金鑫	肖文栋	郭光来	胡广大	郭 凯	潘月斗
	何连杰	胡广大	李 粉	袁 立	李 漠	丁大伟
	李树林	王 玲	李易航	穆志纯	刘 刚	李江昀
	刘海涛	孙长银	刘 杰	蓝金辉	刘祖武	谷 宇
	吕 默	童朝南	罗杰超	李 静	马天山	张勇军
	孟 虎	杨淑华	穆启鹏	董 洁	倪 森	付冬梅
	邱骏杰	高 海	任莹莹	丁大伟	荣 超	刘 涛
	山 峰	孙昌国	史尹嘉	刘冀伟	谈玉晓	李希胜
	汪慧娟	曾 慧	王秉政	彭开香	王 杰	李晓理
	吴 同	张维存	谢乾阳	张朝晖	熊伟兵	胡广大
	徐文歆	郭 强	杨爱龙	乔 红	杨宁晓	杨卫东
	杨子敬	赵宝永	于海鹏	曾 慧	张婷婷	穆志纯
	张晓娟	尹怡欣	张 雄	彭开香	张 莹	张 兰

续表

学科、专业	硕士研究生	导师	硕士研究生	导师	硕士研究生	导师
控制科学与工程	赵方园	邵立珍	赵建中	李　果	赵　瑞	徐正光
	赵　宪	李　静	郑　爽	付冬梅	朱　鹤	徐正光
	朱　铭	童朝南				
矿物加工工程	蔡冰冰	王化军	陈彦丽	段旭琴	冯　杰	傅平丰
	乐　坤	李正要	李　川	孙体昌	刘　英	倪　文
	罗向红	郝红英	马友文	孙体昌	孟家乐	杨慧芬
	沐栋梁	郝红英	沈丹丹	段旭琴	孙　铭	冯雅丽
	王　琪	冯雅丽	王维维	李正要	张一鸣	王化军
矿物学、岩石学、矿床学	李文秀	倪　文	李亚奇	倪　文	彭　朋	李克庆
	曲云伟	谢玉玲	王浩然	李克庆	王　玮	刘保顺
	张伟丹	陈德平	朱高伶俐	谢玉玲		
流体力学	范盼伟	朱维耀	刘清芳	朱维耀	张晓静	朱维耀
马克思主义理论	迟　松	赵　锋	樊　洋	王爱红	侯海娟	王志明 W
	姜胜男	蒋宏潮	冷　婧	彭庆红	李福英	韩　强
	李献策	陈　曦	李　颖	左　鹏	龙都亚	王蓉霞
	牛晓丹	杨彦强	苏小红	马晓燕	王丽婷	刘　莉
	王璐瑶	张北根	王麒钧	刘丽敏	熊文景	左　鹏
	许　硕	刘　莉	薛　毅	左　鹏	于林民	彭庆红
	臧晓娜	刘丽敏	张　帆	陆　俊	张梦银	陆　俊
	张晓丽	许　峰	周　航	张北根	周　青	赵　静
民商法学	安　疆	张武军	白　琳	张武军	陈　莉	董　梅
	陈清平	王竹青	付行军	董　梅	侯凯宁	石　雁
	姜之波	侯登华	金铉中	郑瑞琨	刘亚姣	王竹青
	吕婧怡	魏增产	马浩森	李婉平	孟　雪	侯登华
	邵　昕	侯登华	王童宇	魏增产	王欣瑞	张武军
	徐世俊	张卫英	尹曙光	石　雁	张宏召	李婉平
企业管理	阿　迪	苏　玲	艾　琳	吕殿平	安吉拉	张　剑
	安　京	高俊山	鲍　佳	苏　玲	陈　萌	裴利芳
	陈　琴	隋　杨	代　强	李晓辉	邓文靓	魏　钧
	杜珊珊	苏　玲	冯宇杨	苏　玲	何晓晴	裴利芳
	纪　琛	裴利芳	卡　达	贾振全	凯　琳	贾振全
	李　倩	吕殿平	刘　兰	贾振全	刘　荣	吕殿平
	刘艳平	苏　玲	孟　曦	魏　钧	史振家	贾振全

续表

学科、专业	硕士研究生	导师	硕士研究生	导师	硕士研究生	导师
企业管理	孙安琪	黄　瑛	王　琦	吕殿平	王婷婷	张　剑
	王雪松	胡　枫	荀欢欢	黄　瑛	杨金娟	李晓辉
	张　航	胡　枫	张　红	姚　卿	张舒扬	李晓辉
	张艳芹	黄　瑛	赵　璐	隋　杨	赵煜嘉	张　剑
	郑　展	张　剑				
软件工程	蔡傲南	赵冲冲	郭瑞琦	朱　岩	李伟芳	孙昌爱
	刘益强	孙昌爱	冉玉凤	孙昌爱	任宇娟	包　宏
	孙　博	胡长军	徐良政	王昭顺		
设计艺术学	冯杨兰	陈　键	高玉娇	覃京燕	雷月雯	覃京燕
	李　环	陈　键	李旭莉	陶　晋	李英杰	覃京燕
	路敦彬	郑　阳	缪维颖	魏　东	滕　菲	魏　东
	汪　晗	陈　键	徐晓晨	魏　东	徐　艺	覃京燕
	张　凡	陈　键	张梅逸	郑　阳	赵可心	郑　阳
社会学	侯小童	时立荣	胡　艺	时立荣	刘　昕	刘向英
	谭　玲	郇建立	王中皎	邢朝国	吴海潮	许　斌
	闫海全	章东辉				
生物化学与分子生物学	蔡梓根	刘晓璐	常欣荣	杜宏武	丁　涛	刘晓璐
	段冉冉	闫　海	冯　楠	闫　海	顾　袁	张学记
	胡佳媛	宋　青	贾玉军	时国庆	李博华	宣劲松
	李馥雪	时国庆	李　希	胡继业	李　欣	宋　青
	刘美艳	尹春华	刘　佩	董海峰	莫日根	王海鸥
	牛　欢	尹春华	牛菁华	胡继业	王田玮	时国庆
	王亚萍	宣劲松	肖江山	杜宏武	徐文竹	罗　晖
	杨若薇	王海鸥	杨秀琴	杜宏武	张　文	杜宏武
	张雨时	刘丽琴	赵彦双	苏　磊		
数学	阿如罕	赵立英	陈丽晓	巩馥洲	段丹青	卫宏儒
	付晓晓	张晓丹	高红杰	卫宏儒	高小妮	孙玉华
	郭芳慧	孟　艳	郭慧敏	陈明文	郭献杰	谢铁军
	韩丽丽	赵立英	胡嘉源	卫宏儒	黄　婷	申亚男
	纪恩怀	苏永美	姜国伟	刘　宇	解雷芳	马万彪
	李　超	艾冬梅	李纪黎	陈艳萍	李　莉	徐　岩
	李林艳	陈明文	李　雅	赵东红	刘　磊	沈政伟
	刘前芳	朱　婧	刘婷婷	郑连存	吕　英	胡志兴

续表

学科、专业	硕士研究生	导师	硕士研究生	导师	硕士研究生	导师
数学	马婉清	刘　宇	秦　雪	陈明文	隋佳妮	朱　婧
	孙文凤	汪飞星	孙聿童	赵金玲	田　雪	谢铁军
	田　悦	赵志红	王　静	张志刚	王　婷	王　辉
	王婷婷	侯书会	王　宇	廖福成	吴晓军	赵向奎
	薛志华	廖福成	寻　朔	郑连存	晏金龙	赵鲁涛
	杨彩虹	胡志兴	杨伟莲	林　平	岳安香	司新辉
	张凯丽	陈艳萍	张　乾	马万彪	张文娟	张晓丹
	朱江平	艾冬梅				
统计学	姜　航	汪飞星	李鹏宇	张志刚	李如雪	马万彪
	李雪松	臧鸿雁	李云涛	徐　尔	刘立婷	臧鸿雁
土木工程	阿曼别克·托乎塔生	周晓敏 T	白玉冰	苗胜军	陈龙根	李长洪
	程　功	刘彩平	杜孝宇	谢谟文	冯　杰	刘娟红
	葛　鹏	牟在根	胡　帅	任奋华	皇甫琪	李　远
	兰昀正	高永涛	李　康	刘娟红	李　爽	刘　洋
	李　夏	牟在根	刘恒宇	吴顺川	刘　昆	刘娟红
	刘丽红	张举兵	刘亚运	蔡美峰	马俊甫	李成江
	任登路	兰成明	茹东永	乔　兰	水里人	谭卓英
	宋尚霖	汪林兵	孙大圣	杨润林	唐文娣	纪洪广
	王　浩	苗胜军	王玉娇	李长洪	夏宗沂	周晓敏 T
	徐　博	牟在根	叶尔木拉提·木哈得尔	张举兵	殷炳帅	宋波 T
	于　江	谭文辉	于　鑫	潘旦光	曾远帆	谢谟文
	翟伟奇	谭卓英	张　琪	施建俊	张　璇	刘娟红
	张尊科	宋波 T	周　栋	李长洪	周　雨	李长洪
外国语言文学	安利玲	王　娜	崔晓庆	杨英军	戴玮玲	张敬源
	董俊瑾	官　群	郭美麟	张敬源	黄建梅	李　涛
	李细亚	范一亭	李　阳	杨　子	刘晓洁	范一亭
	曲　敏	刘亚明	王　杰	刘亚明	王　硕	赵　亮
	王潇潇	何中清	王祎婷	杨英军	吴欢子	杨　子
	薛　杰	何　伟	张若琳	陈红薇	张秀铃	王　娜
	张　珣	陈红薇	赵建蓉	官　群	仲　伟	何　伟
	周　倩	秦晓惠				
物理电子学	高　倩	丁红胜	李思凯	李　杰	王　坤	丁红胜
	尹东林	李　杰				

续表

学科、专业	硕士研究生	导师	硕士研究生	导师	硕士研究生	导师
物理学	阿布日古	柳祝红	曹晓丽	顾　强	陈鸿明	王云良
	邓　雷	马星桥	葛慧娟	田付阳	梁红霞	宋玉军
	刘晓宇	张国华	刘志恒	宋玉军	门张蕾	王荣明
	苗晓佳	孟凡研	牛　璐	王鹿霞	戚梦琳	倪晓东
	任月婷	马星桥	商　修	申　江	王惠婷	巨　新
	王玉晶	秦吉红	谢佩翱	王凤平	徐闪闪	邱　宏
	张　微	马星桥	赵丹丹	王鹿霞	赵菊花	郝亚江
	赵孟哲	邱红梅	郑梦瑶	顾　强		
物流工程	付亚平	李苏剑	胡步军	李苏剑	刘殿在	丁文英
	穆　云	赵　宁	牛登超	王　转	沙　聪	王　转
	石　娟	张庆华	檀智斌	程国全	王国涛	董绍华
	王　莉	杜彦华	武　双	冯爱兰	杨本圆	杜彦华
	尤越东	贺可太	于婵娟	董绍华	张雪梅	钮建伟
	周慧秀	丁文英				
信息与通信工程	阿　卜	黄旗明	阿　里	孙奇福	阿司力	周贤伟
	边庚磊	皇甫伟	陈欣欣	杨　扬	段宝升	孙奇福
	洪鹭燕	阳小龙	黄　赐	刘　健	吉　姆	黄旗明
	李　林	黄旗明	李　童	张中山	李营营	马忠贵
	梁玉明	王丽娜	林晓丽	皇甫伟	马帅帅	陈月云
	莫妮卡	马忠贵	潘梦圆	杨　扬	乔喜慧	隆克平
	尚雅君	张中山	孙玉霞	姚　琳	谭鑫鑫	刘　健
	托　其	杜利平	王丁南	王建萍	王　玢	阳小龙
	王基镔	刘　健	王　敏	张中山	王　艳	姚　琳
	王忠勤	周贤伟	威　利	周贤伟	谢雪琴	隆克平
	邢雅欣	陈月云	闫凯丽	周　娴	严朝雯	王建萍
	杨宏兵	冯莉芳	臧亚楠	王丽娜	张　晨	彭云峰
	张　欢	隆克平	张　乾	阳小龙	张　昀	杨　扬
	周　晖	彭云峰	庄　辉	隆克平		
行政管理	毕重伟	崔　英	陈　梅	崔　英	付洪岭	冯　英
	甘椏郗	汪淑珍	高承瑛	陈闽红	高黄进林	张秋月
	郭世锋	孙雍君	侯　琳	黄耀杰	李如意	黄耀杰
	李素君	吴群芳	李　欣	汪淑珍	李秀丽	黄耀杰
	刘　剑	何晓前	娄　平	汪淑珍	麻晓晖	冯　英

续表

学科、专业	硕士研究生	导师	硕士研究生	导师	硕士研究生	导师
行政管理	那　梅	俞文华	聂宏伟	冯　英	牛海龙	俞文华
	皮　猛	俞文华	秦　涛	孙雍君	申地松	汪淑珍
	史秋媛	唐德龙	史紫薇	吴群芳	陶清懋	俞文华
	汪　林	黄耀杰	希古日干	汪淑珍	向敬阳	吴群芳
	许　多	陈闽红	杨　栋	冯　英	杨建海	吴群芳
	张　娟	汪淑珍	张晓初	俞文华	张　欣	冯　英
	赵海东	吴群芳	赵　捷	俞文华		
冶金工程	巢昌耀	吴　铿	陈高仲	曹战民	陈光炬	郭　敏
	陈培莉	张家泉	陈　涛	王福明	陈子罗	高　斌
	杜晓东	吴　铿	段所存	郭汉杰	丰　富	王静松
	付川龙	马瑞新	高　维	李京社	谷继腾	黄　凯
	谷茂强	徐安军	郭　浩	吴华杰	韩　飞	陈　骏
	韩立磊	张炯明	郝香欣	李宏煦	胡笑坤	刘　青
	黄德军	吴　铿	贾楠楠	郭　敏	贾永伟	贺东风
	金文超	杨世山	李　兵	陈伟庆	李　欢	张家泉
	李乃尧	张建良	李朋飞	束奇峰	李易霖	朱　荣
	李振祥	宋波 Y	廖　航	李京社	林　寒	岳　峰
	林　豪	杨天钧	刘斯文	杨世山	刘文兵	王新东
	刘依然	张建良	刘志勇	王新东	龙思阳	左海滨
	鲁　浩	郭汉杰	陆民刚	张家泉	鹿　焱	王新华
	罗俊斌	张立峰	骆朋辉	邹　兴	马　帅	苍大强
	孟令涛	刘　青	孟晓玲	成国光	潘江涛	贺东风
	戚举坤	李　宏	戚振南	吴胜利	沈江威	左海滨
	盛　力	张立峰	施高杰	薛济来	施　琦	白　皓
	宋方圆	许中波	宋慧昌	刘　青	宋　阳	郭占成
	孙　恒	胡晓军	索金亮	王新华	汤励峥	孙彦辉
	汪礼平	杨丽韫	王　东	苍大强	王海乔	贾彦忠
	王明辉	李京社	王　森	薛济来	王　涛	陈　骏
	王晓飞	郭　敏	王肖戬	陈　骏	王　旭	闫柏军
	王玉珏	吴胜利	王子文	李宏煦	魏王亚	于然波
	吴　鹏	邹　兴	项　南	郭兴敏	谢　帆	陈伟庆
	熊蜀波	王福明	徐大安	李　宏	徐　杰	于然波
	徐联军	郭汉杰	杨　澍	王新东	杨苏冰	杨占兵

续表

学科、专业	硕士研究生	导师	硕士研究生	导师	硕士研究生	导师
冶金工程	于小南	李　宏	袁　艳	焦树强	张劲羽	宗燕兵
	张　珂	朱鸿民	张　黎	吴　铿	张文兴	吴胜利
	张兴旺	曹战民	张亚召	胡晓军	赵　迪	杨天钧
	赵廷刚	王静松	赵颖石	沈少波	钟建波	张建良
	朱经纬	郭占成	朱茂华	王福明		
仪器科学与技术	曹端磊	赵小燕	郭　坤	赵小燕	李华通	迟健男
	马成铖	康瑞清	任　宁	左　昉		

2017 年全日制专业学位硕士生毕业并获得学位的研究生名单

学科、专业	硕士研究生	导师	硕士研究生	导师	硕士研究生	导师
安全工程	陈记合	蒋仲安	冯彩云	黄志安	宫雪皎	张英华
	郝向宇	刘双跃	胡文颖	蒋仲安	黄凤祥	金龙哲
	姬宇晨	张英华	刘芳喆	黄志安	罗　强	张英华
	任俊妍	杜翠凤	沈　杰	金龙哲	史　昌	蒋仲安
	吴　情	刘双跃	徐少京	杜翠凤	姚晓雨	李　铁
材料工程	白丽娟	连　芳	白　雪	赵志毅	曹茂生	刘新华
	曹文海	路民旭	车鹏达	范丽珍	陈海斌	米振莉
	陈家龙	余万华	陈晓黎	张　津	陈　懿	张济山
	迟于喆	常永勤	戴思雨	朱国明	董　波	武会宾
	董　鹏	江海涛	杜　磊	李　平	端木樊杰	陈雨来
	范光龙	顾有松	范金昇	郑裕东	范亚蒙	范丽珍
	冯　彪	王德仁	高　飞	齐俊杰	宫家欣	高学绪
	郭奇勋	滕　蛟	何建桥	尹海清	洪　炀	李　勇
	胡俊立	于　浩	胡　维	陈　冷	胡亚璞	王金伟
	黄建华	杨　洲	贾聪聪	樊自栓	贾金斗	曾燕屏
	贾曼平	李立东	贾萌柳	张麦仓	贾宜訸	王海成
	蒋亚茹	闫小琴	金　鹏	蔡庆伍	李　波	李长荣
	李莉莉	于　浩	李　霖	武会宾	李明辉	余　伟
	李荣博	王旭东	李瑞凤	杨　平	李　森	李　妍
	李帅鹏	范丽珍	李　婷	张　雷	李小丽	秦明礼

续表

学科、专业	硕士研究生	导师	硕士研究生	导师	硕士研究生	导师
材料工程	李小政	冯　强	李亚伟	张　虎	梁　晨	乔利杰
	梁　毅	路民旭	林　超	张　鸿	林迎午	路　新
	刘　博	张深根	刘红梅	田文怀	刘建苍	张　雷
	刘建纲	张　鸿	刘　丽	韩静涛	刘丽萍	王　戈
	刘　威	张迎春	卢宇迪	孙建林	吕少敏	何新波
	吕莹莹	纪　箴	罗　锟	张波萍	马　斌	孙爱芝
	马　丁	李晓刚	马佳佳	李　勇	马云飞	唐伟忠
	毛成亮	肖　葵	梅　珍	刘雅政	宁　乐	纪　箴
	裴　伟	赵爱民	乔　智	曹文斌	秦世开	田文怀
	任　惠	唐伟忠	任　帅	杜翠薇	闪成龙	洪慧平
	申　杰	郑为为	隋　斌	俞宏英	隋志献	杨会生
	孙　倩	陈　冷	孙　涛	俞宏英	谭　波	强文江
	谭志东	宋仁伯	陶　璋	杨　穆	汪烈承	唐　荻
	王　芳	乔利杰	王奉献	叶荣昌	王　会	王金伟
	王慧如	杜翠薇	王俊广	陈雨来	王科文	王　冬
	王　可	孙冬柏	王　亮	刘智勇	王林炜杰	赵征志
	王卫兵	武会宾	王　寻	惠希东	王研鑫	王树明
	王乙法	余　伟	王宇宙	董建新	王彧薇	蔡庆伍
	王子豪	黄运华	魏露杰	王学敏	魏庆一	闫小琴
	魏　巍	龙　毅	温　馨	燕青芝	温　震	梁永锋
	吴　波	江海涛	吴国刚	胡水平	吴立成	郝俊杰
	武　波	王国杰	武圣豪	李　平	徐　伟	路　新
	徐亚鹏	米振莉	徐永佳	杜翠薇	许　琛	孙爱芝
	许　胜	谢建新	许晓强	程学群	许祖滨	韩恩厚
	薛春阳	林国标	薛凯红	吴俊升	闫　宁	葛昌纯
	颜　阳	刘雪峰	晏　燕	康永林	杨大伟	陈树海
	杨　铭	姜　勇	杨志文	孙冬柏	印珠凯	赵爱民
	雍　庆	陆永浩	岳丹丹	李　勇	张彬礼	柳　伟
	张　欢	杨　穆	张建宇	杜艳霞	张　晶	孟惠民
	张　庆	王国杰	张　荣	黄继华	张元伟	曾燕屏
	张振华	俞宏英	张争明	高　瑾	赵吉祥	官月平
	赵　磊	邵慧萍	赵尚节	秦明礼	赵学文	宿彦京
	赵亚豪	徐晓光	赵　月	赵征志	赵自飞	康永林

续表

学科、专业	硕士研究生	导师	硕士研究生	导师	硕士研究生	导师
材料工程	郑子易	许立宁	周霄骋	刘智勇	周小文	龙　毅
	朱　松	王自东	朱文丽	齐俊杰	邹佳滨	王丽萍
车辆工程	崔　贺	冯茂林	范秀英	杨耀东	方　然	石博强
	高　伟	石博强	蒋金超	申焱华	康　明	冯志鹏
	李建国	石博强	李　帅	申焱华	梁世龙	范让林
	商　烁	黄重国	司吉祥	杨　珏	孙　博	范让林
	王炳奎	申焱华	闫社彬	刘　立	张　顺	孟　宇
	赵亚伦	杨　珏	钟明胜	马　飞	周　正	罗维东
地质工程	槐　冬	李克庆	王　强	高　谦	张　政	高　谦
电子与通信工程	蔡　霖	王丽娜	常晓江	杜利平	陈　卓	周贤伟
	崔凤焦	石志国	高　维	王建萍	管　蕾	杨裕亮
	韩　璐	周贤伟	何小鹏	王志良	胡月龙	安建伟
	黄冰冰	王先梅	纪　新	彭云峰	金　翠	黄旗明
	金良辰	解　仑	雷文辉	胡四泉	李亚伟	杨裕亮
	刘立宇	马忠贵	刘　伟	周　娴	刘　翔	王建萍
	龙克树	杜利平	罗雁翎	阳小龙	马洪岳	解　仑
	史　可	董　平	宋兴剑	石志国	孙晓晖	张中山
	王晓辉	杨　扬	王月月	安建伟	徐春磊	冯莉芳
	闫景阳	安建伟	闫文博	马忠贵	杨　露	王丽娜
	杨心竹	皇甫伟	战　强	周贤伟	张柏林	隆克平
	张成锐	杨　扬	张　丹	周贤伟	张茜婵	彭云峰
	张天宇	张中山	周靖云	石志国		
动力工程	蔡　航	夏德宏	董之润	王　恒	冯万国	楼国锋
	郭　强	温　治	何军凯	姜泽毅	贾凝晰	乐　恺
	姜贝贝	刘双科	姜理俊	刘应书	李文双	岳献芳
	梁家骏	乐　恺	刘　洋	冯妍卉	苗文帅	范慧方
	彭方爰	刘训良	彭远旺	姜泽毅	王　颖	包　成
	吴举茂	苏庆泉	杨海洋	苏庆泉	杨　鹏	温　治
	杨　洋	温　治	余智文	孙淑凤	张牧心	尹少武
	赵　军	林　林				
化学工程	常之龙	胡澎浩	丛小虎	李新学	崔丽娜	臧丽坤
	杜　雨	查俊伟	李晓丹	杨运旭	刘　瑶	常志东
	任朝君	刘世香	王成臣	温永强	王思琦	叶亚平
	温　旭	温永强	熊思来	王东瑞	张雨石	杨运旭

续表

学科、专业	硕士研究生	导师	硕士研究生	导师	硕士研究生	导师
环境工程	曹雨萌	唐晓龙	陈 思	林 海	崔保聪	易红宏
	樊 荣	陈月芳	刚 娇	马鸿志	高月明	唐晓龙
	郭 利	周北海	何家庆	宋存义	李 强	汪 莉
	李雅劼	李子富	李远涛	易红宏	刘 潇	易红宏
	齐 欢	张玲玲	沈雨获	常雁红	田 野	林 海
	王 骢	邢 奕	王晓娜	汪群慧	徐翔宇	季宏兵
	许帮华	汪群慧	杨 健	马鸿志	张 帆	宋 波
	张海丽	林 海	张 如	汪 莉	张 信	李天昕
机械工程	曹雪冬	王宝雨	陈立强	孙志辉	陈禄祯	宋 勇
	陈庆波	杨光辉	程海良	闫晓强	崔 蕊	王宝雨
	崔子月	刘 江	丁坤洋	俞必强	董伟琦	宋 勇
	杜丰灿	张康生	杜家男	刘北英	冯 哲	张清东
	高俊翔	杨 斌	高天然	李 疆	高永其	杨 斌
	韩京石	王晓玲	韩小慧	臧 勇	贺增磊	曹建国
	侯英瑞	王晓玲	胡瑞宇	苏兰海	胡岳龙	李 威
	黄景辉	张 杰	黄翔宇	巩宪锋	黄鑫书	刘 江
	黄云建	刘 江	雷奇瑛	杨 荃	李 度	万 静
	李 立	孙朝阳	李 琳	黄明吉	李 强	郜志英
	李 帅	郑莉芳	李小乐	边新孝	李 泽	刘北英
	廉开发	樊百林	刘梦娇	李 疆	路俊龙	杨海波
	罗 江	张清东	马加伟	张康生	马严玮	林建国
	欧留功	秦 勤	彭 辉	章立军	曲 通	唐 英
	任连磊	张大志	荣银龙	章立军	邵佳星	刘北英
	宋小芳	何安瑞	苏 皓	杨德斌	孙 黎	贾志新
	孙 勇	杨德斌	孙照鹏	苏兰海	王 斌	孙朝阳
	王 斌	万 静	王 刚	王文瑞	王汉宸	杨 荃
	王琭瑶	吕卫阳	王 赛	吴迪平	王 涛	张少军
	王伟伟	朱超甫	王 鑫	俞必强	王 逊	李 威
	王玉祥	张 杰	魏春成	唐 英	吴 超	李 瑞
	吴义博	杨光辉	武鹏飞	王宝雨	向 境	徐 科
	项 欣	陈 平	辛文萍	樊百林	徐 闯	黄明吉
	徐日石	何安瑞	徐晓辉	郑莉芳	闫 磊	黄效国
	闫向哲	刘晋平	杨 波	王文瑞	杨 斐	臧 勇

续表

学科、专业	硕士研究生	导师	硕士研究生	导师	硕士研究生	导师
机械工程	杨潇怡	和　丽	杨政霖	秦　勤	翟星星	唐　英
	张春蕾	王宝雨	张广辉	孙志辉	张海洋	郑莉芳
	张　号	李　疆	张昊阳	阳建宏	张　乐	陈　兵
	张升华	郑莉芳	张晓义	吕卫阳	张亚洲	贾志新
	张　阳	孙凤艳	赵　航	韩　天	赵久松	尹忠俊
	赵睿越	徐　科	赵　影	张锁梅	郑永波	贾志新
	朱学洋	樊百林	朱伊哲	曹建国	祝文颖	冯志鹏
计算机技术	陈　磊	王志明 J	仇敬飞	夏克俭	邓淑宁	陈红松
	董绍伟	徐　科	段茜茜	张晓彤	高　勇	王庆梅
	韩　至	陈红松	冀光海	周　芳	焦　诚	张冬艳
	解亚楠	王昭顺	李春苗	夏克俭	李瑞欣	罗　熊
	李　叶	阿孜古丽	刘　晨	张晓彤	刘　静	谢永红
	刘　娜	王宗杰	路红英	朱　岩	吕圣男	周　芳
	吕宜轩	罗　熊	马博渊	班晓娟	南伟杰	张德政
	潘　琳	孙昌爱	彭　姣	张冬艳	彭文娟	张德政
	任雪娜	王洪泊	任志远	张　敏	石　磊	张德政
	史晓雄	王昭顺	苏佳楠	张德政	田亚南	陈红松
	田　野	张晓彤	万义飞	谢永红	王　辰	段世红
	王风儿	王昭顺	王梦瑶	包　宏	王文华	王志明 J
	王欣欣	毛凌锋	王亚静	吕志民	王一鸣	张德政
	许　敏	王志明 J	许　洲	时　鹏	杨　光	班晓娟
	姚金彪	陈红松	曾　珺	张晓彤	张　龙	曾广平
	张　宁	王庆梅	赵　琦	姚宣霞	周国旭	王　沁
	周　媛	王昭顺				
建筑与土木工程	陈佳祥	王树和	陈　哲	龚　敏	陈振鸣	蔡美峰
	程景霞	宋波 T	杜德冰	周晓敏 T	郭　瑞	王德胜
	郝晓敏	宋波 T	何宇鑫	宋波 T	贺炎节	王树和
	蒋　灿	谭卓英	解　芮	谭卓英	李庆亚	施建俊
	梁　超	王金安	梁　鼎	李　铁	凌　峰	牟在根
	刘润田	李长洪	刘少冉	谢谟文	乜伟波	刘彩平
	秦北溟	张举兵	王笃局	乔　兰	王海信	谭文辉
	王洪军	王德胜	王立明	纪洪广	王　攀	蔡美峰
	王　洋	任奋华	魏华兴	李　铁	魏建科	潘旦光

续表

学科、专业	硕士研究生	导师	硕士研究生	导师	硕士研究生	导师
建筑与土木工程	魏书东	周晓敏T	吴可嘉	刘洋	杨帆	谢谟文
	于佳露	谭卓英	张海昕	刘娟红	张鹏	李铁
	张云峰	杨润林	张政	李远		
控制工程	陈涛	潘月斗	陈怡然	郭强	崔晓涵	杨卫东
	董恩吉	李擎	郭红波	童朝南	何苗	刘丽
	吉成	尤佳	景灏	彭开香	李世斌	陈先中
	李雪峰	李希胜	李忠辉	蓝金辉	刘洪波	张崎
	刘威	李晓理	陆源	刘丽	吕埛	贺威
	吕小亮	李果	马才	肖文栋	马红梅	张兰
	屈旭	张卫冬	任宏明	高海	任建勋	刘磊明
	申晓阳	陈先中	宋李玲	徐正光	苏雪	张崎
	唐欢	李擎	田亮	穆志纯	田泽文	杨淑华
	田子茹	袁立	童文皓	张维存	汪伟	张勇军
	王海静	赵宝永	王欢	陈先中	王家齐	尹怡欣
	王立辉	张朝晖	王孟召	董洁	王谦	孙昌国
	王一帆	李晓理	吴炎磊	孙长银	肖高奇	尹怡欣
	谢文旭	伍春洪	杨长林	蓝金辉	杨继成	谷宇
	杨亮	王莉	于威立	彭开香	余汐霆	肖文栋
	张崇	张勇军	张磊	童朝南	张璐	张朝晖
	张倩	李江昀	张沙沙	刘蕴络	张帅	徐正光
	赵宏业	张卫冬	赵向	乔红	郑志成	李希胜
	周超	石中锁	周春晖	陈先中		
矿业工程	白添羊	吴顺川	白武帅	姜福兴	陈达	宋卫东
	陈子健	吴顺川	高锦城	倪文	高维鸿	王洪江
	侯春来	吴爱祥	瞿孝昆	姜福兴	李斌	高永涛
	李钢	乔兰	李杰	孙春宝	李洁	林海
	李政良	孙春宝	林荣汉	胡乃联	刘长月	金爱兵
	刘刚	金爱兵	刘磊	璩世杰	刘鹏伟	冯雅丽
	刘强	金爱兵	刘晓天	毛市龙	刘轩	倪文
	米金辉	王进强	母绍壮	倪文	祁伟超	段旭琴
	孙会熙	吴爱祥	覃星朗	蔡嗣经	谭海伟	杨慧芬
	田松	王化军	王宏伟	蔡美峰	王雷鸣	尹升华
	王思杰	龚敏	王瑶	金爱兵	王志军	吕文生

续表

学科、专业	硕士研究生	导师	硕士研究生	导师	硕士研究生	导师
矿业工程	王志明	璩世杰	吴　鹏	王贻明	徐　恒	王贻明
	徐琳慧	宋卫东	徐淼斐	高永涛	杨葆华	孙体昌
	杨建博	璩世杰	杨书航	孙春宝	游　化	高　谦
	袁国斌	高　谦	张　浩	杨　鹏	张俊飞	姜福兴
	钟　华	胡乃联	朱力维	吕文生	邹新奇	高永涛
软件工程	范慧星	胡长军	侯蓓蓓	阿孜古丽	胡春美	赵冲冲
	石　川	阿孜古丽	苏庆东	王洪泊	孙　骄	张德政
	王　辉	王忠民	王重阳	汪红兵	邢明峰	王宗杰
	杨立广	朱　岩	张　璐	雷雪梅		
生物工程	高　影	宋　青	李　明	许利苹	秦双强	胡继业
	王海洋	苏　磊	许　林	刘丽琴	杨元平	胡继业
物流工程	樊　凯	张庆华	范竞男	冯爱兰	李再伟	吕志民
	彭　豆	王　转	屈展慧	吴秀丽	任云肖	程国全
	童　钢	吕志民	王　坤	董绍华	吴　爽	钮建伟
	邢艳雪	李苏剑	杨　振	吕志民	张　洁	程国全
	张　义	钮建伟	张英武	贺可太	张志强	吴秀丽
	朱道云	贺可太				
冶金工程	白佳星	李素芹	车晓锐	张宗旺	陈　诚	李建玲
	陈力源	吴胜利	陈　霄	包燕平	陈学鑫	闫柏军
	陈宜军	郭兴敏	陈宇廷	侯新梅	程鹏飞	唐海燕
	程　挺	朱　荣	程志杰	左海滨	代卫星	成国光
	邓释禅	王福明	董超振	王新东	段大波	孙彦辉
	范佳奇	李宏煦	高启瑞	宋波 Y	高胜亚	王新华
	葛金朋	李　晶	龚华超	徐安军	郭光胜	杨天钧
	郭金磊	沈少波	郭沁怡	宋波 Y	郭晓晨	唐海燕
	韩　菲	王静松	郝　阳	包燕平	贺　宝	李　晶
	洪欣娟	李素芹	候朋涛	王丽君	黄蒙蒙	李宏煦
	黄术明	薛济来	蒋晨旭	岳　峰	李　超	张立峰
	李　浩	于然波	李继广	李建玲	李秋寒	张延玲
	李显鹏	张延玲	李　祥	马瑞新	林　娜	薛庆国
	凌　超	薛庆国	刘福军	宁晓钧	刘公正	苍大强
	刘华松	张家泉	刘佳伟	岳　峰	刘　健	刘润藻
	刘梦阳	周国治	刘思远	张建良	陆　阳	郭占成

续表

学科、专业	硕士研究生	导师	硕士研究生	导师	硕士研究生	导师
冶金工程	罗明锁	王静松	罗文坡	侯新梅	马　超	罗海文
	马全强	唐惠庆	马　睿	朱鸿民	孟　飞	曹战民
	潘东腾	张立峰	潘晓亮	郭　敏	彭丹丹	刘晓明
	彭利冲	李素芹	漆启松	徐安军	秦艳齐	唐惠庆
	曲明磊	成国光	申献江	张梅Y	盛　勇	刘　青
	宋惠东	李　晶	孙国栋	张国华	孙敬春	郭兴敏
	孙　实	李宏煦	孙　越	朱　荣	王程明	王福明
	王富强	郭占成	王　浩	贺东风	王红兵	贾彦忠
	王　欢	于然波	王学阳	徐安军	王　阳	白　皓
	王　洋	崔　衡	王　勇	唐海燕	王　志	李　宏
	王志通	张炯明	魏付豪	刘建华	温　鑫	张炯明
	吴　龙	许中波	徐佳亮	包燕平	闫　哲	李素芹
	闫志武	高　斌	杨　鹤	崔　衡	杨军强	宁晓钧
	杨　岩	朱　荣	姚登元	吴华杰	姚占山	刘润藻
	尹立普	黄　凯	于天恒	李建玲	于　洋	岳　峰
	袁吉峰	王安仁	曾贵民	罗海文	曾祥群	刘润藻
	张宏博	张宗旺	张经纬	杨天钧	张　龙	焦树强
	张圣华	宋波Y	张思源	包燕平	张晓勇	马瑞新
	张永超	吴华杰	张游游	刘建华	章　讯	唐惠庆
	赵　省	张立峰	赵　星	张立峰	赵宇广	李建玲
	周　萌	王新华	周　乾	张梅Y	朱春恩	李　宏
	朱明旭	白　皓				
仪器仪表工程	任　锴	康瑞清	沈俊杰	侯庆文	王名扬	康瑞清
	赵晓月	侯庆文				
法律（法学）	董国璋	魏增产	高琦梅	李婉平	龚忠科	王竹青
	郝晓晶	郑瑞琨	郝晓武	张卫英	贾丹丹	郑瑞琨
	廖文博	张卫英	米恬黏	魏增产	孙文慧	董　梅
	田汉国	王霁霞	王程涛	王竹青	温建丽	董　梅
	杨叶菁	魏增产	张鸿烨	郑瑞琨	张　瑾	郑瑞琨
	张丽莹	石　雁	赵乾宇	侯登华	赵子嘉	石　雁
法律（非法学）	白　莉	张　颖	陈梦泽	郑瑞琨	刘　双	侯登华
	亓晓玮	张　颖	孙春宇	徐清梅	王少霞	王霁霞
	王晓菲	魏增产	王雅婷	郑瑞琨	张　元	徐清梅
	张曌星	徐清梅	赵　微	郑瑞琨		

续表

学科、专业	硕士研究生	导师	硕士研究生	导师	硕士研究生	导师
翻译	董　雪	赵　亮	葛思佳	秦晓惠	郭泓徽	高西峰
	雷　蕾	赵秋荣	李　红	满海霞	刘雨薇	范一亭
	柳　鹤	赵秋荣	马思雨	杨　子	孟　旭	范玉梅
	钱佳慧	杨英军	孙　芳	周　彤	王美慧	赵　亮
	杨　茜	高西峰	殷婉莹	边　静	殷燕楠	范一亭
	张力丹	周　彤	郑　雯	王书玮	周倩倩	梁雅梦
	朱　达	满海霞				
工商管理	阿　里	吕殿平	阿　萍	裴利芳	艾　娟	孙　莹
	巴　尼	裴利芳	柏露萍	肖　明	毕西尔乐	李晓辉
	蔡曼儿	陈雪松	蔡　蒙	潘永泉	曹海权	肖　明
	曹志华	杨　武	曹志雨	周晓光	柴金秀	张曾莲
	常　卿	李晓静	陈海龙	杨建华	陈　思	张　剑
	陈　艳	佘元冠	陈智萌	王未卿	戴汶作	魏　钧
	党思超	周晓光	邓　刚	王　凯	邓刘娜	阚　宏
	狄晓靓	刘志伟	迪达尔	楼　园	丁雪英	李晓静
	董斌权	贾振全	董梦然	甘明鑫	董　欣	黄　瑛
	多菲尔	李晓静	冯相斐	张晓冬	冯学强	张文新
	付　强	何维达	付禹昕	张文新	高　靓	王未卿
	高清雪	隋　杨	龚彦霖	肖　明	顾芳菡	何　枫
	郭安旗	潘永泉	郭大林	魏　钧	郭会娟	李铁克
	郭建虹	姚　卿	郭　静	李晓静	郭朋朋	何　枫
	郭青宁	张文新	憨婷玉	魏桂英	韩　薇	吕殿平
	韩　雪	魏　钧	韩职好	刘　澄	何国熙	肖　明
	何永安	李晓辉	何　志	谢　湲	贺　凌	刘　澄
	侯保森	胡　枫	侯赛因	孙　莹	侯正兵	刘志伟
	胡　辰	李铁克	胡　环	肖　明	胡佳龙	张　燃
	华天宇	王道平	黄雅芳	戴淑芬	黄颜辉	高学东
	黄正艳	范小华	霍　利	韩良智	贾生波	孙　莹
	姜传鑫	李晓静	姜　月	贾振全	蒋　涛	刘　澄
	蒋晓娜	冯　梅	金彩玲	王未卿	靳　凯	张曾莲
	凯瑟琳	王未卿	邝文清	刘　澄	兰　颖	陈雪松
	乐圣凌	王未卿	雷青霞	隋　杨	李　翠	苏　玲
	李　迪	李铁克	李涵睿	彭　锐	李　蕾	刘欣华

续表

学科、专业	硕士研究生	导师	硕士研究生	导师	硕士研究生	导师
工商管理	李丽娜	刘欣华	李　良	马风才	李梦思	武　森
	李珉泽	苏　玲	李　宁	裴利芳	李仕刚	刘　澄
	李　烁	崔文娟	李文川	王未卿	李晓玲	马风才
	李　应	胡　枫	栗　颜	高俊山	梁日辉	武　森
	梁玉兰	刘欣华	林　琳	王道平	林　茂	何润宇
	林绍丰	黄晓霞	林雪缘	魏　钧	刘　佳	崔健双
	刘敬敏	王道平	刘　霜	高学东	刘　伟	冯　梅
	刘晓丹	何民庆	刘晓蕾	李铁克	刘晓勇	刘　澄
	刘笑晗	张曾莲	刘耀荣	张　燃	刘　颖	吕殿平
	刘永和	谢　湲	刘之光	杨　武	柳兆锋	刘明珠
	卢家莉	刘　澄	卢荣姣	王未卿	卢　帅	高俊山
	吕　静	戴淑芬	吕　轩	楼　园	罗　珊	张　剑
	罗嗣婧	甘明鑫	苗永滋	高俊山	彭云龙	张　燃
	朴连根	武　森	虔　诚	苏　玲	邱　晨	裴利芳
	邱　洋	何润宇	曲帅帅	李晓静	曲喜峰	彭　锐
	饶竞春	王立民	萨　媞	裴利芳	尚　枫	王　莹
	申　健	楼　园	申　岩	苏　玲	绳海宇	孙　莹
	石炎炎	邓立治	宋　晶	甘明鑫	宋伟伟	贾振全
	宋雅欣	魏　钧	宋　阳	冯　梅	苏大龙	李铁克
	苏　雷	周晓光	孙吉君	孙　莹	孙维振	高学东
	谭大良	姚　卿	汤忠心	范小华	陶晓夏	刘明珠
	陶炫璐	胡　波	田　欣	何润宇	田正国	王立民
	汪　慧	冯　梅	王柏胜	楼　园	王风连	苏　玲
	王　峰	吕殿平	王海龙	彭　锐	王继伟	王道平
	王　洁	魏　钧	王　君	刘欣华	王　钧	陈雪松
	王立东	王维才	王丽娜	陈雪松	王利军	李晓辉
	王秋实	何　枫	王　伟	王未卿	王献红	武　森
	王小军	黄晓霞	王亚明	何　枫	王　洋	何维达
	王　智	刘欣华	魏　斌	葛泽慧	魏　丹	魏　钧
	魏　爽	魏　钧	吴国伟	李铁克	吴慧娟	张　群
	吴其宇	王宾容	吴小敏	苏　玲	吴　莹	王立民
	武　斌	吕殿平	夏　莉	魏　钧	许福海	彭　锐

续表

学科、专业	硕士研究生	导师	硕士研究生	导师	硕士研究生	导师
工商管理	许 罡	楼 园	严华平	黄晓霞	颜 娜	刘欣华
	杨冬雪	张曾莲	杨 帆	何民庆	杨 静	何维达
	杨 霞	刘亚莉	姚利荣	邓立治	易 清	武 森
	于 飞	肖 明	于海洋	苏 玲	于 震	邓立治
	俞晓东	阚 宏	袁富佳	魏桂英	袁 昭	王道平
	苑贺扬	冯 梅	曾韵玲	刘欣华	张 波	刘 澄
	张博欣	崔健双	张成龙	崔健双	张 飞	张俊光
	张 晗	彭 锐	张 翮	王未卿	张敬举	彭 锐
	张 良	王道平	张宁宁	王道平	张书敏	刘 澄
	张闻一	王未卿	张雅纯	裴利芳	张 旸	吕殿平
	张哲源	冯 梅	赵 婕	刘 澄	赵 菁	苏 玲
	赵 露	魏 钧	赵培培	苏 玲	赵 青	陈雪松
	赵一锋	王维才	赵 英	裴利芳	赵永建	彭 锐
	赵月文	彭 锐	郑宏雷	李铁克	郑 娟	杨 武
	支建永	肖 明	只小璞	武 森	钟小兰	李晓静
	周江华	苏 玲	周开龙	王道平	周天鼎	葛泽慧
	周文钊	魏 钧	周香平	王未卿	朱 丹	张 剑
	朱婧菲	苏 玲	朱凯悦	李晓静	朱树林	张晓冬
公共管理	陈曼华	张武军	陈永范	陈闽红	高泰帜	俞文华
	郝敏哲	许 放	侯晓芳	黄耀杰	黄达昭	孙雍君
	黄 瑛	崔 英	寇光裕	许 放	李 冉	陈闽红
	李晓乾	吴群芳	李雪梅	陈闽红	李彦彬	冯 英
	梁 驰	汪淑珍	刘安迪	陈闽红	刘 希	许 斌
	鹿 群	汪淑珍	吕婉明	吴群芳	马 赛	许 放
	石 峰	俞文华	苏立杨	俞文华	孙焕玲	黄耀杰
	谭海峰	吴群芳	王 峻	汪淑珍	王 潇	陈闽红
	王 萱	时立荣	王 雪	冯 英	王艺番	吴群芳
	王玉洁	时立荣	王站站	汪淑珍	谢 欣	张秋月
	徐冬黎	陆 俊	徐兆赫	许 放	殷 实	赵 雨
	于腾飞	何晓前	袁碧华	褚 洪	张成林	汪淑珍
	张 暑	吴群芳	张亚婷	许 斌	张照昌	冯 英
	赵 扩	俞文华	钟伟雄	孙雍君	周建薇	崔 英

续表

学科、专业	硕士研究生	导师	硕士研究生	导师	硕士研究生	导师
会计	曹文俊	李晓静	陈淑媛	贾振全	陈潇潇	戴淑芬
	董芝君	何民庆	高璟杰	张曾莲	苟乃夫	杨　青
	顾佳卉	刘明珠	韩思雪	刘亚莉	胡翠翠	范小华
	胡　璠	刘欣华	江　冉	韩良智	金文婷	刘　澄
	李　卓	邓立治	刘　敏	罗乾宜	刘琦鹏	韩良智
	刘勇超	张曾莲	刘媛媛	王维才	马　娜	刘亚莉
	裴梓萱	刘欣华	任红清	张俊光	王红浪	周晓光
	王　怡	寇明婷	王　甜	范小华	王亚鑫	陈雪松
	王一凡	王立民	徐志丹	何　枫	张惠媛	崔文娟
	张美玲	胡志颖	张振江	胡　枫	周智一	崔文娟

2017 年获得硕士专业学位的在职研究生名单

学位类别	专业、领域	姓名	导师	姓名	导师	姓名	导师
工程硕士	安全工程	陈金桥	金龙哲	顾慧新	蒋仲安	洪　华	黄志安
		黄国良	蒋仲安	李　钢	蒋仲安	李杰超	蒋仲安
		李　迅	蒋仲安	梁　妹	蒋仲安	刘　凯	金龙哲
		刘　一	蒋仲安	罗鸿飞	蒋仲安	孟孜宣	蒋仲安
		荣　朴	蒋仲安	王　超	刘双跃	王　鹏	蒋仲安
		王淑敏	蒋仲安	于可峰	杜翠凤	张晋霞	纪洪广
		张　巍	刘双跃	张志刚	蒋仲安	赵　星	蒋仲安
		周　陟	蒋仲安				
	材料工程	邓乐锐	薛文东	樊子力	唐　荻	付百林	孙建林
		傅彦青	周　成	李海恩	任学平	秦　威	任学平
		滕　芳	吴春京	武艳瑞	任学平	杨　勇	刘雅政
		詹奇龙	薛文东	张丙尉	任学平	张秀收	赵志毅
	车辆工程	赵连强	杨　珏				
	工业工程	艾婷婷	王　转	白向国	马风才	白永健	李苏剑
		成丽媛	程国全	崔瑞星	崔健双	窦　伟	马风才
		段国瑞	李晓辉	郭　玮	李铁克	何　磊	杨　武
		胡凯华	王　转	雷　鸣	武　森	李进国	丁文英

续表

学位类别	专业、领域	姓名	导师	姓名	导师	姓名	导师
工程硕士	工业工程	李莞靖	李苏剑	李　雪	黄　瑛	李　岩	贺可太
		李月英	王　转	李治强	何润宇	刘　北	程国全
		刘　博	赵　宁	刘广泉	丁文英	吕海宁	赵　宁
		马国栋	赵　宁	戚　霏	张庆华	史　蕾	何润宇
		孙建伟	冯爱兰	孙　悫	冯爱兰	唐璐娟	李晓辉
		汪秀阳	李苏剑	王海瑾	贺可太	王丽菲	黄　瑛
		魏鹏飞	张文新	吴　烨	黄　瑛	杨　杰	王　转
		杨连儒	赵　宁	张海娟	崔文娟	张海相	李苏剑
		张洪生	张庆华	张　镭	马风才	张丽坤	丁文英
		郑建新	刘欣华	周光明	何润宇	周军伟	黄晓霞
		朱　进	赵　宁				
	化学工程	张士宇	范慧俐				
	机械工程	迟志涛	刘国勇	丁双勇	黄明吉	丁　正	朱超甫
		高　军	刘北英	高运清	阳建宏	韩军亮	郜志英
		黄　坤	韩建友	黄伟华	马祥华	焦海丰	贾志新
		李红伟	马祥华	李鸿梅	郗安民	李　宁	秦　勤
		李松林	孙志辉	李　涛	马祥华	李新东	边新孝
		李　铁	冯爱兰	李云鹏	杨　竞	卢景强	尹忠俊
		马　健	马祥华	马永强	尹忠俊	宁宏广	黄明吉
		孙　博	刘北英	锁国军	马祥华	汤　凛	马祥华
		陶振兴	朱超甫	汪春旺	唐　英	王福军	钮建伟
		王宏伟	李苏剑	王毅俊	张　杰	王玉兴	邱丽芳
		吴盛中	刘北英	吴　霄	朱超甫	徐少鹏	韩建友
		闫　杰	张建良	杨　平	张大志	杨轶婷	吕卫阳
		要志超	冯爱兰	张　静	曹建国	张文龙	刘国勇
		张　宇	贾志新	张运生	杨海波	张振坤	韩　天
		赵万江	李　威	赵伟超	马祥华	郑建锋	周晓敏 J
		周　晟	闫晓强	朱　霖	李苏剑	宗　英	邱丽芳
		邹景平	闫晓强	左怀拯	郗安民		
	建筑与土木工程	程诺嘉	陈德平	崔昌洪	刘娟红	范小亮	王树和
		葛　晶	宋波 T	胡博修	纪洪广	黄　君	高永涛
		金　昭	刘　洋	康　健	陈章华	赖庆招	纪洪广
		李　文	谭文辉	李文强	周晓敏 T	刘雪峰	李长洪

续表

学位类别	专业、领域	姓名	导师	姓名	导师	姓名	导师
工程硕士	建筑与土木工程	刘增强	李长洪	聂俊珑	纪洪广	裴　健	李长洪
		王　飞	陈章华	王智利	李　远	薛立杰	纪洪广
		张　晨	王金安	张海波	周晓敏 T	赵　刚	纪洪广
		朱永超	谭卓英	邹　京	纪洪广		
	控制工程	鲍青峰	尹怡欣	杜　龙	孙昌国	关东亮	石中锁
		郝春光	曾　慧	郝永强	董　洁	胡友文	潘月斗
		李嘉辰	李　果	李　杰	徐正光	李　磊	胡广大
		李　曼	胡广大	刘海涛	彭开香	刘鑫娜	付冬梅
		刘玉惠	袁　立	那昊东	刘　涛	倪　雪	王　玲
		秦立峰	高　海	宋志斌	张　森	孙善川	李　擎
		孙小强	邵立珍	佟　庆	杨　旭	王　刚	刘德荣
		王金龙	童朝南	王　爽	陈先中	王苑沣	王丽君
		邢万里	穆志纯	徐　凯	张　崎	徐　烨	李江昀
		闫月影	穆志纯	杨剑征	伍春洪	张建斌	李　擎
		张　帅	刘冀伟	张　颖	付冬梅	赵彦松	徐正光
		周志鹤	张维存	朱智伟	丁大伟		
	矿业工程	曹沛萍	王化军	柴　进	孙春宝	常　勇	金爱兵
		陈　云	吕文生	崔龙江	李国清	郭　宁	金爱兵
		国祯翔	尹升华	韩金锋	李翠平	贺　兵	吕文生
		胡登攀	谢玉玲	黄　凯	李国清	黄　祥	王化军
		纪永刚	谢玉玲	姜海涛	王贻明	李洪彬	李国清
		李旭坚	吕文生	刘　斌	李克庆	刘颖会	金爱兵
		刘　禹	李仲学	刘政安	姜福兴	吕　培	赵怡晴
		栾伟杰	韩　斌	马占飞	金爱兵	潘新福	金爱兵
		孙洺崇	傅平丰	孙琪伟	孙春宝	孙宜耐	王贻明
		唐焕庆	尹升华	王　鹏	金爱兵	王世平	宋卫东
		王祥培	吕文生	吴　杰	金爱兵	许　前	金爱兵
		杨　勇	尹升华	原振宇	尹升华	张　飞	姜福兴
		张明峰	金爱兵	张　涛	金爱兵	张延国	金爱兵
		赵　杰	李克庆	周爱军	高永涛		
	软件工程	陈利华	臧鸿雁	冯　飞	田付阳	胡光化	丁文英
		贾颖超	丁红胜	靳海坡	张志刚	李兰青	汪飞星
		李　巍	王昭顺	林　黎	王忠民	刘　畅	陈章华

续表

学位类别	专业、领域	姓名	导师	姓名	导师	姓名	导师
工程硕士	软件工程	彭鹰杰	卫宏儒	阮红兵	丁红胜	申鸣杨	卫宏儒
		宋　军	丁红胜	宋　涛	张志刚	苏　春	赵鲁涛
		王秋石	艾冬梅	王　振	沈政伟	熊　玲	侯书会
		徐　涛	陈明文	张　杰	田付阳	张庆红	臧鸿雁
		张玉东	侯书会	张钊燕	陈章华	赵　琦	倪晓东
		赵天骄	艾冬梅	赵天阳	沈政伟	赵　勇	胡志兴
		周如钢	胡志兴	朱　静	张志刚		
	项目管理	陈　琳	贾振全	陈　振	戴淑芬	高　珅	刘亚莉
		郭　伟	吕殿平	韩　桦	杨建华	韩玉龙	李铁克
		惠占华	冯　梅	贾　草	何民庆	李昌建	谢　湲
		李沛东	张晓冬	李炜华	范小华	李　岩	胡志颖
		李一川	刘明珠	梁永生	戴淑芬	刘惠军	王维才
		刘明伟	彭　锐	刘小燕	冯　梅	刘　影	胡　枫
		刘志强	张文新	孟令君	戴淑芬	孟文祥	杨　武
		曲媛媛	魏　钧	苏德鑫	高学东	王　凯	李群霞
		王朔洋	高俊山	王学峰	李铁克	王　钊	崔健双
		席安霞	张　群	薛　飞	马风才	杨海涛	杨　武
		杨瑞鑫	姚　卿	杨尚琳	隋　杨	曾永杰	马风才
		张大勇	李晓辉	张丹丹	张晓冬	张玲涛	曹　勇
		张　鹏	王震勤	赵　磊	马风才	赵　扬	魏　钧
		郑永春	李铁克				
	冶金工程	卜　刚	张建良	陈　虎	张立峰	陈　俊	罗海文
		邓学武	刘　靖	樊世亮	朱　荣	韩伦杰	孙彦辉
		黄财德	李　晶	李　斌	高　斌	李海明	高　斌
		李胜利	李　宏	李向东	刘　青	林明旺	任学平
		刘　涛	苍大强	刘　寅	侯新梅	刘　永	张建良
		吕长海	程树森	任　昊	郭汉杰	孙晓辉	吴胜利
		孙玉春	包燕平	王超赛	包燕平	王俊海	朱　荣
		王　凯	吴胜利	王　磊	王福明	王　鹏	任学平
		王维乔	张建良	王文鹏	张建良	温晓立	郭汉杰
		闫书山	李　晶	翟　俊	苍大强	张　涛	程树森
		张　甜	程树森	张　炜	唐海燕	张子君	张建良
		郑宝安	成国光	朱　芳	刘润藻		

续表

学位类别	专业、领域	姓名	导师	姓名	导师	姓名	导师
工程硕士	仪器仪表工程	仝泽林	孙长银				
工商管理硕士	高级管理人员（EMBA）	陈安业	范小华	陈　悦	刘　澄	程风龙	冯　梅
		付文东	何　枫	郭　捷	王维才	郝建国	高学东
		何丽玲	刘　澄	侯永齐	刘　澄	李彦丽	张　剑
		李　懿	张　剑	刘为利	何维达	唐　宇	何维达
		田凤祥	杨　青	王　琳	冯　梅	王学娟	魏　钧
		杨　明	何　枫	张军锁	黄晓霞	张连伟	戴淑芬
		张世粱	戴淑芬	朱岭生	张　剑		
公共管理硕士	公共管理	蔡海涛	孙雍君	蔡雨思	许　放	陈　伟	张武军
		陈延生	冯　英	邓　薇	郭德侠	董　青	郭德侠
		杜　娟	汪淑珍	杜　晟	陆　俊	胡雨寒	孙雍君
		李　博	孙雍君	李绍娟	唐德龙	李曙光	许　放
		李　杨	许　斌	梁　冰	黄耀杰	林　琳	唐德龙
		刘文广	黄耀杰	马　莹	冯　英	彭琳娜	吴群芳
		沈　萃	何晓前	沈　洲	张武军	孙　晋	郇建立
		谭鲁渊	俞文华	仝　明	张武军	王丽丽	时立荣
		王全宝	吴群芳	王　婷	俞文华	王伟超	张武军
		王　媛	许　斌	魏　超	孙雍君	武文斌	何晓前
		肖创奇	陈闽红	杨　健	郇建立	殷雅楠	郇建立
		张莉莉	何晓前	张学刚	时立荣	周宏尧	何晓前
		周思思	唐德龙				

2017 年以同等学力获得硕士学位的在职人员名单

学科、专业	姓名	导师
冶金工程	王　宁	吴　铿
冶金工程	薛庆斌	张建良

2017年获得学位的研究生或毕业的研究生名单

姓名	导师	学科、专业	备注
耿碧瑶	倪 文	矿物加工工程	博士学位
韩永辉	苍大强	冶金工程	博士学位
刘 峰	张欣欣	动力工程及工程热物理	博士学位
路文刚	朱 荣	冶金工程	博士学位
孙 清	刘杰民	环境工程	博士学位
王浩宇	刘应书	动力工程及工程热物理	博士学位
星 怡	刘 澄	企业管理	博士学位
张璐杰	冯 英	科技与教育管理	博士学位
张玉楠	路民旭	材料科学与工程	博士学位
杨学曼	黄 瑛	工商管理	硕士学位
陈艳梅	冯俊小	动力工程及工程热物理	博士毕业
郭玉峰	郭兴敏	冶金工程	博士毕业
李晓润	宋波T	防灾减灾工程及防护工程	博士毕业
罗晓强	燕青芝	材料科学与工程	博士毕业
薛 鹏	殷瑞钰	冶金工程	博士毕业
张笑宇	周国治	材料科学与工程	博士毕业
朱米家	姚 俊	环境科学与工程	博士毕业
韩季耘	潘旦光	建筑与土木工程	硕士毕业

附　录

北京科技大学第三届董事会名单

名誉主席：

刘　淇　中共中央政治局委员、北京市委书记
徐匡迪　十届全国政协副主席、中国工程院原院长
黄孟复　全国政协副主席、全国工商联主席

主　　席：

徐匡迪（兼）　十届全国政协副主席、中国工程院原院长

副 主 席：（12 人）

徐乐江　宝钢集团有限公司董事长
张晓刚　鞍山钢铁集团公司总经理
王青海　首钢总公司董事长
刘明忠　新兴际华集团有限公司董事长
于　勇　河北钢铁集团有限公司董事长
邹仲琛　山东钢铁集团有限公司董事长
贾宝军　中国中钢（集团）公司总裁
王为民　中国冶金科工集团有限公司党委副书记、总经理
刘振江　中国钢铁工业协会党委书记
赖宁昌　东凌集团有限公司董事长
罗维东　北京科技大学党委书记
张欣欣　北京科技大学校长

董　　事：（以姓氏笔画为序）（88 人）

丁立国　德龙控股有限公司董事局主席
于　勇　河北钢铁集团唐钢公司董事长
才　让　中国钢研科技集团有限公司董事长、党委书记
才鸿年　中国工程院院士、中国兵器装备集团公司科技委副主任
王一德　中国工程院院士、太原钢铁（集团）有限公司董事会规划委员会副主任
王中丙　广东省湛江市市长
王为民　中国冶金科工集团有限公司党委副书记、总经理
王汀明　湖南省政协原副主席
王青海　首钢总公司董事长

王崇愚　中国科学院院士、清华大学教授
仇瑜峰　中崇集团董事长
邓琦琳　武汉钢铁（集团）公司董事长
叶恒强　中国科学院院士、中国科学院金属研究所研究员
冯炯华　宁夏回族自治区人大常委会副主任、农工党中央常委
邢书成　广州军区副司令员、中将
邢利斌　山西联盛能源煤焦集团董事局主席
朱小复　福建省三钢（集团）有限责任公司副总经理
朱孟依　合生创展集团有限公司董事局主席
任美成　北京泰略投资咨询有限公司董事长
刘　捷　江西省新余市委副书记、市长
刘明东　海南矿业股份有限公司总经理
刘明忠　新兴际华集团有限公司董事长
刘建平　天津大学党委书记
刘振江　中国钢铁工业协会党委书记
刘晓峰　十一届全国政协常务委员、副秘书长，农工党中央专职副主席
关　杰　中国工程院院士、西安重型机械研究所高级工程师
孙开明　天津钢管集团股份有限公司总工程师
孙安民　全国工商联常务副主席、十一届全国人大常委、全国人大法律委员会副主任
孙纪木　新华联合冶金投资集团有限公司董事长
苏鉴钢　马钢集团公司总经理
李　琦　深圳易讯天空网络有限公司执行董事
李连平　河北建设投资集团有限责任公司董事长
李贵阳　河北钢铁集团邯钢公司董事长
李晓波　太原钢铁（集团）有限公司董事长
杨志强　金川集团股份有限公司董事长
肖　峰　成都昊特新能源技术有限公司董事长、总经理
何季麟　中国工程院院士、宁夏东方有色金属集团公司原董事长
余自甦　鞍钢集团公司党委常委、副总经理
邹仲琛　山东钢铁集团有限公司董事长
汪海涛　西部矿业股份公司董事长
沈文荣　沙钢集团董事局主席
沈健生　银邦金属复合材料股份有限公司董事长
张　海　河北钢铁集团宣钢公司董事长
张　彬　山西昌大公司总经理
张志祥　北京建龙重工集团有限公司董事长
张克利　中国有色矿业集团有限公司党委书记
张战波　北京中冶设备研究设计总院有限公司院长（总经理）
张荣明　北京爱慕内衣有限公司董事长
张晓刚　鞍山钢铁集团公司总经理
张晓峰　桓裕投资（集团）有限公司董事长

陆正耀　神州租车（中国）有限公司 CEO
陆志方　中国恩菲工程技术有限公司董事长
陈　喆　北京宝来易投资管理有限公司董事长、总经理
陈启祥　莱芜钢铁集团有限公司董事长、总经理
陈建华　广东省广州市委副书记、市长
罗维东　北京科技大学党委书记
周秉利　包头钢铁（集团）有限责任公司董事长
周荣昌　内蒙古自治区人大常委会原副主任
郑新立　中国国际经济交流中心常务副理事长、中共中央政策研究室原副主任
赵公卿　重庆市原副市长、重庆市人大常委会原副主任
赵世庆　重庆钢铁（集团）有限责任公司副董事长、总经理
郝　远　甘肃省副省长
哈斯巴根　十一届全国人大常委、民族委员会副主任，内蒙古自治区人大常委会副主任
钟　掘　中国工程院院士、中南大学教授
施　设　中冶京诚工程技术有限公司董事长
姜德义　北京金隅集团有限责任公司执行董事兼总裁
贾国生　河北钢铁集团舞钢公司副董事长、总经理
贾宝军　中国中钢（集团）公司总裁
徐乐江　宝钢集团有限公司董事长
徐匡迪　十届全国政协副主席、中国工程院原院长
张欣欣　北京科技大学校长
殷晓静　中央政府驻港联络办公室副主任
殷瑞钰　中国工程院院士、钢铁研究总院名誉院长
郭长波　青岛钢铁控股集团有限责任公司总经理
唐飞来　新余钢铁有限责任公司副董事长
黄一新　南京钢铁联合有限公司副总经理
黄孝斌　北京时代凌宇科技有限公司董事长
曹建军　山西汇丰兴业集团董事长
曹慧泉　湖南华菱钢铁集团有限责任公司董事长
彭　原　北京国源金汇投资有限公司董事长
董才平　中天钢铁集团有限公司董事局主席、总裁、党委书记
董　事　本钢集团有限公司副总经理
董晓民　内蒙古自治区烟草专卖局（公司）局长、总经理
蒋开喜　北京矿冶研究总院院长
谢俊文　华亭煤业集团有限责任公司总经理
靳善忠　山西省人大常委会副主任
赖宁昌　东凌集团有限公司董事长
褚建东　河北钢铁集团承钢公司董事长

秘 书 长：

王维才　北京科技大学副校长

北京科技大学校友会组织机构及人员组成

名誉会长：魏寿昆　　王　润　　李静波　　杨天钧　　李宝林
会　　长：徐金梧
副 会 长：权良柱　　王维才　　赵续生　　李宝林
秘 书 长：王维才
校友会办公室主任：吕朝伟
副 主 任：杨志国
工作人员：陈晔明　　李佳宁　　赵　清

北京科技大学教育发展基金会组成

名誉理事长：徐匡迪
名誉理事：徐乐江（宝钢集团有限公司原董事长）
　　　　　张晓刚（鞍山钢铁集团公司原总经理）
　　　　　朱继民（首钢总公司原党委书记、董事长）
理 事 长：罗维东
副理事长：徐金梧　　王维才
理　　事：罗维东　　徐金梧　　权良柱　　武德昆　　王维才　　何民庆　　于成文
秘 书 长：王维才
监　　事：涂纪明
基金会办公室主任：吕朝伟

与北京科技大学建立合作关系的国外及港澳台地区学校、研究机构

Worldwide Partner Universities and Institutions of USTB (1979~2017)

序号	学校 / 科研机构	国家 / 地区	建立时间
1	亚琛工业大学（Aachen Technical University）	德　国	1979
2	东京工业大学（Tokyo Institute Technology）	日　本	1980
3	麦克马斯特大学（Mcmaster University）	加拿大	1982
4	里海大学（Lehigh University）	美　国	1982
5	宾夕法尼亚大学（University of Pennsylvania）	美　国	1982
6	九州工业大学（Kyushu University of Technology）	日　本	1984
7	皇家工学院（Royal Institute of Technology）	瑞　典	1984
8	律尼奥大学（Lulea University）	瑞　典	1984
9	神奈川大学（Kanagawa University）	日　本	1985
10	伍伦贡大学（University of Wollongong）	澳大利亚	1985
11	北海道大学（Hokkaido University）	日　本	1986
12	西里西亚工业大学（Silesian Technical University）	波　兰	1986
13	保尔・萨巴蒂大学（Paul Sabatier University）	法　国	1986
14	冈山理科大学（Okayama University of Science）	日　本	1987
15	蒙特利尔工学院（Ecole Polytechnique Montreal）	加拿大	1987
16	加利福尼亚大学（Califonia University）	美　国	1987
17	多特蒙德大学（University of Dortmund）	德　国	1987
18	玛丽皇后学院（Queen Mary College）	英　国	1988
19	利物浦大学（University of Livepool）	英　国	1988
20	密西根工业大学（Michigan Technical University）	美　国	1989
21	莫斯科钢与合金学院（Moscow Institute of Steel & Alloy）	俄罗斯	1989
22	顺天国立大学（Sunchon National University）	韩　国	1993

续表

序号	学校 / 科研机构	国家 / 地区	建立时间
23	密道尔赛克斯大学（Middlesex University）	英　国	1994
24	河内百科大学（Honoi University of Technology）	越　南	1996
25	台北技术学院（Taipei Institute of Technology） 现“台北科技大学”	中国台湾	1996
26	巴拉那联邦大学（Universidade Fderal do Parana）	巴　西	1996
27	昌原国立大学（Changwon National University）	韩　国	1997
28	弗赖贝格矿业技术大学（Technische Universitat Bergakademie Freiberg）	德　国	1997
29	鲁汶工程技术学院（Louvain Institute of Technology）	比利时	1997
30	拉塞雷纳大学（The University of La Serena）	智　利	1997
31	九州大学（Kyushu University）	日　本	1997
32	皇家墨尔本理工学院（The Royal Melbourne Institute of Technology）	澳大利亚	1998
33	南洋理工大学（Nangang Technological University）	新加坡	1998
34	国立塔什干理工大学（Tashkent State Technical University）	乌兹别克斯坦	1998
35	朝阳科技大学（Chaoyang University of Technology）	中国台湾	2001
36	昆山科技大学（Kun Shan University）	中国台湾	2002
37	得克萨斯大学阿灵顿分校（University of Texas at Arlington ）	美　国	2002
38	东北大学（Tohoku University）	日　本	2002
39	浦项科技大学（Pohang University of Science and Technology）	韩　国	2004
40	室兰工业大学（Muroran Institute of Technology）	日　本	2004
41	橡树岭国家实验室（Oak Ridge National Laboratory）	美　国	2004
42	韩国浦项产业科学研究院（Research Institute of Industrial Science & Technology）	韩　国	2004
43	乌迪内大学（University of Udine）	意大利	2004
44	香港科技大学（HongKong University of Science and Technology）	中国香港	2005
45	牛津大学材料系（Department of Materials, The University of Oxford）	英　国	2005
46	汉诺威大学（Universitaet Hannover）	德　国	2005
47	维多利亚大学（Victoria University）	澳大利亚	2005
48	凯斯西储大学（Case Western Reserve University）	美　国	2005
49	杜维嘉大学（University of Tor Vergata）	意大利	2005

续表

序号	学校 / 科研机构	国家 / 地区	建立时间
50	台湾成功大学（Taiwan Cheng Kung University）	中国台湾	2006
51	德国考古研究所（Deutsch Archeology Institute）	德　国	2006
52	台湾屏东科技大学（Taiwan Ping Tong University of Science & Technology）	中国台湾	2006
53	剑桥大学材料冶金系（Dept.of Materials& Metallurgy Cambridge University）	英　国	2006
54	澳大利亚塔斯马尼亚大学（University of Tasmania）	澳大利亚	2006
55	斯图加特应用技术大学（Fachhochschule Stuttgart, Hochschule der Medien）	德　国	2006
56	瑞典布京理工学院（Blekinge Institute of Technology）	瑞　典	2006
57	德国马普学会（The Max Planck Society）	德　国	2006
58	美国莱特大学（Wright University）	美　国	2007
59	塔林理工大学（Talline University of Technology）	爱沙尼亚	2007
60	英国斯旺西大学（University of Wales Swansea）	英　国	2007
61	克里特大学（University of Crete）	希　腊	2007
62	蒙古科技大学（Mongolian University of Science and Technology）	蒙　古	2007
63	乌克兰国立航空大学（National Aviation University）	乌克兰	2007
64	美国田纳西大学（The University of Tennessee）	美　国	2007
65	台南大学（National University of Tainan）	中国台湾	2007
66	龙华科技大学（Longhua University of Science and Technology）	中国台湾	2007
67	蒙哥马利奥本大学（Auburn University at Montgomery）	美　国	2007
68	天主教鲁汶大学（Katholieke Universiteit Leuven）	比利时	2008
69	天主教辅仁大学（Fu Jen Catholic University）	中国台湾	2008
70	爱尔兰格里菲斯学院（Griffith College Dublin ）	爱尔兰	2008
71	布鲁塞尔自由大学（VUBVrije Universiteit Brussel）	比利时	2008
72	底特律大学（University of Detroit Mercy）	美　国	2008
73	阿拉斯加矿业大学（University of Alaska）	美　国	2008
74	巴尔的摩大学（University of Baltimore）	美　国	2008
75	金门技术学院（Kinmen Institute of Technology），现“金门大学”	中国台湾	2008
76	东京理科大学（Tokyo University of Science）	日　本	2008
77	蒙特利尔大学（Taiwan University of Science and Technology）	加拿大	2008

续表

序号	学校 / 科研机构	国家 / 地区	建立时间
78	蒙纳士大学（University of Monash）	澳大利亚	2009
79	台湾大学（University of Taiwan）	中国台湾	2009
80	滑铁卢大学（University of Waterloo）	加拿大	2009
81	兰卡斯特大学（University of Lancaster）	英　国	2009
82	赫尔辛基工业大学（Helsinki University of Technology）	芬　兰	2009
83	邓迪大学（University of Dundee）	英　国	2009
84	利莫瑞克大学（University of Limerick）	爱尔兰	2009
85	图尔大学（Université Francois Rabelais）	法　国	2009
86	海外学习基金组织（The Study Abroad Foundation）	美　国	2009
87	加泰罗尼亚理工大学（Universitat politecnica de catalunya）	西班牙	2009
88	东京电机大学（Tokyo Denki University）	日　本	2009
89	电气通信大学（University of Electro-Communications）	日　本	2009
90	逢甲大学（Feng Chia University）	中国台湾	2009
91	台湾静宜大学（Providence University）	中国台湾	2009
92	明志科技大学（Ming Chi University of Technology）	中国台湾	2009
93	昆士兰大学（University of Queensland）	澳大利亚	2010
94	阿尔伯塔大学（University of Alberta）	加拿大	2010
95	肯特州立大学（Kent State University）	美　国	2010
96	加州大学河滨分校（California University, Riverside）	美　国	2010
97	加州州立大学富丽通分校（California State University, Fullerton）	美　国	2010
98	爱达荷大学（University of Idaho）	美　国	2010
99	加州大学董事会、劳伦斯伯克利国家实验室、UT 斯达康巴特尔有限责任公司、橡树岭国家实验室（California University, etc）	美　国	2010
100	德蒙特福德大学（De Montfort University）	英　国	2010
101	中央大学（Chuo University）	日　本	2010
102	城西国际大学（Josai University Corporation）	日　本	2010
103	京都产业大学（Kyoto Sangyo University ）	日　本	2010
104	澳门大学（Macau University）	中国澳门	2010

续表

序号	学校 / 科研机构	国家 / 地区	建立时间
105	中兴大学（National Chung Hsing University）	中国台湾	2010
106	岭东科技大学（Ling Tung University）	中国台湾	2010
107	华梵大学（Hua Fan University）	中国台湾	2010
108	产业技术大学（Korea Polytechnic University）	韩　国	2010
109	塔尔图大学（University of Tartu）	爱沙尼亚	2010
110	佛罗里达大学（University of Florida）	美国	2011
111	加州大学圣地亚哥分校（University of California，San Diego）	美国	2011
112	普利茅斯州立大学（Plymouth State University）	美国	2011
113	弗吉尼亚理工大学（Virginia Polytechnic Institute and State University）	美国	2011
114	密苏里大学哥伦比亚分校（University of Missouri- Columbia）	美国	2011
115	挪威科技大学（Norwegian University of Science and Technology）	挪威	2011
116	奥尔良大学工程师学院（Polytechnic of the University of Orleans）	法国	2011
117	博客拉大学（Pokhara University）	尼泊尔	2011
118	东海大学（Tunghai University）	中国台湾	2011
119	加州大学伯克利分校（University of California, Berkeley）	美国	2012
120	美国国际教育联盟（American Alliance for International Education）	美国	2012
121	巴黎十三大（Université Paris XIII，Nord）	法国	2012
122	巴黎十一大（Université Paris-Sud）	法国	2012
123	曼彻斯特城市大学（Manchester Metropolitan University）	英国	2012
124	卡塔尼亚大学（University of Catania）	意大利	2012
125	拉瑞尔应用技术大学（Laurea University of Applied Sciences）	芬兰	2012
126	青山学院（Aoyama Gakuin University）	日本	2012
127	中国文化大学（Chinese Culture University）	中国台湾	2012
128	暨南国际大学（Chi Nan University）	中国台湾	2012
129	德蒙福特大学、新华集团（De Montfort University, Xinhua Group）	英国	2013
130	华威大学（The University of Warwick）	英国	2013
131	塔塔钢铁集团（Tata Steel Group）	荷兰	2013
132	韦恩州立大学（Wayne State University）	美国	2013

续表

序号	学校 / 科研机构	国家 / 地区	建立时间
133	马德里理工大学（The Technical University of Madrid）	西班牙	2013
134	托马斯巴塔大学（Tomas Bata University）	捷克	2013
135	AGH 科技大学（AGH University of science and technology）	波兰	2013
136	法政大学（Hosei University）	日本	2013
137	横滨国立大学（Yokohama National University）	日本	2013
138	朱拉隆功大学（Chulalongkorn University）	泰国	2013
139	万隆理工大学（Institut Teknologi Bandung, ITB）	印尼	2013
140	高雄第一科技大学（Kaohsiung first University of science and technology）	中国台湾	2013
141	东华大学（National Dong Hwa University）	中国台湾	2013
142	南台科技大学（Southern Taiwan University of Technology）	中国台湾	2013
143	法国巴黎高科高等工程师学校（Arts et Metier ParisTech）	法国	2014
144	美国伊利诺伊大学芝加哥分校（University of Illinois at Chicago）	美国	2014
145	奥地利应用科技大学（The University of Applied Sciences Upper Austria）	奥地利	2014
146	以色列希伯来大学（The Hebrew University of Jerusalem）	以色列	2014
147	以色列里雄莱锡安商管学院 ［The College of Management Academic studies (COMAs), Rishon Lezion, Israel］	以色列	2014
148	德国中等企业应用技术大学（Fachhochschule des Mittelstands）	德国	2014
149	捷克生命科学大学布拉格（Czech University of Life Sciences Prague）	捷克	2014
150	加拿大麦克马斯特大学（McMaster University）	加拿大	2014
151	香港科技大学（HongKong University of Science and Technology）	中国香港	2014
152	爱尔兰利莫瑞克大学（University of Limerick）	爱尔兰	2014
153	澳大利亚卧龙岗大学（University of Wollongong）	澳大利亚	2014
154	日本室兰工业大学（Muroran Institute of Technology）	日本	2014
155	日本城西国际大学（Josai International University）	日本	2014
156	密歇根大学（University of Michigan）	美国	2015
157	英属哥伦比亚大学（University of British Columbia）	加拿大	2015
158	伯明翰大学（University of Birmingham）	英国	2015
159	锡根大学（University of Siegen）	德国	2015

续表

序号	学校 / 科研机构	国家 / 地区	建立时间
160	亚眠高等电子技术工程师学院（ESIEE-Amiens）	法国	2015
161	雷奥本矿业大学（MontanUniversität Leoben）	奥地利	2015
162	舍夫德大学（University of Skövde）	瑞典	2015
163	圣彼得堡国立信息技术、机械学与光学研究型大学（Saint Petersburg National Research University of Information Technologies, Mechanics and Optics, ITMO）	俄罗斯	2015
164	东吴大学（Soochow University）	中国台湾	2015
165	云林科技大学（Yunlin University of Science and Technology）	中国台湾	2015
166	塞基诺谷州立大学（Saginaw Valley State University）	美国	2016
167	莫尔豪斯学院（Morehouse College）	美国	2016
168	岛根大学（Shimane University）	日本	2016
169	法国高等前沿工业技术学校（ESTIA Institute of Technology, France）	法国	2016
170	马各尼托戈尔斯克国立工业大学（Nosov Magnitogorsk State Technical University）	俄罗斯	2016
171	中原大学（Chung Yuan Christian University）	中国台湾	2016
172	辛辛那提大学（University of Cincinnati）	美国	2017
173	泰国农业大学（Kasetsart University）	泰国	2017
174	西里西亚工业大学（Silesian University of Technology）	波兰	2017
175	普渡大学西北校区（Purdue University Northwest）	美国	2017
176	雅典科技教育学院（Technological Educational Institute of Athens）	希腊	2017
177	亚利桑那大学（The University of Arizona）	美国	2017
178	比亚威斯托克技术大学（Bialystok University of Technology）	波兰	2017
179	新南威尔士大学（The University of New South Wales）	澳大利亚	2017
180	汉阳大学（Hanyang University）	韩国	2017
181	台北大学（Taipei University）	中国台湾	2017
182	俄克拉荷马州立大学（Oklahoma State University）	美国	2017
183	布尔诺科技大学（Brno University of Technology）	捷克	2017

与北京科技大学建立全面合作关系的国内政府机关、企事业单位（截至 2017 年 12 月）

序号	单位名称	合作内容	签订时间
1	上虞市人民政府	科技开发与成果转化、技术咨询与服务、人才培养等	1999.10
2	北京市宣武区	科技、经济、社会诸方面开展全面合作	2000.01
3	江苏华西集团公司	建立华西集团—北科大冶金工程技术冶金所；建立人才培训基地；共同申报科研课题及成果等	2000.05
4	包头钢铁公司	技术合作、科技攻关、人才培养等	2000.06
5	青海省人民政府	科技开发与成果转化、技术咨询与服务、干部培训和人才培养等	2000.06
6	宁夏回族自治区人民政府	科技开发与成果转化、技术咨询与服务干部培训和人才培养等	2000.06
7	青海大学	学科建设、人才培养、学术与工作交流等	2000.10
8	北京有色金属研究总院	科技开发、成果转化、人才培养、信息交流等	2000.12
9	包头钢铁学院	学科建设、科技攻关、人才培养等	2001
10	二重机械（集团）公司	技术合作、科技攻关、人才培养等	2001
11	济南钢铁（集团）公司	技术合作、科技攻关、人才培养等	2001
12	江苏八菱集团公司	技术合作、科技攻关、人才培养等	2001
13	长治钢铁（集团）有限公司	科技攻关、教学实习、人才培养等	2003.01
14	唐山建龙实业有限公司	厂方在学校设立建龙奖学金并提供教学实习、实践基地；学校为厂方提供人才培养、技术支持、进行科技合作等	2003.04
15	海南力气大实业投资有限公司	双方共同组建稀土超磁致伸缩材料有限责任公司	2003.06
16	山东墨龙特钢有限公司	技术合作、人才交流、教学实习等	2003.06
17	石家庄钢铁有限责任公司	双方共同建立汽车用钢（棒材）研究中心	2003.07
18	邯郸纵横钢铁有限公司	资金、人才、技术等方面的交流与合作	2003.10
19	中国工商银行北京市分行	银行为学校提供贷款，学校为银行提供科技开发、人才培训、技术支持等	2003.12
20	黄冈源昌石政石材有限公司	共同组建公司推进“各向异性粘结钕铁硼技术”产业化	2003.12
21	抚顺罕王实业集团有限公司	人才培养、新技术应用和新产品开发等	2004.02
22	武警北京指挥学院	人才培养、教学实习等	2004.03
23	教育部	教育部与四大钢铁公司共建北京科技大学	2004.03
24	上海宝钢集团公司		
25	鞍山钢铁集团公司		
26	武汉钢铁集团公司		
27	首钢集团总公司		

续表

序号	单位名称	合作内容	签订时间
28	安徽省马鞍山市政府	共建新材料产业化基地	2004.04
29	苏州建兴置业有限公司	共同组建公司推进“金属粉末注射成形技术”产业化	2004.04
30	第二炮兵	学校每年为第二炮兵输送优秀毕业生；第二炮兵在学校设立国防奖学金，并对学校的有关教学科研工作和国防教育给予支持	2004.05
31	广州南沙开发区建设指挥部	共建研究生教育培养基地	2004.07
32	北京伟豪集团公司	共同组建公司推进“智能玻璃制备技术”产业化	2004.06
33	贵州省贵阳市人民政府	共建研究生教育培养基地	2004.09
34	厦门市湖里区人民政府	科技合作、人才交流等	2004.10
35	中国银行北京市分行	银行为学校提供贷款，学校为银行提供科技开发、人才培训、技术支持等	2004.12
36	深圳市东恒投资发展有限公司	共同组建公司推进“电容器用纳米钽粉制备技术”产业化	2004.12
37	河南纳士科技股份有限公司	共同组建公司推进“纳米复合稀土特种功能材料制备技术”产业化	2005.03
38	太原钢铁（集团）公司	技术合作、科技攻关、人才培养等	2005.04
39	北京冠亚时代科技研发中心	共同组建公司推进“高海拔变压吸附制氧技术”产业化	2005.04
40	邯郸钢铁集团有限责任公司	共建研究生教育科研基地	2005.04
41	中钢集团洛阳耐火材料研究院	共建研究生教育科研基地	2005.04
42	首钢总公司	共建研究生教育科研基地	2005.04
43	江阴兴澄特种钢铁有限公司	共建研究生教育科研基地	2005.05
44	宁波市北仑区人民政府	联合培养冶金材料专业工程硕士学位研究生	2005.06
45	包钢（集团）公司	共建研究生教育科研基地	2005.09
46	首钢总公司	科学研究、技术开发、教学实习、人才培养、科技公共、成果转化等；共同建设汽车用钢联合研发中心；联合培养研究生	2005.09
47	北京市顺义区人民政府	科技合作、技术支持、成果转化、学生实习、挂职锻炼等	2005.10
48	重庆科技学院	人员交流、人才培养、科研帮扶等	2005.11
49	金隅通达耐火技术公司	共建研究生教育科研基地	2005.12
50	唐山建龙实业有限公司	设立“北京科技大学建龙基金”、人才培养、学术交流和科研合作	2005.12
51	武汉钢铁（集团）公司	科研开发、人才培养、人员交流等。双方还将联合成立“产学研合作委员会”	2006.01
52	邯郸钢铁集团有限公司	科学研究、新产品和新技术开发、成果转让、人才培养和教学实习等	2006.05
53	中国铝业集团	铝型材加工、铝冶炼技术、综合节能、铝轧制工艺设备等	2006.07
54	香港科技大学	建立“北京—香港科大联合研究中心”，就技术成果转化、技术开发、企业孵化、资讯交流与技术服务以及人才培养等五个方面开展工作	2006.08

续表

序号	单位名称	合作内容	签订时间
55	广州中科院工研院	建立材料与加工技术研究中心，围绕珠三角企业需要的材料制备加工技术开展研究，探索产学研合作。	2006.10
56	宝山钢铁股份有限公司	科研开发，博士生、硕士生培养，毕业生培养和选拔等	2006.10
57	广州钢铁集团有限公司	建立联合研发中心。针对高技术含量、高附加值的新一代集装箱板、家电板、汽车板等进行联合开发，培养人才	2006.11
58	佛山市政府	合作建设创新平台，实施合作项目，培养人才	2006.11
59	中国兵器装备集团公司	材料科学与技术、腐蚀与防护、先进制造、车辆动力、信息化技术方面的基础与应用研究	2006.12
60	兵器第59所	成立“大气环境效应与防护联合实验室”	2006.12
61	河南省巩义市人民政府	科技合作、人才培养	2007.09
62	莱芜钢铁公司	板带钢联合研发中心、特殊钢联合研发中心、转底炉联合研发中心	2007.04
63	河南通宇冶材集团有限公司	耐火材料、连铸配件技术联合研发中心	2007.04
64	建龙钢铁控股有限公司	特殊钢技术联合研发中心	2007.04
65	江苏万泰集团	气体研究与应用联合研发中心	2007.04
66	中国海洋石油总公司海油（北京）能源投资有限公司	科技合作	2007.11
67	佛山市石湾镇人民政府	共建华南不锈钢创新中心	2008.01
68	佛山南海区人民政府	产学研战略联盟	2008.03
69	佛山高明区杨和镇人民政府	产学研战略联盟	2008.03
70	佛山市生产力促进中心，禅城区生产力促进中心，石湾街道科技办	技术创新与应用型人才培训网络平台	2008.03
71	莱芜钢铁集团有限公司	转底炉联合研发中心、特殊钢联合研发中心、带钢联合研发中心	2008.03
72	卢龙县人民政府	共建绿色冶金试验示范基地	2008.05
73	本溪钢铁（集团）有限责任公司	汽车板用户技术联合实验室	2008.06
74	通化钢铁集团股份有限公司	联合共建合作实体	2008.06
75	广东省佛山市高明区	与高明区签署全面产学研战略合作	2009.04
76	广东省佛山市高明区更合镇人民政府	共建“不锈钢成果转化基地”	2009.04
77	江苏省无锡市锡山区人民政府	产学研创新联盟	2009.05
78	中国有色金属协会	“金属铅锌产业联盟”成立，谢建新副校长当选为联盟理事	2009.05
79	北京市科委	“首都钢铁服务产学研联盟”成员单位；“首都新能源产业技术联盟”光伏、光热和核能三个联盟理事单位；“首都新农村建设科技创新服务联盟”理事单位	2009.06~07
80	广西桂东电力股份有限公司	共建“桂东电子—北科大新材料技术联合研发中心”	2009.07

续表

序号	单位名称	合作内容	签订时间
81	广东三A不锈钢制品集团有限公司	联合组建科技创新服务平台——“广东三A集团与北京科技大学产学研基地”	2009.08
82	广州冶金工业研究所	成立北京科技大学材料先进制备技术教育部重点实验室广东分实验室	2009.09
83	广东省梅州市	学校加盟“梅州市铜产业产学研创新联盟”	2009.11
84	河北钢铁集团	战略合作	2009.12
85	中国绝热节能材料协会	建筑用酚醛泡沫产业技术创新战略联盟	2010.01
86	中国资源综合利用协会	尾矿综合利用产业技术创新战略联盟	2010.01
87	三门峡化工机械有限公司	车载式热泵流化床谷物干燥技术及装置产业化开发	2010.02
88	常州三鑫轧辊有限公司	特种钢与轧辊冶金技术科技合作	2010.03
89	常州三鑫轧辊有限公司	常州三鑫轧辊—北科大校企产学研合作基地建设	2010.03
90	丹阳市政府等五方共建	共建江苏高性能合金材料研究院	2010.04
91	菏泽广源铜带股份有限公司	菏泽广源铜带股份有限公司—北科大年产5000吨高精电子压延铜箔工程技术合作	2010.04
92	四川省盐边县人民政府	盐边县人民政府—北科大钒钛磁铁矿综合利用战略合作	2010.05
93	北京高技术创业服务中心	共建本科生实践教学基地	2010.05
94	北京希克斯科技有限公司	共建本科生实践教学基地	2010.05
95	北京青云联合空调设备有限公司	共建本科生实践教学基地	2010.06
96	北京同方人工人工环境有限公司	共建本科生实践教学基地	2010.06
97	北京振利高新技术有限公司	共建本科生实践教学基地	2010.06
98	国家室内环境与室内环保产品质量监督检验中心	共建本科生实践教学基地	2010.06
99	蒙特空气处理设备（北京）有限公司	共建本科生实践教学基地	2010.06
100	北京九阳实业公司	共建实践教学基地	2010.06
101	聊城市中级人民法院	共建本科生实践教学基地	2010.06
102	承德钢铁集团有限公司	共建研究生教育科研基地	2010.06
103	京东方科技集团股份有限公司	共建北京科技大学—京东方新型显示技术联合实验室	2010.10
104	扬州龙川钢管有限公司	建设海洋工程管线管防腐技术开发应用企业院士工作站	2010.10
105	贵州省黔南州科学技术和知识产权局	北京科技大学—贵州省黔南州科学技术和知识产权局科技合作	2010.12
106	济钢集团有限公司、中科院工程热物理研究所	成立“钢铁企业节能减排战略合作同盟”	2011.01

续表

序号	单位名称	合作内容	签订时间
107	天津百利机电控股集团股份有限公司	金属材料应用研发平台建设	2011.03
108	杭州钢铁集团公司	汽车零部件（钢质）产业技术创新战略联盟	2011.03
109	天立环保工程有限公司	北京科技大学—天立环保联合研发中心	2011.03
110	无锡惠山区职教园	北京科技大学—无锡职教园管理委员会联合共建技术转移中心	2011.03
111	铜山区人民政府	战略合作	2011.04
112	岜山集团	战略合作	2011.04
113	河北津西钢铁有限公司	战略合作	2011.04
114	广州机械科学研究院	产学研合作	2011.04
115	中科新越投资（北京）有限公司	战略合作	2011.04
116	康明斯（中国）投资有限公司	共建“康明斯电传动实验室”	2011.05
117	北京装备制造和新材料科技成果承接与转化平台	战略合作	2011.05
118	首钢长治钢铁有限公司	战略合作	2011.05
119	重庆钢铁集团公司	船舶及海洋工程用钢产业集成创新服务联盟	2011.05
120	淮北市人民政府	战略合作	2011.05
121	德国卡尔蔡司公司	北京科技大学—德国卡尔蔡司公司电子显微镜合作实验室	2011.05
122	新兴重工新兴能源装备股份有限公司、盛泽能源技术有限公司	新兴际华集团—北科大“能源装备新技术研发中心”	2011.06
123	西部矿业集团有限公司	青藏高原有色金属矿产资源开发与综合利用产业技术创新战略联盟	2011.06
124	玉柴重工总公司	战略合作	2011.06
124	山东钢铁集团有限公司	战略合作	2011.06
126	徐州铜山科技局、吉林大学、浙江大学等	工程机械产业产学研联盟	2011.06
127	徐州大屯工贸实业公司	北京科技大学矿井避险研究技术中心	2011.07
128	中钢设备有限公司	“先进冶金装备及工艺技术研发”合作	2011.08
129	山东龙泉管道工程股份有限公司	联合成立“山东龙泉新材料工程技术研究院”	2011.09
130	普天物流技术有限公司	共建“物流中心自动化装备及系统产业技术创新战略联盟”	2011.10
131	锡山鹅湖镇	产学研合作	2011.10
132	临沂市人民政府	战略合作	2011.11
133	山东齐星铁塔科技股份有限公司、新霓空太阳能（中国）有限公司、无锡安飞纤维材料科技有限公司、中科院宁波材料技术与工程研究所	复合材料研究与应用产业技术创新战略示范联盟	2011.11

续表

序号	单位名称	合作内容	签订时间
134	香港维新集团	产学研合作	2011.11
135	宝钢集团有限公司	科研合作	2011.12
136	中国有色矿业集团	全面合作	2011.12
137	中国冶金科工集团有限公司	全面合作	2011.12
138	首钢集团总公司	首钢—北科大战略合作协议	2012.02
139	湛江市人民政府	北京科技大学湛江工业研究院框架协议	2012.03
140	天津钢管集团公司	天津钢管集团公司—北京科技大学战略合作协议	2012.04
141	德龙集团	北京科技大学—德龙产学研合作平台	2012.04
142	联盟包括中国汽车工程学会等35家单位，成立于2007年12月，我校为联盟伙伴单位	汽车轻量化技术创新战略联盟	2012.05
143	广西科技厅	广西壮族自治区科学技术厅—北京科技大学科技合作协议	2012.05
144	承德路桥建设总公司	承德路桥建设总公司与北京科技大学校企科技合作协议	2012.05
145	郑州市人民政府	郑州市人民政府—北京科技大学科技合作框架协议	2012.05
146	龙岩市人民政府	龙岩市政府—北京科技大学共建硬质合金行业技术转移中心	2012.06
147	西藏昊泰纸样设备科技有限公司、北京科技大学、青海省高原医学研究院、空军航空医学研究所、中科院大连化学物理研究所	西藏昊泰高原富氧工程产学研合作技术研发中心合作协议	2012.06
148	京微雅格（北京）科技有限公司	北京科技大学—京微雅格（北京）科技有限公司校企战略合作框架协议	2012.08
149	中节能工业节能有限公司	中节能工业节能有限公司—北京科技大学产学研合作协议	2012.08
150	广西盛隆冶金有限公司	广西盛隆冶金有限公司—北京科技大学产学研战略合作协议	2012.08
151	广西长龙冶金有限公司	广西长龙冶金有限公司—北京科技大学产学研合作协议	2012.08
152	北京爱尔斯环保工程有限责任公司	北京爱尔斯环保工程有限责任公司—北京科技大学“北京水质净化生态技术研发中心”	2012.09
153	信丰县包钢新利稀土有限责任公司	北京科技大学—信丰县包钢新利稀土有限责任公司产学研合作协议	2012.12
154	德庆康纳国兴有限公司	北京科技大学—康纳国兴新材料联合研发中心	2012.12
155	中国黄金协会、中国黄金集团公司	黄金产业技术创新战略联盟	2012.12
156	北超伺服技术有限公司	首钢—北科大战略合作协议	2013.01
157	温州市政府	北京科技大学—温州市政府科技合作协议	2013.01
158	中国职业健康协会	中国智慧矿山产业技术创新战略联盟	2013.01
159	江苏金陵特种涂料有限公司	防腐涂层新材料技术与产品产业化基地	2013.02
160	河北承德市人民政府	河北承德市人民政府—北京科技大学战略合作框架协议	2013.04

续表

序号	单位名称	合作内容	签订时间
161	云南冶金集团股份有限公司	云南冶金集团股份有限公司—北京科技大学全面战略合作协议	2013.04
162	哈密红石矿业有限公司	哈密红石矿业有限公司—北京科技大学共建校企技术创新联盟	2013.09
163	企业专家工作站、教学实习基地	武安市运丰冶金工业有限公司	2013.10
164	扬中市政府	北京科技大学—扬中市政府战略合作协议	2013.10
165	青岛钢铁集团	青钢新品种开发与关键共性技术集成研究项目计划协议	2013.11
166	金诚信矿业管理股份有限公司	北京科技大学—金诚信矿业管理股份有限公司合作协议	2013.11
167	福建武平县人民政府	北科大—武平县科技合作协议	2013.11
168	中特首诺（北京）冶金科技有限公司	中特首诺（北京）冶金科技有限公司—北京科技大学联合成立中国工业固废粉体再造技术研究院合作协议	2013.11
169	钢研总院牵头	海洋工程用钢产业技术创新战略联盟	2014.03
170	安庆市振发汽车锻件有限责任公司	中国轴类零件轧制（楔横轧）产业技术创新战略联盟	2014.03
171	新疆有色集团	新疆有色金属产业技术创新战略联盟	2014.03
172	鞍钢集团公司	耐蚀钢产业技术创新战略联盟	2014.04
173	四川省自贡市云帆锦绣新型建材有限公司	联合成立高新建材研究所合作协议	2014.04
174	吉林滕泰重型机械集团有限公司	新材料技术研究联合实验室	2014.05
175	北京碧瑞能科技发展有限公司	产学研合作协议	2014.07
176	广西柳州钢铁（集团）公司	科技创新战略合作协议	2014.08
177	飞亚达（集团）股份有限公司	金属材料联合研究室	2014.09
178	北京中远通科技有限公司	国家智能检测与过程控制产业技术创新战略联盟	2014.09
179	衡水工业高新区	北京科技大学衡水工作站	2014.10
180	首钢京唐公司	北京科技大学与首钢京唐公司签订合作协议 [联合人才培养、技术开发（合作）、合作编写教材三个协议]	2014.11
181	北京市经信委应急中心	北京市经信委应急中心—北京科技大学产学研联合协议	2014.11
182	中科招商投资集团股份有限公司	中科招商投资集团股份有限公司—北京科技大学战略合作协议	2014.12
183	北京科技大学设计研究院有限公司	北京市流程工业大数据工程技术研究中心共建框架协议	2014.12
184	塔塔钢铁集团公司	北京科技大学—塔塔钢铁公司联合研究中心	2014.12
185	首都高校科技信息网	济南高新区—首都高校科技信息网合作协议	2014.12
186	北京世纪国瑞环境工程技术有限公司	国家城镇粪便餐厨垃圾处理产业技术创新战略联盟	2014.12
187	公主岭市人民政府	公主岭市人民政府—北京科技大学合作协议	2015.03
188	金泰成环境资源股份有限公司	金泰成环境资源股份有限公司—北京科技大学科技合作战略合作协议	2015.03

续表

序号	单位名称	合作内容	签订时间
189	钢研晟华工程技术有限公司	钢研晟华工程技术有限公司—北京科技大学战略合作协议	2015.03
190	深圳飞亚达公司、上海表业有限公司、烟台北极星国有控股有限公司牵头（深圳市政府标准化主管部门指导）	钟表标准化技术联盟	2015.04
191	河北宏润重工股份有限公司	河北宏润重工股份有限公司—北京科技大学“大型厚壁无缝管热挤压技术”联合研发中心协议	2015.04
192	北矿机电科技有限责任公司	北矿机电科技有限责任公司—北京科技大学产学研合作协议	2015.05
193	冀东发展集团有限责任公司	冀东发展集团有限责任公司—北京科技大学科技合作战略框架协议	2015.05
194	东莞宜安科技股份有限公司、北京科技大学、广州有色金属研究院、中国科学院金属研究所	共建宜安科技新材料研究院	2015.05
195	天津钢研海德科技有限公司	北京科技大学—天津钢研海德科技有限公司产学研合作协议	2015.06
196	包头市北科鼎峰检测技术有限公司	包头市北科鼎峰检测技术有限公司—北京科技大学产学研合作协议	2015.06
197	廊坊市盛世建设投资有限公司	中国宏泰—北京科技大学共建“宏泰—北科大新材料联合研究中心”	2015.07
198	黑龙江建龙钢铁有限公司	黑龙江建龙钢铁有限公司—北京科技大学校企合作意向书	2015.07
199	中国汽车技术研究中心	智能车辆产业技术创新战略联盟	2015.09
200	北京天宜上佳新材料有限公司	北京天宜上佳新材料有限公司—北京科技大学产学研合作协议	2015.09
201	北京超同步伺服股份有限公司	共建超同步智能装备协同创新中心	2015.10
202	迁安市人民政府	迁安市人民政府—北科大战略合作协议	2015.11
203	土木与环境工程学院	土木与环境工程学院与徐州市泉山区人民政府签订战略合作协议	2015.11
204	新乡市人民政府	新乡市与北京科技大学技术转移战略合作协议	2015.12
205	无锡市明杨电池有限公司	共建企业技术研究院	2015.12
206	河北海天建设有限公司	河北海天建设有限公司—北京科技大学科技合作战略框架协议	2015.12
207	安庆市政府	北京科技大学—安庆技术转移中心	2015.12
208	山东盛阳金属科技股份有限公司	盛阳金属—北科大金属层状复合材料联合研究中心	2016.01
209	南京钢铁联合有限公司	南京钢铁联合有限公司—北京科技大学战略合作协议	2016.02
210	赣州福尔特电子股份有限公司	北京科技大学—赣州福尔特电子股份有限公司合作框架协议	2016.04
211	故宫博物院	故宫博物院—北京科技大学签订战略合作协议	2016.04
212	兰州科天投资控股股份有限公司	北京科技大学生物工程与传感技术研究中心—科天联合实验室	2016.04
213	肇庆市大正铝业有限公司	北京科技大学—肇庆市大正铝业有限公司科研合作协议	2016.05
214	天物众强高科精密管业有限公司	北京科技大学—天物众强工业技术研发中心	2016.06
215	宁波长振铜业有限公司	宁波长振铜业—北京科技大学战略合作协议	2016.06

续表

序号	单位名称	合作内容	签订时间
216	山东银光钰源轻金属精密成形有限公司	山东银光钰源轻金属精密成形有限公司—北京科技大学产学研合作协议	2016.06
217	山东胜通钢帘线有限公司	山东胜通钢帘线有限公司与北京科技大学产学研合作协议	2016.06
218	江苏博际喷雾系统股份有限公司	江苏博际喷雾系统股份有限公司—北京科技大学共建江苏省工程技术研究中心（喷雾射流系统设备工程技术研究中心）	2016.08
219	山东莱钢永锋钢铁有限公司	山东莱钢永锋钢铁有限公司与北京科技大学钢铁冶金新技术国家重点实验室合作协议	2016.08
220	新疆工程学院	北京科技大学支持新疆工程学院发展合作协议	2016.08
221	兴化市东昌合金钢有限公司	国家特种合金钢产业技术创新战略联盟	2016.09
222	上海富驰高科技有限公司	上海富驰高科技有限公司—北京科技大学产学研合作协议	2016.09
223	东北特钢集团北满特钢有限公司	黑龙江金属材料产业技术创新战略联盟	2016.12
224	承德钛能轧钢有限公司	承德钛能轧钢有限公司—北京科技大学产学研合作协议	2016.12
225	中国铝业公司	中国铝业公司—北京科技大学技术创新合作暨组建“联合工程研究中心”协议	2016.12
226	靖江市新桥镇人民政府、靖江市科学技术和知识产权局	北京科技大学、靖江市新桥镇人民政府、靖江市科学技术和知识产权局科技孵化合作协议	2017.01
227	汉广天工机械设备（北京）有限公司	汉广天工机械设备（北京）有限公司—北京科技大学产学研合作协议	2017.02
228	河北一然生物科技有限公司	河北一然生物科技有限公司—北京科技大学产学研基地	2017.02
229	依托中国科技产业化促进会、北京中矿东方矿业有限公司发起成立	中国矿业增值服务联盟	2017.03
230	中国皮革和制鞋工业研究院	制鞋产业技术创新战略联盟	2017.03
231	北京天仁道和新材料有限公司	北京天仁道和新材料有限公司—北京科技大学产学研合作协议	2017.03
232	北京天宜上佳新材料股份有限公司	北京天宜上佳新材料股份有限公司—北京科技大学共建现代交通金属材料与加工技术北京实验室	2017.03
233	中国矿业科学协同创新产业联盟发起	中国矿业知识产权联盟	2017.03
234	无锡新三洲特钢有限公司	无锡新三洲特钢有限公司—北京科技大学战略合作协议（科技开发、科技成果转化、科技咨询与培训）	2017.04
235	北京中拓光电科技有限公司	北京科技大学—北京中拓光电科技有限公司产学研校企合作协议	2017.04
236	同光科技有限公司	同光科技有限公司—北京科技大学产学研合作协议	2017.04
237	武汉天生绿城科技有限公司	武汉天生绿城科技有限公司—北京科技大学产学研合作协议	2017.04
238	南通联源机电科技股份有限公司	南通联源机电科技股份有限公司—北京科技大学产学研基地建设合作协议	2017.05
239	南通云创金属材料研究院有限公司	南通云创金属材料研究院有限公司—北京科技大学产学研合作协议	2017.05
240	江苏荣鑫伟业新材料有限公司	北京科技大学—江苏荣鑫伟业新材料有限公司产学研合作协议	2017.05
241	唐山金杰实业有限公司	北京科技大学—唐山金杰实业有限公司产学研合作协议	2017.05

序号	单位名称	合作内容	签订时间
242	唐山博全实业有限公司	北京科技大学—唐山博全实业有限公司产学研合作协议	2017.05
243	北海诚德镍业有限公司	北海诚德镍业有限公司—北京科技大学战略合作协议	2017.06
244	中铝东南材料院（福建）科技有限公司	中铝东南材料院（福建）科技有限公司—北京科技大学战略合作协议	2017.06
245	中广核研究院有限公司	中广核研究院有限公司—北京科技大学先进材料联合实验室组建协议	2017.06
246	宿迁市飞鹰模具开发科技有限公司	宿迁市飞鹰模具开发科技有限公司—北京科技大学产学研合作协议	2017.07
247	辛集市人民政府	辛集市人民政府—北京科技大学政产学研用战略合作框架协议	2017.07
248	河北卓达建材研究院有限公司	河北卓达建材研究院有限公司—北京科技大学科技合作战略合作框架协议	2017.09
249	鑫鹏源智能装备集团有限公司	北京科技大学—鑫鹏源智能装备集团有限公司战略合作协议	2017.09
250	兰州理工大学	北京科技大学对口支援兰州理工大学框架协议	2017.09
251	甘肃省教育厅	甘肃省教育厅—北京科技大学战略合作协议书	2017.09
252	中天钢铁集团有限公司	北科大—中天钢铁集团有限公司战略合作协议	2017.10
253	中钢构冷弯型钢分会、曹妃甸区政府	中钢构冷弯型钢分会、北京科技大学、曹妃甸区政府关于联合组建“中国冷弯型钢产业研究院”的合作协议	2017.10
254	贵州省经信委	贵州省经信委—北京科技大学产学研战略合作协议	2017.10
255	甘肃钢铁职业技术学院	北京科技大学与甘肃钢铁职业技术学院帮扶合作框架协议	2017.10
256	酒钢集团（有限）责任公司	北京科技大学—酒钢集团（有限）责任公司校企合作框架协议	2017.10
257	中国航天科技集团公司第九研究院第十三所研究所	北京科技大学—中国航天科技集团公司第九研究院第十三所研究所全面战略合作协议	2017.11
258	平谷区人民政府	平谷区人民政府—北京科技大学战略合作协议书	2017.12